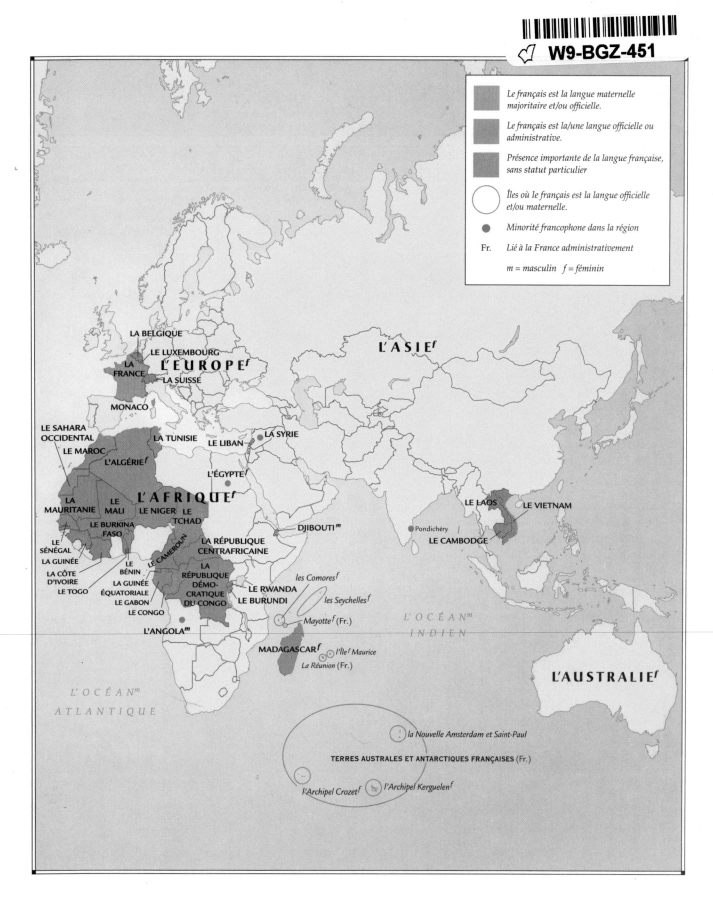

W9-BGZ-451

Le français est la langue maternelle majoritaire et/ou officielle.

Le français est la/une langue officielle ou administrative.

Présence importante de la langue française, sans statut particulier

Îles où le français est la langue officielle et/ou maternelle.

Minorité francophone dans la région

Fr.   Lié à la France administrativement

m = masculin   f = féminin

L'ASIE f

LA BELGIQUE
LE LUXEMBOURG
LA FRANCE
L'EUROPE f
LA SUISSE

MONACO

LE SAHARA OCCIDENTAL
LE MAROC
L'ALGÉRIE f
LA TUNISIE
LE LIBAN
LA SYRIE
L'ÉGYPTE f

L'AFRIQUE f

LA MAURITANIE
LE MALI
LE NIGER
LE TCHAD
LE BURKINA FASO
LE SÉNÉGAL
LA GUINÉE
LA CÔTE D'IVOIRE
LE TOGO
LE BÉNIN
LA GUINÉE ÉQUATORIALE
LE GABON
LE CONGO
LE CAMEROUN
LA RÉPUBLIQUE CENTRAFRICAINE
LA RÉPUBLIQUE DÉMO-CRATIQUE DU CONGO
LE RWANDA
LE BURUNDI
DJIBOUTI m

LE LAOS
LE VIETNAM
Pondichéry
LE CAMBODGE

les Comores f
les Seychelles f

L'OCÉAN m INDIEN

Mayotte f (Fr.)

L'ANGOLA m

MADAGASCAR f
l'Île f Maurice
La Réunion (Fr.)

L'AUSTRALIE f

L'OCÉAN m ATLANTIQUE

la Nouvelle Amsterdam et Saint-Paul

TERRES AUSTRALES ET ANTARCTIQUES FRANÇAISES (Fr.)

l'Archipel Crozet f   l'Archipel Kerguelen f

What's New in the Second Edition?

Powerful Digital Tools

- **Connect® French** is McGraw-Hill's digital platform that houses the eBook, the *Workbook / Laboratory Manual* activities, integrated audio and video, and peer-editing and voice tools, all of which vastly improve the quality of students' out-of-class work.

- **McGraw-Hill LearnSmart®** is the only super-adaptive learning tool on the market that is proven to significantly improve students' learning and course outcomes. As students work on each chapter's vocabulary and grammar modules, **LearnSmart** identifies the areas that they are struggling with the most and provides them with the practice they need for mastery. **LearnSmart** gives each student a unique and personalized learning experience. The **LearnSmart** mobile app allows students to study anytime and anywhere!

Updated Culture

The culminating section of every chapter, now called **Culture en direct,** has been completely revised to provide instructors with an even wider variety of ways to integrate culture into their programs. Some of the new features include:

- **Le coin vidéo:** These mini-cultural features, filmed especially for *En avant!* with an engaging presenter, use images and visual word cues to allow students to practice their listening skills.

- **Le coin lecture:** New readings in **Chapitres 5, 6, 8, 10, 14,** and **16** include excerpts from *Le Petit Nicolas, Le Petit Prince,* and *La Cantatrice chauve.*

- **Le coin chanson / Le coin ciné:** Featured in alternating chapters, the song or film clip and the accompanying activities expose students to authentic language in every chapter.

Integrated Culture and Review

New to the second edition is an engaging feature called **Le coin beaux-arts.** This section, which appears at the end of every even-numbered chapter, uses *En avant!*'s beautiful fine art from the chapter openers as a means to incorporate vocabulary and grammar review, while introducing students to French and Francophone art.

En avant!

BEGINNING FRENCH

SECOND EDITION

Bruce Anderson
The Johns Hopkins University

Annabelle Dolidon
Portland State University

CONTRIBUTORS:

Susan Blatty
McGraw-Hill Education

Peter Golato
Texas State University

Géraldine Blattner
Florida Atlantic University, Boca Raton

EN AVANT!: BEGINNING FRENCH, SECOND EDITION

Published by McGraw-Hill Education, 2 Penn Plaza, New York, NY 10121. Copyright © 2016 by McGraw-Hill Education. All rights reserved. Printed in the United States of America. Previous edition © 2012. No part of this publication may be reproduced or distributed in any form or by any means, or stored in a database or retrieval system, without the prior written consent of McGraw-Hill Education, including, but not limited to, in any network or other electronic storage or transmission, or broadcast for distance learning.

Some ancillaries, including electronic and print components, may not be available to customers outside the United States.

This book is printed on acid-free paper.

1 2 3 4 5 6 7 8 9 0 DOW/DOW 1 0 9 8 7 6 5

Student Edition

ISBN 978-0-07-338646-1
MHID 0-07-338646-4

Instructor's Edition (not for resale)

ISBN 978-1-259-27883-9
MHID 1-259-27883-2

Senior Vice President, Products & Markets: *Kurt L. Strand*
Vice President, General Manager, Products & Markets: *Michael Ryan*
Vice President, Content Design & Delivery: *Kimberly Meriwether David*
Managing Director: *Katie Stevens*
Senior Brand Manager: *Katherine K. Crouch*
Senior Director, Product Development: *Meghan Campbell*
Senior Product Developer: *Susan Blatty*
Executive Marketing Manager: *Craig Gill*
Senior Faculty Development Manager: *Jorge Arbujas*
Marketing Manager: *Chris Brown*
Marketing Specialist: *Leslie Briggs*
Senior Market Development Manager: *Helen Greenlea*
Editorial Coordinator: *Caitlin Bahrey*
Senior Director of Digital Content: *Janet Banhidi*
Digital Product Analyst: *Sarah Carey*
Senior Digital Product Developer: *Laura Ciporen*
Director, Content Design & Delivery: *Terri Schiesl*
Program Manager: *Kelly Heinrichs*
Content Project Managers: *Erin Melloy / Amber Bettcher*
Buyer: *Susan K. Culbertson*
Design: *Tara McDermott*
Content Licensing Specialists: *Shawntel Schmitt / Rita Hingtgen*
Cover Image: © *John Hicks/Corbis*
Compositor: *Lumina Datamatics, Inc.*
Printer: *R. R. Donnelley*

All credits appearing on page or at the end of the book are considered to be an extension of the copyright page.

Library of Congress Cataloging-in-Publication Data

Anderson, Bruce
    En avant! : beginning French / Bruce Anderson, The Johns Hopkins University ; Annabelle
Dolidon, Portland State University.—Second Edition.
        p. cm.
    Includes bibliographical references and index.
    ISBN 978-0-07-338646-1 (alk. paper)
    1. French language—Textbooks for foreign speakers—English.   2. French language—
Grammar.   3. French language—Spoken French.   I. Dolidon, Annabelle, author.   II. Title.
    PC2129.E5A53 2015
    448.2'421—dc23

                                                                2014024221

The Internet addresses listed in the text were accurate at the time of publication. The inclusion of a website does not indicate an endorsement by the authors or McGraw-Hill Education, and McGraw-Hill Education does not guarantee the accuracy of the information presented at these sites.

www.mhhe.com

About the Authors

Bruce Anderson is a Senior Lecturer in French at The Johns Hopkins University (Baltimore, Maryland), where he has taught undergraduate courses on French language, culture, and phonetics since 2010. Previously, he served as a coordinator of beginning- and intermediate-level French courses at the University of California, Davis, where he additionally trained new graduate student instructors in foreign language pedagogy. He holds a Ph.D. in French Linguistics from Indiana University, Bloomington. His research on the acquisition of French as a second language has been published in *Applied Linguistics, Second-Language Research,* and *Studies in Second Language Acquisition,* among other venues.

Annabelle Dolidon, originally from Franche-Comté in France, is an Associate Professor of French at Portland State University, Oregon, where she teaches undergraduate and graduate courses on language, literature, and cinema. She has coordinated the first-year French program there and trained graduate teaching assistants. Her research focuses on both language teaching and literature. She is the co-author of a third-year conversation textbook for the French classroom, *Tu sais quoi?!* (Yale University Press, 2012), and has published academic articles about contemporary French novels and films, notably in *The French Review* (2014) and in the *Australian Journal of French Studies* (2012).

Contents

Contents   **V**

	Communication en direct	Vocabulaire intéractif

Preface

En avant! Beginning French

Students learn best when they are connecting with authentic culture, with each other as a community, and with the language as used in real-world settings. *En avant!* sparks the curiosity that builds these connections as students advance toward communicative and cultural confidence and proficiency in the introductory classroom.

The *En avant!* program is built around the following distinctive principles:

- a focused approach with systematic review and recycling,
- active learning,
- integration of culture.

With the second edition of *En avant!*, McGraw-Hill is offering **Connect French**, a mobile-enabled digital teaching and learning environment that allows students to engage in their course material via the devices they use every day. The digital tools available in the **Connect French** platform include **LearnSmart®**, a revolutionary adaptive technology that builds a learning experience unique to each student's individual needs. These powerful tools support the goals of the *En avant!* program and facilitate student progress by providing extensive opportunities to practice and hone their developing skills so that students are prepared to come to class ready to communicate.

A Focused Approach with Systematic Review and Recylcing

Many instructors tell us that it's a challenge to "get through all the grammar" in their Introductory French courses. From Day One, it's a race to the finish line—and at what cost? Students get only superficial coverage, without adequate opportunities for review or cultural exploration—there simply isn't time.

En avant! takes a distinctive approach to this issue. We know that language learning proceeds developmentally; that is, certain grammatical structures appear to be acquired in a set order regardless of instructional sequence, and the route of acquisition is probably not changeable, although its rate may vary quite a bit among learners. This explains why learners will not acquire a past tense before they have a way to convey the present tense and why object pronouns will not be acquired until late in the acquisition process, despite their presentation and practice at earlier stages. *En avant!*'s organization allows for many late-acquired structures to be presented either for recognition only or in the **Par la suite** section (the supplemental grammar section following **Chapitre 16**) with practice activities in **Connect French** and in the print *Workbook / Laboratory Manual*. Presenting such later-learned structures in these ways easily allows instructors to adapt and expand their instruction for learners who can move more rapidly through the sequence. By focusing on a realistic and reasonable scope and sequence, *En avant!* promotes a deeper comprehension and a more well-rounded experience.

Because instructors aren't having to race to the finish line, a more manageable pace affords the opportunity to review and recycle the material that's been covered previously, thus allowing students to practice putting it together and to truly acquire the language. As in the first edition of *En avant!*, **Chapitres 4, 8,** and **12** feature a recycling section that appears before each new grammar point, pulling in a related point from earlier in the sequence that shows students how concepts are interrelated. The grammar of **Chapitre 16** is all review, which allows instructors to use new vocabulary to recycle key structures from the first-year program, such as the use of the **passé composé** and **imparfait** and the

As a specialist in L2 teaching and acquisition, the preface contains key terms that pique my interest, such as: "reduced grammatical scope and squence," "systematic review and recycling," "contextualized activities," "inductive activities," "form-focused practice," and "chunks of authentic language."

DR. VALERIE WUST
North Carolina State University

The adaptive nature of the **LearnSmart** activities will allow me more class time for further explanation of tricky grammar points when needed, not to mention more time for cultural activities and discussions!

KAYLEY J. STEUBER
College of DuPage

use of direct and indirect objects. This interweaving of old with new allows for better retention and more fluid opportunities to tie it all together.

New to the second edition is an engaging feature called **Le coin beaux-arts.** This section, which appears at the end of every even-numbered chapter, uses *En avant!*'s beautiful fine art chapter openers as a means to incorporate vocabulary and grammar review, while introducing students to masterpieces of French and francophone art.

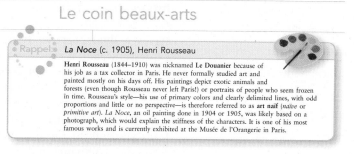

Le coin beaux-arts

Rappel *La Noce* (c. 1905), Henri Rousseau

Henri Rousseau (1844–1910) was nicknamed **Le Douanier** because of his job as a tax collector in Paris. He never formally studied art and painted mostly on his days off. His paintings depict exotic animals and forests (even though Rousseau never left Paris!) or portraits of people who seem frozen in time. Rousseau's style—his use of primary colors and clearly delimited lines, with odd proportions and little or no perspective—is therefore referred to as **art naïf** (*naïve* or *primitive art*). *La Noce,* an oil painting done in 1904 or 1905, was likely based on a photograph, which would explain the stiffness of the characters. It is one of his most famous works and is currently exhibited at the Musée de l'Orangerie in Paris.

With **LearnSmart,** students' precious study time is focused and directed, maximizing the impact of each minute a student devotes to studying. With over 2.5 billion questions answered since its launch in 2011, **LearnSmart** has proven to significantly improve students' learning and course outcomes—by as much as a full letter grade. As students work through each chapter's vocabulary and grammar modules, **LearnSmart** identifies the learning objectives behind each of the main grammatical structures and vocabulary words that warrant more practice, based on each student's performance. It then provides an individualized study program, one that's unique to each student, based on the student's strengths and weaknesses. The **LearnSmart** reports provide students with details about their own learning and give instructors the ability to understand the strengths and weaknesses of individual students as well as those of the entire class.

LEARNSMART

Choisissez les synonymes de l'expression **ne... que.**

Check all that apply.

☐ seulement

☐ rarement

☐ rapidement

☐ uniquement

Do you know the answer?

| I KNOW IT | THINK SO | UNSURE | NO IDEA |

Active Learning

En avant! puts students in the driver's seat, engaging them in their own learning process and inspiring them to learn more and do more with French. The vocabulary and grammar presentations do not simply provide translations or explain the rules, but instead challenge students to pause, think critically, and use meaning-based, contextual clues to figure things out. In this way, students' attention is directed toward their expanding vocabulary, the *why* behind the grammar presentations, and the functions these phrases and structures serve in the language. Each chapter begins with **Communication en direct** videos, shot on the street in Paris and Montreal. These videos present "chunks" of authentic language in real-life settings that students can use immediately to communicate. The **Vocabulaire interactif** sections use a variety of appealing photos, line art, and texts to present new words and expressions in context. The embedded activities in each encourage students to make form-to-meaning connections in French, rather than English. Each **Grammaire interactive** section begins with a short inductive presentation activity, **Analysons!,** which prompts students to think about and identify the grammatical rule. The form-focused **Mise en pratique** activities give students an opportunity to practice the structural forms before they begin to use them in meaningful contexts in the activities that follow. There is no room for passive bystanders in *En avant!*

En avant! is an innovative pedagogical approach where students are empowered and actively engaged in the learning process.

STÉPHANIE ROULON
Portland State University

The idea of "sparking curiosity" is what I always seek when approaching an assignment. I love the idea that a textbook has this same philosophy of generating thirst for knowledge . . . Many students do not see the relevance of studying a foreign language until they can connect with the culture.

JEFFREY ALLEN
North Carolina State University

Integration of culture

En avant! has been carefully constructed around an extensive video program that serves a dual purpose: It introduces new language structures and high-frequency expressions, and it provides a window into the cultures of the French-speaking world. This focus on cultural exploration has the additional advantage of making the communicative activities in the classroom more meaningful. The emphasis throughout is on culture "from the inside," that is, from the perspective of French speakers themselves. This perspective often includes comparisons with the students' own lives and leads students to the discovery that French speakers are in many ways similar to themselves. Activities and instructor's annotations further encourage self-reflection, as students are asked to consider how their own cultural perspectives might look to people from other cultures.

Culture is integrated throughout each chapter, embedded in presentations and activities, notes and videos, and ultimately culminates in the end-of-chapter section called **Culture en direct**, where students bring together what they have learned thus far to continuously develop their abilities in listening, reading, writing, and speaking.

Each **Culture en direct** section contains the following integrative sections that provide instructors with a wide variety of ways to integrate culture into their programs:

- **Le coin vidéo:** These new cultural presentations, which open the **Culture en direct** section of every chapter, are presented by a dynamic French actor using images and visual word prompts. These three- to seven-minute video presentations, which expand upon the cultural theme introduced in the chapter, give students the opportunity to practice their newly acquired listening skills.

- **Le coin lecture:** These sections, occurring in every chapter, provide students with successful interactions with a variety of authentic readings from the very beginning of their language studies. In response to reviewer feedback, more literary texts, including excerpts from *Le Petit Prince* (**Chapitre 6**), *Le Petit Nicolas* (**Chapitre 8**), and *La Cantatrice chauve* (**Chapitre 16**) are featured in this edition. Additional readings and guided writing activities, accompanied by reading and writing strategies, are available in **Connect French** and in the print *Workbook / Laboratory Manual*.

- **Le coin chanson:** Students listen to a French-language song related to the thematic and/or linguistic aspect of the chapter. A short biography of each artist is provided, and active listening is developed in the accompanying activities. This feature appears in the student edition in the odd-numbered chapters. Additional song activities for the even-numbered chapters are posted in the instructor's resource section in **Connect French**. Note: *All songs are readily available online through iTunes and/or on YouTube. Due to permissions limitations, the songs are not provided by McGraw-Hill Education.*

- **Le coin ciné:** Students watch a scene from a French-language movie that relates to the chapter theme, vocabulary, and grammar. Supported by pre- and post-viewing activities, students have the satisfaction of applying what they have learned throughout the chapter in an authentic language context. This feature appears in the student edition in the even-numbered chapters. Additional film activities for the odd-numbered chapters are posted in the instructor's resource in section **Connect French**. Note: *All films are available at major online and in-store video retailers. Due to permissions limitations, the clips are not provided by McGraw-Hill Education.*

Chapitre 1: Le coin vidéo

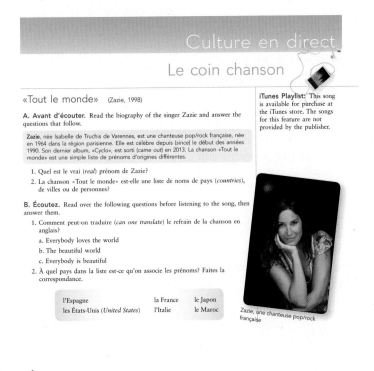

Culture en direct

Le coin chanson

«Tout le monde»   (Zazie, 1998)

A. Avant d'écouter. Read the biography of the singer Zazie and answer the questions that follow.

> Zazie, née Isabelle de Truchis de Varennes, est une chanteuse pop/rock française, née en 1964 dans la région parisienne. Elle est célèbre depuis (since) le début des années 1990. Son dernier album, «Cyclo», est sorti (came out) en 2013. La chanson «Tout le monde» est une simple liste de prénoms d'origines différentes.

1. Quel est le vrai (*real*) prénom de Zazie?
2. La chanson «Tout le monde» est-elle une liste de noms de pays (*countries*), de villes ou de personnes?

B. Écoutez. Read over the following questions before listening to the song, then answer them.

1. Comment peut-on traduire (*can one translate*) le refrain de la chanson en anglais?
   a. Everybody loves the world
   b. The beautiful world
   c. Everybody is beautiful
2. À quel pays dans la liste est-ce qu'on associe les prénoms? Faites la correspondance.

l'Espagne	la France	le Japon
les États-Unis (*United States*)	l'Italie	le Maroc

iTunes Playlist: This song is available for purchase at the iTunes store. The songs for this feature are not provided by the publisher.

Zazie, une chanteuse pop/rock française

- **Le coin conversation:** At the end of every odd-numbered chapter are engaging conversation activities. These pair- and group-based activities bring together the vocabulary and structures of the two preceding chapters in interesting real-life contexts that encourage students to start talking.

- **Le coin beaux-arts** (see detailed description above): At the end of every even-numbered chapter, students are given an opportunity to acquire an appreciation of French and francophone fine art as they review key vocabulary and structures from the two preceding chapters. Thought-provoking questions provide opportunities for lively in-class discussion.

Mobile Tools for Digital Success

Connect French is now mobile-enabled, allowing students to engage in their course material via the devices they use every day. Students can access *Workbook / Laboratory Manual* activities, the eBook, **LearnSmart**, video and audio materials, and grammar tutorials on their tablets.

Additional key features of **Connect French** include:

- **Connect**-only interactive activities using drag-and-drop functionality, embedded audio, voice recording, and videos targeting key vocabulary, grammar, and cultural content for extra practice;

- a comprehensive gradebook, including time-on-task measurements, the ability to quick grade, drop the lowest score, and view student grade-to-date calculations;

- powerful reports that provide instructors insight into classroom and student performance with data and information that can be used to decide how the valuable class time is to be spent;

- the ability to customize assignments using the Assignment Builder's user-friendly filtering system, allowing instructors to create unique assignments targeting specific skills, learning objectives, ACTFL standards, and more;

- access to all instructor's resources, including pre-made exams and a test bank for online delivery of exams;

- **Tegrity™**, McGraw-Hill's video capture software, which allows instructors to post short videos, tutorials, and lessons for student access outside of class;

- **Voice Board and Blackboard IM,** two powerful tools integrated into **Connect French,** promote communication and collaboration outside of the classroom. *Voice Board* activities allow students to participate in threaded oral discussion boards, while *Blackboard IM* activities facilitate real-time interaction via text instant messaging and voice or video chat. The white-board and screen-sharing tools provide opportunities for collaboration, and virtual office hours allow instructors to meet online with students either one-on-one or in groups. Instructors can deliver voice presentations, voice e-mails, or podcasts as well. Whether for an online or hybrid course or a face-to-face course seeking to expand oral communication practice and assessment, these tools allow student-to-student or student-to-instructor virtual oral chat functionality.

- **MH Campus** and **Blackboard** integration simplifies and streamlines course administration by integrating **Connect French** with any learning management system. With features such as single sign-on for students and instructors, gradebook synchronization, and easy access to all of McGraw-Hill's language content (even from other market-leading titles not currently adopted for your course), teaching an introductory language course has never been more streamlined.

Acknowledgments

The authors and the publisher would like to express their gratitude to the numerous instructors listed here, whose feedback contributed to the development of this program through their valuable participation in focus groups, surveys, and chapter reviews. (Note that the inclusion of their names here does not necessarily constitute their endorsement of the text or its methodology.)

Alabama State University
Pamela D. Gay

Borough of Manhattan Community College
Valerie Thiers-Thiam

Catawba College
Marie-Odile Langhorne

City College of San Francisco
Jacques Arceneaux

College of DuPage
Mirta Pagnucci
Kayley J. Steuber

Columbus State Community College
Gilberto Serrano

Columbus State University
Cécile Accilien

Drew University
Audrey Evrard

Eastern University
Anne François

El Centro College
Sharla Martin
Juan-Manuel Soto

Elon University
Sarah L. Glasco

Fashion Institute of Technology, State University of New York
Nicole Ruimy

Florida Atlantic University, Boca Raton
Géraldine Blattner
Justin White

Hudson Valley Community College
Malu Benton

Illinois State University
Lorie Heggie

Indiana State University
Florence Mathieu-Conner
Ashlee Vitz
Keri Yousif

Jackson State University
Tomaz Cunningham

Kalamazoo Valley Community College
Jonnie Wilhite

Louisiana State University
Stéphanie Gaillard

Metropolitan State University of Denver
Ann Williams

North Carolina Central University
Debra Boyd

North Carolina State University
Jeffrey Landon Allen
Diane Beckman
Michele Darrah
Valerie Wust

Northern Virginia Community College
Ana Alonso

Penn State Harrisburg
Barbara Nissman-Cohen

Portland State University
Stéphanie Roulon

Saint Anselm College
Nicole Leapley

Samford University
Heather A. West

Shepherd University
Rachel Krantz

State University of New York, Oneonta
April L. Ford

Susquehanna University
Lynn Palermo

University of Akron
Jeanne-Hélène Roy

University of Alabama
Isabelle Drewelow

University of Arkansas, Fayetteville
Kathy Comfort

University of Cincinnati
Kathryn Lorenz

University of Illinois at Urbana-Champaign
Cristina Toharia

University of Louisiana at Monroe
Fredrick Adams

University of Michigan, Ann Arbor
Bethany Kreps
Maryline Del Bon Hartman
Roger Butler-Borruat

University of Missouri
Annice Wetzel

University of Nevada, Las Vegas
Margaret Harp

University of New Orleans
Olivier Bourderionnet

University of North Texas
Laetitia Knight

University of Texas at Arlington
Antoinette Sol
Alicia Soueid

University of Wisconsin
Andrzej Dziedzic

Virginia Commonwealth University
Kathryn Murphy-Judy

Washington State University
Insook Webber

Western Illinois University
Edmund Asare

William Jewell College
Michael Foster

Young Harris College
Isabelle Therriault

"If you're going to do something, do it right, down to the last detail" is something my father, who passed during the preparation of this second edition, always told me. Although I have been very pleased to see in our classrooms at Johns Hopkins and to hear from instructors at other schools using *En avant!* that we did indeed do something right, a second edition allows me to do so down to the last detail. To this end, the very talented, hard-working, and gracious Annabelle Dolidon has come on board as my co-author; we've retained the excellent contributions of Susan Blatty and Peter Golato, and added the new song feature by Géraldine Blattner. Most importantly, we've listened to countless instructors—in their reviews and during their participation in webinar presentations—about how *En avant!* could respond even better to their needs both as instructors and as "representatives" of a still vital world language and hugely diverse culture. I am indebted to the team at McGraw-Hill Education, including Susan Blatty, Katie Crouch, Helen Greenlea, and Katie Stevens, for standing with us every step of the way.

—Bruce Anderson

Teaching the French language has always inspired my research in literature and film and vice versa as it brings me closer to my native language and helps me understand its beautiful intricacies. Literature and cinema give French a context and a body—a life. I am convinced that *En avant!* succeeds in giving life to the French language by taking students out into the French-speaking world beyond the four walls of the classroom through its use of authentic-language videos, texts, film clips, and songs.

Bruce and I met at UC Davis a few years back when I was a graduate student there, and he has been supportive of my work ever since. I cannot thank him enough for his encouragement and his awesome sense of humor. A big thank-you to Susan Blatty for her enthusiasm about the content that Bruce and I created for this second edition and for her ever-tactful way of pointing us in the right direction. Last but not least, I would like to hug my wife, Fabiana, for cheering on any endeavor I embark upon, and for gracefully putting her headphones on when I needed to concentrate on work! I hope that when instructors and students read this book they will sense not only the professional dedication of all contributors but also the positive energy that carried us throughout its development.

—Annabelle Dolidon

We would also like to express our gratitude to all of the people at McGraw-Hill who worked tirelessly to produce *En avant!* and its supplements. Our sincere thanks go to our wonderful project managers, Kelly Heinrichs and Erin Melloy and their colleagues in production and design: Rita Hingtgen, Shawntel Schmitt, and Sue Culbertson. A special thanks to Tara McDermott for the beautiful cover of the second edition. On the editorial side, heartfelt thanks go to Katie Sevens, our managing director, Katie Crouch, our brand manager, as well as Peggy Potter, Katherine Gilbert, Myrna Rochester, and Stéphanie Roulon for their expertise and guidance during the revision process.

Thanks as well to the digital teams, headed up by Janet Banhidi, Laura Ciporen, and Amber Bettcher, for making our transition to **Connect French** and **LearnSmart** a smooth one. We could not have produced these products without the dedicated efforts of the following people: Bruce Anderson and his **LearnSmart** team: Alicia Soueid, Valérie Thiers-Thiam, Jessica Becker, Claude Guillemard, and Lori McMann; and Justin Swettlen and his **Connect French** team, including Jon Fulk, Allison Hawco, Sarah Alem, and Sandra Trapani. In addition, we are grateful to our **En direct** writers—Cécile Accilien, Florence Mathieu-Conner, Andrzej Dziedzic, Anne François, and Nicole Leapley—who have developed a new set of video-based activities, featuring grammar in context (available in **Connect** only).

Few projects are successful without the help of sales and marketing. Many thanks to Helen Greenlea, our senior market development manager, and Caitlin Bahrey, our editorial coordinator, who efficiently managed the pre-publication market development efforts for both the print and digital products. A special thanks as well to our marketing team—Craig Gill, Jorge Arbujas, Chris Bown, and Leslie Briggs—whose efforts have made this project a success.

Communication en direct: Les gens

The twenty-five people pictured here are among the eighty people featured in the **Communication en direct** video interviews that begin each chapter. From them, you will hear how French is spoken by real people in Québec and in France today.

Montréal, Québec

Camille

Denis

Éric-Alexandre

Gabriel

Ibrahim et Naoufel

Marc

Marc-Antoine

Martin et Annie

Nicolas

Solène

Paris, France

Anna et Victoria

Anne-Claire

Antoine

Anthony et Sullyvan

Blood

Cécile

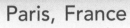
Élisabeth

Jean-Jacques

Lahcen

Mounira

Nicolas

Patrick et Camille

Raphaël

Sylvie

Xavier

La Tour rouge (1911–12), Robert Delaunay

Bilan

In this chapter, you will learn:

- to greet people, find out their name, find out how they are, and say good-bye
- the letters and sounds of the alphabet
- numbers from 0 to 69
- the names of months of the year and days of the week
- to identify people, places, and things using articles
- to refer to people and things using subject pronouns and the verb **être**
- to interpret common French gestures

1 Pour commencer

Mc Graw Hill Education **connect** plus+

FRENCH

www.mhconnectfrench.com

LEARNSMART

Vidéo

Bonjour! / Salut!   Greeting people

A. À l'écran (*On screen*). Watch and listen as the following people say hello. Indicate which greeting each person uses.

	Bonjour!	Bonjour, madame!	Salut!
1. Solène	☑	☐	☐
2. Sylvie Druart	☐	☑	☐
3. Marc-Antoine Tanguy	☐	☐	☑
4. Blood	☑	☐	☐
5. Anna et Victoria	☐	☐	☑

6. Chaïmaa ☑ ☐ ☐

7. Jean-Jacques Lebon ☐ ☑ ☐

Chez les francophones

Les salutations

French speakers always greet other people when they see them for the first time during the day. Depending on the relationship, the greeting is usually accompanied by a brief handshake or a small kiss on both cheeks. You shake hands with people you know less well; the kiss, called **la bise** or **le bisou,** is reserved for family members and friends. The number of kisses varies in different parts of the French-speaking world and within France itself: though the norm is one kiss on both cheeks, starting on the left, it varies from one kiss to four. Hugging does not generally occur as a part of greeting someone; it is considered too intimate.

Et chez vous? How do you greet your friends? your teachers? new acquaintances? Can you think of a time when you weren't sure how to greet somebody? What did you do?

- You use **bonjour,** literally *good day,* to say hello the first time you see someone during the day. After 5 P.M., you use **bonsoir,** literally *good evening.*
- If you are talking to a stranger, someone older than you, or someone you know less well, such as a shopkeeper or an acquaintance, it is important (to avoid being considered rude) to add the title **monsieur** (*sir*), **madame** (*ma'am*), **mademoiselle** (*miss*), or **mesdames et messieurs** if there are both men and women in the group. It is *not* usual to add a person's last name even if you know it.
- **Salut!** is a less formal way to say *hello* and is generally used among family members and friends, although **bonjour** is fine too.

Formal	Informal
Bonjour, monsieur.	**Salut, Paul!**
Bonjour, mademoiselle.	**Bonjour!**

In French, it is important to know how to address people differently according to your relationship with them. This distinction is explained in more detail later in this chapter.

B. *Bonjour* ou *Salut*? Decide whether the following people would use **bonjour** or **salut** by supplying the appropriate greeting and title, if necessary.

1. a student to an older female professor *bonjour Madame*
2. a father to his child *Salut*
3. you to your roommate *Salut or Bonjour*
4. you to a man on the street whom you ask for directions *Bonjour Monsieur*
5. you to two shopkeepers, one male and one female *Bonjour*
6. you to a young female shopkeeper *Bonjour mademoiselle*

Tu t'appelles comment? / Comment vous appelez-vous?

Asking someone his or her name

Vidéo

A. À l'écran. Watch and listen as the following people tell you their names. Number the names in the order that you hear them.

Je m'appelle...

- *6* Jean-Jacques Lebon
- *8* Naoufel
- *4* Cécile
- *7* Ibrahim
- *2* Chaïmaa
- *1* Élisabeth
- *5* Solène
- *3* Nicolas Chane Pao Kan

En français

You will have noticed in the video that there are two ways to ask someone's name: One question uses **tu** and the other **vous**. Although both words mean *you* in English, their usage depends on your relationship with the person you are addressing. Generally speaking, you use **tu** to talk to family members, children, pets, friends, and people you know well. Young people tend to use **tu** with other young people as well, even when they don't know them. You use **vous** with acquaintances, strangers, older people, or anyone to whom you wish to show respect, even if you know them well. Some examples might be your boss, an older neighbor, or perhaps some of your parents' friends.

The rules aren't exactly clear cut so, if in doubt, use **vous.** A native speaker will usually invite you to use **tu** if it's appropriate.

—Tu t'appelles comment?
—Je m'appelle Chaïmaa.

—Comment vous appelez-vous?
—Je m'appelle Jean-Jacques Lebon.

- To ask someone's name, you say:

  tu, *informal*

  —Tu t'appelles comment?*

  —Je m'appelle Marc.

  vous, *formal*

  —Comment vous appelez-vous?

  —Je m'appelle Jean-Michel.

- To introduce yourself first and ask the other person's name, say:

  tu, *informal*

  —Salut! Je m'appelle Brian.
  Tu t'appelles comment?

  —Salut! Je m'appelle Jean-
  Pierre.

  vous, *formal*

  —Bonjour, je m'appelle
  Lisa Baud. Comment vous
  appelez-vous?

  —Bonjour, madame.
  Je m'appelle Chloé Lebon.

- A simpler way to ask the same question of someone you address as **tu** is to give your name and add **Et toi?** (*And you?*). When talking to someone you don't know in a more formal way and would address as **vous,** you should wait for that person to introduce him/herself to you.

  tu, *informal*

  —Salut! Je m'appelle Marc.
  Et toi?

  —Je m'appelle Ahmed.

  —Enchanté. (*Glad to meet you.*)

  vous, *formal*

  —Bonjour, monsieur.
  Je m'appelle Madame Smith.

  —Je m'appelle Michel Tardif.

  —Enchantée.

  Note the following abbreviations:

monsieur	M. Tardif
madame	Mme Smith
mademoiselle	Mlle Lafleur

*A more formal way to ask this question is: **Comment t'appelles-tu?**

B. Tu t'appelles comment? / Comment vous appelez-vous? Decide which question you would use to ask the following people their name, then compare your answers with your classmate's.

1. a child in the supermarket who is with his/her mother *tu*
2. your new neighbor, who is your parents' age *vous*
3. another student your age whom you meet in the cafeteria *vous*
4. an older person whom you are meeting for the first time *vous*
5. a friend of your roommate's *tu*
6. your instructor *vous*

C. Bonjour, tout le monde (*everyone*)! Walk around the room, greet at least five other students using the correct expressions, introduce yourself, and find out everyone's name.

Comment vas-tu? / Comment ça va? / Comment allez-vous? Asking people how they are

- To ask someone how he/she is, you say:

    tu, *informal*

    Comment vas-tu* aujourd'hui (*today*)?

    vous, *formal*

    Comment allez-vous?

- You can also use this more casual question:

    Comment ça va? (*How's it going?*)

- Depending on how the person feels, answers to these questions may include:

Je vais (très) bien, merci.	*I'm fine / doing (very) well, thanks.*
Très bien, merci.	*Very well, thanks.*
Ça va.	*Fine.*
Ça va (très) bien.	*(Very) well.*
Bien, merci.	*Fine, thanks.*
Pas mal. (*informal*)	*Not bad.*
Ça va mal.	*Not so well.*

- To find out how the other person is feeling, just say: **Et toi? / Et vous(-même)?**

    tu, *informal*

    —**Comment ça va, Marc?**

    —**Très bien, merci. Et toi?**

    vous, *formal*

    —**Comment allez-vous, monsieur?**

    —**Je vais très bien, merci. Et vous-même?**

*A more informal way to say this is: **Comment tu vas?**

Vidéo

A. À l'écran. Watch and listen as the following people tell you how they are. Match each person with his/her answer (page 7). **Attention!** One answer is not used.

1. Keysha __e__

2. Blood __D__

3. Gabriel __f__

4. Sylvie Druart __d__

5. Nicolas __a__

6. Anne-Claire __g__

7. Mounira __c__

a. Très bien, merci.

b. Ça va très bien.

c. Très, très bien. Je vais super bien.

d. Je vais très bien avec ce soleil (*with this sun*)!

e. Je vais très bien.

f. Ça va bien, merci.

g. Je vais bien ce matin (*this morning*).

h. Pas mal.

B. Et vous?

Première étape. Go around the classroom, greet four classmates and your instructor, and find out how they are, using the appropriate expressions.

Deuxième étape. Afterward, your instructor will take a poll. How is the class today?

Aujourd'hui, la classe de français va…

Ciao! / Salut! / Au revoir! Saying good-bye

A. À l'écran. Watch and listen as the people in the video say good-bye. Check off the expressions that you hear. **Attention!** Some of the expressions are repeated and others aren't used at all.

Vidéo

1. _✓_ Ciao!
2. _✓_ Au revoir!
3. _____ À plus!
4. _✓_ Au revoir, messieurs-dames, merci.
5. _✓_ Salut!
6. _____ À bientôt!
7. _✓_ À demain!
8. _✓_ À ce soir alors. À plus tard! Salut!
9. _____ Au revoir, madame. Je vous souhaite une très bonne soirée. (*Have a good evening.*)

- There are various ways to say *good-bye* in French. **Salut!** and **Ciao!** are more informal. As you have already seen, **Salut!** is used to say *hello* and *good-bye*. **Ciao!** is borrowed from Italian. You generally use these expressions with the same people that you address as **tu**. **Au revoir** is more formal but can also be used with everyone. When used in a formal context, a title should follow it: **Au revoir, madame!**

  Other expressions used to say good-bye include:

À bientôt!	*See you soon!*
À plus tard!	*See you later!*
À ce soir!	*See you tonight!*
À demain!	*See you tomorrow!*

- People often shorten **À plus tard** to **À plus** in speech and to **A+** in e-mails and text messages. It is a very casual expression used among friends.

  Ciao, Jean-Luc! À plus!

B. Au revoir! How would you say good-bye to the following people? Complete each sentence with the appropriate expression. Compare your answers with a classmate's. **Attention!** There is sometimes more than one correct answer.

1. your elderly neighbor   _Au revior_ , madame!
2. the dean of your college   _Au revior_ , _madame_ !
3. your mother   _Ciao_ , maman!
4. your instructor   _Au revior_ , _madame_ !
5. your best friend   _Ciao_ , _____ !

C. Ciao! Make a list of all the questions you have learned so far in French. Then work with a classmate and take turns asking and answering each other's questions. Now, put your lists aside and present the conversations to the class.

Vocabulaire interactif

L'alphabet   The French alphabet

Listen as your instructor pronounces the letters of the French alphabet along with a word that begins with each letter. Be prepared to spell your name afterward!

A (a)   B (bé)   C (cé)   D (dé)   E (e)
avion   bureau   crayon   dôme   écran

F (effe)   G (gé)   H (ache)   I (i)   J (ji)
femme   guitare   homme   igloo   journal

K (ka) kayak	L (elle) livre	M (emme) maïs	N (enne) Noël	O (o) ordinateur
P (pé) porte	Q (ku) quatre	R (erre) roi	S (esse) stylo	T (té) taxi
U (u) usine	V (vé) vélo	W (double vé) web	X (iks) xylophone	Y (i grec) yacht	Z (zède) zèbre

1 The letter **h,** as in words such as **homme** and **hôtel,** is silent in French.

2 Th, as in **théâtre** and **sympathique** (*nice*), is pronounced [t].

3 Ch, as in **chaise** (*chair*) and **machine,** is pronounced [š] (as in the English word *shirt*).

4 The letter **j,** as in **journal, jaune** (*yellow*), and **déjeuner** (*lunch*), is pronounced [ž] (as in the English word *division*); so too is **g** when followed by **e, i,** or **y,** as in **geste, girafe, gymnase,** and **manger** (*to eat*).

A. Culture: Des sigles (*Acronyms*). The following companies and institutions in France are often referred to by the first letter of each major word in their title. What is the acronym for each company or institution?

EXEMPLE: le journal télévisé (*evening news*)
—le J T

1. le Parti socialiste
2. la Banque Nationale de Paris
3. le train à grande vitesse (*high-speed train*)

4. la Société nationale des chemins de fer français (*national railroad company*)
5. la Régie autonome des transports parisiens (*Parisian public transportation company*)
6. le Centre national de la recherche scientifique
7. la Direction Générale de la Sécurité Extérieure

En français

French spelling uses five accent marks, which can distinguish one word from another or, as you'll learn in later chapters, indicate particular vowel sounds.

accent aigu	é	écran, vélo
accent grave	à, è, ù	kilomètre, zèbre
accent circonflexe	â, ê, î, ô, û	dôme, forêt, théâtre
cédille	ç	leçon (*lesson*), français
tréma	ë, ï	Noël, maïs

To find out how a word you've just heard is spelled, ask: **Ça s'écrit comment?**

B. Les prénoms (*First names*).

Première étape. Introduce yourself to your classmates and tell them how your first name is spelled.

EXEMPLE: —Je m'appelle Jennifer. Ça s'écrit J - E - deux N - I - F - E - R.

Deuxième étape. Take turns with a classmate asking how the following names are spelled and then spelling them. Pay careful attention to accent marks.

EXEMPLE: É1: Ça s'écrit comment, «Chloé»?
É2: «Chloé», ça s'écrit C – H – L – O – E accent aigu.

1. Françoise	3. Brigitte	5. Philippe	7. Inès
2. Sylvie	4. Raphaël	6. Mathéo	8. Jade

Prénoms masculins		Prénoms féminins	
dans les années 1950	dans les années 2000	dans les années 1950	dans les années 2000
Alain	Enzo	Brigitte	Emma
Bernard	Lucas	Chantal	Chloé
Jean	Mathéo	Françoise	Inès
Michel	Raphaël	Marie	Jade
Philippe	Théo	Sylvie	Léa

Source: **www.bebe-prenoms.com**, based on annual statistics reported by the Institut national de la statistique et des études économiques (INSEE).

Les nombres de 0 à 69   Numbers from 0 to 69

Listen as your instructor pronounces the numbers below. Afterward, be prepared to provide some of the numbers that aren't listed.

0 zéro			
1 un	11 onze		21 vingt et un
2 deux	12 douze	20 vingt	22 vingt-deux…
3 trois	13 treize	30 trente	33 trente-trois…
4 quatre	14 quatorze	40 quarante	44 quarante-quatre…
5 cinq	15 quinze	50 cinquante	55 cinquante-cinq…
6 six	16 seize	60 soixante	66 soixante-six…
7 sept	17 dix-sept		
8 huit	18 dix-huit		
9 neuf	19 dix-neuf		
10 dix			

A. Un peu de maths (*A bit of math*). On a separate sheet of paper, write down your answers to the following math problems. Then, take turns with a classmate reading your answers aloud and verifying that they are correct.

EXEMPLES: —Dix **et** douze **font** vingt-deux. (10 + 12 = 22)
—Douze **moins** deux **font** dix. (12 – 2 = 10)

1. 9 + 9 =
2. 21 + 10 =
3. 11 + 15 =
4. 35 + 12 =
5. 25 + 25 =
6. 19 – 9 =
7. 60 – 15 =
8. 69 – 19 =
9. 28 – 14 =

B. Culture: Les chiffres clés (*Key facts and figures*). Use the numbers in the oval below to complete each statement about French society. How many can you guess correctly?

5   16   18   23   35   42   60

1. l'âge légal pour voter: _____ ans (*years*)
2. l'âge minimum d'un sénateur au Sénat: _____ ans
3. l'âge minimum d'un député à l'Assemblée nationale: _____ ans
4. le mandat (*term of office*) du président français: _____ ans
5. l'âge légal pour travailler (*to work*): _____ ans
6. l'âge minimum pour la retraite (*retirement*): _____ ans
7. l'âge médian d'une femme en France: _____ ans

C. Culture: Monsieur Jean Dupont. Working in pairs, take two turns each assuming the identity of a Jean Dupont from the list of telephone numbers. Can your classmate figure out which Jean Dupont you are (where you live)?

EXEMPLE: É1: Quel est votre numéro de téléphone, Monsieur Dupont?
É2: C'est le 04.13.66.39.60.
É1: Vous êtes de (*You are from*) Nice?
É2: Oui, je suis de (*I am from*) Nice.

Dupont Jean, 15 r Andrioli 06000 NICE	04.13.66.39.60
Dupont Jean, 34 av Mar Joffre 66000 PERPIGNAN	04.68.64.55.60
Dupont Jean, 65 av Lodève 34000 MONTPELLIER	04.30.66.39.11
Dupont Jean, 24 av Marius Olive 13009 MARSEILLE	04.68.41.24.11
Dupont Jean, 12 r Bouvine 83000 TOULON	04.30.41.24.08
Dupont Jean, 3 r Adanson 11100 NARBONNE	04.13.64.55.08

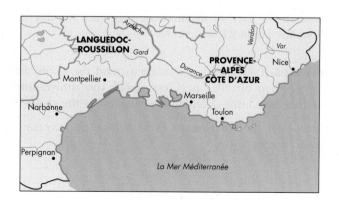

Chez les Français

Les numéros de téléphone

Telephone numbers in France are composed of ten numbers, divided into (and said as) five pairs of numbers. The first pair represents an area code (01 through 05) or the fact that it's a cell phone (06 or 07). Phone numbers beginning 0800 and 0805, called **numéros verts** (*green numbers*), are toll free, and correspond to 1-800 numbers in North America.

To find out someone's phone number, ask: **Quel est ton/votre numéro (de téléphone)?** To respond to this question, say: **C'est le...** followed by the five pairs of numbers.

Et chez vous? How do landline and cell phone numbers differ in your country? How is the way you give someone your phone number different from how the French give theirs?

Sur le calendrier   Months of the year and days of the week

As you examine the calendar page, be prepared to answer the following questions: What words start with lowercase letters (unlike their English counterparts)? What is the first day of the week? What term has been borrowed from English?

un jour   **un mois**   **le week-end**

SEPTEMBRE

lundi	mardi	mercredi	jeudi	vendredi	samedi	dimanche
			1 St Gilles	2 Ste Ingrid	3 St Grégoire	4 Ste Rosalie
5 Ste Raïssa	6 St Bertrand	7 Ste Reine	8 St Adrien	9 St Alain	10 Ste Inès	11 St Adelphe

7 jours = une semaine   4 semaines = un mois   12 mois = un an

Les douze mois de l'année sont: **janvier, février, mars, avril, mai, juin, juillet, août, septembre, octobre, novembre, décembre.**

1 To ask what day of the week it is, say: **Quel jour sommes-nous aujourd'hui?** (literally, *What day are we today?*) or **On est quel jour aujourd'hui?** In responding, use **Nous sommes... , On est... ,** or **C'est...** and the name of the day.

—**Quel jour sommes-nous aujourd'hui?**   *What day is it today?*

—**Nous sommes mercredi. (On est**   *It's Wednesday.*
   mercredi. / C'est mercredi.)

People might also tell you the date in response to the same questions.

—**On est quel jour aujourd'hui?**

—**(C'est) le 2 mars.**

2 To ask what today's date is, say: **Quelle est la date d'aujourd'hui?** In responding to this question, **le** is used before the date. Cardinal numbers (2, 3, 4, etc.) are used in dates except for the first day of the month, **le premier (1ᵉʳ).**

—**Quelle est la date d'aujourd'hui?**   *What is today's date?*

—**On est le trente et un (31) janvier.**   *It's January 31st.*

—**Et demain?**   *And tomorrow?*

—**Demain, c'est le premier (1ᵉʳ) février.**   *Tomorrow is February 1st.*

3 When representing the date all in numbers, you write the day first, then the month: **21/9** stands for **le 21 septembre.**

A. Des anniversaires (*birthdays*). Circulate around the room, asking five of your classmates when their birthday is (**C'est quand, ton anniversaire?**). Write down their name and their birth date. Whose birthday is the closest to your own?

EXEMPLE: —Mon (*My*) anniversaire est le 11 février. L'anniversaire de Paul est le 27 février.

B. Des fêtes (holidays).

Première étape. Place the following holidays in order from the earliest in the year (1) to the latest (8).

_____ la fête nationale   _____ la fête des Pères (fathers)

_____ la Saint-Patrick   _____ Noël

_____ le jour de l'An (New Year's Day)   _____ la Saint-Valentin

_____ la fête des Mères (mothers)   _____ Halloween

Deuxième étape. Starting with the first holiday, take turns with a classmate going through the list in the **Première étape**, indicating in which month and season each holiday takes place. Did you and your partner have the correct order?

EXEMPLE: —La fête des Mères est en mai, au printemps.

Prononcez bien!

To learn about syllables and tonic stress (**l'accent tonique**) in French, see the **Prononcez bien!** section of the *Workbook / Laboratory Manual*.

Vocab supp'

Here are the names of the four seasons and how to indicate in what season an event occurs. How does spring differ from the other seasons?

le printemps → au printemps

l'automne → en automne

l'été → en été

l'hiver → en hiver

Chez les Français

Le calendrier des fêtes

As you can see in the calendar on page 12, each day of the year in France is associated with one or more first names (**prénoms**). These names are drawn largely from the names of Roman Catholic saints but also from the names of important figures from mythology and antiquity, who are honored with a celebration (**fête**) on that day. French children have traditionally been named after one of the persons on **le calendrier des fêtes** and so celebrate their **fête** in addition to their birthday (**anniversaire**). It was only in 1993, in fact, that legal restrictions on how French parents could name their children were lifted. The government may still refuse a name that it believes would be "contrary to the interests of the child." In one famous court case from 2012, judges ruled that a couple could not name their son "Titeuf"—a popular comic strip character and slang expression meaning "little egghead." The couple ended up naming him "Grégory" instead.

Et chez vous? Is your first name a common one in your culture? Is it based on the heritage of your family? Were you named after a family member, a fictional character, a celebrity, or no one in particular? Do you think the government should intervene in the naming of children?

1.1 Une salle de classe°

°*A classroom*

Singular indefinite articles un and une and the gender of nouns

You've already learned some words for items found in a typical classroom. Those words, along with a few more, are provided in the illustration.

une feuille (de papier)

une fenêtre   un mur   une calculatrice   une affiche

un crayon   un stylo   une porte

un écran

un tableau (noir)

une carte

un professeur

un ordinateur (portable)

une chaise

un effaceur

une craie

un livre
un étudiant

un bureau   une étudiante

un cahier

Analysons! 1. Which indefinite article (**un** or **une**) is used when referring to a male student? ___*un*___ A female student? ___*une*___ 2. Does the form of the article change when it is used with things as well as people? ___*Oui*___

▶ Answers to this activity are in Appendice 2 at the back of the book.

Study Tip

When learning new words, connect their meaning to an image (like those in the illustration) or to a context (such as a classroom setting) rather than to their English equivalent. Your goal should be to think and speak in French, not to translate from English into French!

1 There are two singular indefinite articles in French that correspond to English *a*, *an*, or *one*: **un** and **une**. Both of these articles are used with nouns referring to people, places, and things. **Un** is used with masculine nouns, and **une** is used with feminine nouns.

un étudiant, **un** bureau, **un** écran   *a (male) student, a desk, a screen*

une étudiante, **une** chaise, **une** affiche   *a (female) student, a chair, a poster*

2 Nouns that refer to males are usually masculine, and those that refer to females are usually feminine. Some nouns that refer to people can be changed from masculine to feminine by adding the letter **e** to the end of the noun (**un étudiant, une étudiante; un ami, une amie** [*a friend*]). In other cases, a noun will have a single form but can be used to refer to both males and females (**un bébé, une personne, un professeur,** * **une vedette** [*a movie star*]).

3 To ask *what* something is, say **Qu'est-ce que c'est?** (*What is it?*); to ask *who* someone is, say **Qui est-ce?** To answer these two questions, you use **c'est** with both people and things:

—Qu'est-ce que c'est?	*What is it (that)?*
—C'est un crayon.	*It's (That's) a pencil.*
—Qui est-ce?	*Who is that?*
—C'est un(e) étudiant(e).	*He/She is a student.*

⊙ To learn more about the gender of French nouns, see Par la suite at the back of your book.

Mise en pratique. Write in the appropriate questions and answers, following the models provided. **Attention!** Remember to distinguish between **c'est un…** and **c'est une…** when answering.

1. Qui est-ce?
   C'est un étudiant.

2. Qu'est-ce que c'est?
   C'est une fenêtre.

3. Qui est-ce?
   C'est une éstudiate

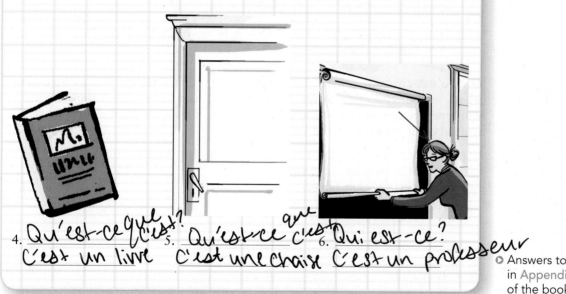

4. Qu'est-ce que c'est?
   C'est un livre

5. Qu'est-ce que c'est?
   C'est une chaise

6. Qui est-ce?
   C'est un professeur

⊙ Answers to this activity are in Appendice 2 at the back of the book.

*For many French speakers, the masculine form **un professeur** is used to refer to both male and female instructors; other speakers make a distinction between <u>un professeur</u> and <u>une</u> (femme) professeur. In Quebec, a distinction is made between **un professeur** and **une professeure**. You will learn more about variations in the use of masculine and feminine forms of occupations in **Chapitre 4.**

A. Écoutez bien! Listen as your instructor identifies various people using **C'est un** and **C'est une**. Indicate whether your instructor is referring only to a male or only to a female; check **les deux** (*both*) if your instructor could be referring to either.

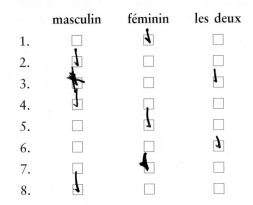

	masculin	féminin	les deux
1.	☐	☑	☐
2.	☑	☐	☐
3.	☒	☐	☑
4.	☑	☐	☐
5.	☐	☑	☐
6.	☐	☐	☑
7.	☐	☑	☐
8.	☑	☐	☐

Study Tip

Though it is true that many more feminine nouns end in the letter **-e** than do masculine nouns, this isn't a foolproof strategy for learning the gender of nouns: **livre** and **anniversaire** both end in an **-e** but are masculine. The decisive clue indicating the gender of a noun is the form of the indefinite article that you see or hear used with it. You should store the article and the noun together in your mental dictionary as a "chunk": **un livre** and **un anniversaire** but **une chaise** and **une affiche**.

B. Dans (*In*) **une salle de classe.** Working with a partner, provide the appropriate form of the indefinite article, **un** or **une**, for each noun in the following list without looking back at the illustration. How many blanks can you fill in from memory? Then identify the item in each row whose meaning doesn't fit.

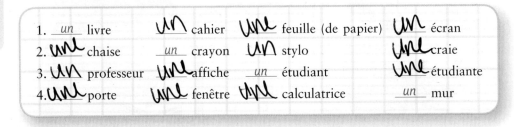

1. _un_ livre   _un_ cahier   _une_ feuille (de papier)   _un_ écran
2. _une_ chaise   _un_ crayon   _un_ stylo   _une_ craie
3. _un_ professeur   _une_ affiche   _un_ étudiant   _une_ étudiante
4. _une_ porte   _une_ fenêtre   _une_ calculatrice   _un_ mur

C. Qu'est-ce que c'est? One student will go around the classroom, pointing at ten items or people and calling on a different classmate each time to answer the questions **Qu'est-ce que c'est?** and **Qui est-ce? Attention!** Be careful to give the correct form of **un/une!**

> EXEMPLE: É1: (*pointing at a book*) Qu'est-ce que c'est?
> É2: C'est un livre.

En français

To indicate that something exists or is present, use **il y a** + noun, which is equivalent to English *there is / there are* … . To ask about the existence or presence of something, say:
Qu'est-ce qu'il y a… ?
(*What is there …?*).

D. Qu'est-ce qu'il y a…? In groups of three, one student will start by asking what's in your classroom. A second student will name one item. A third student will repeat that item and add another. Continue until someone is unable to remember all the items in the list.

> EXEMPLE: É1: Qu'est-ce qu'il y a dans la salle de classe?
> É2: Il y a un tableau.
> É3: Il y a un tableau et…

1.2 Un crayon, deux crayons

Plural nouns and the plural indefinite article des

Check off the items in the list that you think most students in your class usually bring with them to class.

une affiche	☐	des livres	☐	une calculatrice	☐
des stylos	☐	un ordinateur portable	☐	des crayons	☐
une carte	☐	un cahier	☐	un dictionnaire	☐

Analysons! Compare the singular and plural nouns in the list.
1. What form of the indefinite article is used with the plural nouns? _____
2. What ending do the plural nouns have? _____

○ Answers to this activity are in Appendice 2 at the back of the book.

1 **Des** is the plural form of the indefinite article **un/une**, used with both masculine and feminine plural nouns. Unlike its English equivalents *some* or *any*, it cannot be omitted.

Il y a **des** livres sur un bureau.	*There are (some) books on a desk.*
Il y a **des** étudiants ici?	*Are there (any) students here?*
Il y a **des** ordinateurs dans la salle de classe.	*There are (some) computers in the classroom.*

2 When **des** precedes a noun beginning with a vowel—such as **étudiants** and **ordinateurs** in the previous examples—the normally silent **s** of **des** is pronounced as a [z] sound. The same is true of words beginning with **h**: **des hommes**. This "linking together" of a normally silent final consonant and a vowel at the start of a following word is known as **liaison**.

3 As in English, the plural form of a noun in French most often ends in the letter **s** (**des livres, des crayons**). For nouns that already end in **s, x,** or **z** in the singular, however, there is no distinct plural form. Note that all of these final consonant letters are silent.

un mois → des mois	*a month, months*
un prix → des prix	*a price, prices*
un nez → des nez	*a nose, noses*

4 When identifying more than one object or person, **ce sont...** is used instead of **c'est...**

Ce sont des affiches.	*These/Those are posters.*
Ce sont des profs.	*They are professors.*

○ To learn more about the plural form of nouns, see Par la suite at the back of your book.

5 Many nouns that end in **ou** and all nouns that end in **eau** add an **x** rather than an **s** to form the plural. Most nouns ending in **al** change to **aux** in the plural.

un bijou → des bijoux	*a jewel, jewels*
un bureau → des bureaux	*a desk, desks*
un journal → des journaux	*a newspaper, newspapers*

Grammaire interactive

For more on plural nouns and indefinite articles, watch the corresponding *Grammar Tutorial* and take a brief practice quiz at **Connect French** (www.mhconnectfrench.com).

Mise en pratique.

For each noun in column A, write its plural form in column B. Pay special attention to the ending of each singular noun when deciding on the form of the plural.

A C'est...	B Ce sont...
1. une chaise.	des _chaises_ .
un tableau.	des _____ .
2. une semaine.	des _____ .
un mois.	des _____ .
3. un chat (*cat*).	des _____ .
un oiseau (*bird*).	des _____ .
4. une banque.	des _____ .
un hôpital.	des _____ .

○ Answers to this activity are in Appendice 2 at the back of the book.

A. Écoutez bien! Listen as your instructor asks questions about what one normally finds in classrooms like the one in which you have your French class. Check off whether there is normally one (**singulier**) or more than one (**pluriel**) of each item. If there normally aren't any at all, leave both boxes blank.

	singulier	pluriel		singulier	pluriel
1.	☐	☐	5.	☐	☐
2.	☐	☐	6.	☐	☐
3.	☐	☐	7.	☐	☐
4.	☐	☐	8.	☐	☐

B. Les formes du pluriel. Here are some singular nouns related to time. Working with a classmate, provide the plural form of each word, and then arrange them in order from the shortest to the longest period of time.

1. un an
2. une heure (*hour*)
3. un jour
4. une minute
5. un mois
6. une seconde
7. une semaine
8. un week-end

C. Les formes du singulier.

Première étape. Here are some plural nouns related to the classroom. Working with a classmate, provide their singular form.

1. des livres
2. des journaux
3. des feuilles
4. des cahiers
5. des stylos
6. des bureaux
7. des affiches
8. des cartes
9. des ordinateurs

Deuxième étape. Ask your partner what he/she has in his/her backpack (**un sac à dos**), then reverse roles. Which one of you is carrying around the greatest number of things?

EXEMPLE: É1: Qu'est-ce qu'il y a dans ton sac à dos?
É2: Dans mon sac (à dos), il y a trois livres, deux stylos, un crayon et une calculatrice.

D. Combien? (*How many?*) Examine the following list of places found in a city. Can you indicate exactly how many there are of each place in the city/town where your school is located? If so, use a number; if not, use **des**.

une banque	un hôpital	un parc
un café	un hôtel	un restaurant
un cinéma	un musée	un supermarché

EXEMPLE: —Il y a un hôpital, deux musées et des restaurants à _____ (*name of city/town*).

E. Notre (*Our*) **salle de classe.** Work with a partner. Look around your classroom and identify one thing (singular or plural) that logically answers each question. Compare your answers with the rest of the class. Was your answer unique or did everyone come up with the same thing?

1. Qu'est-ce qu'il y a derrière vous? ~~Eux~~ *derrière moi, il y a a mur* un
2. Qu'est-ce qu'il y a devant le tableau / l'écran? *devant moi, il y a le tableau.*
3. Qu'est-ce qu'il y a sur le bureau du professeur?
4. ~~a sur le~~ *bureau du professeur, il y a a livre.* Qu'est-ce qu'il y a sous les chaises?
5. Qu'est-ce qu'il y a dans le couloir (*hallway*)?

Vocab supp'

To indicate where something is located, you can use the following prepositions:

dans	*in(side)*
derrière	*behind*
devant	*in front of*
sous	*under, beneath*
sur	*on*

1.3 Nous sommes étudiants

Subject pronouns and the verb **être**

Read over Élisabeth's description of the philosophy class she is taking.

Je m'appelle Élisabeth. Je suis étudiante. Dans mon cours de philosophie, il y a vingt étudiants. **Les étudiants** sont sympathiques. Le professeur est sympa aussi. **Le professeur** s'appelle Monsieur Leclerc. Mon amie Sylvie est en cours avec (*with*) moi. **Sylvie** adore étudier la philosophie. **Sylvie et moi** sommes souvent (*often*) dans les mêmes (*same*) cours.

Analysons! 1. Which words in boldface would be replaced by the ~~boots~~ *Sylvie et moi* pronoun **il** (*he*)? *le professeur* by **elle** (*she*)? *Sylvie* by **nous** (*we*)? ~~~~ by **ils** (*they*)? *étudiants* There are four forms of the verb **être** (*to be*) in the preceding paragraph, one of which is used twice. What are they? *est? suis* *sont*

○ Answers to this activity are in Appendice 2 at the back of the book.

---

1 Pronouns replace proper nouns such as **Sylvie** (**elle**) and common nouns such as **les étudiants** (**ils**), making it possible to avoid the repetition of these nouns. When nouns or pronouns act as the grammatical subject of a sentence, they determine the particular form that the verb will take. The infinitive **être** (*to be*) is *conjugated* so as to *agree* with the subject of the sentence.

être (*to be*)			
je (*I*)	**suis**	**nous** (*we*)	**sommes**
tu (*you*)	**es**	**vous** (*you*)	**êtes**
il (*he*) } **elle** (*she*) } **est**		**ils** (*they*) } **elles** (*they*) } **sont**	

Study Tip

In this book, the shaded boxes in verb charts indicate forms that have the same pronunciation. You will see, in fact, that the **tu** and **il/elle** forms of *all* verbs in French are pronounced the same way, even though they are spelled differently.

2 The subject pronoun **elles** refers to two or more women, whereas **ils** refers to two or more men or to a mixed group of men and women.

Chloé et Emma (= **elles**) sont étudiantes. }
Gilles et Marc (= **ils**) sont étudiants. } *They are students.*

Chloé, Emma, Gilles et Marc (= **ils**) sont en cours. *They are in class.*

3 As you saw earlier in this chapter, **tu** is the singular and informal form of *you* whereas **vous** is the formal form. **Vous** is also used to address more than one person, in both formal and informal situations.

—**Tu** es de Paris, Théo? *Are you from Paris, Theo?*
—**Vous** êtes de Paris, Mme Ibrahim? *Are you from Paris, Mrs. Ibrahim?*
—**Vous** êtes étudiants? *Are (all of) you students?*

4 Ce/C' is another subject pronoun you have already seen. It is used *only* with the verb **être** for the purpose of identifying both people and things. When followed by a noun beginning with a vowel or **h**, the final consonant **t** of the verb becomes pronounced—another example of **liaison**.

C'est un livre / un prof. *It's a book / He's a professor.*
    [t]
Ce sont des crayons / des profs. *Those are pencils / They are professors.*

A. Écoutez bien! Listen as your instructor describes various people as being "nice" (**sympa**) and various objects as being "pretty" (**joli**). Based on the pronoun you hear, check off the person(s) or thing(s) your instructor is describing.

1. ☑ C'est un homme.   ☐ C'est une femme.
2. ☐ Ce sont des hommes.   ☐ Ce sont des femmes.
3. ☑ C'est un ami.   ☐ C'est une amie.
4. ☐ Ce sont des amis.   ☑ Ce sont des amies.
5. ☑ Ce sont des bureaux.   ☐ Ce sont des chaises.
6. ☑ C'est un bureau.   ☑ C'est une chaise.
7. ☐ Ce sont des cahiers.   ☑ Ce sont des affiches.
8. ☑ C'est un cahier.   ☐ C'est une affiche.

B. Jeu de mémoire. Work with three other classmates to form a group of four. Three members of the group will introduce themselves (**Je m'appelle...**), saying when their birthday is (**Mon anniversaire est le...**) and what city they are from (**Je suis de...**) while the fourth member listens. Afterward, the "listener" will recite back the information to each member of the group.

EXEMPLE: —Tu t'appelles Bill. Ton (*Your*) anniversaire est le 10 mars. Tu es de Richmond.

C. Les signes du zodiaque.
Working in pairs, take turns identifying each person's sign based on his/her birthday. Refer to the illustrations below. **Attention!** You'll need to decide between the pronouns **il**, **elle**, **ils**, and **elles**.

EXEMPLE: Émilie – le 11 février
—Elle est Verseau.

1. Stéphanie – le 25 novembre
2. Max – le 5 janvier
3. Alain et Didier, frères jumeaux (*twin brothers*) – le 15 juin
4. Mathéo – le 1ᵉʳ avril
5. Robert – le 27 juillet
6. Brigitte et Clara, sœurs jumelles (*twin sisters*) – le 17 mars

Bélier
21 mars – 20 avril

Taureau
21 avril – 21 mai

Gémeaux
22 mai – 21 juin

Cancer
22 juin – 23 juillet

Lion
24 juillet – 23 août

Vierge
24 août – 23 sept.

Balance
24 sept. – 23 oct.

Scorpion
24 oct. – 22 nov.

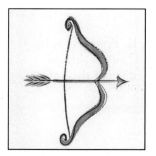

Sagittaire
23 nov. – 21 déc.

Capricorne
22 déc. – 20 jan.

Verseau
21 jan. – 19 fév.

Poissons
20 fév. – 20 mars

D. Présentations.
Tell a classmate when your birthday is and what astrological sign that birth date falls under. Then he/she will introduce you to the class.

EXEMPLE: É1: (JILL): Mon anniversaire est le 11 février. Je suis Verseau.
É2: (à la classe): Voici Jill. Son (*Her*) anniversaire est le 11 février. Elle est Verseau.

Grammaire interactive

For more on subject pronouns, the verb **être**, and negation, watch the corresponding *Grammar Tutorial* and take a brief practice quiz at **Connect French (www. mhconnectfrench.com).**

E. En commun.

Première étape. Complete each statement about yourself by checking off the term that describes you best. (You may need to add information in items 3 and 4 before checking off a box.)

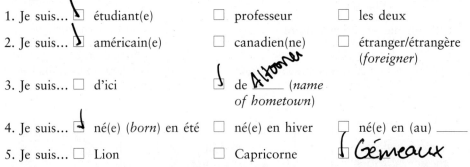

1. Je suis... ☑ étudiant(e)   ☐ professeur   ☐ les deux

2. Je suis... ☑ américain(e)   ☐ canadien(ne)   ☐ étranger/étrangère *(foreigner)*

3. Je suis... ☐ d'ici   ☑ de *Altoona* *(name of hometown)*

4. Je suis... ☑ né(e) *(born)* en été   ☐ né(e) en hiver   ☐ né(e) en (au) _____

5. Je suis... ☐ Lion   ☐ Capricorne   ☑ *Gémeaux*

Deuxième étape. Work with two classmates. Each person will indicate how he/she completed the first statement in the **Première étape** using **je suis...** Note whether you all responded similarly before moving on to the next statement. Afterward, present to the class *only* what you all have in common.

EXEMPLE: —Nous sommes tous *(all)* étudiants.

1.4 La précision   Use of the definite articles **le, la, l'**, and **les**

For each general term in column A, come up with a specific example (the first thing that comes to mind) for column B.

A		B
1. une lettre de l'alphabet	→	la lettre ___Z___
2. un numéro	→	le numéro *Zéro*
3. une saison	→	le (l') *Primtemps*
4. un mois	→	le mois de (d') *juillet*
5. des villes *(cities)* en France	→	les villes de *Paris* ~~Toulouse~~ et de

Analysons! 1. Which form of the definite article (**le, la, l'**, or **les**) is used with a plural noun? *les* 2. Which form would be used with a singular noun that begins with a vowel or an **h**? *l'* 3. Does either of these forms indicate the gender of the noun? *m·le f-la*

○ Answers to this activity are in Appendice 2 at the back of the book.

1 Definite articles in French, like their equivalent *the* in English, are primarily used to indicate a specific person, place, or thing.

—Qu'est-ce que c'est?   *What is this/that?*

—C'est un livre. C'est **le livre de David.**   *It's a book. It's David's book*
                                               (= the book that belongs to David).

The form of the definite article in French varies according to gender and number: **le** (*m.*), **la** (*f.*), and **les** (*pl.*). When a singular noun begins with a vowel or **h**, however, the contracted form **l'** is used with both masculine and feminine nouns.

  le numéro sept   *but:* **l'**homme derrière nous

  la lettre B   **l'**affiche sur le mur

  les quatre saisons

2 **Liaison,** which you learned about in **Grammaire interactive 1.2,** occurs between the plural form **les** and nouns beginning with a vowel sound (including words beginning with **h**) (**les ordinateurs, les hommes**). The contraction of **le** and **la** to **l'** before nouns beginning with a vowel sound is an example of **élision.**

3 Definite articles in French—unlike in English—are also used when naming things, such as countries (**la France**), languages (**le français**), species of animal (**le lion**), school subjects (**la biologie**), concepts (**la liberté**), and emotions (**la jalousie**).

Chez les Français

L'Hexagone

Mainland France is shaped roughly like a hexagon and so is sometimes affectionately called **l'Hexagone.** The country is divided into twenty-two **régions administratives,** including the island of Corsica (**la Corse**) in the Mediterranean and five additional overseas regions located in South America (**la Guyane**), the Caribbean (**la Martinique, la Guadeloupe**), and two islands in the Indian Ocean (**la Réunion, Mayotte**). Each region of mainland France and Corsica is further divided into two or more **départements** associated with a particular departmental number between 1 and 95, which appears in zip codes, among other things.

The map on the right shows those **départements.** Those located in the six "corners" of the hexagon are highlighted with their name and their department number.

Et chez vous? What are the governmental and administrative divisions in your country? Does the state/province you live in have a nickname (e.g. New Jersey, The Garden State)? If so, how was this nickname derived? from a geographical feature?

le Pas-de-Calais (62)

le Bas-Rhin (67)

le Finistère (29)

les Alpes-Maritimes (06)

les Pyrénées-Atlantiques (64)

les Pyrénées-Orientales (66)

la Corse

A. Culture: Écoutez bien!

Première étape. Listen as your instructor tells you what each of these frequently used French acronyms stands for. Check off the form of the definite article that you hear used with each acronym.

	le	la	l'	les	
1.	☐	☐	☐	☑	JO
2.	☐	☐	☑	☐	EDF
3.	☐	☑	☐	☐	CGT
4.	☑	☐	☐	☐	PNB
5.	☐	☑	☑	☐	UMP
6.	☐	☑	☐	☐	TVA

Deuxième étape. Listen once again to the full form of each acronym, then match it with one of the definitions from the list below. **Attention!** One definition is used twice.

une compagnie d'énergie	un syndicat (*workers union*)
une compétition sportive	un terme économique
un parti politique	

EXEMPLE: —Les JO, c'est une compétition sportive.

B. Les articles.

Première étape. Here are some classroom items. Change the indefinite article to the appropriate form of the definite article for each item.

1. une affiche
2. une calculatrice
3. une craie
4. des crayons
5. un dictionnaire
6. des effaceurs
7. des livres
8. un ordinateur portable
9. des stylos

Deuxième étape. Your instructor will call four students to the front of the class, each one bringing along or being given a different classroom object from the list in the **Première étape.** After the students introduce themselves, indicate to whom each item belongs.

EXEMPLE: —C'est la calculatrice de Mark.
—Ce sont les livres de Sarah.

Vocab supp'

Cognates (**mots apparentés**) are words that have similar spellings and meanings in French and English. The school subjects (**matières**) listed here, for example, are all cognates. Unlike in English, a definite article is used with the name of each subject.

l'anthropologie (f.), **la biologie, la chimie, l'éducation** (f.), **la géographie, la géologie, l'histoire** (f.) **(de l'art),
le journalisme, la linguistique, la littérature (comparée), les mathématiques (les maths)** (f. pl.), **la musique,
la philosophie, la photographie, la physique, la psychologie, les relations** (f. pl.) **internationales,
les sciences** (f. pl.) **économiques, les sciences politiques, la sociologie**

C. Les matières.

Première étape. Go to the board and quickly write the school subject from the **Vocab supp'** feature (page 24) that you believe to be the most difficult. Afterward, examine the responses that you and your classmates provided and indicate which three subjects appear the most frequently.

Deuxième étape. Select the three school subjects in the **Vocab supp'** feature that you like the most (aside from **le français**, of course!). Tell a classmate which three you selected using **J'aime...** (*I like*), then say which of these subjects you are currently studying using **J'étudie...** (*I am studying*).

D. Jeu de catégories.
Can you figure out which of the two terms fits each category? Work with a classmate, then check your answers by telling your instructor which term you selected and why you *didn't* select the other. Did you get all eight correct?

> EXEMPLE: un animal: le tigre ou la Tunisie?
> —Le tigre est un animal; la Tunisie est un pays!

1. **une matière:** l'hiver ou l'histoire?
2. **un fruit:** la banane ou la biologie?
3. **une émotion:** le Japon ou la jalousie?
4. **un pays:** l'été ou l'Égypte?
5. **une langue:** la France ou le français?
6. **un continent:** l'Asie ou l'amour?
7. **une saison:** l'Amérique du Sud ou l'automne?
8. **un concept:** le Danemark ou la démocratie?

Grammaire interactive

For more on nouns and definite articles, watch the corresponding *Grammar Tutorial* and take a brief practice quiz at **Connect French** (www. mhconnectfrench.com).

E. Forum: Présentation.
Write an introductory post to the **Forum des étudiants** following the model below. Greet the forum in French, tell them your name and where you are from, add anything else you know how to say in French (your birthdate, astrological sign, details about your French class and other subjects you're studying, etc.), then sign off.

◄ ► Forum >> Introductions

MESSAGE DE:

PMartin
(Ottawa)

🇨🇦

posté le
12-9

Sujet: Bonjour et présentation ▼
Bonjour! Je m'appelle Paul Martin. Je suis d'Ottawa, je suis né le 9 avril 1996, je suis Bélier. J'étudie (et j'aime!) l'anglais. Mon professeur s'appelle M. Andrews. Il y a vingt-trois étudiants dans le cours.
A+

Avant de dire quelque chose, il faut s'assurer que le silence ne soit pas plus important.*

—MARCEL MARCEAU

Before saying something, make sure that silence isn't more important.

Les gestes français: *How to speak French without saying a word.*

A. Avant de regarder. Like North Americans, the French make use of gestures in conversation. Although some French gestures may be familiar to North Americans, their meaning may sometimes be different. Which gestures have you already learned from the **Communication en direct** videos that are related to greeting someone? Do you know of any other conversational gestures unique to France or to another country, including your own?

B. Regardez et écoutez. Now watch and listen as the instructor, Élodie Cammarata, demonstrates and explains, in French, ten gestures used by the French in everyday conversation. Note not only the gesture itself but also what she says and any other elements (facial expression, intonation) that might help you understand the gesture's meaning. Match each gesture with its appropriate meaning from the list of possible meanings that follows.

Geste: 1. _____   6. _____
2. _____   7. _____
3. _____   8. _____
4. _____   9. _____
5. _____   10. _____

Sens (*Meaning*):   a. Sorry!   f. That's expensive!
b. I've had it!   g. I don't believe that!
c. Aren't I clever!   h. He/She's crazy!
d. Call me!   i. Mum's the word!
e. Delicious!   j. 1, 2, 3...

○ **Note:** Our dynamic instructor, Élodie Cammarata, was born and raised in Nancy in northeastern France, in the Lorraine region, not too far from Germany. After exploring potential careers as a sports instructor and medical researcher, Élodie decided instead to study musical theater in Paris. She had always dreamed of living in California and, after winning the green card lottery, she moved to Los Angeles with her family. She has been performing at the Santa Monica Playhouse in musicals for over a year and has recently appeared in several television commercials. Élodie is delighted to use her talents to present information about French culture to American students.

C. À vous! (*Your turn!*) Take turns with a partner reacting to the following situations using only the appropriate French gesture.

1. Your roommate asks how many people are coming to dinner. (There will be three.)
2. Someone shows up at a black-tie affair wearing shorts and a rock band t-shirt.
3. Your classmate solves a difficult calculus problem in no time at all.
4. A friend tells you she's quitting school to join the circus. (You don't believe her.)
5. You've just spent two hours trying to write a composition and made no progress.
6. Your host mother has prepared her signature dish for dinner.

Rétrospective Le pantomime francais: Marcel Marceau

Michael Jackson et Marcel Marceau dansent ensemble à New York

The word *pantomime* comes from the Greek **pantomimos: panto-,** (*all*) + **mimos** (*mimic*). Pantomime embodies communication that uses only facial expressions and body movement.

Marcel Marceau (1923–2007) is undoubtedly the first name that comes to mind when referring to mime. Marceau received many awards and honors, performed in numerous films and theater productions, appeared on television, and wrote two children's books. In 1969, he opened the **École Internationale de Mime** in Paris, and in 1978, he created the **École Internationale de Mimodrame de Paris**. Inspired by the works of French sculptor Auguste Rodin (1840–1917), Marceau and his contemporaries considered mime as a sort of "silent grammar" of the language of movement that allowed one to move from one attitude (one sculpture-like pose) to the next, much as the grammar of spoken or written language allows ideas to be conveyed with words.

Marceau's step, **la marche contre le vent** (*walk against the wind*), was the inspiration for Michael Jackson's famous moonwalk.

Avez-vous compris? (*Have you understood?*) What are the two major components of mime? In what way(s) is mime like a "silent grammar"? In your opinion, can mimes be considered artists—that is, do they create or simply imitate?

Le coin lecture

L'anglais dans les publicités francophones

A. Avant de lire. Can you think of any English-language advertisements that contain non-English words and phrases? If so, which products were being advertised and which foreign language was being used?

B. Lisez. Read the following restaurant advertisement and see how much of it you can understand.

C. Répondez.

1. What English words and phrases did you find in the restaurant advertisement?
2. Which English words and phrases do you find particularly strange or amusing because they would not be used this way in a similar advertisement in English?

D. À vous! As an English speaker, can you tell what each menu item is from its English name alone, without looking at its accompanying picture? There are French words for every English word used in this advertisement, so why do you think English words were used instead?

Les coins lecture et écriture: Additional reading and writing activities are available in the **Workbook / Laboratory Manual** and at **Connect French (www. mhconnectfrench.com)**.

«Tout le monde»   (Zazie, 1998)

A. Avant d'écouter. Read the biography of the singer Zazie and answer the questions that follow.

> **Zazie**, née Isabelle de Truchis de Varennes, est une chanteuse pop/rock française, née en 1964 dans la région parisienne. Elle est célèbre depuis (*since*) le début des années 1990. Son dernier album, «Cyclo», est sorti (*came out*) en 2013. La chanson «Tout le monde» est une simple liste de prénoms d'origines différentes.

1. Quel est le vrai (*real*) prénom de Zazie?

2. La chanson «Tout le monde» est-elle une liste de noms de pays (*countries*), de villes ou de personnes?

B. Écoutez. Read over the following questions before listening to the song, then answer them.

1. Comment peut-on traduire (*can one translate*) le refrain de la chanson en anglais?

    a. Everybody loves the world

    b. The beautiful world

    c. Everybody is beautiful

2. À quel pays dans la liste est-ce qu'on associe les prénoms? Faites la correspondance.

l'Espagne	la France	le Japon
les États-Unis (*United States*)	l'Italie	le Maroc

    a. Francesca   c. Sally/Kevin   e. Ali

    b. Pablo   d. Keïko   f. François

3. Est-ce que le prénom Zazie est inclus dans la liste des prénoms dans la chanson—oui ou non?

C. À vous! Answer the following questions.

1. In this song, Zazie says that she's from the same country (France) as Sigmund, Sally, Alex and Ali, and that the country is big enough for everyone. What do you think is meant by these lyrics?

2. If you lived in France, would you want to be called by your real first name or the nearest French equivalent to that name? Why?

iTunes Playlist: This song is available for purchase at the iTunes store. The songs for this feature are not provided by the publisher.

Zazie, une chanteuse pop/rock française

Le coin conversation

Une première conversation

As a class, hold the longest French conversation you can. To begin, two students should come to the front of the class and start a conversation. At random points, your instructor will replace one student with another, who will then continue the conversation from that point. Try to make the conversation last until everyone has had a chance to participate. Include as many of the questions and expressions you learned in the chapter as you can.

EXEMPLE:

É1: Bonjour, je m'appelle Sarah. Tu t'appelles comment?
É2: Bonjour, Sarah. Je m'appelle Frank. Comment vas-tu?
É1: Bien, merci...
É3: (*replacing É1*): Bien, merci. Comment vas-tu?

Des étudiants en cours de français

Vocabulaire

Study Tip

The English equivalents of the active vocabulary words for each chapter appear in this **Vocabulaire** section, found at the end of each chapter. Active vocabulary words are those that you are responsible for knowing on all levels (their meaning, gender, spelling, and pronunciation). You can study by creating flash cards for those words in **Vocabulaire** whose meaning, gender, or spelling are particularly difficult for you. The end-of-chapter vocabulary lists have been recorded; you can listen to them in the eBook. You can also practice recognizing and producing these words in **LearnSmart®**. The French–English **Lexique** at the back of the book contains all the words from all of the chapters in alphabetical order; if a number follows a word, it indicates the chapter in which it is presented as active vocabulary. The English–French **Lexique** contains only the translations of the end-of-chapter vocabulary lists. The **Lexiques** at the end of the book are not complete bilingual dictionaries. Ask your instructor for recommendations on which print or online bilingual dictionary to use in your course.

Questions et expressions

À bientôt! / À plus tard! (À plus!) / À ce soir! / À demain!	See you soon / later / tonight / tomorrow!
Au revoir! / Salut! / Ciao!	Good-bye! / So long!
Bonjour! / Salut! (*fam.*)	Hello! / Hi!
Bonsoir!	Good evening!
Ça s'écrit comment?	How is that spelled (written)?
C'est quand, ton/votre anniversaire?	When is your birthday?
Comment vas-tu? / Comment ça va? / Comment allez-vous?	How are you?
Ça va bien, merci.	Fine, thanks.
Ça va mal.	Not so well.
Je vais (très) bien.	I'm fine (doing well).
Pas mal.	Not bad.
Quel est ton/votre numéro (de téléphone)?	What is your phone number?
Quel jour sommes-nous (aujourd'hui)?/On est quel jour (aujourd'hui)?	What day is it (today)?
Quelle est la date d'aujourd'hui?	What is today's date?
Qu'est-ce que c'est?	What is it?
Qu'est-ce qu'il y a... ?	What is there ... ?
Il y a...	There is, There are ...
Qui est-ce?	Who is that?
C'est / Ce sont...	It, That, He, She is / Those, They are ...
Tu t'appelles comment? / Comment vous appelez-vous?	What is your name?
Je m'appelle...	My name is ...
madame (Mme)	ma'am (Mrs.)
mademoiselle (Mlle)	miss (Miss)
mesdames (*f. pl.*)	ladies
messieurs (*m. pl.*)	gentlemen
monsieur (M.)	mister (Mr.)
Enchanté(e).	Nice to meet you.
Et toi? / Et vous(-même)?	And you?

Verbe

être	to be

Les saisons

Seasons

l'automne (*m.*) / en automne	fall / in the fall
l'été (*m.*) / en été	summer / in (the) summer
l'hiver (*m.*) / en hiver	winter / in (the) winter
le printemps / au printemps	spring / in (the) spring

Les mois (*m.*)

Months

janvier, février, mars, avril, mai, juin, juillet, août, septembre, octobre, novembre, décembre

Les jours de la semaine

Days of the week

lundi	Monday
mardi	Tuesday
mercredi	Wednesday
jeudi	Thursday
vendredi	Friday
samedi	Saturday
dimanche	Sunday

Vocabulaire

La salle de classe

The classroom

une affiche	a poster
un bureau	a desk
un cahier	a notebook
une calculatrice	a calculator
une carte	a map
une chaise	a chair
une craie	a (piece of) chalk
un crayon	a pencil
un écran	a screen
un effaceur	a chalkboard eraser
un(e) étudiant(e)	a student
une fenêtre	a window
une feuille (de papier)	a sheet (of paper)
un livre	a book
un mur	a wall
un ordinateur (portable)	a (laptop) computer
une porte	a door
un professeur	a professor, an instructor
un sac à dos	backpack
un stylo	a pen
un tableau (noir)	a (black)board

Les matières

School subjects

l'anthropologie (*f.*), la biologie, la chimie, l'éducation (*f.*), la géographie, la géologie, l'histoire (*f.*) (de l'art), le journalisme, la linguistique, la littérature (comparée), les mathématiques (les maths) (*f. pl.*), la musique, la philosophie, la photographie, la physique, la psychologie, les relations (*f. pl.*) internationales, les sciences (*f. pl.*) économiques, les sciences politiques, la sociologie

Autres substantifs

Other nouns

un(e) ami(e)	a friend
un an	a year
un anniversaire	a birthday
un dictionnaire	a dictionary
une femme	a woman
une fête	a party, holiday
un homme	a man
un jour	a day
un journal	a newspaper
un mois	a month
une semaine	a week
un week-end	a weekend

Les nombres de 0 à 69

Numbers from 0 to 69
(see page 10)

Prépositions

dans	in(side)
derrière	behind
devant	in front of
sous	under
sur	on

Nave nave moe (1894), Paul Gauguin

2 Comment sont-elles?

Bilan

In this chapter, you will learn:

- to ask someone's age, nationality, and where he/she is from
- to describe someone's personality and appearance
- to express ownership and possession with the verb **avoir**
- to respond negatively to questions using **ne… pas** and **ne… jamais**
- to describe people, places, and things using adjectives
- to ask *yes/no* questions using intonation and **est-ce que**
- about cultural notions of heritage and friendship
- about Paul Gauguin and his work, *Nave nave moe*, while reviewing vocabulary and grammar from the previous chapter

Mc Graw Hill Education **connect** plus+

|FRENCH

www.mhconnectfrench.com

LEARNSMART

Tu as quel âge? / Quel âge avez-vous?

Asking someone's age

Vidéo

A. À l'écran. Watch and listen as the following people answer the questions **Tu as quel âge? / Quel âge avez-vous?** (*How old are you?*). Choose the correct response.

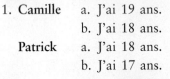  

1. **Camille** a. J'ai 19 ans.
              b. J'ai 18 ans.

   Patrick a. J'ai 18 ans.
               b. J'ai 17 ans.

2. **Chaïmaa** a. J'ai 6 ans.
               b. J'ai 8 ans.

3. **Imée** a. Moi, j'ai 19 ans.
           b. J'ai 16 ans.

   Aïda a. Et moi, 13 ans.
            b. Et moi, 16 ans.

4. **Nicolas Chane Pao Kan** a. J'ai 22 ans.
                             b. J'ai 24 ans.

5. **Solène** a. J'ai 25 ans.
             b. J'ai 27 ans.

6. **Nicolas** a. J'ai 23 ans.
              b. J'ai 43 ans.

7. **Ibrahim** a. J'ai 27 ans.
              b. J'ai 21 ans.

   Naoufel a. Moi, j'ai 22 ans.
              b. Moi, j'ai 26 ans.

In **Chapitre 1,** you learned a variety of questions to help you get to know someone. Here is another one.

- To ask someone's age, you say:

tu, *informal*	**vous,** *formal*
Tu as quel âge?*	**Quel âge avez-vous?**

- To respond, say:

J'ai 19 ans. (*I'm 19 [years old].*)	**J'ai 55 ans.** (*I'm 55 [years old].*)

Note that in French, unlike English, you must say the word **ans** (*years*) when giving an age.

*****Quel âge as-tu?** is a (slightly) more formal way to ask this question.

B. Quel âge avez-vous? Go around the classroom and ask your classmates how old they are and when their birthday is. Try to find someone the same age as you are who was born in the same month. If you find someone, sit down.

EXEMPLE: —Tu as quel âge? / Quel âge avez-vous?
—J'ai 19 ans.
—C'est quand ton/votre anniversaire?
—C'est le 10 avril.

Tu es d'où? / D'où êtes-vous? Finding out where someone is from

- To ask where someone is from, you say:

tu, *informal*	**vous,** *formal*
Tu es d'où?*	**D'où êtes-vous?**

You may hear a variety of answers to that question.

Je suis de Montréal.	*I'm from Montreal.*
Je viens de France.	*I come from France.*
Je suis né(e) à Paris, mais maintenant j'habite à Marseille.	*I was born in Paris but now I live in Marseille.*

Note that the answer can be the name of a city or a country.

- In the video, some of the interviewees say where their town is located in relation to a larger city by using **près de** (*near*) and **pas très loin de** (*not very far from*) + the name of the larger city.

Je suis de Beauvais. C'est une petite ville <u>près de</u> Paris.	*I'm from Beauvais. It's a small city near Paris.*
Je viens d'Antibes, <u>pas très loin de</u> Nice.	*I'm from Antibes, not far from Nice.*

*****D'où es-tu?** is a (slightly) more formal way to ask this question.

Vidéo

A. À l'écran. Watch and listen as the following people tell you where they are from. Match the people to the places they are from. **Attention!** Two people are from the same place.

1. **Anne-Claire** _____

2. **Marc** _____

3. **Xavier** _____

4. **Ibrahim** _____

5. **Nicolas Chane Pao Kan** _____

6. **Élisabeth** _____

7. **Patrick** _____

a. du Canada
b. de Rouen
c. de Marseille
d. de l'île de La Réunion
e. du sud-ouest de la France, pas très loin de Bordeaux
f. de Montréal

B. Et toi, tu es d'où?

Première étape. Walk around the room and find out where four or five of your classmates are from. Take notes. If you don't remember their names, be sure to ask.

Deuxième étape. Introduce yourself to the class, say where you are from, and indicate where two other classmates are from.

EXEMPLE: Bonjour! Je m'appelle Claire. Je suis de Miami. Jenni est de New York et Paul est d'Evanston, pas très loin de Chicago.

Quelle est ta/votre nationalité? Finding out someone's nationality

- To ask someone's nationality, say:

  tu, *informal*

  —**Quelle est ta nationalité, Marc?**

  —**Je suis français.**

  vous, *formal*

  —**Quelle est votre nationalité, madame?**

  —**Je suis française.**

- People who have immigrated to another country (or whose parents have) might also say what their family origins are and/or say where they were born.

  Je suis d'origine (f.) **marocaine** (*of Moroccan origin*), **mais je suis né(e) en France. Je suis de nationalité** (f.) **française.**

A. À l'écran.

Vidéo

Première étape. Watch and listen as the following French people tell you their nationality, and indicate which word(s) each one uses.

Je suis...

  a. **français**   b. **française**   c. **de nationalité française**

1. Patrick _____
2. Anne-Claire _____
3. Antoine _____
4. Jean-Jacques _____
5. Lahcen _____
6. Cécile _____

Deuxième étape. Watch the video again and complete the following sentences.

1. _____ est d'origine togolaise.
2. _____ est d'origine marocaine.
3. _____ est né à Paris.

Chez les francophones

La colonisation et l'immigration

For many French speakers, both within France and around the world, one's *nationality* and one's *origins* are distinct notions. This is probably due to France's long history of colonization dating back to its presence in the Caribbean in the 16th century and in North America in the 17th and 18th centuries. In the 19th and early 20th centuries, France expanded its territories in Africa and Southeast Asia. After France's occupation by Nazi Germany in World War II, the colonial empire crumbled and during the next two decades, most colonies became independent nations without conflict (Senegal, Cameroon, Togo, Burkina Faso), though Algeria and Indochina—corresponding to modern-day Vietnam, Laos, and Cambodia—won their independence only through long and bloody wars. Hundreds of thousands of former colonists and natives loyal to the French government returned or immigrated to France after the collapse of the former colonial empire. Today, in many of the former colonies that make up **la francophonie** (*the French-speaking communities*), French is still the first or second official language, used in schools and for administrative purposes. In France, many first-, second-, and even third-generation immigrants will point out that they are **de nationalité française** but also **d'origine togolaise** or **d'origine marocaine**, for example.

Et chez vous? What sort of diversity is there in your circle of family members and close friends in terms of nationality, origin (heritage), and language? Is this the result of your country's colonial history, or immigration, or both?

Vocab supp'

Pays (Country)	Nationalité		Langue(s) (Language[s])
	masculin	féminin	
l'Allemagne (f.) (Germany)	allemand	allemande	l'allemand*
l'Angleterre (f.) (England)	anglais	anglaise	l'anglais
la Belgique	belge	belge	le français, le flamand
le Brésil	brésilien	brésilienne	le portugais
le Canada	canadien	canadienne	le français, l'anglais
la Chine	chinois	chinoise	le chinois
les États-Unis (m. pl.) (USA)	américain	américaine	l'anglais
l'Espagne (f.)	espagnol	espagnole	l'espagnol
la France	français	française	le français
l'Inde (f.) (India)	indien	indienne	le hindi, l'anglais
l'Irlande (f.)	irlandais	irlandaise	l'anglais
l'Italie (f.)	italien	italienne	l'italien
le Japon	japonais	japonaise	le japonais
le Maroc (Morocco)	marocain	marocaine	l'arabe, le français
le Mexique	mexicain	mexicaine	l'espagnol
le Québec (province)	québécois	québécoise	le français
la Russie	russe	russe	le russe

To indicate that someone speaks a particular language, use the verb **parler** and the name of the language without the definite article.

Je/Il/Elle parle anglais.   I (He/She) speak(s) English.

*The French words for languages are always masculine.

B. Des nationalités et des langues. Say which language each person probably speaks based on his/her nationality and where he/she lives.

> EXEMPLE: La famille d'Ahmed est d'origine marocaine, mais Ahmed habite à Paris.
> —Ahmed parle probablement arabe et français.

1. Marianne est de nationalité française.
2. La famille de Maxime est d'origine russe, mais il habite à Pékin (*Beijing*).
3. Sarah est de nationalité irlandaise.
4. Maimi habite à Chicago, mais elle est d'origine japonaise.
5. Jorge est de nationalité espagnole.

C. Quelle est ta/votre nationalité?

Première étape. Ask your classmate what his/her nationality is.

> EXEMPLE: É1: Quelle est ta nationalité?
> É2: Je suis américain(e). Je suis né(e) à New York, mais je suis d'origine indienne.

Deuxième étape. Now take turns choosing a person and the name of a city from the list that follows. Assume that person's identity. Your classmate will ask you where you are from and what your nationality is. Continue until you have covered all of the cities on the list.

1. M. Frenière, Paris
2. Mlle Nadeau, Montréal
3. Mme Alami, Marrakech
4. Mme Swan, Londres (*London*)
5. M. Mauriello, Rome
6. Mlle Schmidt, Berlin

D. Un rendez-vous en ligne (*online meeting*). Your class has partnered with a class in a Francophone country, and you and your classmate are preparing for your first online meeting via webcam with your French-speaking counterparts. Brainstorm to create a list of questions to ask and a list of all of the expressions you know to greet someone and introduce yourself. Then with your classmate, take turns role-playing the conversation you will have with the French-speaking student.

Nom:

Âge:

Nationalité:

Ville:

Pays:

Chez les Français

Le mystère de la langue basque

Within the French region of Aquitaine, stretching across the Pyrenees mountains into Spain, lies the "Basque country" (**le Pays basque**), many of whose inhabitants speak not only the national language of the country in which they reside— French or Spanish—but also the ancestral language of the Basque people: **le basque** (or **euskara** in Basque). The origins of this language remain a mystery. Despite being surrounded by Romance languages, Basque bears little resemblance to any of them. For example, the word for *father* is **aita** in Basque, but **père** in French, and **padre** in Spanish and Italian (all derived from Latin **pater**). Though the 20th century was marked by an active and sometimes violent separatist movement, today the Basque region of France enjoys a peaceful co-existence within French culture (and within the European Union), celebrating its unique cultural and linguistic identity each summer with a five-day long festival—**les fêtes de Bayonne**—that takes places in its largest city.

Les fêtes de Bayonne

Et chez vous? Are there groups of people in your community or region that share a unique cultural and/or linguistic identity? If so, in what ways do they demonstrate their pride in this identity?

Vocabulaire interactif

Il est sympathique! Describing someone's personality and appearance

Here are some common adjectives used to describe people. Can you match the first ten illustrations with their opposites among the last ten illustrations? Write in the corresponding number.

1. **riche**   2. **beau**   3. **heureux**   4. **faible**   5. **actif**

6. **grand**   7. **gros**   8. **jeune**   9. **amusant**   10. **méchant**

mince ≠   pauvre ≠   petit ≠   décontracté ≠   fort ≠

sympa(thique) ≠   triste ≠   vieux ≠   laid ≠   ennuyeux ≠

○ Answers to this activity are in Appendice 2 at the back of the book.

Now find an adjective from the presentation on the previous page that is similar in meaning to one of the following adjectives.

âgé	content	déprimé (*depressed*)	gentil (*kind, nice*)	mignon (*cute*)
relax	sportif	fauché (*broke*)	marrant (*funny*)	aisé (*well-off*)

A. Comment est-il? (*What is he like?*) Which adjective(s) do you associate with the following people?

EXEMPLE: un ami
—Un ami est sympa.

1. un ami
2. un ennemi
3. un professeur
4. un étudiant
5. un bébé
6. un parent
7. un patron (*boss*)
8. un colocataire (*roommate*)

B. Des qualités recherchées. Decide which of the qualities in the list are important to you in a potential friend, then tell the class what sort of person you look for as a friend. How many other students in the class picked those qualities as well?

aisé	enthousiaste	intelligent
amusant	fort	responsable
beau	gentil	sportif

EXEMPLE: É1: Je cherche (*look for, seek*) quelqu'un de (*someone*) sportif.
É2: Moi aussi, je cherche quelqu'un de sportif.
É3: Moi, non, je cherche quelqu'un d'intelligent.

Vocab supp'

Here are adjectives related to hair and eye color. Notice that they follow the nouns **cheveux** (*hair*) and **yeux** (*eyes*) and most agree in gender and number with those nouns. You'll learn more about adjective agreement in **Grammaire interactive 2.3**.

Elle a les **cheveux**…	noirs	châtains/bruns	gris	blonds	roux
Elle a les **yeux**…	marron	noisette	marron	bleus	verts

C. Portrait du prof et des étudiants.

Première étape. In groups of four, create a description of your instructor that indicates his/her hair color, eye color, and probable age, and what sort of person he/she is using **quelqu'un de...** Present your description to your classmates. Which group's description does your instructor find the most accurate?

EXEMPLE: —Il/Elle a les cheveux noirs et les yeux bleus. Il/Elle a environ (*about*) quarante ans. C'est quelqu'un de poli.

Deuxième étape. Your instructor will now select one group to come to the front of the class and will describe one of its members. Which person is he/she describing? Afterward, help your instructor describe the remaining three students, using the example from the **Première étape.**

D. Les matières.

Première étape. What do you think about the following school subjects? Take turns reacting to each with a classmate, using adjectives from the list. Do you and your classmate often agree?

difficile/dur	facile (*easy*)	intéressant
ennuyeux	fascinant	utile/pratique

EXEMPLE: É1: La chimie, c'est difficile!
É2: Non, c'est facile! (*ou*)
C'est difficile, mais intéressant!

1. l'anglais   3. l'histoire de l'art   5. la linguistique   7. les sciences politiques
2. la biologie   4. le français   6. les maths   8. la sociologie

Deuxième étape. Now tell your classmate what you think about the courses you're currently taking using **mon cours de** + the name of a school subject. You might also say what the instructor of that course is like.

EXEMPLE: —Mon cours de chimie est difficile, mais le prof est sympathique.

Vocab supp'

Here are a few other useful colors that you haven't yet learned.

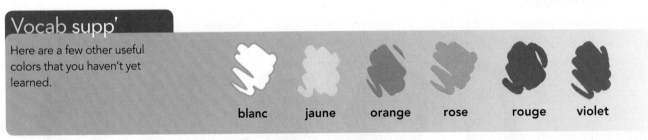

blanc   jaune   orange   rose   rouge   violet

E. Culture: Un cours de relations internationales.
Work with two classmates. Taking turns, select at random a flag (**drapeau**) of a country or province where French is spoken. Can the other members of the group identify which flag you're describing?

EXEMPLE: É1: Il est bleu, blanc et rouge.
É2/É3: C'est le drapeau français.

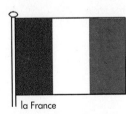

la France

français

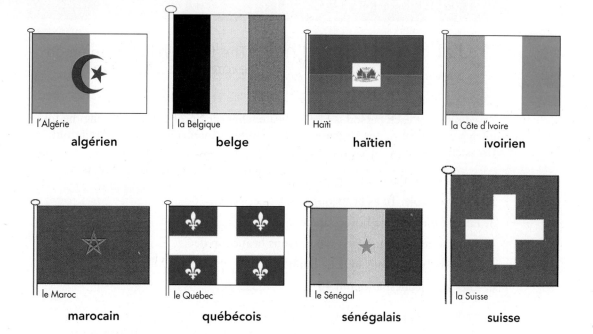

l'Algérie — **algérien**

la Belgique — **belge**

Haïti — **haïtien**

la Côte d'Ivoire — **ivoirien**

le Maroc — **marocain**

le Québec — **québécois**

le Sénégal — **sénégalais**

la Suisse — **suisse**

F. Culture: Un cours d'anthropologie.

Première étape. Color terms are often used within a culture as titles or symbols of certain people, groups, or things. Can you match the cultural terms in the list with the people or things they represent?

> les Bleus   la Croix Rouge   le tricolore   «La vie en rose»
> le Cordon Bleu   le maillot (*jersey*) jaune   les Verts

EXEMPLE: Les Bleus = une équipe de football (*soccer team*) français
—Les Bleus sont l'équipe de football français.

1. un parti politique écologique
2. une organisation de santé (*health*)
3. une chanson célèbre d'Édith Piaf
4. un institut d'art culinaire
5. le nom du drapeau français
6. un symbole du Tour de France

Deuxième étape. Color terms are also used in idiomatic expressions (**expressions idiomatiques**), which may or may not be the same across languages. Which of the following colors do you think is used in each of these French expressions: **blanc, jaune, noires, rose, rouge, vert**?

1. être _____ comme un cachet (*capsule*) d'aspirine
2. être _____ comme une tomate
3. être _____ comme un citron (*lemon*)
4. être _____ de jalousie (= être jaloux)
5. avoir des idées _____ (= être déprimé[e])
6. voir (*see*) la vie en _____ (= être optimiste)

Prononcez bien!

To learn about pronounced versus silent final consonants in French, see the **Prononcez bien!** section of the *Workbook / Laboratory Manual.*

Grammaire interactive

2.1 J'ai cours aujourd'hui The verb **avoir** and common expressions using **avoir**

Based on what each person is like, indicate what they probably *have* using the following nouns: **amis, ans, argent** (*money*), **courage, manières, muscles. Attention!** Use each noun only once.

1. Je suis riche: J'**ai** beaucoup (*a lot*) d' _____ .

2. Tu es sociable: Tu **as** beaucoup d' _____ .

3. Elle est forte: Elle **a** beaucoup de _____ .

4. Nous sommes courageux: Nous **avons** beaucoup de _____ .

5. Vous êtes polis: Vous **avez** de bonnes _____ .

6. Elles sont jeunes: Elles **ont** 15 _____ .

Analysons! Each of the verbs in boldface is a form of the verb **avoir** (*to have*). 1. How many different forms do you see? _____ 2. Which form involves **élision** when pronounced? _____ 3. Which forms do you think will involve **liaison** when pronounced? _____ 4. Which use of **avoir** above doesn't correspond to *to have* in English? _____

⊙ Answers to this activity are in Appendice 2 at the back of your book.

1 Like the verb **être**, which you learned in **Chapitre 1,** the verb **avoir** (*to have*) is very frequently used in French; it is typically used to indicate possession and ownership.

avoir (*to have*)	
j'ai	nous avons
tu as	vous avez
il/elle a	ils/elles ont

⊙ For additional expressions with the verb **avoir**, see Par la suite at the back of your book.

2 In addition to indicating possession, the verb **avoir** is found in some expressions that in English would instead use the verb *to be*. The two most common examples, which you've already seen, are **il y a** and the use of **avoir** when stating one's age.

Il y **a** 25 étudiants dans le cours.

J'**ai** 19 ans et elle **a** 20 ans.

There are 25 students in the course.

I'm 19 (years old) and she's 20 (years old).

3 The verb **avoir** is also found in expressions that are the equivalent of quite different verbs in English, such as **avoir besoin de** (*to need*) and **avoir envie de** (*to want; to feel like*). These expressions can be followed by a noun or the infinitive form of a verb.

J'ai **besoin d'**un stylo.	*I need a pen.*
Tu as **besoin d'**étudier?	*Do you need to study?*
J'ai **envie d'**un café.	*I want (I'd like) a coffee.*
Tu as **envie de** visiter la France?	*Do you want to visit France?*

Mise en pratique. Complete each sentence with the correct form of the verb **avoir**, then indicate which course is being referred to: **archéologie, dessin** (*drawing*), **français, journalisme, maths,** or **musique?**

1. J'_____ besoin d'un dictionnaire.

 C'est un cours de _____.

2. Tu _____ besoin d'une calculatrice?

 C'est un cours de _____.

3. Elle _____ besoin de crayons.

 C'est un cours de _____.

4. Nous _____ envie d'être musiciens.

 C'est un cours de _____.

5. Vous _____ envie de visiter l'Égypte?

 C'est un cours d'_____.

6. Ils _____ envie d'interviewer le Président.

 C'est un cours de _____.

◗ Answers to this activity are in Appendice 2 at the back of the book.

A. Écoutez bien! Listen as your instructor makes statements about your school and its students. Check **oui** or **non** in response to these statements.

	oui	non		oui	non
1.	☐	☐	4.	☐	☐
2.	☐	☐	5.	☐	☐
3.	☐	☐	6.	☐	☐

B. Un beau couple.

Première étape. Work with a classmate. One of you will describe Camille and Patrick from the **Communication en direct** section of this chapter using the items in column A (**Ils ont...**); the other will find a match from among the adjectives in column B in order to agree with you (**Oui, ils sont...**).

Patrick et Camille

A	B
1. avoir 18 ans	a. être sportifs
2. avoir beaucoup d'amis	b. être sociables
3. avoir de bonnes notes (*grades*)	c. être jeunes
4. avoir un vélo, des skis	d. être intelligents
5. avoir beaucoup de devoirs (*homework*)	e. être souvent occupés
6. avoir une bonne relation de couple	f. être très compatibles

Deuxième étape. Describe a couple that you know well to your classmate: In what ways are they the same as the couple you described in the **Première étape**?

C. Les études.

Première étape. Describe your weekly course schedule to a classmate, telling him/her how many courses you have on a particular day and what those courses are.

> EXEMPLE: —Le lundi (*On Mondays*), j'ai deux cours: un cours de français et un cours d'histoire. Et toi? Tu as aussi deux cours le lundi?

Deuxième étape. Discuss what you need (or want) to do before the end of your studies. Which courses do you need? Which subject areas do you want to study? Which countries do you want to visit? React to what your classmate says using **c'est...** and an adjective such as **intéressant, difficile, dommage** (*too bad*), or **génial** (*great*).

> EXEMPLE: É1: J'ai besoin d'un cours d'histoire. (*ou*) J'ai envie d'étudier le chinois. J'ai aussi envie de visiter la Chine.
> É2: C'est génial!

D. Des similarités (et des différences)!

Première étape. Describe yourself briefly following the outline provided and using the expressions with **être** and **avoir** listed below. You'll use this information during the **Deuxième étape** to determine how similar you and your classmates are.

1. **Âge:** avoir _____ ans
2. **Nationalité:** être _____
3. **Traits physiques:** être _____
   avoir les yeux _____
   avoir les cheveux _____
4. **Meilleure** (*Best*) **qualité:** être quelqu'un de/d' _____
5. **Cours:** avoir _____ cours

Deuxième étape. In groups of three or four, determine the similarities and differences between all group members and share this information with the class.

> EXEMPLE: J'ai trois cours, mais Mike et Brenda ont quatre cours.

2.2 Je n'ai pas de devoirs! Basic negation with ne... pas and ne... jamais

Choose either the affirmative or the negative form of the verb in boldface to accurately complete each statement about the province of Quebec. Afterward, outside resource such as an atlas or the Internet to find out whether you're right (**vous avez raison**) or you're wrong (**vous avez tort**).

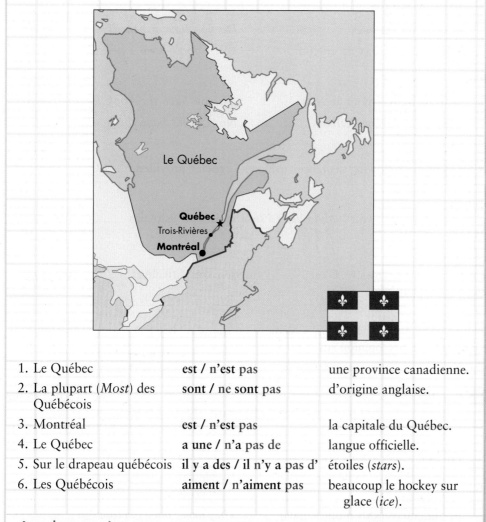

Le Québec

Québec
Trois-Rivières
Montréal

Grammaire interactive

For more on the verb **avoir** and negation, watch the corresponding *Grammar Tutorial* and take a brief practice quiz at **Connect French** (www.mhconnectfrench.com).

1. Le Québec	**est / n'est pas**	une province canadienne.
2. La plupart (*Most*) des Québécois	**sont / ne sont pas**	d'origine anglaise.
3. Montréal	**est / n'est pas**	la capitale du Québec.
4. Le Québec	**a une / n'a pas de**	langue officielle.
5. Sur le drapeau québécois	**il y a des / il n'y a pas d'**	étoiles (*stars*).
6. Les Québécois	**aiment / n'aiment pas**	beaucoup le hockey sur glace (*ice*).

Analysons! 1. What two words are used to form a negative sentence? _____ 2. Which word precedes the verb? _____ 3. Which one follows it? _____ 4. What form of **ne** is used before verbs beginning with a vowel or **h**? _____

◑ Answers to this activity are in Appendice 2 at the back of your book.

1️⃣ Negation in French is a two-part construction in which **ne** precedes the conjugated verb and **pas** (*not*) or **jamais** (*never*) follows it. When a verb form begins with a vowel or **h**, **ne** contracts to **n'**. This is another case of **élision**.

Elle n'est pas en classe aujourd'hui.	*She isn't in class today.*
Elles ne sont jamais en classe!	*They are never in class!*
Il n'y a pas beaucoup d'étudiants en classe.	*There aren't many students in class.*

2 Negation is used with the expression **c'est / ce sont** to indicate what something is *not*, followed by a definite or indefinite article and noun.

Ce n'est jamais **une** bonne idée.   *It's/That's never a good idea.*

Non, ce ne sont pas **les bons** livres!   *No, these/those aren't the right books!*

3 In negative sentences with the verb **avoir** (and with all other verbs except **être**), the indefinite article **un/une/des** is replaced by **de** or by **d'** before a noun beginning with a vowel or **h**. This change, however, does not affect the definite article **le/la/l'/les**.

—Tu as **un** crayon?   *Do you have a pencil?*

—Non, je n'ai pas **de** crayon.   *No, I don't have a pencil.*

but:

—Tu as **le** livre pour le cours?   *Do you have the book for the class?*

—Non, je n'ai pas **le** livre.   *No, I don't have the book.*

Mise en pratique. Complete the following sentences using the articles provided.

le, un, de (d')
1. Maxime a _____ ami canadien qu'il aimerait voir (*would like to see*), mais il ne visite pas _____ Canada parce qu'il n'a pas _____ passeport!

la, une, de (d')
2. Je n'ai pas _____ cours de maths ce (*this*) semestre. C'est _____ matière très difficile et _____ meilleure prof, Madame Garnier, est en congé sabbatique!

les, des, de (d')
3. Il y a souvent _____ discussions politiques en classe; le problème, c'est que je n'aime pas _____ opinions de mes camarades et moi, je n'ai pas _____ opinion sur la politique!

○ Answers to this activity are in Appendice 2 at the back of the book.

4 In informal spoken French, many speakers regularly drop the **ne (n')** before the verb and use only **pas** (or **jamais**) afterward. (Note, however, that older, more conservative native speakers may consider it either too "slangy" or a mistake.)

J'ai pas (= Je **n'**ai pas) d'argent!   *I don't have any money!*

On parle pas (= On **ne** parle pas) français là-bas.   *People don't speak French (over) there.*

Ils ont jamais (= Ils **n'**ont jamais) le temps!   *They never have the time!*

A. Écoutez bien! Listen as your instructor makes statements about your French class using **ne... pas** and **ne... jamais**. How many of these statements are true?

	vrai	faux		vrai	faux
1.	☐	☐	5.	☐	☐
2.	☐	☐	6.	☐	☐
3.	☐	☐	7.	☐	☐
4.	☐	☐	8.	☐	☐

B. Tu as...? Indicate whether you own each item by checking **oui** or **non**, then interview a classmate using **Tu as... ?** How many possessions do you have in common? Which items do neither of you have?

	moi		mon/ma camarade	
	oui	non	oui	non
1. un vélo?	☐	☐	☐	☐
2. une voiture (*car*)?	☐	☐	☐	☐
3. un ordinateur portable?	☐	☐	☐	☐
4. une tablette?	☐	☐	☐	☐
5. un dictionnaire anglais–français?	☐	☐	☐	☐
6. un animal domestique (*pet*)?	☐	☐	☐	☐

C. On parle français ici? For each country or province/state, indicate whether French is spoken there. Add any information about other languages that are spoken there.

EXEMPLE: en Italie
—Non, on ne parle pas français en Italie. (On parle italien!)

1. en Belgique
2. en Inde
3. au Japon
4. en Louisiane
5. au Mexique
6. en Chine
7. au Québec
8. en Russie
9. en Espagne

D. Le portrait d'Imée. Look over the biographical information provided here for Imée. With a classmate, tell how you each differ from Imée using the negation **ne... pas.**

EXEMPLE: —Moi, je n'ai pas 19 ans. J'ai 20 ans, etc.

Aïda et Imée

Âge: 19 ans	**Couleur des cheveux:** bruns
Nationalité: française	**Couleur des yeux:** marron

Origines: Ma mère est française et mon père est sénégalais. Je parle français et wolof (*language spoken in Senegal*).

Cours à la fac (*university*): la sociologie, les sciences politiques, l'histoire

En français

The subject pronoun **on** has various equivalents in English depending on the context in which it is used. In Activity C, **on** is used for speaking about a nonspecific group of individuals, the equivalent of **les gens** (*people*).

On parle anglais et français au Canada.

People speak English and French in Canada.

The verb form used with **on** is the same as that used with **il/elle** (**on est, on a,** etc.)

2.3 Il est beau, elle est belle   Forms of adjectives

Think of a man and a woman that you know well. Complete each "portrait" by checking off three of the nine adjectives in each column that describe them best.

Portrait d'un homme Nom: _____	Portrait d'une femme Nom: _____
Il est très _____ sociable	Elle est très _____ sociable
_____ sympathique	_____ sympathique
_____ poli	_____ polie
_____ occupé	_____ occupée
_____ fort	_____ forte
_____ grand	_____ grande
_____ sérieux	_____ sérieuse
_____ sportif	_____ sportive
_____ beau	_____ belle

Analysons! 1. What do the spellings of the feminine forms of adjectives all have in common? _____ 2. Which two feminine adjective forms in the list have the same spelling as the masculine forms? _____

Answers to this activity are in Appendice 2 at the back of the book.

1 Adjectives in French always agree in number (singular or plural) and gender (masculine or feminine) with the person, place, or thing they describe. To make an adjective agree with a feminine noun, add an **e** to the masculine form unless it already ends in -e, such as with **sociable.** To make the masculine and feminine forms of adjectives agree with plural nouns, add an **s** unless the adjective already ends in -s or -**x**, as with the masculine form of the adjectives **mauvais** and **heureux.**

Singulier		Pluriel	
MASCULIN	FÉMININ	MASCULIN	FÉMININ
sociable		sociables	
poli	polie	polis	polies
occupé	occupée	occupés	occupées
grand	grande	grands	grandes
mauvais	mauvaise	mauvais	mauvaises

Note that é is different from e: Masculine adjectives ending in é still require the addition of an e to the feminine form (**occupé/occupée**), though this does not change their pronunciation. Whenever an e is added to an adjective ending in a consonant, that consonant becomes pronounced (**grand/grande; mauvais/mauvaise**).

Mise en pratique 1. Provide the missing adjective forms in the following chart.

Il est...	Elle est...	Ils sont...	Elles sont...
timide	_____	_____	_____
joli (*pretty*)			jolies
_____	fatiguée (*tired*)	fatigués	_____
_____	_____	forts	fortes
français	_____	_____	_____

▸ Answers to the activities on this page are in Appendice 2 at the back of the book.

2 For some adjectives you've seen in this chapter, the feminine form differs from the masculine by more than just the addition of an e. Other adjectives that have these endings generally follow the same pattern.

Singulier	
MASCULIN	FÉMININ
b**on**	b**onne**
canad**ien**	canad**ienne**
gr**os**	gr**osse**
intellectu**el**	intellectu**elle**
gent**il**	gent**ille**
heur**eux**	heur**euse**
conserva**teur**	conserva**trice**
prem**ier**	prem**ière**
sport**if**	sport**ive**
blan**c**	blan**che**

À noter: Despite having an "irregular" singular form, an s is still added to make these adjectives plural (aside from masculine adjectives such as **gros** and **sérieux**, which already end in -**s** or -**x**).

Mise en pratique 2. Provide the feminine singular form of each of these adjectives.

Il est...	Elle est...	Il est...	Elle est...
1. sérieux	_____	6. franc	_____
2. créatif	_____	7. ivoirien	_____
3. dernier (*last*)	_____	8. mignon (*cute*)	_____
4. fau**x** (*like* gro**s**)	*fausse*	9. rou**x** (*like* gro**s**)	_____
5. formel	_____	10. séducteur	_____

3 Most adjectives ending in **–al** have an irregular masculine plural form, **-aux.** Can you complete the following chart for **royal?**

Il est...	Ils sont...	Elle est...	Elles sont...
normal	normaux	normale	normales
royal	_____	_____	_____

○ Answers to these activities are in Appendice 2 at the back of the book.

○ To learn more about adjective agreement, see Par la suite at the back of your book.

4 The adjectives **beau, nouveau** (*new*), and **vieux** are very irregular in the singular as well as in some forms of the plural. Their forms are given in the following chart. The other plural forms are regular in formation, so you should be able to complete the following chart.

Il est...	Ils sont...	Elle est...	Elles sont...
beau	beaux	belle	_____
nouveau	nouveaux	nouvelle	_____
vieux	_____	vieille	_____

A. Écoutez bien! Imagine that your instructor is describing two of his/her friends, Vincent and Lola. Listen carefully to the form of the adjective you hear in order to indicate which friend your instructor is talking about.

	C'est Vincent.	C'est Lola.			C'est Vincent.	C'est Lola.
1.	☐	☐		5.	☐	☐
2.	☐	☐		6.	☐	☐
3.	☐	☐		7.	☐	☐
4.	☐	☐		8.	☐	☐

B. Une femme admirée. Working in groups of three, come up with three adjectives (nationality, personality, and/or physical characteristics) to describe the following well-known and admired women. What characteristics did other groups mention?

1. Beyoncé
2. Hillary Clinton
3. Ellen DeGeneres
4. Jennifer Lawrence
5. Heidi Klum
6. Michelle Obama
7. Tina Fey
8. Kate Winslet

C. La bonne description?

Première étape. Work with a classmate. One of you will secretly make a list of six very well-known people, couples, or groups; the other will secretly make a list of six masculine singular adjectives.

Deuxième étape. Share your lists. Take turns describing each person using the names and adjectives in the order in which you listed them; be sure to make any necessary changes to the form of the adjective. How many of these descriptions turn out to be **vrai (réaliste)?** Which ones turn out to be **faux (absurde)?**

> EXEMPLE: LIST 1: George et Laura Bush; LIST 2: jeune
> É1: George et Laura Bush sont jeunes.
> É2: Non, c'est faux. / Non, c'est absurde!

D. Culture: À bas (Down with) les stéréotypes!

Première étape. Provide the masculine plural form of each adjective in the following list by adding the appropriate ending (if necessary). Afterward, select the two adjectives that you've most often heard people use to stereotype the French; your instructor will take a poll of the class.

On dit que (*People say that*) les Français sont...		
1. beau_____	5. fier_____ (*proud*)	9. prétentieux_____
2. courageux_____	6. impoli_____	10. séducteur_____
3. créatif_____	7. intellectuel_____	11. réservé_____
4. élégant_____	8. loyal_____	12. sportif_____

Deuxième étape. As a class, come up with a list of four adjectives that are often used to stereotype the citizens of your own country. How do you yourself differ from these stereotypes?

On dit que les Américains sont...   Moi, je (ne) suis (pas)...

E. Forum: À la recherche d'un(e) colocataire (*roommate*). For this posting in the **Forum des étudiants**, write a brief want ad for a roommate. Follow the style of the posting that follows, but make your posting particular to you, including at least three specific qualities you seek in a roommate.

Forum >> Petites-annonces >> Colocation

MESSAGE DE:

MarcStA
(Nice)

posté le
19-9

Sujet: Cherche colocataire ▼
Salut! Je suis étudiant (20 ans, en commerce), j'ai un appartement dans le Vieux Nice. Je suis sérieux, sociable, je ne suis pas très sportif mais je suis travailleur. Je cherche un étudiant non-fumeur,[1] sérieux, propre,[2] sociable et sympa comme colocataire. Loyer:[3] 350 €[4] / mois. Merci!
Marc

---

[1]*nonsmoker* [2]*clean* [3]*Rent* [4]*symbol for the euro, the currency of the European Union*

2.4 Elle est française? Asking *yes/no* questions with intonation and **est-ce que**

Read these two versions of the same telephone conversation between friends.

—Tu as cours d'anglais aujourd'hui? —Oui.	—**Est-ce que** tu as cours d'anglais aujourd'hui? —Oui.
—Tu es en classe maintenant? —Non.	—**Est-ce que** tu es en classe maintenant? —Non.
—Il y a beaucoup d'étudiants dans le cours? —Non, pas beaucoup. —On parle beaucoup anglais en classe? —Oui, toujours (*always*).	—**Est-ce qu'**il y a beaucoup d'étudiants dans le cours? —Non, pas beaucoup. —Est-ce qu'on parle beaucoup anglais en classe? —Oui, toujours (*always*).

Analysons! 1. Does adding **est-ce que** change the meaning of the question? _____ 2. Which two responses are given to questions with **est-ce que?** _____ 3. When is the contracted form **est-ce qu'** used? _____

◐ Answers to this activity are in Appendice 2 at the back of the book.

1 Questions that require only a *yes* or *no* answer can be asked in several ways in French depending on the formality of the situation. The most informal way to ask a *yes/no* question is through intonation, raising the pitch of your voice at the end of a statement to turn it into a question.

Tu as cours aujourd'hui? ⬈ *Do you have class today?*

M. Rossi parle italien? ⬈ *Does Mr. Rossi speak Italian?*

Elles sont contentes? ⬈ *Are they happy?*

En français

The standard equivalent of *yes* in written and spoken French is **oui.** In casual conversations, however, you will often hear people say **ouais** in France, Quebec, and other French-speaking regions and countries.

2 A slightly more formal way to ask a *yes/no* question is by adding **est-ce que** (literally *Is it that …?*) at the start of the question. The contracted form **qu'** is used before a noun or pronoun beginning with a vowel or **h;** another case of **élision.** The pitch of one's voice rises at the end of a question using **est-ce que** as well.

Est-ce que M. Rossi parle italien? ⬈

Est-ce qu'elles sont contentes? ⬈

Mise en pratique. Begin each question with **est-ce que** or the contracted form **est-ce qu'**, then answer each question, **oui** or **non.**

1. _____ on parle français et flamand en Belgique? _____
2. _____ un(e) Brésilien(ne) parle français? _____
3. _____ un(e) Marocain(e) parle arabe? _____
4. _____ le prof parle seulement (*only*) français en classe? _____
5. _____ il y a des francophones en Louisiane? _____

◐ Answers to this activity are in Appendice 2 at the back of your book.

A. Écoutez bien! Listen as your instructor asks questions (using **est-ce que**) about the current president or prime minister of your country. Check off either **oui** or **non** in response to each question.

	Oui!	Non!			Oui!	Non!
1.	☐	☐		5.	☐	☐
2.	☐	☐		6.	☐	☐
3.	☐	☐		7.	☐	☐
4.	☐	☐				

B. Jeu d'identité. Your instructor will secretly select one student in the class. Find out who was selected by asking your instructor *yes/no* questions. How many questions does it take you and your classmates to identify this person? Your instructor will keep count.

EXEMPLE: —C'est une femme?
—Est-ce qu'elle a les cheveux noirs?

C. Trouvez quelqu'un qui... (*Find someone who . . .*) Go around the class asking your classmates *yes/no* questions about each topic listed here until you find someone who can answer **oui.** Write his/her name in the blank. Afterward, you'll report your findings to the class.

EXEMPLE: —(Est-ce que) tu es fatigué(e) aujourd'hui?

_____	être fatigué(e) aujourd'hui
_____	avoir trois cours aujourd'hui
_____	être souvent libre (*free*) le week-end
_____	avoir besoin d'étudier ce week-end
_____	être de (*name of city your school is in*)
_____	avoir envie de visiter la France ou la Suisse

Le lac Léman, en Suisse

D. Culture: Le président de la République. Read over the biography of François Hollande, France's president since 2012. Then, on a separate sheet of paper, create six *yes/no* questions with **est-ce que** to test a classmate's understanding of his biography.

François Hollande: président actuel (*current*) de la France

François Hollande (1954–). Président de la République française depuis (*since*) 2012, François Hollande est né le 12 août 1954, à Rouen, en Normandie (région du nord-ouest de la France). À l'université, il étudie le commerce et les sciences politiques, puis (*then*) reçoit son diplôme de l'École nationale d'administration (ENA) en 1980. Il a quatre enfants avec son ex-compagne Ségolène Royale, la candidate du parti socialiste aux élections présidentielles de 2007. Comme beaucoup d'hommes et de femmes politiques, Hollande est intelligent et ambitieux, mais c'est aussi quelqu'un de modeste, calme et «normal».

Chez les Français

Les bonnes qualités d'un président

Though the political decisions and scandals of French presidents are taken no more and no less seriously by the public than their American counterparts, the private lives and personal decisions of politicians in France are not considered to be as relevant to their effectiveness as national leaders. Take, for example, France's current president François Hollande, who has never been legally married but who has four children with his ex-companion of 30 years, Ségolène Royale, and who is agnostic (has no particular religious beliefs). His predecessor, Nicolas Sarkozy, was twice divorced, and married his third wife, the French-Italian singer Carla Bruni, 13 years his junior, while in office. If French voters take (relatively) little interest in the personal lives of their leaders, which personality traits do they expect their president to have? According to a number of polls conducted before the 2012 presidential elections, adjectives such as **honnête, courageux, réaliste,** and **cultivé** were selected the most; adjectives such as **sympathique, fidèle** (*faithful*), **dévot** (*devout*), and **charismatique** were selected the least.

Carla Bruni et Nicolas Sarkozy, ancien (*former*) président de la France

Et chez vous? Which adjectives mentioned in the text would you use to describe the current leader of your country? Which of these traits do you consider to be the most and least important characteristic of a leader in general? Why?

Les noms de famille québécois

A. Avant de regarder. Parents choose first names for any number of reasons. Family names are inherited. But where do family names come from? Can you give the origin of certain English-language family names (for example, Brown, Miller, Thomas, and Peterson)?

B. Regardez et écoutez. Watch and listen as the instructor describes the origins of several of the most common family names in Quebec. While you listen, note what the instructor says as well as any other elements (facial expression, intonation, illustrations, etc.) that might help you to understand what's being said.

C. Associez. Use the information provided in the presentation to match each **nom de famille** with the letter corresponding to its origin. **Attention!** Many letters are used more than once.

Nom de famille	Origine	
1. Boucher	_____	a. l'apparence physique
2. Lamontagne	_____	b. les professions
3. Duval	_____	c. la botanique
4. Lafleur	_____	d. la géographie
5. Laplante	_____	e. la personnalité
6. Leblanc	_____	
7. Lévesque	_____	
8. Leroux	_____	
9. Pelletier	_____	
10. Tardif	_____	

D. À vous!

Première étape. Identify the individual parts of the following French names, all of which can be found in the province of Quebec, in Louisiana, and in France. Then use that information to guess their origins: **Legrand, Lebrun, Lelac.**

EXEMPLE: —Legrand est dérivé de l'adjectif «grand».

Deuxième étape. Do you know the origin of your name? Does it come from an everyday word?

EXEMPLE: —L'origine de mon nom est anglaise: Smith. C'est une profession.

Tout homme est enfermé dans le cercle d'un mot: son nom.*

—MALLARMÉ

*Every man is trapped in the circle of one word: his name.

Culture en direct

Rétrospective Ici on parle français: La Louisiane

Ton papa et ta mama étaient chassés de l'Acadie, [...]

Mais ils ont trouvé un beau pays,

Merci, Bon Dieu, pour la Louisiane.*

—ZACHARY RICHARD

*Your papa and your mama were driven out of Acadia, [...] But they found a beautiful country, Thank you, Good Lord, for Louisiana.

In the 17th century, French colonists settled in many parts of North America, including present-day Louisiana, named after Louis XIV, King of France (1642–1715). They also settled in the northeast in a region that now corresponds to New Brunswick, Nova Scotia, and Prince Edward Island in Canada and in Maine in the United States. This region was known as **Acadie** until the British defeat of the French at the end of the Seven Years War (1756–1763). Because the English considered the Acadians a major security risk during the war, and because of their longtime refusal to swear an unconditional oath of allegiance to the King of England, the British exiled them from their lands in several waves, in what became known as **le Grand Dérangement** (*The Great Expulsion*) of 1755–1763. Approximately 11,500 Acadians were driven into exile. About 3,000 of them eventually made their way to southwestern Louisiana which they named *la Nouvelle Acadie.* Later, they became known in English as *Cajuns*, a word derived from the word **Acadien.** This area of Louisiana is known today as Acadiana, or **le Pays des Cadiens** (*Cajun Country*).

City names—La Nouvelle-Orléans, Baton Rouge, Lafayette—as well as family names such as Gauthier, Le Blanc, Martin, Olivier, and Richard are obvious reminders of the uniquely French heritage of Louisiana. Mardi Gras is celebrated all over the state and numerous menu items—from crawfish étoufée to **boudin** (*[blood] sausage*) and **beignets** (*small powdered doughnuts*)—are called by their French names. However, to really experience the French culture of Louisiana, you must visit **le Pays des Cajuns,** where preserving traditions, music, and language is particularly important.

Avez-vous compris? What is the relationship between the words *Acadie, Acadien,* and *Cadien*? What are the vestiges of French colonial influence in Louisiana today? Are there any holidays or celebrations in your community or region that have a unique history or influence?

L'arrivée des Acadiens en Louisiane, Robert Dafford

Sur la vidéo

To see the Cajun band, Feufollet, perform at the **Festivals acadiens et créoles** and to take a virtual tour of Cajun Country and New Orleans, watch the video *Salut de Louisiane!* in **Connect French** or on the *En avant!* DVD.

Les petites annonces°

°*Classified ads*

A. Avant de lire. There are many French online dating services, classified ads, and other similar means for people to meet and interact. Although the language may be different, the contents of dating service or other such "seeking" ads are very much the same on a French website: the person will briefly describe him/herself, and then describe the person he/she is hoping to meet. With a classmate, create a list of the "top five" French adjectives you think people use to describe their qualities or those that they seek in others.

B. Lisez. Read the personal ads adapted from an online dating website in Quebec, then answer the questions that follow the reading.

---

http://www.quebec-petitesannonces.ca.com

Renc❤ntres

| Regarder les annonces | Publier une annonce | Aide | | Québec |

Québec > Communauté > **Annonces Communauté**   Rechercher

Les petites annonces

Afficher sous forme de   Liste   Galerie   Date de la mise en ligne[1]

Jeune homme cherche jeune femme pour amitié   **10-fév**

Salut, je suis un jeune homme (18 ans), 6 pieds 2 pouces de haut,[3] les yeux bleus, les cheveux blonds et courts. Je suis de la région de Québec, et je cherche des jeunes femmes qui ont envie de parler et d'être amies simplement. Je suis sportif et bien sympathique, alors n'hésitez pas à m'écrire[4]!

À bientôt,

Stéphane

Jeune femme cherche jeune homme pour amitié   **02-fév**

Bonjour! Je cherche une relation sérieuse. J'ai 21 ans, 5 pieds 4 pouces de haut, les yeux bruns, les cheveux bruns mi-longs.[5] Je suis une personne amusante et sympa, sociable et intelligente. Je suis de Chicoutimi, Québec. Je cherche le jeune homme de mes rêves[6]; est-ce que c'est toi?

A+,

Mélanie

Jeune femme cherche jeune homme pour amitié   **19-jan**

Je suis une femme charmante. Je cherche un homme très sympathique pour des activités culturelles (je suis artiste). Je suis de Sherbrooke, Québec, j'ai 30 ans, 5 pieds 7 pouces de haut, cheveux noirs, yeux noirs, bilingue (anglais-français), honnête, belle (c'est vrai!), pas sportive, sociable. Vous êtes généreux et sympathique. Contactez-moi!

Amicalement,[7]

Françoise

Jeune homme cherche jeune femme pour amitié   **23-jan**

Bonjour,

Je suis un Montréalais à la recherche[8] d'une femme pour une relation sérieuse. J'ai 55 ans, 6 pieds de haut, les cheveux bruns, les yeux bruns, je suis cultivé et assez riche. Vous avez entre 25 et 35 ans, vous êtes sociable, cultivée, intelligente, belle. Contactez-moi, svp.[9]

Ciao,

Benoît

---

[1]*Date... Date posted online*   [2]*pour... for friendship*   [3]*6 pieds... six feet, two inches tall*
[4]*n'hésitez... don't hesitate to write to me*   [5]*medium length*   [6]*de... of my dreams*   [7]*Best wishes*
[8]*à... in search of*   [9]*s'il vous plaît*

C. Répondez. Work with a classmate to answer the following questions.

1. Quel âge ont ces quatre personnes? Qui est la personne la plus âgée (*oldest*)? la plus jeune?

2. D'où sont ces personnes?

3. Qui a les cheveux bruns? les cheveux blonds?

4. Qui est bilingue?

5. Qui est sportif? Qui n'est pas sportif?

6. À votre avis, est-ce qu'il y a quelqu'un d'intéressant sur ce site? Expliquez.

Les coins lecture et écriture: Additional reading and writing activities are available in the **Workbook / Laboratory Manual** and at **Connect French (www. mhconnectfrench.com)**.

D. À vous! Describe the person of your dreams. Include the answers to the following questions in your description: **Est-ce que c'est quelqu'un de beau? d'intelligent? de riche? de bilingue?**

EXEMPLE: —Je cherche quelqu'un de sportif, sympa… ; je cherche quelqu'un qui (*who*) est sympa, sociable…

Le coin ciné

Film: Mon Meilleur Ami

(Comédie; 2006; France; Réalisateur: Patrice Leconte; 94 min.)

SYNOPSIS: This film is about François, a rich, arrogant, middle-aged Parisian antiques dealer who one day discovers that he has no true friends. His business associate, Catherine, makes a bet with him: François has ten days to prove that he has a best friend or else he will have to relinquish a precious antique vase that he just bought.

SCÈNE: (DVD, Chapter 9, "A Lesson in Friendship," 00:37:37 to 00:41:20) In this scene, Bruno, a chatty, big-hearted taxi driver whom François wants to trick into being his best friend, offers François some advice and lessons in friendship.

Avant-première. Use personality-related adjectives to describe the qualities of your best friend, then compare your answer with a classmate's.

Mon meilleur ami / Ma meilleure amie est _____, _____ et _____.

On tourne! Complete the sentences with the following adjectives. **Attention!** One of the adjectives will not be used.

difficile	heureux	riche	souriant (*cheerful*)
gentil	impoli	sincère	sympathique

François, un homme _____[1] et Bruno, un chauffeur de taxi, discutent dans un café. Bruno explique que pour avoir des amis, il est nécessaire d'être _____,[2] _____[3] et _____.[4] mais c'est _____[5] pour François d'être _____[6] avec les personnes dans le parc! En fait, elles pensent que François est _____[7]!

On boucle! Answer the following questions.

1. Do you agree with Bruno on the three qualities he says people need to make friends? For you, are some of these qualities more important than others?

2. Compare the personality attributes of your best friend with those mentioned in the scene. Are they the same? different?

Rappel

Nave nave moe (1894), Paul Gauguin

Paul Gauguin (1848–1903) was one of the leading painters of Post-Impressionism and Primitivism in France. Born in Paris, he travelled extensively throughout his life spending time in Peru, Denmark, Martinique, and French Polynesia. Although he painted many French landscapes and portraits, he is most famous for his paintings of Tahitian women, such as those in *Nave nave moe* (also called *Sacred Spring* or *Sweet Dreams*). In search of new forms of art, he started focusing on Primitivism techniques and themes inspired by Native American and African cultures. In 1891, he moved to Tahiti, where he painted many local scenes and subjects, and where he is buried. His work is now said to have significantly inspired modern art.

A. Qu'est-ce qu'il y a...? Identify the words in the list below that correspond to the categories **adjectif, préposition,** and **substantif** (*noun*); then complete the description of the painting on page 33 with the appropriate words. **Attention!** Three words will not be used.

blancs	devant	femmes	hommes	noirs	rouges
derrière	été	fatiguée	hiver	pensive	tahitiennes

Il y a deux figures principales: deux _____^{1} qui portent des vêtements (*clothes*) _____^{2} et _____^{3}. Elles ont les cheveux _____^{4}. Elles sont _____^{5} mais de nationalité française. La femme à gauche (*on the left*) est _____^{6}. Elle a besoin de repos! La femme à droite (*on the right*) est _____^{7}. Elle a l'air de contempler quelque chose. Il y a deux autres personnes _____^{8} les femmes et un groupe de quatre personnes qui dansent. Nous sommes en quelle saison? À Tahiti, c'est l'_____^{9}, de janvier à décembre!

B. Comment sont-elles? Use the correct form of the irregular verbs **avoir** or **être** in the first part of each sentence. Use those same verbs with the negation **ne... pas** in the second part of each sentence.

1. Elles _____ environ 20 ans; elles _____ 30 ans.

2. Les deux femmes _____ tahitiennes; elles _____ marocaines.

3. La femme à gauche _____ fatiguée; la femme à droite _____ fatiguée.

4. La femme à droite _____ envie de manger (*eat*) un fruit; la femme à gauche _____ de fruit.

C. Appréciation. Discuss the following questions with a classmate.

1. Comment imaginez-vous Tahiti? *Tahiti, c'est...*

2. Comment sont-elles, les deux figures principales? *Elles...*

3. Quels éléments du tableau aimez-vous? *J'aime...*

Vocabulaire

Questions et expressions

Quelle est ta/votre nationalité?	What is your nationality?
Je suis de nationalité (canadienne).	I am (Canadian).
Je suis d'origine (canadienne).	I am of (Canadian) descent.
Tu as quel âge? / Quel âge avez-vous?	How old are you?
J'ai… ans.	I'm . . . years old.
Tu es d'où? / D'où êtes-vous?	Where are you from?
Je suis de (Montréal).	I'm from (Montreal).
Je suis né(e) à (Baton Rouge).	I was born in (Baton Rouge).
Je viens de (Sherbrooke).	I come from (Sherbrooke).
pas loin de (Montréal)	not far from (Montreal)
près de (Toronto)	near (Toronto)

Verbes et expressions verbales

avoir	to have
besoin de	to need, have need of
cours	to have class
envie de	to want; to feel like
les cheveux (châtains)	to have (light brown) hair
les yeux (noisette [*inv.*], marron [*inv.*])	to have (hazel, brown) eyes
parler (français)	to speak (French)

La nationalité

Nationality

algérien(ne)	Algerian
allemand(e)	German
américain(e)	American
anglais(e)	English, British
belge	Belgian
canadien(ne)	Canadian
chinois(e)	Chinese
espagnol(e)	Spanish
français(e)	French
haïtien(ne)	Haitian
indien(ne)	Indian
irlandais(e)	Irish
italien(ne)	Italian
ivorien(ne)	from the Ivory Coast
japonais(e)	Japanese
marocain(e)	Moroccan
mexicain(e)	Mexican
québécois(e)	from Quebec
russe	Russian
sénégalais(e)	Senegalese
suisse	Swiss

Les traits physiques

Physical traits

âgé(e)	old
beau/belle	beautiful; good-looking
faible	weak
fatigué(e)	tired
fort(e)	strong
grand(e)	big (*tall*)
gros(se)	big (*fat*)
jeune	young
joli(e)	pretty
laid(e)	ugly
mignon(ne)	cute
mince	thin
petit(e)	small
vieux/vieille	old

Le caractère

Character traits

actif/active	active (*energetic*)
amusant(e)	amusing (*funny*)
bon(ne)	good
content(e)	content
décontracté(e)	laid-back, easy-going
déprimé(e)	depressed
ennuyeux/ennuyeuse	boring
fier/fière	proud
gentil(le)	nice (*kind*)
heureux/heureuse	happy
marrant(e)	funny
mauvais(e)	bad
méchant(e)	mean
occupé(e)	busy
relax (*inv.*)	laid-back, relaxed
sportif/sportive	sporty
sympa(thique)	nice (*friendly*)
triste	sad

D'autres adjectifs

aisé(e)	well-off
dernier/dernière	last
difficile	difficult
dur(e)	hard
facile	easy
fauché(e) (*fam.*)	broke (*fam.*), penniless
faux/fausse	false
nouveau/nouvelle	new
pauvre	poor

Vocabulaire

premier/première	first
riche	rich
vrai(e)	true

Les couleurs

Colors

blanc/blanche	white
bleu(e)	blue
blond(e)	blond
brun(e)	brown
châtain	brown, chestnut
gris(e)	gray
jaune	yellow

marron (*inv.*)	brown
noir(e)	black
noisette (*inv.*)	hazel
orange (*inv.*)	orange
rose	pink
rouge	red
roux/rousse	red (*hair*); red-haired
vert(e)	green
violet(te)	purple

Divers

un(e) colocataire	a roommate
quelqu'un de (riche)	someone (rich)

Un dimanche après-midi à l'Île de la Grande Jatte (1884), Georges Seurat

3 Qu'est-ce que tu aimes faire?

Bilan

In this chapter, you will learn:

- to get someone's attention
- to ask and tell the time and say when events occur
- to talk about your activities using present-tense forms of **-er** verbs
- to talk about the weather and outdoor activities using the verb **faire**
- to ask information questions
- to describe people, places, and things in greater detail using adjectives
- about cultural notions of work time and free time

connect plus+
| FRENCH
www.mhconnectfrench.com
LEARNSMART

Il est quelle heure? /
Quelle heure est-il?

Asking and telling time

- To get the attention of someone you address as **tu,** say: **Pardon,... ?** or **Excuse-moi,... ?** Or simply use the person's first name: **Anne-Sophie,... ?**

- To get the attention of a person you address as **vous,** say: **Pardon,... ?** or **Excusez-moi,... ?** plus a title (**monsieur, madame,** or **mademoiselle**).

- To ask the time, say: **Quelle heure est-il?** A more conversational way to ask the same question is: **Il est quelle heure?**

- Another common way to ask the time is: **Tu as l'heure? / Vous avez l'heure?** (*Do you have the time?*).

   Excuse-moi, Anne-Sophie. Tu as l'heure?

   Pardon, monsieur. Quelle heure est-il, s'il vous plaît?

- To give the time, say:

   Il est (une, deux, trois, etc.) heure(s).

   Il est dix heures dix.

   Il est midi (*noon*).

   Il est minuit (*midnight*).

- Here are some additional words used to express time:

   et quart   et demi(e)   moins le quart

Et quart is used for the quarter hour.

   Il est trois heures <u>et quart</u>.

Et demi(e) is used for the half hour.

   Il est quatre heures <u>et demie</u>.

   Il est midi <u>et demi</u>.

Note: For times after the half hour, subtract from the coming hour using **moins.**

   8 h 40 = Il est neuf heures moins vingt.

   4 h 45 = Il est cinq heures moins <u>le</u> quart.

- To indicate that you are late, on time, or early, say:

   Je suis en retard.   **Je suis à l'heure.**   **Je suis en avance.**

A. Quelle heure est-il? Use what you already know about telling time in French to match each illustration with one of the times in the list that follows. **Attention!** One time in the list will not be used.

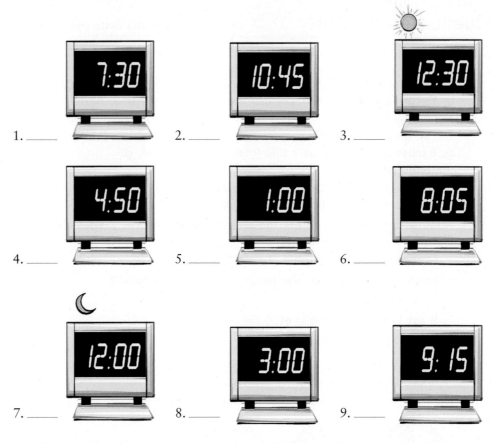

1. _____ 7:30

2. _____ 10:45

3. _____ 12:30

4. _____ 4:50

5. _____ 1:00

6. _____ 8:05

7. _____ 12:00

8. _____ 3:00

9. _____ 9:15

a. Il est midi et demi.
b. Il est neuf heures moins le quart.
c. Il est une heure.
d. Il est trois heures.
e. Il est onze heures moins le quart.

f. Il est neuf heures et quart.
g. Il est cinq heures moins dix.
h. Il est huit heures cinq.
i. Il est sept heures et demie.
j. Il est minuit.

En français

In the French-speaking world, times are often given using the 24-hour clock, **l'heure officielle,** especially for appointments, train schedules, TV guides, etc. This system is similar to military time, where you give the hours from 0:00 (midnight) to 23:59 (11:59 P.M.).

In conversation, you can use the 24-hour clock or you can use **du matin** (*in the morning*), **de l'après-midi** (*in the afternoon*), and **du soir** (*in the evening*) to distinguish between A.M. and P.M.

L'heure officielle		Dans la conversation
3 h 00: Il est trois heures.	=	Il est trois heures du matin. (3 h 00)
16 h 45: Il est seize heures quarante-cinq.	=	Il est cinq heures moins le quart de l'après-midi. (4 h 45)
20 h 30: Il est vingt heures trente.	=	Il est huit heures et demie du soir. (8 h 30)

VERT

5H25 Zapping 5H30 Merci pour l'info 6H25 Les Guignols
6H30 20H10 pétantes
7H15 Zapping 7H20 Guignols
7H30 ciné Enfants de salaud

SPÉCIAL VINCENT LINDON
9H10 ciné Vendredi soir
10H35 doc Vincent Lindon par Vincent Lindon

11H40 20H10 pétantes
12H25 Le zapping
12H30 Les Guignols
12H40 hockey sur glace NHL
14H40 ciné l'Échine du Diable
16H25 ciné le Vieil homme et...
18H00 hockey sur glace NHL
20H00 mag C du sport

21H00 ciné LE JOURNAL DE BRIDGET JONES

B. À l'écran. Now watch and listen as native French speakers tell you what time it is. Match the person with the time that he/she says. **Attention!** One person doesn't have the time!

Vidéo

Il est quelle heure? / Quelle heure est-il?

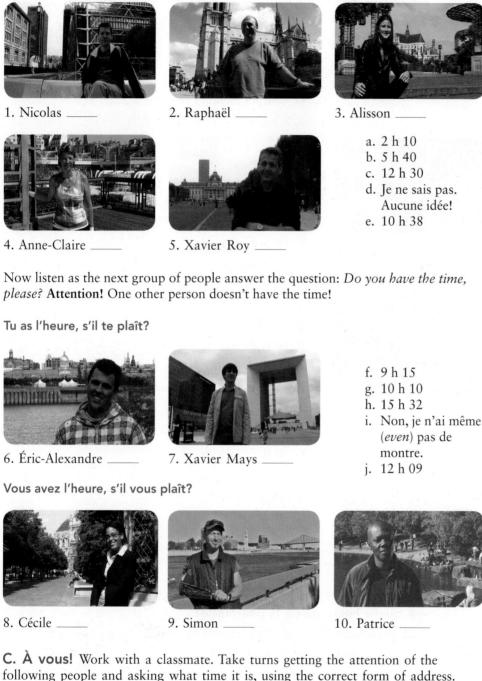

1. Nicolas _____

2. Raphaël _____

3. Alisson _____

a. 2 h 10
b. 5 h 40
c. 12 h 30
d. Je ne sais pas.
   Aucune idée!
e. 10 h 38

4. Anne-Claire _____

5. Xavier Roy _____

Now listen as the next group of people answer the question: *Do you have the time, please?* **Attention!** One other person doesn't have the time!

Tu as l'heure, s'il te plaît?

6. Éric-Alexandre _____

7. Xavier Mays _____

f. 9 h 15
g. 10 h 10
h. 15 h 32
i. Non, je n'ai même (*even*) pas de montre.
j. 12 h 09

Vous avez l'heure, s'il vous plaît?

8. Cécile _____

9. Simon _____

10. Patrice _____

En français

If someone doesn't have the time, he/she might say:

—**Je ne sais pas. Aucune idée!**
I don't know! No idea!

—**Je n'ai pas de montre. (Désolé[e]).**
I don't have a watch. (Sorry.)

C. À vous! Work with a classmate. Take turns getting the attention of the following people and asking what time it is, using the correct form of address. **Attention!** Give a different time in response to each question as you answer for each person.

1. a classmate
2. an older person on the street in Paris
3. a person your age on the street in Montreal
4. the (female) librarian at the front desk of the university library
5. a (male) train conductor passing down the aisle

À quelle heure... ? Asking when events occur

A. À l'écran. Watch and listen as some French speakers tell you when various businesses open and close in Montreal and Paris. Choose the time that you hear.

Vidéo

Xavier Roy, France

Dominique, Montréal

Anne-Claire, France

1. À Paris, les banques (*banks*) ouvrent vers (*around*) _____.

   a. 9 h ou 9 h 30

   b. 10 h

   c. 14 h

2. Le soir, les banques ferment à _____.

   a. 8 h

   b. midi

   c. 18 h

3. Cela dépend du quartier. Ici au Mont-Royal les magasins (*stores*) ouvrent seulement (*only*) à _____.

   a. 9 h du matin

   b. 10 h du matin

   c. 11 h du matin

4. Si on va dans les centres commerciaux (*malls*), cela ouvre à _____.

   a. 9 h du matin

   b. 10 h du matin

   c. 11 h du matin

5. Le soir, les restaurants ouvrent vers _____.

   a. 18 h

   b. 19 h

   c. 20 h

6. Ils ferment _____.

   a. après minuit

   b. après midi

   c. à 23 h

- To ask what time something opens or closes, say **À quelle heure... ?**

  —**À quelle heure ouvre la pharmacie?**

  —**La pharmacie ouvre à neuf heures du matin.**

  —**À quelle heure ferme la banque?**

  —**La banque ferme à trois heures.**

- To say that something is open from a certain time to a certain time, use **de... à...** or **de... jusqu'à** (*until*)...

  Le restaurant est ouvert de 9 h à 10 h 20.

  La poste est ouverte de 8 h du matin jusqu'à 5 h de l'après-midi.

- To contrast weekday and weekend times, use **en semaine** (*during the week, on weekdays*) and **le week-end** (*on weekends*).

B. À l'écran. Now watch and listen as Anne-Claire, who owns a pharmacy, describes her hours of business. Fill in the correct times.

Vidéo

J'amène (*take*) les enfants à _____¹ à l'école. Ensuite, je vais au travail.

Donc, j'ai une pharmacie. Je travaille (*work*) jusqu'à _____². Je ferme la

pharmacie. Je prends un repas (*have a meal*). Je rouvre (*reopen*) la pharmacie à

_____³ exactement. Je travaille jusqu'à _____⁴ et puis là,

je ferme la pharmacie. Je rentre à la maison (*go home*).

Chez les francophones

Les horaires des commerces

Throughout the French-speaking world, many small stores and businesses close around noon for a lunch break; they generally reopen at 2:00 P.M. and stay open until 7:00 or 8:00 P.M. However, the current trend, especially in big cities, is to stay open all day, including during lunchtime; this is known as **la journée continue.** Boutiques and neighborhood stores generally open six days a week and close on Sunday, but specific businesses might have a different closing day. For example, banks close on Sunday and Monday but they are open on Saturday; public museums are closed on Tuesday; and all administrative offices are closed on Saturday and Sunday. Supermarkets generally close between 8:00 and 10:00 P.M. and are closed all day Sunday, although there are a few exceptions per year during holidays, as regulated by law. So people need to plan ahead if they need to shop for groceries. There is no running to the store late at night to buy milk. However, if there is nothing left to eat in the house, most restaurants open around 7:00 P.M. and close at 11:00 P.M. or later, after the last diners have left.

Et chez vous? À quelle heure est-ce que les restaurants et les supermarchés ferment en général? Combien de temps ont les gens pour déjeuner? Quel jour, et à quelle heure, est-ce que vous aimez faire les courses?

Anne-Claire dans sa pharmacie

C. Les horaires (*Schedules*). Work with a classmate. Each of you chooses one of the two lists of potential situations you could encounter on a trip to France. Your classmate will get your attention and ask you what time the three businesses on his/her list open and close based on what he/she needs to do. Then reverse roles. **Attention!** When it's your turn to ask the questions, cover the photos.

la poste

le guichet automatique *(ATM)*

le restaurant

la pharmacie

la boutique

la boulangerie *(bakery)*

EXEMPLE: **Situation:** You need to mail a letter on Monday.

    É1: Pardon, monsieur, à quelle heure ouvre la poste le lundi?
    É2: À huit heures.
    É1: À quelle heure est-ce qu'elle ferme?
    É2: À dix-neuf heures.
    É1: Merci, monsieur!

Liste 1

1. It's Saturday morning and you need to mail some postcards.
2. You want to buy croissants for breakfast before going to class on Monday morning.
3. You need some cash for your trip on Tuesday morning.

Liste 2

4. It's Tuesday afternoon and you need a new bathing suit for your trip to Nice.
5. It's a Friday night at 10 P.M., and want to order a pizza.
6. It's Monday at 6:15 P.M. You need some aspirin and want to know when the pharmacy closes.

Pour passer le temps Talking about daily activities

Although Mireille and Caroline are twin sisters (**sœurs jumelles**), they are very different. Read the brief descriptions they give of themselves and the activities they like to do.

Bonjour! Je m'appelle Mireille. J'ai 20 ans et je suis étudiante à l'Université Paris-Sorbonne. J'adore le programme en histoire de l'art et archéologie, mais je déteste **préparer les examens** (*studying for exams*). Entre deux cours, j'aime **envoyer des textos** et **parler au téléphone** avec des amis et des camarades de classe. Comme sport, je préfère **jouer au tennis**. J'ai un copain (*boyfriend*), Benoît. Le samedi soir, nous aimons **aller** (*to go*) **au cinéma** et (aller) **danser en boîte** (*in nightclubs*).

Salut! Je suis Caroline. Moi aussi, j'ai 20 ans. Je suis vendeuse (*saleswoman*) dans une librairie (*bookstore*). Je préfère **travailler** en semaine, pas le week-end! Je ne suis pas très sportive, alors je préfère **surfer sur Internet** et **écouter de la musique**. (J'adore **jouer de la guitare**!) J'ai aussi beaucoup d'amis. Le week-end, nous sommes chez moi (*at my place*) pour **cuisiner** ensemble et **regarder la télé**.

Based on your recognition of cognates and words you've already learned, match each of the following activities to the appropriate illustration.

○ Answers to this activity are in Appendice 2 at the back of the book.

1. _____ 2. _____ 3. _____ 4. _____ 5. _____ 6. _____

7. _____ 8. _____ 9. _____ 10. _____ 11. _____ 12. _____

a. aller au cinéma
b. danser (en boîte)
c. écouter de la musique

d. envoyer un texto
e. cuisiner
f. préparer les examens

g. jouer au tennis
h. jouer de la guitare
i. parler au téléphone

j. regarder la télé
k. surfer sur Internet
l. travailler (dans une librairie)

Here are more of Mireille and Caroline's typical activities. Based on what you already know about them, which sister is more likely to do each activity? Justify your answer by citing the relevant sentences in the preceding descriptions.

Answers to this activity are in Appendice 2 at the back of the book.

Mireille		Caroline
☐	1. **acheter** (*buy*) des billets (*tickets*) de cinéma	☐
☐	2. **chercher** (*look for*) un livre à la bibliothèque (*library*)	☐
☐	3. **louer** (*rent*) un DVD	☐
☐	4. **passer** (*spend*) le week-end avec son copain	☐
☐	5. **rester** (*stay*) chez elle le week-end	☐
☐	6. **télécharger** (*download*) de la musique	☐
☐	7. **trouver** (*find*) un livre pour un client	☐
☐	8. **visiter** un musée d'art	☐

A. Chacun ses goûts (*To each his own*).

Première étape. Work with two other classmates. Taking turns, come up with a few examples of what each type of person likes to do.

> EXEMPLE: —Un(e) cinéphile (*movie buff*) aime aller au cinéma, par exemple.

1. un(e) cinéphile
2. un(e) gourmand(e) (*food lover*)
3. un(e) mélomane (*music lover*)
4. un(e) fanatique de sport
5. quelqu'un de sociable
6. quelqu'un de relax
7. quelqu'un de studieux
8. quelqu'un de talentueux

Deuxième étape. Which type of person described in the **Première étape** are you? Tell your group members what you're like (**Je suis...**) and what you really like to do (**J'aime beaucoup...**).

> EXEMPLE: —Je suis cinéphile. J'aime beaucoup aller au cinéma.

B. Des activités préférées.

Première étape. For each pair of activities, put a checkmark next to the one you prefer doing. (If you like doing both equally as much, check both; if you don't like doing either, make no checkmarks.)

_____ aller au restaurant / cuisiner _____
_____ aller à la gym / danser (en boîte) _____
_____ regarder la télé / surfer sur Internet _____
_____ envoyer des textos / parler au téléphone _____
_____ aller au cinéma / louer un DVD _____

Deuxième étape. Work with two classmates. Compare your preferences using the expressions from the *En français* feature box.

> EXEMPLE: É1: Je préfère (J'aime mieux) aller à la gym.
> É2: Moi, j'aime les deux: aller à la gym et danser en boîte.
> É3: Moi, je déteste aller à la gym et je n'aime pas danser non plus (*either*).

En français

To ask what someone likes to do, say: **Qu'est-ce que tu aimes / vous aimez faire?**

You can respond to this question using **J'aime** + an infinitive, as you saw in Activity A, but also with these expressions:

J'adore... (danser).

Je préfère / J'aime mieux... (étudier avec des amis).

Je déteste / Je n'aime pas... (travailler le week-end).

C. À une heure raisonnable. Working with a classmate, take turns asking when you like to do the activities listed here. Tell your classmate what you think: **c'est trop tôt** (*too early*), **c'est trop tard** (*too late*), or **c'est une bonne heure** (*the right time*). **Attention!** Remember that you can use the preposition **vers** (*around*) to indicate an approximate time—for example, **vers 9 h.**

> aller au cinéma le dimanche
> aller au restaurant le samedi
> arriver à la fac le matin
>
> avoir cours de français
> déjeuner (*to have lunch*)
> commencer la journée

EXEMPLE: É1: À quelle heure est-ce que tu préfères arriver à la fac?
É2: Vers 10 heures du matin.
É1: C'est trop tard pour moi—je préfère arriver vers 8 heures. (*ou*) C'est aussi une bonne heure pour moi.

D. Qui aime jouer... ?

Première étape. Check off the sports, games, and musical instruments in the chart that you like to play. You'll use your responses and those of your classmates during the **Deuxième étape.**

Sports	Jeux (*Games*)	Instruments
J'aime jouer...	**J'aime jouer...**	**J'aime jouer...**
☐ au basket(-ball)	☐ aux cartes	☐ de la batterie (*drums*)
☐ à la crosse	☐ aux dames (*checkers*)	☐ de la flûte
☐ au foot(ball)	☐ aux échecs (*chess*)	☐ de la guitare
☐ au football américain	☐ à la Wii® / à la Xbox®	☐ du piano
☐ au golf	☐ au Monopoly®	☐ du saxophone
☐ au tennis	☐ au Scrabble®	☐ du violon

Deuxième étape. Form a group with four other classmates. Listen as each person in your group tells you what he/she likes to play, and record that on your chart by making additional checkmarks. Provide a brief summary for the class of those activities most of you really like to do and those that most of you don't really like to do.

EXEMPLE: — Comme sport, nous aimons beaucoup jouer au foot, mais nous n'aimons pas jouer au golf.

En français

To say that you like to play a particular sport or game, use the verb **jouer** and the preposition **à.** To say that you play a certain musical instrument, use the verb **jouer** and the preposition **de.**

J'aime **jouer à la Wii®, au** tennis, **aux** cartes (*cards*).

J'aime **jouer de la** guitare, **du** piano, **des** cymbales.

Au (as in **au tennis**) is the contracted form of **à + le,** and **aux** (as in **aux cartes**) is the contracted form of **à + les.** Similarly, **du** is the contracted form of **de + le,** and **des** is the contracted form of **de + les.**

Des jeunes hommes jouent au basket au jardin du Luxembourg

Chez les Français

Les sports en France

The most popular team sport in France is, by far, **le foot(ball)** (*soccer*). More than two million French people are members of a soccer club or association, and in 1998, the national team, **l'équipe de France**, won the World Cup (**La Coupe du Monde**). For individual sports, **le tennis** (about 1.4 million people are registered in tennis clubs) and **le cyclisme**, which can also be considered a team sport, are very popular as well. One of the world's most prestigious cycling competitions, **Le Tour de France**, is widely watched every summer on television.

One might be surprised to learn that **le basket(-ball)** is another favorite in France. The men's national team won the EuroBasket 2013 championship and competes regularly in the Olympics; the women's national basketball team has twice won the European Championships, in 2001 and 2009; and as of 2013, there are sixteen male players born in France who play in the NBA!

Unquestionably French in origin, **la pétanque** is a form of lawn bowling similar to Italian *bocce*. People play with family and friends at home or on playing courts found in many city parks and some specialized restaurants and bars. Even more localized is **la pelote basque**, a popular sport in southwestern France that resembles racquetball but is often played outdoors between two walls.

Et chez vous? Quels sports sont très populaires chez vous? Est-ce qu'il y a des sports populaires dans des régions spécifiques de votre pays? Est-ce que vous connaissez (*know*) des joueurs étrangers (*foreign*) dans les équipes (*teams*) nord-américaines?

Saison 2009-2010
- Football L1
- Basket Pro-A
- Rugby a XV Top 11
- Handball D1H
- Volley-ball A
- Hockey Magnus

Prononcez bien!

To learn about the spelling and pronunciation of the mid-vowels [e] as in **télé** and [ɛ] as in **tête**, see **Prononcez bien!** in **Chapitre 3** of the *Workbook / Laboratory Manual.*

E. Un week-end génial? With a classmate, discuss what you want to do this weekend (using **avoir envie de [d']**), as well as what you have to do (using **avoir besoin de [d']**). Based on what your classmate tells you, tell the class what sort of weekend it is for him/her—**génial, normal,** or **horrible.**

EXEMPLE: —C'est un week-end normal pour Tom: Il a besoin d'étudier...

Une famille joue à la pétanque

Grammaire interactive

3.1 Je parle français! Regular -er verbs

In the **Communication en direct** section of *Chapitre 2*, you were introduced to some forms of the verb **parler** (*to speak*): **je parle** and **il/elle/on parle**. Complete the following sentences with the remaining forms of the verb **parler**; the underlined letters should give you a hint: **par<u>lent</u>, par<u>les</u>, par<u>lez</u>, par<u>lons</u>.**

1. Je **parle** français et arabe.

2. Tu _____ combien de langues?

3. Est-ce qu'on **parle** français au Québec?

4. Nous ne _____ pas anglais en famille.

5. Vous _____ très bien (le) français!

6. Ils ne _____ pas beaucoup en classe!

Analysons! 1. Given that the final -es of **parles** and final -ent of **parlent** are not pronounced, how many forms of the verb **parler** sound the same? _____ 2. Does negation (**ne... pas**) work the same way with **parler** as it does with **être** and **avoir**? _____

❍ Answers to this activity are in Appendice 2 at the back of the book.

1 Verbs whose infinitive form ends in **-er,** such as **parler** and **habiter,** represent the largest group of regular verbs in French. Unlike the irregular verbs **être** and **avoir,** the -er of the infinitive is dropped to form a *verb stem* (**un radical**) to which endings are added.

parler (*to speak*)	
RADICAL: **parl-**	
je parle	nous parlons
tu parles	vous parlez
il/elle/on parle	ils/elles parlent

Because all verbs in this group follow the same pattern, you should be able to provide the forms of the verb **habiter** in the chart.

habiter (*to live, reside*)	
RADICAL: **habit-**	
j' _____	nous _____
tu _____	vous _____
il/elle/on _____	ils/elles _____

❍ Answers to this activity are in Appendice 2 at the back of the book.

2 The present-tense forms of verbs in French are used to tell what someone does in general or what one is doing at the moment of speaking.

Tu **déjeunes** au resto-U?
{
Do you (normally) eat lunch at the university cafeteria?

Are you eating lunch at the university cafeteria (right now)?
}

◐ Answers to this activity are in Appendice 2 at the back of the book.

◐ To learn more about spelling changes involving -er verbs, see Par la suite at the back of your book.

3 With verbs that end in **-cer**, such as **commen<u>cer</u>** (*to begin*), the letter **c** changes to **ç** before the ending **-ons** to maintain the [s] sound of the other forms (**nous commençons**). Likewise, with verbs that end in **-ger**, such as **man<u>ger</u>** (*to eat*), the letter **e** is added before the ending **-ons** to maintain the [ž] sound of the other forms (**nous mangeons**).

Mise en pratique. Provide the **nous** form for the verbs in the chart. All but two of them will require a change in spelling.

1. arranger	nous _____		5. nager	nous _____	
2. avancer	nous _____		6. télécharger	nous _____	
3. chercher	nous _____		7. travailler	nous _____	
4. effacer (*to erase*)	nous _____		8. voyager	nous _____	

A. Écoutez bien! Listen as your instructor reads sentences about the Deschamps family. Write the number of the sentence you hear next to the **-er** verb you hear in that sentence. Afterward, you'll be asked to describe what this family is like.

_____ acheter		_____ étudier		_____ travailler	
_____ chercher		_1_ habiter		_____ visiter	
_____ écouter		_____ parler		_____ voyager	

B. Chacun ses goûts.

Première étape. Working with a classmate, take turns identifying which person would be most likely to do each activity based on their preferences and personality.

Xavier aime les études; il est très intellectuel.

Alisson aime le sport; elle est très sportive.

Cécile aime les arts et les médias; elle est très créative.

Victoria aime la technologie; c'est une technophile.

EXEMPLE: préparer une dissertation (*term paper*)
—Xavier prépare une dissertation.

1. arriver très tôt à la gym pour un cours d'aérobic
2. jouer du piano et de la guitare
3. étudier tous les soirs (*every night*)
4. regarder un match de sport à la télé le week-end
5. surfer sur Internet très tard la nuit (*late at night*)
6. visiter des musées et des galeries d'art
7. aimer jouer à des jeux vidéo en ligne (*online*)

Grammaire interactive

For more on the present tense of **-er** verbs, watch the corresponding **Grammar Tutorial** and take a brief practice quiz at **Connect French** (www.mhconnectfrench.com).

Deuxième étape. Tell your classmate the ways in which the four people from the **Première étape** are similar to you. In what ways are they *not* similar?

EXEMPLE: —Je suis comme Cécile parce que (*because*) je visite aussi des musées. Je ne suis pas comme Victoria parce que je ne joue jamais à des jeux vidéo.

C. La vie quotidienne (*Everyday life*).

Première étape. Working with a classmate, decide which verbs from the list best complete each question. (Some verbs may be used more than once, some not at all.)

arriver	déjeuner	habiter	préparer	visiter
commencer	étudier	parler	travailler	voyager

1. Tu _____ près de la fac?
2. Tu _____ à la fac très tôt le matin?
3. Tu _____ au resto-U de temps en temps (*from time to time*)?
4. Tu _____ une autre langue étrangère?
5. Tu _____ des dissertations à la bibliothèque?
6. Tu _____ dans un magasin en ville (*in town*)?
7. Tu _____ en été?

Deuxième étape. Find a new classmate to work with, and ask him/her the questions you created in the **Première étape**. Share what you consider to be an interesting or unusual finding with the class.

EXEMPLE: —Lisa ne voyage *jamais* en hiver. Elle travaille.

D. Le week-end avec des amis.
Ask a classmate what he/she does with friends on the weekend by selecting two or three activities from the list below, then switch roles. When answering, indicate how often you do such activities using an adverb of frequency (or **ne... jamais**).

EXEMPLE: É1: Le week-end, (est-ce que) vous jouez aux cartes?
É2: Nous jouons rarement aux cartes. (Nous aimons mieux jouer aux jeux vidéo).

1. jouer aux cartes
2. jouer/écouter de la musique
3. manger chez MacDo
4. préparer un examen ensemble
5. regarder des films
6. danser en boîte

En français

Adverbs of frequency, like those used in Activity D, are normally placed immediately *after* the conjugated verb in French, which is the exact opposite of English.

Elle regarde **toujours (souvent, parfois, rarement)** la télé.

She always (often, sometimes, rarely) watches television.

3.2 Tu fais du ski? The verb **faire** and expressions with **faire**

As you saw earlier, Mireille likes sports, whereas Caroline prefers calmer leisure activities. Using the following illustrations as clues, match their activities with the appropriate season and its weather conditions, then say which of these activities you do yourself in the seasons specified. (If you do both, write **les deux**; if you do neither, write **ni l'un ni l'autre.**)

1. En hiver, quand (*when*) **il fait froid** (et souvent **mauvais**)...

2. Au printemps, quand **il fait doux** (*temperate, warm*)...

3. En été, quand **il fait chaud** (et souvent **beau**)...

4. En automne, quand **il fait frais** (*cool*)...

a. Caroline **fait de la natation** et Mireille **fait du vélo**...

b. Caroline **fait du patin sur glace** et Mireille **fait du ski**...

c. Mireille **fait du cheval** et Caroline **fait une promenade**...

d. Caroline **fait du jardinage** chez elle et Mireille **fait une randonnée**...

Qu'est-ce que tu **fais** (vous **faites**)...

1. en hiver? *Je fais...* _____
2. au printemps? _____
3. en été? _____
4. en automne? _____

Analysons! 1. Does the verb **faire** (the forms **tu fais, il/elle fait, vous faites** in the preceding activity) seem to have a single equivalent in English? _____ 2. Is the verb **faire** a regular or irregular verb? _____ (**Hint:** Consider the remaining forms: **je fais, nous faisons, ils/elles font.**)

○ Answers to the **Analysons!** activity are in Appendice 2 at the back of the book.

1 The verb **faire** can express a number of meanings, depending on context, but is most frequently used as the equivalent of English *to do* and *to make*.

—Qu'est-ce que tu **fais** aujourd'hui?　　*What are you doing today?*

—Je **fais** un repas pour des amis.　　*I'm making a meal for some friends.*

2 The verb **faire,** when used in a number of common expressions, does not necessarily correspond to *do* or *make* in English. The weather terms and outdoor activities you saw earlier are two examples.

—Quel temps **fait**-il aujourd'hui?	*What is the weather like today?*
—Il **fait très** mauvais.	*It's really bad weather.*
—Elles **font du ski** aujourd'hui?	*Are they (going) skiing today?*
—Non, elles **font du patin** sur glace.	*No, they're (doing some) ice-skating.*

A third example involves expressions related to household chores:

faire des courses	*to run errands*	faire la lessive	*to do the laundry*
faire les courses	*to go grocery shopping*	faire le ménage	*to do housework*
faire la cuisine	*to cook (do the cooking)*	faire la vaisselle	*to wash (to do) the dishes*

3 Like the verbs **être** and **avoir, faire** is an irregular verb.

faire *(to do, to make)*	
je **fais**	nous **faisons**
tu **fais**	vous **faites**
il/elle/on **fait**	ils/elles **font**

4 As you learned in **Chapitre 2,** the definite article (**le, la, l', les**) does not change in negative sentences with **ne... pas** and **ne... jamais,** whereas the indefinite article (**un, une, des**) is replaced by **de (d').** The forms of the partitive article that you've seen in some expressions with **faire** (**du** and **de la**) are also replaced by **de (d').**

Je (ne) fais (pas) **la** vaisselle.	*I do / don't do the dishes.*
Nous faisons **une** promenade.	*We're taking a walk.*
but: Nous **ne faisons pas de** promenade.	*We aren't taking a walk.*
Ils font **de la** natation en été.	*They swim in summer.*
but: Ils **ne font pas de** natation aujourd'hui.	*They're not swimming today.*

Mise en pratique. Make the following sentences negative, using **ne... pas.**

1. Ils font la cuisine. _____
2. Nous faisons de la natation. _____
3. Elle fait du vélo. _____
4. Je fais une randonnée. _____
5. On fait la lessive aujourd'hui. _____

○ Answers to this activity are in Appendice 2 at the back of the book.

A. Écoutez bien! Listen carefully as your instructor reads a variety of statements using expressions with the verb **faire**. Decide whether each statement is logical (**logique**) or illogical (**illogique**).

	logique	illogique		logique	illogique
1.	☐	☐	5.	☐	☐
2.	☐	☐	6.	☐	☐
3.	☐	☐	7.	☐	☐
4.	☐	☐	8.	☐	☐

B. Jeu de mimes. Your instructor will divide the class into two teams and will give each team a list of activities that use the verb **faire**. Each team member, without speaking, will act out (mime) one activity for his/her own team. The first team to correctly guess all the activities on their list is the winner.

C. Où fait-on ces activités?

Première étape. With a classmate, take turns indicating where one does (**On fait…**) each activity in the column on the left by selecting the appropriate location in the column on the right. Some locations may be used more than once.

EXEMPLE: On fait du cheval à la montagne.

En français

You learned in **Chapitre 2** that the pronoun **on** is used for speaking about a nonspecific <u>group</u> of individuals—the equivalent of **des gens**, corresponding to the generic use of *people* in English. In Activity C, the pronoun **on** is used with a slightly different meaning: it refers to a nonspecific <u>individual</u>—the equivalent of **une personne** or **quelqu'un**, corresponding to the use of *one* or *someone* in English.

> **On fait de la natation dans une piscine.**
> *One (A person) goes swimming in a pool.*

du cheval	à la campagne (*countryside*)
du jardinage	à la maison
de la natation	à la montagne
du patin sur glace	à la patinoire (*rink*)
une randonnée	à la piscine
du ski	à la plage (*beach*)
du surf	en ville
du vélo	

Deuxième étape. Choose activities that you do from the column on the left above and tell your classmate in what season or in what weather conditions you do them.

EXEMPLES: En été, je fais du surf.
Je fais du patin quand il fait froid.

Sainte-Foy Tarentaise, une station de ski dans les Alpes

Chez les francophones: Au Québec

Les sports d'hiver

In Quebec, where temperatures can hover at or below freezing for four to six months of the year, winter sports are an important part of the culture: **le patin (sur glace)**, **le ski alpin** (*downhill*), **le ski de fond** (*cross-country*), **la planche à neige** (*snowboarding*), **la motoneige** (*snowmobiling*), and **le hockey (sur glace)** are all favorite outdoor leisure activities during these frigid months. Ice hockey, however, is not simply a favorite leisure activity but a national passion in Quebec and across Canada, ever since the modern form of the game took shape in the late 1800s in Montreal. This passion has been portrayed in *Les Boys*, a series of films recounting the story of a local hockey team, and in the 2005 biopic of Maurice "The Rocket" Richard (1921–2000) from the Montréal Canadiens, who helped his team win **la Coupe Stanley** (*The Stanley Cup*) eight times. The long-standing rivalry between the **Les Canadiens de Montréal**, symbolizing French-speaking Quebec, and the Toronto Maple Leafs, symbolizing English-speaking Ontario, is the subject of a beloved short story, *Le Chandail* (*The Hockey Sweater*), by Quebec author Roch Carrier.

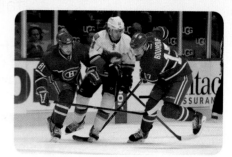

Les Canadiens de Montréal

Et chez vous? Est-ce qu'il y a des rivalités historiques entre des équipes dans votre pays? Expliquez. Est-ce que vous pratiquez vous-même un sport d'hiver? Expliquez.

D. Devinettes (*Riddles*). Work in groups of three. Two of you will secretly select one of the situations from the list below, then use **-er** verbs and expressions with **faire** to describe to the third member of your group what you're doing. Can he/she guess correctly which situation you're talking about? Repeat several times using different situations.

Vous êtes à Paris au printemps.

Vous êtes à la campagne en été.

Vous êtes à la montagne en hiver.

Vous êtes chez un(e) ami(e) le soir.

Vous êtes à la fac le matin, mais vous n'avez pas cours.

Vous avez un examen à préparer et vous êtes stressé(e)s.

Vous organisez une fête ce samedi.

Vous êtes à la maison et elle est en désordre!

E. Forum: Mes activités et loisirs. Write a new post to the **Forum des étudiants** in which you describe what you like to do in your free time (where, with whom, when, etc.). Follow the model below.

Forum >> Sujets divers >> Activités et loisirs?

MESSAGE DE:

SylvieL-D
(Lille)

posté le 10-9

Sujet: Pendant mon temps libre... ▼
En semaine, j'adore écouter de la musique chez moi, surtout*
quand je fais mes devoirs. Le week-end, si je n'ai pas
besoin d'étudier, j'aime beaucoup...
Sylvie

*especially

3.3 Qu'est-ce que tu fais aujourd'hui?

Information questions with est-ce que and inversion

On the front of the trivia card that follows are five questions about France; on the back of the card are the correct answers, but in mixed-up order. Write the number of the question next to its correct answer.

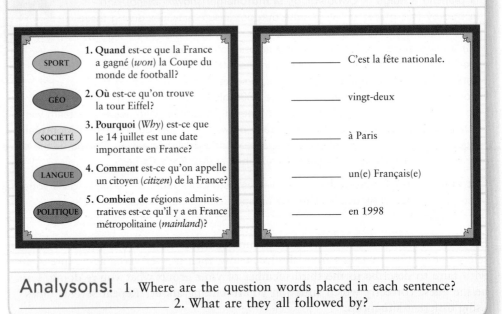

SPORT
1. **Quand** est-ce que la France a gagné (*won*) la Coupe du monde de football?

GÉO
2. **Où** est-ce qu'on trouve la tour Eiffel?

SOCIÉTÉ
3. **Pourquoi** (*Why*) est-ce que le 14 juillet est une date importante en France?

LANGUE
4. **Comment** est-ce qu'on appelle un citoyen (*citizen*) de la France?

POLITIQUE
5. **Combien de** régions administratives est-ce qu'il y a en France métropolitaine (*mainland*)?

_____ C'est la fête nationale.

_____ vingt-deux

_____ à Paris

_____ un(e) Français(e)

_____ en 1998

Analysons! 1. Where are the question words placed in each sentence? _____ 2. What are they all followed by? _____

○ Answers to the **Analysons!** activity are in Appendice 2 at the back of the book.

1 Question words (**mots interrogatifs**) are used to seek information beyond a simple *yes* or *no* response, such as when asking *when* (**quand**), *where* (**où**), *why* (**pourquoi**), *how* (**comment**), and *how many* (**combien de** + noun). The expression **est-ce que** (**qu'**), which you learned about in **Chapitre 2, Grammaire interactive 2.4,** follows each question word.

Quand est-ce qu'il fait du ski?	*When does he go skiing?*
Pourquoi est-ce qu'elle n'aime pas faire du ski?	*Why doesn't she like to ski?*

2 You have also seen examples of commonly asked questions that involve switching the order of the subject pronoun and the verb. This way of asking questions is known as *inversion.*

Comment **vous appelez-vous**?	D'où **êtes-vous**?
Comment **allez-vous**?	Quelle heure **est-il**?
Quel âge **avez-vous**?	Quel temps **fait-il**?

3 Inversion as a way of asking questions is possible in English only with a limited number of verbs (such as *be, have, can*)—for example, *Are you ready? Can you come with us?* In French, inversion is possible with all verbs. Aside from commonly asked questions (such as those in Point 2), however, inversion is rarely used in everyday, informal conversation.

Mise en pratique. Write out the less formal equivalent of each question using **est-ce que.**

Formal Version	Less Formal Version
1. Quand arrivez-vous à la fac?	_____
	_____
2. Où travaille-t-il?	_____
	_____
3. Pourquoi font-ils le ménage?	_____
	_____
4. Comment prépare-t-on l'examen?	_____
	_____
5. Combien de livres avons-nous?	_____
	_____

▶ Answers to this activity are in Appendice 2 at the back of the book.

4 You may have noticed in the **Mise en pratique** activity above that, in some questions using inversion, a **-t-** comes between the verb form and the subject pronoun. This **-t-** has no meaning; it is simply added for ease of pronunciation whenever the verb form *ends* with a vowel and the subject pronoun *begins* with a vowel. **Note:** This only occurs with **il/elle/on.**

▶ To learn more about inversion, see Par la suite at the back of your book.

Joue-t-il au tennis?	*Does he play tennis?*
A-t-elle un match demain?	*Does she have a game tomorrow?*
but:	
Est-elle très sportive? [t]	*Is she very athletic?*
Ont-ils des vélos? [t]	*Do they have (any) bikes?*

A. Culture: Écoutez bien! Listen carefully as your instructor reads a series of questions that are asked in a more formal style using inversion. Check off the correct answer to each one. **Attention!** Many of these questions involve the addition of **-t-** for ease of pronunciation. Remember that this does not affect the meaning of what you hear.

1. ☐ à 14 h	☐ à midi	☐ à 16 h
2. ☐ le 1ᵉʳ janvier	☐ le 14 juillet	☐ le 11 novembre
3. ☐ deux	☐ cinq	☐ dix
4. ☐ Parce que c'est magnifique.	☐ Parce que c'est ennuyeux.	☐ Parce que c'est petit.
5. ☐ «la Jeanne d'Arc»	☐ «la fleur de lys»	☐ «le tricolore»
6. ☐ dans les Alpes	☐ à Paris	☐ sur la Côte d'Azur

En français

There are various ways of asking *Who . . . ?* and *What . . . ?* in French. You'll learn more about these question words in **Chapitre 8, Grammaire interactive 8.2**. In Activities A–D, you should use **Qui est-ce que (qu'). . .** for *Who . . . ?* and **Qu'est-ce que (qu')** for *What . . . ?*

—**Qui est-ce que** les étudiants écoutent?
—Le prof.

—**Qu'est-ce que** les étudiants regardent?
—Le tableau.

Xavier devant la Grande Arche de la Défense

B. À la fac.

Première étape. Decide which question word should be placed at the beginning of each question to get some information about a classmate's activities at school.

> Pourquoi   Qui   Où   Qu'   Quand

1. _____ est-ce que tu arrives à la fac le lundi matin?
2. _____ est-ce que tu as comme cours le lundi?
3. _____ est-ce que tu déjeunes?
4. _____ est-ce que tu préfères comme professeur?
5. _____ est-ce que tu étudies le français?

Deuxième étape. Working in pairs, take turns asking and answering the questions from the **Première étape**. Do any of your classmate's answers surprise you?

C. Portrait de Xavier.

Read the following description of Xavier's daily activities. Make a list of three questions using question words + **est-ce que** based on the information in boldface in the text. Then, ask a classmate your questions to see how well he/she understood the text. **Attention!** If you and your classmate have written the same questions, additional ones will need to be created.

EXEMPLE: É1: À quelle heure est-ce qu'il arrive à la fac?
          É2: Vers 7 h du matin.

> Moi, j'arrive à la fac vers 7 h du matin **parce que j'ai un cours d'anglais à 8 h.** Après mon cours, j'achète souvent **un café et un croissant.** S'il fait beau, j'étudie **dehors** (*outside*). J'ai **quatre** cours cette année, et j'adore étudier l'anglais **parce que le prof, M. Andrews, est très dynamique.** L'après-midi, je fais **du sport** (de la natation ou du basket, par exemple) à la gym. Je rentre **vers 17 h.**

D. Qui est compatible avec moi?

Première étape. Your instructor will distribute a copy of the following chart, with space to add six questions. Create these questions with your classmates, based on the topics listed in 1–6 below. Write these questions in the chart, then write your response to each in the column labeled **Mes réponses.**

EXEMPLE: (l'heure?) commencer la journée
          Quand / À quelle heure est-ce que tu commences la journée?

1. (l'heure?) commencer la journée
2. (des activités?) faire le soir en semaine
3. (des activités?) aimer faire le week-end
4. (des endroits?) préférer dîner
5. (une personne?) admirer
6. (la raison?) faire des études ici

Questions	Mes réponses	Réponses de l'étudiant(e) 1	Réponses de l'étudiant(e) 2
1.			
2.			
Qui est compatible avec vous?		☐	☐

Deuxième étape. Which student in the class would be a good match for you based on your schedule, preferences, etc.? Survey at least two classmates using the questions from the chart and record their responses. Place a checkmark in one of the two columns at the bottom of the table, and be ready to explain your selection to the class.

3.4 Un bon film français   Position of adjectives

Given the two options in each row, which item do you prefer?

1. des cours **intéressants** ☐ ou des cours **ennuyeux**, mais **faciles** ☐
2. une voiture (*car*) **économique** ☐ ou une voiture de sport **italienne** ☐
3. un ordinateur **portable** ☐ ou un ordinateur de bureau **traditionnel** ☐
4. un **grand** appartement en ville ☐ ou une **petite** maison à la campagne ☐
5. un **nouveau** film au cinéma ☐ ou un **vieux** film à la télé ☐

Analysons! 1. In which position are most of the adjectives used in this activity placed—before the noun or after? _____ 2. Which four adjective forms come before the noun? _____, _____, _____, _____ 3. Do adjectives in either position agree in gender and number with the noun they're describing? _____

▷ Answers to this activity are in Appendice 2 at the back of the book.

1 In **Chapitre 2,** you learned that adjectives used to describe people, places, and things can follow the verb **être** and that they must agree agree in gender (masculine or feminine) and number (singular or plural) with the subject of the sentence (for example, **elles sont sportives**). Similarly, when an adjective appears before or after a noun, it must also agree with that noun in gender and number.

une **petit**e maison, de **petit**es maisons	*a little house / little houses*
une voiture **italienne**, des voitures **italiennes**	*an Italian car / Italian cars*

2 You may already have noticed that most adjectives in French are placed *after* the noun:

les yeux **verts**	*green eyes*
les cheveux **blonds**	*blond hair*
le drapeau **français**	*the French flag*
un ordinateur **portable**	*a portable computer (a laptop)*

Those adjectives that are normally placed *before* the noun share certain characteristics: They are typically short (one or two syllables), very frequently used in everyday conversation, and tend to represent qualities that are "subjective" in nature—that is, representing an opinion of someone or something's **beauty**, **age**, **goodness**, or **size**. (An easy way to remember this is by using the acronym **BAGS**.)

Mise en pratique. Among the fifteen adjectives in the following list, nine regularly come *before* the noun in French because they are short, very frequently used in everyday conversation, and subjective in nature. Check off which nine you think they are.

☐ audiovisuel ☐ historique ☐ médiéval
☐ beau ☐ jeune ☐ petit
☐ bon ☐ joli ☐ rouge
☐ grand ☐ marocain ☐ triangulaire
☐ gros ☐ mauvais ☐ vieux

◗ Answers to this activity are in Appendice 2 at the back of the book.

3 Adjectives used for counting and listing things in a series also regularly come before the noun in French:

le **premier** film   un **autre** film   le **prochain** (*next*) film
le **deuxième** film   le **dernier** film

Note that when **prochain(e)** and **dernier/dernière** are used in expressions of time, they *follow* the noun: **la semaine prochaine** (*next week*), **la semaine dernière** (*last week*).

4 There are a few important spelling and pronunciation changes that occur when adjectives *precede* the noun.

a. The masculine singular adjectives **beau**, **nouveau**, and **vieux** take on a special form before nouns beginning with a vowel or **h**: **bel**, **nouvel**, and **vieil** (pronounced the same way as **belle**, **nouvelle**, and **vieille**).

b. The article **des** is replaced by **de** (**d'**) in front of all *plural* adjective forms.

c. **Liaison** occurs between plural adjectives and nouns beginning with a vowel or **h**.

Examples of these spelling and pronunciation changes are provided in the chart below. Use the forms of **beau** as a clue to write in the forms of **vieux** that would go with **acteur(s)/actrice(s)**.

◗ Answers to this activity are in Appendice 2 at the back of the book.

◗ To learn more about the position of adjectives, see Par la suite at the back of the book.

Masculin		Féminin	
SINGULIER	PLURIEL	SINGULIER	PLURIEL
un **bel** acteur	**de** beaux acteurs	une belle actrice	**de** belles actrices
___	___	___	___

A. Écoutez bien! Your instructor will read short descriptions of famous people and things. Who or what is being described? Pay special attention to the nationality adjectives that you hear. Where are they placed in relation to the nouns they describe?

1. ☐ la tour Eiffel   ou ☐ la Statue de la Liberté
2. ☐ George Washington   ou ☐ Charles de Gaulle
3. ☐ la Normandie   ou ☐ le Québec
4. ☐ la «Fit» de Honda   ou ☐ la «Bronco» de Ford
5. ☐ la Belgique   ou ☐ le Maroc
6. ☐ des Saint-Bernard   ou ☐ des chihuahuas

B. Culture: Nouveautés (*New things*). Listed in the left-hand column are names and expressions in French that use a form of the adjective **nouveau.** Fill in the appropriate form of this adjective, then match each name or expression with its definition in the right-hand column.

1. la _____-France   a. un état américain
2. le _____-Mexique   b. l'ancien (*former*) nom de la colonie française au Canada
3. un _____-né
4. *le _____ Observateur*   c. la fête du 1ᵉʳ janvier
5. La _____-Orléans   d. un magazine français
6. le _____ Testament   e. une grande ville en Louisiane
7. _____ Frontières (*f.*)   f. un bébé
8. le _____ An (*m.*)   g. une agence de voyages française

h. un texte religieux

C. Une description juste.

Première étape. With a classmate, take turns describing each person pictured. Describe their hair and eye color (as you learned in **Chapitre 2**) and also the length and beauty of their hair and the size and beauty of their eyes. Use the expressions below.

avoir les cheveux (blonds, châtains, gris, noirs, roux)

avoir <u>de</u> longs / <u>de</u> courts / <u>de</u> beaux cheveux

avoir les yeux (bleus, bruns, marron, noisette, verts)

avoir <u>de</u> petits / <u>de</u> gros / <u>de</u> beaux yeux

Lise

Catherine

Éric

Franck

Deuxième étape. Tell the class which person(s) in the illustrations on page 87 you resemble and in which way(s).

EXEMPLE: —Je ressemble (beaucoup, un peu) à... parce que j'ai...

D. Des recommandations.

Première étape. Complete each sentence with the adjectives provided in parentheses. Decide which adjective should come before the noun and which should come after, and be sure that both adjectives agree in gender and number with the noun they describe.

1. J'ai envie de louer un _____ film _____.
   (bon / français)

2. J'ai envie de dîner dans un _____ restaurant _____.
   (élégant / petit)

3. J'ai envie d'étudier une _____ langue _____.
   (autre / étranger)

4. J'ai envie de regarder une _____ série (*TV show*) _____.
   (comique / nouveau)

5. J'ai envie de visiter une _____ ville _____.
   (américain / beau)

Deuxième étape. What sort of recommendation would you make based on what each person in the **Première étape** wants to do? Use **Je recommande (le film)...** (or **Je n'ai aucune idée!**).

E. Culture: Termes culturels.

Première étape. Use an adjective that precedes the noun (from list A) or one that follows the noun (from list B)—or one of each!—to describe the following people, places, and things typically associated with French culture. **Attention!** You'll need to provide the correct form of the adjective(s) depending on gender and number.

A		B	
bon	mauvais	bien-aimé (*well-loved*)	intéressant
beau	petit	célèbre	méditerranéen
grand	vieux	charmant	parisien
jeune		cycliste	rapide
		délicieux	traditionnel

EXEMPLE: un monument: la tour Eiffel
—La tour Eiffel est un (grand) monument (parisien).

1. un train: le TGV
2. un sport: le foot
3. un acteur: Jean Dujardin
4. une voiture: une Renault
5. une région: la Côte d'Azur
6. une course (*race*): le Tour de France
7. des pâtisseries: une madeleine, une tarte aux fruits
8. des musées: le musée d'Orsay et le centre Pompidou

Deuxième étape. Your instructor will now give you the name of a person, place, or thing from your own culture. Work with two classmates to describe it to a French speaker who may be unfamiliar with it, using some of the adjectives from the **Première étape** and others you know.

Grammaire interactive

For more on the formation of adjectives and their position, watch the corresponding *Grammar Tutorial* and take a brief practice quiz at **Connect French** (www.mhconnectfrench.com).

La notion du temps libre chez les Français

A. Avant de regarder. Time may be a universal concept, but concepts such as work time, free time, and how we spend our leisure time are closely tied to our cultural background. How people choose to spend their time in France and in many Mediterranean countries can be quite different from North America and many northern European countries. Answer the following questions about how North Americans spend their time.

1. Combien d'heures par jour et par semaine est-ce qu'on travaille normalement en Amérique du Nord? Combien de temps est-ce qu'on passe normalement à table à midi? Combien de semaines de vacances par an est-ce qu'on a normalement?

2. Pensez-vous qu'on travaille beaucoup en Amérique du Nord? Est-ce qu'on a beaucoup de temps libre ou pas assez (*not enough*)?

B. Regardez et écoutez. Now, listen as the instructor describes some typically French notions of time. Based on your understanding of the presentation, complete the following sentences with the words and expressions provided.

bricolage	jardinage
cinq	moins (*less*)
deux	plus (*more*)
dimanche	pont
inviter	trente-cinq et trente-neuf

1. La durée (*length*) légale d'une semaine de travail en France est entre _____ heures.

2. On a _____ semaines de congés payés (*paid leave*).

3. La majorité des Français préfèrent gagner (*earn*) _____ d'argent pour avoir _____ de temps libre.

4. Quand le jeudi est un jour *férié* (un jour où on ne travaille pas), parfois on ne travaille pas le vendredi: on fait le _____.

5. Certains Français ont une pause de _____ heures pour déjeuner à midi.

6. En général, les magasins sont fermés le _____.

7. Les Français profitent de leur temps libre pour _____ des amis.

8. Le _____ et le _____ sont les passe-temps (*hobbies*) préférés des Français qui ont une maison (*house*).

C. À vous! Answer the following questions.

1. Préférez-vous gagner plus d'argent et avoir moins de temps libre ou gagner moins d'argent et avoir plus de temps libre? Pourquoi?

2. Imaginez que la semaine de travail est reduite (*reduced*) à 35 heures.* Que faites-vous des cinq heures de repos supplémentaires? Regardez-vous des films? Faites-vous du sport?

*From 2000 until 2007, France in fact had a 35-hour work week.

> À la base de notre civilisation, il y a la liberté de chacun dans sa pensée, ses croyances, ses opinions, son travail, ses loisirs.*
>
> —CHARLES DE GAULLE

*At the base of our civilization, there is freedom for each person in his/her thoughts, beliefs, opinions, work, and leisure activities.

Rétrospective Loisirs pour tous!

In 19th century France, industrialization and urbanization not only transformed the landscape; they also modified middle-class (**bourgeois**) behaviors when it came to enjoying the great outdoors and new forms of cultural entertainment. A few Parisian parks were created in the second half of that century, like **Les Buttes Chaumont**, where families could go for a walk or a picnic. A faster mode of transportation, the train, replaced horse-drawn carriages and allowed those of sufficient means to travel from Paris to Normandy to enjoy the beaches of Deauville where, in 1860, the Duc de Morny, half-brother of Napoleon III, opened a seaside resort that is still popular today. Riding horses, now retired from duty, became a **sport hippique**. Parisians discovered lawn tennis, a racquet sport imported from Britain but inspired by **le jeu de paume** (*palm game*), originally played inside and without racquets.

During the same period, new forms of cultural entertainment become quite popular. In the 1880s, one could go to the famous cabaret **Le Chat noir** to listen to songs and poetry, discuss art and politics, and drink absinthe; it was similar to cafés that hold poetry readings today. More refined, the beautiful **Palais Garnier**, inaugurated in 1875, became the thirteenth theater to house the Paris Opera since it was founded by Louis XIV in 1669.

The working class also had ways to escape on the little time off they could enjoy—workers often worked twelve to fifteen hours a day, six days a week, and were not well paid, but had cafés and theaters to go out to with friends, and in the countryside, **des bals champêtres** for dancing.

Le casino de Deauville

Avez-vous compris? Quels loisirs typiques d'aujourd'hui trouvent leur origine au 19ᵉ siècle (*century*)? Quels loisirs du 19ᵉ siècle sont associés aux gens aisés? Et aux gens moins (*less*) riches? Pensez-vous que les loisirs des gens aujourd'hui dépendent toujours de leur (*their*) classe sociale?

Que font les Français pendant leur temps libre?

A. Avant de lire. Complete the following survey about what you do in your free time. Check all that apply. You'll use your responses later for a class discussion.

1. Je préfère passer mon temps libre à _____.
   - ☐ regarder la télé
   - ☐ écouter de la musique
   - ☐ surfer sur Internet
   - ☐ autre _____

2. Normalement, je regarde la télé _____.
   - ☐ une heure par jour
   - ☐ deux heures par jour
   - ☐ trois heures par jour
   - ☐ autre _____

3. Normalement, je lis (*read*) des livres _____.
   - ☐ une heure par jour
   - ☐ deux heures par jour
   - ☐ trois heures par jour
   - ☐ autre _____

4. Normalement, je surfe sur Internet _____.
   - ☐ une heure par jour
   - ☐ deux heures par jour
   - ☐ trois heures par jour
   - ☐ autre _____

5. Je télécharge _____.
   - ☐ de la musique
   - ☐ des vidéos/films
   - ☐ des livres
   - ☐ des jeux vidéo

6. Je télécharge légalement/ illégalement, c'est-à-dire, je paie _____ mes téléchargements.
   - ☐ toujours
   - ☐ parfois
   - ☐ rarement
   - ☐ jamais

B. Lisez. In this article from the market research company GfK, you will learn about some of the leisure-time habits of the French. As you read, compare what you learn about the French with your own leisure time activities.

Les Français et l'entertainment

Dans une étude[1] récente, l'institut d'études marketing GfK a posé[2] des questions à 2.000 (deux mille) Français sur leur usage de la musique, de la vidéo, du livre et des loisirs interactifs pendant leurs temps libre. L'étude montre qu'Internet est presque'aussi populaire que la télévision en tant que[3] média de loisirs.

Le top 6 du temps libre des Français est:

1. Regarder la télévision (3 h 07 minutes par jour)
2. Surfer sur Internet (2 h 17 minutes par jour)
3. Écouter la radio (1 h 20 minutes par jour)
4. Voir ses amis ou sa famille (59 minutes par jour)
5. Écouter de la musique (54 minutes par jour)
6. Lire des livres (38 minutes par jour)

En ce qui concerne[4] le téléchargement, 16 % (pour cent) des Français téléchargent de la musique, 5 % de la vidéo, 4 % du livre et 4 % du jeu vidéo. Et 22 % des Français déclarent avoir téléchargé[5] au moins une fois[6] illégalement.

[1]study [2]a... asked [3]en... as a [4]En... As for [5]déclarent... declare that they have downloaded [6]au... at least once

Source: http://www.afjv.com/press0812/081211_etude_loisirs_francais.htm

C. Répondez. Answer the following questions according to the article.

1. Combien de Français ont participé à cette étude?
2. Combien d'heures par jour est-ce que les Français passent à regarder la télé?
3. Pour quels loisirs est-ce que les Français utilisent l'ordinateur?
4. Combien de temps par jour est-ce que les Français passent à lire?
5. Quel est le pourcentage de téléchargements illégaux chez les Français?

D. À vous!

Première étape. Compare your responses to the survey you took in Activity A, page 91, with those of a classmate. Find out if the two of you have similar leisure time habits. Then share your results with the class to discover general trends.

EXEMPLE: É1: Moi, je préfère écouter de la musique, mais je n'aime pas surfer sur Internet.

É2: Moi, je préfère jouer à des jeux vidéo, mais j'aime aussi écouter de la musique.

Deuxième étape. As a group, compare the class's general trends in the **Première étape** to the French survey results. What conclusions can you draw about how the French spend their free time? For example:

1. Est-ce que les Français et les Américains ont le même (*same*) ordre? Est-ce que c'est normal? bizarre? autre chose?
2. Est-ce que les Français surfent beaucoup sur Internet? et les Américains?
3. La littérature est très populaire en France ou aux États-Unis?
4. Voir ses amis, c'est important en France? Et chez vous?

Les coins lecture et écriture: Additional reading and writing activities are available in the **Workbook / Laboratory Manual** and at **Connect French** (**www.mhconnectfrench.com**).

«Je danse donc° je suis» (Brigitte Bardot 1964 et 2003) °therefore

A. Avant d'écouter. Read the biography of the singer, Brigitte Bardot, and answer the questions that follow.

iTunes Playlist: This song is available for purchase at the iTunes store. The songs for this feature are not provided by the publisher.

Brigitte Bardot est une actrice née à Paris en 1934. Considérée comme un sex-symbol dans les années 50 et 60, ses longs cheveux blonds sont une des caractéristiques essentielles de son physique. Brigitte est également connue comme *(known as)* chanteuse et aujourd'hui pour son rôle d'activiste: elle est fondatrice de la *Fondation Brigitte Bardot* pour la protection des animaux.

Brigitte Bardot: actrice, chanteuse et activiste

1. Pourquoi est-ce que Brigitte Bardot était *(was)* célèbre dans les années 50 et 60? Pourquoi est-elle toujours célèbre aujourd'hui?

2. Selon le titre de la chanson, qu'est-ce que la chanteuse aime faire?

B. Écoutez. Read over the following questions before listening to the song, then listen and answer.

1. Quels verbes en **-er** est-ce que vous entendez *(hear)* dans cette chanson? Cochez-les *(Check them off)*.

   ☐ chanter   ☐ détester   ☐ manger   ☐ rester
   ☐ danser   ☐ jouer   ☐ penser   ☐ trouver

2. Quel mot termine le refrain de la chanson : «C'est pour la danse pas pour _____.» ?

   a. la nuit

   b. la vie *(life)*

   c. la pluie *(rain)*

3. Brigitte Bardot parle à qui dans cette chanson?

   a. à une amie

   b. aux autres danseurs

   c. à un homme

C. À vous! Answer the following question.

Le philosophe français René Descartes est connu pour sa proposition célèbre «Je pense, donc je suis». Brigitte Bardot adore danser et donc elle chante: «Je danse, donc je suis». Qu'est-ce que vous adorez faire? Completez la phrase: **Je... , donc je suis.**

On fait la fête°

°We're having a party!

Première étape. In groups of four, imagine that you're planning a party together at the home of one of the members of the group. First, write the name of a group member at the top of each column in the chart below then, working alone, place a checkmark (√) next to the two activities that you would like to do (or wouldn't mind doing) and an X next to two activities you wouldn't like to do.

ACTIVITÉ	Nom:	Nom:	Nom:	Nom:
1. créer et envoyer les invitations par mél (e-mail)				
2. faire les courses				
3. faire la cuisine				
4. faire le ménage				
5. sélectionner la musique				
6. louer des films, des jeux vidéo				
7. faire la vaisselle après				

Deuxième étape. Tell the group which activities you've selected. If two or more people have selected the same thing, the group leader (the person hosting the party) will decide who does what. If no one has selected a particular activity, the group leader will assign it to someone. Can all of you come to a compromise?

EXEMPLE:

É1 (TOM): Moi, je préfère créer et envoyer les invitations par mél.

É2 (SUE; LEADER): D'accord. Alors Tom, tu envoies les invitations et Brenda, tu fais les courses.

É3 (BRENDA): Mais non, je déteste faire les courses. Je préfère selectionner la musique.

En français

In completing the **Deuxième étape** of this activity, you can insist on doing or not doing something by saying:

Moi, je préfère...

Mais non, je déteste...

Vocabulaire

Questions et expressions

À quelle heure... ?	At what time . . . ?
à l'heure / en avance / en retard	(be, arrive, show up) on time / early / late
Excuse-moi / Excusez-moi,...	Excuse me, . . .
Pardon,...	Pardon me (Excuse me), . . .
Quelle heure est-il? / Il est quelle heure?	What time is it?
Tu as / Vous avez l'heure?	Do you know what time it is?
Il est midi/minuit	It's noon/midnight
Il est une heure	It's one o'clock
du matin	in the morning
de l'après-midi	in the afternoon
du soir	in the evening
et demi(e)	half past (the hour)
et quart	quarter past, fifteen past (the hour)
moins le quart	quarter to (the hour)
Il est tôt/tard	It's early/late
en semaine / le week-end	during the week / on weekends
Quel temps fait-il?	What is the weather like?
Il fait beau/mauvais.	It's nice/bad weather.
Il fait chaud/doux/frais/froid.	It's hot/warm/cool/cold.
Qu'est-ce que tu aimes / vous aimez faire?	What do you like to do?
J'aime (danser).	I like (to dance).
Je n'aime pas (danser).	I don't like (to dance).
J'aime mieux (danser).	I prefer (to dance).
J'adore (danser).	I love (to dance).
Je déteste (danser).	I hate (to dance).
Je préfère (danser).	I prefer (to dance).

Verbes en -er

-er Verbs

acheter	to buy
arriver	to arrive
chercher	to look for
commencer	to begin
cuisiner	to cook
danser (en boîte)	to dance (at a nightclub)
déjeuner	to have lunch
dîner	to dine, have dinner
écouter (de la musique)	to listen to music
effacer	to erase
envoyer (des textos)	to send (text messages)
habiter (à Paris)	to live, reside (in Paris)
jouer (au tennis / de la batterie)	to play (tennis / the drums)
louer	to rent

manger	to eat
nager	to swim
préparer (un examen)	to prepare / study for (an exam)
regarder	to look at, to watch
rentrer	to return home
rester (à la maison)	to stay, remain (at home)
surfer (sur Internet)	to surf (the web)
télécharger	to download
travailler	to work
trouver	to find
visiter (un musée)	to visit (a museum)
voyager	to travel

Expressions avec *faire*

faire	to make, to do
du cheval	to go horseback riding
des courses (*f.*)	to run errands
les courses	to go grocery shopping
la cuisine	to cook, do the cooking
les devoirs (*m.*)	to do one's homework
du jardinage	to garden
la lessive	to do the laundry
le ménage	to do housework
de la natation	to swim (*as exercise*)
du patin (sur glace)	to go (ice-)skating
une promenade	to take a walk
une randonnée	to go on a hike
du ski	to go skiing
du vélo	to go bike-riding
la vaisselle	to do the dishes

Mots interrogatifs

Question words

combien de	how many / how much
comment	how
où	where
pourquoi	why
quand	when

Adverbes de fréquence

Adverbs of frequency

parfois	sometimes
rarement	rarely
souvent	often
toujours	always

In this chapter, you will review:

- how to introduce your-self, greet others, and find out their age and what they like to do
- how to specify which people, places, and things you're referring to using articles
- how to talk about daily activities using regular and irregular verbs

Bilan

In this chapter, you will learn:

- to ask what someone does for a living
- family member terms
- to express ownership and possession with possessive articles
- to express movement to/from a location using **aller** and **(re)venir**
- to say where you are going to or coming from using prepositions with geographical locations
- how to situate an event in the past and future
- about cultural notions of family life
- about Henri Rousseau and his work *La Noce*, while reviewing vocabulary and grammar from previous chapters

La Noce (c. 1905), Henri Rousseau

4 En famille

Mc Graw Hill Education **connect** plus+

|FRENCH

www.mhconnectfrench.com

LEARNSMART

Qui est-ce?

Qu'est-ce que tu fais / vous faites dans la vie?

Meeting people and finding out what they do for a living

- In previous chapters, you learned how to greet people, say good-bye, and ask and answer the following questions: **Tu t'appelles comment? / Comment vous appelez-vous?; Comment ça va? / Comment vas-tu? / Comment allez-vous?; Tu as quel âge? / Quel âge avez-vous?; Tu es d'où? / D'où êtes-vous?; Quelle est ta/votre nationalité?**

- Another question that you might want to ask someone is what he/she does for a living:

  —**Qu'est-ce que tu fais / vous faites dans la vie** (for a living)**?**

  —**Je suis infirmière** (nurse).

- Sometimes people just say what field they are in:

  —**Qu'est-ce que tu fais / vous faites dans la vie?**

  —**Je travaille dans l'informatique** (computers) **/ dans le marketing.**

En français

Names of professions (**métiers**) are considered to be nouns, but they can also be thought of as adjectives that describe people. For this reason, there are two ways in French to say what someone's job/profession is:

Il est journaliste. / Elle est journaliste.
(profession functioning like an adjective)

He/She is a journalist.

C'est un(e) journaliste.
(profession as noun)

He/She is a journalist.

Vidéo

A. À l'écran. Watch and listen as the people in the video introduce themselves, then complete the chart on the next page with the missing information.

Attention! In the names column, you need to write only their first name. In addition to the information you have heard before, each person will also say what he/she does for a living. Fill in the appropriate profession for each one of them: **directeur de marketing, enseignant** (*instructor*), **étudiant, étudiante, psychologue, violoniste.**

		Nom	Âge	Ville / Pays d'origine	Métier
1.				*dans le sud-ouest de la France, pas très loin de Bordeaux / France*	
2.		*Marc-Antoine Tanguy*			
3.		*Ching-yung Tu*	*32 ans*		
4.				*Le Mans*	
5.		*Nicolas Chane Pao Kan*	*22 ans*	*île de la Réunion*	
6.					

Chez les francophones: Au Québec

La langue en mouvement

Language evolves constantly, often because of societal changes. For example, many women now hold jobs that only men held in the past. As a result, new feminine forms for names of professions have appeared in the French language. In Quebec, they did so earlier and with greater frequency than in France, thanks in part to a more "progressive" attitude toward language use and language change than one typically finds in France. These changes were also due to the efforts of Québec's **Office de la langue française** in publicizing them. In France, a number of professions still retain only the masculine form in the dictionary, but feminine forms, such as **une écrivaine** (*a writer*), the feminized form of **un écrivain,** can be found in newspapers and magazines. Also in France, some masculine nouns may be prefaced by **une femme** when they are used to refer to a woman. Here are some examples:

Métiers	En France	Au Québec (plus rare en France)
engineer	**une femme ingénieur**	**une ingénieure**
orchestra conductor	**une femme chef d'orchestre**	**une chef d'orchestre**
painter	**une femme peintre**	**une peintre**
surgeon	**une femme chirurgien**	**une chirurgienne**

Et chez vous? Est-ce que les noms de métier posent aussi un problème en anglais? Pourquoi ou pourquoi pas? Quels noms de métier «traditionnels» en anglais se terminent en (*end in*) **-man**? Utilisez-vous une autre forme de ces noms quand vous parlez d'une femme?

Vocab supp'

Here is a list of names of additional professions (most of which, with the exception of the first set of examples, have separate masculine and feminine forms):
Mon père / Ma mère est... artiste / comptable / dentiste / journaliste.

Il est...	Elle est...
avocat (*lawyer*)	**avocate**
coiffeur	**coiffeuse**
directeur de marketing	**directrice de marketing**
écrivain	**femme écrivain**
facteur (*postal worker*)	**factrice**
homme d'affaires (*businessman*)	**femme d'affaires**
infirmier	**infirmière**
informaticien	**informaticienne**
ingénieur	**femme ingénieur**
médecin	**femme médecin**
musicien	**musicienne**
ouvrier (*factory worker*)	**ouvrière**
père au foyer (*stay-at-home dad*)	**mère au foyer** (*stay-at-home mom*)
policier	**policière**
serveur	**serveuse**

Vidéo

B. À l'écran. Now, watch and listen as the following people answer the question: **Qu'est-ce que tu fais / vous faites dans la vie?** Match each person to his/her profession, field, or place of business. **Attention!** One person has two professions.

1. Keysha _____

2. Xavier _____

3. Anne-Claire _____

4. Raphaël _____

5. Nicolas _____

6. Sélim _____

7. Lahcen _____

8. Mounira _____

9. Cécile _____

a. comptable (*accountant*)
b. infirmier
c. dans l'informatique
d. dans une banque américaine à Paris
e. étudiante

f. médecin (*doctor*)
g. pharmacienne
h. journaliste
i. mannequin (*model*)
j. coordinatrice de projets

C. Et vous? Work in groups of three. Fill in the following chart with your personal information, then ask your classmates questions and fill in their information. Also find out what one member of each classmate's family does for a living. Follow the model.

EXEMPLE: É1: Qu'est-ce que ta mère (ton père) fait dans la vie?
É2: Elle/Il estomptable.

	Nom	Âge	Ville/Pays d'origine	Métier	Métier d'un membre de la famille
1. moi					
2.					
3.					

Et pendant ton/ votre temps libre?

Finding out what people like to do in their free time

- Here are two ways to ask people what they do in their free time:

  Qu'est-ce que tu fais / vous faites pendant ton/votre temps libre?

  Qu'est-ce que tu fais / vous faites comme loisirs
  (*leisure activities*)**?**

  —Je fais du vélo et je vais souvent au cinéma.

- Remember that questions with the verb **faire** can be answered using other verbs too!

A. À l'écran!

Vidéo

Première étape. Watch and listen as the following people take turns describing what they like to do in their free time. As each person speaks, put a checkmark next to the one activity he/she *does not* mention. **Attention!** One person likes all four activities.

J'aime bien…

a. _____ faire un petit peu de sport.

b. _____ voyager.

c. _____ aller au restaurant.

d. _____ travailler.

1. Élisabeth

J'aime…

a. _____ faire du sport.

b. _____ écouter de la musique.

c. _____ lire.

d. _____ aller au cinéma.

2. Ching-yun Tu

J'aime…

a. _____ aller à la gym.

b. _____ faire du vélo.

c. _____ lire.

d. _____ cuisiner.

3. Denis

J'aime…

a. _____ aller dans les musées.

b. _____ voyager.

c. _____ lire.

d. _____ aller au cinéma.

4. Dominique

J'aime…

a. _____ aller à la gym.

b. _____ faire du sport.

c. _____ voir des amis.

d. _____ aller au restaurant.

5. Mounira

Deuxième étape. Based on their interests, how would you describe Ching-yun Tu, Denis, Dominique, Élisabeth, and Mounira: **cultivé(e)? intellectuel(le)? sportif/ sportive? dynamique? etc.** Who are you most like?

EXEMPLE: —Moi, je suis sportif/sportive comme Mounira. J'aime faire du vélo et aller à la gym.

B. Qu'est-ce que tu fais pendant ton temps libre?

Première étape. Work with someone in class whom you don't know well. Write down three activities listed in Activity A that you think your classmate enjoys doing in his/her leisure time. Then find out which ones your classmate really likes to do by taking turns asking **Qu'est-ce que tu fais pendant tes loisirs?** How many of the three did you guess correctly?

Deuxième étape. Now, using the pronoun **on**, report to the class those activities you both like to do and those that neither of you likes to do in your leisure time.

EXEMPLE: —Nous, on aime bien (beaucoup)…
—Nous, on n'aime pas (pas trop)…

En français

In **Chapitre 2**, you learned that the pronoun **on** is equivalent in meaning to **les gens** (*people [in general]*) and, in **Chapitre 3**, that it can also be equivalent in meaning to **une personne** or **quelqu'un** (*someone*). In informal spoken French, **on** is also used very frequently in place of **nous**, when talking about oneself as a part of a group of people.

On aime (= nous aimons) faire du vélo.
We like to go bike riding.

You will even hear French speakers using **nous** followed by **on** when contrasting themselves (as a part of a group) with others.

Nous, on aime faire du vélo.
We (as for us), we like to go bike riding.

Une jeune femme fait du vélo en Provence.

Vocabulaire interactif

En famille Family members and pets

Read each of these statements about Léa's family tree, then answer the questions that follow.

- **Le père** de Léa s'appelle Bachir; Marie est **la mère** de Léa.
- Léa est **fille unique:** elle n'a pas de **sœur**; elle n'a pas de **frère**.
- **La tante** de Léa s'appelle Aurélie; elle est célibataire (elle n'a pas de **mari**).
- Grégoire est **l'oncle** de Léa; **la femme** de Grégoire s'appelle Miriam.
- Grégoire et Miriam ont deux **enfants: un fils**, Édouard, et une fille, Lucie.
- **La grand-mère** de Léa s'appelle Françoise; Richard est **le grand-père** de Léa.
- Léa a **un poisson rouge**, Sam, et **un chat**, Roxy.
- Édouard (**le cousin** de Léa) et Lucie (**la cousine** de Léa) ont **un chien**, Prince, et **un hamster**, Dutch.

L'arbre généalogique

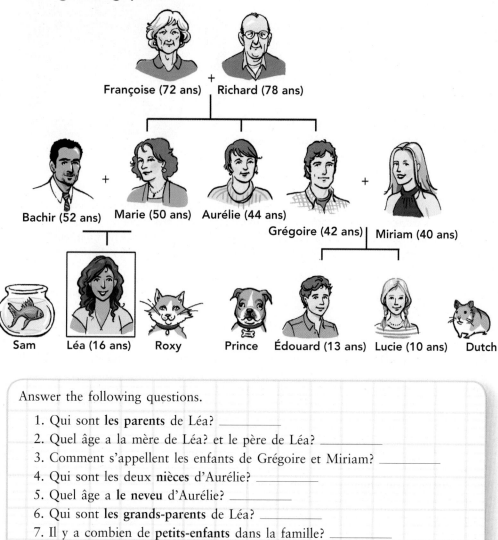

Françoise (72 ans)   Richard (78 ans)

Bachir (52 ans)   Marie (50 ans)   Aurélie (44 ans)   Grégoire (42 ans)   Miriam (40 ans)

Sam   Léa (16 ans)   Roxy   Prince   Édouard (13 ans)   Lucie (10 ans)   Dutch

---

Answer the following questions.

1. Qui sont **les parents** de Léa? _____
2. Quel âge a la mère de Léa? et le père de Léa? _____
3. Comment s'appellent les enfants de Grégoire et Miriam? _____
4. Qui sont les deux **nièces** d'Aurélie? _____
5. Quel âge a **le neveu** d'Aurélie? _____
6. Qui sont **les grands-parents** de Léa? _____
7. Il y a combien de **petits-enfants** dans la famille? _____
8. Qui est **le petit-fils** de Françoise et Richard? _____
9. Comment s'appellent **les deux petites-filles** de Françoise et Richard? _____
10. Combien d'**animaux domestiques** y a-t-il dans la famille? _____

▷ Answers to this activity are in Appendice 2 at the back of the book.

A. Les membres de la famille. With a classmate, give the names of all the possible people in Léa's family tree who could make the following statements. Compare your list to another group's; are they the same?

1. J'ai un petit-fils.
2. J'ai une sœur.
3. Je suis fille unique.
4. Ma mère s'appelle Miriam.
5. Mon frère a 42 ans.
6. Ma nièce s'appelle Léa.
7. J'ai une femme.
8. Je n'ai pas d'enfant.

Chez les Français

Les Français et leurs animaux domestiques

France, with its population of about 18.5 million domestic cats and dogs, is the European country with the most pets per capita. Beyond mere numbers, the place of **animaux domestiques** (or **animaux de compagnie**) in French culture and in French families is reflected in literature and the media. Colette, a great writer and member of the French Academy, wrote *Dialogue de bêtes* in 1904, in which she captures the thoughts of her cat, Kiki-la-Doucette, and her bulldog, Toby-chien. In the classic 1967 movie *Le Vieil Homme et l'enfant* (*The Two of Us*), set in the French countryside during World War II at a time when food was hard to come by in most cities, Pépé, played by famous actor Michel Simon, feeds his dog at the table with a napkin around its neck. On television, the show *Trente millions d'amis* about pets and their stories debuted in 1976 and is to date one of the longest running TV shows in France.

Un couple et leur chien au café

   Today, although dogs are no longer allowed in supermarkets, they are still welcome inside many bars and restaurants. Just outside of Paris is the world's oldest pet cemetery, **Le Cimetière des chiens**, opened in 1899. Here one can visit the graves of famous pets and monuments to brave dogs like the Saint Bernard Barry, a mountain rescue dog, who was credited with saving forty people and (according to some stories) was killed by the forty-first.

Et chez vous? Est-ce que vous avez un animal de compagnie chez vous—un chien ou un chat ou autre? Les chiens dans les restaurants, est-ce que c'est acceptable? Y a-t-il des animaux célèbres dans votre culture—au cinéma, dans la littérature?

B. Des noms affectueux. Can you figure out which family members and pets a French child would be referring to when using the following diminutive forms (nicknames)? Check with a classmate afterward to compare your guesses.

EXEMPLE: —(Je pense que) «papa», c'est pour un père.

1. «pépé» ou «papi»
2. «maman»
3. «mamie» ou «mémé»
4. «tatie»
5. «tonton»
6. «minou» ou «minet»
7. «toutou»

C. Qui est qui? Working in pairs, come up with two ways to identify each person in Léa's family tree.

EXEMPLE: Bachir

      É1: Bachir est le père de Léa.

      É1: C'est aussi le mari de Marie.

1. Édouard
2. Françoise
3. Miriam
4. Lucie
5. Richard
6. Marie
7. Aurélie
8. Grégoire

D. L'identité secrète. Secretly assume the identity of one of the people in Lea's family tree. Your classmate will ask questions about your family to figure out who you are.

EXEMPLE: É1: Qui est Françoise?

      É2: C'est ma grand-mère.

      É1: Qui est Édouard?

      É2: C'est mon frère.

      É1: Tu es Lucie?

      É2: Oui!

Vocab supp

To tell the age of family members 70 years and older, you'll need to know how the numbers 70 and above are formed in French. Here are a few examples:

70	soixante-dix	81	quatre-vingt-un	100	cent
71	soixante et onze	82	quatre-vingt-deux	200	deux cents
72	soixante-douze	90	quatre-vingt-dix	201	deux cent un
80	quatre-vingts	91	quatre-vingt-onze	1.000	mille
		92	quatre-vingt-douze	2.000	deux mille

To tell the year in which someone was born, say **Il/Elle est né(e) en** + the year. Here are some examples of how to say the year:

1970	mille neuf cent soixante-dix
	or dix-neuf cent soixante-dix
2002	deux mille deux

E. Qui est-ce? Take turns with a classmate reading aloud the following statements. Refer to Léa's family tree and identify who the person is, his/her relationship to Léa, and the year that each person was born using **Il/Elle est né(e) en....**

EXEMPLE: Il a 52 ans.

    —C'est Bachir, le père de Léa. Il est né en...

1. Il a 78 ans.
2. Elle a 72 ans.
3. Il a 42 ans.
4. Elle a 40 ans.
5. Il a 13 ans.
6. Elle a 10 ans.

Here are some additional family terms that may be useful to you in completing Activities F and G:

un demi-frère / une demi-sœur*	a half-brother / half-sister
un beau-frère / une belle-sœur	a brother-in-law / a sister-in-law
un beau-père / une belle-mère	a stepfather / stepmother (also: father-in-law, mother-in-law)
un beau-fils / une belle-fille	a stepson / stepdaughter (also: son-in-law / daughter-in-law)
un frère / une sœur aîné(e)	an elder (older) brother/sister
un frère / une sœur cadet(te)	a younger brother/sister
être célibataire	to be unmarried, single
décédé(e)	deceased
divorcé(e)	divorced
fiancé(e)	engaged
marié(e)	married
pacsé(e)	in a civil union

*These terms are also used to refer to siblings in a blended family who are not blood-related.

Chez les Français

Les noms de famille

Here are the ten most common last names (**noms de famille**) in France (half of them are also used as first names for males!):

1. Martin
2. Bernard
3. Dubois
4. Thomas
5. Robert
6. Richard
7. Petit
8. Durand
9. Leroy
10. Moreau

When referring to a family by its last name, **les** is used before the name but an **s** is not added to the name itself; for example, **les Martin** (*the Martins*).

Et chez vous? What are the most common last names in your country? What is the origin of these names?

Prononcez bien!

To learn about the spelling and pronunciation of the mid-vowels [o] as in **vélo** and [ɔ] as in **sport**, see the **Prononcez bien!** section of the *Workbook / Laboratory Manual.*

F. Un arbre généalogique.

Première étape. Draw a family tree of your immediate family that is similar in style to Léa's family tree on page 103. Label each person in the tree with a family-member term (**mère**, for example), first name, age, and profession, where applicable.

Deuxième étape. Give your family tree to a classmate; he/she will examine the tree, ask questions about it if anything is unclear, and prepare to tell the rest of the class one or two interesting facts about your family.

EXEMPLES: —Le père de Susan s'appelle Greg. Il a seulement 38 ans!
—La mère de Bill a cinq sœurs. Bill a cinq tantes et trois oncles!
—Les parents de John sont professeurs à la fac.

G. Une famille française.

Work with two other classmates. Together, write a description of a French family to present to the rest of the class. The family should consist of four members and perhaps a pet. Give your family a traditional name from among those in the **En français** feature; the family itself can be as (non-)traditional as you wish. Include the same sorts of details as in the model.

EXEMPLE: Les Martin

Il y a un père, Vincent, et une mère, Marie. Ils ont une fille, Stéphanie (née en 1998), et un fils, Stéphane (né en 2003). Vincent ne travaille pas: il est père au foyer. Mais Marie est avocate. La famille Martin a un animal domestique—un chien qui s'appelle Zouzou. Pendant leur (*their*) temps libre, les parents aiment faire du jardinage et les enfants aiment jouer aux jeux vidéo.

Grammaire interactive

To review the singular indefinite articles **un/une** and noun gender, see Chapitre 1, Grammaire interactive 1.1. To review the plural indefinite article **des** and noun number, see Chapitre 1, Grammaire interactive 1.2.

Answers to this activity are in Appendice 2 at the back of the book.

Rappel Noun gender and number

Le Petit Bac (*Scattergories*®). For each of the following categories, come up with a noun that starts with the letter indicated at the top of each column. Be sure to use the appropriate indefinite article (**un, une, des**), depending on the gender and number of the noun.

	M	F	C
Dans la salle de classe:	*un mur*		
Personne (nationalité):	*un(e) Mexicain(e)*		
Profession:	*un médecin*		
Membre de la famille:	*une mère*		

4.1 C'est ma famille Possessive articles

1 Possessive articles (also called possessive *adjectives*) are used to indicate to whom something belongs. Like the indefinite articles you just used in the **Rappel** section, they agree in gender and number with the noun that follows them. This means that they agree with the thing that is owned/possessed—*not* with the person who owns/possesses them.

C'est **mon** livre / **ma** voiture.	*That's my book / my car.*
C'est **son** livre.	*That's his or her book.*
C'est **sa** voiture.	*That's his or her car.*
J'aime bien **mes** cours.	*I like my classes.*
Il/Elle aime bien **ses** cours.	*He/She likes his or her classes.*

You should now be able to fill in the missing possessive articles in the following chart, using those already provided as clues.

MASCULIN	FÉMININ	PLURIEL
mon père	_____ mère	_____ parents
_____ grand-père	**ta** grand-mère	_____ grands-parents
son cousin	_____ cousine	**ses** cousin(e)s
notre (*our*) oncle/tante		**nos** oncles/tantes
votre (*your*) frère/sœur		_____ frères/sœurs
leur (*their*) ami(e)		**leurs** ami(e)s

Answers to this activity are in Appendice 2 at the back of the book.

2 Liaison occurs as a [n] sound between the singular possessive articles **mon, ton,** and **son** and a noun beginning with a vowel or **h**. It also occurs as a [z] sound between all the plural possessive articles and a noun beginning with a vowel or **h**.

mon ordinateur
[n]

nos oncles
[z]

ton appartement
[n]

leurs ami(e)s
[z]

3 Whenever a feminine singular noun begins with a vowel or **h** (for example, **affiche**), the possessive articles **mon, ton,** and **son** are used *in place of* the usual feminine forms **ma, ta,** and **sa**. This is for ease of pronunciation. Liaison occurs. Compare:

ma carte (*f.*)   *but:* **mon** affiche (*f.*)
[n]

ta maison (*f.*)   *but:* **ton** école (*f.*)
[n]

sa directrice (*f.*)   *but:* **son** assistante (*f.*)
[n]

The use of the masculine form will also occur before an adjective that begins with a vowel, even if the noun that it describes is feminine.

ma directrice   **ma première directrice**   *but:* **mon autre directrice**
[n]

Mise en pratique 1. Complete each question in the chart with the appropriate form of the possessive article **ton/ta/tes**. In which question would the form **ton** (with **liaison**) be used? _____

1. C'est _____ première année ici?

2. Tu aimes tous (*all*) _____ cours ce semestre/trimestre?

3. Le français est _____ cours préféré?

4. Quelle est _____ impression du campus?

5. Tu habites avec _____ amis?

6. Tu téléphones souvent à _____ parents?

---

4 Be careful to distinguish between the use of **son/sa/ses** when things belong to a single person (equivalent to English *his, her,* or *its*) and **leur/leurs** when things belong to two or more people (equivalent to English *their*).

Mise en pratique 2. Complete each sentence with the appropriate form of **son/sa/ses** or **leur/leurs**, then the name(s) of the family members being referred to from the family tree on page 103.

1. le père *de Grégoire:* _____ *Son* _____ père s'appelle _____ *Richard* _____.

2. la belle-sœur *d'Aurélie:* _____ belle-sœur s'appelle _____.

3. les cousins *de Léa:* _____ cousins s'appellent _____ et
_____.

4. l'oncle *d'Édouard et de Lucie:* _____ oncle s'appelle _____.

5. la fille *de Bachir et de Marie:* _____ fille s'appelle _____.

6. les petites-filles *de Françoise et de Richard:* _____ petites-filles
s'appellent _____ et _____.

◗ Answers to the activities on this page are in Appendice 2 at the back of the book.

A. Écoutez bien! Your instructor will make statements about Édouard and Lucie's family members. Check off which person your instructor is most likely talking about.

1. ☐ son frère   ☐ sa mère   ☐ ses parents
2. ☐ son grand-père   ☐ sa sœur   ☐ ses oncles
3. ☐ son père   ☐ sa grand-mère   ☐ ses tantes
4. ☐ son oncle   ☐ sa cousine   ☐ ses grands-parents
5. ☐ leur poisson   ☐ leur chat   ☐ leur chien
6. ☐ leur grand-mère   ☐ leur grand-père   ☐ leurs grands-parents
7. ☐ leur mère   ☐ leur père   ☐ leurs parents

Chez les francophones: En Afrique de l'Ouest

La famille élargie°

°*extended*

Une famille élargie au Sénégal

In French-speaking West African countries such as Senegal, Cameroon, and Benin, **ma famille** may refer to many more members than the nuclear family one typically finds in France and the U.S. In Senegal, for example, the traditional model is the "extended family" (**famille élargie**), comprising on average eight family members (parents, children, grandparents, aunts and uncles, cousins, etc.) who live in the same village and sometimes in the same "family compound" of buildings set around a common courtyard. Yet things are changing there, too: Modernization and urbanization are playing significant roles in the transformation of the traditional family. Young West Africans seeking a modern education and wages often have to relocate on their own to a major urban center within their country—or even study and work abroad. They most often send back home whatever extra money they have, as individualism is not a traditional value; a person is first and foremost a member of the family.

Et chez vous? Quelle est la taille moyenne (*average size*) d'une famille dans votre culture? Parlez-vous souvent à vos tantes, vos oncles et vos cousins? Est-ce qu'on organise des «réunions» pour rassembler (*gather together*) les membres de votre famille élargie?

B. Le plus loin. (*The farthest away*). Tell a classmate in which cities various members of your extended family live (for example, **Mes grands-parents habitent à / près de Detroit**). Your classmate will figure out which of your family members lives the farthest away and then tell the class (e.g., **Son oncle Jim habite le plus loin, à Miami**).

C. Comment sont-ils? Working in pairs, take turns describing yourself and others based on the topics provided below. Use the appropriate form of the possessive article and an adjective of your choice.

amis	cours ce semestre	famille	vacances (*f. pl.*)
appartement	devoirs	journée à la fac	vie (*f.*) (*life*)
chien/chat	enfant(s)	travail	voiture

EXEMPLES: moi / chat—Mon chat est petit et très mignon.
           mon meilleur ami / voiture—Sa voiture est vieille, mais belle.

1. moi
2. nous, les étudiants
3. mon meilleur ami / ma meilleure amie
4. mes parents (*ou* mes frères et sœurs *ou* mes colocataires)

Grammaire interactive

For more on possessive articles, watch the corresponding *Grammar Tutorial* and take a brief practice quiz at **Connect French** (www.mhconnect french.com).

D. Qui est-ce?

Première étape. Working in pairs, describe two family members without stating their relationship to you. Include any or all of the following in your descriptions: name, age, eye/hair color, personality, occupation, studies, and what they do or do not do as daily activities. Your classmate will then try to identify the person you're talking about, asking **C'est ton/ta/tes... ?**

Deuxième étape. Choose one of the people you described in the **Première étape** and tell your classmate why you love, admire, or like to spend time with this person.

EXEMPLE: —J'aime (J'admire, J'aime passer du temps avec) mon père parce qu'il ...

E. Forum: La personne que je préfère dans ma famille.

For this post in the **Forum des étudiants,** choose a favorite or notable family member and explain which of his/her characteristics (**sa profession, son pays d'origine, où il/elle habite, ce qu'il/elle fait comme loisirs,** etc.) makes him/her stand out. Follow the model below.

Forum >> Divers >> Membres de la famille

MESSAGE DE:

Cyril23
(Saint-Étienne)

posté le 12-10

Sujet: Mon grand-père ▼

J'adore toute ma famille, mais mon grand-père est vraiment remarquable. Il est d'origine italienne, mais il parle aussi le français et l'allemand. Il n'est plus[1] jeune, mais il fait encore du vélo presque tous les après-midis et, grâce à lui,[2] c'est aussi mon sport préféré. Le soir, il adore faire des mots croisés[3] avec ma grand-mère.

[1]*no longer*   [2]*grâce... thanks to him*   [3]*mots... crossword puzzles*

○ To review the verb **être** and subject pronouns, see Chapitre 1, Grammaire interactive 1.3. To review the verb **avoir,** see Chapitre 2, Grammaire interactive 2.1. To review the verb **faire,** see Chapitre 3, Grammaire interactive 3.2.

○ Answers to this activity are in Appendice 2 at the back of the book.

Rappel

The verbs être, avoir, *and* faire

La famille de Laura. Complete Laura's description of herself and her family using the appropriate forms of the verbs **être, avoir,** and **faire.**

Dans ma famille, nous sommes quatre:

Moi, je _____[1] étudiante. En semaine, j'_____[2] besoin d'étudier, mais le week-end, je _____[3] du vélo.

Mon frère _____[4] 10 ans et il _____[5] très mignon. Il _____[6] souvent du sport avec ses amis (mais pas souvent ses devoirs!).

Mes parents _____[7] avocats. Ils n'_____[8] pas beaucoup de temps libre en semaine, mais ils _____[9] du yoga ensemble de temps en temps.

4.2 Il va au cinéma; elle revient du parc. The verbs aller and (re)venir

1 Like the verbs you used in the **Rappel** section, the verb **aller** (*to go*) is both frequently used and irregular in its conjugation.

aller (*to go*)	
je **vais**	nous allons
tu **vas**	vous allez
il/elle/on **va**	ils/elles **vont**

2 The verb **aller** is often used with the preposition **à** to indicate movement to/toward a location.

Ils vont **à** des concerts en été.	*They go to concerts in the summer.*
Tu vas **à** une fête ce soir?	*Are you going to a party tonight?*

When using the preposition **à** with the definite article (**le, la, l', les**), contraction occurs with masculine **le** and plural **les,** as you saw in **Chapitre 3.**

Tu vas souvent...	**au (à + le)** cinéma?
	à la banque?
	à l'hôpital?
	aux (à + les) fêtes organisées par l'université?

3 The opposite of the verb **aller** is the verb **venir** (*to come*), which is also irregular in its conjugation. You have already seen this verb, which people use to say what city or country they come from, in the phrase **je viens de Paris.**

venir (*to come*)	
je **viens**	nous **venons**
tu **viens**	vous **venez**
il/elle/on **vient**	ils/elles **viennent**

4 The preposition **de (d')** can be used with **venir, revenir** (*to come back*), and **rentrer** to express movement from a location.

Il vient **de** Paris pour notre fête.	*He's coming from Paris for our party.*
Ils reviennent **d'**un concert.	*They're coming back from a concert.*
Vous rentrez **de** votre travail?	*Are you coming home from work?*

Note that the verb **rentrer (de)** means *to go home / to come home (from).*

When using the preposition **de** with the definite article (**le, la, l', les**), contraction occurs with masculine **le** and plural **les**, as you saw in **Chapitre 3**.

Tu reviens…	du (de + le) cinéma?
	de la banque?
	de l'hôpital?
	des (de + les) cours?

Mise en pratique. Complete each question-answer pair with the correct form of **aller à** (in the question) and **revenir de** (in the response).

1. —Tu _____ parc?

   —Non, je _____ parc!

2. —Vous _____ banque?

   —Non, nous _____ banque!

3. —Elle _____ hôtel?

   —Non, elle _____ hôtel!

4. —Ils _____ championnats?

   —Non, ils _____ championnats!

○ Answers to this activity are in Appendice 2 at the back of the book.

A. Écoutez bien! Listen as your instructor reads a variety of statements about people's professions and work schedules. Based on the times you hear, indicate whether they are more likely going to work (**aller à**) or coming home from work (**rentrer de**).

1. Elle ☐ va à la pharmacie. ☐ rentre de la pharmacie.
2. Il ☐ va à la fac. ☐ rentre de la fac.
3. Elle ☐ va au concert. ☐ rentre du concert.
4. Il ☐ va à la banque. ☐ rentre de la banque.
5. Elles ☐ vont au restaurant. ☐ rentrent du restaurant.
6. Ils ☐ vont à l'usine (*factory*) ☐ rentrent de l'usine.

Des hommes d'affaires à Paris rentrent du bureau.

B. Culture: Ils vont où?

Première étape. Study the information provided about popular festivals and events in France, then indicate who in the list of people below is going to which event, and when.

> EXEMPLE: Jean-Marc a des cousins au Pays basque.
> —Il va aux fêtes de Bayonne en août.

1. Pauline aime trouver des «trésors vintages» au marché.

2. Robert collectionne les BD (bandes dessinées) (*comic books*).

3. Philippe et sa femme Annick aiment regarder des matchs de tennis.

4. La famille Durand est fan de courses automobiles.

5. Anne-Marie et sa sœur Louise sont étudiantes en arts culinaires.

6. Rachid et ses amis sont fans d'art numérique (*digital*).

Le Tour de France des événements

- le Bocuse d'Or (Lyon, janvier), un concours (*contest*) mondial de la cuisine

- le Festival internationale de la bande dessinée (Angoulême, fin janvier–début février), une exposition de bandes dessinées (*comic strips*)

- le Tournoi de Roland-Garros (Paris, mai), un tournoi de tennis (*The French Open*)

- les 24 Heures du Mans (Le Mans, juin), une course automobile
- les Fêtes de Bayonne (août), cinq jours de fêtes pour célébrer la culture basque

- la Braderie de Lille (septembre), un énorme marché aux puces (*flea market*)

- les Nuits électroniques de l'Ososphère (Strasbourg, septembre), deux nuits de spectacles d'art numérique (*digital*)

Deuxième étape. Imagine that you are spending the year in France. Which event are you going to and why?

> EXEMPLE: —Je vais au tournoi de Roland-Garros parce que j'adore le tennis.

C. Ils reviennent d'où?
Based on the illustrations of Léa's family members on the next page, say where each person is likely coming from, using the locations in the list. **Attention!** Not all the locations will be used.

l'aéroport	la boulangerie	l'hôpital	la poste
la banque	le cinéma	le parc	le restaurant
la bibliothèque	la gym	la plage (*beach*)	

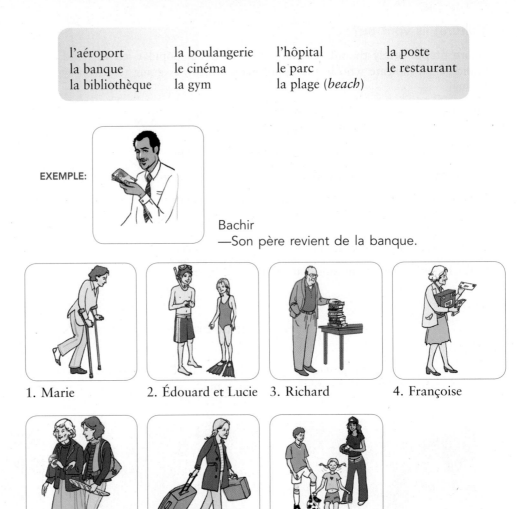

EXEMPLE:

Bachir
—Son père revient de la banque.

1. Marie   2. Édouard et Lucie   3. Richard   4. Françoise

5. Françoise et Marie   6. Miriam   7. Édouard, Lucie et Léa

D. Sorties en famille (*Family outings*). Describe how often you and your family go out together, where you go, and why, using the pronoun **on**. Your classmate should provide a comparison with his/her own family, using **nous, on...**

EXEMPLE: É1: Dans ma famille, on va souvent au cinéma ensemble; on aime beaucoup les films! Quelquefois, on va au restaurant après.
É2: Nous, on ne va jamais au cinéma ensemble. On préfère faire du sport; on aime beaucoup faire du ski.

E. Êtes-vous occupé(e) le lundi? Describe for a classmate what a typical Monday is like for you: where you go, at what time, what courses you have, what you do in between, what time you return home, etc. Use the ideas in the list below to build your description. Who is the busiest on Mondays (**le/la plus occupé[e]**)?

EXEMPLE: —D'habitude, le lundi, j'arrive à la fac à 8 h 45 (neuf heures moins le quart) parce que j'ai cours à 9 heures.

1. arriver à la fac le matin
2. avoir un cours de...
3. faire de la gym
4. faire les devoirs
5. revenir de la fac
6. travailler en ville
7. aller chez un(e) ami(e)
8. rentrer le soir

○ To review the forms and use of definite articles, see Grammaire interactive 1.4.

Rappel The form and use of definite articles

Le tour du monde. Fill in the blanks with the appropriate form of the definite article **le, la, l',** or **les** for the countries/provinces listed in the first column, what the citizens of the country are called (using **les**), and at least one language you might study before visiting (using **le** or **l'**).

Pays	Peuple	Langue
_l'_ Allemagne	_les Allemands_	_l'allemand_
_____ Québec	_____	_____
_____ États-Unis	_____	_____
_____ Japon	_____	_____
_____ Chine	_____	_____
_____ Égypte	_____	_____
_____ Brésil	_____	_____

○ Answers to this activity are in Appendice 2 at the back of the book.

4.3 Vous allez en France? Articles and prepositions with geographical locations

1 With the exception of cities, most geographical locations—such as the ones you saw in the **Rappel** section—are accompanied by a definite article, and each has a gender and number.

La France est un beau pays.	*France is a beautiful country.*
Le Québec est une province canadienne.	*Quebec is a Canadian province.*
Les États-Unis sont en Amérique du Nord.	*The United States is in North America.*

2 After verbs like **aller** and **venir,** a preposition is required before geographical locations. The choice of preposition depends on whether you are talking about a city, country, or continent and whether that location is masculine or feminine, singular or plural. The simplest case is cities, which simply use the prepositions **à** (to express *in/to*) and **de (d')** (to express *from*).

VILLES	
On va...	**à** Paris, **à** Montréal
On vient...	**de** Paris, **de** Montréal

3 Masculine countries use **au** and **du** (or **aux** and **des** for **les États-Unis** and **les Pays-Bas** *[the Netherlands]*, because they are plural), whereas feminine countries and the seven continents use **en** and **de (d')**.

	PAYS MASCULINS	PAYS OU CONTINENTS FÉMININS
On va...	**au** Mexique, **au** Brésil, **au** Japon, **aux** États-Unis (*m. pl.*), **aux** Pays-Bas (*m. pl.*)	**en** Allemagne, **en** Chine, **en** Égypte, **en** France, **en** Italie **en** Afrique, **en** Asie
On (re)vient...	**du** Mexique, **du** Brésil, **du** Japon, **des** États-Unis, **des** Pays-Bas	**d'**Allemagne, **de** Chine, **d'**Égypte, **de** France, **d'**Italie **d'**Afrique, **d'**Asie

Mise en pratique. Complete each question with the appropriate prepositions.

1. Qui va... _____ Berlin / _____ Allemagne / _____ Europe?

2. Tu vas... _____ Tokyo / _____ Japon / _____ Asie?

3. Vous allez... _____ Los Angeles / _____ États-Unis / _____ Amérique du Nord?

4. Qui vient... _____ Dakar / _____ Sénégal / _____ Afrique?

5. Tu viens... _____ Sydney / _____ Australie?

6. Vous venez... _____ Bogata / _____ Colombie / _____ Amérique du Sud?

To learn more about prepositions with geographical locations, see *Par la suite* at the back of your book.

Answers to this activity are in *Appendice 2* at the back of your book.

A. Écoutez bien! Your instructor will describe students of various nationalities and what they study. Decide whether each student is going abroad to study or has come from abroad to study at your school.

1. ☐ Elle va à Toulouse. ☐ Elle vient de Toulouse.

2. ☐ Il va à Moscou. ☐ Il vient de Moscou.

3. ☐ Elle va en Italie. ☐ Elle vient d'Italie.

4. ☐ Il va en Égypte. ☐ Il vient d'Égypte.

5. ☐ Elle va au Japon ☐ Elle vient du Japon.

6. ☐ Il va au Mexique. ☐ Il vient du Mexique.

B. Où vont-ils? Jean-Michel and Sara are a young French couple who love traveling the world. Working in pairs, take turns saying which city they are going to and in what country it is located. Can you get all nine correct?

EXEMPLE: Frankfort
— Ils vont à Frankfort, en Allemagne.

✓ l'Allemagne	la Belgique	l'Espagne	les Pays-Bas	la Russie
l'Angleterre	la Chine	les États-Unis	le Portugal	la Suisse

1. Amsterdam
2. Barcelone
3. Bruxelles
4. Genève
5. Lisbonne
6. La Nouvelle-Orléans
7. Londres
8. Moscou
9. Pékin

En français

To avoid having to repeat a preposition + geographical location, the pronouns **y** and **en** can be used in their place. The pronoun **y** (which you've already seen in the expression **il y a**) can be used with **aller,** and the pronoun **en** can be used with **(re)venir.** Both pronouns appear directly before the conjugated verb.

—Ils vont **à Londres?**	*Are they going to London?*
—Oui, ils **y** vont en été.	*Yes, they're going (there) in the summer.*
—Ils reviennent **de Genève?**	*Are they coming back from Geneva?*
—Oui, ils **en** reviennent demain.	*Yes, they're coming back (from there) tomorrow.*

C. En voyage. Jean-Michel and Sara's travel itinerary is found in the chart that follows. For each trip, take turns with a classmate asking and telling when they are going to and coming back from each country. Use the pronouns **y** and **en** to avoid having to repeat prepositions + geographical locations.

EXEMPLE: Algérie

É1: Quand est-ce qu'ils vont en Algérie?
É2: Ils y vont le 30 avril.
É1: Quand est-ce qu'ils en reviennent?
É2: Le 5 mai.

Pays	Arrivée	Départ
Algérie	30 avril	5 mai
Tunisie	12 juillet	21 juillet
Espagne	3 septembre	10 septembre
Brésil	20 décembre	8 janvier
Maroc	11 février	21 février
États-Unis	13 mars	26 mars

D. Leurs origines. In groups of three, take turns stating someone's origin in the three ways you've learned.

EXEMPLE: Le père d'Imée et Aïda—le Sénégal

É1: Il est né au Sénégal.
É2: Il est d'origine sénégalaise.
É3: Il vient du Sénégal.

1. Sharon—l'Irlande
2. Frank—la Suisse
3. La mère de Gina—l'Italie
4. Les parents de Lahcen—le Maroc
5. Pedro—le Mexique
6. Les grands-parents de Midori—le Japon

Chez les Français

«Nos ancêtres les Gaulois... »

This famous expression, popularized in 19th-century literature and history textbooks, taught French children that the ancestors of the French were **les Gaulois**, from **la Gaule**, a territory that covered much of present-day France and was conquered and colonized by the Romans starting in 52 B.C. Other tribes could dispute this title, such as **les Francs**, who invaded the north of **la Gaule** in the 5th century A.D. and gave their name to the modern country.

The diversity of today's French population is actually the result of three major waves of **immigrés** who came to France in the 19th and 20th centuries in search of work and a higher standard of living—first from neighboring countries such as Italy, Spain, and Belgium during the Industrial Revolution; then from Poland and Italy after World War I; and finally, after World War II, from Portugal and from many of France's former colonies and protectorates in **le Maghreb** (Algeria, Morocco, Tunisia), sub-Saharan Africa, and Vietnam. «**Nos ancêtres les Gaulois...** » is therefore more of a cherished historical legend than an accurate description of the ancestry of modern-day France's 65.8 million citizens.

Le coq (*rooster*) gaulois

Astérix et Obélix

Et chez vous? Qui sont les ancêtres des gens de votre pays? Est-ce que cette notion correspond (bien, mal) à la population de votre pays aujourd'hui? Pourquoi ou pourquoi pas?

E. Des liens de famille. (*Family ties*). With a partner, take turns answering the following questions, then determine who is the more "international" of the two of you.

1. Dans quels pays as-tu des liens de famille?
2. Qui sont-ils? Qu'est-ce qu'ils font dans la vie?
3. Est-ce que tu y vas souvent en visite? Si oui, qu'est-ce que tu aimes faire avec eux (*them*)? Sinon, pourquoi?
4. Est-ce qu'ils viennent ici en visite de temps en temps? Si oui, qu'est-ce qu'ils aiment faire ici avec toi? Sinon, pourquoi?

F. On y va! You and three other classmates have just won a group trip to a city of your choosing outside of North America. In groups of four, each person should say which city he/she prefers to go to (**Je préfère aller...**) and tell the country where it is located. Each member should explain his/her selection, and the group should come to a consensus about where they will go. Report back to the class on your travel plans, and explain your choice.

EXEMPLE: É1: Je préfère aller à Kyoto, au Japon, parce que c'est beau et mes grands-parents viennent de Kyoto!

É2: Moi, je préfère aller à Sydney, en Australie. C'est l'hiver et il fait très beau!

É3: Oui, moi aussi, j'ai envie d'aller à Sydney. On y parle anglais et la ville est belle!

◗ To review the forms and use of regular **-er** verbs, see Chapitre 3, Grammaire interactive 3.1.

Rappel The use of present-tense forms of **-er** verbs

La vie en famille. Who in your family, including yourself, does each activity the most often (**le plus souvent**)? Write your response in the blank next to each activity.

EXEMPLE: regarder la télé

—Mon frère et moi, nous regardons le plus souvent la télé.

1. regarder la télé? _____
2. écouter de la musique? _____
3. parler au téléphone? _____
4. voyager? _____
5. rester à la maison? _____

4.4 Qu'est-ce que tu vas faire? — Situating events in the recent past and near future

1 As you saw in the **Rappel** section, the present-tense form of a verb in French is used to say what you do in general. It is also used to say what you're doing at the moment of speaking. To say, instead, that an action has just taken place in the *recent past*, the present-tense forms of the verb **venir** can be used in the expression **venir de (d') + infinitive.**

Je **viens de faire** la vaisselle.	*I just did (have just done) the dishes.*
Michel **vient d'arriver.**	*Michael (has) just arrived.*

2 Still using present-tense verb forms, there are also two ways to say that an action will take place in the *near future*. The first way is simply to add a time expression to a sentence with a present-tense verb form.

Nous **arrivons ce soir à 22 h.**	*We're arriving tonight at 10 P.M.*
J'**étudie** à la bibliothèque **demain.**	*I'm studying at the library tomorrow.*

The second way is to use a present-tense form of the verb **aller** + infinitive, which is called **le futur proche** (*the near future*).

Marie **va faire** les courses (ce soir).	*Mary is going to do the grocery shopping (tonight).*
Ils **vont passer** un examen (demain).	*They're going to take an exam (tomorrow).*
Vous **n'allez pas dîner** avec nous?	*You aren't going to eat with us?*
Je **ne vais pas aller** en cours lundi.	*I'm not going to go to class on Monday.*

Notice that the negation **ne... pas** surrounds only the verb **aller**, followed by the infinitive.

◗ To learn additional expressions that situate events in time, see Par la suite at the back of your book.

Mise en pratique. Using the **futur proche,** write two short sentences about two activities from the list that you're likely going to do this weekend and two sentences about activities that you are not likely to do.

| aller au cinéma | faire mes devoirs | jouer au basket |
| déjeuner au restaurant | faire le ménage | regarder la télé |

Probable: 1. _____

2. _____

Improbable: 3. _____

4. _____

A. Écoutez bien! For each statement your instructor makes about Jean-Pierre's actions, say whether he recently did something (**récemment**), is currently doing something (**maintenant**), or is going to do something soon (**bientôt**).

	récemment	maintenant	bientôt
1.	☐	☐	☐
2.	☐	☐	☐
3.	☐	☐	☐
4.	☐	☐	☐
5.	☐	☐	☐
6.	☐	☐	☐
7.	☐	☐	☐

B. Et maintenant? (*And now?*) Given what the speakers below have just done, what do you imagine they are going to do next? Ask a question using the appropriate form of **aller** (**tu vas / vous allez**) + infinitive to find out.

EXEMPLE: «Je viens de rentrer du travail.»
—Et maintenant? Tu vas préparer ton dîner?

1. «On vient de louer un DVD.»
2. «On vient d'acheter des plantes et des fleurs.»
3. «On vient d'acheter deux nouvelles raquettes.»
4. «Je viens de compléter mes études de français.»
5. «Je viens de trouver un billet de 20 €!»
6. «Je viens d'inviter des amis chez moi.»

C. L'agenda de Philippe. Work with a classmate. Together, study Philippe's schedule for the day. Take turns reading aloud the times in the chart on page 121 and indicating either what he's doing now or what he has just done.

EXEMPLES: Il est 8 h 30.
—Il révise ses notes.
Il est 9 h 00.
—Il vient de réviser ses notes.

8 h – 9 h	au café (révision des notes)
9 h – 10 h	en classe (examen!)
10 h – 11 h	méls, Internet
11 h – 12 h	rendez-vous avec le Professeur Aubain
12 h – 14 h	au restaurant La Panse (déjeuner avec Camille)
14 h – 15 h	à la piscine (cours de natation)
15 h – 18 h	au travail (pharmacie)
18 h – 19 h	acheter des fleurs, une carte d'anniversaire
19 h – ?	dîner/fête (l'anniversaire de maman)

1. Il est 9 h 15.
2. Il est 10 h 00.
3. Il est 10 h 20.
4. Il est 12 h 30.
5. Il est 14 h 00.
6. Il est 15 h 00.
7. Il est 18 h 00.
8. Il est 19 h 00.
9. Il est 20 h 00.

D. Des projets (plans).

Première étape. Using Philippe's schedule from Activity C, take turns with a classmate indicating what he's going to do today after studying for his exam.

> EXEMPLE: —Il va passer un examen, et puis (and then)…

Deuxième étape. Now tell your classmate what you're going to do after French class today. How similar are your schedules? Which one of you has the busiest day?

> EXEMPLE: —Après notre cours, je vais aller à la bibliothèque, et puis à midi,…

E. Destinations.

Première étape. Have you, a friend, or a family member recently returned from a trip abroad or are soon going to visit a foreign country? Share this information with the class.

> EXEMPLES: —Mon frère Jim vient de rentrer du Japon.
> —Mes parents vont aller en Grèce en juillet.

Deuxième étape. Together with your instructor, imagine what you're going to do on an end-of-semester trip to France. Use the verb **aller** + infinitive.

Le village des Saintes-Maries-de la-Mer en Camargue, sur la mer Méditerranée

Grammaire interactive

For more on **aller** and the **futur proche**, watch the corresponding *Grammar Tutorial* and take a brief practice quiz at **Connect French** (www. mhconnectfrench.com).

Chez moi, c'est bizarre, on s'est toujours marié en famille. Mon père a épousé ma mère, mon grand-père, ma grand-mère; mon oncle, ma tante, et ainsi de suite.*

— MICHEL COLUCCI
(COLUCHE)

*With me, it's odd, we've always married within the family. My father married my mother, my grandfather, my grandmother; my uncle, my aunt, and so on.

La famille française d'aujourd'hui

A. Avant de regarder. In France, family life is central to many aspects of French culture. As is the case in North America, the French understanding of what constitutes a family and the life events surrounding it has changed over the course of the last century. What has not changed is that families and family-related events constitute important elements of everyday life in France.

Compare and discuss your answers to the following questions with a classmate.

Quel est l'âge idéal pour recevoir (*get*) un diplôme universitaire? pour se marier? pour avoir des enfants? Et pour vos parents, quel était (*was*) l'âge idéal pour faire ces choses (*these things*)?

B. Regardez et écoutez. Watch and listen as the instructor describes some characteristics of today's French family. While you listen, note what the instructor says as well as any other elements (facial expression, intonation, illustrations, etc.) that might help you understand what's being said.

Now say whether the following sentences are **vrai** or **faux**.

	vrai	faux
1. Aujourd'hui, beaucoup de jeunes ont tendance de quitter (*leave*) la maison de leurs parents à la fin de leurs études.	☐	☐
2. L'union libre est une option populaire parmi les couples.	☐	☐
3. Les couples pacsés se séparent plus fréquemment que les couples mariés.	☐	☐
4. Les familles monoparentales sont moins nombreuses qu'avant.	☐	☐
5. La tendance maintenant est d'avoir beaucoup d'enfants.	☐	☐
6. La probabilité de devenir (*becoming*) grand-parent, puis arrière-grand-parent, augmente.	☐	☐
7. Il y a maintenant plus de femmes qui travaillent (et plus de pères au foyer).	☐	☐

C. À vous! Answer the following questions.

Il y a beaucoup de variété dans les familles modernes, en France et en Amérique du Nord. Est-ce que vous connaissez (*know*) des familles «nontraditionnelles»? Décrivez ces familles. Pourquoi est-ce que vous trouvez que ces familles sont nontraditionnelles?

Cette famille aime bien jouer aux cartes.

Chez les Français

Le PACS et le «mariage pour tous»

In 1999, the French Parliament approved the **Pacte civil de solidarité (PACS)**, a form of civil union between two consenting adults of the same or opposite sex wanting to organize their life together. A couple who is **pacsé** enjoys many of the same advantages of being married but not others (for example, they do not have adoption or automatic inheritance rights). Since 1999, many couples have chosen this option because they do not adhere to religious conceptions of marriage, or because until recently marriage was only legal for opposite-sex couples. Same-sex marriage in France, after long debates and massive street demonstrations on both sides of the **«mariage pour tous»** issue, was legalized in May 2013, making France the ninth European country to legally recognize such unions.

Et chez vous? Quelles formes d'union sont légales dans votre pays (ou dans votre état)? À votre avis, est-ce que le mariage est un «sacrement» religieux, un «partenariat» civil, ou les deux?

Le coin lecture

Rousseau et la nouvelle famille

A. Avant de lire. What words or images come to mind when you think of your childhood? Take the following quick survey, responding spontaneously.

1. ☐ la liberté   ☐ des contraintes (*restrictions*)   ☐ les deux
2. ☐ les jeux   ☐ l'école   ☐ les deux
3. ☐ les amis   ☐ la famille   ☐ les deux

B. Lisez. Read the following text on the origins of modern-day beliefs about raising children.

L'auteur

Jean-Jacques Rousseau (1712–1778), comme Voltaire et Denis Diderot, est un philosophe des Lumières,[1] un mouvement intellectuel qui rejette la tradition en faveur de l'individu et la raison. À son époque, il écrit beaucoup de lettres, de traités et d'essais sur des thèmes divers: l'origine des langues, l'origine des inégalités sociales, la politique et la culture. Surtout, ses idées sur l'enfance dans son livre, *Émile, ou De l'éducation* (1762)—l'éducation des enfants, la participation de leurs parents— révolutionnent les coutumes familiales. Avant Rousseau, l'enfant est exclu de la société des adultes. Après Rousseau, l'enfant devient[2] le cœur[3] de la famille.

[1]Enlightement [2]becomes [3]heart

Jean-Jacques Rousseau

«Respectez l'enfance, et ne vous pressez point de la juger soit en bien soit en mal.»*

JEAN-JACQUES ROUSSEAU

* Respect childhood and do not be so hasty to judge it as either good or bad. (*Émile*)

(*suite*)

L'éducation des enfants

Rousseau écrit dans *Émile*: «On ne connaît point l'enfance; sur les fausses idées qu'on en a, plus on va, plus on s'égare [...]».[†] Dans ce texte, il parle de l'éducation avec des maîtres[4] car[5] il n'y a pas d'école publique en Suisse au 18e (dix-huitième) siècle. Pour le philosophe, dans la nature, l'intelligence vient par[6] les sens, petit à petit; et substituer les livres pour la nature est mauvais. Selon Rousseau, un enfant a besoin de se développer *naturellement*, à son rythme, de l'observation de son environnement au développement de sa pensée critique. Il ne faut pas simplement le «gaver»[7] de leçons abstraites et ennuyeuses. L'objectif: un enfant curieux, amoureux de la nature, honnête, sociable, et intelligent.

Les relations parents-enfants

Il est aussi très important que les parents participent et motivent leurs enfants—poser des questions, donner des compliments. «*Émile* marque l'avènement[8] de la nouvelle famille», écrit le philosophe contemporain Marc-Vincent Howlett, «[...] des groupes de mères se constituent pour élever leurs enfants 'à la Jean-Jacques'». En effet, à cette époque, des nourrices[9] habillent et nourrissent les enfants, pas les mères. Pour Rousseau, cela est «d'un usage *dénaturé*»—c'est-à-dire non naturel. De plus, les enfants portent des vêtements très serrés[10] et ils ne peuvent pas bouger[11] et jouer librement. Après Rousseau, même la mode[12] pour les bébés et les enfants change: vêtements fluides, matières douces[13] pour des mouvements plus libres. Rousseau est mort avant la Prise de la Bastille en 1789, mais pour les enfants, c'est un vrai révolutionnaire!

[4]*tutors* [5]*because* [6]*through* [7]*le... force-feed him* [8]*beginning* [9]*wet nurses, nannies*
[10]*vêtements... very tight clothing* [11]*move* [12]*même... even fashion* [13]*soft*

[†]*We know nothing about childhood; based on the false ideas we have about it, the more we think, the more we are mistaken. (Émile)*

C. Répondez. Decide if each of the following statements is **vrai** or **faux**. If a statement is false, change the underlined word(s) to make it true.

	vrai	faux
1. Jean-Jacques Rousseau est <u>un professeur pour les enfants</u>.	☐	☐
2. Les Lumières favorisent <u>la raison</u>, pas nécessairement la tradition.	☐	☐
3. Pour Rousseau, l'éducation est <u>progressive</u>.	☐	☐
4. L'éducation d'un enfant, selon Rousseau, commence par <u>des leçons formelles</u>.	☐	☐
5. Avant Rousseau, <u>les mères</u> habillent et nourrissent les bébés.	☐	☐
6. Après Rousseau, les enfants portent des vêtements <u>plus confortables</u>.	☐	☐

D. À vous! With your classmates, discuss the following topics.

1. À votre avis, pour les parents aujourd'hui (en comparaison à l'époque de Rousseau), quelles sont les difficultés? Quels sont les avantages?

2. À votre avis, qu'est-ce que Rousseau penserait (*would think*) du rôle de la technologie (DVDs, sites web, jeux vidéo et téléphones portables) dans l'enfance et l'éducation des enfants?

Les coins lecture et écriture: Additional reading and writing activities are available in the **Workbook / Laboratory Manual** and at **Connect French** (**www. mhconnectfrench.com**).

Claude «Longuet» et Pépé

Avant-première. With a classmate, answer the following questions:

1. Quel rôle jouent vos grands-parents dans votre vie? Qu'est-ce que vous faites avec eux (*them*)? Quand? (pendant les vacances, par exemple?)

2. Qu'est-ce que tous les membres de votre famille ont en commun: leur origine nationale? leur langue maternelle? leur religion? leur orientation politique? Et quoi d'autre (*And what else*)?

On tourne! Complete the summary of each scene by choosing the appropriate word.

Scène 1: À la gare (*train station*), <u>les cousins / l'oncle et la tante / les parents</u> du petit Claude révèlent sa nouvelle identité: il va s'appeler Claude <u>Longé / Longuet / Longet</u> et il va être <u>bouddhiste / catholique / juif</u>. Le petit Claude monte à bord du train et toute la famille est <u>contente / surprise / triste</u>. Claude va garder, en souvenir, la montre de poche (*pocket watch*) de <u>sa mère / son père / son ami</u>.

Scène 2: À table, Claude rencontre (*meets*) pour la première fois le vieil homme, Pépé. (Pépé, en français, est un nom affectueux pour <u>frère / grand-père / père</u>). Pépé adore son animal domestique, un <u>chien / chat / lapin</u> qui s'appelle Kinou. Kinou est très vieux: il a <u>cinq / dix / quinze</u> ans, l'équivalent d'une personne de <u>cinquante / quatre-vingt / cent cinq</u> ans! Pour célébrer l'arrivée du petit Claude, <u>la femme / la sœur / la petite-fille</u> de Pépé prépare un dîner: ils vont manger du <u>bœuf / lapin / porc</u>, un plat spécial dans ce temps de guerre (*wartime*).

On boucle! Answer the following question and compare your answer to that of a classmate.

Quand on est enfant, il est difficile d'être séparé(e) de ses parents. Maintenant que vous êtes plus âgé(e), à l'université, est-il toujours difficile d'être séparé(e) de vos parents? Pourquoi ou pourquoi pas?

Film: Le Vieil Homme et l'enfant

Comédie-Drame; (1967; France; Réalisateur: Claude Berri; 86 min.)

SYNOPSIS: This film tells the story of Claude Langmann, a young Jewish boy in Nazi-occupied France during World War II, whose parents, fearing the family's arrest and deportation, send him to live in the countryside with their neighbor's parents, an elderly Catholic couple. An anti-Semite and supporter of the Vichy regime, the old man develops an affectionate relationship with little Claude, unaware that he is Jewish.

SCÈNES: (DVD, Chapter 3 "L-O-N-G-U-E-T" and the first half of Chapter 4 "First meal", 00:14:25–00:19:50). In the first scene, Claude's parents say good-bye to him at the train station; in the second scene, he meets his new host family and their dog at the dinner table.

Rétrospective France occupée, familles recomposées

Les deux Frances

In 1939, France entered World War II by declaring war against Nazi Germany, only to be invaded, defeated, and occupied within a year. Until 1943, there were actually *two* Frances. The northern regions of the country, the Atlantic coastline, and Paris were part of Occupied France (**La France occupée**), under the direct control of the Nazi régime. The rest of the country was part of "Free" France (**La France libre**), under the control of a puppet government known as **le régime de Vichy** that collaborated with the Nazis; this regime was headed by the ultra-conservative Maréchal Pétain. Its seat was located in the city of Vichy.

L'Occupation was an extremely difficult period for the French. Families were separated for various reasons. Some joined the French Resistance. Many others were taken prisoner and forced to work in camps to support the Nazi war effort, and their wives often did not have the means to buy food for their children; a sad irony given the Vichy regime's praise of family values.

If it was difficult to find food in cities, it was just as difficult to find manufactured products like clothing, dishes, and books in the countryside. Individuals therefore reconnected with members of their extended family—a great uncle, the cousin of a cousin—to exchange such necessities. Children were also sent to the countryside to live with the extended family, or a host family, so as to protect them from the repeated bombings of large cities and, in the case of French Jews, from persecution and possible deportation. In France, this period is called **les Années Noires**, due not only to widespread repression and lack of food and comfort, but also to the fact that numerous families were never reunited.

Avez-vous compris? Quel régime gouverne Paris et le nord (*north*) de la France dans les années 1940? Quel régime gouverne le sud (*south*)? Qu'est-ce qui est difficile pendant l'Occupation pour les Français? Quelle image avez-vous de la famille nord-américaine pendant (*during*) cette période?

Le coin beaux-arts

Rappel: *La Noce* (c. 1905), Henri Rousseau

Henri Rousseau (1844–1910) was nicknamed **Le Douanier** because of his job as a tax collector in Paris. He never formally studied art and painted mostly on his days off. His paintings depict exotic animals and forests (even though Rousseau never left Paris!) or portraits of people who seem frozen in time. Rousseau's style—his use of primary colors and clearly delimited lines, with odd proportions and little or no perspective—is therefore referred to as **art naïf** (*naïve* or *primitive art*). *La Noce*, an oil painting done in 1904 or 1905, was likely based on a photograph, which would explain the stiffness of the characters. It is one of his most famous works and is currently exhibited at the Musée de l'Orangerie in Paris.

A. Qui est-ce? Assuming that the family members depicted in the painting are all those of the bride (**la mariée**), identify their relationship to her by answering the following questions.

1. Qui sont le vieil homme à gauche (*on the left*) et la vieille femme à droite (*on the right*)? *Ce sont...*

2. Qui est la jeune femme derrière elle, à gauche? *C'est...*

3. Qui est le jeune homme aux cheveux noirs derrière elle, à gauche? *C'est...*

4. Qui sont l'homme et la femme derrière elle, à droite? *Ce sont...*

5. Qui est l'homme aux cheveux blonds à côté d'elle (*next to her*)? *C'est...*

6. À qui appartient (*belongs*) le gros chien noir? *Il appartient à...*

B. Quelques (*A few*) détails. Start each question with the logical interrogative word or expression then select the most appropriate answer.

1. _____ personnes est-ce qu'il y a dans le tableau: six, sept ou huit?

2. _____ sont-ils: dans une église (*church*), dans un jardin ou à la plage?

3. À votre avis, _____ est-il environ (*about*): 8 h, 15 h ou 21 h?

4. _____ ont les mariés: 12 ans, 22 ans ou 42 ans?

5. _____ sont les personnes dans le tableau: tristes, très heureux ou un peu sérieux?

6. À votre avis, _____ est-ce qu'ils se marient (*are they getting married*): en février, en juin ou en octobre?

C. Un mariage traditionnel français. Complete the following description of a traditional wedding in France by conjugating the verbs in parentheses. Notice that the description contains both regular -er and irregular verbs.

Un mariage en France, c'_____[1] (être) traditionnellement une grande occasion pour faire la fête! Après la cérémonie, s'il _____[2] (faire) beau, les mariés _____[3] (aller) à l'extérieur pour faire des photos avec leurs familles. Ensuite, ils _____[4] (dîner) avec elles et les autres invités, puis on _____[5] (danser) sur des musiques variées. Comme au Canada et aux États-Unis, les invités _____[6] (venir) à la réception avec des cadeaux (*gifts*), ou ils les _____[7] (envoyer) à la maison.

En France les mariés _____[8] (quitter) discrètement la fête bien avant (*well before*) leurs invités. Eux, ils _____[9] (rester) pour danser toute la nuit!

D. Appréciation. Discuss the following questions with your classmates.

1. Qu'est-ce qui est normal et qu'est-ce qui est bizarre dans la représentation des gens et de la nature dans ce tableau?

2. Est-ce que vous aimez le tableau? Pourquoi ou pourquoi pas?

Vocabulaire

Questions et expressions

Qu'est-ce tu fais / vous faites dans la vie?	What do you do for a living?
Qu'est-ce que tu fais pendant ton temps libre? / Qu'est-ce que vous faites pendant votre temps libre?	What do you do in your free time?
Qu'est-ce que tu fais pendant tes loisirs? / Qu'est-ce que vous faites pendant vos loisirs?	What do you do in your leisure time?

Verbes et expressions verbales

aller	to go
aller (manger)	to be going to (eat)
venir	to come
venir de (manger)	to have just (eaten)
revenir	to come back

La famille

Family

un animal domestique	a (house) pet
un beau-fils	a son-in-law / stepson
un beau-frère	a brother-in-law
un beau-père	a father-in-law / stepfather
une belle-fille	a daughter-in-law / step-daughter
une belle-mère	a mother-in-law / stepmother
une belle-sœur	a sister-in-law
un chat	a cat
un chien	a dog
un(e) cousin(e)	a cousin
un demi-frère	a half-brother; step-brother
une demi-sœur	a half-sister; step-sister
un(e) enfant (unique)	a(n) (only) child
une femme	a wife; a woman
une fille	a daughter; a girl
un fils	a son
un frère	a brother
une (arrière-)grand-mère	a (great-)grandmother
un (arrière-)grand-père	a (great-)grandfather
des grands-parents (*m.*)	grandparents
un hamster	a hamster
un mari	a husband
une mère	a mother
un neveu	a nephew
une nièce	a niece
un oncle	an uncle

des parents (*m.*)	parents; relatives
un père	a father
un petit-fils	a grandson
une petite-fille	a granddaughter
des petits-enfants (*m.*)	grandchildren
un poisson (rouge)	a fish (goldfish)
une sœur	a sister
une tante	an aunt

Les métiers

Professions

un(e) architecte	an architect
un(e) artiste	an artist
un(e) assistant(e)	an assistant
un(e) avocat(e)	a lawyer
un(e) coiffeur / coiffeuse	a hairdresser
un(e) comptable	an accountant
un(e) dentiste	a dentist
un(e) directeur / directrice	a manager
un écrivain / une femme écrivain	a writer
un(e) facteur / factrice	a postal worker
un homme d'affaires / une femme d'affaires	a businessman, businesswoman
un(e) infirmier / infirmière	a nurse
un(e) informaticien(ne)	a computer programmer
un ingénieur / une femme ingénieur	an engineer
un(e) journaliste	a journalist
un médecin / une femme médecin	a doctor
une mère au foyer	a stay-at-home mom
un(e) musicien(ne)	a musician
un(e) ouvrier / ouvrière	a worker, laborer
un père au foyer	a stay-at-home dad
un(e) pharmacien(ne)	a pharmacist
un policier / une policière	a policeman / policewoman
un(e) serveur / serveuse	a waiter/waitress

Adjectifs

aîné(e)	older (*sibling*)
cadet(te)	younger (*sibling*)
célibataire	unmarried, single
décédé(e)	deceased
divorcé(e)	divorced
fiancé(e)	engaged
marié(e)	married
pacsé(e)	in a civil union

Vocabulaire

Adverbes

bientôt	soon
maintenant	now
récemment	recently

Articles possessifs

Possessive articles

mon/ma/mes	my
ton/ta/tes	your
son/sa/ses	his/her
votre/vos	your
notre/nos	our
leur(s)	their

Nombres de 70 à 2.000

soixante-dix	seventy
soixante et onze	seventy-one
soixante-douze	seventy-deux
quatre-vingts	eighty
quatre-vingt-un	eighty-one
quatre-vingt-deux	eighty-two
quatre-vingt-dix	ninety
quatre-vingt-onze	ninety-one
quatre-vingt-douze	ninety-two
cent	one hundred
deux cents	two hundred
deux cent un	two hundred one
mille	one thousand
deux mille	two thousand

Le Déjeuner des canotiers (1881), Auguste Renoir

5 Bon appétit!

Bilan

In this chapter, you will learn:

- to extend, accept, and politely decline an invitation
- to order something to eat and drink in a café
- food and meal terms
- to express nonspecific quantities using partitive articles
- to talk about eating habits using the verbs **prendre** and **boire**
- to talk about activities using regular **-re** verbs like **vendre**
- more about responding negatively
- about cultural notions of meals and dieting

Mc Graw Hill Education
connect plus+
|FRENCH
www.mhconnectfrench.com
LEARNSMART

Communication en direct

Ça te/vous dit de (d')...? Extending, accepting, and politely declining invitations

- A casual way to invite someone to do something is to use the expression **Ça te/vous dit de (d')...** + infinitif:

  Ça te dit d'aller au cinéma ce soir? — *Do you feel like going to the movies tonight?*

  Ça vous dit d'aller prendre un café dans le quartier? — *Do you (guys) feel like getting a coffee in the neighborhood?*

- Here is another way to ask the same question:

  Tu veux aller au cinéma ce soir? — *Do you want to go to the movies tonight?*

  Vous voulez prendre un café dans le quartier? — *Do you want to get a coffee in the neighborhood?*

- To accept, you can say:

  Oui, je veux bien. — *Yes, I'd like to.*

  Oui, ça me dit. — *Sure. That sounds good.*

  Pourquoi pas? — *Why not?*

  Oui, j'aimerais bien/beaucoup. — *Yes, I'd like to. / I'd like that a lot.*

  Avec plaisir! — *I'd be happy to.*

  Volontiers! — *Sure! / You bet!*

  Oui, bonne idée! — *Yes, good idea!*

- To ask if someone feels like having a certain type of cuisine, you say:

  Ça te/vous dit de manger chinois (italien/mexicain) ce soir?

- To politely decline an invitation, you can say:

  Désolé(e)! Je ne peux pas. — *Sorry! I can't.*

Ça vous dit d'aller au café?

Vidéo

A. À l'écran. Regardez la vidéo et associez (*match*) les questions que vous entendez aux réponses correspondantes.

1. Anne-Claire _____

2. Simon _____

3. Gabriel _____

4. Xavier Roy _____

5. Anna (et Victoria) _____

a. Oui. Pourquoi pas?

b. Oui, je veux bien.

c. Oui, j'aimerais beaucoup aller voir (*see*) un film étranger.

d. J'aimerais beaucoup aller manger dans un restaurant asiatique ce soir.

e. Oui, ça me dit.

B. Oui, je veux bien! Choisissez deux activités de la liste et invitez deux camarades à faire ces activités avec vous. Quand vous obtenez une réponse positive, demandez à chaque (*each*) camarade sa signature.

EXEMPLE   É1: Ça te dit d'aller au concert de Katy Perry demain soir?
           É2: Volontiers! / Désolé(e)! Je ne peux pas.

Activités	Nom	Nom
1. aller au cinéma (à un concert / au théâtre)	_____	_____
2. aller voir un film étranger	_____	_____
3. dîner (déjeuner) au restaurant	_____	_____
4. faire du vélo (du ski / une promenade, etc.)	_____	_____
5. jouer au football (au tennis, etc.)	_____	_____
6. aller prendre un café	_____	_____
7. ?	_____	_____

Un café, s'il vous plaît! Ordering in a café

A. À l'écran. Gabriel commande (*orders*) un café et un dessert dans un café à Montréal. Regardez la vidéo, puis, indiquez si les phrases suivantes sont vraies ou fausses.

	vrai	faux
1. Gabriel commande un café au lait.	☐	☐
2. Il commande un petit café.	☐	☐
3. Dans ce café, il y a deux sortes de gâteaux (*cakes*): des gâteaux au chocolat et des gâteaux aux carottes.	☐	☐
4. Gabriel prend le gâteau aux carottes.	☐	☐
5. Il voudrait (*would like*) commander autre chose (*something else*).	☐	☐
6. Il voudrait une serviette (*napkin*) et l'addition (*the bill*).	☐	☐

As you watched the interaction between Gabriel and the server, you probably were not able to understand every word, but because the context is familiar and because of the images, you more than likely understood the essential details.

Gabriel et la serveuse au café

- In a restaurant or café, the server will ask you if you are ready to order:

  Je peux prendre votre commande?   *Can I take your order?*

  Vous avez fait votre choix?   *Have you decided?*

- The quickest way to order a drink or a snack in a café or to ask for the bill is to simply say the name of the item followed by **s'il vous plaît**.

  —**Un café, s'il vous plaît.**   *A coffee, please.*

  —**Autre chose avec ça? /**   *Anything else with that? /*
     Et avec ça?   *And with that?*

  —**Juste l'addition, s'il vous plaît.**   *Just the check, please.*

- This is another way to ask for something politely:

  —**(Est-ce que) je pourrais avoir**   *Could I have a napkin / another*
     une serviette / une autre bière /   *beer / the check, please?*
     l'addition, s'il vous plaît?

  —**Bien sûr. (Je vous l'apporte)**   *Ok. (I'll bring it) right away.*
     tout de suite.

  —**Merci, monsieur/madame/**   *Thanks, sir/ma'am/miss.*
     mademoiselle.

Les Boissons

Vittel (25 cl)	1,70 €
Limonade (20 cl)	2,00 €
Diabolo	2,20 €
Coca Cola (33 cl)	2,40 €
Coca Cola Light (33 cl)	2,50 €
Orangina (25 cl)	2,40 €
Ice Tea Pêche (25 cl)	2,40 €
Schweppes (20 cl)	2,10 €
Jus de fruits	2,50 €
Orange, Pomme, Pamplemousse, Abricot, Pêche, Ananas, Banane, Fraise, Poire, Raisin, Tomate.	
Pétillant de raisin (20 cl)	2,50 €
Perrier (33 cl)	2,70 €
San Pellegrino (0,50 cl)	2,90 €
Supplément sirop	0,20 €

B. Au café.

Première étape. Répondez au serveur / à la serveuse en utilisant les phrases suggérées.

Serveur / Serveuse

1. Bonjour, monsieur/madame/ mademoiselle. ____
2. Je peux prendre votre commande? / Vous avez fait votre choix? ____
3. Parfait. Autre chose avec ça? ____
4. Oui, nous avons des glaces (*ice cream*) au chocolat et à la vanille. ____
5. Voilà. Je vous remercie. ____
6. Je vous l'apporte tout de suite. ____

Client(e)

a. Bonjour, monsieur/madame/ mademoiselle.
b. Vous avez des glaces?
c. L'addition, s'il vous plaît.
d. Un Perrier, s'il vous plaît.
e. Une glace à la vanille, s'il vous plaît.
f. Merci, monsieur/madame/ mademoiselle.

Deuxième étape. Avant de continuer, vérifiez vos réponses à **la Première étape** avec l'aide de votre professeur. Ensuite, jouez les rôles du serveur / de la serveuse et du client / de la cliente avec un(e) camarade.

C. Vous avez fait votre choix? Travaillez avec deux camarades et jouez ensemble les rôles du serveur / de la serveuse et de deux client(e)s. Les client(e)s vont regarder la liste des consommations (*drink menu*) à gauche, commander quelque chose à boire (*to drink*) et demander l'addition. Préparez la scène et présentez-la à la classe.

Chez les Français

«Serveur, une idée, s'il vous plaît!»

En France, aller au café n'est pas juste pour boire un café. C'est aussi et surtout une expérience sociale, parfois intellectuelle. Les Français y passent facilement plusieurs (*several*) heures à boire des expressos, attendre des amis, regarder les gens qui passent et, qui sait?, refaire le monde… En France, il y a environ 41.000 cafés, et à Paris seulement, il y en a 7.000—un café à chaque coin (*corner*) de rue! Attention: si vous commandez un café, on vous apporte un expresso pour un euro cinquante. Si vous voulez un café comme à la maison, demandez «un café allongé» ou «un café américain» pour deux ou trois euros!

Le Café de Flore sur la Rive gauche à Paris

À Saint-Germain-des-Prés sur la Rive gauche à Paris, deux cafés sont le centre de la vie artistique et intellectuelle depuis la fin du 19e siècle. Au café **Les Deux Magots**, vers les années 1880, on peut rencontrer les jeunes poètes Verlaine et Rimbaud. Dans les années 1930, Picasso et Hemingway y passent régulièrement. Après la Deuxième Guerre mondiale, les philosophes Jean-Paul Sartre et Simone de Beauvoir écrivent leurs essais existentialistes à des tables réservées spécialement pour eux (*them*). **Le Café de Flore** a aussi ses célébrités. Au début du 20e (vingtième siècle), André Breton, chantre (*champion*) du mouvement surréaliste, a de longues discussions avec Louis Aragon et Paul Éluard et invente, justement, le mot «surréaliste». Cela n'étonnera personne (*It won't surprise anyone*) que ces deux cafés décernent (*award*) chaque année un prix (*prize*) littéraire prestigieux!

Et chez vous? Où aimez-vous aller au café? Qu'est-ce que vous faites au café d'habitude? Est-ce que les cafés sont des centres intellectuels comme en France? Sinon, comment définir les cafés chez vous?

Vocabulaire interactif

Faisons les courses! Food stores and food items

Vous habitez un petit appartement à Paris, près de la rue Mouffetard. C'est le samedi matin et vous ouvrez votre frigo (*refrigerator*): rien (*nothing*) à manger pour ce week-end! Qu'est-ce que vous allez acheter?

Les magasins d'alimentation

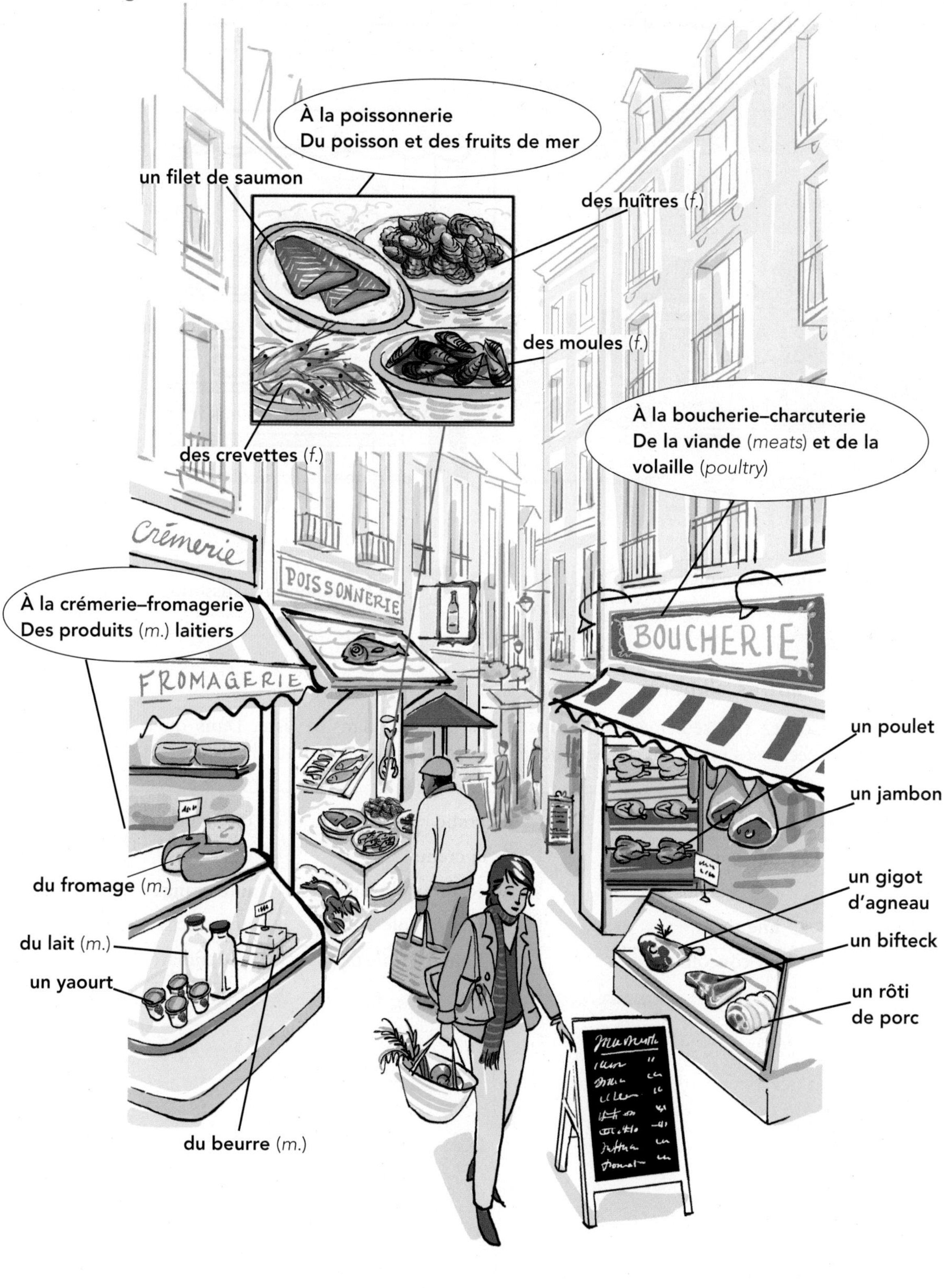

À la poissonnerie
Du poisson et des fruits de mer
un filet de saumon
des huîtres (*f.*)
des moules (*f.*)
des crevettes (*f.*)
À la boucherie–charcuterie
De la viande (*meats*) **et de la volaille** (*poultry*)
À la crémerie–fromagerie
Des produits (*m.*) **laitiers**
Crémerie
POISSONNERIE
FROMAGERIE
BOUCHERIE
un poulet
un jambon
un gigot d'agneau
un bifteck
un rôti de porc
du fromage (*m.*)
du lait (*m.*)
un yaourt
du beurre (*m.*)

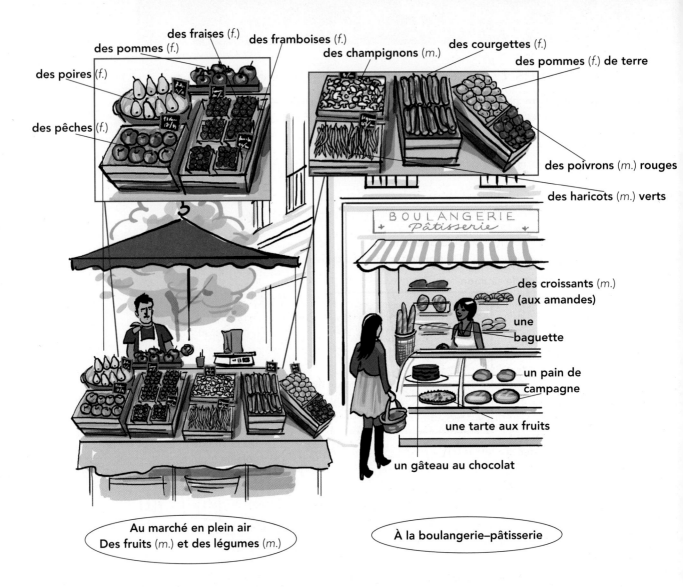

des poires (f.)
des pommes (f.)
des fraises (f.)
des framboises (f.)
des pêches (f.)
des champignons (m.)
des courgettes (f.)
des pommes (f.) de terre
des poivrons (m.) rouges
des haricots (m.) verts
des croissants (m.) (aux amandes)
une baguette
un pain de campagne
une tarte aux fruits
un gâteau au chocolat

Au marché en plein air
Des fruits (m.) et des légumes (m.)

À la boulangerie–pâtisserie

D'autres aliments

Cochez (✔) seulement les fruits et les légumes dans la liste. Dans quels magasins spécialisés est-ce qu'on peut acheter les autres aliments dans la liste?

☐ un artichaut	☐ un crabe	☐ un oignon
☐ une banane	☐ de la crème	☐ des olives
☐ des brocolis (m.)	☐ un éclair au chocolat	☐ une orange
☐ une carotte	☐ un filet de sole	☐ des saucisses (f.)
☐ un concombre	☐ un homard (lobster)	☐ une tomate

Chez les Français

Où faire les courses?

Pour faire les courses, il y a beaucoup de possibilités en ville: en plus (*in addition to*) des magasins spécialisés (les boulangeries, les crémeries, etc.) et des marchés en plein air, on trouve des **épiceries**—des petits magasins d'alimentation de quartier. Un épicier connaît (*knows*) bien ses clients et l'atmosphère du magasin est familiale, mais les prix sont souvent plus élevés (*higher*). À la périphérie des villes, on trouve des **grandes surfaces** (*large chain supermarkets*) comme Carrefour, Géant Casino, Leclerc et Champion—des supermarchés ou des hypermarchés—qui vendent de tout, à des prix raisonnables. Bien sûr, le service n'est pas le même (*same*): les caissières (*cashiers*) ne sont pas toujours de bonne humeur et c'est à vous d'emballer (*to pack*) vos courses. Parfois, on vous donne (*give*) des sacs en plastique, mais certains magasins ne donnent plus de sacs, alors les clients apportent (*bring*) des sacs réutilisables.

Une épicerie

Et chez vous? Quels sont des exemples d'hypermarchés et d'épiceries dans votre ville? Faites-vous parfois les courses dans une épicerie? Pourquoi? Est-ce qu'on est obligé d'emballer les choses qu'on achète et/ou d'apporter des sacs réutilisables quand on fait les courses?

A. À vos chariots! (*To your shopping carts!*) Travaillez avec deux ou trois camarades. Vous êtes ensemble au supermarché. Mettez (*Put*) un aliment de chaque catégorie dans votre chariot. **Attention!** Vous allez comparer vos choix avec ceux (*those*) des autres groupes. Si un autre groupe a le même (*same*) aliment que vous dans son chariot, vous devez choisir (*must choose*) un aliment différent.

Fruits: _____

Légumes: _____

Viandes: _____

Poissons / Fruits de mer: _____

Produits laitiers: _____

Vocab supp'

Les quatre **repas** (*meals*) de la journée sont: **le petit déjeuner** (*breakfast*), **le déjeuner, le goûter*** (*afternoon snack*) et le **dîner**.

***Le goûter**, also called **la collation**, is primarily intended for children upon their return home from school in the late afternoon, but anyone who gets hungry between lunchtime (noon–1 P.M.) and dinner time (7–8 P.M.) may have **un goûter**.

On fait les courses au supermarché.

B. Un menu équilibré (*well-balanced*).

Première étape. Avec un(e) camarade, faites une liste de deux aliments qui sont très riches en (1) vitamines, (2) calcium, (3) protéines, (4) glucides (*carbohydrates*).

Deuxième étape. Proposez un menu équilibré à la classe pour un des repas de la journée (un petit déjeuner, un déjeuner ou un dîner) en utilisant la liste de la **Première étape** et d'autres aliments.

C. Les repas chez vous. À quel(s) repas est-ce qu'on mange généralement les aliments suivants chez vous?

EXEMPLE: —D'habitude, on mange des croissants au petit déjeuner.

1. des croissants
2. un filet de saumon
3. du fromage
4. une gaufre (*waffle*)
5. des œufs (*m.*) (*eggs*) / une omelette
6. du pain
7. des pâtes (*f.*) (*pasta*)
8. une poire ou une pêche
9. une salade verte
10. un sandwich
11. une soupe
12. un yaourt

Chez les Français

Le rituel des repas

Le petit déjeuner est un repas simple en France: On prend normalement du pain ou des croissants qu'on tartine avec (*on which one spreads*) du beurre et/ou de la confiture (*jam*); on boit un café au lait ou un chocolat chaud dans un bol. De tradition, le déjeuner est souvent le repas le plus important de la journée. Il n'est pas rare de rentrer à la maison vers midi pour manger un repas chaud—de la viande, des pommes de terre, des légumes—et de retourner au travail vers 14 h; mais on peut toujours manger un sandwich ou du fast-food si on n'a pas le temps de rentrer chez soi (*home*). Plus tard, dans l'après-midi, on prend parfois un goûter—quelque chose de sucré (*sweet*), comme une pâtisserie, une gaufre, ou un jus de fruits. Le dîner, qui est servi entre 18 et 20 h, selon les régions, est normalement un repas moins copieux—on mange une soupe, une omelette ou des pâtes—avec une salade verte, du fromage, un yaourt ou un fruit. Il y a très souvent de l'eau et du pain pendant le repas et un petit café après.

Le petit déjeuner: un repas simple

Un dîner au restaurant, par contre, peut durer deux ou trois heures. Les Français aiment prendre leur temps. Ils commencent par **un apéritif**—c'est-à-dire un verre d'alcool ou un jus de fruits pour les enfants. C'est un moment de plaisir. Le repas qui suit (*follows*) est composé d'**une entrée** (*appetizer*), puis d'**un plat principal**. Il y a ensuite une salade verte, une sélection de fromages, **un dessert** et enfin un café. Après le repas, on sert aussi parfois **un digestif**—un petit verre d'alcool, comme un cognac ou une liqueur, pour aider la digestion. Il faut (*You have to*) demander l'addition, sinon (*otherwise*) le serveur ne l'apporte pas. Le pourboire (*tip*) n'est pas obligatoire: les taxes et le service sont compris (*included*) dans l'addition.

Et chez vous? Que pensez-vous du déjeuner français (en comparaison avec le déjeuner typique en Amérique du Nord)? Quel est l'avantage principal de manger un plus grand repas (*a larger meal*) à midi? Pourquoi est-ce que c'est rare en Amérique du Nord? Combien de fois (*times*) par semaine (ou par mois) dînez-vous dans des restaurants?

D. Un faible pour les sucreries (*sweet tooth*). Avez-vous un faible pour les sucreries? Avec un(e) camarade, indiquez avec quelle fréquence vous mangez les desserts suivants: **souvent** (*often*), **rarement** (*rarely*) ou **jamais** (*never*). **Attention!** N'oubliez pas qu'on remplace l'article indéfini **un, une, des** par **de** après la négation.

EXEMPLE: É1: Je mange (souvent, rarement) des tartelettes.
É2: Moi, je ne mange jamais de tartelettes.

1. une tartelette (aux fruits)
2. un croissant (aux amandes)
3. une glace (à la vanille)
4. une crème brûlée
5. des éclairs (au chocolat)
6. des biscuits (*cookies*)

E. Invitez votre prof.

Première étape. Travaillez à trois. Ensemble, mettez-vous d'accord sur le menu
«préliminaire» d'un repas que vous allez préparer pour votre prof.

L'entrée: _____

Le plat principal

Viande ou volaille / Poisson ou fruit de mer: _____

Légume: _____

Féculent (*Starch*): _____ (par exemple, du riz [*rice*], des pâtes, des
pommes de terre)

Le dessert: _____

Deuxième étape. Est-ce qu'il y a des choses sur votre menu préliminaire que votre
prof déteste, n'aime pas trop ou ne peut pas manger pour des raisons médicales?
Posez-lui des questions et faites des modifications avant de lui proposer votre
menu. Votre prof va choisir le menu qu'il/elle préfère.

À table

Utilisez l'illustration de la table pour compléter les phrases suivantes.

1. Pour faire une belle table, on met d'abord (*first*) _____.

2. On sert de l'eau dans _____.

3. On mange des crêpes dans _____ et de la soupe dans _____
   _____.

4. On boit (*drinks*) de l'eau dans _____, du café dans _____
   et du vin dans _____.

5. Pour couper (*cut*) un bifteck, on utilise _____; pour manger une
   salade, on utilise _____; pour manger de la glace, on utilise
   _____; pour manger de la soupe, on utilise _____.

6. Finalement, pour s'essuyer la bouche (*wipe one's mouth*), on utilise _____
   _____.

○ Answers to this activity are
in Appendice 2 at the back
of your book.

En français

The following expressions will be useful to you in completing the **Première étape** of Activity F. Notice that each expression includes a form of the preposition **de:**

à côté du verre	*next to the glass*
à droite de la serviette	*to the right of the napkin*
à gauche de l'assiette	*to the left of the plate*
au milieu de la table	*in the middle of the table*
en face de la fenêtre	*across from the window*
près / loin des tasses	*near / far from the cups*

F. Une belle table.

Première étape. Décrivez la table que vous voyez sur la photo: le couvert (*table setting*) et les plats.

EXEMPLE: Il y a une fourchette à gauche de l'assiette.

Prononcez bien!

To learn about the spelling and pronunciation of the mid-vowels [ø] as in **deux** and [œ] as in **bœuf**, see the **Prononcez bien!** section of the *Workbook / Laboratory Manual.*

Deuxième étape. Considérez maintenant le repas proposé à votre prof dans l'**Activité E.** Comment allez-vous changer les couverts (*place settings*) sur la photo de la **Première étape** pour ce repas? Qu'est-ce que vous avez besoin d'enlever (*to remove*) ou d'ajouter (*to add*)?

EXEMPLE: —On prépare une soupe, alors on a besoin d'ajouter des assiettes à soupe et des cuillères à soupe.

Grammaire interactive

5.1 Il y a du sucre? The partitive article and expressions of quantity

Pour faire une tarte aux pommes, il faut (*one needs*) des pommes et...

____ **du** beurre	____ **de la** crème	____ **de l'**ail (*garlic*)
____ **du** fromage	____ **de la** farine (*flour*)	____ **de l'**eau (*water*)
____ **du** sucre	____ **de la** vanille	____ **de l'**huile (*oil*)

Analysons! 1. Est-ce qu'on utilise des articles «partitifs» (**du, de la, de l'**) dans cette liste parce qu'on donne une quantité *précise* ou une quantité *indéterminée* de chaque ingrédient? _____ 2. Quelle forme de l'article partitif est-ce qu'on utilise devant un nom qui commence par une voyelle? _____ Et devant les noms qui commencent par une consonne? _____ (*m.*) et _____ (*f.*)

Une tarte aux pommes

○ Answers to this activity are in Appendice 2 at the back of the book.

1 The partitive articles **du, de la,** and **de l'** are used in French with *mass nouns*—nouns that refer to things that cannot be counted, such as **sucre** and **farine**—to refer to a nonspecific part or quantity of that item. These articles typically correspond to English *some* or *any*. Because the nouns they are used with cannot normally be counted, there is no plural form of the partitive article. Whereas *some* and *any* are optional in English, the partitive articles **du, de la,** and **de l'** are required before mass nouns in French.

Avez-vous **du** sucre?	*Do you have (some/any) sugar?*
de la farine?	*flour?*
de l'huile?	*oil?*

Many food items that are mass nouns, such as **bière** or **sucre,** can be treated as count nouns when they are used to refer to a specific quantity. In this case, the indefinite article or a numeral is used.

Je prends **de la** bière.	*I'll have some beer.*
but: Je commande **une** bière.	*I'll order a (one glass/bottle of) beer.*

2 The definite article (**le, la, l', les**) is used after verbs of preference (**aimer, détester, préférer, adorer**), because you are referring to the entire category, not just part of it. After verbs of consumption, however, such as **manger** and **acheter,** the partitive article is used, because you are consuming a nonspecific quantity of that food or drink, not all of it. When negation is used, the definite article remains the same, but the partitive article becomes **de (d').**

J'aime **le** thé.	*I like tea.*
Je **n'**aime **pas le** thé.	*I don't like tea.*
Je **mange du pain** au dîner.	*I eat (some) bread at dinner.*
but: Je **ne mange jamais** de **pain** au dîner.	*I never eat bread at dinner.*

3 The partitive article is omitted after expressions of quantity that already use the preposition **de** (**d'**).

Elle ajoute **du** sucre.   *She adds (some) sugar.*

but: Elle ajoute **deux cuillères** de sucre.   *She adds two teaspoons of sugar.*

Mise en pratique.   Complétez chaque phrase avec l'article approprié.

1. Elle n'aime pas _____ café, alors elle commande rarement _____ café après son dîner.

2. Je bois (*drink*) _____ eau minérale à tous les repas. J'ai toujours une bouteille _____ eau minérale dans le frigo.

3. Qui déteste _____ brocolis? Moi! Je ne mange jamais _____ brocolis.

4. Il n'y pas _____ sucre dans mon thé. Pourriez-vous me passer un sachet (*packet*) _____ sucre, s'il vous plaît?

5. Vous commandez _____ pizza? Très bien. J'adore _____ pizza!

○ Answers to this activity are in Appendice 2 at the back of the book.

A. Écoutez bien! Votre professeur va parler de divers plats (*dishes*) et de deux ingrédients dans ces plats. Cochez le troisième ingrédient.

1. ☐ du sucre   ☐ de la mayonnaise   ☐ de l'ail
2. ☐ du saumon   ☐ de la glace   ☐ de l'oignon
3. ☐ du céleri   ☐ de la confiture (*jam*)   ☐ de l'eau minérale
4. ☐ du jus d'orange   ☐ de la crème   ☐ des bananes
5. ☐ du yaourt   ☐ de la cannelle (*cinammon*)   ☐ des carottes
6. ☐ du beurre   ☐ de la vanille   ☐ des champignons

B. Le condiment qu'il faut. À tour de rôle (*Taking turns*) avec un(e) camarade, précisez ce qu'il faut comme condiment(s) dans/sur chaque plat. Voici une liste partielle. Est-ce que votre camarade a les mêmes préférences que vous?

de l'ail	de la confiture	du ketchup	du piment (*hot sauce*)
du beurre	des herbes	de la mayonnaise	du poivre (*pepper*)
du citron (*lemon*)	de l'huile d'olive	de la moutarde	du sel (*salt*)

EXEMPLE: sur les frites

     É1: Sur les frites, il faut du ketchup.
     É2: Non! Il faut de la mayonnaise!

1. sur les frites
2. sur le pain grillé
3. sur les légumes verts
4. sur un filet de saumon
5. dans/sur les œufs brouillés (*scrambled*)
6. dans un sandwich au jambon

C. Une pizza à emporter (*take out*).

Première étape. Ajoutez un article partitif (**du, de la, de l'**) ou l'article indéfini **des** devant chaque aliment. Vous allez utiliser cette liste d'ingrédients dans la **Deuxième étape** pour commander une pizza.

> Une pizza avec...
>
> 1. _____ ail
> 2. _____ artichauts
> 3. _____ bœuf haché (*ground*)
> 4. _____ brocolis
> 5. _____ champignons
> 6. _____ fromage
> 7. _____ jambon
> 8. _____ oignon
> 9. _____ olives noires
> 10. _____ poivron vert
> 11. _____ sauce (*f.*) tomate
> 12. _____ saucisses

Deuxième étape. Travaillez avec un(e) camarade. Avant de commander votre pizza, mettez-vous d'accord sur les ingrédients. **Attention!** N'oubliez pas qu'on utilise un article défini pour indiquer ce qu'on aime / n'aime pas.

> EXEMPLE: É1: J'aimerais une pizza avec des champignons.
> É2: Oui, j'aime aussi les champignons. (*ou*)
> Non, je n'aime pas les champignons.
> É1: D'accord, pas de champignons!

D. Pour préparer le coq au vin (*chicken braised in wine*).

Première étape. Vous décidez de préparer un plat traditionnel français: **le coq au vin.** Lisez la recette (*recipe*) à droite et cochez tous les ingrédients que vous avez déjà (*already*) chez vous.

Deuxième étape. Cherchez votre «sous-chef» (un[e] camarade de classe). Quels ingrédients est-ce qu'il/elle a déjà chez lui/elle (*at his/her house*)? Discutez-en et faites la liste de ce que vous avez besoin d'acheter pour préparer le plat.

> EXEMPLE: É1: J'ai déjà de la farine.
> É2: Moi, j'ai déjà de l'huile.
> É1: Je n'ai pas de persil.
> É2: Moi non plus (*Me neither*)—alors (*so*), on a besoin d'acheter du persil.

Coq au vin

1 poulet (3 kg[1]) coupé
  en morceaux[2]
1 bouteille de vin rouge
250 g[3] de lardons[4]
250 g de champignons
1 oignon
2 carottes
2 gousses[5] d'ail
1 bouquet garni
  (thym et laurier[6])
3 cuillères à soupe d'huile
1 cuillère à soupe de farine
persil[7]
sel, poivre

[1]*kilograms (1 kg = 2.2 pounds)*
[2]*coupé... cut in pieces* [3]*grams (250 g = 0.55 pounds)* [4]*small strips of pork, similar to bacon* [5]*cloves* [6]*bay leaf* [7]*parsley*

Chez les francophones: Aux Antilles

De la ferme° à la table   °*farm*

La cuisine des Antilles, comme les Antillais (*residents of the Antilles*), résulte d'un mélange d'influences africaine, française, indienne (Tamil) et indigène. Les épices indiennes assaisonnent (*season*) souvent les fruits et les légumes locaux, et les plats à base de poisson et de fruits de mer. Sur un marché en Guadeloupe, on vend des bananes, des melons, des ananas, de la vanille et du café qui poussent (*grow*) sur l'île. La banane est aussi le produit principal de la Martinique, avec la canne à sucre utilisée pour faire le rhum agricole. Vous avez faim d'une nourriture exotique, fraîche et colorée? Sur le menu d'un restaurant antillais, prenez alors un **colombo de porc avec du curry**, des **accras de morue** (des beignets de poissons d'origine africaine), et pour dessert, un **blanc manger coco**, un flan préparé avec du lait de coco.

Et chez vous? Y a-t-il des produits agricoles particuliers à votre région—par exemple, le raisin (*grapes*) ou le maïs (*corn*)? En quelle saison est-ce qu'on achète ces produits? Y a-t-il des plats particuliers à votre région (qu'on prépare avec ces produits)?

Des accras de morue

5.2 Qu'est-ce que vous prenez? The verbs **boire** and **prendre**

Qu'est-ce que vous **prenez** au petit déjeuner—c'est-à-dire, qu'est-ce que vous **mangez**? Qu'est-ce que vous **buvez** (*drink*)? Les mêmes choses que Nicolas et ses parents?

1. Au petit déjeuner, Nicolas **prend** (= il **mange**) des céréales et un fruit.

   Il **prend** aussi (= il **boit**) du chocolat chaud.

2. Au petit déjeuner, ses parents **prennent** (= ils **mangent**) des croissants avec de la confiture.

   Ils **prennent** aussi (= ils **boivent**) du café.

3. Moi, au petit déjeuner, je **prends** (= je **mange**) _____.

   Je **prends** aussi (= je **bois**) _____.

Analysons! Complétez cette phrase: On **mange** un aliment, on **boit** une boisson et on _____ un aliment ou une boisson.

○ The answer to this activity is in Appendice 2 at the back of the book.

1 As you already know, the verb **manger**, which you learned in **Chapitre 3**, is a regular -er verb. Its counterpart, **boire** (*to drink*), however, is an irregular verb.

boire (to drink)	
je **bois**	nous **buvons**
tu **bois**	vous **buvez**
il/elle/on **boit**	ils/elles **boivent**

Je **bois** du café le matin.	*I drink coffee in the morning.*
Nous ne **buvons** pas de vin.	*We don't drink wine.*
Ils préfèrent **boire** de l'eau.	*They prefer to drink water.*

2 The verb **prendre** is normally the equivalent of English *to take*, but it is also very commonly used as a synonym of both **manger** and **boire** when talking about food and drink.

prendre (to take [eat, drink, have])	
je **prends**	nous **prenons**
tu **prends**	vous **prenez**
il/elle/on **prend**	ils/elles **prennent**

Il **prend** son sac à dos.	*He's taking his backpack.*
Je **prends** le bus le soir.	*I take the bus at night.*
Qu'est-ce que vous **prenez** ce matin?	*What are you having (eating/drinking) this morning?*
Je vais **prendre** un café.	*I'm going to have a coffee.*

Mise en pratique.
Remplacez chaque forme des verbes **manger** et **boire** dans la colonne A avec la forme appropriée du verbe **prendre** dans la colonne B.

A	B
1. Je **mange** un sandwich.	Je _____ un sandwich.
2. Tu **bois** du vin?	Tu _____ du vin?
3. Elle **boit** souvent un coca.	Elle _____ souvent un coca.
4. Nous **mangeons** une quiche ce soir.	Nous _____ une quiche ce soir.
5. Vous **buvez** du lait avec vos repas?	Vous _____ du lait avec vos repas?
6. Ils ne **mangent** pas de glace.	Ils ne _____ pas de glace.

3 Other verbs conjugated in the same way as **prendre** include **apprendre** (*to learn*) and **comprendre** (*to understand*). **Prendre** also appears in a number of common idiomatic expressions.

○ Answers to this activity are in Appendice 2 at the back of the book.

prendre une décision	*to make a decision*
prendre du poids	*to gain weight*
prendre un verre, un pot	*to go out for a drink (usually alcoholic)*

A. Écoutez bien! Votre professeur va décrire les habitudes alimentaires de plusieurs personnes. Après chaque description, indiquez si l'habitude fait partie d'un régime **sain** (*healthy*) ou d'un régime **malsain** (*unhealthy*).

	régime sain	régime malsain		régime sain	régime malsain
1.	☐	☐	5.	☐	☐
2.	☐	☐	6.	☐	☐
3.	☐	☐	7.	☐	☐
4.	☐	☐	8.	☐	☐

B. Qu'est-ce que vous buvez?

Première étape. Cochez les boissons que vous buvez normalement.

des jus de fruits

_____ du jus d'orange

_____ du jus de pomme

_____ un frappé aux fruits (un smoothie)

des boissons chaudes

_____ du café noir / au lait

_____ du chocolat chaud

_____ du thé noir/vert

des boissons gazeuses (*bubbly, sparkling*)

_____ du coca, du coca light®

_____ de l'Orangina®

_____ du Perrier® (de l'eau minérale)

des boissons alcoolisées (*alcoholic*)

_____ de la bière

_____ du champagne

_____ du vin blanc/rouge/rosé

En français

The following expressions of quantity may be useful to you in completing the **Deuxième étape** of Activity B. As with other expressions of quantity that are used with **de (d')**, the partitive article is omitted.

assez de thé   *enough tea*
beaucoup   *a lot of water*
  d'eau
un peu / très   *a little / very*
  peu de   *little beer*
  bière
trop de café   *too much*
                     coffee

Grammaire interactive

For more on the partitive and the verbs **prendre** and **boire**, watch the corresponding *Grammar Tutorial* and take a brief practice quiz at **Connect French (www. mhconnectfrench.com).**

Deuxième étape. Avec un(e) camarade, utilisez vos réponses de la **Première étape** et des expressions de quantité pour discuter de vos préférences dans chaque catégorie. Avez-vous les mêmes goûts?

EXEMPLE: les boissons chaudes
—Je bois beaucoup de thé vert, mais peu de café. J'aime boire du chocolat chaud de temps en temps.

C. Sondage (*Survey*). Circulez dans la salle de classe. Demandez à deux camarades ce qu'ils prennent dans la première situation; demandez à deux autres camarades ce qu'ils prennent dans la deuxième (*second one*); etc. Notez les deux réponses (si elles sont différentes).

1. Quand ils ont très faim (*are very hungry*): _____
2. Quand ils grignotent (*snack*): _____
3. Quand ils ont très soif (*are very thirsty*): _____
4. Quand ils sont au café: _____
5. Le matin, avant (*before*) d'aller en cours: _____
6. Le soir, quand ils préparent leurs devoirs / un examen: _____

En français

In **Chapitre 4,** you learned that the pronoun **en** can be used to replace the preposition **de** and a geographical location (**Pierre revient de France demain et sa femme *en* revient la semaine prochaine**). It can also be used to replace the partitive article and a food item; in this context, **en** means *some, any,* or *of it*. Remember that **en** is placed directly before the verb, with which it forms a single "unit." When negation is used, **n'** precedes the pronoun **en** + verb and **pas** follows it.

Il boit souvent **du café**.   Il **en** boit souvent.
Il mange beaucoup **de pain**.   Il **en** mange beaucoup.
Il ne prend pas **de sucre**.   Il **n'en** prend **pas**.

D. Pour manger plus sain (*healthier*). Henri et son amie Leila ont besoin de manger plus sain. Quelles boissons et quels plats de la liste suivante est-ce qu'ils prennent (ou ne prennent pas)? Travaillez avec un(e) camarade. À tour de rôle, posez des questions et répondez en utilisant le pronom **en** pour éviter (*avoid*) de répéter l'article partitif. Suivez le modèle.

la bière	l'eau minérale	la glace	les légumes	la salade
les crêpes au chocolat	les frites	le jus de fruits	le poulet	le saumon

EXEMPLE: la salade → Ils prennent de la salade?
—Oui, ils en prennent souvent. (*ou*) Ils en prennent beaucoup.

le gâteau → Ils mangent du gâteau?
—Non, ils n'en mangent pas. (*ou*) Ils en mangent très peu.

E. Forum: Mes habitudes alimentaires. Postez un message sur le **Forum des étudiants** pour décrire ce que vous mangez dans une journée typique. Concluez (*Conclude*) en disant si vous êtes une personne qui mange pour vivre (*to live*), ou une personne qui vit pour manger. Suivez l'exemple.

○○○

◄ ► | Forum >> Sujets divers >> Habitudes alimentaires?

MESSAGE DE:

Simon
(Trois-Rivières)

posté le 30-10

Sujet: Habitudes alimentaires ▼

Le matin, je bois du jus d'orange. À midi, je prends un sandwich ou une salade au resto-U. J'ai faim le soir, alors généralement je fais un vrai repas. Mes dîners préférés sont les repas de Noël et de *Thanksgiving*. J'aime bien quand ma mère nous prépare un bon cassoulet—miam miam![1] Je pense que je suis une personne qui mange pour vivre, sauf[2] pendant les fêtes: là, je vis pour manger!

[1]*yum, yum!... !* [2]*except*

Chez les francophones: Au Maghreb

Une riche tradition culinaire

La Tunisie, l'Algérie et le Maroc ont une riche tradition culinaire qui a beaucoup de succès en France aujourd'hui, surtout **le couscous**, un des plats préférés des Français. C'est un plat nord-africain complet avec de la semoule (*semolina*), des légumes et de la viande qu'on prépare à la maison avec des épices. En France, on vend aussi le couscous en boîte dans les supermarchés; il n'y a presque rien à faire! C'est la même chose pour **le tajine** marocain: ce ragoût de viande et de légumes prend son nom du plat en terre cuite (*clay*) en forme de cône qu'on utilise pour cuire (*cook*) les ingrédients très lentement.

Dans les pays du Maghreb, comme en France, le pain est aussi très important. Au Maroc, on mange **le batbot** et **le khobzat**, un genre de pita épaisse (*thick*). En Algérie, on fait une version du khobzat, **le khobz** ou **kesra**. Ces pains accompagnent très bien le couscous et le tagine.

Enfin, les desserts et les confiseries (*sweets*) sont souvent à base de sucre, de miel et de fruits secs (*dry*). Vous connaissez peut-être **les loukoums** et **les baklavas** car ils sont aussi traditionnels dans d'autres pays du Moyen-Orient et de l'Europe de l'est?

Et chez vous? Quels plats étrangers sont populaires? De quels pays viennent ces plats? Vous allez au restaurant pour manger ces plats, ou vous cuisinez à la maison?

Le batbot, pain marocain

5.3 Vous attendez quelqu'un? Regular -re verbs

Indiquez de quel individu de la colonne A on parle dans chaque phrase de la colonne B.

A	B
1. Marc est assez (*somewhat*) distrait.	a. _____ Elle **répond** très vite (*quickly*) aux méls.
2. Claire est très patiente.	b. _____ Il **perd** souvent ses cahiers ou sa montre (*watch*).
3. Julie est très prompte.	c. _____ Elle **rend** (*turns in*) souvent ses devoirs en retard.
4. Jean est plein (*full*) d'initiative.	d. _____ Il crée (*creates*) et **vend** des vêtements sur eBay.
5. Caroline n'est pas très studieuse.	e. _____ Elle **attend** ses amis au café pendant (*for*) une heure.

Analysons! Les verbes en caractères gras (*boldface*) font partie d'un groupe de verbes en **-re**. L'infinitif de **répond,** par exemple, est **répond<u>re</u>.** Quel est l'infinitif des autres verbes en caractères gras?

_____, _____, _____, _____

○ Answers to this activity are in Appendice 2 at the back of the book.

1 Thus far, you have seen four irregular verbs that happen to end in **-re: être, faire, boire,** and **prendre.** There is, however, a group of verbs in French ending in **-re** that follows a regular conjugation pattern. The **-re** is dropped from the infinitive to form a verb stem (**radical**), to which a series of endings is added. The verb **vendre** (*to sell*) is an example of this group.

vendre (*to sell*)	
RADICAL: vend-	
je **vends**	nous **vendons**
tu **vends**	vous **vendez**
il/elle/on **vend**	ils/elles **vendent**

Est-ce que tu **vends** ta voiture?	*Are you selling your car?*
Ils ne **vendent** pas de pain ici.	*They don't sell bread here.*
Tu préfères **vendre** ton vélo?	*You prefer to sell your bike?*

2 Other frequently used **-re** verbs in this group include the following:

attendre	*to wait*	**perdre**	*to lose*
descendre (de)	*to get off (of) to go down, to descend*	**rendre**	*to turn in, return (something)*
		rendre visite à	*to visit (someone)*
entendre	*to hear*	**répondre (à)**	*to answer, respond, reply*

Elle **attend** ses parents au restaurant.

She's waiting for her parents at the restaurant.

Vous **descendez** du bus là-bas.

You get off (descend from) the bus over there.

Tu ne **réponds** pas à ma question!

You aren't answering my question!

Mise en pratique. Complétez la conjugaison de chaque verbe dans le tableau.

	attendre	**entendre**	**perdre**	**répondre**
je/j'	_____	entends	*perds*	réponds
tu	attends	entends	_____	_____
il/elle/on	_____	_____	perd	répond
nous	attendons	_____	perdons	_____
vous	_____	_____	perdez	répondez
ils/elles	attendent	entendent	_____	_____

○ Answers to this activity are in Appendice 2 at the back of the book.

A. Écoutez bien! Votre professeur va décrire quelques activités typiques. Écrivez le numéro de la phrase à côté des gens qui font normalement chaque activité que vous entendez.

_____ des assistants _____ des clients _____ des parents _____ des spectateurs

_____ des boulangers _____ des étudiants _____ des passagers

B. Comment compléter la phrase? Avec deux autres camarades, complétez chaque phrase de deux manières différentes avec des termes de la liste. Présentez une de vos phrases à la classe.

l'addition	l'escalier (*staircase*)	le/la prof
une alarme	nos grands-parents	une question
un(e) ami(e)	nos vieux livres	le train
un bruit (*noise*)	un mél	notre vieille voiture
le bus	la montagne	

1. Nous attendons _____.
2. Nous rendons visite à _____.
3. Nous vendons _____.
4. Nous descendons (de) _____.
5. Nous entendons _____.
6. Nous répondons à _____.

C. Qu'est-ce qu'on vend?
Mettez-vous par deux. Votre camarade va jouer le rôle d'un(e) des marchand(e)s de la liste et vous dire ce qu'il/elle vend. Vous allez deviner qui il/elle est. Ensuite, changez de rôle.

barman	marchand(e) de fruits
boucher/bouchère	marchand(e) de légumes
boulanger/boulangère	pâtissier/pâtissière
épicier/épicière	poissonnier/poissonnière

EXEMPLE: É1: Qu'est-ce tu vends?
É1: Je vends des pommes et des poires.
É2: Tu es marchand(e) de fruits?
É1: Oui!

Qu'est-ce qu'on vend dans «une sandwicherie»?

D. Êtes-vous un bon convive / une bonne convive (dinner guest)?

Première étape. Avec votre prof et vos camarades, décrivez un bon convive / une bonne convive (quelqu'un qui est agréable à table) en utilisant les verbes de la liste.

arriver	faire	prendre	rendre visite
attendre	perdre	remercier (to thank)	répondre

1. On _____ à ses amis pour dîner ensemble.
2. On n'_____ pas en retard.
3. On _____ volontiers un apéritif avec les autres convives.
4. On _____ que tout le monde soit servi (is served) avant de commercer à manger.
5. On _____ des compliments sur le repas (que c'est délicieux, etc.).
6. On _____ poliment aux questions posées.
7. On ne _____ pas patience, même si (even if) le repas dure longtemps.
8. On _____ ses hôtes avant de partir (leave).

Deuxième étape. Marquez un point à côté de chaque phrase de la **Première étape** qui correspond à vos actions / vos habitudes. Quel est votre score? Ensuite, expliquez à un(e) camarade pourquoi vous êtes (ou vous n'êtes pas) un bon convive / une bonne convive.

EXEMPLE: —Mon score, c'est 6 sur 8. Je rends visite à mes amis pour dîner, mais quelquefois j'arrive en retard...

5.4 Je ne prends rien, merci. Other negative expressions and the restrictor **ne... que**

Cochez la réponse appropriée à chaque question (selon vous, vos habitudes, etc.).

1. Est-ce que vous mangez **quelque chose** (*something*) au petit déjeuner?

   ☐ D'habitude, oui.   ☐ Parfois, oui.   ☐ Non, je **ne** mange **rien.**

2. Est-ce que vous buvez **toujours** (*still*) du lait avec vos repas?

   ☐ Oui, tout le temps!   ☐ Parfois, oui.   ☐ Non, je **n'**en bois **plus.**

3. Est-ce que vous allez **quelque part** (*somewhere*) le samedi matin—au café par exemple?

   ☐ D'habitude, oui.   ☐ Ça dépend.   ☐ Non, je **ne** vais **nulle part.**

4. Est-ce que vous aimez inviter **quelqu'un** (*someone*) à dîner chez vous le dimanche?

   ☐ Oui, des amis.   ☐ Oui, la famille.   ☐ Non, je **n'**invite **personne.**

5. Est-ce que vous avez **déjà** (*already*) 21 ans?

   ☐ Oui.   ☐ Je viens d'avoir 21 ans!   ☐ Non, je **n'**ai **pas encore** 21 ans.

Analysons! Regardez les réponses dans la colonne à droite (**Non, je ne [n']...**). Il y a deux expressions négatives que vous connaissez (*are familiar with*) déjà qui manquent dans cette liste. Lesquelles (*Which ones*)? ne... _____ et ne... _____.

---

1 In addition to **ne... pas** and **ne... jamais,** which you learned in **Chapitre 2,** other common negative expressions include the following:

ne... rien	*nothing*
ne... plus	*no longer, not any longer, not anymore*
ne... nulle part	*nowhere*
ne... personne	*no one*
ne... pas encore	*not yet*

Mise en pratique 1. Transformez les phrases au négatif. Attention à l'élision de **ne (n').**

1. Je _____ mange _____ ce soir; je n'ai pas faim.
2. Nous _____ allons _____ ce soir; nous dînons chez nous.
3. Il _____ y a _____ qui répond au téléphone; le restaurant est fermé?
4. Elle _____ prend _____ de viande; elle est maintenant végétarienne.
5. Vous _____ avez _____ 18 ans? Il faut être majeur (*of legal age*) pour entrer dans cette boîte.

⊙ Answers to the activities on this page are in Appendice 2 at the back of the book.

⊙ To learn more about negative expressions, and the use of **ne... ni... ni...,** see Par la suite at the back of the book.

2 **Ne... que (qu')** is not a true negative expression but rather a "restrictor," equivalent to the word *only* in English and having the same meaning as adverbs such as **seulement, uniquement,** and **juste** in French. Although **ne** precedes the conjugated verb, **que (qu')** must be placed immediately before the term being restricted.

Elle mange **seulement** du pain. }
Elle **ne** mange **que** du pain. } *She's eating only bread.*

Elle **ne** boit du thé **que** le matin. *She drinks tea only in the morning.*
Elle **n'**aime dîner **qu'**avec son mari. *She likes to have dinner only with her husband.*

À noter: Because **ne... que** is not a true negative expression, partitive and indefinite articles following it do not change to **de,** as they do with true negative expressions such as **ne... pas.**

Elle ne mange pas de légumes. *She doesn't eat (any) vegetables.*
but: Elle ne boit que du thé. *She only drinks tea.*

Mise en pratique 2. Récrivez les phrases en remplaçant l'adverbe *en italique* par l'expression **ne... que.**

1. On aime *seulement* le vin rouge. _____

2. Ils vendent du pain *uniquement* le matin. _____

3. J'ai *juste* une demi-heure pour manger. _____

Answers to this activity are in Appendice 2 at the back of the book.

A. Écoutez bien! Pauline attend ses amis au restaurant; ils vont dîner ensemble et puis aller au cinéma. Décidez si les phrases que vous entendez sont logiques ou illogiques.

	logique	illogique		logique	illogique
1.	☐	☐	5.	☐	☐
2.	☐	☐	6.	☐	☐
3.	☐	☐	7.	☐	☐
4.	☐	☐			

B. Jacques et Jacqueline.

Première étape. Jacques est bien différent de sa sœur Jacqueline. Récrivez (*Rewrite*) la description de Jacqueline en employant les expressions négatives appropriées pour faire une description de Jacques.

Jacqueline aime **beaucoup** faire la cuisine. Elle va **souvent** au marché pour acheter des légumes frais. À la maison, elle prépare **des plats** pour le reste de la famille. À table, elle parle à **ses parents** de ses études: elle a **déjà** son bac (*high school diploma*), et l'année prochaine elle va travailler **dans un restaurant.**

EXEMPLE: —Jacques n'aime pas du tout (*not at all*) faire la cuisine. Il...

Deuxième étape. Est-ce que vous êtes comme Jacques? Travaillez avec un(e) camarade. À tour de rôle, posez des questions au négatif à votre camarade, en faisant référence à la description de Jacques. Si vous n'êtes pas comme Jacques, répondez **si!** à la question, pour indiquer le contraire.

EXEMPLE: É1: Tu n'aimes pas faire la cuisine?
É2: Non, je n'aime pas du tout faire la cuisine. (*ou*)
Si! J'aime beaucoup faire la cuisine!

C. Changements diététiques.

Première étape. Qu'est-ce que chaque personne dans la liste *ne* mange *plus* maintenant?

1. Stéphanie décide de devenir (*become*) végétarienne.
2. Théo essaie de perdre du poids.
3. David décide de manger casher (*kosher*).
4. Jean apprend qu'il est allergique aux produits laitiers.
5. Loïse apprend qu'elle est allergique au gluten.
6. Madame Perrault apprend qu'elle est diabète.

Deuxième étape. Y a-t-il des aliments / des boissons mentionnés dans la **Première étape** que vous ne prenez jamais (ou que vous ne prenez plus maintenant)? Pourquoi? Discutez-en avec deux camarades.

D. Restrictions.
Travaillez avec un(e) camarade. À tour de rôle, indiquez ce que vous prenez d'habitude dans chaque circonstance, selon les aliments/boissons dans chaque liste. Utilisez **ne... que** si vous prenez seulement un des aliments / une des boissons.

EXEMPLE: une boisson chaude au petit déjeuner: du thé? du café? du chocolat chaud?
—Je ne prends que du thé. (*ou*)
—D'habitude, je prends du café, mais j'aime aussi le chocolat chaud. (*ou*)
—J'aime les trois. Je n'ai pas de préférence. (*ou*)
—Je ne bois rien le matin.

1. un fruit au petit déjeuner: une banane? une pêche? des framboises?
2. au déjeuner: un sandwich? une salade composée? une soupe?
3. au goûter: un yaourt? des biscuits? un petit gâteau (*muffin*)?
4. une viande au dîner: du porc? du poulet? du bœuf?
5. un dessert: une glace? une crème brûlée? une part (*piece, slice*) de gâteau?
6. une boisson alcoolisée à une fête: du vin? de la bière? un cocktail?

En français

You're already familiar with the expression **oui** when answering a yes/no question. In response to a negative question, **si** is used instead of **oui** to contradict what the person asking the question has assumed about you. Compare:

—**Tu aimes les carottes?**
—**Oui!**
—**Tu n'aimes pas les carottes?**
—**Si, si! J'aime beaucoup!**

Grammaire interactive

For more on negative expressions, watch the corresponding *Grammar Tutorial* and take a brief practice quiz at **Connect French** (www.mhconnectfrench.com).

*Dis-moi ce que tu manges, je te dirai ce que tu es.**

— JEAN ANTHELME BRILLAT-SAVARIN

* Tell me what you eat, I'll tell you who you are.

Les plats préférés des Français

A. Avant de regarder. Chaque pays et chaque région du monde a ses plats préférés. Dans chaque région de France, il y a plusieurs spécialités culinaires, mais les plats que les gens aiment le plus ne sont pas toujours locaux et viennent souvent d'autres régions ou d'autres pays. Avec un(e) camarade, répondez aux questions suivantes:

Quel est votre plat préféré? Quel(s) plat(s) est-ce vous n'aimez pas? Quel est le pays d'origine de votre plat préféré? Comparez vos réponses avec celles de votre camarade. Est-ce qu'il y a des différences? Quels sont les plats préférés de la classe?

Les plats préférés des Français		
	%	Rang[1]
Magret de canard[2]	21	1
Moules-frites	20	2
Couscous	19	3
Blanquette de veau,[3] Côte de bœuf,[4] Gigot d'agneau, Steak-frites	18	4–7
Bœuf bourguignon, Raclette (charcuterie, fromage fondu et pommes de terres), Tomates farcies[5]	16	8–10

Source: http://www.tns-sofres.com/sites/default/files/2011.10.21-plats.pdf

[1]*Ranking*   [2]*Magret... Duck breast*   [3]*Blanquette... Creamy veal stew*   [4]*Côte... Ribeye steak*   [5]*stuffed*

B. Regardez et écoutez. Le professeur va vous parler d'un sondage sur les plats français. Prenez des notes, mais faites aussi attention à d'autres détails (l'expression du visage, l'intonation, les illustrations, etc.) qui pourraient (*might*) vous aider à comprendre le professeur.

C. Répondez. Répondez aux questions suivantes.

1. Quel plat occupe la première place parmi les plats préférés?
2. Combien de plats de la liste des plats préférés contiennent (*contain*) de la viande?
3. Combien de plats de la liste contiennent des fruits de mer?
4. De quelle région vient le couscous?
5. De quels pays viennent les moules–frites?
6. Où est-ce que les Français aiment acheter des produits frais?

D. À vous! Avec un(e) camarade, répondez aux questions suivantes.

Quels plats de la liste avez-vous envie de goûter? Quels plats n'avez-vous pas envie de goûter? Y a-t-il un marché en plein air près de chez vous? Est-ce que vous y allez souvent? Sinon, où allez-vous pour acheter les ingrédients de vos plats préférés?

Une tagine marocaine

Rétrospective **Les tournées°**

°*The rounds*

Le camion de l'épicier

Aujourd'hui, même si tout le monde va au supermarché pour faire les courses, il reste encore des petites épiceries de quartier (*neighborhood*) dans les villes et dans certains villages. Mais dans les villages isolés à la campagne, il n'y a souvent rien. Alors, on prend la voiture pour aller en ville ou dans des zones commerciales; ou on attend le camion (*truck*) de l'épicier.

Avant l'apparition des grandes surfaces dans les années soixante, et longtemps après, on ne fait pas les courses dans un magasin à la campagne; on attend l'épicier et le boulanger qui passent avec leur camion—ils font **la tournée** pour vendre des légumes, du fromage, des boîtes, des baguettes et des croissants. Souvent, à cette époque, l'épicier et le boulanger sont l'unique contact avec le reste de la population, surtout pour les personnes âgées. Parfois, ils prennent une lettre pour la poste; ils communiquent les dernières nouvelles (*recent news*). Un épicier ou un boulanger qui fait les tournées a un rapport très personnel avec les personnes qu'il voit régulièrement pendant des années. Les tournées sont différentes des **marchés itinérants**. L'épicier qui fait les tournées quitte son magasin et prend son camion pour passer de village en village et de maison en maison, une fois par semaine, avec ses produits. Mais les marchands itinérants ont seulement un camion et ils vendent leurs produits sur la place du village où ils attendent les clients. C'est le marché.

Au 21ᵉ siècle, les tournées sont rares. Il n'y a personne pour continuer cette tradition peu rentable (*profitable*), et les gens sont moins isolés. Par contre (*On the other hand*), les marchés sont toujours très populaires, et avec le succès du **bio**, on y vend des produits organiques et locaux.

Avez-vous compris? Où en France est-il difficile de faire les courses? Quels services offrent les épiciers et les boulangers en tournée? Chez vous, comment les personnes âgées ou sans (*without*) voiture font-ils les courses? Il y a des solutions pour eux?

Le coin lecture

La nourriture et les émotions en poésie

À 19 ans, le poète belge **Maurice Carême** (1899–1978) écrit ses premiers vers inspirés par une amie d'enfance dont il est amoureux (*with whom he's in love*). Il travaille longtemps comme instituteur, mais quand il a environ quarante ans, il décide d'arrêter de travailler pour écrire. Il habite avenue Nelly-Melba, dans une maison appelée «La Maison blanche» à Anderlecht, une commune dans la banlieue, au sud-ouest de Bruxelles. Cette maison est aujourd'hui le musée Maurice Carême. Maurice Carême est traduit dans le monde entier et ses poèmes sont souvent mis en musique. Son œuvre comprend des recueils (*collections*) de poèmes, des contes, des romans, des légendes dramatiques, des essais, des traductions et des poèmes néerlandais de Belgique. Pour plus de poèmes, vous pouvez consulter le site Internet de la Fondation Maurice Carême.

A. Avant de lire. Discutez ces questions en petits groupes: Quels plats associez-vous à votre enfance? Est-ce qu'il est important de partager sa nourriture avec d'autres personnes et pourquoi? Quelle nourriture associez-vous à votre mère? votre père? votre meilleur(e) ami(e)? votre chien ou votre chat?

B. Lisez. Lisez le texte individuellement et silencieusement. Puis, avec un(e) camarade, lisez le texte à voix haute (*aloud*) une fois chacun(e) (*one time each*).

La tranche de pain

Un enfant seul,

Tout seul avec en main

Une belle tranche[1] de pain,

Un enfant seul

Avec un chien

Qui le regarde comme un dieu[2]

Qui tiendrait[3] dans sa main

La clé[4] du paradis des chiens.

Un enfant seul

Qui mord[5] dans sa tranche de pain,

Et que le monde entier

Observe pour le voir donner[6]

Avec simplicité,

Alors qu'il[7] a très faim,

La moitié de son pain

Bien beurré[8] à son chien.

Maurice Carême

Au clair de la lune

© Fondation Maurice Carême,
tous droits réservés

[1]*slice*   [2]*god*   [3]*(seems to) hold*   [4]*key*   [5]*bites*   [6]*to see him give*   [7]*Alors... even though*   [8]*buttered*

C. Répondez. Répondez aux questions suivantes avec une phrase complète à la forme négative ou affirmative.

1. Est-ce que l'enfant est avec des amis?
2. Qu'est-ce qu'il mange?
3. Qu'est-ce que le chien fait?
4. Pourquoi est-ce que l'enfant mange?
5. Pourquoi est-ce que son geste est généreux?

D. À vous! Avec un(e) camarade, discutez des questions suivantes.

Comment est-ce que vous comprenez le vers «le monde entier observe [l'enfant]»? Est-ce que l'enfant donne une leçon au monde? Et vous, est-ce que vous avez une relation spéciale avec une personne ou un animal dans laquelle (*in which*) la nourriture a un rôle? Quand vous voyez vos amis et votre famille, est-ce que vous aimez boire ou manger ou même cuisiner avec eux?

Les coins lecture et écriture: Additional reading and writing activities are available in the *Workbook / Laboratory Manual* and at **Connect French** (**www.mhconnectfrench.com**).

«Les Maudits° Français»   (Lynda Lemay (2000))

°wretched

A. Avant d'écouter. Lisez la biographie de la chanteuse Lynda Lemay, puis répondez aux questions.

> **Lynda Lemay** est une chanteuse québécoise, née en 1966. Elle est connue dans beaucoup de pays francophones et s'intéresse aux (*is interested in*) relations franco-québécoises. Beaucoup de ses chansons parlent de la vie de tous les jours—la vie amoureuse et la vie familiale—et sont souvent satiriques. Dans la chanson «Les maudits Français», par exemple, elle expose les différences entre les habitudes alimentaires des Québécois et des touristes français au Québec, avec des effets très comiques.

1. Vrai ou faux? Lynda Lemay n'est célèbre qu'au Québec.

2. Lynda Lemay ne pense pas vraiment que les Français sont «maudits». Expliquez pourquoi.

B. Écoutez. Utilisez les aliments et les boissons de la liste pour compléter chaque description satirique des Français d'après la chanson. **Attention!** Un mot n'est pas utilisé.

café	escargots	pain	vin
croissants	fromages	sirop d'érable (*maple*)	yaourt

1. Ils boivent du _____ comme si c'était (*was*) de l'eau.

2. Ils mangent du _____ et du foie gras sans grossir (*putting on weight*)!

3. Ils font «du vrai _____ d'adulte» (très fort), qu'ils (*which they*) boivent rapidement.

4. Au petit déjeuner, ils aiment le _____, pas les œufs-bacon.

5. Le soir, ils mangent des «spécialités» comme la choucroute, le magret de canard et des _____.

6. Ils préfèrent les _____ qui puent (*that stink*), pas le cheddar.

7. Ils achètent beaucoup de _____ en souvenir de leurs vacances au Québec.

C. À vous! Répondez aux questions suivantes.

Imaginez que vous allez en France—vous, un(e) «maudit(e)» Américain(e) ou Canadien(ne). Quels aliments ou plats typiquement français allez-vous surtout (*above all*) acheter ou commander? Qu'est-ce que vous n'allez surtout *pas* acheter ou commander: des escargots? des cuisses de grenouille (*frogs legs*)? du lapin?

Linda Lemay, chanteuse québécoise

iTunes Playlist: This song is available for purchase at the iTunes store. The songs for this feature are not provided by the publisher.

Le coin conversation

Jeu de rôles: commander dans un restaurant

Avec deux camarades, imaginez une scène dans un restaurant. Dans cette scène, il y a trois personnages: deux clients et un serveur ou une serveuse. Quand le serveur ou la serveuse arrive, les clients consultent la carte et commandent. À la fin du repas, ils/elles appellent le serveur ou la serveuse et paient l'addition.

❧ *Restaurant du Marché* ❧

Salades

Salade de chèvre chaud (fromage chèvre, salade, tomates, œufs)	12.00€
Salade nordique (saumon fumé, aneth, pommes de terre, œufs)	12.00€
Salade exotique (pamplemousse, mangue, jambon, gruyère, raisins secs)	12.00€

Entrées

Sandwich-baguette au jambon cru	6.50€
Salade de tomates à la mozzarella	5.50€
Foie gras de canard «maison»	9.00€
Salade verte	2.50€
Entrée du jour	4.50€

Plats

Tagliatelles au jambon et au fromage emmental	11.00€
Truite grillée	11.00€
Confit de canard	11.00€
Escalope de veau gratinée au bacon et pennes fraîches	11.50€
Plat du jour	10.00€

Desserts

Tarte au citron	6.50€
Mousse au chocolat	6.50€
Pâtisseries du jour	6.50€
Coupe de glace (2 boules)	4.50€

Boissons

Espresso	3.00€
Petit crème	3.00€
Bière pression	4.50€
Diabolo menthe	4.50€
Eau minérale	3.50€

Sur la vidéo

Pour en savoir plus sur le chef d'un restaurant de quartier dans le Marais et visiter le fameux marché de Rungis la nuit, regardez la vidéo *Salut de Paris!* en ligne sur **Connect French** ou sur le DVD d'*En avant!*

Vocabulaire

Questions et expressions

aller manger chinois (italien/mexicain)	to go out for Chinese (Italian/Mexican) food
Ça te/vous dit de (d')... ?	Do you feel like . . . ?
Tu veux/Vous voulez... ?	Do you want to . . . ?
Avec plaisir!	I'd be happy to!
Désolé(e) ! Je ne peux pas.	Sorry, I can't.
Oui, bonne idée!	Yes, good idea!
Oui, ça me dit.	Sure, that sounds good.
Oui, j'aimerais beaucoup/bien.	Yes, I'd like to. / Yes, I'd like that a lot.
Oui, je veux bien.	Yes, I'd like to.
Pourquoi pas?	Why not?
Volontiers!	Sure! / You bet!
Autre chose avec ça?	Anything else with that?
Je peux prendre votre commande?	Can I take your order?
Je pourrais avoir... ?	Could I have . . . ?
Vous avez fait votre choix?	Have you decided?

Verbes et expressions verbales

attendre	to wait
avoir faim/soif	to be hungry/thirsty
boire	to drink
descendre	to get off (of); to go down, descend
entendre	to hear
perdre	to lose
prendre	to take; to have (eat, drink)
apprendre	to learn
comprendre	to understand, comprehend
prendre une décision	to make a decision
prendre un verre (un pot)	to go out for a drink
prendre du poids	to gain weight
rendre	to turn in, return (*something*)
rendre visite à	to visit (*someone*)
répondre	to answer, respond
vendre	to sell

Les magasins d'alimentation
Food stores

une boulangerie-pâtisserie	a bakery and pastry shop
une boucherie-charcuterie	a butcher shop and deli
une crémerie-fromagerie	a dairy and cheese shop
une épicerie	a small, grocery store; food mart
un marché en plein air	an outdoor market
une poissonnerie	a fish market

Les aliments (*m.*)
Food items

Les fruits (*m.*)	Fruits
une banane	a banana
une fraise	a strawberry
une framboise	a raspberry
une orange	an orange
une pêche	a peach
une poire	a pear
une pomme	an apple
une tomate	a tomato
Les légumes (*m.*)	Vegetables
un artichaut	an artichoke
des brocolis (*m.*)	broccoli
une carotte	a carrot
un champignon	a mushroom
un concombre	a cucumber
une courgette	a zucchini
un haricot (vert)	a (green) bean
un oignon	an onion
un poivron (rouge)	a (red) pepper
une pomme de terre	a potato
La viande et la volaille	Meat and poultry
un bifteck	a steak
un gigot d'agneau	a leg of lamb
un jambon	a ham
un œuf	an egg
un poulet	a chicken
un rôti de porc	a pork roast
une saucisse	a sausage
Les poissons (*m.*) et les fruits (*m.*) de mer	Fish and shellfish
un crabe	a crab
une crevette	a shrimp
un filet de saumon, de sole	a fillet of salmon, sole
un homard	a lobster
une huître	an oyster
une moule	a mussel

Vocabulaire

Les produits laitiers et les produits d'épicerie	Dairy and grocery products
l'ail (*m.*)	garlic
le beurre	butter
la confiture	jam
la crème	cream
la farine	flour
l'huile (*f.*) d'olive	(olive) oil
le fromage	cheese
le lait	milk
les olives (*f.*)	olives
les pâtes (*f.*)	pasta
le poivre	pepper
le riz	rice
le sel	salt
le sucre	sugar
le yaourt	yogurt

Le pain et la pâtisserie	Bread and pastries
une baguette	a baguette (French bread)
un croissant (aux amandes)	a croissant (crescent roll) (with almond paste)
un éclair à la vanille / au chocolat	a (vanilla/chocolate) eclair
un gâteau	a cake
un pain (de campagne)	a loaf of bread (rustic bread)
une tarte (aux fruits)	a (fruit) tart

Les boissons (f.)

Drinks

la bière	beer
le café	coffee
l'eau (*f.*) minérale	mineral water
le jus d'orange (de pomme)	orange (apple) juice
le thé	tea
le vin (blanc, rouge, rosé)	(white, red, rosé) wine

Les repas de la journée

Daily meals

le petit déjeuner	breakfast
le déjeuner	lunch
le goûter / la collation	afternoon snack (*usually for children*)
le dîner	dinner

Le couvert

Place setting

une assiette (à soupe)	a plate (soup bowl)
une bouteille (de vin)	a bottle (of wine)
une carafe	a carafe
un couteau	a knife
une cuillère à soupe	a tablespoon, soup spoon
une fourchette	a fork
une nappe	a tablecloth
une petite cuillère	a teaspoon
une serviette	a napkin
une tasse	a cup
un verre (à vin)	a glass (wineglass)

Au restaurant

l'addition	the bill
le serveur / la serveuse	waiter/waitress

Expressions prépositionnelles

à côté de	next to
à droite de	to the right of
à gauche de	to the left of
au milieu de	in the middle of
en face de	across from
loin de	far from
près de	near

Expressions de quantité

assez de	enough (of)
beaucoup de	a lot of
peu de	few, hardly any
trop de	too much; too many

Expressions négatives

ne... nulle part	nowhere
ne... pas encore	not yet
ne... personne	no one
ne... plus	no longer, not any longer, not anymore
ne... que	only
ne... rien	nothing

Rue de Paris, temps de pluie (1877), Gustave Caillebotte

6 On est à la mode!

Bilan

In this chapter, you will learn:

- to elicit opinions and ask about someone's preferences
- to describe people's clothing and accessories
- to point out things nearby and far away using demonstrative articles
- more about formulating questions
- to talk about activities using two groups of verbs ending in **-ir**
- about cultural notions of fashion
- about Gustave Caillebotte and his work, *Rue de Paris, temps de pluie*, while reviewing vocabulary and grammar from previous chapters

Mc Graw Hill Education **connect** plus+

|FRENCH

www.mhconnectfrench.com

LEARNSMART

Qu'est-ce que tu penses / vous pensez de... ?   Asking someone's opinion

- A common way to ask someone's opinion about something is to ask:
  Qu'est-ce que tu penses / vous pensez de... ?

tu, *informal*	**vous**, *formal*
Qu'est-ce que tu penses des tatouages?	**Qu'est que vous pensez des piercings?**
What do you think of tattoos?	*What do you think of piercings?*

- Possible answers, both positive and negative include:

Je trouve ça beau / joli.	*I think they are (I find them) beautiful / pretty.*
Je trouve ça affreux / laid / horrible.	*I think they are (I find them) hideous / ugly / horrible.*
C'est une question de goût.	*It's a question of taste.*

- Slangier ways to express the same thing include:

C'est génial / moche.	*It's (They are) great / ugly.*
Je ne suis pas trop tatouages ou piercings, moi.	*I'm not really into tattoos or piercings.*

- Note that the expression **je ne suis pas trop...** can be used in any context:

Je ne suis pas trop desserts.	*I'm not really into desserts.*

Vidéo

A. À l'écran. Regardez la vidéo et écoutez ces personnes exprimer leur opinion sur les tatouages et les piercings. Indiquez qui les aime (*likes them*) et qui ne les aime pas. **Attention!** Certaines personnes ont des sentiments ambivalents. Pour elles, cochez **ça dépend**.

		TATOUAGES			PIERCINGS	
	oui	non	ça dépend	oui	non	ça dépend
1. Térésa	☐	☐	☐	☐	☐	☐
2. Antoine	☐	☐	☐	☐	☐	☐

	TATOUAGES			PIERCINGS		
	oui	non	ça dépend	oui	non	ça dépend
3.  Anna	☐	☐	☐	☐	☐	☐
4.  Victoria	☐	☐	☐	☐	☐	☐
5.  Keysha	☐	☐	☐	☐	☐	☐
6.  Clara	☐	☐	☐	☐	☐	☐
7.  Xavier	☐	☐	☐	☐	☐	☐

Parmi les personnes interviewées, qui a un tatouage et un piercing? _____

B. Qu'est-ce que vous pensez des tatouages et des piercings?

Première étape. Exprimez votre opinion sur les tatouages et les piercings—et indiquez si vous avez l'un ou l'autre—en cochant toutes les phrases appropriées.

A: les tatouages

_____ Je les trouve très beaux.

_____ Je trouve ça moche.

_____ C'est génial.

_____ Je ne suis pas trop tatouages, moi.

_____ Je trouve ça joli quand ils ne sont pas trop gros.

_____ J'en ai un. (*I have one*)

B: les piercings

_____ Je trouve ça joli.

_____ C'est affreux.

_____ C'est horrible, mais d'un autre côté, c'est génial!

_____ Parfois c'est beau, parfois c'est moche.

_____ C'est une question de goût.

_____ J'en ai. (*I have some.*)

Deuxième étape. Circulez dans la salle de classe et demandez aux autres étudiants ce qu'ils pensent des tatouages et des piercings. Retournez à votre place dès que (*as soon as*) vous avez trouvé (*found*) quelqu'un qui partage (*shares*) vos opinions.

Chez les francophones: À Tahiti

Tatouages traditionnels tahitiens

Les vêtements et les accessoires de mode ne sont pas les seuls signes extérieurs de notre personnalité. Il y a aussi les tatouages. Aux États-Unis, ils sont assez populaires; en France, un peu moins, mais l'image est en train de changer. Débarrassés (*Rid*) de leur mauvaise réputation, les tatouages sont maintenant une façon de s'exprimer (*means of expressing oneself*) dans de nombreux pays.

L'origine du mot «tatouage» est *tautau*, un mot polynésien. Dans ces îles du Pacifique, comme à Tahiti, les tatouages ne sont pas simplement une décoration: depuis 3.500 ans, ce sont des symboles de prestige, de richesse ou de bravoure pour les hommes et pour les femmes. Interdit au 19e (dix-neuvième) siècle par les missionnaires, cet art local connaît aujourd'hui une véritable renaissance.

Un tatouage traditionnel tahitien

Et chez vous? Qu'est-ce que les tatouages symbolisent dans votre culture? Et pour vous? Est-ce que les tatouages sont populaires avec les gens de votre âge? Qui parmi (*among*) vos amis en a un? Qui en a plusieurs? Quels modèles (*designs*) est-ce que les gens préfèrent aujourd'hui—simples ou élaborés? En couleur ou en noir et blanc? Avec un sens (*meaning*) évident ou symbolique?

Sur la vidéo

Pour voir une interview avec l'artiste tatoueur James Samuela sur l'île de Moorea, regardez la vidéo *Salut de Polynésie française!* en ligne sur **Connect French** ou sur le DVD d'*En avant!*

C. Votre opinion, s'il vous plaît! Travaillez en petits groupes. La personne qui commence choisit un thème de la liste et demande à chaque membre du groupe d'exprimer son opinion à ce sujet. Tout le monde doit utiliser une expression différente.

Qu'est-ce que tu penses / vous pensez de... ?

1. les téléphones portables
2. la nourriture au resto-U
3. le football américain
4. le foot
5. le cours de français
6. ?

Quel est ton/votre gadget électronique préféré?

Asking about someone's preferences

A. À l'ecran. Regardez la vidéo et écoutez les réponses des gens à la question: **Quel est ton gadget électronique préféré?** À côté de chaque nom, écrivez la lettre correspondant à la réponse de cette personne.

Vidéo

1. Sullyvan _____

2. Victoria _____

3. Blood _____

4. Daniel _____

5. Antoine _____

6. Anne-Claire _____

7. Xavier _____

a. un téléphone portable et un ordinateur
b. un ordinateur portable
c. un iPhone*
d. un iPod* et un téléphone portable
e. un appareil photo (*camera*)
f. aucun (*none*)
g. mon iPod

- To ask about someone's favorite people, places, and things, you use the following construction:

  —**Quel est** ton/votre gadget éléctronique **préféré?**
  —Mon gadget préféré, c'est mon iPhone.

  —**Quelle est** ton/votre actrice **préférée?**
  —Mon actrice préférée, c'est Audrey Tautou.

  —**Quels sont** tes/vos restaurants **préférés?**
  —Mes restaurants préférés sont Le Taxi Jaune et Chez Paul.

  —**Quelles sont** tes/vos fêtes **préférées?**
  —C'est Noël et la fête nationale.

- Note that all forms of **quel** are pronounced the same way.

*iPhone and iPod are trademarks of Apple Inc.

B. Quel est ton gadget électronique préféré? Trouvez six personnes dans la classe qui considèrent chacun des gadgets suivants comme leur gadget préféré. Demandez à chaque personne de signer votre feuille, demandez-lui pourquoi elle préfère ce gadget et notez sa réponse.

Gadget	Nom	Raison
1. un lecteur mp3 (un iPod)	_____	_____
2. un ordinateur portable	_____	_____
3. un téléphone portable / un smartphone	_____	_____
4. un appareil photo	_____	_____
5. un caméscope (*camcorder*)	_____	_____
6. une console de jeux vidéo	_____	_____

C. Petit sondage.

Première étape. Formez des questions en associant les éléments de la colonne A aux éléments de la colonne B.

A	B
1. Quel est _____	a. tes/vos acteurs et actrices préféré(e)s?
2. Quels sont _____	b. tes/vos peintres préférés?
3. Quelle est _____	c. ton/votre acteur préféré?
4. Quelles sont _____	d. ton/votre cours préféré?
	e. ta/votre fête préférée?
	f. ta/votre saison préférée?
	g. tes deux expressions françaises préférées?
	h. tes chanteurs préférés?

Deuxième étape. Sur une feuille de papier, écrivez vos réponses à ces questions.

Vidéo

Troisième étape. Maintenant regardez la vidéo et écoutez les réponses des gens à ces questions. Notez leurs réponses. Avez-vous les mêmes goûts que certaines des personnes dans la vidéo?

EXEMPLE: —Je suis comme Simon. Ma saison préférée, c'est l'été.

Prénom	Réponses
1. Marc-Antoine	*la Saint-Jean-Baptiste*
2. Simon	*l'été*
3. Justine	
4. Éva	
5. Élisabeth	
6. Keysha	
7. Nicholas	

Vocabulaire interactif

Qu'est-ce qu'ils portent? Describing people's clothing and accessories

Indiquez ce que chaque personne porte (*is wearing*) en précisant la couleur des vêtements (*articles of clothing*). Attention à la forme de l'adjectif.

un sweat
un pantalon de jogging
un tee-shirt
un short
des chaussettes
des baskets (*m.*)
un maillot de bain
des sandales (*f.*)

1. C'est l'été. Sylvie, Audrey et Martin sont à Nice, à la plage…

un blouson
un pull(-over)
un jean
un pantalon

FORÊT DE FONTAINEBLEAU

2. C'est l'automne. Pierre et son ami Jules sont dans la forêt de Fontainebleau…

un costume
un tailleur
un chemisier
une jupe
un manteau
des chaussures (*f.*)

3. C'est l'hiver. M Pinot, Mlle Michelet et Mme Bouchard sont à Grenoble au centre-ville…

une robe
une veste
une chemise
un imperméable
des bottes (*f.*)

4. C'est le printemps. Élodie et Patrick font une promenade au jardin du Luxembourg, à Paris…

Voici quelques accessoires. Qui dans les illustrations porte chaque accessoire?

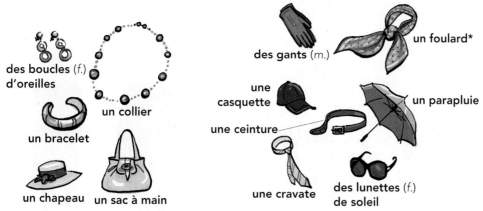

des boucles (*f.*) d'oreilles
un collier
un bracelet
un chapeau
un sac à main
des gants (*m.*)
un foulard*
une casquette
une ceinture
un parapluie
une cravate
des lunettes (*f.*) de soleil

*__Un foulard__ is the term used for a decorative scarf made of silk. It is also the term used to described the headdress worn by some Islamic women in France (also called __un voile__ or __un hijab__, its Arabic name). A woolen scarf worn in the winter is called __une écharpe__.

A. Vêtements pour qui? Consultez la liste, puis complétez les phrases en donnant toutes les réponses possibles. **Attention!** N'oubliez pas qu'on utilise **de (d')** après la négation.

des boucles d'oreilles	un costume	une jupe	un pantalon
des chaussettes	une cravate	des lunettes de soleil	des sandales
un chemisier	des gants	un manteau	un tailleur

1. Tout le monde (les hommes, les femmes et les enfants) porte…
2. Normalement, les hommes ne portent pas…
3. Normalement, les femmes ne portent pas…
4. Normalement, les enfants ne portent pas…

B. J'en ai beaucoup! Avec deux autres camarades, indiquez quels vêtements ou accessoires vous avez chez vous et précisez combien vous en avez. Qui dans le groupe en a le plus (*the most*)?

EXEMPLE: **des jupes**

> É1: Je n'ai pas de jupe.
> É2: J'en ai une—une jupe noire, c'est tout!
> É3: J'en ai beaucoup—trois ou quatre.

1. des jeans
2. des (paires de) baskets
3. des (paires de) gants
4. des casquettes de baseball
5. des costumes / tailleurs
6. des cravates / foulards
7. des ceintures
8. des parapluies

C. Qu'est-ce qu'on fait, qu'est-ce qu'on met? Travaillez avec un(e) camarade. À tour de rôle, choisissez *en secret* une activité de la liste. Décrivez ce que vous mettez pour que (*so that*) votre camarade devine correctement ce que vous allez faire.

- ☐ aller en cours (en hiver)
- ☐ assister à un mariage (au printemps)
- ☑ faire du jardinage (au printemps)
- ☐ faire la fête chez des amis
- ☐ faire une randonnée (en automne)
- ☐ jouer au foot au parc (en été)
- ☐ passer la journée à la plage
- ☐ rester à la maison le soir

EXEMPLE: É1: Je mets un vieux jean, un vieux tee-shirt, des bottes et des gants.
É2: Tu vas faire du jardinage?
É1: Oui. (Exact!)

D. Comment sont-ils différents? Mettez-vous en groupes, et trouvez les différences entre les personnes de chaque paire.

En français

You've already seen the verb **porter,** meaning *to wear* or *to carry* a certain article of clothing or accessory. *To put on* an article of clothing, however, is expressed by the verb **mettre.**

Je **mets** un sweat parce qu'il fait froid.

I'm putting a sweatshirt on because it's cold outside.

The verb **mettre** is similar to other verbs ending in **-re** that you learned about in **Chapitre 5,** but has two stems rather than one: **je mets, tu mets, il/elle met** but **nous mettons, vous mettez, ils/elles mettent.**

E. Les marques de mode (*Fashion brands*).

Première étape. Avec l'aide de votre professeur, faites correspondre chaque vêtement ou accessoire à sa marque française classique.

1. une chemise polo
2. un sac à main en cuir (*leather*)
3. un foulard en soie (*silk*)
4. la «petite robe noire»
5. des parfums comme *J'adore*
6. «un smoking» pour femme (un tailleur)
7. une jupe («le pouf», par exemple)

a. Chanel
b. Christian Lacroix
c. Dior
d. Hermès
e. Lacoste
f. Louis Vuitton
g. Yves Saint-Laurent

Deuxième étape. Quelles sont les marques américaines/canadiennes classiques? Pour quels vêtements ou accessoires? Quelle est votre marque préférée? Discutez-en avec un(e) camarade.

EXEMPLE: —*Levi's* est une marque classique de jean. J'aime beaucoup les jeans *Levi's* mais pour les tee-shirts, je n'ai pas de marque préférée. Et toi?

Chez les Français

Les jeunes et la mode

En France, la mode des 15–25 ans est une manière d'affirmer son identité et l'appartenance à un groupe. Les jeunes dépensent entre 500 et 600 euros par an pour les vêtements et accessoires (le budget le plus élevé en Europe), et les marques sont importantes pour eux (Zara et H&M, ou Pimkie pour les femmes). Les jeunes Français portent rarement un pantalon de jogging ou des baskets pour sortir avec leurs amis; les shorts «baggy» existent, mais ils ne sont pas populaires, comme aux États-Unis. En général, on porte des vêtements de sport pour aller à la gym, et des vêtements de ville le reste du temps.

Une jeune femme fait du shopping pendant les soldes (*sales*).

De plus, même si les grands couturiers expérimentent avec les genres masculin-féminin, dans la vie courante, les jeunes hommes et les jeunes femmes sont bien différenciés au travers de l'habillement. Les vêtements féminins sont moins décontractés et plus «accessoirisés» que ceux (*those*) des hommes. Même les **tongs** (*flip-flops*) sont des accessoires de mode, souvent ornées (*decorated*) et colorées; et bien sûr, les femmes portent plus de bijoux. Une différence notable avec les États-Unis, les hommes français portent facilement un **pantacourt** (*capri pants*) en été—une tendance généralisée en Europe.

Et chez vous? Quelle est la place de la mode dans l'expression de l'identité personnelle? Que pensez-vous de la distinction entre «vêtements de sport» et «vêtements de ville»? Est-ce que vous faites vous-même cette distinction? Quelles sont les différences entre les vêtements des hommes et des femmes dans les magasins / les catalogues? Et dans la rue / sur votre campus?

The following expressions will be useful to you in completing Activities F and G:

Ça me va bien/mal?		*Does this look good/bad on me?*
Ça te/vous va très bien/mal!		*That looks very good/awful on you!*
la coupe:	décontracté(e)/étroit(e)	*loose-/tight-fitting*
la couleur:	à rayures	*striped*
	(vert) **clair/foncé***	*light/dark (green)*
	multicolore	*multicolored*
le tissu:	en coton	*(made of) cotton*
	en cuir	*(made of) leather*
	en laine	*(made of) wool*
	en soie	*(made of) silk*
le style:	à carreaux	*plaid*
	à col rond / roulé / en V	*with a crew-neck / turtleneck / V-neck*
	à manches courtes/longues	*short- / long-sleeved*
	à pois	*polka dot*
	à talons hauts	*high-heeled*

*The masculine singular form of color adjectives is always used when followed by **clair** and **foncé**.

F. Défilé de mode (*Fashion show*).

Première étape. Décrivez les vêtements sur la photo à gauche à l'aide des mots de la section **Vocab supp'**.

Deuxième étape. Maintenant, créez une tenue (*outfit*) selon un certain look—**BCBG** ([bon chic, bon genre], *urban/preppy*), **bobo** ([bourgeois-bohème], *bohemian-chic*), **émo** (*goth*), **hipster** ou **punk**—en précisant la coupe, la couleur, le tissu et le style. Présentez votre création à la classe.

G. Forum: Mon sens de style. Postez un message sur le **Forum des étudiants** pour décrire les vêtements que vous aimez mettre et le style (le look) qu'ils reflètent. Suivez l'exemple.

Qu'est-ce qu'elle porte?

Prononcez bien!

To learn about the pronunciation of the high vowels [i] as in **joli**, [y] as in **jupe**, and [u] as in **jour**, see the **Prononcez bien!** section of the *Workbook / Laboratory Manual*.

◀ ▶ Forum >> Sujets divers >> Ton look?

MESSAGE DE:

Jennifer (Paris)

posté le 03-10

Sujet: Mon look ▼

Le confort, c'est ma première priorité—au travail comme à la maison. D'habitude je porte un pantalon ou un jean pas trop étroit, avec un beau chemisier ou un pull en laine. Et pas question de chaussures à talons hauts! Comme accessoires, je ne porte que mon alliance* et un bracelet, un cadeau de ma mère en souvenir de mon père. Je pense que le confort et la simplicité rendent ma vie moins stressante.

*wedding band

Grammaire interactive

6.1 Qu'est-ce que tu portes ce soir?

The demonstrative articles
ce, cet, cette, ces

Cochez la réponse qui complète le mieux chaque phrase selon (*according to*) votre horaire.

1. J'ai commencé (*began*) à étudier le français…
   - ☐ **ce** trimestre/semestre
   - ☐ le trimestre/semestre dernier
   - ☐ (un autre trimestre/semestre)

2. Je préfère avoir cours…
   - ☐ à **cette** heure-ci
   - ☐ plus tôt dans la journée
   - ☐ plus tard dans la journée

3. J'ai des devoirs à faire…
   - ☐ **ce** soir
   - ☐ demain soir
   - ☐ (un autre soir)

4. Il y a un examen de français…
   - ☐ **cette** semaine
   - ☐ la semaine prochaine
   - ☐ (une autre semaine)

5. J'aimerais visiter la France…
   - ☐ **cet** été
   - ☐ **cet** hiver
   - ☐ (je ne sais pas quand)

Analysons! 1. Basé sur votre connaissance (*knowledge*) des autres articles, écrivez le pluriel du démonstratif **ce/cet/cette**: _____. 2. On utilise la forme cet (comme dans **cet été, cet imperméable**) devant un nom masculin ou féminin? _____ Devant une consonne ou une voyelle? _____ 3. Quelle forme du démonstratif est-ce qu'on utilise devant les mots masculins comme **horaire** et **hiver**? _____.

1 The demonstrative articles **ce, cet, cette, ces** (also called demonstrative adjectives) precede a noun and point out particular person(s) or thing(s); their use is therefore equivalent to English *this/that/these/those*. Like the other articles you've studied, the form of the demonstrative article depends on the gender and number of the noun that follows, and whether that noun begins with a consonant, vowel, or **h**.

○ Answers to this activity are in Appendice 2 at the back of the book.

	SINGULIER	PLURIEL
MASCULIN + consonne	ce soir	ces soirs
MASCULIN + voyelle ou h	cet homme cet acteur	ces hommes ces acteurs
FÉMININ	cette semaine cette amie	ces semaines ces amies

2 The special form **cet** is used only before masculine nouns beginning with a vowel or **h**. Because of **liaison**, **cet** is pronounced the same way as the feminine form **cette**. As with other articles, **liaison** also occurs with the plural form **ces**.

Qu'est-ce que tu penses de **cet** imperméable?
[t]

What do you think of this raincoat?

Qu'est-ce que vous pensez de **ces** écharpes?
[z]

What do you think of these scarves?

Mise en pratique. Utilisez la forme appropriée du démonstratif (ce, cet, cette, ces).

J'aime beaucoup...	Qu'est-ce que tu penses de...
1. _____ appareil photo	5. _____ imperméables?
2. _____ boucles d'oreilles	6. _____ magasin?
3. _____ casquette	7. _____ tatouages?
4. _____ écharpe	8. _____ pantalon?

○ Answers to this activity are in Appendice 2 at the back of your book.

3 When pointing out things using demonstrative articles, a distinction is made in English between those that are near to the speaker in place or time (*this/these*) and those that are far (*that/those*). Although the context usually makes such a distinction clear, **-ci** and **-là** can be added to the end of a noun to make this distinction in French.

○ To learn about the demonstrative pronouns celui / celle / ceux / celles, see Par la suite at the back of the book.

J'aime bien ce **costume-ci.**   *I like this suit (here).*

Tu préfères ce **costume-là?**   *You prefer that suit (there)?*

A. Culture: Écoutez bien!

Première étape. Écrivez la forme correcte du démonstratif **ce** (**cet, cette, ces**). Vous allez entendre ces formes dans les phrases de la **Deuxième étape.**

1. un instrument → _____ instrument	6. les trois couleurs → _____ trois couleurs
2. une fleur → _____ fleur (*flower*)	
3. un monument → _____ monument	7. un train → _____ train
4. un oiseau → _____ oiseau (*bird*)	8. une pâtisserie → _____ pâtisserie
5. une boisson → _____ boisson	

Deuxième étape. Votre professeur va maintenant décrire quelques icônes culturelles (*cultural icons*) françaises en utilisant les termes de la **Première étape.** Identifiez l'icône décrite en utilisant **C'est...** ou **Ce sont....**

a. **le champagne**   b. **la fleur de lys**   c. **le coq gaulois**   d. **un croissant**

e. **la tour Eiffel**   f. **l'accordéon**   g. **le bleu, le blanc et le rouge**   h. **le TGV**

B. Aux États-Unis. À tour de rôle avec un(e) camarade, testez vos connaissances culturelles américaines. Complétez chaque phrase avec la forme appropriée du démonstratif et ensuite cherchez l'icône correspondante dans la liste. Suivez l'exemple.

l'aigle (*eagle*)	le coca	la statue de la Liberté
le banjo	Disneyland et Disneyworld	la tarte aux pommes
☑ le baseball	George Washington	

EXEMPLE: É1: On regarde *ce* sport à la télé; les joueurs portent des casquettes.
É2: C'est le baseball.

1. On entend _____ instrument de musique dans des chansons folkloriques.
2. On boit souvent _____ boisson sucrée au cinéma, à un match de foot ou avec son goûter.
3. On visite _____ parcs d'attractions en Californie et en Floride.
4. On voit (*sees*) l'image de _____ animal sur beaucoup d'emblèmes.
5. On apprécie beaucoup _____ monument célèbre à New York, un cadeau des Français.
6. On prépare _____ pâtisserie les jours de fête.
7. On admire beaucoup _____ homme, le «père» (le premier président) du pays.

En français

Direct objects are nouns that are "directly affected" by the action of a verb. For example, in **Elle porte souvent *cette robe*,** the dress is the object being worn; in **Elle aime beaucoup *ses frères*,** the brothers are the people being loved. Direct object pronouns are used to replace nouns referring to both people and things. In French, these pronouns have the same form as the definite articles **le, la, l'**, and **les**:

Elle **le** met quand il fait froid. **(le = le manteau)**	She puts <u>it</u> on when it's cold out.
Elle **la** porte souvent. **(la = cette robe)**	She wears <u>it</u> often.
Elle **l'**invite à dîner ce soir. **(l' = son ami[e])**	She's inviting <u>him/her</u> to dinner tonight.
Elle **les** aime beaucoup. **(les = ses frères / ses sœurs)**	She loves <u>them</u> a lot.

Like the pronouns **y** and **en,** which you've already seen, notice that the direct object pronouns in the examples appear directly *before* the verb.

C. Des vêtements.

Première étape. Votre professeur va vous montrer huit images. Demandez à un(e) camarade son opinion sur ces vêtements. Suivez l'exemple.

EXEMPLE: É1: Qu'est-ce que tu penses de ce maillot de bain?
É2: Je le trouve très joli!

Deuxième étape. Faites une description des vêtements et accessoires de la **Première étape** en indiquant quand on les porte, dans quel magasin on les achète, et/ou pourquoi on les met.

EXEMPLE: le maillot de bain
—On le porte en été. (ou)
—On l'achète dans un magasin de sport. (ou)
—On le met pour faire de la natation.

D. Interview sur ses études.

Première étape. Complétez chaque question avec la forme correcte du démonstratif. Vous allez poser ces questions à un(e) camarade pendant la **Deuxième étape.**

1. Tu as combien de cours _____ trimestre/semestre? Tu trouves _____ cours difficiles?
2. Qu'est-ce que tu penses des profs dans _____ université? Et des étudiants?
3. Tu es très occupé(e) _____ jours-ci? Qu'est-ce que tu fais _____ après-midi, par exemple?
4. Tu vas voyager ou travailler _____ été?
5. Tu vas finir tes études _____ année?

Deuxième étape. Posez les questions de la **Première étape** à un(e) camarade que vous ne connaissez pas bien (*don't know well*). Partagez quelques détails intéressants de votre conversation avec la classe.

6.2 On sort ce soir? Verbs in -ir like dormir

Utilisez la négation (**jamais, personne, plus, rien**) dans la colonne B pour faire le contraste entre Maxime et ses sœurs.

A	B
1. Maxime **part** (*is leaving*) ce matin.	Ses sœurs ne **partent** _____*pas*_____.
2. Il **sert** (*serves*) du vin.	Elles ne **servent** _____.
3. Il **ment** (*lies*) parfois.	Elles ne **mentent** _____.
4. Il **sort** (*goes out*) avec des amis.	Elles ne **sortent** avec _____.
5. Il **dort** (*is sleeping*) encore.	Elles ne **dorment** _____.

Analysons!
1. Les verbes en caractères gras ont tous un infinitif en **-ir** (par exemple, l'infinitif de **partent** est **par**t**ir**). Quel est l'infinitif des autres verbes de la colonne B? _____, _____, _____ et _____. 2. Quelle différence notez-vous entre les formes **sert** et **servent**, et entre **dort** et **dorment?** Combien de radicaux (*stems*) y a-t-il? _____

1 Unlike verbs ending in **-er** and **-re** that you've studied in **Chapitres 3** and **5**, those ending in **-ir**, such as **dormir** (*to sleep*), have two verb stems, one for the singular forms and another for the plural forms. The plural forms retain the consonant before the **-ir** ending of the infinitive.

dormir (*to sleep*)	
RADICAUX	
dor-	**dorm-**
je **dors**	nous **dormons**
tu **dors**	vous **dormez**
il/elle/on **dort**	ils/elles **dorment**

Tu **dors** bien la nuit? *Do you sleep well at night?*

Dormez-vous chez nous ce soir? *Are you sleeping at our house tonight?*

2 The other five verbs in this **-ir** group are listed here.

À noter: The verb **sortir** has a number of English equivalents, depending on context and whether it is used with or without the preposition **de**.

mentir	*to lie*	**servir**	*to serve*
partir	*to leave*	**sortir (de)**	*to go out; to take (something) out (of); to come/go/get out of*
sentir	*to smell*		

Je **sors** avec mes amis. *I'm going out with my friends.*

Elle **sort** un livre **de** son sac. *She's taking a book out of her bag.*

Ils **sortent de** la maison. *They're coming out of the house.*

Tu **sors de** la voiture? *Are you getting out of the car?*

Mise en pratique. Complétez la conjugaison de chaque verbe dans le tableau.

	mentir	partir	sortir
je/j'	_____	pars	_____
tu	mens	_____	*sors*
il/elle/on	ment	_____	_____
nous	_____	partons	_____
vous	mentez	_____	_____
ils/elles	_____	partent	_____

○ Answers to this activity are in Appendice 2 at the back of the book.

3 To say that one is leaving (on a certain day or at a certain time), the verb **partir** is used, but to say that one is leaving a particular location or person, the verb **quitter** (a regular **-er** verb) is used instead.

Il **part** à 7 h. *He's leaving at 7 o'clock.*

but: Il **quitte** sa maison / sa femme. *He's leaving his house / his wife.*

A. Écoutez bien! Votre professeur va décrire les activités d'une femme, Marise, et de sa fille Anne. De qui est-ce que votre prof parle dans chaque phrase: de Marise, d'Anne ou des deux? Faites attention au sens (*meaning*) de la phrase et à la forme du verbe que vous entendez.

	Marise (la mère)	Anne (la fille)	les deux
1. servir	☐	☐	☐
2. mentir	☐	☐	☐
3. sortir	☐	☐	☐
4. sentir	☐	☐	☐
5. acheter	☐	☐	☐
6. partir	☐	☐	☐
7. dormir	☐	☐	☐

B. Comment compléter la phrase? Avec deux autres camarades, complétez chaque phrase de deux manières différentes. **Attention!** Il faut compléter certaines phrases avec un objet direct (les termes de la première liste) et d'autres phrases avec une expression prépositionnelle ou adverbiale (les termes de la deuxième liste). Ensuite, présentez une de vos phrases à la classe.

1. On dort…
2. On sert…
3. On part…
4. On sort…
5. On sent…

Liste 1
le café
un grand repas
une odeur
du parfum
son portable
la poubelle (*trash*)

Liste 2
au cinéma
avec ses amis
dans son lit (*bed*)
demain matin
en vacances
de la voiture
jusqu'à 9 h

Chez les Français

Ça sent bon!

«La capitale mondiale du parfum», c'est la commune de Grasse dans le département des Alpes-Maritimes, sur la côte méditerranéenne. Le climat de la région favorise la culture (*cultivation*) de lavande et de jasmin. L'huile extraite de ces fleurs fait partie d'un concentré (un «jus») dilué dans de l'alcool. Le pourcentage du concentré (relatif à l'alcool) détermine si c'est un parfum, une eau de parfum ou une eau de toilette (eau de cologne). Les parfums français de Dior, de Givenchy, de Gaultier—et, bien sûr, le célèbre N° 5 de Chanel—sont créés par des parfumeurs, surnommés des «nez» (*noses*), qui sont souvent formés (*trained*) à Grasse et qui travaillent soit (*either*) pour une maison de couture particulière soit dans un groupe chimique international.

Il existe de nombreuses **parfumeries** en France où on peut sentir et acheter des parfums et des eaux de toilette; la France reste le leader international dans la vente de ces produits de beauté, à environ 30 % du marché.

Et chez vous? Achetez-vous du parfum ou de l'eau de toilette? Quels magasins en vendent chez vous? Quel parfum (pour femme) sent bon? Quelle eau de toilette (pour homme) sent bon? Qu'est-ce que vous recommandez?

Un champ de lavande devant l'Abbaye de Sénanque en Provence

C. La politesse. Complétez chaque phrase en employant le verbe indiqué. Ensuite, avec un(e) camarade, décidez si, dans chaque situation, c'est **poli** ou **impoli**.

1. À table, les hôtes _____ (servir) le dessert à leurs invités avant de se servir (*serve themselves*).

2. Vous avez rendez-vous avec un camarade à 9 h du matin, mais il _____ (dormir) jusqu'à 10 h.

3. C'est l'anniversaire d'un très bon ami; vous venez à la fête, mais vous _____ (partir) après une demi-heure.

4. Pendant une conversation avec votre prof, vous _____ (sortir) votre portable pour répondre à un texto.

5. Votre amie met un nouveau parfum qu'elle aime bien et vous lui dites (*tell her*): «Comme tu _____ (sentir) bon!»

6. Votre amie porte une nouvelle robe que vous n'aimez pas du tout, mais vous _____ (mentir) à votre amie; vous lui dites: «Ça te va très bien!»

D. Vérité (*Truth*) **ou mensonge** (*lie*)**?** Travaillez avec trois autres camarades. Trois d'entre vous vont raconter (*tell*) quelque chose de vrai et l'autre personne va mentir. Ensemble, décidez qui va mentir, et puis créez vos phrases en utilisant les suggestions suivantes. Présentez ensuite vos phrases à la classe. Est-ce que vos camarades sont capables de déterminer qui ment?

dormir...	sortir...
être incapable de (+ *infinitif*)...	partir pour... (+ une destination)
ne jamais porter (+ un vêtement)...	refuser de manger...

E. Quand tu sors avec tes amis...

Première étape. Que font vos camarades quand ils sortent avec leurs amis? Utilisez les mots interrogatifs et les infinitifs suggérés pour créer une liste de questions à poser à deux camarades différents.

1. Vers quelle heure / sortir?
2. Avec qui / sortir?
3. Où / aller?
4. Pourquoi / aimer?
5. Que / faire?
6. Que / porter (mettre)?
7. Combien de temps / passer?
8. Quand / partir?

Deuxième étape. Interviewez un(e) camarade en employant les questions développées dans la **Première étape.** Ensuite, interviewez un(e) deuxième camarade. Quelles sont les plus grandes (*greatest*) différences entre ces deux camarades?

6.3 Quel magasin préfères-tu? The interrogative quel(le)(s)

Remplacez chaque expression interrogative en caractères gras par l'expression synonyme de la liste.

> Avec quelle personne   Pour quelles raisons
> Dans quel magasin   Quels vêtements
> En quelle saison

1. **Avec qui** est-ce que tu aimes faire du shopping?

   _____

2. **Qu'est-ce que** tu aimes acheter?

   _____

3. **Quand** est-ce que tu achètes beaucoup de vêtements?

   _____

4. **Où** est-ce que tu préfères acheter des jeans?

   _____

5. **Pourquoi** est-ce qu'on achète un complet/un tailleur?

   _____

Analysons! 1. Quelles sont les quatre formes de **quel** utilisées dans ces phrases? _____, _____, _____ et _____. 2. Est-ce que la forme de **quel** est determinée par le *genre* du nom, par son *nombre*, ou les deux? _____

○ Answers to this activity are in Appendice 2 at the back of the book.

1 In **Chapitre 3**, you learned that **Qu'est-ce que** is equivalent to English *What . . . ?* and is followed by a subject and a verb. To ask *which* or *what* and identify one thing from a set of possibilities, the interrogative **quel(le)(s)** is used instead, followed by a noun.

Qu'est-ce que tu aimes porter en été?   *What do you like to wear in the summer?*

but: **Quel** costume est-ce que tu vas porter?   *What (Which) suit are you going to wear?*

Like the articles and adjectives you've studied so far, the form of **quel(le)(s)** depends on the gender and number of the noun that follows.

MASCULIN SINGULIER	**quel**	costume?
MASCULINE PLURIEL	**quels**	manteaux?
FÉMININ SINGULIER	**quelle**	robe?
FÉMININ PLURIEL	**quelles**	chaussures?

À noter: All forms of **quel(le)(s)** are pronounced the same, despite differences in spelling. **Liaison** occurs between the plural forms and a noun beginning with a vowel or **h** (quels‿imperméables? / quels‿hommes?).
[z]   [z]

Mise en pratique.
Pour chaque nom, écrivez la forme correcte de l'interrogatif **quel(le)(s)**, puis dites ces phrases à haute voix. Quand fait-on la liaison entre l'interrogatif et le nom?

1. _____ ceinture?
2. _____ chaussettes?
3. _____ écharpes?

4. _____ gants?
5. _____ imperméables?
6. _____ maillot de bain?

◐ Answers to this activity are in Appendice 2 at the back of your book.

◐ To learn about the interrogative pronouns **lequel / laquelle / lesquels / lesquelles,** see Par la suite at the back of the book.

2 You have already learned the expression **À quelle heure... ?** for asking at what time something happens. Whenever a preposition such as **à, de, avec,** etc. is required, it *must* precede **quel(le)(s)** in French. This is not usually the case in informal spoken English:

De quel pays parlez-vous?	*What (Which) country are you talking about?*
En quelle saison voyagez-vous?	*What (Which) season do you travel in?*
Avec quels amis sortez-vous?	*What (Which) friends do you go out with?*

3 As you saw in this chapter's **Communication en direct** section, **quel(le)(s)** can also be followed by the verb **être** to ask *What is/are ... ?* The gender and number of the noun following **être** determines the appropriate form of **quel(le)(s)**.

Quelle est ta saison préférée?	*What is your favorite season?*
Quels sont tes cours préférés?	*What are your favorite courses?*

A. Écoutez bien!

Première étape. Votre professeur va jouer le rôle d'un(e) ami(e) qui vous pose des questions sur vos préférences en utilisant l'interrogatif **quel(le)(s)**. Cochez sa forme correcte dans chaque question.

1. ☐ quel   ☐ quelle   ☐ quels   ☐ quelles
2. ☐ quel   ☐ quelle   ☐ quels   ☐ quelles
3. ☐ quel   ☐ quelle   ☐ quels   ☐ quelles
4. ☐ quel   ☐ quelle   ☐ quels   ☐ quelles
5. ☐ quel   ☐ quelle   ☐ quels   ☐ quelles
6. ☐ quel   ☐ quelle   ☐ quels   ☐ quelles

Deuxième étape. Maintenant, écoutez les questions une deuxième fois et répondez-y.

B. Jeu d'identité: c'est quelle étudiante?

Première étape. Formulez des questions avec **quel(le)(s)** pour obtenir les renseignements (*information*) indiqués. Vous allez utiliser ces questions dans un jeu d'identité pendant la **Deuxième étape.**

son nom de famille	sa nationalité	les langues qu'elle parle
son âge	sa date de naissance (*birth*)	ses cours préférés

Deuxième étape. Travaillez avec un(e) camarade. Il/Elle va choisir en secret (*secretly choose*) une des quatre personnes dans les illustrations. Posez les questions de la **Première étape** pour déterminer l'identité de la personne. Ensuite, changez de rôle.

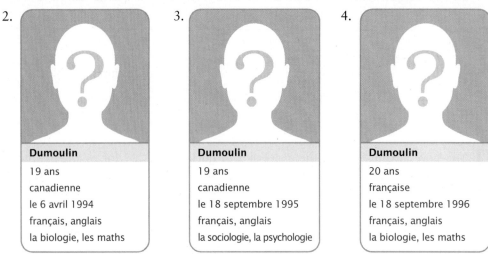

1.

Dumoulin

20 ans
française
le 6 avril 1994
français, allemand
la biologie, les maths

2.

Dumoulin

19 ans
canadienne
le 6 avril 1994
français, anglais
la biologie, les maths

3.

Dumoulin

19 ans
canadienne
le 18 septembre 1995
français, anglais
la sociologie, la psychologie

4.

Dumoulin

20 ans
française
le 18 septembre 1996
français, anglais
la biologie, les maths

C. Culture: La biographie de Coco Chanel. Lisez la biographie de Coco Chanel ci-dessous. Ensuite, avec un(e) camarade, créez une liste de cinq questions avec **Quel(le)(s) + nom** ou **Quel(le) est… / Quel(le)s sont…** , basées sur les renseignements dans la biographie. Posez ces questions à vos camarades pour tester leur compréhension du texte.

Coco Chanel: grande couturière française

Gabrielle «Coco» Chanel, née le 19 août 1883 et morte le 10 janvier 1971, est une grande couturière française, célèbre pour ses créations de haute couture et de parfum, et la fondatrice de la Maison Chanel—«symbole de l'élégance française». Après avoir passé (*having spent*) une enfance austère dans un orphelinat catholique, à l'âge de 20 ans elle devient couseuse (*seamstress*) à la Maison Grampayre. Comme elle ne veut pas rester couseuse toute sa vie, elle prend des risques: elle chante dans des music-halls et attire l'attention d'un homme d'affaires anglais, Arthur «Boy» Chapel, qui aide la jeune Coco à ouvrir une première boutique où elle confectionne (*makes, decorates*) des chapeaux pour femmes, puis des tenues aux couleurs neutres (noir, blanc et beige), comme sa célèbre «petite robe noire». Ses créations libèrent la forme féminine—pas de gaines (*girdles*) ni (*or*) de corsets—et offrent aux femmes du 20ᵉ siècle un nouveau look chic, simple, mais élégant.

D. Un beau cadeau (*gift*)**?** Travaillez avec un(e) camarade. Imaginez que vous êtes chargé(e) d'acheter un cadeau d'anniversaire pour votre camarade de la part de (*on behalf of*) toute la classe. Vous décidez d'acheter un vêtement. Posez des questions à votre camarade pour déterminer quel vêtement vous allez acheter. Déterminez ce qu'il/elle aime comme style, couleur et marque (*brand*) en lui posant (*by asking him/her*) des questions avec **quel(le)(s)**. Décrivez ensuite le cadeau à la classe.

6.4 Comment choisir le bon cadeau? Verbs in -ir like **finir**

Acheter un cadeau pour un ami (un vêtement, par exemple), ce n'est pas toujours facile! Lisez les conseils (*advice*) suivants et indiquez si vous faites la même chose ou non.

	oui	non
1. On **réfléchit** aux goûts, au sens de style de son ami. Vous **réfléchissez** souvent à cela?	☐	☐
2. On **choisit** un cadeau original ou inattendu (*unexpected*). Vous **choisissez** souvent des cadeaux originaux?	☐	☐
3. On **finit** les préparations en mettant le cadeau dans une jolie boîte (*box*). Vous **finissez** aussi les préparations en mettant le cadeau dans une jolie boîte?	☐	☐
4. On **réussit** à faire plaisir (*succeeds in pleasing*). Vous **réussissez** souvent à faire plaisir à vos amis?	☐	☐

Analysons! Les formes en caractères gras font partie d'un deuxième groupe de verbes qui ont un infinitif en **-ir** (par exemple, l'infinitif de **réfléchit/réfléchissez** est **réfléchir**). Quel est l'infinitif des autres verbes? _____, _____ et _____ 2. Qu'est-ce qu'on trouve dans la forme **réfléchissez** qu'on ne trouve pas dans les formes **dormez** et **sortez** (qui font partie de l'autre groupe de verbes en **-ir**)? _____

> ○ Answers to this activity are in Appendice 2 at the back of the book.

1 A second group of verbs ending in **-ir**, such as **finir** (*to finish*), differs from the first set you studied earlier (verbs like **dormir**) in that the verb stem for the plural forms has a distinctive **-iss-** pattern. For this reason, verbs in this group are sometimes referred to as **-ir/-iss** verbs.

finir (*to finish*)	
RADICAUX	
fin-	finiss-
je **finis**	nous **finissons**
tu **finis**	vous **finissez**
il/elle/on **finit**	ils/elles **finissent**

2 Other frequently used verbs in the **-ir/-iss** group are listed here.

choisir	*to choose*
réfléchir (à)	*to reflect (on), think (about)*
réussir (à)	*to succeed, be successful (at)*

Mise en pratique 1. Complétez la conjugaison de chaque verbe dans le tableau.

	choisir	réfléchir	réussir
je	_____	réfléchis	_____
tu	choisis	_____	*réussis*
il/elle/on	_____	réfléchit	_____
nous	_____	réfléchissons	_____
vous	choisissez	_____	_____
ils/elles	choisissent		

◔ Answers to this activity are in Appendice 2 at the back of the book.

3 Other, less frequently used verbs in the **-ir/-iss** group are formed from adjectives and so carry with them the meaning of the adjective, usually in the sense of *becoming* (*getting, taking on*) a certain quality.

Mise en pratique 2. Écrivez l'adjectif qui est à la base de chaque verbe en **-ir/-iss**, puis conjuguez le verbe à la personne indiquée.

	Adjectif		Verbe		
1.	*grand*	→	**grandir** (*to grow up*)	Je	*grandis* !
2.	_____	→	**grossir** (*to gain weight*)	Tu	_____ !
3.	_____	→	**maigrir** (*to lose weight*)	Il	_____ !
4.	_____	→	**rajeunir** (*to look younger*)	Nous	_____ !
5.	_____	→	**vieillir** (*to grow old*)	Vous	_____ !
6.	_____	→	**rougir** (*to blush*)	Elles	_____ !

◔ Answers to this activity are in Appendice 2 at the back of the book.

A. Écoutez bien! Écoutez votre professeur et indiquez si ses phrases sont logiques ou pas logiques.

	c'est logique	ce n'est pas logique
1.	☐	☐
2.	☐	☐
3.	☐	☐
4.	☐	☐
5.	☐	☐
6.	☐	☐

B. Au choix (*Your choice*)**!** Travaillez avec un(e) camarade. Vous avez un peu d'argent à dépenser (*spend*) dans un grand magasin. Choisissez un des deux articles et expliquez votre choix. Est-ce que votre camarade choisit la même chose? pour la même raison?

EXEMPLE: Moi, je choisis le pull-over en laine parce qu'il fait frais et parce que je n'ai pas beaucoup de pull-overs.

1. un pull-over ou un jean de marque?
2. des bottes ou des sandales de sport?
3. un imperméable ou une veste noire?
4. des lunettes de soleil très chic ou un chapeau?
5. un sac à dos ou un grand parapluie?

C. Réflexions. On réfléchit à différents sujets au fur et à mesure qu'on grandit (*as one continues to grow up*) et qu'on vieillit. Travaillez en petits groupes. Trouvez dans la liste un «sujet de réflexion» important pour les groupes suivants: **les adolescents (les ados) de 15 ans, les célibataires de 20 ans, les parents de 45 ans, les grands-parents de 70 ans.** Discutez de votre choix en essayant d'expliquer pourquoi ce sujet de réflexion est important pour le groupe en question. Ensuite, présentez votre choix et votre justification à la classe en utilisant le verbe **réfléchir** et la forme appropriée de la préposition **à.**

EXEMPLE: —Les ados de 15 ans réfléchissent beaucoup à l'apparence physique parce que...

l'apparence physique	les finances	leur santé
l'amour	la politique	le temps passé
leur carrière	les problèmes sociaux	leurs valeurs

D. La qualité essentielle.

Première étape. Avec un(e) camarade, choisissez dans la liste la qualité ou les qualités essentielles à chaque situation.

courageux	honnête	optimiste	réaliste	talentueux
diligent	intelligent	prudent	sage (*wise*)	têtu (*stubborn*)
généreux	modeste	raisonnable	studieux	travailleur

EXEMPLE: pour finir ses études à temps
—À notre avis (*In our opinion*), pour finir ses études à temps, il est essentiel d'être diligent et studieux.

1. pour grandir avec beaucoup de frères et sœurs (ou en enfant unique)
2. pour réussir une carrière dans les arts
3. pour maigrir (sans risque)
4. pour réussir une carrière en médecine
5. pour vieillir avec grâce

Deuxième étape. Qui parmi vos amis ou les membres de votre famille est un «bon exemple» de ces qualités? Donnez un exemple précis.

EXEMPLE: —Ma grand-mère vieillit avec grâce. Elle...

Grammaire interactive

For a review of **-re** verbs and more on **-ir** verbs, and verbs like **sortir**, watch the corresponding *Grammar Tutorial* and take a brief practice quiz at **Connect French** (www.mhconnectfrench.com)

La mode se démode, le
style jamais.*

COCO CHANEL

*Fashion goes out of fashion, style
never does.

La mode en France et ailleurs° dans le monde francophone

°elsewhere

A. Avant de regarder. Pour beaucoup de gens, les vêtements et la mode sont des éléments importants de la vie. Même ceux qui ne sont pas des «fashionistas» savent que la mode change et que quand on parle de mode, on parle non seulement de vêtements, mais aussi d'accessoires et d'art copororel (*body*).

Avec un(e) camarade, répondez aux questions suivantes.

«La mode» aujourd'hui, c'est dans les magasins d'un centre commercial (*mall*), en ligne ou les deux? Quels vêtements ou accessoires préférez-vous acheter dans les magasins et lesquels (*which ones*) préférez-vous acheter en ligne?

B. Regardez et écoutez. Le professeur va vous parler de l'histoire de la mode en France et dans le monde occidental (*Western*). Prenez des notes, mais faites aussi attention à d'autres détails (l'expression du visage, l'intonation, les images, etc.) qui pourraient (*might*) vous aider à mieux comprendre le professeur.

C. Choisissez. Cochez les réponses correctes.

1. À quel siècle est-ce qu'on voit les premiers mannequins vivants?

   ☐ au 18e siècle   ☐ au 19e siècle   ☐ au 20e siècle

2. À quel siècle est-ce qu'on voit les premières collections de prêt-à-porter?

   ☐ au 18e siècle   ☐ au 19e siècle   ☐ au 20e siècle

3. De quand date la création des maisons d'Yves Saint Laurent et Pierre Cardin?

   ☐ des années 40   ☐ des années 50   ☐ des années 60

4. Qu'est-ce qui peut marquer le contraste entre les cultures francophones?

   ☐ les chaussures   ☐ la chemise (pour   ☐ la coiffure (*headdress*)
                              homme)   (pour femme)

   ☐ les gants   ☐ la jupe   ☐ le tatouage

D. À vous! Avec un(e) camarade, répondez aux questions suivantes.

1. Quels accessoires et quelles formes d'art corporel sont très à la mode chez vous en ce moment?

2. Qui / Qu'est-ce qui (*What*) influence votre choix de vêtements? la marque? le prix? ce que portent vos amis? les vedettes? ce que vous voyez (*see*) dans les magazines de mode?

Katoucha Niane dans une création d'Yves Saint Laurent

Rétrospective La haute couture pour tous les styles

Yves Saint Laurent aux années 60

Je ne suis pas un couturier, je suis un artisan, un fabricant de bonheur.

—YVES SAINT LAURENT

En France, la haute couture est un art plutôt réservé aux élites. Mais les grands couturiers peuvent aussi influencer la mode des gens ordinaires, ou devenir des personnalités du monde de la pop, comme Yves Saint Laurent et Jean-Paul Gaultier.

Yves Saint Laurent est né en Algérie en 1936. Il travaille pour la maison Dior à Paris plusieurs années, et grâce à lui, les pantalons deviennent un vêtement acceptable et de mode pour les femmes. Au début des années 60, il ouvre sa propre maison de haute couture. En 1966, son **smoking** (*tuxedo*) pour femmes est un succès immédiat à Paris. Sa spécialité, le prêt-à-porter, est toujours populaire aujourd'hui. Les vêtements prêt-à-porter sont moins chers et produits en quantité, alors qu'un vêtement de haute-couture est unique et fait spécialement pour la cliente ou le client, mais ils sont basés sur le design d'un grand couturier. Jean-Paul Gaultier est un couturier «rock'n'roll». Il a fait des costumes de scène pour Madonna, et des costumes de cinéma pour *Le Cinquième Elément* (de Luc Besson) et *La Cité des Enfants Perdus* (de Jean-Pierre Jeunet). Avec des mannequins de défilés jeunes, vieux, minces ou non, avec des piercings et des tatouages, Gaultier innove sans cesse.

Saint Laurent et Gaultier ont des styles très différents. Mais ils ont sans doute un regret commun: ils n'ont pas inventé le jean! Savez-vous qu'un tissu très solide, appelé **serge de Nîmes**, ou *denim*, est à l'origine du pantalon porté dans le monde entier? Mais ce n'est pas un grand couturier qui a eu cette idée!

Avez-vous compris? Quel type de personne achète des vêtements de haute-couture en général? Quels vêtements est-ce que Yves Saint Laurent crée pour les femmes? Connaissez-vous des couturiers comme Gaultier qui travaillent souvent avec les stars? Est-ce que vous suivez la mode? Pourquoi ou pourquoi pas? Pourquoi la mode est-elle très populaire dans les médias, à votre avis?

Le coin lecture

Les vêtements dans la société

Les vêtements sont plus qu'une simple nécessité quotidienne; les consommateurs choisissent leurs vêtements parmi (*among*) des milliers de styles, de formes et de couleurs. Les chercheurs observent les choix conscients et inconscients des consommateurs pour déterminer les habitudes et les groupes sociaux. Les spécialistes du marketing font la même chose pour augmenter les ventes (*sales*).

En France, des chercheurs explorent le thème des vêtements pour mieux comprendre la société. Le philosophe **Jean Chevalier** et le poète et écrivain **Alain Gheerbrant** ont écrit le *Dictionnaire des symboles* (première publication en 1967), un véritable best-seller. Dans ce livre, ils explorent les rêves (*dreams*), les habitudes, les gestes, la mythologie et le folklore, et les vêtements—des symboles très présents dans notre monde moderne.

Le deuxième texte est un extrait d'une étude intitulée *L'impact de la mode sur la vie sociale* par **Alina Stoicescu**, une chercheuse (*researcher*) universitaire. Dans cet article, elle explore les avantages et les inconvénients de la mode aujourd'hui. Elle contribue avec une approche concrète à la vision théorique de Chevalier et Gheerbrant sur notre société contemporaine.

A. Avant de lire

Première étape. Discutez les questions suivantes en petits groupes: Le matin, est-ce que vous passez beaucoup de temps à choisir vos vêtements? Avez-vous un style particulier? Est-ce que vous choisissez des vêtements différents en fonction des occasions, quand vous restez à la maison, quand vous venez en cours, quand vous voulez impressionner quelqu'un? Quels vêtements?

Deuxième étape. Idées reçues (*preconceived*) ou vérités? Quelle personnalité et quel métier associez-vous aux vêtements? Complétez le tableau suivant, puis comparez vos réponses avec celles de deux camarades. Est-ce que vous êtes d'accord?

	Personnalité	Métier
une cravate		
un jean		
des baskets		
un tailleur		
un maillot de bain		

B. Lisez. Faites une lecture active des deux extraits. Pendant votre lecture, notez trois mots intéressants ou surprenants (par exemple, «spirituelle») qui désignent les vêtements.

Dictionnaire des symboles: Vêtements

L'habit[1] est un symbole extérieur de l'activité spirituelle, la forme visible de l'homme intérieur. Toutefois,[2] le symbole peut devenir un simple signe destructeur de la réalité, quand le vêtement n'est plus qu'un uniforme sans lien[3] avec la personnalité. Propre de l'homme,[4] puisqu'aucun autre animal[5] n'en porte, le vêtement est un des premiers indices d'une conscience de la nudité, d'une conscience de soi, de la conscience morale. Il est aussi le révélateur de certains aspects de la personnalité, en particulier de son caractère influençable (modes) et de son désir d'influencer. L'uniforme, ou telle[6] partie du vêtement (casque, casquette, cravate, etc.), indique l'appartenance[7] à un groupe, l'attribution d'une mission, d'un mérite...

[1]le vêtement [2]*However* [3]sans... *without any link (connection)* [4]Propre... *Specific to man*
[5]puisqu'aucun... *since no other animal* [6]*such* [7]*belonging*

Source: Jean Chevalier, Alain Gheerbrant, *Dictionnaire des symboles*, Éditions Robert Laffont

L'impact de la mode sur la vie sociale

La mode signifie beauté, bon goût, moyen[8] de communication, d'intégration et d'appartenance à un groupe. Être à la mode suppose le concours[9] de plusieurs éléments et facteurs [qui ont] le rôle de dégager[10] à la fois des avantages et des désavantages: … une personne qui est à la mode est une personne active, attirante, informée, qui connaît des cercles divers et qui prend contact avec beaucoup de gens… [mais] pour pouvoir être à la mode il faut[11] avoir de l'argent pour s'acheter des vêtements et tout ce qui en dérive. On n'a pas tous les ressources financières nécessaires pour se permettre un tel investissement qui s'avère[12] un véritable luxe parfois.

Qui influence les tendances en mode? Les couturiers, bien sûr. Mais ces dernières années, le style a été déterminé par les vedettes. Pas par une célébrité quelconque,[13] mais tout simplement par ces noms qu'on trouve dans les magazines. Les magazines de mode jouent un rôle essentiel, en agissant[14] comme de vrais journalistes de mode sur la scène mondiale. Parfois, les magazines de mode influencent directement la mode, au moment où les éditeurs sont impliqués dans la création d'un produit qu'ils considèrent parfait pour le titre de la revue.[15]

En conclusion, être à la mode ne signifie pas s'habiller avec les vêtements les plus beaux ou les plus coûteux;[16] c'est seulement un courant, le plus souvent c'est la tendance d'une saison qui est vite oubliée après.

[8]means [9]combination [10]bring out [11]il… one must [12]proves to be [13]Pas par une… Not by just any celebrity [14]en… by acting [15]magazine [16]costly

Source: Alina Stoicescu, «L'impact de la mode sur la vie sociale», Bulletin scientifique en langues étrangères appliquées, Numéro 1, Le français sur objectifs spécifiques, mis à jour le: 11/07/2013, URL: http://revues-eco.refer.org/BSLEA/index.php?id=237.

C. Avez-vous compris? Répondez aux questions suivantes.

	oui	non
1. Selon Chevalier, le vêtement dit toujours la vérité sur une personne.	☐	☐
2. Selon Chevalier, les vêtements influencent les gens.	☐	☐
3. Selon Chevalier, certains groupes des personnes utilisent les vêtements pour définir leur identité.	☐	☐
4. Selon Stoicescu, les personnes qui suivent (*follow*) la mode sont généralement dynamiques.	☐	☐
5. Selon Stoicescu, tout le monde peut être à la mode, les riches et les pauvres.	☐	☐
6. Selon Stoicescu, les acteurs et les chanteurs dans les magazines influencent la mode dans la rue.	☐	☐

D. À vous! Discutez les questions suivantes avec des camarades, puis partagez vos opinions avec le reste de la classe.

1. Quels mots avez-vous notés (*did you note*) dans les textes? Pourquoi ces mots-là? Expliquez.
2. Pensez-vous que vos vêtements reflètent votre personnalité? Comment ou pourquoi pas?
3. Comment peut-on être à la mode avec un petit budget?
4. Êtes-vous influencé(e) par les personnalités célèbres dans les magazines? Pourquoi ou pourquoi pas? Qu'est-ce qui influence votre style?

Les coins lecture et écriture: Additional reading and writing activities are available in the *Workbook / Laboratory Manual* and at **Connect French** (www.mhconnectfrench.com).

Culture en direct

Le coin ciné

Coco Chanel et Boy Capel à la plage dans le film *Coco avant Chanel*

Film: *Coco avant Chanel*

Biopic; (2009; France; Réalisatrice: Anne Fontaine; 110 min.)

SYNOPSIS: This film is about Gabrielle Chanel (Coco Chanel), the famous French fashion designer. Despite a miserable early life in an orphanage filled with heartaches and losses, Chanel slowly but surely achieved notoriety through her charm, wit, and outspokenness, and through her remarkable talent as a seamstress. Ultimately, she became an internationally respected fashion icon.

SCÈNE: (DVD, Chapter 10, 01:01:45–01:04:52). In this scene, which takes place at the turn of the 20th century, Chanel goes to a seaside resort with her lover, Boy Capel, where she critiques all the women's outfits. She and Boy then visit a tailor to order fabric for an evening dress, which will eventually become one of her signature dresses.

Avant-première. Répondez aux questions suivantes.

1. Quel type de vêtements ou accessoire(s) associez-vous avec Chanel?
2. Imaginez que vous êtes «critique de mode». Critiquez les vêtements d'un(e) ami(e) ou d'un membre de votre famille. Lesquels de (*Which of*) ses vêtements aimez-vous et détestez-vous? Pourquoi?

On tourne! Résumez la scène que vous venez de regarder en complétant chaque phrase avec le nom d'un vêtement, d'un accessoire ou d'une couleur.

1. Quand Coco et Boy Capel arrivent à l'hôtel, elle porte un chapeau pour homme et _____.
2. À la plage, Boy Capel porte toujours _____.
3. Quand Coco remarque que la première dame «a sorti l'argenterie (*silverware*)», elle fait référence à ses _____.
4. Quand Coco remarque que d'autres dames ont des «meringues sur la tête», elle fait référence à leurs _____.
5. Chez le tailleur (*tailor*), Coco préfère le tissu _____ au tissu rose.
6. Quand Coco dit qu'elle n'a pas besoin de corset, le tailleur recommande _____ (qu'elle refuse de porter).
7. Le soir, Coco et Boy dansent au bal, lui (*he*) dans un smoking et elle dans _____.

On boucle! Répondez aux questions.

1. Boy Capel appelle Coco «une anarchiste». Pourquoi, à votre avis?
2. Quels adjectifs décrivent le style de Coco Chanel? Aimez-vous son style? Pourquoi?

Le coin beaux-arts

Rappel

Rue de Paris, temps de pluie (1877), Gustave Caillebotte

Gustave Caillebotte (1848–1894) est un peintre français né à Paris dans une famille riche. Il étudie d'abord le droit (*law*), puis l'ingénierie, avant de servir dans la Guerre franco-prussienne en 1870–1871. Après la guerre, il commence à peindre sérieusement et montre son premier tableau dans une exposition impressionniste en 1876. Cependant (*However*), Caillebotte ne peut pas choisir entre l'impressionnisme et le réalisme, et ses tableaux combinent souvent ces deux styles. Comme les peintres réalistes, il compose des scènes de la vie quotidienne: des gens qui marchent dans la rue comme dans *Rue de Paris*, des dîners, des portraits de membres de sa famille. Son célèbre tableau *Rue de Paris, temps de pluie* est fortement influencé par la photographie.

A. Description. Pour décrire et interpréter le tableau, complétez le texte suivant avec le vocabulaire de la liste. Faites les accords pour les noms et les adjectifs, et conjuguez les verbes si nécessaire.

aller	choisir	finir	rendre visite
boucle d'oreille	cravate	pantalon	robe
chapeau	cuir	parapluie	sortir
chaussure			

Les gens dans la rue ont tous des _____¹ parce qu'il pleut. L'homme dans le couple porte un _____² «haute de forme» (*top*) typique de cette époque. Ça lui _____³ bien, vous ne trouvez pas? Il porte aussi un type de _____⁴ qu'on appelle un «nœud papillon» (*bow tie* [lit. *butterfly knot*]). La femme est très élégante avec sa _____⁵ gris foncé. Elle ne porte pas de bijou sauf des _____.⁶ Peut-être qu'ils _____⁷ au restaurant et au théâtre ce soir? Ou bien ils vont _____⁸ à des amis pour la soirée? Tous les hommes dans le tableau portent les mêmes vêtements: un manteau noir, un _____⁹ gris et des _____¹⁰ en _____.¹¹ Dans ce tableau, Caillebotte _____¹² de montrer une scène de la vie quotidienne, pas une occasion spéciale, à la fin du dix-neuvième siècle.

B. L'avocat du diable (*The devil's advocate*). Imaginez que vous êtes l'avocat du diable. Répondez aux questions suivantes au sujet du tableau par une phrase à la forme négative.

1. Est-ce qu'il fait beau à Paris ce jour-là?

2. Est-ce que le couple va quelque part?

3. Est-ce qu'ils mangent souvent au restaurant?

4. Est-ce qu'ils regardent encore ce qui se passe dans la rue?

5. Est-ce qu'ils ont déjà parlé de se marier?

6. Est-ce que la jeune femme achète quelque chose dans une boutique?

C. Qu'est-ce que tu penses de... ? Imaginez que vous êtes au musée avec un(e) de vos camarades de classe et que vous regardez *Rue de Paris, temps de pluie*. Complétez les questions suivantes avec la forme correcte du démonstratif (**ce, cet, cette, ces**), puis donnez chacun(e) votre opinion.

Qu'est-ce que tu penses de...

1. _____ femme, là, à droite?

2. _____ homme qui l'accompagne?

3. _____ hommes, là, au milieu du tableau?

4. _____ chapeau haute de forme que porte l'homme?

5. _____ vêtements que porte le couple?

6. _____ scène (*f.*) en général?

D. Appréciation. Discutez des questions suivantes avec vos camarades de classe.

Quelle image avez-vous du couple dans le tableau et de leur style de vie? Imaginez cette scène aujourd'hui: Que faut-il changer pour qu'elle se passe près de chez vous au 21ᵉ siècle?

Vocabulaire

Questions et expressions

Qu'est-ce que tu penses / vous pensez de… ?	What do you think of … ?
C'est une question de goût.	It's a question of taste.
Je ne suis pas trop + *nom* (*fam.*)	I'm not that into + *noun*
Je trouve ça affreux / génial / laid / moche (*fam.*).	I find it/them horrible/great/ugly.
Ça me va bien / mal.	That looks good/bad on me.
Ça te / vous va bien / mal.	That looks good/bad on you.

Verbes et expressions verbales

mettre	to put; to put on
porter	to wear (clothing), to carry
quitter	to leave (a place)

Verbes en *-ir*

dormir	to sleep
mentir	to lie, tell an untruth
partir	to leave
sentir	to smell
servir	to serve
sortir	to go out

Verbes en *-ir/-iss*

choisir	to choose
finir	to finish
grandir	to grow up
grossir	to gain weight
maigrir	to lose weight
rajeunir	to get younger looking
réfléchir (à)	to reflect (on), think (about)
réussir (à)	to succeed, be successful (at)
rougir	to blush
vieillir	to grow old

Les vêtements et accessoires
Clothing and accessories

des baskets (*m.*)	sneakers
un blouson	a (bomber) jacket
des bottes (*f.*)	boots
des boucles (*f.*) d'oreilles	earrings
un bracelet	a bracelet
une casquette	a (baseball) cap
une ceinture	a belt
un chapeau	a hat
des chaussettes (*f.*)	socks
des chaussures (*f.*)	shoes

une chemise	a shirt
un chemisier	a blouse
un collier	a necklace
un costume	a suit (for men)
une cravate	a tie
une écharpe	a (winter) scarf
un foulard	a scarf (decorative)
des gants (*m.*)	gloves
un imperméable	a raincoat
un jean	(a pair of) jeans
une jupe	a skirt
des lunettes (*f.*) (de soleil)	(sun)glasses
un maillot de bain	a swimsuit
un manteau	a (full-length) coat
un pantalon (de jogging)	(a pair of) (sweat)pants
un parapluie	an umbrella
un pull(-over)	a sweater
une robe	a dress
un sac à main	a purse
des sandales (*f.*)	sandals
un short	(a pair of) shorts
un sweat	a sweatshirt
un tailleur	a suit (for women)
un tee-shirt	a t-shirt
une veste	a (fitted) coat, jacket

Les gadgets électroniques
Electronic devices

un appareil photo (numérique)	a (digital) camera
un caméscope	a camcorder
un iPod / un lecteur mp3	an iPod (digital music player)
un (téléphone) portable	a cell phone

Pour parler des tenues
To talk about outfits

à carreaux	plaid
à col rond / roulé / en V	with a crew-neck / turtleneck / V-neck
à manches courtes / longues	short- / long-sleeved
à pois	polka dot
à rayures	striped
à talons hauts	high-heeled
décontracté(e) / étroit(e)	loose- / tight-fitting
en coton	(made of) cotton
en cuir	(made of) leather
en laine	(made of) wool
en soie	(made of) silk
(vert) clair / foncé (*inv.*)	light/dark (green)
multicolore	multicolored

Moulin Rouge La Goulue (1891), Henri de Toulouse-Lautrec

Bilan

In this chapter, you will learn:

- to ask *how long* and *since when*
- to narrate a series of past events
- to talk about entertainment and cultural events
- to say what you want, must, can, and know how to do
- to refer to nonspecific people, places, and things using indefinite pronouns
- to talk about past activities using the **passé composé**
- about cultural notions of music and performance

7 Le week-end dernier

Depuis combien de temps...
Depuis quand...

Asking how long and since when

- To ask someone for *how long* they have been doing something, you use the expression **depuis combien de temps**.

tu, *informal*	**vous,** *formal*
Tu habites à Montréal depuis combien de temps?*	**Depuis combien de temps étudiez-vous l'anglais?**
How long have you been living in Montréal?	*How long have you been studying English?*

- When you answer, give the length of time (**la durée**):

(J'habite à Montréal) depuis 13 ans.	*(I've been living in Montreal) for 13 years.*
(J'étudie l'anglais) depuis 4 ans.	*(I've been studying English) for 4 years.*

- If you want to know *when* someone *started* doing something, you use the expression **depuis quand**.

tu, *informal*	**vous,** *formal*
Tu joues au hockey depuis quand?†	**Depuis quand jouez-vous du piano?**
How long (Since when) have you been playing hockey?	*How long (Since when) have you been playing the piano?*

- When you answer, indicate the starting point (**le commencement**):

Depuis 2008.	*Since 2008.*
Depuis l'âge de 10 ans.	*Since the age of 10.*

À noter: When you use these expressions, you are conveying the fact that the action is ongoing, that is, you still live in Montreal, you are still studying English, and you still play hockey or the piano. For this reason, a present-tense form of the verb is used in French.

*A more formal way of asking this question uses inversion: **Depuis combien de temps habites-tu à Montréal?**

†A more formal way of asking this question uses inversion: **Depuis quand joues-tu au hockey?**

Vidéo

A. À l'écran. Regardez la vidéo et écoutez les réponses des gens aux questions avec **depuis combien de temps** ou **depuis quand**. Écrivez à côté de chaque nom la lettre correspondant à la réponse de cette personne.

1. Denis _____

2. Simon _____

a. Depuis 3 ans.

b. Depuis 16 ans.

c. Depuis ma naissance (*my birth*).

d. Depuis 1965.

e. Depuis ma troisième année du primaire.

f. Depuis près de 50 ans.

g. Depuis 8 ans.

h. Depuis 4 ans.

i. Depuis 13 ans.

3. Ching-yun Tu _____

4. Martin _____

5. Annie _____

6. Anna _____

7. Sylvie _____

8. Camille _____

B. Depuis plus longtemps que moi.

Première étape. Répondez aux questions suivantes.

Questions	Mes réponses	Les réponses de mon/ ma camarade
1. Tu étudies le français (ou une autre langue) depuis combien de temps?		
2. Tu habites dans un appartement / dans une résidence universitaire depuis combien de temps?		
3. Tu habites à (*nom de la ville où se trouve l'université*) depuis quand?		
4. Tu pratiques un sport / joues d'un instrument depuis combien de temps?		
5. Tu parles anglais (ou une autre langue) depuis quand?		
6. Tu travailles? Depuis quand?		

Deuxième étape. Maintenant, circulez dans la classe et posez ces questions à vos camarades. Si vous trouvez des personnes qui font ces activités depuis plus longtemps que vous, demandez-leur de signer votre feuille.

On a commencé par... / On a terminé par...

Narrating a series of past events

Vidéo

A. À l'écran.

Première étape. Écoutez et regardez pendant que Nicolas, qui accompagne un groupe d'étudiants étrangers en visite à Paris, décrit comment ils ont passé la journée (*spent the day*). Sur le plan de Paris, marquez les endroits qu'ils ont visités, dans l'ordre chronologique.

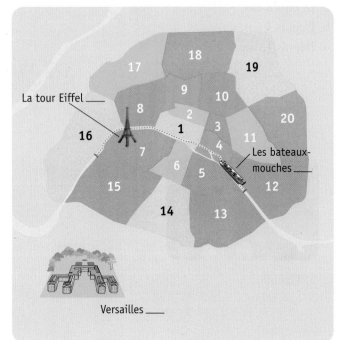

Deuxième étape. Regardez la vidéo encore une fois et indiquez si les phrases suivantes sont vraies ou fausses. Corrigez les phrases fausses.

	vrai	faux
1. Le groupe a commencé par (*began by*) visiter le château de Versailles.	☐	☐
2. Les étudiants ont été impressionnés (*were impressed*) par la taille (*size*) de Versailles.	☐	☐
3. Le château et les jardins de Versailles sont immenses.	☐	☐
4. L'après-midi, le groupe a fait (*took*) une promenade très agréable en bateau-mouche.	☐	☐
5. Le groupe a terminé (*ended*) la journée par une visite de la tour Eiffel.	☐	☐

When talking about a sequence of events in the past, people often use expressions such as **on a commencé par** (*we started out with/by*), **ensuite** (*next*), **(et) puis** ([*and*] *then*), and **on a terminé par** (*we ended with*).

> **On a commencé** la journée **par une visite** au château de Versailles, **ensuite** on a fait du vélo dans les jardins.

> **Puis,** on a visité la tour Eiffel.

> **On a terminé par une promenade** très agréable en bateau-mouche.

À noter: Both **commencer par** and **terminer par** can be followed by a noun; only **commencer par** can be followed by a verb in its infinitive form.

> On a commencé la journée **par une visite** au Louvre.

> On a terminé **par un dîner** au restaurant Le Taxi Jaune.

> On a commencé **par visiter** le Louvre.

B. À l'écran (bis).

Vidéo

Première étape. Regardez la vidéo et écoutez Mounira décrire la journée qu'elle a passée à Paris avec son ami. Numérotez les endroits qu'ils ont visités, dans l'ordre chronologique. Ensuite, trouvez-les sur le plan de Paris à la fin du livre.

_____ le jardin du Luxembourg

_____ le Louvre

_____ les Buttes-Chaumont (un parc)

_____ les beaux quartiers

Deuxième étape. Maintenant, complétez les phrases suivantes en vous basant sur ce que Mounira a dit.

1. Mounira a commencé par…
2. Ensuite, elle a fait (*did*)…
3. Elle a visité…
4. Elle a terminé par…

C. Une journée à… Imaginez que l'été dernier vous avez passé une très belle journée à Paris (ou dans une autre ville de votre choix) avec un(e) ami(e). Mentionnez quatre de vos activités en complétant les phrases suivantes. Qui dans la classe semble avoir passé la journée la plus agréable?

1. On a passé une belle journée à…
2. On a commencé par…
3. Ensuite, on a fait…
4. Puis, on a visité…
5. On a terminé par…

Chez les Français

Visiter Paris

Un bateau-mouche sur la Seine

Avec 83 millions de touristes par an, la France est le pays le plus visité du monde loin devant (*far ahead of*) les États-Unis, avec 69 millions de touristes. Sa capitale, Paris, est sans doute sa première attraction. Appelée «Ville Lumière (*Light*)» depuis l'invention de l'éclairage public au gaz (*natural gas street lamps*) au début du 18e siècle, Paris est divisée en deux rives (*riverbanks*)—**la rive gauche** et **la rive droite**—par la Seine, un des principaux fleuves (*rivers*) de France.

Les bateaux-mouches font le va-et-vient sur la Seine depuis 1949. Mais pourquoi «mouches» (*flies*)—parce qu'ils ressemblent aux insectes du même nom? En fait, les premiers bateaux-mouches, qui ont servi de modèle à ceux des années 50, ont été construits à partir de 1862 dans les ateliers (*workshops*) du quartier de la Mouche à Lyon. En 1949, c'est Jean Bruel qui a décidé d'utiliser ces bateaux pour permettre aux gens de découvrir Paris. Pour faire de la publicité pour cette nouvelle activité touristique, il a créé un personnage fictif, Jean-Sébastien Mouche, et l'a présenté comme le concepteur des bateaux. De jour comme de nuit, les amoureux de Paris qui prennent les bateaux-mouches peuvent bénéficier d'une vue unique sur la Ville Lumière. Les promenades en bateau font généralement le tour de l'île de la Cité— où se trouve la cathédrale de Notre-Dame—ou elles vont plus loin, en passant par la Tour Eiffel, quand un déjeuner ou un dîner est servi pendant la croisière (*cruise*).

Et chez vous? Quelles villes dans votre pays ont un surnom célèbre (comme Paris, «Ville Lumière»)? Quelles sont les premières attractions de votre région—une ville, un site naturel, un parc de loisirs? Y a-t-il des promenades organisées (en bateau, en autocar) pour visiter ces attractions?

Un week-end à Paris
Talking about entertainment and cultural events

Vous passez le week-end du vendredi 8 mai au dimanche 10 mai à Paris. Consultez le guide des **divertissements** (*entertainment*) *Le Tout Paris* pour découvrir les spectacles **actuellement à l'affiche** (*now playing / now showing*) et répondez aux questions à la page suivante.

Le Tout Paris
Les sorties et les loisirs à travers[1] la capitale

Cinéma

La vie d'Adèle

Comédie dramatique, réalisée par Abdellatif Kechiche dans laquelle une fille de 15 ans, Adèle, rêve du grand amour. Palme d'Or, 2013 (Cannes).

Au cinéma UGC Odéon (Paris 6ᵉ) Ⓜ Odéon

Prix: place 10,50 € (plein tarif); 7,50 € (étudiants)

Horaire: vend 8/5, sam 9/5, dim 10/5, séances à 10 h 10, 12 h 40, 15 h 10, 17 h 40, 20 h 10

Pour toute la famille

Paradis tzigane[2]

Cirque de toute la famille Romanès, avec Délia Romanès et son ensemble de musique tzigane des Balkans.

Au cirque Romanès (Paris 17ᵉ) Ⓜ Porte de Champerret

Prix: place 20 €, -26 ans 15 €, -12 ans 10 €, -3 ans gratuit

Horaire: sam 9/5, dim 10/5 à 16 h 00 et 20 h 30

Architecture

La mosquée de Paris

La plus grande mosquée de France; intéressante notamment pour son minaret de 33 mètres de haut, son patio et ses jardins intérieurs.

Mosquée de Paris (Paris 5ᵉ) Ⓜ Place Monge

Prix: entrée, 3 €

Horaire: tous les jours 9 h–12 h et 14 h–18 h, fermée vend

Musique

En concert: FFF

La «Fédération Française de Fonck» revient enfin sur scène après des années d'absence.

À la salle de concert La Cigale (Paris 18ᵉ) Ⓜ Pigalle

Prix: entrée 29 €

Horaire: vend 8/5 à 20 h

U2—le célèbre groupe de rock irlandais.

Au Stade de France (Saint-Denis, juste au nord de Paris) Ⓜ RER B

Prix: entrée de 40 € à 70 €

Horaire: sam 9/5 à 19 h 30

Restaurants et cabarets

Désirs

Féminité, créativité et audace dans le nouveau spectacle du plus avant-gardiste des cabarets parisiens.

Au cabaret Le Crazy Horse (Paris 8ᵉ) Ⓜ George V

Prix: place, 105,00 € à 165,00 €

Horaire: sam 9/5 à 19 h, 21 h 30 et 23 h 45

Théâtre

Sur scène:[3] *La leçon*

Le chef-d'œuvre[4] d'Ionesco porté à la scène dans une nouvelle production.

Au théâtre Mouffetard (Paris 5ᵉ) Ⓜ Place Monge

Prix: place 24 €; tarif réduit 16 €

Horaire: vend 8/5, sam 9/5 à 18 h 30

Expositions et musées

Crime et Châtiment[5]

L'homme peut-il juger de l'action des autres hommes? L'exposition retrace l'histoire du châtiment.

Au musée d'Orsay (Paris 7ᵉ) Ⓜ Solférino

Prix: entrée 11 €; tarif réduit 8,50 €; gratuit le 1ᵉʳ dimanche du mois

Horaire: tous les jours (sauf jeu, 1ᵉʳ janv., 1ᵉʳ mai, 25 déc.) 9 h 30–18 h

[1]à... *across* [2]*Romani (gypsy)* [3]*powerful* [4]*Sur... Onstage* [5]*masterpiece* [6]*Punishment*

1. Quel genre de film est *La vie d'Adèle*—**une comédie**, **un drame** ou les deux (une comédie dramatique)?

2. Y a-t-il **une séance** de ce film vers 8 h du soir?

3. Quel est **le prix** d'**un billet** pour ce film?

4. À quelle heure peut-on aller au **cirque** dimanche après-midi?

5. Selon **l'horaire** des visites à la mosquée de Paris, quel jour est-elle fermée?

6. Qui passe **en concert** à La Cigale? Quel(s) jour(s)? Quel est le prix d'un billet?

7. Quel spectacle a lieu au **stade** de France? Est-ce qu'il y a aussi des **matchs de foot** à cet endroit, selon vous?

8. À quel **spectacle** peut-on **assister** (*attend*) ce week-end au Crazy Horse? Quelle sorte d'établissement est-ce?

9. Combien coûte **une place** pour **la pièce de théâtre** d'Ionesco ce samedi?

10. Y a-t-il **un tarif réduit** au musée d'Orsay? Quand est-ce que c'est **gratuit**?

11. À quelle **station de métro** doit-on descendre pour aller à ce musée?

12. Quelle **sortie** coûte le plus cher (*costs the most*) ce week-end? Et laquelle coûte le moins cher?

◗ Answers to this activity are in Appendice 2 at the back of the book.

Quelles activités parmi celles décrites dans *Le Tout Paris* avez-vous envie de faire? Organisez votre séjour à Paris. Voulez-vous faire beaucoup de choses, dépenser (*spend*) très peu d'argent ou essayer de faire les deux?

Divertissements à la maison

une émission

une console de jeux (vidéo)

un téléviseur   un DVD

un jeu de société

un enregistreur numérique

une manette

un lecteur de DVD

une télécommande

Indiquez ce que vous faites normalement (+) et ce que vous ne faites pas (–) quand vous avez envie de regarder un film. Soyez prêt(e) à expliquer pourquoi.

> _____ Je vais au cinéma.
>
> _____ Je regarde un film **en ligne** sur mon ordinateur.
>
> _____ Je loue un DVD d'un distributeur (comme _Redbox_).
>
> _____ Je regarde un film envoyé par un vidéo club (comme _Netflix_).
>
> _____ J'**enregistre** (_record_) un film sur mon enregistreur numérique et le regarde plus tard.
>
> _____ Je regarde un film sur demande (j'ai **le câble / la télévision par satellite** [TPS]).

En français

The verb **assister (à)** is known as a **faux ami** (or "false cognate") because its equivalent in English is _not_ "to assist, to help" but rather "to attend."

> **Nous assistons à un concert ce soir.**
>
> _We're attending a concert tonight._

You already know the verb **regarder** (_to watch_), a regular **-er** verb. The verb **voir** (_to see_), however, is irregular.

> **Tu vois / Vous voyez** bien la scène?
>
> _Do you see the stage well (enough)?_

The singular forms (**je vois, tu vois, il/elle/on voit**) and the third-person plural form (**ils/elles voient**) are all pronounced the same, despite differences in spelling. The verb stem for the **nous** and **vous** forms contains the letter **y** rather than **i** (**nous voyons, vous voyez**).

A. Des sorties en ville.

Première étape. Où est-ce qu'on fait ces activités? Cherchez l'endroit approprié dans la liste.

un aquarium	un cabaret	un cirque	un concert	un théâtre
une boîte de nuit	un cinéma	un musée	un stade	un zoo

EXEMPLE: —On voit (On regarde) un film ou un documentaire au cinéma.

1. voir/regarder un film ou un documentaire?
2. regarder des clowns et des acrobates?
3. écouter du jazz?
4. boire un verre et regarder un spectacle?
5. assister à un match de foot?
6. assister à une pièce?
7. visiter une exposition d'art?
8. voir des animaux sauvages?
9. voir des poissons tropicaux?
10. danser?

Deuxième étape. Avec un(e) camarade, indiquez quelles activités de la **Première étape** vous aimez faire. Est-ce qu'on peut (_one can_) rester sur le campus pour les faire? Sinon, où est-ce qu'on doit (_must one_) aller?

EXEMPLE: É1: J'aime assister à des matchs. On peut rester sur le campus parce qu'il y a un stade.
É2: J'aime les zoos, mais il n'y a pas de zoo sur le campus. On doit aller en ville.

B. Une passion pour les arts?

Première étape. Avec un(e) camarade, créez quatre questions sur les arts à poser à votre professeur. Utilisez les verbes et les adverbes indiqués.

1. voir souvent
2. assister souvent à
3. aller parfois à/dans
4. acheter parfois

Deuxième étape. Posez vos questions de la **Première étape** à votre professeur. D'après ses réponses, est-ce qu'il/elle a une passion pour les arts? Maintenant, avec votre camarade, posez-vous (_ask each other_) les mêmes questions. Êtes-vous des passionné(e)s d'art?

C. Rien ne vaut son chez soi (*There's no place like home*).

Première étape. Quels sont les côtés négatifs des divertissements (sorties) en ville? Utilisez les problèmes mentionnés dans la liste et proposez des phrases à votre professeur qui va les écrire au tableau.

… coûte trop cher	il y a trop de monde	les séances sont…
… est souvent fermé(e)	il n'y a pas assez de…	
… est trop fort(e) (*noisy*)	les autres spectateurs…	

Deuxième étape. Proposez à un(e) camarade une des sorties décrites dans *Le Tout Paris* à la page 196. Expliquez pourquoi cette sortie vous tente (*tempts you*). Votre camarade va expliquer pourquoi il/elle ne veut pas sortir ce soir et suggérer une autre activité à faire à la maison. Discutez-en, puis présentez votre décision et un résumé de vos arguments à la classe.

EXEMPLE: É1: J'ai envie d'aller voir *La leçon* au théâtre Mouffetard. Nous étudions cette pièce dans mon cours de théâtre.
    É2: Désolé(e), mais je ne suis pas trop théâtre, moi, et les billets coûtent cher. Est-ce que tu veux… ?

D. C'est une bonne idée! Dites ce que vous faites dans chaque situation.
Est-ce que c'est une activité (ou une réaction) normale, ou est-ce que vous êtes original(e)?

1. quand je m'ennuie (*am bored*)
2. quand je suis stressé(e)
3. quand je suis triste
4. quand je n'ai pas d'argent
5. quand je suis au centre-ville (*downtown*)
6. quand je suis avec mon père / ma mère
7. quand j'ai beaucoup d'énergie
8. quand je sors avec quelqu'un pour la première fois

L'Opéra Garnier à Paris

Vocab supp'

Here the names of various film genres:

un film **d'amour**
un film **d'animation**
un film **d'aventures**
un film **de guerre** (war)
un film **d'horreur**
un film **de science-fiction**
un film **étranger** (foreign)
un film **policier** (mystery, crime drama)
un western
une comédie musicale

Prononcez bien!

To learn about the spelling and pronunciation of the semi-vowels [j] as in **pièce,** [ɥ] as in **puis,** and [w] as in **point,** see the **Prononcez bien!** section of the **Workbook / Laboratory Manual.**

E. Êtes-vous cinéphile?

Première étape. Travaillez avec deux camarades. Consultez **Vocab supp'** et indiquez à quel genre appartient chacun des films américains, bien connus (*well-known*) en France et nominés aux Oscars.

1. *L'Exorciste,* 1973
2. *Piège de cristal* (*Die Hard*), 1988
3. *Impitoyable* (*Unforgiven*) de Clint Eastwood, 1992
4. *Il faut sauver le soldat Ryan,* 1998
5. *Chicago,* 2002
6. *Gravity,* 2013
7. *Happiness Therapy* (*Silver Linings Playbook*), 2012
8. *La Reine des neiges* (*Frozen*), 2013

Deuxième étape. Quels films sont actuellement à l'affiche dans votre ville? Lequel (*Which one*) avez-vous envie de voir? Quel est le genre de ce film? un film d'amour? un film d'horreur?

Chez les Français

Sur le grand écran°

°*On the big screen*

À la fin du 19ᵉ siècle, plusieurs inventeurs dans des pays différents développent un appareil (*device*) pour filmer des scènes de la vie quotidienne. Les frères Louis et Auguste Lumière en France ont un grand succès avec leur *cinématographe,* mais la Première Guerre mondiale change tout. L'industrie cinématographique se déplace aux États-Unis, et Hollywood devient le premier producteur de films muets (*silent*), puis de films parlants. Un demi-siècle plus tard, en 1946, le premier **Festival International du Film** se tient (*is held*) à Cannes, sur la côte méditerranéenne. Le **Festival de Cannes,** comme on l'appelle maintenant, accueille (*welcomes*) chaque mois de mai des acteurs, des producteurs et des réalisateurs célèbres dans le monde entier. La montée des marches (*steps*) du Palais des festivals et des congrès ressemble au tapis (*carpet*) rouge de la cérémonie des Oscars à Hollywood, sauf qu'il y a une montée des marches avant chaque grand film! À la fin du festival, un jury décerne **la Palme d'Or** au meilleur film et plusieurs autres prix prestigieux.

La montée des marches au Festival de Cannes

Et chez vous? Est-ce que vous aimez regarder des films étrangers (avec ou sans sous-titres)? Pourquoi ou pourquoi pas? Y a-t-il des films français parmi (*among*) vos préférés? À votre avis, quel est l'impact d'un prix comme la Palme d'Or ou un Oscar (pour un film, pour la carrière d'un acteur)? Quelles informations aimez-vous connaître avant de décider d'aller ou non voir un film?

Grammaire interactive

7.1 Je veux bien! The verbs **vouloir**, **pouvoir**, **devoir**, and **savoir**

Utilisez le contexte du paragraphe pour compléter les phrases avec ces quatre formes verbales: **doit** (*has to, must*), **peut** (*is able, can*), **sait** (*knows how*), **veut** (*wants*).

Jean-Michel est un jeune musicien à Montréal. Il _____ jouer de la guitare et du piano. (Il aime chanter aussi.) Il _____ être célèbre un jour, mais pour le moment il _____ jouer sa musique dans la rue Ste-Catherine et dans les bars du quartier. La vie d'un musicien, c'est dur—mais on ne _____ pas travailler le matin, au moins (*at least*)!

Analysons! Qu'est-ce qui suit (*What follows*) **il doit, il peut, il sait** et **il veut** dans chaque phrase? Est-ce un verbe conjugué ou un verbe à l'infinitif?

_____

○ Answers to this activity are in Appendice 2 at the back of the book.

1 In **Chapitre 3**, you learned that the verb **aimer** (as well as **adorer**, **détester**, **préférer**, etc.) can be followed by an infinitive to say what you like (love, hate, prefer) to do. Four additional verbs can be followed by an infinitive to say what you want to do (**vouloir**), what you can do (**pouvoir**), what you have to do (**devoir**), and what you know how to do (**savoir**).

Ils **veulent** sortir ce soir.	*They want to go out tonight.*
Ils **peuvent** aller en boîte.	*They can go to a nightclub.*
Moi, **je dois** rester chez moi ce soir.	*I have to (must) stay home tonight.*
Tu **sais** danser?	*Do you know how to dance?*

2 The verbs **vouloir** and **pouvoir** are irregular, but share a very similar conjugation pattern. Notice that the stem of the **nous** and **vous** forms differs from all other forms. Using the forms of **vouloir** as a clue, provide the missing forms of the verb **pouvoir** in the chart.

vouloir (*to want*)
je **veux**
tu **veux**
il/elle/on **veut**
nous **voulons**
vous **voulez**
ils/ells **veulent**

pouvoir (*to be able, can*)
je **peux**
tu _____
il/elle/on _____
nous _____
vous _____
ils/elles **peuvent**

○ Answers to this activity are in Appendice 2 at the back of the book.

3 The verb **devoir** (*to have to, must*) is also irregular and, again, the stem of the **nous** and **vous** forms differs from all other forms.

◗ To learn about other meanings and uses of the verb **devoir**, see Par la suite at the back of the book.

devoir (to have to, must)	
Je **dois**	nous **devons**
tu **dois**	vous **devez**
il/elle/on **doit**	ils/elles **doivent**

4 When followed by an infinitive, the verb **savoir** expresses an ability to do a certain activity; when followed by a noun, **savoir** expresses knowledge of a certain fact.

Elle **sait** danser. *She knows how to (=can) dance.*

Elle **sait** où est l'Opéra Garnier? *Does she know where the Opéra Garnier is?*

Like the other verbs you've learned in this section, the verb **savoir** is irregular. Unlike those verbs, however, all plural forms of **savoir** use the same stem.

savoir (to know, to know how)	
je **sais**	nous **savons**
tu **sais**	vous **savez**
il/elle/on **sait**	ils/ells **savent**

◗ Sample answers to this activity are in Appendice 2 at the back of the book.

Mise en pratique. Indiquez si les gens de la colonne A veulent, peuvent, doivent ou savent faire les activités de la colonne B. Écrivez vos phrases dans la colonne C. **Attention!** Vous pouvez utiliser des formes négatives si vous voulez.

A	B	C
1. Moi, je	savoir parler russe	_____
2. Mon ami(e)	vouloir étudier le français	_____
3. Nous (les étudiants)	devoir préparer un examen ce soir	_____
4. Mes frères/sœurs/cousins	pouvoir faire leurs études ici	_____

A. Écoutez bien! Écoutez la description du week-end chez la famille Cerna. Cochez le verbe que vous entendez dans chaque phrase. Quel membre de la famille a les mêmes intérêts que vous?

		devoir	pouvoir	savoir	vouloir
M. Cerna:	1.	☐	☐	☐	☐
	2.	☐	☐	☐	☐
Mme Cerna:	3.	☐	☐	☐	☐
	4.	☐	☐	☐	☐
Philippe:	5.	☐	☐	☐	☐
	6.	☐	☐	☐	☐

B. La vie d'étudiant. Travaillez avec deux autres camarades. Ensemble, faites des phrases en utilisant des éléments de chaque groupe.

les étudiants	devoir	corriger les devoirs	sortir le soir
mes parents	pouvoir	dormir plus	voyager
le professeur	vouloir	faire leurs devoirs	?

C. Le savoir-faire. Écrivez une liste de cinq choses que vous savez très bien faire. Ensuite, cherchez un(e) camarade avec qui vous ne travaillez pas souvent. À tour de rôle, posez-vous des questions pour savoir si l'autre personne sait aussi faire ces choses.

EXEMPLE: É1: Est-ce que tu sais parler chinois, comme moi?
        É2: Non, pas du tout! (Je ne sais pas du tout parler chinois.)
        É2: Mais est-ce que tu sais jouer du piano, comme moi?
        É1: Oui! (Je sais aussi jouer du piano.)

D. Une partie (*game*) **de Pictionnaire®.** Travaillez avec un(e) camarade. Ensemble, mettez-vous d'accord sur quatre activités que vous voulez faire ensemble ce week-end et *dessinez-les* sur une feuille de papier. Ensuite, montrez (*show*) vos dessins à deux autres étudiants. Est-ce qu'ils peuvent deviner ce que vous voulez faire ce week-end?

EXEMPLE: —Vous voulez cuisiner. C'est ça?
        —Cuisiner?! Mais non! Nous voulons sortir en boîte!

En français

You're already familiar with the pronouns **y** and **en** and with their position before the conjugated verb. When there are two verbs—one conjugated and one in its infinitive form—these pronouns are placed directly before the infinitive (the verb to which they are related).

—Tu veux **aller au cinéma?**

—Oui, je veux bien **y aller!**

ou

—Non, je ne peux pas **y aller.**

—Tu peux **acheter du pain,** s'il te plaît?

—Oui, je peux **en acheter** avant de rentrer.

ou

—Je ne peux pas **en acheter**; la boulangerie est fermée.

E. Des projets pour le week-end. Invitez un(e) camarade à faire quelque chose avec vous ce week-end. Est-ce qu'il/elle accepte ou refuse votre invitation? Pourquoi?

EXEMPLE: —Ça te dit d'aller au cinéma (samedi soir)?
        —Oui, je veux bien y aller! Qu'est-ce que tu veux voir?
        (*ou*)
        —Désolé(e). Je ne peux pas y aller. Je dois rendre visite à ma sœur.

7.2 Tu peux faire quelque chose ce week-end?

The indefinite pronouns quelqu'un, quelque chose, and quelque part

Aimez-vous la routine? Répondez aux questions. Qui dans la classe peut répondre «oui» aux trois questions?

1. Est-ce que vous téléphonez à **quelqu'un** tous les jours?

2. Est-ce que vous allez **quelque part** (*somewhere*) tous les vendredis ou samedis soirs?

3. Est-ce que vous buvez **quelque chose** (*something*) à tous les repas?

Analysons! 1. Quel mot est-ce que toutes ces expressions ont en commun? _____ 2. Dans quelle expression y a-t-il un exemple d'élision? _____

○ Answers to this activity are in Appendice 2 at the back of the book.

1 Indefinite pronouns, **quelqu'un**, **quelque part**, and **quelque chose**, can replace a noun whenever the speaker is unsure of the identity of a person, thing, or place. They are *invariable* in their form.

Quelqu'un achète les billets.	*Someone is buying the tickets.*
Tu veux manger **quelque chose**?	*Do you want something to eat?*
Nous allons **quelque part** cet après-midi.	*We're going somewhere this afternoon.*

2 The pronouns **quelqu'un** and **quelque chose** can both be modified by adjectives, but as you have already seen, these adjectives must be preceded by the preposition **de** (**d'**). Because gender and number are not known, the masculine singular form of the adjective is used by default.

Il cherche **quelqu'un** de **charmant**.	*He's looking for someone charming.*
quelqu'un d'**intelligent**.	*someone intelligent.*
Elle mange **quelque chose** de **bon**.	*She's eating something good.*
quelque chose de **délicieux**.	*something delicious.*

Mise en pratique. Écrivez le pronom indéfini positif (**quelqu'un**, **quelque chose** ou **quelque part**) qui correspond au pronom indéfini négatif indiqué en caractères gras à gauche.

Au négatif	À l'affirmatif
Ils **ne** mangent **rien**.	Ils mangent _____.
Ils **ne** vont **nulle part**.	Ils vont _____.
Elle **ne** cherche **personne**.	Elle cherche _____.

○ Answers to this activity are in Appendice 2 at the back of the book.

3 Just as **quelqu'un** and **quelque chose** can act as the subject of the sentence, so too can their negative equivalents. In these cases, the order of **ne** (**n'**) and **personne/rien** is reversed:

—**Quelqu'un** va au concert ce soir?

—**Quelque chose** est appétissant sur cette carte?

—**Personne ne** va au concert ce soir.

—**Rien n'**est appétissant sur cette carte.

A. Écoutez bien! À quelle sorte de personne ou d'objet est-ce que votre professeur fait référence? Cochez l'expression logique selon la description que vous entendez.

1. ☐ quelqu'un de riche   ☐ quelqu'un de pauvre
2. ☐ quelqu'un de sympa   ☐ quelqu'un de méchant
3. ☐ quelqu'un de travailleur   ☐ quelqu'un de paresseux
4. ☐ quelque chose de moderne   ☐ quelque chose de vieux
5. ☐ quelque chose de beau   ☐ quelque chose de laid

B. Une soirée réussie?

Première étape. Refaites la description d'une soirée chez Thomas en employant les expressions **rien ne... / ne... rien** et **personne ne... / ne... personne.** Faites attention à l'ordre des mots.

> Thomas organise une soirée chez lui ce soir pour fêter son anniversaire et **tout** va bien: **ses colocataires** aident à ranger (*straighten up*) l'appartement, **les plats** sont prêts à servir et **tout le monde** arrive à l'heure. Pendant la soirée, Thomas rencontre **quelqu'un** d'intéressant et son meilleur ami offre **quelque chose** de beau à Thomas en cadeau (*as a gift*).

Deuxième étape. Avec un(e) camarade, discutez de vos préférences lorsque (*when*) vous fêtez votre anniversaire. Préférez-vous fêter ce jour avec quelqu'un de spécial? Manger quelque chose de spécial? Aller quelque part ou rester chez vous?

C. Vos recommandations. Un Français vient d'arriver sur le campus. Il cherche vos recommandations. Complétez ses questions par le pronom indéfini approprié (**quelqu'un, quelque chose** ou **quelque part**). Ensuite, avec un(e) camarade, jouez le rôle du Français et de l'étudiant(e) qui répond à ses questions.

1. Y a-t-il un magasin branché (*trendy*) _____ près du campus?
2. Y a-t-il _____ d'intéressant à voir au cinéma en ce moment?
3. Y a-t-il une bonne boulangerie ou un bon café _____ en ville?
4. Y a-t-il _____ (un auteur) qu'il faut (*that one must*) absolument lire?
5. Y a-t-il _____ (un chanteur) qu'il faut absolument écouter?
6. Y a-t-il _____ de spécial à regarder à la télé en ce moment?

D. Un groupe multi-talentueux?

Première étape. Cochez les activités de la liste que vous savez assez bien (ou très bien) faire.

1. _____ jouer de la guitare / d'un instrument
2. _____ jouer au rugby / à un sport
3. _____ réparer une voiture / un ordinateur
4. _____ faire une tarte aux pommes
5. _____ danser le tango / la salsa
6. _____ parler espagnol / une langue étrangère

Deuxième étape. Travaillez avec trois autres camarades. Une personne va poser des questions au groupe (**Quelqu'un sait... ?**) pour déterminer s'il y a au moins une personne dans le groupe qui sait faire les six activités de la **Première étape.** Pour combien d'activités y a-t-il au moins une personne?

EXEMPLE: —Quelqu'un dans notre groupe sait jouer de la guitare, et c'est Tom. (*ou*)
—Personne ne sait jouer de la guitare dans notre groupe.

7.3 Qu'est-ce que vous avez fait hier?

Talking about past activities using the passé composé

Suzanne raconte ses activités à son mari pendant leur dîner:

Je n'**ai** pas **dormi** tard ce matin. J'**ai commencé** par préparer le petit déjeuner pour Éric et puis j'**ai fait** un peu de ménage. Éric **a regardé** un DVD. (Il **a choisi** *Le Monde de Nemo*, comme toujours.) L'après-midi, j'**ai assisté** à son match de football au parc. Après le match, il **a demandé** une glace. Ensuite, nous **avons rendu** visite à mes parents et nous **avons terminé** la journée par un grand dîner en famille.

Analysons!
1. Les verbes en caractères gras sont au **passé composé**. Le passé composé est composé de combien de parties? _____
2. Quel verbe joue le rôle de *l'auxiliaire* (la première partie)? _____ 3. Quelle est la forme du *participe passé* (la deuxième partie) d'un verbe en **-er** comme **regarder**? _____

○ Answers to this activity are in Appendice 2 at the back of the book.

1 To say that an event began and ended in the past, French uses the **passé composé**, a past-tense verb form that is "composed" of an auxiliary (or "helping") verb in the *present* tense + a past participle. The auxiliary verb used in most cases is **avoir**.

Éric **a regardé** un DVD.	*Eric watched a DVD.*
Ils **ont rendu** visite à ses parents.	*They visited her parents.*

2 The French **passé composé** is the direct equivalent of the English compound past (usually called the "present perfect") but can also be equivalent to the English simple past (usually called the "preterit").

Jean **a** déjà **mangé**.	*John has already eaten (already ate).*
Sandrine **a parlé** à son prof.	*Sandrine has spoken (spoke) to her professor.*

3 The form of the past participle of a given verb depends on which verb group it belongs to:

VERBES EN -er	VERBES EN -ir	VERBES EN -re
jouer → joué	dormir → dormi	vendre → vendu
	finir → fini	

4 Many of the irregular verbs you've learned thus far also have an irregular past participle. Using the past participles in the following list as a clue, write in the infinitive related to each. A few have already been done for you.

J'ai bu _____	On a fait _____	Ils ont su _____ *savoir* _____
Tu as dû _____ *devoir* _____	Nous avons mis _____	Elles ont voulu _____
Il a été _____	Vous avez pris _____	Elles ont vu _____
Elle a eu _____ *avoir* _____	Ils ont pu _____	

○ Answers are in Appendice 2 at the back of the book.

A. Écoutez bien! Votre professeur va parler des activités d'un jeune couple, Benjamin et Madeleine. Indiquez les activités qu'ils font ce week-end et celles qu'ils ont déjà faites le week-end dernier.

	ce week-end	le week-end dernier		ce week-end	le week-end dernier
1.	☐	☐	5.	☐	☐
2.	☐	☐	6.	☐	☐
3.	☐	☐	7.	☐	☐
4.	☐	☐	8.	☐	☐

B. Ce matin. Qu'est-ce que vous avez fait ce matin? Cochez toutes les activités de la liste qui décrivent votre matinée. Ensuite, racontez (*tell*) à un(e) camarade ce que vous avez fait en mettant les activités en ordre chronologique. Utilisez **ensuite... / (et) puis...**

☐ appeler (téléphoner à) mes parents   ☐ finir mes devoirs
☐ attendre le bus   ☐ manger ____
☐ boire ____   ☐ prendre une douche (*a shower*)
☑ dormir jusqu'à (*until*) ____   ☐ regarder la télé
☐ faire de l'exercice / du yoga   ☐ répondre aux méls (*e-mails*)

EXEMPLE: —J'ai dormi jusqu'à 8 h 30, et puis...

En français

When using negation with the **passé composé, ne (n')** precedes the auxiliary verb and **pas, jamais,** etc., directly follow it. The two exceptions to this order are **personne** and **nulle part,** which follow the past participle.

Nous **n'avons pas** fait la vaisselle.	*We didn't do (haven't done) the dishes.*
Nous **n'avons pas encore** commencé.	*We haven't started yet.*
Je **n'ai rien** mangé ce matin.	*I didn't eat (haven't eaten) anything this morning.*
but: Nous **n'avons voyagé** <u>nulle part</u>.	*We didn't travel (haven't traveled) anywhere.*
Nous **n'avons vu** <u>personne</u>.	*We didn't see (haven't seen) anyone.*

C. Déjà fait? Avec un(e) camarade, examinez les tâches (*tasks, chores*) notées dans l'agenda de Robert. À tour de rôle, indiquez s'il a **déjà** fait la tâche ou s'il n'a **pas encore** fait la tâche. Quelles activités avez-vous déjà faites tou(te)s les deux cette semaine? Quelles activités n'avez-vous pas encore faites? Présentez deux exemples à la classe.

EXEMPLE: —Il a déjà fait la lessive, mais il n'a pas encore rangé sa chambre.
—Moi, je n'ai pas encore fait la lessive. Nous avons tous (toutes) les deux déjà vu le dernier film de Luc Besson.

> ✓ ~~faire la lessive~~   téléphoner à maman
> ranger ma chambre   ✓ ~~répondre au mél de Suzanne~~
> ✓ ~~prendre un verre avec Jean-Michel~~   ✓ ~~voir le dernier film de Luc Besson~~
> acheter deux billets pour le concert   finir l'exposé

D. Quelque chose d'inhabituel (*unusual*).

Première étape. Choisissez un verbe de la liste pour compléter chaque question et mettez-le au passé composé. **Attention!** Utilisez chaque verbe *une seule fois*. Vous allez poser ces questions à vos camarades pendant la **Deuxième étape**.

faire	grandir	rencontrer	visiter
gagner (*to win*)	pouvoir	(*to meet*)	voir

1. Qui _____ une pièce de théâtre à New York?
2. Qui _____ le Québec?
3. Qui _____ une vedette de cinéma?
4. Qui _____ voter aux dernières élections présidentielles?
5. Qui _____ un championnat régional/national de sport?
6. Qui _____ un voyage en bateau?
7. Qui _____ dans une famille de quatre enfants ou plus?

Deuxième étape. Trouvez, parmi vos camarades, quelqu'un qui a fait quelque chose d'inhabituel en posant les questions de la **Première étape**. Écrivez le nom de la personne à côté de la question correspondante. (Si vous n'avez trouvé personne, ce n'est pas grave!)

EXEMPLE: —Est-ce que tu as vu une pièce de théâtre à New York?

E. La dernière fois que... Pensez à des activités qu'on fait régulièrement. Proposez-les à votre professeur qui va les écrire au tableau. Ensuite, travaillez avec trois autres camarades pour déterminer qui, parmi vous, a été le dernier / la dernière à faire chacune des activités mentionnées. La personne en question doit alors donner un détail supplémentaire.

EXEMPLE: voir un film français

É1: J'ai vu un film français ce week-end.
É2: J'ai vu un film français il y a quelques mois.
É3: Je ne sais plus... il y a très longtemps...
É1: J'ai été le dernier / la dernière à voir un film français. J'ai vu...

En français

To say that you performed an activity a certain time ago, use the expression **il y a** and a unit of time.

J'ai assisté au concert *il y a* **une semaine**.

I attended the concert a week ago.

On a visité le Louvre *il y a* **deux ans**.

We visited the Louvre two years ago.

Le Zénith (salle de concert) de Strasbourg

7.4 Vous êtes sortis ce week-end?

The use of **être** as auxiliary in the **passé composé**

Voici ce que Fakhira a fait samedi dernier. Indiquez si vous avez fait les mêmes activités.

samedi matin:	Elle **est restée** chez elle.	Elle **a fait** le ménage.
Et vous?	☐ Je **suis resté(e)** chez moi.	☐ J'ai **fait** le ménage.
samedi après-midi:	Elle **est allée** au parc.	Elle **a joué** au volley.
Et vous?	☐ Je **suis allé(e)** au parc.	☐ J'ai **joué** au volley.
samedi soir:	Elle **est sortie** avec ses amis.	Elle **a vu** un film.
Et vous?	☐ Je **suis sorti(e)** avec mes amis.	☐ J'ai **vu** un film.

Analysons! Quels verbes dans la description que vous venez de lire utilisent être comme auxiliaire? _____, _____, _____

○ Answers to this activity are in Appendice 2 at the back of the book.

1 Although most verbs in French use **avoir** as the auxiliary verb in the **passé composé,** there are seventeen verbs that use **être** as the auxiliary instead. The most frequently used one is the verb **aller.**

Il **est allé** au musée.   *He went (has gone) to the museum.*

Nous **sommes allés** au parc.   *We went (have gone) to the park.*

2 Like **aller,** many verbs using **être** as the auxiliary verb express movement (in, out, up, down) from one location to another.

You should be able to provide the past participle of each of the following verbs by using your knowledge of past participle formation. Note that the first letter of each verb makes up the title **Dr. & Mrs. Vandertrampp,** as you saw in the *Study Tip*.

Study Tip

Dr. & Mrs. Vandertrampp is a name that can help you to remember which verbs use **être**: each of the seventeen letters in this name is the first letter of one of the verbs.

○ To learn about verbs that use both **être** and **avoir** as their auxiliary, see Par la suite at the back of the book.

Descendre (il est _____)	**entrer (dans)** *(to enter)*
rentrer (il est _____)	(il est _____)
&	**rester (il est _____)**
Monter *(to go up)*	**tomber** *(to fall)*
(il est _____)	(il est _____)
revenir (il est _____)	**retourner (il est _____)**
sortir (de) (il est _____)	**arriver (il est _____)**
Venir (il est _____)	**mourir** *(to die)*
aller (il est _____)	(il est ___*mort*___)
naître *(to be born)*	**partir (de) (il est _____)**
(il est ___*né*___)	**passer (par)** *(to pass [by])*
devenir *(to become)*	(il est _____)
(il est ___*devenu*___)	

○ Answers to this activity are in Appendice 2 at the back of the book.

3 In addition to being distinct because of their auxiliary, these seventeen verbs are distinct in requiring that the past participle agree in gender and number with the subject of the verb. Just as with many adjectives, **-e** is added for feminine singular agreement, **-s** for masculine plural, and **-es** for feminine plural.

Il est **allé** à la fac.	*He went to campus.*
Elle est **allée** à la bibliothèque.	*She went to the library.*
Ils **sont allés** au resto-U.	*They went to the cafeteria.*
Elles **sont allées** à la salle de gym.	*They went to the gym.*

À noter: Because the past participle of most verbs already ends in a vowel, the addition of **-e**, **-s**, or **-es** does not affect pronunciation, just as with the adjectives **poli(e)(s)** and **bleu(e)(s)**, which you learned about in **Chapitre 2**. The only exception is the verb **mourir**, whose past participle, **mort**, ends in a consonant. The feminine singular and plural endings cause the final consonant to be pronounced: **elle est mor̲te̲, elles sont mor̲tes̲.**

A. Écoutez bien! Votre professeur va parler de Marc et Sophie Béart, un couple qui vient d'avoir un bébé. Identifiez le sujet du verbe et choisissez la forme correcte du participe passé.

1. ☐ rentré ☐ rentrée ☐ rentrés ☐ rentrées
2. ☐ descendu ☐ descendue ☐ descendus ☐ descendues
3. ☐ parti ☐ partie ☐ partis ☐ parties
4. ☐ né ☐ née ☐ nés ☐ nées
5. ☐ sorti ☐ sortie ☐ sortis ☐ sorties
6. ☐ arrivé ☐ arrivée ☐ arrivés ☐ arrivées
7. ☐ devenu ☐ devenue ☐ devenus ☐ devenues
8. ☐ resté ☐ restée ☐ restés ☐ restées

B. De Londres à Paris dans le train.

Première étape. Avec un(e) camarade, consultez l'horaire des trains *Eurostar* pour un voyage de Londres à Paris. À tour de rôle, indiquez à quelle heure les voyageurs sont partis (de Londres) et à quelle heure ils sont arrivés (à Paris).

Aller le mercredi 08/04						
Départ à	05h25	06h55	07h27	08h32	09h01	09h26
Arrivée à	07h50	09h17	09h56	09h47	11h23	11h47
Durée	02h25	02h22	02h29	02h15	02h22	02h21
N° de train	9078	9004	9006	9008	9012	9014

EXEMPLE: —Scott est parti (de Londres) à 5 h 25 et il est arrivé (à Paris) à 7 h 50.

1. Scott—premier train du matin
2. Emma—deuxième train
3. M. et Mme Duclos—troisième train
4. Béatrice et sa sœur Louise—quatrième train
5. une équipe de footballeurs—inquième train
6. vous—dernier train du matin

Les trains Eurostar en gare à Londres

Deuxième étape. Avec un(e) camarade de classe, jouez le rôle de deux détectives. Un crime a été commis (*was committed*) dans le train de 8 h 32. Vous préparez une liste de questions à poser à Béatrice et à sa sœur Louise mentionnées dans la **Première étape.** Utilisez les éléments de la liste suivante.

1. Quel train / prendre
2. À quelle heure / monter dans le train
3. Quel wagon / choisir
4. Que / faire dans le train
5. À qui / parler pendant le voyage
6. À quelle heure / arriver
7. Où / aller ensuite

C. Qu'est-ce qu'on fait d'habitude?

Première étape. Complétez les phrases suivantes. Comparez ce que chaque personne fait **d'habitude** (*normally*) à ce que cette personne a fait hier matin, hier soir ou le week-end dernier en utilisant **par contre** (*instead*).

EXEMPLE: D'habitude, le soir, Jean reste à la maison.
Hier soir, par contre, il est sorti au bar avec des amis.

1. D'habitude, le matin, Dominique ne prend rien au petit déjeuner.
2. D'habitude, le matin, Yves met un beau costume et une cravate.
3. D'habitude, le soir, Stéphanie fait la cuisine.
4. D'habitude, le soir, Pierre regarde la télé dans son lit.
5. D'habitude, le week-end, Vincent et son frère jouent au football.
6. D'habitude, le week-end, André et Chantal louent des films.

Deuxième étape. Avec un(e) camarade, notez aussi des différences entre ce que vous faites d'habitude le matin, le soir ou le week-end et quelque chose que vous avez fait récemment et qui sort de l'ordinaire.

D. Qu'est-ce qui est arrivé? (*What happened?*) Pour chacune des situations suivantes, imaginez avec un(e) camarade ce qui est arrivé à ces gens. Présentez ensuite vos conclusions à la classe qui va alors voter pour la meilleure explication.

EXEMPLE: Pierre n'a pas ses devoirs.
C'est parce qu'il a oublié son cahier.

1. On essaie de téléphoner à Valérie, mais elle ne répond pas.
2. Jean et Marianne ne parlent plus à Stéphanie.
3. La maison est en désordre. Toute la vaisselle est sale.
4. Les parents de Michel sont furieux.
5. Émilie a mal à la tête (*has a headache*).
6. Jules est triste aujourd'hui.

E. Forum: Le week-end dernier. Postez un message sur le **Forum des étudiants** pour décrire ce que vous avez fait le week-end dernier. Suivez l'exemple.

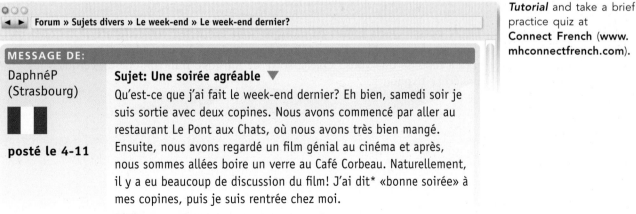

◄ ► Forum » Sujets divers » Le week-end » Le week-end dernier?

MESSAGE DE:

DaphnéP (Strasbourg)

posté le 4-11

Sujet: Une soirée agréable ▼
Qu'est-ce que j'ai fait le week-end dernier? Eh bien, samedi soir je suis sortie avec deux copines. Nous avons commencé par aller au restaurant Le Pont aux Chats, où nous avons très bien mangé. Ensuite, nous avons regardé un film génial au cinéma et après, nous sommes allées boire un verre au Café Corbeau. Naturellement, il y a eu beaucoup de discussion du film! J'ai dit* «bonne soirée» à mes copines, puis je suis rentrée chez moi.

said

Grammaire interactive

For more on **le passé composé**, watch the corresponding *Grammar Tutorial* and take a brief practice quiz at **Connect French** (www.mhconnectfrench.com).

La vraie musique suggère des idées analogues dans des cerveaux° différents.

°brains

—CHARLES BAUDELAIRE*

*Charles Baudelaire (1821–1867) was a famous French writer, best known for his poetry collection *Les Fleurs du mal* (*The Flowers of Evil*), published in 1857. He did not achieve fame until after his death.

La chanson francophone: la musique africaine, québécoise et louisianaise

A. Avant de regarder. La musique francophone reflète la diversité des pays et des régions qui constituent le monde francophone. De quelles parties du monde francophone avez-vous déjà entendu parler en cours de français? Connaissez-vous (*Do you know*) d'autres régions ou pays francophones? Écoutez-vous des chanteurs francophones?

B. Regardez et écoutez. Le professeur va vous parler de la musique du monde francophone. Prenez des notes, mais faites aussi attention à d'autres détails qui pourraient vous aider à comprendre le professeur—l'expression du visage, l'intonation, les images, etc.

C. Complétez. Complétez ces phrases avec des mots ou expressions de la liste suivante. **Attention!** Il y a plus de mots et d'expressions que de réponses.

africains	le mandingue
la chanson francophone en France	la poésie québécoise
Feufollet	Richard Séguin
Jacques Brel	le rock indé
Louisiane	le ti-fer

1. La variété française, le rock, le blues, le hip hop, la soul et le dance/clubbing/techno font partie de _____.
2. L'afro-beat et _____ sont des musiques d'origine africaine.
3. Angélique Kidjo et Lapiro de Mbanga sont des artistes _____.
4. Parmi les chanteurs populaires québécois on trouve Félix Leclerc, Robert Charlebois et _____.
5. On peut entendre de la musique cadienne en _____.
6. Le violon et _____ sont deux instruments typiques de la musique cadienne.
7. _____, un artiste belge, est une des sources d'inspiration pour la chanson populaire québécoise.

D. À vous! Quels genres de musique sont propres à votre culture? Expliquez en donnant des exemples. Posez cette question à un(e) camarade; est-ce qu'il/elle a la même réponse que vous? Quelle sorte de musique francophone est-ce que vous préférez? Expliquez.

Le Petit Nicolas et les opérettes

Les histoires comiques du *Petit Nicolas* de Sempé et Goscinny sont populaires en France depuis les années 1960. Elles racontent les aventures d'un enfant, le petit Nicolas, à l'école primaire, à la maison et en vacances. Un groupe de personnages secondaires forment l'univers de Nicolas, surtout ses parents, ses camarades de classe et ses professeurs (les maîtres et les maîtresses).

Dans «opérette», il y a bien sûr le mot opéra. Une opérette est une forme de théâtre chanté, qui mêle (*mixes*) souvent la comédie au drame, les chansons et les numéros de danse. Le genre, précurseur de la comédie musicale aujourd'hui, a beaucoup de succès en France après la Deuxième Guerre mondiale avec des stars comme Luis Mariano et Tino Rossi. À l'époque de la création du *Petit Nicolas*, on joue des opérettes à Paris et en province. Souvent, les opérettes sont filmées pour la télévision et sont des programmes populaires les soirs de fin de semaine pour toutes les classes sociales.

A. Avant de lire. Avec un(e) camarade, discutez les questions suivantes: Est-ce que vous aimez les comédies musicales? Pourquoi ou pourquoi pas? Quelles comédies musicales est-ce que vous avez vues? Vous êtes allé(e)s au théâtre ou au cinéma récemment? Vous avez une comédie musicale préférée?

B. Lisez. Dans l'extrait proposé ici, Nicolas parle d'opérette avec ses camarades d'école, notamment Geoffroy (qui a des parents riches) et Clotaire (le dernier de la classe). Geoffroy et Clotaire sont des personnages secondaires réguliers dans les récits, avec Maixent et Rufus. Notez que c'est un dialogue et que les enfants utilisent souvent des contractions et des expressions enfantines pour s'exprimer. Pendant votre lecture, identifiez les mots manquants (*missing*) et les expressions orales (par exemple, **Ben** pour **Eh bien**).

—C'est quoi, une opérette?
—Du chouette théâtre.

Les coins lecture et écriture: Additional reading and writing activities are available in the *Workbook / Laboratory Manual* and at **Connect French** (www.mhconnectfrench.com).

Culture en direct

«Le théâtre» (extrait)

Eh, les gars[1]! j'ai crié en entrant dans la cour[2] de l'école. Moi, je vais au théâtre, ce soir!

—C'est pas vrai! a dit Geoffroy.

—Oui monsieur, c'est vrai! j'ai crié. C'est mon oncle, l'explorateur, celui[3] qui voyage tout le temps, qui m'a invité! On va voir une opérette!

—C'est quoi une opérette? a demandé Rufus.

—Ben, c'est du théâtre, j'ai dit. Du chouette[4] théâtre.

—Moi je sais, a dit Clotaire, il y en a à la télé. C'est des trucs[5] où tout le monde chante, et papa il éteint le poste,[6] parce qu'il n'aime pas ça.

—Ah! C'est bien ce que je pensais, a dit Geoffroy. C'est pas du vrai théâtre.

—Si monsieur! j'ai crié, c'est du vrai théâtre!

—Ne me fais pas rigoler,[7] a dit Geoffroy. Tu ne vas pas m'apprendre à moi ce qu'est le théâtre, tout de même! J'y suis allé, moi, et personne n'y chantait. Alors!

—Et le père de Clotaire n'aime pas ça, a dit Maixent. Clotaire vient de le dire.

—Le père de Clotaire, il n'y connaît rien[8]! j'ai crié, et vous, vous êtes tous jaloux!

—Touche pas à ma famille, a dit Clotaire.

—Jaloux, moi, a dit Geoffroy. Ne me fais pas rigoler. D'abord, moi, c'est bien simple, je vais au théâtre quand je veux.

—Ouais, a dit Maixent, moi aussi. Je demande à mon père d'y aller, et bing, j'y vais!

—Moi, je vais demander au mien,[9] a dit Joachim. Si tout le monde peut aller au théâtre, pourquoi j'irais pas,[10] moi?

—Ouais, a dit Rufus.

—Retire[11] ce que tu as dit de mon père! a crié Clotaire.

Moi je leur ai dit qu'ils étaient des minables[12] qui ne sortaient jamais le soir, et qu'au théâtre je rigolerai bien en pensant à eux.[13] On n'a pas pu se battre[14] parce que la cloche a sonné,[15] mais on a décidé de ne plus se parler de toute notre vie.

---

[1]*guys* [2]*courtyard* [3]*the one (the uncle)* [4]*super* [5]*des choses* [6]*Il... he turns off the TV* [7]*rire* [8]*Il... he doesn't know anything*
[9]*mine (my father)* [10]*pourquoi... why wouldn't I go* [11]*Take back* [12]*qu'ils... that they were pathetic* [13]*je... I will laugh thinking about them*
[14]*se... fight* [15]*la... the bell rang*

C. Avez-vous compris? Répondez aux questions suivantes.

1. Avec qui est-ce que le Petit Nicolas va aller au théâtre?

2. Pourquoi est-ce que Geoffroy pense que l'opérette n'est pas du vrai théâtre?

3. Quels amis de Nicolas sont déjà allés au théâtre?

4. Pourquoi est-ce qu'ils doivent interrompre leur dispute?

5. Qu'est-ce qu'ils décident à la fin de la dispute et pourquoi est-ce que c'est comique?

D. À vous! Pensez-vous, comme Geoffroy, que les opérettes et les comédies musicales ne sont pas du vrai théâtre? Pourquoi ou pourquoi pas? Est-ce que vous aimez parler des spectacles avec vos amis? Vous avez déjà eu des désaccords passionnés avec des amis à propos d'un film, d'un livre, d'un artiste? Racontez.

Rétrospective Lever de rideau° sur le théâtre français

°As the curtain rises

> Le théâtre n'est fait que pour être vu.
>
> —MOLIÈRE

Le théâtre est souvent considéré comme un art pour les élites; une forme de divertissement intellectuel. Pourtant, le théâtre est un genre de représentation qui existe depuis la Grèce antique et qui—drames ou comédies classiques—s'adresse à tous les publics. En France, c'est au 17e siècle que le genre a gagné ses lettres de noblesse (*earned recognition*), avec les tragédies classiques de Racine et de Corneille,

La Comédie-française (salle Richelieu)

et les comédies de Molière, le dramaturge (*playwright*) préféré du Roi Soleil (Louis XIV). À l'époque, les pièces sont chantées et contiennent aussi des numéros de danse, mais aujourd'hui, les pièces de Molière sont simplement parlées. Au 18e siècle, les nobles et bourgeois aisés sortent au théâtre à Paris à **La Comédie-française** ou L'Opéra, mais il existe aussi de nombreux théâtres de foires (*fairs*) pour les ouvriers et les gens moins riches. Au siècle suivant, de grands auteurs comme Victor Hugo écrivent des drames romantiques, mais l'on voit aussi se développer le **vaudeville** (ou théâtre de boulevard), un type de comédie légère populaire avec beaucoup de rebondissements (*sudden developments*) et de malentendus (*misunderstandings*).

Le théâtre contemporain est moins traditionnel après les mouvements du surréalisme, de l'existentialisme et de l'absurde, et on constate une créativité dans les formes libérées des règles classiques. Le **Ministère de la Culture** dirige les théâtres nationaux et trois écoles publiques de théâtre, et il y a des festivals de théâtre partout sur le territoire, par exemple le Festival d'Automne à Paris, le Printemps des comédiens à Montpellier, ou le célèbre Festival d'Avignon, où débutants et vétérans «montent sur les planches» (*go on stage*) pour amuser petits et grands chaque été— ceci est sans compter toutes les troupes itinérantes! Et si vous ne pouvez pas aller au théâtre, vous pouvez toujours regarder une pièce filmée à la télé, ou louer le DVD d'une représentation.

Avez-vous compris? Quelles sont les formes du théâtre classique? Quels genres de théâtre sont plus accessibles aux moins riches au 18e et au 19e siècles? Pourquoi est-ce que le théâtre est moins classique aujourd'hui? Comparez le théâtre et le cinéma: quels sont les aspects positifs de chaque forme de représentation? Est-ce que le théâtre est une forme de divertissement populaire pour les étudiants? Pourquoi ou pourquoi pas?

Culture en direct   215

Le coin chanson

iTunes Playlist: This song is available for purchase at the iTunes store. The songs for this feature are not provided by the publisher.

«La Vie en rose»   Édith Piaf, (1946)

A. Avant d'écouter. Lisez la biographie de la chanteuse Édith Piaf, puis répondez aux questions.

Édith Piaf,* surnommée *la Môme* (de l'argot [*slang*] pour «fille» ou «une jeune femme vue comme une fille»), est née en 1915 à Paris. Elle est particulièrement connue pour sa voix saisissante (*astonishing voice*) et son roulement des [r] (*rolling of* [r] *sounds*). Ses chansons les plus connues sont «La Vie en rose», «Non, je ne regrette rien», et «L'Hymne à l'amour». Elle est décédée en 1963 à l'âge de 47 ans suite à des problèmes de santé (*health*). *La Vie en rose* est aussi le titre américain du film français *La Môme* (2007) qui raconte sa vie. Plus de cinquante ans après sa mort, elle demeure la plus célèbre chanteuse francophone à travers le monde.

Édith Piaf (1915–1963)

1. Quel est le surnom français d'Édith Piaf? Qu'est-ce que ce nom veut dire?

2. À quel âge est-elle décédée?

3. Comment s'appelle le film basé sur la vie d'Édith Piaf en France? Et aux États-Unis?

B. Écoutez. Lisez les questions suivantes avant d'écouter la chanson, puis répondez aux questions.

1. De qui est-ce qu'Édith Piaf parle dans cette chanson?
   a. d'une amie d'enfance
   b. de ses enfants
   c. de l'homme qu'elle aime

2. Complétez le refrain de la chanson en utilisant les verbes **parler, prendre** et **voir.**
   «Quand il me _____ dans ses bras (*arms*)
   Il me _____ tout bas (*softly*)
   Je _____ la vie en rose.»

3. Quel est le sens de l'expression *voir la vie en rose*? Quel est l'équivalent de cette expression en anglais?
   a. être réticent ("Once bitten, twice shy.")
   b. être naïvement optimiste ("To see life through rose-colored glasses.")
   c. être aventurier ("You only live once.")

C. À vous! Répondez aux questions suivantes.

1. Cette chanson est utilisée dans beaucoup de films, dont (*including*) *French Kiss* (1995), *The Bucket List* (2007), *X-Men: First Class* (2011). À votre avis, pourquoi utilise-t-on cette chanson si fréquemment et dans quel genre de scène?

2. Qu'est-ce que cette chanson évoque pour vous personnellement? Un lieu? Un sentiment? Les deux?

*En anglais, on appelle Édith Piaf «*The Little Sparrow*» parce que son nom de famille, «Piaf», est un terme d'argot qui signifie *sparrow* en anglais.

Sondage: Avez-vous déjà rêvé de... ?°

°Have you ever dreamed of . . . ?

Première étape. Répondez aux questions suivantes.

1. Avez-vous déjà rêvé de devenir vedette et de jouer (*to act*) dans un film? Si oui, dans quelle sorte de films? Sinon, pourquoi?

2. Avez-vous plutôt (*instead*) rêvé d'être un(e) athlète célèbre? Si oui, dans quel sport? Sinon, pourquoi?

3. Avez-vous déjà rêvé de devenir un jour un(e) musicien(ne)? Si oui, de quel(s) instrument(s) et quel(s) style(s) de musique voulez-vous jouer?

4. Voulez-vous être célèbre? Sinon, pourquoi?

Deuxième étape. Trouvez un(e) camarade qui a répondu à deux de ces questions de la même façon que vous et présentez vos réponses à la classe.

Wyclef Jean, un chanteur haïtien

Tony Parker, un athlète français

L'actrice Marion Cotillard accepte un prix d'interprétation pour le rôle d'Édith Piaf dans le film *La Môme*.

Vocabulaire

Questions et expressions

commencer par (une visite... / visiter...)	to begin with (a visit . . . / by visiting . . .)
depuis combien de temps... ?	for how long . . . ?
depuis quand... ?	since when . . . ?
ensuite,...	next, . . .
(et) puis...	(and) then . . .
il y a (5 ans)	(5 years) ago
terminer par (un dîner...)	to finish/end with (a dinner . . .)

Verbes

assister (à)	to attend
devenir	to become
devoir	to have to, must
enregistrer	to record
entrer (dans)	to enter, go into
monter	to go up, climb
mourir	to die
naître	to be born
passer (par)	to pass, go (by)
pouvoir	to be able, can
retourner	to return
savoir	to know, know how
tomber	to fall
voir	to see
vouloir	to want

Les divertissements (m.)

Entertainment

un aquarium	an aquarium
un billet (d'entrée)	a ticket (for a film, play, etc.)
le câble	cable television
un cinéma	a movie theater
un cirque	a circus
un concert (de jazz)	a (jazz) concert
une console de jeux vidéo	a video game console
un DVD	a DVD
une émission	a show (on television)
un enregistreur numérique	a digital video recorder (DVR)
l'entrée (f.)	admission (to a show)
un événement	an event
une exposition d'art	an art exhibit
un film (sur demande)	a (pay-per-view) movie
un genre	a genre; type, kind
un horaire	a schedule (of show times)
un jeu de société	a board game
un lecteur de DVD	a DVD player
une manette	video game controller

un match	a sports match
un musée	a museum
une pièce (de théâtre)	a (theater) play
une place	a seat (in a theater)
le prix	cost, price
une salle de concert	a concert hall
une séance	a showing (of a film)
une sortie	an outing, going out on the town
un spectacle	a show, performance
un stade	a stadium
un tarif (plein tarif, tarif réduit)	a ticket price (full price, reduced price)
une télécommande	a TV remote control
la télé(vision) (par satellite)	(satellite) TV
un théâtre	a theater

Les genres (m.) de film

Film genres

une comédie (musicale)	a (musical) comedy
un drame	a drama
un film	a film
d'amour	a love story
d'animation	an animated film
d'aventures	an action/adventure film
de guerre	a war film
d'horreur	a horror film
de science-fiction	a science-fiction film
étranger	a foreign film
policier	a mystery, crime drama
un western	a western

Pronoms indéfinis

personne ne (parle)	no one (speaks)
quelque chose	something
quelque part	somewhere
quelqu'un	someone
rien ne (change)	nothing (changes)

Divers

(actuellement) à l'affiche	"now showing," "now playing"
à l'écran	on-screen
en concert	in concert
en ligne	online (Internet)
gratuit(e)	free (at no cost)
même	same (*adj.*); even (*adv.*)
sur scène	onstage
une station de métro	a subway station

Devant le miroir (vers 1889), Edgar Degas

8 L'image de soi°

°*Self-image*

Rappel

Bilan

In this chapter, you will review:

- how to say at what time events occur
- regular verb groups and irregular verbs
- the interrogatives **qu'est-ce que** and **quel(le)(s)**
- the use and forms of the **passé composé**

In this chapter, you will learn:

- to ask for advice or recommendations
- terms for parts of the body
- to talk about daily routines using pronominal verbs
- additional forms for asking questions
- to express past actions using pronominal verbs in the **passé composé**
- about cultural notions of beauty
- about Edgar Degas and his work, *Devant le miroir*, while reviewing vocabulary and grammar from previous chapters

McGraw Hill Education

connect plus+

|FRENCH

www.mhconnectfrench.com

LEARNSMART

Communication en direct

Qu'est-ce qu'il faut faire pour... ? Asking for advice and recommendations

> - To ask someone for advice, you say:
>
>   **Qu'est-ce qu'il faut faire pour + infinitif.**
>
> | | |
> |---|---|
> | **Qu'est-ce qu'il faut faire pour rester en forme?** | *What must/should one do to stay in shape?* |
>
> - To answer, you use **il faut + infinitif.**
>
> | | |
> |---|---|
> | **Pour rester en forme, il faut faire du sport.** | *To stay in shape, one must/should do sports.* |
>
>   **Note** that the expression **il faut** literally means *it is necessary* and that its form is invariable. It is used to give advice in general.
>
> | | |
> |---|---|
> | **—Qu'est-ce qu'il faut faire pour être en bonne santé?** | *What is necessary to do to be in good health?* |
> | **—Pour être en bonne santé, il faut manger correctement.** | *To be in good health, it is necessary to eat properly.* |

A. À l'écran.

Première étape. Avant de regarder, répondez aux trois questions qu'on va poser aux gens de la vidéo: **Qu'est-ce qu'il faut manger/faire pour être en bonne santé (*health*)? Qu'est-ce qu'il faut faire pour rester en forme?**

Vidéo

> EXEMPLE: —Pour être en bonne santé, il faut...

Deuxième étape. Regardez la vidéo et écoutez les réponses des gens, puis écrivez à côté de chacune des réponses suivantes l'initiale de la personne qui a donné cette réponse.

1. Qu'est-ce qu'il faut manger pour être en bonne santé?

Anne-Claire (A-C)   Daniel (D)

Il faut...

_____ a. manger cinq fruits ou cinq légumes par jour

_____ b. manger régulièrement beaucoup de fruits et de légumes et boire beaucoup d'eau

_____ c. manger très équilibré (*balanced*)

_____ d. manger sainement (*heathfully*)

2. Qu'est-ce qu'il faut faire pour être en bonne santé?

Cyril (C)   Jean-Jacques (J-J)

Il faut...

_____ a. manger correctement

_____ b. manger dans des restaurants français

_____ c. faire du sport

3. Qu'est-ce qu'il faut faire pour rester en forme?

Éric-Alexandre (É-A)   Fayçal (F)

Il faut...

_____ a. bien manger

_____ b. courir (*to run*)

_____ c. faire beaucoup d'exercice et beaucoup de sport

_____ d. faire du sport si on peut, ou marcher

_____ e. faire attention à son alimentation (*food*), éviter de (*to avoid*) manger et boire trop sucré

Troisième étape. Répondez aux questions suivantes.

1. Qu'est-ce que vous faites personnellement pour être en bonne santé? Qu'est-ce que vous mangez? Est-ce que vous mangez sainement?

2. Est-ce que vous faites du sport pour rester en forme? Quels sports?

3. Jean-Jacques a dit: «Pour être en bonne santé, il faut manger dans des restaurants français.» Est-ce que vous diriez (*Would you say*): «Pour être en bonne santé, il faut manger dans des restaurants américains»? Pourquoi ou pourquoi pas?

   Je dirais (*would say*) **que / Je ne dirais pas que...**

B. À votre avis, qu'est-ce qu'il faut faire pour gérer (*manage*) le stress?

Première étape. Cochez les deux recommandations de la liste qui sont absolument essentielles, selon vous, pour gérer le stress.

_____ Il faut bien dormir.

_____ Il faut sortir: aller au cinéma, voir des amis, etc.

_____ Il faut manger correctement.

_____ Il faut avoir des distractions comme le sport ou la musique.

_____ Il faut être organisé.

_____ Il faut jouer d'un instrument de musique.

Deuxième étape. Circulez dans la classe et cherchez une autre personne qui a les mêmes réponses que vous. Posez la question:

À ton avis, qu'est-ce qu'il faut faire pour gérer le stress?

Vidéo

C. À l'écran. Maintenant, regardez la vidéo et écoutez les réponses des gens, puis répondez aux questions suivantes.

Nicolas   **Jean-Jacques**   **Xavier**

1. Qui aime jouer d'un instrument pour gérer son stress? De quel instrument?
2. Qui pense qu'il faut sortir?
3. Qui pense qu'il faut bien dormir et faire du sport?
4. Avec qui êtes-vous d'accord?

Vidéo

Tu te lèves / Vous vous levez à quelle heure le matin?

Asking about someone's daily routine

A. À l'écran.

Première étape. Regardez la vidéo et écoutez Daniel (professeur de français dans un lycée [*high school*]) et Anna (lycéenne [*high school student*]) décrire une de leurs journées typiques en semaine. **Attention!** Notez seulement les heures.

À quelle heure...	Daniel	Anna
1. est-ce qu'il se lève (*gets up*)? / est-ce qu'elle se réveille (*wakes up*)?		*à 5 h 30*
2. est-ce qu'il arrive à l'école? / est-ce qu'elle a son premier cours?		
3. est-ce qu'il/elle déjeune?		
4. est-ce qu'il/elle reprend (*goes back to*) les cours?		
5. est-ce qu'il/elle finit les cours?		
6. est-ce qu'il/elle dîne?		
7. est-ce qu'il/elle se couche (*go to bed*)?	*après le dîner*	

Deuxième étape. Répondez aux questions suivantes.

1. À quelle heure est-ce que les cours au lycée commencent en France? À quelle heure est-ce qu'ils finissent? Et dans votre pays?
2. Combien de temps a-t-on pour la pause-déjeuner (*lunch break*)? Quel emploi du temps (*schedule*) préférez-vous: l'emploi du temps américain ou français? Expliquez.
3. À quelle heure est-ce que Daniel et Anna dînent? Et votre famille?
4. À quelle heure est-ce qu'Anna se couche? Et Daniel?
5. Quelles différences culturelles avez-vous découvertes dans la vidéo? Nommez-en trois.

B. À quelle heure... ? Travaillez avec un(e) camarade. En utilisant les verbes et les expressions suivants, posez-lui des questions pour compléter son emploi du temps. Ensuite, changez de rôle. Voici la première et la dernière questions.

EXEMPLES: É1: À quelle heure est-ce que tu te lèves (*do you get up*) le matin?
 É2: Je me lève à...

 É1: À quelle heure est-ce que tu te couches (*do you go to bed*)?
 É1: Je me couche à...

Prénom:	
Activités	**Emploi du temps**
1. se lever le matin	*Il/Elle se lève à ____ heures.*
2. prendre le petit déjeuner	
3. aller à l'université / arriver au travail (au boulot)	
4. avoir cours de ____ heure(s) à ____ heure(s)	
5. déjeuner	
6. étudier	
7. faire ses devoirs	
8. rentrer à la maison	
9. préparer le dîner / dîner	
10. se coucher	*Il/Elle se couche à ____ heures.*

Un petit déjeuner français

Vocabulaire interactif

Tu fais du yoga? Parts of the body

La posture du guerrier° °*warrior* **La posture du triangle**

la tête
le cou
l'épaule
le bras
la poitrine
le ventre
le genou
la jambe

les doigts (*m.*)
la main
le pouce
le coude
la hanche
la cheville
le pied
le poignet
les orteils (*m.*)

Quelle posture est-ce qu'on décrit dans les phrases suivantes?

	la posture du guerrier	la posture du triangle	les deux	ni l'une ni l'autre (*neither one*)
1. On plie (*bends*) un genou.	☐	☐	☐	☐
2. On lève les bras en croix (*parallel to the floor*).	☐	☐	☐	☐
3. On met une main par terre (*the ground*).	☐	☐	☐	☐
4. Les deux pieds restent par terre.	☐	☐	☐	☐
5. On redresse (*straightens*) le cou et la poitrine. On contracte le ventre.	☐	☐	☐	☐
6. Les épaules sont arrondies (*rounded*).	☐	☐	☐	☐
7. Les deux mains reposent sur les hanches.	☐	☐	☐	☐
8. On tourne la tête vers la gauche.	☐	☐	☐	☐
9. On se tient (*holds*) les chevilles.	☐	☐	☐	☐
10. Le pouce et les doigts sont écartés (*spread out*).	☐	☐	☐	☐
11. On plie un coude.	☐	☐	☐	☐
12. Les jambes sont écartées.	☐	☐	☐	☐

○ Answers to this activity are in Appendice 2 at the back of the book.

A. De la tête aux pieds. Demandez à votre professeur de prononcer ces parties du corps en allant de la tête aux pieds. Ensuite, avec un(e) camarade, faites la même chose, mais dans le sens inverse (*opposite direction*)!

les chevilles	les genoux	la poitrine
le cou	les hanches	la tête
les épaules	les pieds	le ventre

B. Un malade imaginaire? Jean se plaint (*complains*) toujours de sa santé. À tour de rôle avec un(e) camarade, imaginez ce qu'il dit après chaque activité.

EXEMPLE: Jean est allé à un concert de rock.
—Aïe! (*Ouch!*) J'ai mal aux oreilles!

1. Il a fait une longue randonnée.
2. Il a passé l'après-midi devant son ordinateur.
3. Il a joué de la guitare toute la journée.
4. Il a joué au tennis toute la journée.
5. Il a mangé trop de bonbons (*candy*).
6. Il a dormi par terre hier soir.

C. Le corps humain dans l'art. Travaillez avec trois autres camarades de classe. Chacun(e) d'entre vous va choisir un des personnages dans le tableau *Les Bergers d'Arcadie* de Nicolas Poussin, peintre français de la période néoclassique. Nommez les parties du corps visibles.

1. l'homme debout (*standing*) à gauche
2. l'homme qui s'agenouille (*kneeling down*) à gauche
3. l'homme qui s'incline (*leaning in*) vers les autres
4. la femme à droite

Les Bergers d'Arcadie (vers 1630), Nicolas Poussin

En français

To indicate that a particular body part hurts, aches, or is sore, use the expression **avoir mal** and a form of the preposition **à**:

J'ai mal au dos / au ventre.
I have a backache. / I have a stomachache.

Il a mal à la tête / à la gorge.
He has a headache. / He has a sore throat.

Tu as mal aux pieds?
Do your feet hurt?

Le visage

There are two words for "face" in French, which can be used interchangeably: **le visage** and **la figure**. Here is a famous face from another French neoclassical work of art, **la statue de la Liberté!**

Not pictured in the illustration: **les dents** (*f.*) (*teeth*) and **la langue** (*tongue*).

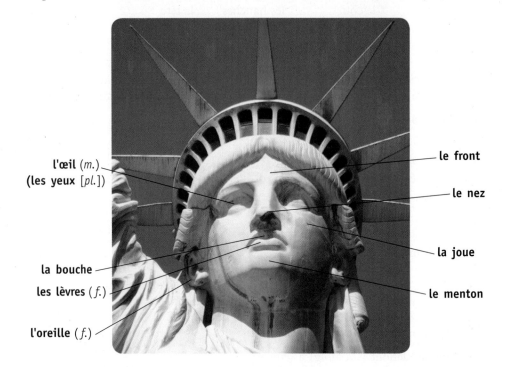

l'œil (*m.*)
(les yeux [*pl.*])

la bouche
les lèvres (*f.*)

l'oreille (*f.*)

le front

le nez

la joue

le menton

D. Jeu 1: Un beau visage. Travaillez en groupe. Sur une feuille de papier, numérotée de 1 à 8, identifiez la partie du visage. Quel groupe a correctement identifié toutes les huit parties du visage?

Vous en avez un(e)...
1. au milieu du visage.
2. au bas (*at the end, bottom*) du visage.
3. entre les cheveux et les yeux.
4. qui contient la langue et les dents.

Vous en avez deux...
5. une supérieure et une inférieure.
6. à droite et à gauche de votre bouche.
7. sur chaque côté de la tête.
8. de couleur bleue peut-être.

E. Jeu 2: Bien accessoirisé. Toujours (*Still*) en groupe, préparez rapidement une liste de *dix* accessoires qu'on associe aux parties du corps dans la liste. Quel est votre score sur dix?

1. la tête (2 accessoires)
2. les yeux (1)
3. les oreilles (1)
4. le cou (3)

5. le poignet ou la cheville (1)
6. les mains (1)
7. la taille (*waist*) (1)

F. Tu trouves ça mignon?

Première étape. La figure est souvent la première chose qu'on remarque chez les autres. Cochez les attributs «inhabituels» que vous trouvez *particulièrement* mignons ou attirants (*attractive*).

☐ les cheveux bouclés
☐ les yeux très clairs
☐ des taches de rousseur (*freckles*)

☐ de belles dents
☐ des fossettes (*dimples*)
☐ une fossette au menton

Deuxième étape. Avec un(e) camarade, comparez vos réponses dans la **Première étape**. Quels attributs trouvez-vous à la fois *(both)* mignons et attirants? Avez-vous un ami / une amie ou un copain / une copine *(boyfriend / girlfriend)* qui a une de ces particularités physiques?

G. On reconnaît l'âne *(recognizes a donkey)* à ses oreilles.

Première étape. On reconnaît souvent les gens à une de leurs particularités physiques. Avec un(e) camarade, indiquez comment on reconnaît les membres de votre famille et vos amis.

> EXEMPLE: —On reconnaît ma mère à ses longs cheveux bouclés.

Deuxième étape. Avec votre camarade, choisissez un acteur / une actrice (un chanteur / une chanteuse) célèbre. Décrivez cette personne en utilisant l'expression **On le/la reconnaît à...** Est-ce que vos camarades sont capables de deviner qui c'est?

Prononcez bien!

To learn about differences in the way **élision** and **liaison** operate with words beginning with the letter **h**, as in **l'homme** and **la hanche**, see the **Prononcez bien!** section of **Chapitre 8** in the *Workbook / Laboratory Manual.*

Chez les Français

Les Français et la chirurgie esthétique°

°*chirurgie... plastic surgery*

En France comme en Amérique du Nord, la chirurgie esthétique est une option pour ceux qui veulent gommer *(erase)* les traces du vieillissement, même si elle comporte des risques. Le «tourisme esthétique» (ou «vacances médicales») est un phénomène assez récent dans la bataille éternelle contre le passage du temps. Pour se faire refaire la poitrine ou remodeler le nez, les Français partent en Argentine ou dans un cadre paradisiaque comme la Tunisie: on part vieux et on revient rajeuni, du moins en apparence! Il n'y a même plus besoin d'un lifting pour se débarrasser des rides *(get rid of wrinkles)* autour des yeux et de la bouche: il suffit d'une injection de Botox®—un produit pharmacologique à base de toxine botulique qui est apparu en France en 2003, un an après son lancement *(launching)* aux États-Unis.

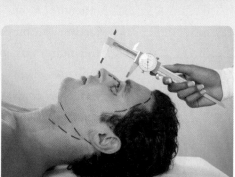

On y entre vieux, on en sort rajeuni!

Et chez vous? Quelle est votre opinion sur la chirurgie esthétique? Est-ce que vous voulez changer votre apparence ou est-ce que vous vous trouvez «parfait(e) comme vous êtes»? Si quelqu'un n'aime pas son physique, quels autres moyens existent pour améliorer *(improve)* son apparence?

Grammaire interactive

Rappel   Regular verb groups and irregular verbs

Il y a toujours quelque chose à faire. Voici une liste d'activités que Robert fait chaque (*every*) matin pendant la semaine. Conjuguez le verbe entre parenthèses pour compléter chaque phrase.

1. Robert _____ (dormir) jusqu'à 6 h.
2. Il _____ (prendre) une douche (*shower*).
3. Il _____ (mettre) un costume.
4. Il _____ (choisir) une belle cravate.
5. Il _____ (boire) son café rapidement.
6. Il _____ (sortir) de chez lui à 7 h.
7. Il _____ (attendre) le bus.
8. Il _____ (arriver) au bureau (*office*).
9. Il _____ (répondre) aux méls.
10. Il _____ (voir) ses clients.
11. Il _____ (finir) ses contrats.
12. Il _____ (rentrer) à midi pour déjeuner.

▶ Answers to this activity are in Appendice 2 at the back of the book.

▶ To review regular -re verbs, see Chapitre 5, Grammaire interactive 5.3; to review -ir verbs like **sortir** and -ir/-iss verbs like **finir**, see Chapitre 6, Grammaire interactive 6.2 and 6.4. To review the irregular verbs **prendre** and **boire**, see Chapitre 5, Grammaire interactive 5.2; to review the irregular verb **mettre**, see the En français feature on page 168; to review the irregular verb **voir**, see the En français feature on page 198.

8.1 Je me lève à 7 h   Talking about daily routines using pronominal verbs

1 Many verbs in French—whether they are part of a particular verb group or are irregular—have a *pronominal* form. You already saw three examples of such verbs in the **Communication en direct** section of this chapter: **se réveiller, se lever,** and **se coucher,** and in **Chapitre 1,** you learned several forms of **s'appeler.** The pronoun that precedes the verb gives it a reflexive meaning, indicating that the action described by the verb is being done to oneself.

Robert **regarde** un portrait.   *Robert is looking at a portrait.*
Robert **se regarde** dans le miroir.   *Robert is looking at himself in the mirror.*

Here are six additional verbs in their pronominal form that have a reflexive meaning. Complete each blank with the appropriate body part using the definite article (le, la, l', les).

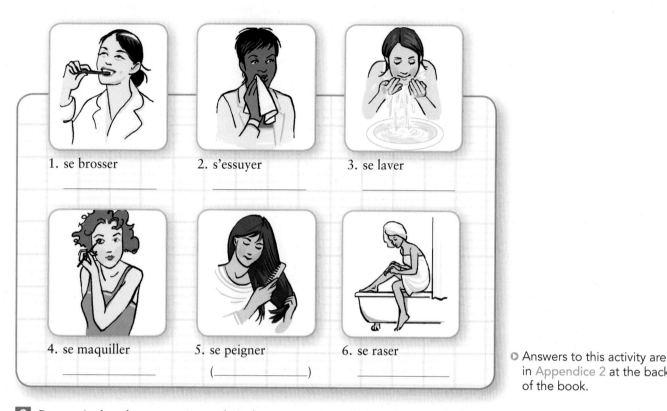

1. se brosser

2. s'essuyer

3. se laver

4. se maquiller
_____

5. se peigner
(_____)

6. se raser
_____

◗ Answers to this activity are in Appendice 2 at the back of the book.

2 Pronominal verbs are conjugated in the same way as their nonpronominal counterparts, but the form of the reflexive pronoun changes to match the grammatical subject. Contraction (**élision**) occurs with the pronouns **me, te,** and **se** when they precede a verb beginning with a vowel or **h,** such as the verb **s'habiller** (*to dress oneself, get dressed*). At this point, you should be able to fill in the forms of **s'habiller** in the chart on the right, using the forms of the verb **se laver** in the chart on the left as a model.

se laver (to wash oneself, get washed)	
je	**me lave**
tu	**te laves**
il/elle/on	**se lave**
nous	**nous lavons**
vous	**vous lavez**
ils/elles	**se lavent**

s'habiller (to dress oneself, get dressed)	
je	_____
tu	_____
il/elle/on	_____
nous	_____
vous	_____
ils/elles	_____

◗ Answers to this activity are in Appendice 2 at the back of the book.

3 The reflexive pronoun forms a "block" with the conjugated verb. When negation is used, **ne** precedes this block and **pas, jamais,** etc. follow it.

Nous **ne nous couchons pas** tard.   *We don't go to bed late.*

Elle **ne se réveille jamais** tôt.   *She never wakes up early.*

○ To learn about the use of pronominal verbs as passive constructions, see Par la suite at the back of the book.

4 For some pronominal verbs, a reflexive meaning is not always immediately apparent to English speakers. For example, **elle s'appelle Suzanne** literally means *she calls herself Suzanne*, but is more naturally expressed in English as *her name is Suzanne* or *she is named Suzanne*. Here are other verbs whose pronominal forms, like **s'appeler**, do not have a reflexive equivalent in English:

s'amuser	*to have fun*	s'endormir	*to fall asleep*
se balader / se promener	*to go for / take a walk*	s'ennuyer	*to be / get bored*
		se sentir	*to feel (sick, well, happy, etc.)*
se dépêcher	*to hurry*		
se détendre	*to relax*	se trouver	*to be located*

Mise en pratique.

Dans chaque cas, utilisez la forme *normale* du verbe dans une des phrases (a. ou b.) et la forme *pronominale* dans l'autre. **Attention!** Considérez bien le sens du verbe pronominal avant de décider.

1. (s')amuser   a. Le clown _____ les enfants.

             b. Les enfants _____ au cirque.

2. (se) sentir   a. Vous _____ bien aujourd'hui?

             b. Vous _____ les fleurs?

3. (se) trouver   a. Je ne _____ pas notre hôtel sur ce plan (*city map*)!

              b. L'hôtel _____ dans l'avenue Kléber.

○ Answers to this activity are in Appendice 2 at the back of the book.

A. Écoutez bien! Votre professeur va décrire les activités de Nadine et de Nicolas, son petit garçon, chaque matin. Cochez l'activité que vous entendez dans chaque phrase.

1. ☐ Elle réveille son fils.   ☐ Elle se réveille.

2. ☐ Elle peigne (les cheveux de) son fils.   ☐ Elle se peigne.

3. ☐ Elle habille son fils.   ☐ Elle s'habille.

4. ☐ Elle met son fils à table.   ☐ Elle se met à table.

5. ☐ Elle sert du chocolat chaud à son fils.   ☐ Elle se sert du chocolat chaud.

6. ☐ Elle lave les mains de son fils.   ☐ Elle se lave les mains.

7. ☐ Elle brosse les dents de son fils.   ☐ Elle se brosse les dents.

B. Au contraire! Travaillez avec un(e) camarade de classe. À tour de rôle, posez-lui une des questions de la première liste. Il/Elle va chercher la réponse contraire dans la deuxième liste.

Liste 1

On se couche?
On se déshabille?
On s'endort?
On s'ennuie?
On prend son temps?
On se salit (*dirty*) les mains?
On se sent mal?
On s'inquiète?

Liste 2

Non, on s'amuse!
Non, on se dépêche!
Non, on se détend!
Non, on s'habille!
Non, on se lave les mains!
Non, on se lève!
Non, on se réveille!
Non, on se sent bien!

C. La routine des étudiants.

Première étape. Conjuguez le verbe entre parenthèses et complétez la phrase en choisissant l'option qui décrit le mieux, selon toute la classe, la vie des étudiants en semaine.

1. Le matin, ils _____ (se lever)	☐ avant 9 h.	☐ après 9 h.
2. Ils _____ (prendre)	☐ une douche.	☐ un bain.
3. Ils _____ (s'habiller) normalement	☐ en jean.	☐ en costume / en tailleur.
4. Pour déjeuner, ils _____ (aller)	☐ au resto-U.	☐ dans un fast-food.
5. Ils _____ (étudier) beaucoup	☐ à la biblio.	☐ au café.
6. Le soir, ils _____ (se détendre)	☐ devant la télé.	☐ avec des amis.
7. Ils _____ (se coucher)	☐ de bonne heure.	☐ tard.

Deuxième étape. Maintenant, posez des questions à un(e) camarade pour déterminer si sa routine préférée correspond déja bien à la routine que vous avez tous décrite dans la **Première étape.**

EXEMPLE: —Est-ce que tu préfères te lever avant ou après 9 h?

En français

Although the infinitive form of a pronominal verb is listed in a dictionary with the pronoun **se**, the pronoun *always* agrees with the grammatical subject of the sentence, whether the verb is conjugated or in its infinitive form immediately following verbs such as **aller, devoir, préférer, vouloir,** etc.

Nous nous amusons bien!	*We're having a good time!*
Nous allons **nous** amuser en vacances!	*We're going to have a good time on vacation!*
Tu te couches tôt?	*Do you go to bed early?*
Tu dois **te** coucher tôt ce soir?	*Do you have to go to bed early tonight?*

D. En bonne santé.

Première étape. Il y a beaucoup de choses qu'on nous conseille de faire (*we are advised to do*) pour être en bonne santé physique *et* mentale. Indiquez les conseils que vous suivez (*follow*) régulièrement.

_____ se coucher tôt et se lever tôt	_____ ne pas fumer
_____ se réveiller en douceur (*slowly, softly*)	_____ s'amuser un peu chaque jour
_____ manger des repas équilibrés	_____ faire de l'exercice physique
_____ ne pas boire (beaucoup) d'alcool	_____ se détendre le soir

Grammaire interactive

For more on reflexive verbs, watch the corresponding *Grammar Tutorial* and take a brief practice quiz at **Connect French** (**www.mhconnectfrench.com**).

Deuxième étape. Travaillez avec un(e) camarade. À tour de rôle, posez-vous des questions pour déterminer quels conseils vous suivez tou(te)s les deux. Faites une liste et présentez-la à la classe.

EXEMPLE: —Nous nous promenons un peu chaque jour; nous ne buvons pas (beaucoup) d'alcool et nous nous détendons le soir.

E. Des conseils. Votre professeur va jouer le rôle de Monsieur ou Madame Tessier, qui ne va pas bien. Donnez-lui vos conseils en employant **vous devez...** ou **vous pouvez...** suivi d'un infinitif. **Attention!** Si vous utilisez l'infinitif d'un verbe pronominal, n'oubliez pas d'employer le pronom réfléchi approprié.

Chez les Français

Les lois anti-tabac°

°*Anti-smoking laws*

Selon un reportage de l'Organisation Mondiale de la Santé en 2013, presqu'un tiers (31%) de la population française fume régulièrement—un taux de tabagisme (*smoking rate*) deux fois plus élevé que le taux constaté (*recorded*) aux États-Unis (14%).

De nouvelles lois anti-tabac sont en vigueur (*in force*) en France depuis 2006. D'abord, dans les années 90, il était interdit (*prohibited*) de fumer dans les bâtiments administratifs, les écoles et les entreprises. En 2006, il a également été interdit de fumer dans les cafés, les restaurants et même les boîtes de nuit. Depuis 2011, il est interdit de vendre des cigarettes aux mineurs de moins de 18 ans.

Une campagne anti-tabac

Malheureusement, la consommation de cigarettes n'a pas encore diminué: On a même constaté une augmentation chez les femmes, à tel point que parmi les adolescents aujourd'hui, le tabagisme est aussi répandu (*as wide-spread*) chez les filles que chez les garçons. Espérant diminuer le nombre de décès dus aux maladies causées par le tabagisme, le gouvernement français a adopté la «journée mondiale sans tabac» tous les ans le 31 mai et son Ministère de la Santé organise des campagnes anti-tabac. Une de ces campagnes utilise plusieurs affiches avec le slogan «Ça vaut le coup d'essayer» (*It's worth a try*).

Et chez vous? Est-ce qu'il y a une loi anti-tabac chez vous? Qu'est-ce que la loi interdit, et permet, en matière de tabac? Et sur votre campus? En général, trouvez-vous les lois anti-tabac en France et chez vous justes? Pourquoi ou pourquoi pas? Qu'est-ce qui explique, selon vous, l'augmentation du nombre de (jeunes) femmes qui fument? Que pensez-vous des campagnes anti-tabac—sont-elles utiles ou inutiles?

To review information questions with **est-ce que**, such as **qu'est-ce que**, see Chapitre 3, Grammaire interactive 3.3. To review the use and forms of **quel(le)(s),** see Chapitre 6, Grammaire interactive 6.3.

Rappel — The interrogatives *qu'est-ce que* and *quel(le)(s)*

Une personne matinale? Complétez chaque question avec **qu'est-ce que** ou la forme appropriée de l'interrogatif **quel(le)(s)**.

1. À _____ heure est-ce que tu te lèves en semaine?
2. _____ tu fais normalement en premier (*first*)?
3. _____ émissions est-ce que tu aimes regarder le matin?
4. _____ tu prends au petit déjeuner?
5. À _____ amis (ou membres de la famille) est-ce que tu téléphones/envoies des textos le matin?
6. _____ est ton premier cours le matin?

Answers to this activity are in Appendice 2 at the back of the book.

8.2 Qu'est-ce qui se passe? Additional forms for asking questions

1 **Qui... ?** (*Who . . . ?*) is used at the beginning of a question when asking about a person. As you saw in the **Rappel** section, **Que (Qu')... ?** *(What... ?)* is used, instead, when asking about something *inanimate* (an object) or *abstract* (a concept, a situation).

—**Qui est-ce que** tu regardes?	*Who are looking at?*
—(Je regarde) **ce monsieur-là** devant la banque.	*(I'm looking at) that man in front of the bank.*
—**Qu'est-ce que** tu regardes?	*What are you watching?*
—(Je regarde) **un vieux film** à la télé.	*(I'm watching) an old movie on TV.*

In the above examples, the answer to both questions is the *direct object* of the main verb **regarder** (the person or thing being looked at/watched).

2 If the answer to a *Who . . . ?* question is instead the *grammatical subject* of a sentence, the form of the question changes slightly:

—**Qui (est-ce qui)** veut se balader?	*Who wants to go for a walk?*
—**Moi! Je** veux me balader un peu!	*Me! I want to go for a little walk!*

À noter: The long form **Qui est-ce qui... ?** is less frequent and used only for emphasis. The short form **Qui . . . ?** followed by a main verb (the verb **vouloir** in the example) is much more common.

3 If the answer to a *What . . . ?* question is the grammatical subject of the sentence, the form of the question changes slightly as well:

—**Qu'est-ce qui** cause le stress?	*What causes stress?*
—**Le changement** peut causer du stress.	*Change can cause some stress.*

The frequently-asked questions listed here all use **Qu'est-ce qui... ?**.

Qu'est-ce qui se passe?	*What's going on?*
Qu'est-ce qui ne va pas?	*What's wrong?*
Qu'est-ce qui est arrivé (à Paul)?	*What happened (to Paul)?*

You should now be able to fill in the correct forms for asking *Who... ?* and *What... ?* in the sentences in the chart below.

	sujet de la phrase	objet direct du verbe
une personne (*Who . . . ?*)	_____ vient à votre fête?	_____ est-ce _____ vous invitez à votre fête?
une chose (*What . . . ?*)	_____ est-ce _____ se passe à vos fêtes?	_____ est-ce _____ vous achetez pour votre fête?

◐ Answers to this activity are in Appendice 2 at the back of the book.

4 Some *Who . . . ?* and *What . . . ?* questions involve a verb that is used with a preposition, such as **sortir avec** or **parler de.** In these cases, the preposition must be placed at the beginning of the question, which is not the case in informal English.

—**Avec qui est-ce que** tu sors?　　*Who(m) are you going out with?*

—**De qui est-ce que** vous parlez?　　*Who(m) are you talking about?*

Although **qui** remains the same whether or not a preposition precedes it, **que** is replaced by **quoi.**

À quoi est-ce que tu penses?　　*What are you thinking about?*

De quoi est-ce que vous avez peur?　　*What are you afraid of?*

Une plaque d'immatriculation québécoise

5 A number of pronominal verbs require the use of a preposition; some of the more frequently used ones are listed here.

se fâcher contre	*to be/get angry at*	**se renseigner** sur	*to find out about*
s'inquiéter de	*to worry about*	**se servir** de	*to use, make use of*
s'intéresser à	*to be interested in*	**se souvenir** de	*to remember*
se moquer de	*to make fun of*	**se spécialiser** en	*to specialize ("major") in*
s'occuper de	*to take care of*	**se tromper** de	*to be mistaken about*

Mise en pratique. Complétez chaque question avec la préposition appropriée + **qui** ou **quoi.** Ensuite, écrivez une réponse logique.

1. _____ est-ce qu'on s'intéresse surtout pendant son enfance?
2. _____ est-ce qu'on peut se spécialiser à la fac?
3. _____ est-ce qu'on se sert pour nettoyer (*clean*) sa chambre?
4. _____ est-ce qu'on se fâche de temps en temps?
5. _____, dans sa famille, est-ce qu'on se moque (parfois)?
6. _____ est-ce qu'on se trompe parfois?
7. _____ est-ce qu'on se renseigne avant d'aller au cinéma?

◐ Answers to this activity are in Appendice 2 at the back of the book.

A. Écoutez bien. Vous allez écouter la description de Bertrand et de sa profession. Répondez aux questions en faisant attention au sens (*meaning*) des expressions interrogatives en **caractères gras**.

1. **Qui (est-ce qui)** travaille à l'hôpital Necker?
2. **Qui est-ce que** Bertrand soigne (*care for*) à l'hôpital?
3. **Qu'est-ce qui** plaît (*is pleasing*) à Bertrand?
4. **Qu'est-ce que** Bertrand fait dans la vie?
5. **À quoi est-ce que** Bertrand s'intéresse depuis toujours?
6. **À qui est-ce que** Bertrand pense souvent?

B. Avec quelle partie du corps... ? Avec un(e) camarade, faites une liste de six questions qui ont, comme réponse, une partie du corps. Ensuite, posez vos questions à deux autres étudiant(e)s.

EXEMPLES: —Avec quoi est-ce qu'on joue du piano?
—De quoi est-ce qu'on a besoin pour entendre?
—Qu'est-ce qui se trouve au milieu du visage?

C. Une session de thérapie.

Première étape. À l'aide de votre professeur, faites une liste des activités qu'on associe, en général, à quelqu'un qui est souvent *stressé* et à quelqu'un qui *s'amuse* dans la vie. Suivez l'exemple ci-dessous.

EXEMPLE: —Quelqu'un qui s'amuse dans la vie sort le week-end avec les gens.

Deuxième étape. Travaillez avec un(e) camarade. L'un d'entre vous va jouer le rôle d'un(e) thérapeute, et l'autre, le rôle de son/sa patient(e). Basé sur la liste des activités que vous avez faite pendant la **Première étape**, le/la thérapeute doit déterminer si son/sa patient(e) est stressé(e) (un peu trop) ou s'amuse (un peu trop) dans la vie.

EXEMPLE: LE THÉRAPEUTE: Est-ce que vous sortez le week-end avec les gens?
LE PATIENT: D'habitude, oui.
LE THÉRAPEUTE: Avec qui (est-ce que vous sortez)?
LE PATIENT: Avec mon copain / ma copine et nos amis.

D. Forum: Qu'est-ce que vous faites pour vous détendre? Postez un message sur le **Forum des étudiants**, pour parler de ce que vous faites pour vous détendre, pour vous amuser et pour ne pas stresser. Suivez l'exemple.

◀ ▶ Forum >> Sujets divers >> Le week-end dernier >> Qu'est-ce que tu as fait pour te détendre?

MESSAGE DE:

Xavier
(Le Mans)

posté le 5-12

Sujet: Pour me détendre ▼

C'est vrai—je suis souvent stressé à la fac (je m'inquiète toujours de mes notes!), mais je fais aussi des choses pour me détendre le soir et le week-end. Le soir, je fais de l'exercice ou du yoga à la salle de gym du campus. Je regarde un peu la télé et puis je prends une douche chaude avant de me coucher. Le week-end, j'aime me balader sur le campus quand il fait beau, aller au cinéma ou prendre un café avec des amis. Quelquefois, je passe le dimanche après-midi chez mes parents. Après un bon repas, je me sens très bien, très détendu!

Rappel

Use and forms of the passé composé

Qu'est-ce que tu as fait hier soir? Commencez chaque question en mettant le verbe entre parenthèses au passé composé. Ensuite, cochez **oui** si vous avez fait cette activité hier soir.

		oui			oui
1. _Tu as dîné_ (dîner) chez toi?	☐		5. _Tu es allé(e)_ (aller) à la gym?	☐
2. _____ (voir) un film?	☐		6. _____ (sortir) avec tes amis?	☐
3. _____ (faire) tes devoirs?	☐		7. _____ (rentrer) très tard?	☐
4. _____ (prendre) un bain?	☐		8. _____ (rester) au lit?	☐

○ Answers to this activity are in Appendice 2 at the back of the book.

○ To review the use and forms of the **passé composé**, see Chapitre 7, Grammaire interactive 7.3 and 7.4.

8.3 Tu t'es amusé(e) hier soir? Using pronominal verbs in the **passé composé**

1 In the **Rappel** section, you reviewed some verbs that use **avoir** as their auxiliary in the **passé composé** and others that use **être**. All pronominal verbs, however, use **être** as their auxiliary (even if the same verb in its nonpronominal form uses **avoir**).

| Le bruit **a réveillé** mon chien. | *The noise woke my dog up.* |
| *but:* Il **s'est réveillé** à 8 h. | *He woke up at 8 o'clock.* |

2 The past participle of pronominal verbs normally agrees with the subject of the sentence.

Marc s'est **réveillé** ce matin à 6 h 30.	*Marc woke up this morning at 6:30.*
Marie s'est bien **amusée** à la fête.	*Marie had a lot of fun at the party.*
Stéphanie et Jules se sont **promenés**.	*Stéphanie and Jules took a walk.*
Mes sœurs se sont **trompées** d'adresse.	*My sisters were mistaken about the address.*

Mise en pratique 1. Jules parle de ce que sa famille a fait ce matin. Complétez chaque phrase en mettant le verbe en caractères gras à la forme du passé composé qui convient.

1. «Moi, je me suis **levé** à 7 h; ma femme aussi: elle _____.»

2. «Ma femme s'est **maquillée**; mes deux filles aussi: elles _____.»

3. «Je me suis **rasé**; mon fils aîné aussi: il _____.»

4. «Je me suis **habillé**; mes enfants aussi: ils _____.»

○ Answers to this activity are in Appendice 2 at the back of the book.

3 No agreement is made on the past participle of pronominal verbs when a direct object follows the verb.

Elle s'est **lavée.**   *She washed herself* (*got washed up*).
but: Elle s'est **lavé la figure.**   *She washed her face. (her face =*
                                         direct object; follows verb)

This is often the case with "daily routine" verbs, as in the example above, as well as with the "accident" verbs listed here.

se **brûler** (la main)	*to burn (one's hand)*	se **couper** (le doigt)	*to cut (one's finger)*
se **casser** (le bras)	*to break (one's arm)*	se **fouler** (la cheville, le poignet)	*to sprain (one's ankle, wrist)*

Mise en pratique 2. Complétez les phrases de la colonne B avec les participes passés de la colonne A. Faites l'accord si nécessaire.

A	B
réveillé	1. Nadine s'est _____ de bonne heure.
levé	2. Elle s'est _____ tout de suite.
lavé	3. Elle s'est _____ la figure.
brossé	4. Elle s'est _____ les dents.
brûlé	5. Elle s'est _____ dans la cuisine.
coupé	6. Et puis, elle s'est _____ le doigt!

○ Answers to this activity are in Appendice 2 at the back of the book.

4 Remember that the reflexive pronoun forms a "block" with the conjugated verb and that in the **passé composé**, the conjugated verb is the auxiliary (**être**). When using negation with pronominal verbs, then, **ne... pas** and other negative expressions surround this block.

Tu **ne** t'es **pas** promené(e)?   *You didn't go for a walk?*
Elle **ne** s'est **jamais** ennuyée en classe.   *She never got bored in class.*

A. Écoutez bien!

Première étape. Quatre étudiants partagent une maison près du campus. Écoutez et déterminez si chacune des activités mentionnées se passe **aujourd'hui** (verbe au présent) ou s'est passée **hier** (verbe au passé).

	aujourd'hui	hier			aujourd'hui	hier
1.	☐	☐		5.	☐	☐
2.	☐	☐		6.	☐	☐
3.	☐	☐		7.	☐	☐
4.	☐	☐		8.	☐	☐

Deuxième étape. Vous entrez dans la salle de bains (*bathroom*) des camarades de la **Première étape** et vous voyez les articles de toilette et les produits de beauté illustrés dans **Vocab supp'**. Imaginez ce que Yasmina et Philippe ont fait ce matin avec ces articles: **Elle s'est... / Il s'est....**

Vocab supp'

Here are a few toiletries (**articles de toilette**) and beauty products (**produits de beauté**) that people use as part of their morning and evening routines.

de l'après-shampooing (*m.*)

du shampooing (*m.*)

de la crème à raser et un rasoir

du savon

une brosse à cheveux et un peigne

du dentifrice et une brosse à dents

du rouge à lèvres et du mascara

B. La matinée d'un couple. Travaillez avec un(e) camarade. À tour de rôle, décrivez ce qué Jean-Pierre et sa femme, Inès, font d'habitude le matin et puis dites ce qu'ils ont fait ce matin pour changer la routine.

EXEMPLE: faire la grasse matinée (*sleep in late*)

> É1: D'habitude, ils font la grasse matinée.
> É2: Ce matin, par contre, ils se sont réveillés de bonne heure.

1. rester en pyjama
2. avoir mauvaise mine (*to look bad*)
3. acheter quelque chose pour le petit déjeuner dans un fast-food
4. regarder la télé avec leur chien
5. laisser la maison en désordre
6. s'ennuyer au travail

C. Jeu: Je ne me suis jamais... Travaillez avec deux autres camarades. Le but (*goal*) de ce jeu est de gagner le maximum de points: chaque fois que vous avez fait quelque chose que les autres membres de votre groupe n'ont *jamais* fait, vous marquez un point.

EXEMPLE: É1: Je me suis cassé le bras.
 É2: Moi non, je ne me suis jamais cassé le bras.
 É3: Moi non plus.
 É1: Un point pour moi!

1. se casser la jambe / le bras
2. s'endormir en classe
3. s'acheter une voiture
4. s'habiller en vampire pour Halloween
5. se fouler la cheville / le poignet
6. s'occuper d'un bébé
7. se promener sur les Champs-Élysées
8. se réveiller avant 6 h
9. se perdre en forêt
10. se tromper en donnant son propre (*own*) numéro de téléphone

D. Un week-end mémorable.

Première étape. Cochez toutes les activités que vous avez faites avec un(e) ami(e) ou un membre de votre famille pendant un week-end mémorable. Ajoutez d'autres activités si vous voulez.

☐ aller au café
☐ assister à une pièce de théâtre
☐ faire du sport
☐ sortir en boîte
☐ _____

☐ s'acheter des vêtements
☐ bien s'amuser à une fête
☐ se balader au parc
☐ se coucher tard
☐ _____

Deuxième étape. En vous basant sur vos réponses de la **Première étape**, décrivez votre week-end à un(e) camarade. Il/Elle peut faire des commentaires ou poser des questions. Après votre discussion, préparez un petit paragraphe qui résume vos activités et qui répond aussi aux questions posées et aux commentaires faits par votre camarade.

Le jardin du Luxembourg à Paris: Avez-vous envie de s'y promener?

L'essentiel est invisible pour les yeux.

—ANTOINE DE SAINT-EXUPÉRY

Qu'est-ce que la beauté?

A. Avant de regarder. Selon vous, qu'est-ce que la beauté? La beauté est-elle dans l'esprit de la personne qui regarde ou dans la chose qu'on regarde? Est-ce une expérience subjective ou est-ce qu'il y a des conditions universelles qui mènent à la perception de la beauté? Cherchez des exemples pour soutenir votre opinion.

B. Regardez et écoutez. Le professeur va vous parler de la notion de beauté dans la littérature et la société.

C. Complétez. Complétez les phrases suivantes avec des termes de la liste. **Attention!** Certains des termes ne sont pas utilisés!

Antiquité	garçon	maman	*La Princesse de Clèves*
La Belle et la Bête	intérieur	*Le Petit Prince*	psychologues
Cyrano de Bergerac	magazines	physique	subjective

1. Le texte pose les questions suivantes: est-ce que la beauté est seulement _____ et _____?

2. Les _____ nous disent qu'il y a des éléments universels liés (*related*) au concept de la beauté physique.

3. Plus une personne est âgée, plus elle trouve que la beauté se trouve à l' _____.

4. Parmi les textes littéraires qui privilégient la beauté physique, il y a _____.

5. Parmi les textes littéraires qui privilégient la beauté intérieure, il y a _____ _____, et _____.

6. Aujourd'hui, la beauté physique continue à être célébrée dans les _____ people (*tabloids*).

D. À vous! À votre avis, est-ce que l'idéal de la beauté féminine a changé depuis le siècle dernier? Y a-t-il des caractéristiques très recherchées (*sought after*) aujourd'hui qui ne l'étaient pas il y a 50, 100 ans? Parmi les critères qui sont considérés comme désirables dans d'autres pays ou d'autres cultures, lesquels ne correspondent pas à votre idée de la beauté?

La Belle et la Bête (1946), film de Jean Cocteau

Rétrospective Auguste Rodin (1840–1917)

Le Baiser (1888–1889)

Fermer tes yeux de chair pour contempler ton image avec l'œil de l'esprit.*

—AUGUSTE RODIN

*Close your eyes of flesh to contemplate your image with your mind's eye.

Pour le grand sculpteur **Auguste Rodin**, créer un équilibre entre le physique et l'intellectuel était essentiel pour bien représenter la condition humaine. On le voit facilement dans *Le Penseur* (fini en 1902), une sculpture très célèbre, mais aussi dans d'autres œuvres moins connues. Par exemple, dans *La Porte de l'Enfer* ("The Gates of Hell"), une œuvre qui a pris trente ans de travail de 1880 à 1917, Rodin a sculpté des corps tordus (*writhing*) pour représenter la détresse des personnages. Avec *Les Bourgeois de Calais* (1885–1895), il commémore les habitants de Calais, une ville du nord de la France, et leur sacrifice pour sauver la population des envahisseurs (*invaders*) anglais pendant la guerre de Cent Ans (1337–1453). Leurs visages révèlent une angoisse physique, la vulnérabilité et le conflit intérieur. Enfin, *Le Baiser* (1888–1889) montre un homme et une femme qui s'embrassent presque (leurs lèvres ne se touchent pas). Dans cette œuvre à la fois classique et moderne, la femme est une partenaire; elle n'est jamais inférieure à l'homme.

Ainsi (*Thus*), pendant toute sa carrière, Auguste Rodin s'est intéressé aux émotions et aux caractères humains, pas seulement à la beauté idéale. La nudité de ses personnages est un signe de simplicité et d'intemporalité (*timelessness*). On peut sans doute expliquer ce choix par certains épisodes spirituels dans la vie de Rodin et ses amitiés littéraires. Il a passé un an dans une communauté religieuse avant de travailler définitivement comme artiste. En 1887, il illustre *Les Fleurs du mal* du poète Baudelaire. Plus tard, il rencontre le peintre impressionniste, Claude Monet, et le post-impressionniste, Paul Cézanne.

La plupart des œuvres mentionnées ici sont exposées au **musée Rodin** à Paris. Si c'est un peu loin, il y a aussi un musée Rodin à Philadelphie et une collection importante de ses œuvres à San Francisco au musée de la Légion d'Honneur.

Avez-vous compris? Quel aspect humain est-ce que Rodin privilègie dans ses sculptures? Que pense Rodin de la relation entre hommes et femmes? À quelles autres formes artistiques Rodin s'intéresse-t-il? Quelle œuvre de Rodin mentionnée dans le texte aimeriez-vous voir, et pourquoi? Quelles autres qualités et quels défauts humains sont souvent représentés dans l'art? Donnez des exemples d'œuvres que vous connaissez.

Sur la vidéo

Rodin a sculpté des corps forts et athlétiques pour représenter la pensée ou l'amour. Pour explorer un autre domaine où se combinent force et esthétique, faites la connaissance d'Andréanne Nadeau, artiste de cirque à l'École nationale de cirque de Montréal, dans la vidéo *Salut de Montréal!* en ligne sur **Connect French** ou sur le DVD d'*En avant!*

Le Petit Prince

Le Petit Prince (1943) est un court roman d'**Antoine de Saint-Exupéry**, écrit pour les enfants et aussi pour les adultes qui ont gardé un cœur d'enfant. C'est un conte philosophique, plein de poésie, dans lequel (*in which*) le monde des adultes est souvent absurde pour les enfants. Le héros, le petit prince, voyage de planète en planète pour chercher un ami, et il rencontre des personnages différents, souvent excentriques. Il devient l'ami d'une rose et d'un renard (*fox*).

Antoine de Saint-Exupéry (1900–1944) était écrivain, poète et aviateur. L'aviation est très présente dans ses autres romans. *Le Petit Prince* a été traduit dans des centaines (*hundreds*) de langues et dialectes.

A. Avant de lire. Pourquoi est-ce que vos amis sont spéciaux? Est-ce que leur physique compte beaucoup? Pensez à vos amis et à votre famille: Quelles qualités cachées (*hidden*) ont-ils? Que pensez-vous des gens qui aiment se plaindre (*complain*) ou se vanter (*brag*) souvent? Vous avez des amis comme ça?

B. Lisez. Dans l'extrait que vous allez lire, le petit prince parle de ses voyages et de son amitié (*friendship*) avec le renard. Sur une planète, il a rencontré une rose qui aime se plaindre beaucoup. Il s'est occupé de cette rose, puis il est parti, mais cette rose—*sa* rose—est encore très présente dans son esprit. Le petit prince ne comprend pas bien le concept de l'amitié, alors le renard (son nouvel ami) lui conseille d'aller voir d'autres roses pour comprendre que sa rose est unique.

Chapitre XXI (extrait)

Le petit prince s'en fut[1] revoir les roses.

—Vous n'êtes pas du tout semblables à ma rose, vous n'êtes rien encore, leur dit-il. Personne ne vous a apprivoisées[2] et vous n'avez apprivoisé personne. Vous êtes comme était mon renard. Ce n'était qu'un renard semblable à cent mille autres. Mais j'en ai fait mon ami, et il est maintenant unique au monde.

Et les roses étaient gênées.[3]

—Vous êtes belles, mais vous êtes vides,[4] leur dit-il encore. On ne peut pas mourir pour vous. Bien sûr, ma rose à moi, un passant ordinaire croirait[5] qu'elle vous ressemble. Mais à elle seule elle est plus importante que vous toutes, puisque[6] c'est elle que j'ai arrosée.[7] [...] Puisque c'est elle que j'ai mise sous globe.[8] Puisque c'est elle que j'ai écoutée se plaindre, ou se vanter, ou même quelque fois se taire.[9] Puisque c'est ma rose.

Et il revint[10] vers le renard:

—Adieu, dit-il.

—Adieu, dit le renard. Voici mon secret. Il est très simple: on ne voit bien qu'avec le cœur. L'essentiel est invisible pour les yeux.

[1]s'en... *went* [2]*tamed* [3]étaient... *were embarrassed* [4]*empty* [5]*would think* [6]*since* [7]*watered* [8]j'ai... *I put under a glass globe* [9]se... *be quiet* [10]*est revenu*

—L'essentiel est invisible pour les yeux, répéta le petit prince, afin de[11] se souvenir.

—C'est le temps que tu as perdu pour ta rose qui fait ta rose si importante.

—C'est le temps que j'ai perdu pour ma rose… fit le petit prince, afin de se souvenir.

—Les hommes ont oublié cette vérité, dit le renard. Mais tu ne dois pas l'oublier. Tu deviens responsable pour toujours de ce que tu as apprivoisé. Tu es responsable de ta rose…

—Je suis responsable de ma rose… répéta le petit prince, afin de se souvenir.

[11]pour

Source: Excerpt and illustration from LE PETIT PRINCE by Antoine de Saint-Exupéry. Copyright 1943 by Houghton Mifflin Harcourt Publishing Company. Copyright © renewed 1971 by Consuelo de Saint-Exupéry. Reprinted by permission of Houghton Mifflin Harcourt Publishing Company. All rights reserved. Antoine de Saint-Exupéry, *Le Petit Prince* © Éditions GALLIMARD; www.gallimard.fr «Tous les droits d'auteur de ce texte sont réservés. Sauf autorisation, toute utilisation de celui-ci autre que la consultation individuelle et privée est interdite».

C. Avez-vous compris? Répondez aux questions suivantes:

1. Pourquoi est-ce que les roses en général sont différentes de la rose du petit prince?
2. Qu'est-ce que le petit prince a fait pour sa rose dans le passé?
3. Est-ce que la rose du petit prince est toujours sympa? Expliquez.
4. Quel est le secret du renard?
5. Pourquoi est-ce que le petit prince répète les phrases du renard?
6. Pour le renard, être ami avec quelqu'un est synonyme de quelle expression à la fin du texte? Être _____ de quelqu'un.

D. À vous! Répondez aux questions suivantes.

1. Pensez-vous, comme le renard, qu'on est responsable de ses amis? Expliquez.
2. Comment avez-vous rencontré les amis que vous aimez le plus? Quelle a été la part du physique (vêtements, visage) et la part de l'intellect (intelligence, sens de l'humour) dans cette rencontre? Et avec votre famille, avec qui avez-vous la meilleure connexion et pourquoi?
3. Que pensez-vous des apparences dans les relations humaines? Pensez-vous que le plus important est «invisible aux yeux»? Expliquez votre opinion.

Le coin ciné

Film: *Cyrano de Bergerac*
(Drame; 1990; France;
Réalisateur: Jean-Paul
Rappeneau; 138 min.)

SYNOPSIS: Cyrano de
Bergerac, the title character of
the 19th century play by
Edmond Rostand and the 1990
film on which it is based, is
smitten with his cousin
Roxanne but soon discovers
that Christian—a younger,
more handsome, but not very
articulate man—is also in love
with her. Cyrano decides to
help Christian woo Roxanne by
writing beautiful love letters
and impassioned speeches for
him to use as his own.

SCÈNE: (DVD, Chapter 5
"Love's Biggest Obstacle,"
00:23:40–00:27:10). In this
scene, Cyrano talks to his best
friend Le Bret about his love for
Roxanne, and why he fears she
will not love him in return.

Avant-première. Comparez vos réponses aux questions suivantes avec celles (*those*) d'un(e) camarade.

1. Quand vous regardez le visage de quelqu'un, quel trait physique est-ce vous remarquez en premier? Ou est-ce que cela dépend de la personne?
2. Quand vous vous regardez dans le miroir, quel trait physique est-ce que vous remarquez en premier?

On tourne! Déterminez si les affirmations suivantes sont vraies ou fausses. Si une affirmation est fausse, corrigez-la en changeant les mots soulignés pour la rendre vraie.

	vrai	faux
1. Cyrano veut être <u>admirable</u> en tout et pour tout.	☐	☐
2. Il déteste Montfleury (un acteur) parce qu'il <u>a insulté</u> la femme qu'il aime.	☐	☐
3. La première chose qu'il remarque chez Roxanne, c'est qu'elle est <u>douce</u>.	☐	☐
4. Il est complexé par (*self-conscious of*) <u>ses grandes oreilles</u>.	☐	☐
5. Il se sent <u>laid et tout seul</u> parfois.	☐	☐
6. Il ne parle pas à Roxanne parce qu'il a peur qu'elle <u>se moque</u> de son nez.	☐	☐
7. La duenna (*chaperone*) raconte à Cyrano que Roxanne veut lui parler <u>samedi, à minuit</u>.	☐	☐

On boucle! Avec un(e) camarade, discutez de la différence entre ceux (*those*) qui s'occupent de leur image et ceux qui se *préoccupent* de leur image. Selon votre discussion, à quel groupe est-ce que Cyrano appartient (*belongs*)? À quel groupe est-ce vous appartenez vous-même?

Gérard Depardieu (Cyrano) et Anne Brochet
(Roxanne) dans le film *Cyrano de Bergerac*

Devant le miroir (vers 1889), Edgar Degas

Edgar Degas (1834–1917) a vécu toute sa vie à Paris. Il a beaucoup produit—des tableaux, des sculptures, des dessins—mais on le reconnaît principalement à ses représentations du monde de la danse. Il a commencé par étudier les grands maîtres. Puis, déçu par les salons académiques, il a joint un groupe indépendant de jeunes artistes qu'on a nommé plus tard les **impressionnistes**. Pourtant, les tableaux de Degas sont différents de ceux de Monet ou Renoir. Il a décrit de manière plus réaliste les détails de la vie parisienne même si sa technique a changé en fonction des sujets. Il a aussi peint beaucoup de scènes intérieures alors que les impressionnistes ont privilégié la nature. *Devant le miroir* est typique du style que l'artiste a développé plus tard dans sa carrière.

A. Description. Complétez le texte avec les mots de la liste. N'oubliez pas de conjuguer les verbes et d'accorder les noms et les adjectifs

bouteille	miroir	se promener
brosse	pouvoir	visage
cheveux	se préparer	vouloir
s'habiller		

Ce matin, la jeune femme _____¹ pour la journée devant son _____.² Elle se peigne. Elle _____³ peut-être se faire belle pour aller _____⁴ dans le parc avec son petit ami? Sur sa coiffeuse (*dressing table*), il y a une _____⁵ à cheveux, un peigne et une _____⁶ de parfum. On ne _____⁷ pas voir son _____⁸ en entier. On ne voit que son profil et ses _____⁹ roux. Après sa toilette, on imagine qu'elle _____,¹⁰ puis elle sort.

B. La vie de Dégas. Complétez les phrases suivantes avec les verbes entre parenthèses au **passé composé** pour en savoir plus sur Degas, une personnalité controversée.

Vers 1874, Degas _____¹ (rejetter) le style académique. Après cette date, il n'_____² (montrer) ses tableaux que dans les Salons officiels. Avec d'autres jeunes peintres, il _____³ (créer) la *Société anonyme des artistes peintres, sculpteurs et graveurs.* (Le terme pour désigner ce groupe d'artistes—«les impressionnistes»—_____⁴ (devenir) courant après 1877.) Mais sa peinture n'a rien en commun avec les tableaux impressionnistes de Monet, car Degas _____⁵ (ne pas vouloir) capturer la lumière dans la nature, mais la personnalité et le mouvement de son sujet. Vers la fin de sa vie, il était isolé parce qu'il _____⁶ (choisir) de ne pas avoir de vie personnelle.

C. Quelqu'un, quelque chose ou quelque part? Pour mieux comprendre pourquoi ce tableau peut—ou ne doit pas—être catégorisée impressionniste, complétez les phrases suivantes avec **quelqu'un, quelque chose,** ou **quelque part.**

Le tableau s'intitule *Devant le miroir.* C'est un titre descriptif qui désigne _____[1] de précis et réaliste. Pourtant, un peintre impressionniste est _____[2] qui peint souvent des sujets anonymes et c'est l'impression qui compte, ou la lumière, pas le réalisme. Pour trouver l'inspiration, les impressionnistes vont généralement _____[3] à l'extérieur: sur une colline, dans un champ ou un jardin. Ici, nous sommes à l'intérieur.

   Qui est-ce que Degas veut représenter ici? _____[4] de calme et élégant, de sensuel même. On ne voit pas le visage de la femme, mais elle tient _____[5] dans la main droite et elle semble rêveuse. Cela relève (*falls under*) plutôt du domaine des impressions. A-t-elle une destination ce jour-là? Est-ce qu'une femme se fait belle seulement quand elle va _____[6]?

D. Appréciation. Discutez les questions suivantes avec vos camarades de classe: Est-ce que vous aimez le style du tableau *Devant le miroir*? Est-ce qu'il vous semble plutôt réaliste ou plutôt impressionniste (ou abstrait)? Expliquez. Comment imaginez-vous la personnalité de cette jeune fille? Est-elle plutôt moderne ou conservative? Pourquoi? Et cet autre tableau de Degas, est-il dans le même style que *Devant le miroir*? Expliquez.

La Salle de danse (vers 1891), Edgar Degas

Vocabulaire

Questions et expressions

À ton/votre avis,...	In your opinion, . . .
Je dirais / Je ne dirais pas...	I would / would not say . . .
Qu'est-ce qu'il faut faire pour (se détendre)?	What should one/you do to (relax)?

Verbes et expressions verbales

avoir mal (à la gorge, au dos)	to have (a sore throat, a backache)
s'amuser	to have fun
se balader/se promener	to go for/take a walk
se brosser (les dents)	to brush (one's teeth)
se brûler (la main)	to burn (one's hand)
se casser (le bras)	to break (one's arm)
se coucher	to go to bed
se couper (le doigt)	to cut (one's finger)
se dépêcher	to hurry
se détendre	to relax
s'endormir	to fall asleep
s'ennuyer	to be/get bored
s'essuyer (les mains)	to dry/wipe (one's hands)
être en bonne santé	to be healthy
se fâcher contre	to be/get angry at
se fouler (la cheville)	to twist (one's ankle)
gérer le stress	to manage stress
s'habiller	to get dressed
s'inquiéter (de)	to worry (about)
s'intéresser à	to be interested in
se laver (la figure)	to wash/clean (one's face)
se lever	to get up
se maquiller (les yeux)	to put on make-up (on one's eyes)
se moquer de	to make fun of
s'occuper de	to take care of
se peigner (les cheveux)	to comb (one's hair)
se raser (les jambes)	to shave (one's legs)
se renseigner sur	to find out about
rester en forme	to stay in shape
se réveiller	to wake up
se sentir (malade)	to feel (sick)
se servir de	to use, make use of
se souvenir de	to remember
se spécialiser en (maths)	to specialize/major in (math)
se tromper de	to be mistaken about
se trouver	to be located

Les parties du corps

Body parts

la bouche	mouth
le bras	arm
la cheville	ankle
le cou	neck
le coude	elbow
la dent	tooth
le doigt	finger
l'épaule (f.)	shoulder
la figure, le visage	face
le front	forehead
le genou	knee
la hanche	hip
la jambe	leg
la joue	cheek
la langue	tongue
la lèvre	lip
la main	hand
le menton	chin
le nez	nose
l'oeil (m.), les yeux (pl.)	eye; eyes
l'oreille (f.)	ear
l'orteil (m.)	toe
le pied	foot
le poignet	wrist
la poitrine	chest
le pouce	thumb
la tête	head
le ventre	stomach

Les articles (m.) de toilette et les produits (m.) de beauté

Toiletries and beauty products

l'après-shampooing (m.)	hair conditioner
une brosse à cheveux	a hairbrush
une brosse à dents	a toothbrush
la crème à raser	shaving cream
le dentifrice	toothpaste
le mascara	mascara
un peigne	a comb
un rasoir	a razor
le rouge à lèvres	lipstick
le savon	soap
le shampooing	shampoo

La Chambre de Van Gogh à Arles (1889), Vincent Van Gogh

9 Chez nous

Bilan

In this chapter, you will learn:

- to describe how things were or used to be
- house and room terms
- to make comparisons with adjectives
- to express repeated or ongoing actions in the past using the **imparfait**
- different ways of viewing past events
- about cultural notions of the home

Mc Graw Hill Education **connect** plus+

|FRENCH

www.mhconnectfrench.com

LEARNSMART

Qu'est-ce que tu aimais / vous aimiez faire... ?

Describing what you liked to do in the past

- In **Chapitre 8,** you learned to use the **passé composé** to tell what happened in the past at specific times.

Hier soir, nous sommes rentrés à 18 h.	*Last night we got home at 6 P.M.*
Nous avons dîné à 20 h.	*We ate dinner at 8 P.M.*

- In this chapter, you will learn how to describe things you did over and over again in the past by answering this question: **Qu'est-ce que tu aimais / vous aimiez faire quand tu étais / vous étiez petit(e)?** (*What did you like to do when you were little?*).

—Qu'est-ce que tu aimais faire quand tu étais petit(e)?	*What did you like to do when you were little?*
—J'aimais faire du vélo.	*I liked to bike ride.*
—Qu'est-ce que vous aimiez faire quand vous étiez petit(e)?	*What did you like to do when you were little?*
—J'aimais lire.	*I liked to read.*

A. À l'écran.

Première étape. Regardez la vidéo et écoutez les gens décrire les activités qu'ils aimaient faire quand ils étaient petits. Écrivez les initiales de la personne à côté de l'activité ou des activités qu'elle aimait faire. **Attention!** Quelques activités sont mentionnées plusieurs fois.

Vidéo

1. Blood (B)

2. Solène (S)

3. Olivier (O)

4. Sylvie Druart (SD)

5. Anna (A)

J'aimais...

_____ a. aller au cinéma.

_____ b. aller chez des copines.

_____ c. aller au parc.

_____ d. faire du vélo.

_____ e. jouer à l'explorateur.

_____ f. jouer avec mes amis aux cowboys et indiens.

_____ g. jouer avec mon ours (*bear*).

_____ h. jouer avec mes amis.

_____ i. lire.

_____ j. regarder des dessins animés (*cartoons*).

Deuxième étape. Maintenant cochez toutes les activités de la **Première étape** que vous aimiez faire quand vous étiez petit(e). À quelle personne de la vidéo est-ce que vous ressembliez le plus (*the most*)?

> EXEMPLE: —J'étais comme Sylvie Druart. Quand j'étais petit(e), j'aimais bien jouer à l'explorateur…

B. Quand j'étais ado (*teenager*), j'aimais…

Première étape. Qu'est-ce que vous aimiez faire quand vous étiez adolescent(e)? Faites une liste de trois activités.

> EXEMPLE: —Quand j'étais ado, j'aimais beaucoup lire jusqu'à 3 h du matin.

Mes activités	Signatures
Quand j'étais ado,	
1.	
2.	
3.	

Deuxième étape. Circulez dans la salle de classe et essayez de trouver trois autres personnes qui aimaient faire les mêmes choses que vous (une activité par personne). Demandez leur signature.

> EXEMPLE: —Quand j'étais ado, j'aimais beaucoup lire jusqu'à 3 h du matin. Et toi? / Et vous?

Comment était… / étaient… ? Describing someone or something in the past

> To have someone describe what something or someone was like in the past, you ask: **Comment était… / étaient… ?**
>
> | | |
> |---|---|
> | —**Comment était ta/votre maison?** | *What was your house like?* |
> | —**Elle était très belle.** | *It was very pretty.* |
> | —**Comment étaient vos professeurs?** | *What were your teachers like?* |
> | —**Ils étaient très autoritaires.** | *They were very authoritarian.* |

Vidéo

A. Comment était votre enfance (*childhood*)? Regardez la vidéo et écoutez les gens parler de certains détails de leur enfance. Ensuite, complétez les phrases de la colonne A avec les options de la colonne B.

	A		**B**

A

1. **Solène**

C'était un appartement _____ .

2. **Patrick**

C'était un appartement _____ .

3. **Cécile**

Mon école était _____ .

4. **Victoria**

Les professeurs étaient _____ .

5. **Camille**

Mon enfance était _____ .

6. **Samir**

C'était _____ . ... C'était un bon endroit _____ .

B

a. sympa

b. pour ne plus penser au stress de la vie

c. très autoritaires

d. en pleine nature dans la forêt équatoriale

e. assez petit

f. beau

g. heureuse et agréable

B. Et vous? Avec un(e) camarade, posez-vous des questions sur votre enfance, à tour de rôle. Utilisez des termes de la colonne A dans vos questions et ceux de la colonne B dans vos réponses.

EXEMPLE: É1: Comment étaient tes parents?
              É2: Ils étaient très autoritaires.
              É2: Et tes parents?
              É1: Mes parents étaient très indulgents.

A	**B**		
tes amis	agréable	grand	en pleine nature
ton appartement / ta maison	amusant	heureux	public
ton école	autoritaire	intéressant	privé
ton enfance	désagréable	indulgent	sérieux
tes parents	difficile	moderne	spacieux
tes professeurs	dynamique	petit	sympa

Vocabulaire interactif

Tu cherches un logement? Talking about one's residence

Chez Abdel Hamid, en Provence

Abdel Hamid habite dans **un immeuble** à Marseille pas trop loin de la mer. Regardez les illustrations, puis complétez la description ci-dessous.

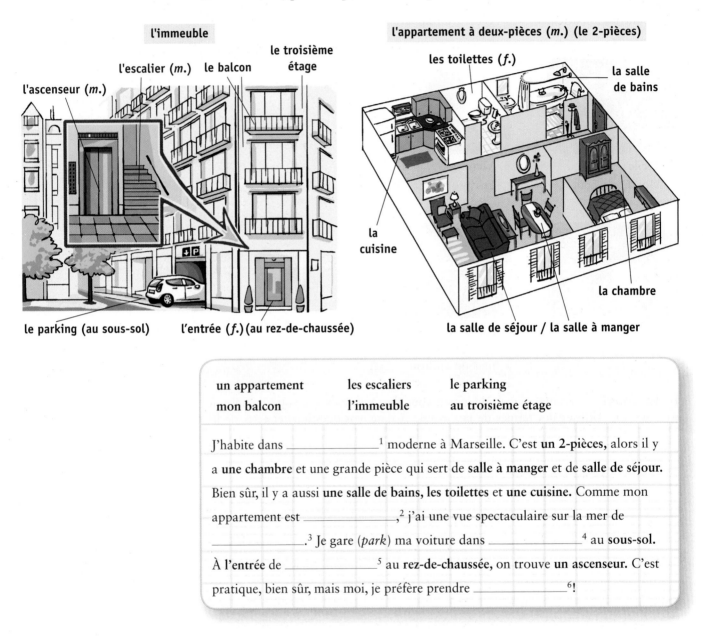

l'immeuble

le troisième
étage

l'escalier (*m.*)   le balcon

l'ascenseur (*m.*)

le parking (au sous-sol)   l'entrée (*f.*) (au rez-de-chaussée)

l'appartement à deux-pièces (*m.*) (le 2-pièces)

les toilettes (*f.*)

la salle
de bains

la cuisine

la chambre

la salle de séjour / la salle à manger

| un appartement | les escaliers | le parking |
| mon balcon | l'immeuble | au troisième étage |

J'habite dans _____¹ moderne à Marseille. C'est **un 2-pièces**, alors il y a **une chambre** et une grande pièce qui sert de **salle à manger** et de **salle de séjour**. Bien sûr, il y a aussi **une salle de bains, les toilettes** et **une cuisine**. Comme mon appartement est _____,² j'ai une vue spectaculaire sur la mer de _____.³ Je gare (*park*) ma voiture dans _____⁴ au **sous-sol**. À l'entrée de _____⁵ au **rez-de-chaussée**, on trouve **un ascenseur**. C'est pratique, bien sûr, mais moi, je préfère prendre _____⁶!

○ Answers to this activity are in Appendice 2 at the back of the book.

Chez Élodie Morin, en Bretagne

Élodie Morin et sa famille habitent dans **une maison** à Quimper, en Bretagne. Regardez les illustrations de sa maison et des pièces, puis écrivez le nom des six pièces nonidentifiées. Ensuite complétez la description ci-dessous.

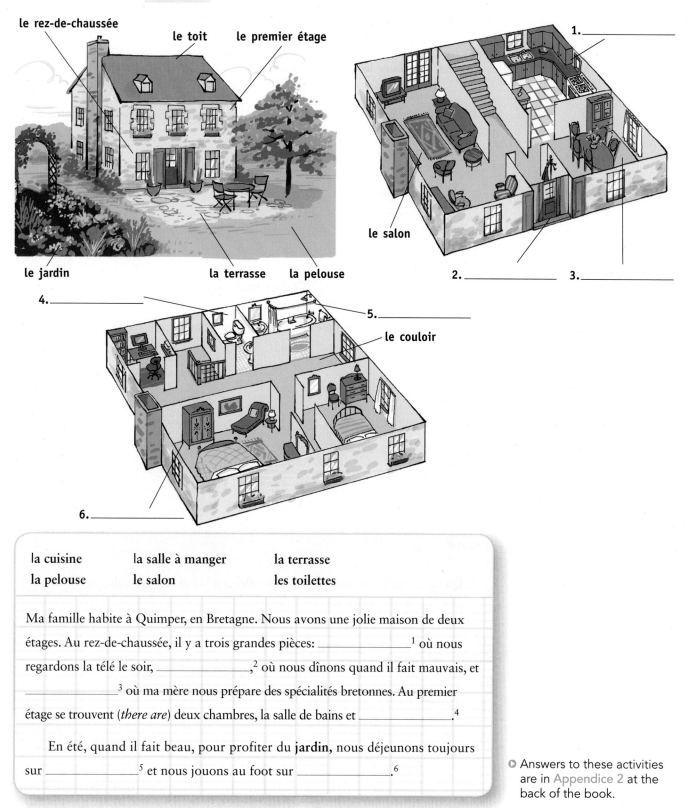

la maison

le rez-de-chaussée   le toit   le premier étage

le jardin   la terrasse   la pelouse

le salon

1. _____

2. _____   3. _____

4. _____   5. _____

le couloir

6. _____

la cuisine	la salle à manger	la terrasse
la pelouse	le salon	les toilettes

Ma famille habite à Quimper, en Bretagne. Nous avons une jolie maison de deux étages. Au rez-de-chaussée, il y a trois grandes pièces: _____[1] où nous regardons la télé le soir, _____,[2] où nous dînons quand il fait mauvais, et _____[3] où ma mère nous prépare des spécialités bretonnes. Au premier étage se trouvent (*there are*) deux chambres, la salle de bains et _____.[4]

En été, quand il fait beau, pour profiter du **jardin,** nous déjeunons toujours sur _____[5] et nous jouons au foot sur _____[6]

▶ Answers to these activities are in Appendice 2 at the back of the book.

A. À la maison. Où est-ce qu'on fait normalement les activités suivantes? Pour quelles activités y a-t-il des réponses différentes dans la classe?

dormir	garer la voiture	planter des fleurs
étudier	jouer au frisbee	se raser
faire la sieste	jouer aux jeux vidéo	regarder la télé
faire la vaisselle	monter au premier étage	servir un repas élégant

EXEMPLE: préparer le petit déjeuner
—Normalement, on prépare le petit déjeuner dans la cuisine.

B. Chez moi. Posez des questions à un(e) camarade sur sa résidence familiale pour obtenir (*obtain*) les détails suivants.

EXEMPLE: le type de logement
—Dans quel type de logement est-ce que ta famille habite?

1. le type de logement
2. l'emplacement (*location*)
3. le temps / la durée
4. le nombre d'étages
5. l'extérieur
6. le nombre de pièces
7. sa pièce préférée
8. ses impressions sur le logement

À la maison: Les meubles,° l'électroménager° et d'autres accessoires ménagers

°*furniture,* °*appliances*

1. Qu'est-ce qu'on ne trouve pas normalement dans une cuisine? _____

   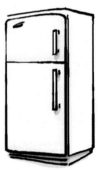

a. **un canapé** (avec **un coussin**) b. **un évier** c. **une cuisinière** d. **un frigo**

2. Qu'est-ce qu'on ne trouve pas normalement dans une salle de bains? _____

a. **une baignoire** b. **un lavabo** c. **un lit** (avec **une couette** et **des oreillers** [*m.*]) d. **un miroir**

3. Qu'est-ce qu'on ne trouve pas normalement dans une chambre? _____

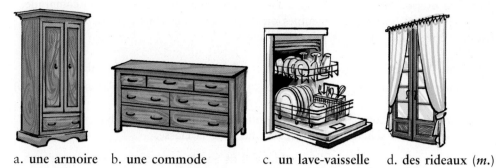

a. **une armoire**   b. **une commode**   c. **un lave-vaisselle**   d. **des rideaux** (*m.*)

4. Qu'est-ce qu'on ne trouve pas normalement dans une salle de séjour? _____

a. **un fauteuil**   b. **une étagère**   c. **une douche**   d. **une table basse**

5. Qu'est-ce qu'on ne trouve pas normalement dans un **placard** (*closet*)? _____

a. **un aspirateur**   b. **un balai**   c. **un four à**   d. **un fer et une**
                                                      micro-ondes   **planche à repasser**

6. Qu'est-ce qu'on n'utilise pas pour décorer le salon?

a. **une lampe**   b. **une cafetière** c. **un cadre**   d. **un tapis**

C. Colocataires.

Première étape. Vous allez partager (*share*) un appartement avec un(e) camarade. Faites chacun(e) une liste de meubles ou d'appareils que vous possédez et qui peuvent être utilisés dans les pièces indiquées.

1. pour le salon (la salle de séjour)
2. pour la salle à manger / la cuisine
3. pour la terrasse / le balcon
4. pour une chambre d'amis (*guest room*)

Deuxième étape. Comparez vos listes pour déterminer quels meubles ou appareils vous devez encore acheter. Faites un résumé pour la classe.

EXEMPLE: —Pour le salon, j'ai un fauteuil et Sarah a un canapé. Nous devons encore acheter une table basse et des lampes.

D. Optionnel ou indispensable? Aidez votre professeur à faire une liste au tableau. Cette liste va inclure cinq ou six appareils ou articles ménagers qu'on ne trouve pas toujours chez les gens. Ensuite, indiquez quels appareils/articles dans la liste au tableau vous trouvez *indispensables* et expliquez pourquoi.

EXEMPLE: —Pour moi, un four à micro-ondes est indispensable parce que je ne sais pas faire la cuisine! Avec un four à micro-ondes, je peux préparer des plats surgelés (*frozen*).

En français

The verb **habiter** means "to live" in the sense of "to reside (in)" or "inhabit" a certain place; the verb **vivre** has these meanings, but it also can mean "to live" in a more general sense.

Tu **vis/habites** à Paris?	*Do you live in Paris?*
Nous **vivons/habitons** dans une belle maison.	*We live in a beautiful house.*
Ils **vivent** pour voyager!	*They live to travel!*
Je préfère **vivre** seul(e).	*I prefer to live alone.*

The conjugation of the verb **vivre** is irregular: There is one stem for the singular forms, **vi-** (je vis, tu vis, il/elle vit) and another for the plural forms, **viv-** (nous vivons, vous vivez, ils/elles vivent). The past participle is also irregular: **vécu** (Il a vécu en France).

E. La famille élargie (*Extended family*). Expliquez à un(e) camarade où vivent les membres de votre famille élargie et dans quel type de logement. Si vous connaissez bien la résidence, décrivez-la plus en détail.

un appartement	une maison de	une maison de	une résidence
une maison	retraite (de repos)	ville (*townhouse*)	universitaire
un mobile home	(*retirement home*)	un pavillon*	

Prononcez bien!

To learn about the spelling and pronunciation of the nasal vowels [ɑ̃] in **chambre**, [ɛ̃] in **jardin**, and [ɔ̃] in **balcon**, see the **Prononcez bien!** section of the ***Workbook / Laboratory Manual***.

EXEMPLE: une grand-mère
—Ma grand-mère vit seule à Chicago, dans un petit appartement. Elle n'a pas de balcon, mais elle a une belle vue sur la ville.

1. une mère / un père (des parents)
2. un frère / une sœur
3. une grand-mère / un grand-père
4. une tante / un oncle
5. un(e) cousin(e)
6. un(e) très bon(ne) ami(e)

*Un pavillon est une petite maison de banlieue (*suburbs*), typiquement d'un seul étage.

F. Forum: La maison de mes rêves. Postez un message sur le **Forum des étudiants** pour décrire la maison de vos rêves. Suivez l'exemple.

○○○

◀ ▶ **Forum >> Sujets divers >> Maison idéale?**

MESSAGE DE:

CRockancourt
(Honfleur)

posté le 07–01

Sujet: La maison de mes rêves ▼

La maison de mes rêves? Elle se trouve à la montagne, dans les Alpes peut-être, parce que j'adore faire du ski. Elle a beaucoup de fenêtres parce que je veux pouvoir profiter de la vue. Comme il fait froid en montagne, il y a aussi une cheminée. Quoi d'autre? Peut-être un ascenseur parce que j'aime les maisons originales et que je n'ai jamais vu de maison avec un ascenseur!

Grammaire interactive

9.1 Un logement plus abordable° °affordable

The comparative and superlative of adjectives

Choisissez **plus** (*more*), **aussi** (*as, equally*) ou **moins** (*less*) pour comparer les résidences universitaires à votre résidence principale («chez vous» ou «chez vos parents»).

1. Les meubles sont **plus / aussi / moins beaux** que les meubles chez moi.

2. Les salles de bains sont **plus / aussi / moins propres** que la salle de bains chez moi.

3. La vue est **plus / aussi / moins impressionnante** que la vue chez moi.

4. Le quartier est **plus / aussi / moins animé** que mon quartier.

Analysons!

1. Écrivez le mot de comparaison utilisé dans les phrases 1–4 qui correspond à chaque symbole: + _____, = _____ et – _____. 2. Quel mot suit (*follows*) toujours l'adjectif dans ces comparaisons? _____

○ Answers to this activity are in Appendice 2 at the back of the book.

1 When making comparisons with adjectives, **plus, aussi,** or **moins** is placed before the adjective and **que (qu')** follows. The adjective agrees in gender and number with the noun it modifies. In the examples that follow, the adjective agrees with the subject of the sentence.

Paul est **plus sportif que** sa sœur.

Stéphanie est **aussi grande que** son frère.

Les deux sont **moins actifs que** leur mère.

Paul is more athletic than his sister.

Stephanie is as tall as her brother.

The two of them are less active than (not as active as) their mother.

2   When making comparisons between people, pronouns can be used in place of nouns. Subject pronouns are used—as always—for the grammatical subject of the sentence, but stressed pronouns (**pronoms accentués**) must be used after **que** (**qu'**).

> **Il** est plus extraverti qu'**eux** (= ses frères).
>   qu'**elles** (= ses sœurs).   *He's more outgoing than them.*

To learn more about the use of stressed pronouns, see Par la suite at the back of the book.

PRONOMS SUJETS	PRONOMS ACCENTUÉS	PRONOMS SUJETS	PRONOMS ACCENTUÉS
je	moi	nous	nous
tu	toi	vous	vous
il	lui	ils	eux
elle	elle	elles	elles
on	soi		

3   The adjective **bon** has a special comparative form—**meilleur** (*better*). The adjective **mauvais** also has a special comparative form—**pire** (*worse*), although **plus mauvais** is also used. Like all other adjectives, these must agree in gender and number with the noun (or pronoun) they modify.

> Cette cuisinière est **meilleure / aussi bonne / moins bonne** que l'autre.
> *This stove is better than / as good as / not as good as* (lit., *less good than*) *the other one.*

> Ces chaises sont **pires (plus mauvaises) / aussi mauvaises / moins mauvaises** que les autres.
> *These chairs are worse than / as bad as / not as bad as* (lit., *less bad than*) *the other ones.*

4   When saying that something is *the most* or *the least* ... (called the *superlative*), the definite article (**le, la, l', les**) precedes **plus** or **moins**, and **de** follows the adjective.

> C'est { **le plus** jeune / **le moins** beau } **de** la famille.   *He is* { *the youngest / the least handsome* } *in/of the family.*

The definite article is also used before **meilleur(e)(s)** and **pire(s)** in the superlative.

> Ce canapé est **le meilleur / le pire** du magasin.
> *This sofa is the best/worst in the store.*

Sample answers to this activity are in Appendice 2 at the back of the book.

> Ces maisons sont **les meilleures / les pires** du quartier.
> *These houses are the best/worst in the neighborhood.*

Mise en pratique.
Complétez les phrases avec le nom d'une pièce, d'un meuble ou d'un appareil ménager et puis la forme superlative de l'adjectif indiqué entre parenthèses.

1. De toutes les pièces chez moi, _____ est _____ (**+ agréable**).

                        _____ est _____ (**+ petit**).

2. De tous les meubles chez moi, _____ est _____ (**– beau**).

                        _____ est _____ (**– usé** [*worn, ragged*]).

3. De tous les appareils ménagers chez moi, _____ est _____ (**+ bon**).

                        _____ est _____ (**– utile**).

258   Chapitre 9   Chez nous

A. Écoutez bien! Votre professeur va lire quelques phrases sur le thème des logements. Décidez si les phrases sont vraies ou fausses.

	vrai	faux
1.	☐	☐
2.	☐	☐
3.	☐	☐
4.	☐	☐
5.	☐	☐
6.	☐	☐
7.	☐	☐

B. Deux chambres. À l'aide des adjectifs de la liste, utilisez **aussi... que** pour noter deux similarités entre Chantal et Jade (et leurs chambres). Ensuite, utilisez **plus/moins... que** ou **meilleur(e)(s) / pire(s)... que** pour noter quatre différences.

bon	gros	lumineux	petit
confortable	jeune	(*brightly lit*)	traditionnel
étroit (*narrow*)	joli	mauvais	usé
grand	large (*wide*)	moderne	vieux/âgé

Chantal

Jade

En français

With the comparative, adjectives retain their position before or after the noun.

Ils ont trouvé **une plus belle maison**.	*They found a prettier house.*
Ils cherchent **une maison plus spacieuse**.	*They're looking for a more spacious house.*

With the superlative, adjectives also retain their position, but if the adjective follows the noun, the definite article must be repeated.

la plus petite maison du quartier	*the smallest house in the neighborhood*
but: **la maison la plus impressionnante** du quartier	*the most impressive house in the neighborhood*

C. Comparaisons.

Première étape. Travaillez avec un(e) camarade. À tour de rôle, comparez-vous selon les questions suivantes et écrivez la réponse (le nom de la personne) à côté de chaque question.

> EXEMPLE: **Qui est le/la *plus* âgé(e)?**
>
> É1: Moi, j'ai 19 ans.
> É2: Je suis plus âgé(e) que toi. J'ai 20 ans.
> *ou* J'ai 20 ans. C'est moi, le (la) plus âgé(e).

1. Qui est le/la *plus* âgé(e)? _____
2. Qui est le/la *moins* sportif/sportive? _____
3. Qui a la *plus* grande famille? _____
4. Qui a le *plus* jeune parent? _____
5. Qui habite la ville la *moins* peuplée? _____
6. Qui a l'horaire le *moins* chargé ce semestre? _____

Deuxième étape. Présentez quelques-unes des (*a few of*) différences entre vous deux à la classe en utilisant le superlatif.

> EXEMPLE: —De nous deux, j'habite la ville la moins peuplée.

D. Deux résidences.

Première étape. Imaginez que vous déménagez de votre résidence actuelle (*current*) pour emménager dans une des deux résidences (A ou B). Regardez les attributs des deux résidences et choisissez la résidence que vous aimez le plus.

Résidence A		Résidence B
une terrasse avec barbecue	ou	un jardin avec piscine
un grand salon ensoleillé (*sunny*)	ou	une grande cuisine moderne
la Wifi gratuite	ou	l'électricité incluse
deux salles de bains	ou	une chambre d'amis
un parking sur place (*on site*)	ou	l'accès facile au campus

Deuxième étape. Travaillez avec un(e) camarade. Si vous avez tous les deux choisi la *même* résidence, dites-lui pourquoi vous estimez que c'est la meilleure. Si vous avez choisi chacun(e) une résidence *différente*, essayez de vous mettre d'accord sur l'une ou l'autre résidence. Suivez l'exemple.

> EXEMPLE: —Une piscine est meilleure (pire, aussi bonne) qu'une terrasse avec barbecue à mon avis parce que (qu')…

Vocab supp'

To say that you're moving out of a residence, use the verb **déménager (de)**; to say that you're moving in, use the verb **emménager (dans)**.

Elle **déménage de** son appartement.
She's moving out of her apartment.

Elle **emménage dans** une maison.
She's moving into a house.

Chez les Français

Les jeunes et le logement

Quand on est étudiant en France, on n'a pas forcément un gros budget, mais on a des options: une chambre dans une résidence universitaire, une chambre à louer chez quelqu'un, un appartement seul ou avec des colocataires ou, si c'est possible, rester chez ses parents! Les résidences universitaires ou «une chambre au CROUS» (l'organisme qui s'occupe de ces logements) semble la meilleure solution quand on est loin de ses parents. Notez que ces chambres sont aussi accessibles aux étudiants étrangers. Certaines sont petites, sans cuisine ou salle de bains (la salle de bains est à l'extérieur de la chambre et on la partage avec d'autres étudiants); d'autres sont plus équipées avec une douche privée. Ces chambres sont moins chères qu'un appartement et donc

Une chambre au CROUS

très populaires, et quand il n'y a plus de place, les étudiants doivent chercher ailleurs. En général, ils préfèrent la colocation car elle permet de se faire des amis et de faire des économies (*save money*), surtout dans les grandes villes. Il faut savoir qu'entre 1998 et 2008, les loyers (*rents*) ont augmenté en moyenne de 40 % en France. Cela a un impact en premier sur les jeunes, étudiants ou pas, qui n'ont souvent pas beaucoup d'argent. *L'Observatoire des inégalités* (www.inegalites.fr), dans une récente étude, nous informe que la crise immobilière (*housing crisis*) a eu un gros impact sur les jeunes et qu'il y a encore beaucoup d'inégalités entre les jeunes en ce qui concerne le logement.

Et chez vous? Quel type de logement est le plus populaire pour les étudiants chez vous—une chambre universitaire ou un appartement? Dans quel type de logement vivez-vous et pourquoi l'avez-vous choisi? Quel conseil pouvez-vous donner à un étudiant français qui veut étudier dans votre université et qui cherche un logement?

9.2 Quand j'étais plus jeune

Using the **imparfait** to express habitual actions in the past

Pour chaque phrase, choisissez l'option (ou les options) qui décrit (décrivent) votre enfance.

1. Quand j'étais enfant, je…
   - ☐ a. **jouais** souvent dehors avec mes amis.
   - ☐ b. **passais** beaucoup de temps dans ma chambre.
   - ☐ c. **restais** toujours auprès de (*around*) ma mère.

2. Quand j'étais jeune, mon meilleur ami / ma meilleure amie…
   - ☐ a. **habitait** la même rue.
   - ☐ b. **habitait** le même quartier.
   - ☐ c. **vivait** dans une autre ville.

3. En famille, nous…
   - ☐ a. **regardions** souvent la télé ensemble.
   - ☐ b. **faisions** souvent du sport ensemble.
   - ☐ c. **sortions** souvent au restaurant ensemble.

4. Pendant les vacances, nous…
   - ☐ a. **restions** chez nous.
   - ☐ b. **rendions** visite à mes grands-parents.
   - ☐ c. **voyagions** souvent.

Analysons! 1. Dans ces phrases, est-ce qu'on parle (a) d'actions spécifiques ou (b) d'événements (*events*) habituels? _____ 2. Comparez la conjugaison avec **nous** à l'imparfait et au présent. Quelle différence remarquez-vous? _____

○ Answers to this activity are in Appendice 2 at the back of the book.

1 The **imparfait** is a past-tense verb form used to express what one used to do on a regular (or "habitual") basis in the past.

Nous **allions** au lac en été.   *We used to go to the lake in the summer.*

2 The **imparfait** form of a given verb is composed of a stem derived from the present-tense **nous** form of that verb (for example, **nous allons** → **all-**), followed by the **imparfait** endings, which are the same for all verbs.

aller (IMPARFAIT)	
RADICAL: **all-**	
j' allais	nous allions
tu allais	vous alliez
il/elle/on allait	ils/elles allaient

3 All verbs follow the pattern described in point 2, with one exception: the verb **être** has an irregular stem (**ét-**) that is followed by the regular **imparfait** endings—**j'étais, nous étions**, etc.

○ Answers to this activity are in Appendice 2 at the back of the book.

Mise en pratique.
Pour chacun des verbes au présent de la colonne A, déterminez le radical utilisé à l'imparfait. Écrivez ce radical dans la colonne B et utilisez-le dans la colonne C pour compléter chaque question. Ensuite, posez ces questions à un(e) camarade de classe pour savoir comment était sa vie quand il/elle avait 10 ans.

A	B (radical)		C
nous sommes	*ét-*	Tu _____ *étais* _____	très sage (*well-behaved*)?
nous devons	_____	Tu _____	faire un peu de ménage?
nous mangeons	_____	Tu _____	des légumes verts?
nous finissons	_____	Tu _____	tes devoirs chaque soir?
nous avons	_____	Tu _____	ta propre (*own*) chambre?
nous nous couchons	_____	Tu _____	avant 21 h?

A. Écoutez bien! Anne-Laure et son frère jumeau, Benjamin, décrivent leur vie actuelle et passée (quand ils étaient au lycée). Écoutez chaque phrase, puis indiquez s'ils parlent du présent ou du passé.

	ils parlent du présent	ils parlent du passé
1.	☐	☐
2.	☐	☐
3.	☐	☐
4.	☐	☐
5.	☐	☐
6.	☐	☐

B. Quand vous étiez au collège (*junior high / middle school*).

Première étape. Complétez les questions avec la forme appropriée de chaque verbe à l'imparfait. Vous allez poser (ou un[e] de vos camarades va poser) ces questions au groupe pendant la **Deuxième étape**.

1. Est-ce que vous _____ (devoir) partager votre chambre avec un frère / une sœur?

2. Est-ce que vos parents _____ (permettre) à vos amis d'y entrer?

3. Est-ce que vous y _____ (passer) beaucoup de temps seul(e)?

4. Est-ce que vous la _____ (ranger [*straighten up*]) souvent?

5. Quels meubles est-ce qu'il y _____ (avoir) dans votre chambre?

6. Comment est-ce que vous _____ (décorer) votre chambre?

Deuxième étape. Travaillez en groupes de quatre. Nommez un chef du groupe. Il/Elle doit poser les questions de la **Première étape** aux membres du groupe, puis partager avec la classe quelques réponses intéressantes obtenues pendant son interview.

> EXEMPLE: —Mike et Carol ne devaient pas partager leurs chambres. Mike ne rangeait jamais sa chambre et Carol mettait beaucoup de posters aux murs.

C. Quel type d'enfant étiez-vous?

Première étape. Donnez quelques caractéristiques qui s'appliquent aux enfants décrits ci-dessous. Votre professeur va mettre vos idées au tableau.

> EXEMPLE: Un(e) enfant très sage obéit toujours à ses parents et finit ses devoirs.

1. un(e) enfant énergique
2. un(e) enfant très sage
3. un(e) enfant timide
4. un(e) enfant têtu(e) (*stubborn*)
5. un(e) enfant imaginatif/imaginative
6. un(e) enfant gâté(e) (*spoiled*)

Deuxième étape. Utilisez la liste que vous avez créée dans la **Première étape** pour dire à un(e) camarade quel genre d'enfant vous étiez. Donnez des détails. Comparez-vous ensuite à d'autres enfants de votre famille (un frère aîné, une cousine, par exemple), si possible.

> EXEMPLE: —J'étais un enfant très sage. J'obéissais toujours à mes parents; je finissais toujours mes devoirs et mes tâches ménagères. Par contre, mon frère aîné était un enfant têtu. J'étais plus sage que lui.

D. Des suggestions. Qu'est-ce que vous suggérez pour aider un ami / une amie dans les situations suivantes?

> EXEMPLE: VOTRE AMI(E): J'ai vraiment envie de sortir ce week-end.
> VOUS: Alors, si on allait au cinéma samedi soir?

1. —J'en ai marre de (*am sick of*) travailler! Je veux m'amuser un peu.
2. —Il n'y a absolument rien à manger chez moi!
3. —Je grossis en ce moment! Je dois faire de l'exercice!
4. —Il fait beau aujourd'hui! Je veux faire quelque chose dehors.
5. —J'ai peur de rater (*fail*) le prochain examen.
6. —Je dois rester chez moi, mais il n'y a rien à faire!

En français

The **imparfait** is generally used for speaking about the past. When combined with the conjunction **si** (*if*), however, it expresses a suggestion.

Si on **allait** au cinéma ce soir?

How about going to the movies tonight?

Si on **faisait** une promenade?

How about taking a walk?

9.3 Qu'est-ce qui se passait?

Using the **imparfait** to express ongoing actions and situations in the past

Quand Christophe est rentré chez lui,...

1. Où était sa famille? _____

2. Qui étudiait? _____

3. Qui regardait la télé? _____

4. Qui dormait sur le canapé? _____

5. Qui jouait sur le tapis? _____

Analysons! 1. Est-ce que ces activités ont commencé **avant** le retour de Christophe? _____ 2. Est-ce que ces activités ont probablement continué **après** son retour? _____ 3. Quelle forme du verbe utilise-t-on pour ces actions «en cours» (*in progress*) dans le passé? _____

○ Answers to this activity are in Appendice 2 at the back of the book.

1 Earlier, you learned that the **imparfait** is used to say what one *used to do* on a regular basis in the past. It is also used to say what one *was doing* in the past, with little or no consideration being given to when the action started or ended. This use of the **imparfait** in French corresponds to the use of the past progressive (*was/were* + *-ing* form) in English.

Son père **regardait** la télé.	*His father was watching TV.*
Sa sœur **étudiait** sur le canapé.	*His sister was studying on the couch.*

2 The **imparfait** is also used with verbs that describe an ongoing "state of being" or "state of mind," a general condition.

Vous **étiez** malade?	*You were sick?*
Il **faisait** très beau!	*The weather was really nice!*
Nous **avions** faim!	*We were hungry!*

Mise en pratique. Vous avez été témoin (*witness*) de la scène illlstrée ci-dessous. Décrivez-la en mettant les verbes entre parenthèses à l'*imparfait*.

Dans la bijouterie, il y _____ ¹ (avoir) une femme aux cheveux noirs. Elle _____ ² (être) assez mince. Elle _____ ³ (porter) un chemisier bleu et elle _____ ⁴ (avoir) un sac à main. Elle _____ ⁵ (regarder) des colliers sur le comptoir (*counter*). Elle _____ ⁶ (vouloir) poser une question au vendeur, mais il ne _____ ⁷ (faire) pas attention à elle. Il _____ ⁸ (aider) un autre client.

◯ Answers to this activity are in Appendice 2 at the back of the book.

A. Écoutez bien! Votre professeur va parler de Sandrine. Samedi, à midi, elle travaillait pendant que ses amis s'amusaient. Indiquez quelle activité de la colonne B faisait chacune des personnes mentionnées dans la colonne A.

A	B
Les amis	Les activités
1. Luc _____.	a. faire du shopping
2. Georges et Isabelle _____.	b. prendre un café
3. Marie _____.	c. partir en voyage
4. Michel _____.	d. acheter une voiture
5. Frédérique _____.	e. aller chercher son ami à l'aéroport
6. Julie et François _____.	f. déjeuner au restaurant
7. Cyril _____.	g. faire la sieste

B. Jeu des suppositions (*Guessing game*). Essayez de deviner ce qu'un(e) camarade faisait hier—à 9 h du matin, à 3 h de l'après-midi et à 9 h du soir—en utilisant des verbes de la liste à l'imparfait. Si vous vous trompez, votre camarade va vous donner la réponse correcte.

dormir	parler au téléphone	se promener
étudier	avec un(e) ami(e)	regarder la télé
être en classe	prendre le petit déjeuner	
faire de la gym	prendre une douche	

EXEMPLE: É1: À 9 h du matin, tu faisais de la gym. C'est exact?
   É2: Oui, c'est vrai. / Non, je...

C. Au début de 2015. Qu'est-ce qui se passait dans la vie des membres de votre famille au début de l'année 2015? Et dans votre vie? Est-ce que c'est toujours le cas? Avec un(e) camarade, posez-vous des questions en utilisant les verbes de la liste ou d'autres verbes de votre choix.

chercher	habiter/vivre	sortir avec
s'ennuyer	s'intéresser à	travailler
s'entendre bien/mal	s'occuper de	
étudier	se sentir	

EXEMPLE: —Au début de 2015, mes parents habitaient dans le Vermont, mais ils voulaient déménager parce qu'ils n'aimaient pas le froid. Maintenant ils habitent en Floride.

D. Ma résidence: au passé et dans l'avenir.

Première étape. À tour de rôle, décrivez la maison / l'appartement où vous avez passé votre enfance: son emplacement, sa taille (*size*), les pièces et ce qu'on trouvait à l'extérieur (un garage, un jardin, une piscine, etc.). Est-ce que la résidence était typique pour le lieu / l'époque?

EXEMPLE: —Quand j'étais petit(e), j'habitais une maison dans la banlieue (*suburbs*) de Philadelphie. C'était une maison très typique pour l'époque: Au rez-de-chaussée, il y avait...

Deuxième étape. Quelle sorte de résidence voulez-vous habiter dans l'avenir? Décrivez-la à votre camarade. Comment est-elle différente de celle (*the one*) que vous avez décrite dans la **Première étape**? (Est-elle plus grande ou plus petite, par exemple?)

Des maisons de ville à Montréal

9.4 Une question de perspective

Use of the **passé composé** versus the **imparfait**

Dans chaque cas, indiquez quelle phrase décrit un événement habituel (**H**) au passé et quelle phrase décrit une action unique et spécifique (**S**) au passé.

1. a. _____ Charles dînait souvent sur sa terrasse.
   b. _____ Paul a dîné sur sa terrasse hier soir.
2. a. _____ Céline a mis ses provisions au sous-sol cette fois-ci (*this time*).
   b. _____ Annabelle mettait toujours ses provisions au sous-sol.
3. a. _____ Henri a acheté des meubles pour la première fois ce week-end.
   b. _____ Normalement, Hervé achetait ses meubles chez IKEA.
4. a. _____ Marion faisait son lit avec soin (*with care*) tous les matins.
   b. _____ Hélène a vite fait son lit ce matin avant de partir.

Analysons! Les actions spécifiques au passé sont représentées par quelle forme verbale—le passé composé ou l'imparfait? _____ Et les événements habituels au passé? _____

◗ Answers to this activity are in Appendice 2 at the back of the book.

1 You have now seen that when talking about the past, verbs can appear in either the **passé composé** or the **imparfait**. The difference between the two does not represent a difference in *tense* (because both are past-tense forms) but, instead, a difference in the way a past event is viewed (its *aspect*): when focusing on its completion, you use the **passé composé.** When focusing on its habitual or ongoing nature, you use the **imparfait.**

LES VERBES D'ACTION AU PASSÉ	
Pierre **a fait** une promenade ce matin.	*completed action*
Pierre **faisait** une promenade tous les jours.	*habitual action*
À midi, Pierre **faisait** une promenade; moi, je **faisais** la sieste!	*ongoing action*

2 This difference between the **passé composé** and the **imparfait** becomes evident in sentences that describe an ongoing action (expressed in the **imparfait**) that is interrupted by a specific action (expressed in the **passé composé**).

Je **rangeais** ma chambre quand ma mère **est entrée**.

I was straightening up my room when my mother came in.

Mise en pratique 1.
Associez chaque action en cours (à l'imparfait) de la colonne A à l'action de la colonne B qui l'a probablement interrompue (au passé composé). **Attention!** Utilisez chaque phrase *une seule fois*.

A (action en cours)	B (interruption)
1. Marc **envoyait** des méls _____	a. quand il **a commencé** à pleuvoir (*rain*).
2. Benjamin **mangeait** sur la terrasse _____	b. quand il **s'est coupé** le doigt.
3. Jean-Pierre **dormait** _____	c. quand son téléphone **a sonné** à 3 h du matin.
4. Guillaume **quittait** la salle de classe _____	d. quand son ordinateur **s'est éteint** (*shut down*).
5. Nathan **préparait** le dîner _____	e. quand le prof **est arrivé**.

◯ Answers to the activities on this page are in Appendice 2 at the back of the book.

3 Another case in which the distinction between the two past tenses is evident is in sentences that describe a completed action (expressed in the **passé composé**) and provide, as its cause, some state of mind or state of being (expressed in the **imparfait**).

Caroline n'**est** pas **allée** en cours parce qu'elle **était** malade.	*Caroline didn't go to class because she was sick.*

Mise en pratique 2.
Associez chaque action (au passé composé) de la colonne A à sa cause (à l'imparfait) de la colonne B.

A (l'action)	B (la cause)
1. Manon **a pris** de l'aspirine _____	a. parce qu'elle **voulait** voir un film.
2. Marie **a loué** une vidéo _____	b. parce qu'elle **était** fatiguée.
3. Anna **s'est couchée** de bonne heure _____	c. parce qu'elle ne **faisait** pas attention.
4. Léa **est tombée** dans l'escalier _____	d. parce qu'elle **avait** mal à la tête.
5. Cécile **a téléphoné** à sa mère _____	e. parce qu'elle **se sentait** triste.

◯ To learn about the use and forms of the pluperfect (**plus-que-parfait**), a tense used to express a past action that occurred before another past action, see Par la suite at the back of the book.

4 To summarize, talking about the past is like telling a story, and all stories—either true or fictional—contain a *background* and a *foreground*. Ongoing or habitual actions in the past, as well as past states of mind and states of being, are usually descriptive statements that constitute the *background* of a story and so are expressed using the **imparfait**; completed actions usually advance the plot of a story, constituting the *foreground*, and so are expressed using the **passé composé**.

Mise en pratique 3.

Dans cet extrait du roman *L'Étranger* d'Albert Camus (1942), le protagoniste Meursault visite l'asile (*rest home*) de sa mère après sa mort. Lisez l'extrait, puis indiquez si chaque verbe en caractères gras représente **une action** (**A**) qui avance l'intrigue (*plot*) de l'histoire ou **une description** (**D**) des gens ou de la scène.

Nous **avons** tous **pris**[1] du café, servi par le concierge. Ensuite, je ne sais plus. La nuit **a passé**.[2] Je me souviens qu'à un moment j'**ai ouvert**[3] les yeux et j'**ai vu**[4] que les vieillards (*old folks*) **dormaient**[5] tassés (*slumped*) sur eux-mêmes, à l'exception d'un seul qui [...] me **regardait**[6] fixement comme s'il n'**attendait**[7] que mon réveil. Puis j'**ai** encore **dormi**.[8] Je **me suis réveillé**[9] parce que j'**avais**[10] de plus en plus mal aux reins (*lower-back pain*).

Source: Albert Camus, *L'Étranger* © Éditions GALLIMARD; www.gallimard.fr "Tous les droits d'auteur de ce texte sont réservés. Sauf autorisation, toute utilisation de celui-ci autre que la consultation individuelle et privée est interdite".

1. _____	4. _____	7. _____	10. _____
2. _____	5. _____	8. _____	
3. _____	6. _____	9. _____	

Grammaire interactive

For more on **l'imparfait** and **le passé composé**, watch the corresponding *Grammar Tutorial* and take a brief practice quiz at **Connect French (www.mhconnectfrench.com)**.

▶ Answers to this activity are in Appendice 2 at the back of the book.

A. Écoutez bien! Céline passe quelques jours à New York et téléphone à ses parents en France. Vous allez entendre ses réponses aux questions de ses parents. Dans chaque cas, indiquez si le verbe que vous entendez est à l'imparfait ou au passé composé).

	l'imparfait	le passé composé
1.	☐	☐
2.	☐	☐
3.	☐	☐
4.	☐	☐
5.	☐	☐
6.	☐	☐

B. Franck et Madeleine. À l'aide des images et des verbes, indiquez ce que Franck faisait (à **l'imparfait**) quand Madeleine l'a interrompu (au **passé composé**).

1.

surfer sur Internet... / entrer

2.

passer l'aspirateur... / laisser tomber (*to drop*) un verre d'eau

3.

4.

manger... / offrir   préparer... / sonner (*to ring*)

C. Causes et conséquences. À tour de rôle avec un(e) camarade, imaginez ce que Franck a fait (au **passé composé**) selon chaque circonstance dans la liste (à l'imparfait).

EXEMPLE: ... il se sentait malade.
—Franck est resté au lit parce qu'il se sentait malade.

1. ... il devait étudier.
2. ... il avait très faim.
3. ... il ne voulait pas sortir.
4. ... il était fauché.
5. ... il n'aimait pas son colocataire.
6. ... il s'ennuyait.

D. Un séjour au ski. Travaillez avec un(e) camarade pour compléter le récit de Madeleine, qui a passé ses vacances d'hiver dans un chalet en Suisse. Conjuguez les verbes entre parenthèses **au passé composé** ou **à l'imparfait**, selon le cas.

L'année dernière, pour les vacances d'hiver, ma famille _____¹ (**louer**) un chalet à Gryon, en Suisse parce que tout le monde _____² (**vouloir**) faire du ski. Quand nous _____³ (**arriver**) au chalet le soir, les propriétaires _____⁴ (**être**) déjà là pour nous accueillir (*welcome us*).

Le lendemain matin (*next morning*), je _____⁵ (**se réveiller**) de bonne heure et je/j' _____⁶ (**regarder**) par la fenêtre: Il y _____⁷ (**avoir**) beaucoup de neige (*snow*) et il _____⁸ (**faire**) froid, bien sûr! Quelle belle journée pour une aventure sur les pistes (*trails*)!

Mes parents _____⁹ (**préparer**) le petit déjeuner et puis nous _____¹⁰ (**mettre**) nos combinaisons de ski (*snowsuits*). La station de ski la plus proche _____¹¹ (**se trouver**) à cinq kilomètres du chalet, alors nous y _____¹² (**aller**) en voiture.

Une fois au sommet, on _____¹³ (**commencer**) à descendre une piste assez raide (*steep*). Je pense que je/j' _____¹⁴ (**aller**) un peu trop vite parce que, tout d'un coup (*all of a sudden*), je _____¹⁵ (**tomber**) et je _____¹⁶ (**se fouler**) la cheville. Et pour le restant de mes vacances? Et oui... je _____¹⁷ (**rester**) dans notre beau chalet, sur un canapé devant la cheminée!

Chez les francophones: En Suisse

Le Chalet suisse: une habitation traditionnelle pour le 21ᵉ siècle

Les chalets traditionnels sont communs dans les milieux montagnards de Suisse et dans les régions voisines (*neighboring*), dont la Haute-Savoie en France. Ces maisons construites en bois (*wood*) lourd pour supporter la neige peuvent dater du dix-huitième siècle. Le style est devenu très populaire au dix-neuvième siècle et on trouve aujourd'hui des maisons inspirées par le style chalet dans les banlieues urbaines de beaucoup de pays. En Suisse, les chalets font partie de la tradition nationale et certains sont inscrits au patrimoine des monuments historiques, comme les chalets historiques de Gryon, au cœur des Alpes suisses, que vous pouvez louer pour les vacances. Certains ont été transformés en hôtel ou en restaurant.

D'après un article de *L'Hebdo*, un magazine suisse qui sort une fois par semaine, le chalet suisse évoque immédiatement les loisirs et les vacances à la montagne, même si, à l'origine, le chalet était plutôt une habitation paysanne (*peasant*) isolée où les hommes et les animaux pouvaient vivre sous le même toit. On construit toujours des chalets aujourd'hui, mélanges de style traditionnels et de nouvelles technologies.

Un chalet historique à Gryon, au cœur des Alpes suisses

Et chez vous? Quel style de maison est traditionnel dans votre région: une maison en pierre (*stone*), en brique, en bois, en stuc (*stucco*) ou en bardeaux (*shingles*)? De quelle(s) couleur(s)? Avec ou sans porche/balcon/terrasse? Quels sont les maisons ou bâtiments historiques les plus importants chez vous? Quelle fonction servent-ils? Quels bâtiments historiques connaissez-vous qui ont été transformés pour servir une autre fonction que leur fonction d'origine?

> Quand j'étais petit à la maison, le plus dur c'était la fin du mois. Surtout les trente derniers jours!
>
> —MICHEL COLUCCI
> (COLUCHE)

Le chez-soi des Français

A. Avant de regarder. Avec un(e) camarade, répondez aux questions suivantes.

1. Est-ce que vous louez votre habitation ou est-ce que vous en êtes propriétaire? Pour quelles raisons au départ?

2. Où se trouve votre résidence principale: en ville, à la campagne, à la périphérie d'une ville? Voulez-vous déménager un jour? Pourquoi ou pourquoi pas?

B. Regardez et écoutez. Le professeur va vous parler des modes d'habitation et des types de maisons en France. Écoutez et regardez les images.

C. Complétez. Complétez les phrases suivantes en utilisant les mots ou expressions de la liste. Si nécessaire, faites l'accord des noms et adjectifs et conjuguez les verbes. **Attention!** Il y a plus de mots et expressions que de réponses.

à colombage	HLM	pavillon
banlieue	immeuble	rénové
chaume	louer	
cheminée	mas provençal	

1. Beaucoup de Français _____ leur maison ou leur appartement. Ils ne sont pas propriétaires.

2. Dans les façades des maisons _____ en Alsace, il y a une structure en bois apparente.

3. Un type d'habitation typique du sud de la France est le _____. Cette ancienne ferme est généralement _____ pour la transformer en habitation moderne.

4. Les fermes (*farms*) franc-comtoises (dans la région de Franche-Comté) traditionnelles ont une _____ un peu spéciale qu'on utilisait pour fumer (*smoke*) la viande.

5. Un _____ est un autre mot pour designer une maison.

6. Dans le contexte de la France contemporaine, la _____ signifie les quartiers autour d'une ville, ou bien les zones défavorisées au nom ironique de «ville nouvelle».

7. Les _____ sont des appartements moins chers, souvent dans des bâtiments à la périphérie des villes.

D. À vous! Il y a beaucoup de types de maisons traditionnelles en France et dans les pays francophones. À votre avis, qu'est-ce qui a motivé les gens dans certaines régions à créer un design particulier? Qu'est-ce qui vous intéresse le plus dans le design d'une maison: des matériaux naturels, écologiques? un équipement moderne? le charme historique? autre chose? Expliquez.

Une maison à toit de chaume en Normandie

Le Petit Trianon

Le Petit Trianon est un château construit sous Louis XV dans le parc du château de Versailles, près de l'ancien village de Trianon. Louis XVI a offert le château à sa femme, Marie-Antoinette. Il a justifié son action par cette formule: «Vous aimez les fleurs, Madame, j'ai un bouquet à vous offrir. C'est Trianon». Marie-Antoinette a entrepris de nombreux travaux dans le château et dans le domaine (*grounds*).

A. Avant de lire. Qu'est-ce que le mot «château» évoque pour vous? Est-ce que vous voyez une grande maison avec beaucoup de pièces et d'étages? Comment est-ce que vous imaginez le jardin? Comment est la propriété? plate (*flat*)? accidentée (*uneven*)? Y a-t-il beaucoup d'arbres ou d'autres plantes? Y a-t-il un grand garage pour les voitures? Répondez à ces questions et puis comparez vos réponses à celles d'un(e) camarade.

B. Lisez. Avec un(e) camarade, lisez le texte suivant sur le Petit Trianon.

Les coins lecture et écriture: Additional reading and writing activities are available in the **Workbook / Laboratory Manual** and at **Connect French** (www. mhconnectfrench.com).

La résidence préférée de Marie-Antoinette

Le palais du Petit Trianon se trouve seulement à un kilomètre du château de Versailles. Mais ces deux édifices qui reflètent le goût français pour la splendeur et le raffinement[1] s'opposent par leur histoire et par leur style: Versailles, résidence mondaine[2] et somptueuse est très différent du Petit Trianon, lieu privé et intime, plutôt réservé aux femmes.

C'est le roi Louis XV qui, en 1762, commence à construire le Petit Trianon pour Madame de Pompadour, sa maîtresse. Plus tard, en 1769, Madame du Barry, une autre maîtresse du roi s'y établit. Finalement, Marie-Antoinette, reine de France, hérite de ce ravissant[3] palais: son époux, le roi Louis XVI, lui fait ce superbe cadeau pour lui permettre de se réfugier dans un endroit qui deviendra son univers, loin de tous les regards,[4] loin de la Cour[5] surtout, et de son étiquette trop rigide.

Marie-Antoinette aménage[6] librement son domaine: elle fait réaliser[7] un jardin à l'anglaise où elle passe des heures. De 1774 à 1787, l'architecte Richard Mique construit pour elle un petit pavillon réservé à la musique: c'est le Belvédère. Puis il crée le Temple de l'Amour, de style classique. Enfin il conçoit[8] le Hameau,[9] un petit village idyllique autour d'un étang[10] artificiel, avec une ferme, un moulin,[11] et même un phare.[12] Marie-Antoinette y passe la majeure partie de son temps avec ses amies.

Pendant longtemps, la conservation du château de Versailles concentre tous les efforts des gardiens du patrimoine[13] français. Mais, en 2006, la France lance un grand programme de restauration pour redonner au Petit Trianon tout son éclat:[14] 5 millions d'euros sont consacrés à la renaissance du palais de Marie-Antoinette.

[1]*refinement* [2]*wordly* [3]*stunning* [4]*looks* [5]*Court* [6]*fixes up, renovates* [7]*fait... has created* [8]*conceives* [9]*Hamlet* [10]*pond*
[11]*mill* [12]*lighthouse* [13]*heritage* [14]*splendor*

C. Avez-vous compris? Répondez aux questions suivantes.

1. Quelle est la distance entre le Petit Trianon et le château de Versailles?
2. Qui étaient Madame de Pompadour et Madame du Barry?
3. Qui a fait réaliser le jardin anglais?
4. Qu'est-ce que le Hameau? Qu'est-ce qu'on y trouve?
5. Quand est-ce que la restauration du Petit Trianon a commencé?

Le moulin dans le Hameau de la Reine

D. À vous! Êtes-vous surpris(e) d'apprendre que Marie-Antoinette passait tant de temps au Petit Trianon? Pourquoi aimait-elle recevoir ses amies au Hameau? Et vous, où allez-vous quand vous êtes stressé(e), quand vous avez l'impression qu'on vous critique ou quand vous avez besoin de solitude? Comparez votre réponse à celle d'un(e) camarade.

Rétrospective La vie à la cour de Versailles

> Avec un almanach et une montre, on pouvait, à trois cent lieues* d'ici dire ce qu'il faisait.
>
> —LE DUC DE SAINT-SIMON en parlant de la journée de Louis XIV

*leagues (one league = 3.452 miles)

Chaque jour, les courtisans à Versailles célébraient **le lever** et **le coucher du Roi** pendant le règne de Louis XIV, très justement nommé le **Roi Soleil**. Un grand nombre de nobles «dans les faveurs de la Cour»—c'est-à-dire les préférés du roi—assistaient à ces cérémonies élaborées pour lesquelles (*for which*) une invitation spéciale était nécessaire. Pour la famille royale, l'espace public de Versailles était comme une scène de théâtre; on observait tous leurs gestes et chaque petite variation. Ils avaient leurs **appartements** privés—par exemple leur chambre pour dormir—mais les pièces étaient organisées en général pour accommoder les cérémonies royales publiques.

Être favori ou non du roi marquait la position dans la haute société de Versailles et les nobles faisaient très attention à la routine quotidienne (*daily*) du couple royal. Ils devaient suivre des règles d'étiquette très strictes quand ils étaient à la Cour. Par exemple, il fallait (*it was necessary to*) suivre un protocole spécifique pour demander une audience au monarque dans son appartement. Aussi, quand on visitait la résidence d'un autre noble, on ne devait pas frapper (*knock*) à la porte mais utiliser l'ongle (*fingernail*) du petit doigt pour gratter doucement (*gently scratch*) la porte. C'est pour cette raison que beaucoup de courtisans avaient l'ongle du petit doigt plus long. La noblesse s'occupait (*were busy*) donc constamment à suivre les règles parfois absurdes de la Cour et à contrer (*block*) la compétition pour gagner l'attention du roi. Beaucoup d'aristocrates ont fini endettés parce que vivre à Versailles et intriguer (*scheming*) coûtait très cher. Le système était minutieusement orchestré par Louis XIV, qui pensait que pendant que les nobles étaient uniquement intéressés à gagner (*win*) ses faveurs et à se disputer, ils ne pensaient pas à se révolter contre son autorité.

La chambre du roi au château de Versailles où avaient lieu le lever et le coucher du roi

Avez-vous compris? Quels rituels faisaient partie de la routine de Louis XIV? Comment était l'organisation des appartements royaux? Quelle était la préoccupation principale d'un noble à la Cour de Versailles? Pourquoi Louis XIV voulait occuper les nobles à chercher constamment ses faveurs? À votre avis, est-ce que la vie des nobles à Versailles était très *glamour*? Quels étaient les avantages et les inconvénients de vivre à la Cour? Justifiez vos réponses.

Le coin chanson

«Y'a une fille qu'habite chez moi» (Bénabar, 2001)

A. Avant d'écouter. Lisez la biographie du chanteur Bénabar, puis répondez aux questions.

iTunes Playlist: This song is available for purchase at the iTunes store.

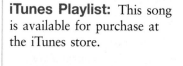

> **Bénabar**, né Bruno Nicolini en 1969, est un auteur de chansons françaises populaires, souvent humoristiques. Dans la chanson *Y'a une fille qu'habite chez moi* (ou, sans contractions, *Il y a une fille qui habite chez moi*), il s'agit d'un «adulescent», c'est-à-dire, un adulte qui veut prolonger son adolescence. Bénabar parle des changements qui sont en train de s'opérer (*take place*) quand une fille emménage dans son appartement.

1. Expliquez le sens (humoristique) du terme «adulescent(e)».

2. Nommez une chose que Bénabar doit probablement faire ou accepter maintenant qu'il habite avec une fille.

B. Écoutez. Lisez les questions suivantes avant d'écouter la chanson, puis répondez.

1. Cochez les objets et les appareils mentionnés dans la chanson.

   a. _____ un aspirateur
   b. _____ une baignoire
   c. _____ une cafetière
   d. _____ une couette
   e. _____ deux brosses à dents
   f. _____ une étagère
   g. _____ une table de nuit
   h. _____ la vaisselle

2. Quels aliments est-ce qu'il y a dans le frigo maintenant? Cochez-les.

   a. _____ des yaourts
   b. _____ des fruits
   c. _____ des légumes
   d. _____ des œufs

3. Quelles choses et personnes vont être bannies (*banished*) de chez lui? Cochez-les.

   a. _____ les paquets de chips
   b. _____ les boîtes de pizza
   c. _____ les potes (copains) devant la télé
   d. _____ les bouteilles de bière

Bénabar, un chanteur français

C. À vous! Répondez à la question suivante.

À votre avis, est-ce que les femmes sont plus organisées que les hommes comme le suggère Bénabar? Expliquez votre réponse en utilisant des exemples précis.

Le coin conservation

Jeu: Le Juste Prix

Vous connaissez sans doute le jeu télévisé américain «The Price Is Right», non? En France, ce jeu télévisé s'appelle «Le Juste Prix». Dans la version française de ce jeu télévisé, il y a plus de cinquante activités. Avec vos camarades, vous allez participer à un de ces jeux: «La Main Dans Le Sac». Votre professeur va vous expliquer toutes les règles du jeu, mais le but est de deviner le prix d'objets ordinaires, puis de tirer au sort (*randomly draw*) des chiffres (*numbers*) d'un sac et de les utiliser pour composer le prix de l'objet. Mais attention! Il faut éviter les cartes avec des X!

Vocabulaire

Questions et expressions

Comment était (ta / votre maison)?	What was (your home) like?
Comment étaient (tes / vos parents)?	What were (your parents) like?
Qu'est-ce que tu aimais / vous aimiez faire quand …	What did you like to do when . . .
tu étais / vous étiez petit(e)?	you were little?
tu étais / vous étiez ado(lescent[e])?	you were a teenager?

Verbes

déménager d'(un appartement)	to move out of (an apartment)
emménager dans (une maison)	to move into (a house)
vivre	to live

Le logement

Housing

un appartement	an apartment
un ascenseur	an elevator
une baignoire	a bathtub
un balcon	a balcony
une chambre	a bedroom
un couloir	a hallway
une cuisine	a kitchen
un 2-pièces	a one-bedroom apartment
une douche	a shower
un escalier / des escaliers	a staircase, stairwell
l'entrée (f.)	entryway / front hall
un évier	a sink (in kitchen)
un immeuble (résidentiel)	an apartment building/complex
un jardin	a garden, backyard
un lavabo	a sink (in the bathroom)
une maison	a house, home
un parking	a parking lot/area
une pelouse	a lawn
un placard	a closet
une pièce	a room (in a house)
le premier étage	second story/floor
une résidence	a residence
le rez-de-chaussée	ground floor
une salle à manger	a dining room
une salle de bains	a bathroom (room with bathtub)
une salle de séjour, un salon	a living room
le sous-sol	basement
une terrasse	a terrace

les toilettes (f.)	toilet (room with toilet)
le toit	roof

Les meubles

Furniture

une armoire	an armoire (a wardrobe)
un canapé	a couch
une commode	a dresser
une étagère	a shelf, bookcase
un fauteuil	an armchair
un lit	a bed
une table basse	a coffee table

L'électroménager

Appliances

un aspirateur	a vacuum cleaner
une cafetière	a coffeemaker, coffeepot
une cuisinière	a stove
un four à micro-ondes	a microwave oven
un frigo	a refrigerator
un lave-vaisselle	a dishwasher

D'autres articles ménagers

Other household items

un balai	a broom
un cadre	a picture frame
une couette	a comforter
un coussin	a cushion, pillow (for sofa)
un fer	an iron
une lampe	a lamp
un miroir	a mirror
un oreiller	a pillow (for bed)
une planche à repasser	an ironing board
des rideaux (m.)	curtains
un tapis	a rug

Adverbes de comparaison

Adverbs of comparison

aussi (beau) que	as (beautiful) as
meilleur(e) que	better than
moins (cher) que	less (expensive) than
pire que	worse than
plus (confortable) que	more (comfortable) than

La Rue Mosnier pavoisée (decorated with flags), Édouard Manet (1878)

10 Ça se fête!

Bilan

In this chapter, you will learn:

- to greet people and wish them well on various holidays and special occasions
- to ask people for an explanation
- to talk about holidays and other celebrations
- to express your beliefs using the verb **croire**
- to describe people and things in more detail using relative clauses
- to tell people what to do using the imperative
- to describe events in more detail using adverbs
- about celebrations in various French-speaking countries
- about Édouard Manet and his work *La rue Mosnier pavoisée*, while reviewing vocabulary and grammar from previous chapters

connect plus+
| FRENCH
www.mhconnectfrench.com
LEARNSMART

Bonnes fêtes! Wishing people well on holidays and on special occasions

Vidéo

A. À l'écran.

Première étape. Regardez la vidéo et écoutez les expressions employées à certaines occasions. Ensuite, associez les occasions mentionnées dans la colonne A avec les expressions de la colonne B. **Attention!** Certaines expressions peuvent être utilisées pour plusieurs occasions.

A	B
Qu'est-ce qu'on dit à quelqu'un / à un couple...	
1. le jour de son anniversaire?	a. Chin-chin! / Santé! / À la tienne!
2. qui part en vacances?	b. Joyeux anniversaire!
3. juste avant de manger?	c. Félicitations!
4. qui vient d'avoir un bébé?	d. Bonne soirée! / Je vous souhaite une bonne soirée!
5. le jour de leur mariage?	e. Soyez (*Be*) heureux pour la vie!
6. le 31 décembre à minuit?	f. Bon appétit!
7. pour porter (*make*) un toast?	g. Bonnes vacances!
8. qui sort pour la soirée?	h. Bravo!
9. qui vient de recevoir son diplôme?	i. Bonne année!
10. qui part en voyage?	j. Bon voyage! / Bon séjour!

Deuxième étape. Regardez la vidéo et écoutez Marc-Antoine Tanguy expliquer qu'à l'occasion de deux fêtes, les expressions qu'on utilise au Québec sont différentes de celles qu'on utilise dans le reste de la francophonie. Quelles sont ces fêtes et quelles sont ces expressions? Complétez le tableau. **Attention!** Pour la deuxième fête, vous allez entendre le nom de deux parties du corps.

	Fêtes	Expressions francophones	Expressions québécoises
1.			
2.	le nouvel an (le 31 décembre)		_____! *Pareillement* (*Likewise*), _____!

If you aren't sure what to say to someone for a particular occasion, you can ask:

—**Qu'est-ce qu'on dit à quelqu'un le jour de son anniversaire?**
—**On dit: «Joyeux anniversaire».**

—**Qu'est-ce qu'on dit à un couple qui vient d'avoir un bébé?**
—**On dit: «Félicitations»!**

B. À vous! Posez les questions de l'activité A, **Première étape,** à un(e) camarade jusqu'à ce qu'il/elle se trompe. Ensuite changez de rôle. De vous deux, qui sait le mieux quelles expressions il faut utiliser à différentes occasions?

EXEMPLE: —Qu'est-ce qu'on dit à quelqu'un / à un couple...

C. L'expression juste. Travaillez avec un(e) camarade. Choisissez une des situations. Lisez-la à votre camarade qui va réagir avec une expression appropriée. Changez ensuite de rôle. Continuez ainsi avec toutes les autres situations.

1. Ma sœur vient d'avoir un bébé.
2. Je viens d'avoir... ans.
3. Mes parents célèbrent leurs 25 ans de mariage cette année.
4. Je vais à Paris la semaine prochaine.
5. J'ai reçu un «A» à l'examen de...
6. Au revoir. Je sors maintenant. Je vais retrouver mon ami au cinéma à 19 h.
7. On va manger un délicieux foie gras (*liver pâté*).
8. C'est le 31 décembre à minuit.
9. On porte un toast.

Qu'est-ce que (qu')... ? / Qu'est-ce que c'est (que [qu']) ... ? / C'est quoi, ... ? Asking for an explanation

When learning a foreign language, there are often culture-specific objects and customs that are unfamiliar to you. You can use the following expressions, depending on the formality of the context, to ask about anything unfamiliar to you.

Qu'est-ce que (qu')... ? (*formal*)

—**Qu'est-ce que le ramadan?**   *What is Ramadan?*

—**C'est une fête religieuse musulmane.**   *It's a Muslim religious holiday.*

Qu'est-ce que c'est (que [qu'])... ? (*neutral*)

—**Qu'est-ce que c'est qu'une galette des Rois?**   *What's a galette des Rois?*

—**C'est un gâteau qu'on mange le 6 janvier, le jour de l'Épiphanie.**   *It's a cake that people eat on January 6, for Epiphany.*

C'est quoi, ... ? (*informal, slangy*)

—**C'est quoi, une dragée?**   *What's a dragée?*

—**C'est une confiserie offerte à l'occasion de baptêmes ou de mariages.**   *It's a candy given out at baptisms and marriages.*

Un cornet (*cone*) de dragées, offert à l'occassion d'un baptême d'une petite fille

Vidéo

A. À l'écran. Regardez la vidéo et écoutez les gens décrire les fêtes et traditions du monde francophone. D'après ce que chaque personne dit, trouvez *la phrase fausse* et corrigez-la.

1. **Marc-Antoine Tanguy: la Saint-Jean-Baptiste**

a. À l'origine, c'était une fête américaine.

b. On la célèbre le 24 juin.

c. On célèbre le peuple québécois ce jour-là.

2. **Lahcen: le ramadan**

a. Le ramadan est souvent célébré au mois de septembre.

b. Le ramadan dure 8 ou 9 jours.

c. On ne mange pas du lever du soleil (*sunrise*) au coucher du soleil (*sunset*).

3. **Geneviève: le réveillon**

a. Le réveillon est un repas qu'on fait à midi.

b. Le réveillon a lieu (*takes place*) le 31 décembre.

c. On mange des huîtres et du pâté de foie et on boit du champagne.

4. **Anne-Marie: la galette des Rois**

a. La galette des Rois est un gâteau qu'on prépare début février.

b. Il y a quelque chose de caché (*hidden*) dans le gâteau.

c. Les Rois mages sont venus une semaine après Noël adorer le petit Jésus dans la crèche.

Chez les francophones

Quelques fêtes importantes du monde francophone

- **La fête Saint-Jean:** C'est la fête nationale du Québec, célébrée chaque 24 juin. Elle dérive d'un rituel préchrétien où l'on danse autour d'un grand feu de nuit (*bonfire*) pour célébrer le solstice d'été, mais elle a été transformée en fête religieuse par l'Église catholique pour honorer Saint-Jean le Baptiste. Au 17e siècle, les colons français qui émigrent au nord-est du Canada continuent la tradition. En 1925, on fait du 24 juin une fête officielle pour commémorer le jour, en 1834, où un important éditeur d'un journal québécois, Ludger Duvernay, organise une réunion de soixante personnes pour discuter de l'avenir des Canadiens francophones. C'est à l'évidence une revendication nationaliste (*demand for autonomy*). Ce n'est qu'en 1977, après la Révolution tranquille—une période d'importantes réformes sociales au Québec—que la fête Saint-Jean, comme on l'appelle maintenant, devient officiellement la fête du peuple québécois.

La fête Saint-Jean

- **Le ramadan:** Le ramadan est le mois saint des musulmans. «Ramadan» est le neuvième mois lunaire. Durant cette période de purification spirituelle, les personnes pratiquantes, souvent d'origine maghrébine, en France, doivent notamment s'abstenir de manger entre le lever et le coucher du soleil. Le premier jour du mois suivant marque la fin du jeûne (*fasting*). À l'occasion de cette fête (l'Aïd-el-Fitr), on savoure des plats traditionnels délicieux: du couscous, des baklavas, des figues et des dattes séchées (*dried*) et du lait d'amandes (*almonds*).

- **Le réveillon du jour de l'An:** On l'appelle aussi *la Saint-Sylvestre*. Contrairement au réveillon de Noël que l'on passe traditionnellement en famille, la Saint-Sylvestre se fête généralement entre amis. On dîne ensemble ou on organise une soirée dansante. Au douzième coup de minuit, on boit du champagne, on se souhaite une bonne année et on s'embrasse sous le gui (*mistletoe*), symbole de prospérité pour l'année à venir.

- **La fête des Rois:** C'est une fête d'origine chrétienne qu'on appelle aussi l'Épiphanie et qui fait référence à la visite des trois Rois mages à Jésus juste après sa naissance. La tradition populaire veut toujours que, le 6 janvier, on tire les rois, c'est-à-dire qu'on partage une galette des Rois dans laquelle sont cachées une ou deux fèves (*beans*). Ceux qui trouvent une fève sont couronnés (*crowned*) roi ou reine. À l'origine, la fève était une vraie fève, c'est-à-dire un petit haricot sec, mais aujourd'hui, on utilise souvent des figurines en plastique ou en céramique.

La galette des Rois avec une couronne

Et chez vous? Quelles sont les fêtes nationales les plus importantes dans votre pays? Connaissez-vous leurs origines (religieuses, politiques, culturelles)? Quelle nourriture traditionnelle mange-t-on pendant ces fêtes? Quelle fête préférez-vous et pourquoi?

B. Culture: C'est quoi, ça?

Première étape. Faites correspondre chaque terme culturel, mentionné dans la section **Chez les francophones** (page 281), à sa définition ou explication.

1. le solstice d'été _____
2. la Révolution tranquille _____
3. l'Aïd-el-Fitr _____
4. une baklava _____
5. la Saint-Sylvestre _____
6. le gui _____
7. «tirer les rois» _____
8. la fève _____

a. le 31 décembre (le réveillon du jour de l'An)
b. une figurine cachée dans une galette des Rois
c. partager une galette des Rois
d. une plante; un symbole de prospérité
e. une période de réformes sociales et politiques au Québec
f. une fête à la fin du ramadan
g. un petit gâteau à base de noix et de miel
h. le jour le plus long dans l'hémisphère nord

Deuxième étape. Pour vérifier vos réponses dans la **Première étape**, à tour de rôle, demandez à un(e) camarade de vous expliquer chaque terme de la liste.

EXEMPLE: É1: Qu'est-ce que c'est (*ou* C'est quoi), le solstice d'été?
É2: C'est le jour le plus long dans l'hémisphère nord.
É2: Qu'est-ce que c'est (*ou* C'est quoi), la fève?

C. *Jeopardy!*
La classe va se diviser en trois groupes. Le groupe qui passe en premier choisit une catégorie: **Fêtes francophones** ou **Fêtes américaines**. Le présentateur / La présentatrice lit «la réponse». Un(e) représentant(e) du groupe qui a choisi la catégorie donne une réponse (sous forme de question avec **Qu'est-ce que/ qu'... ?**). Si la réponse est juste, le groupe obtient un point. Sinon, les membres des autres groupes peuvent répondre. **Attention!** Il est nécessaire de lever la main avant de répondre.

EXEMPLE: PRÉSENTATEUR/PRÉSENTATRICE: C'est l'objet qu'on cache dans la galette des rois.
GROUPE 1: Qu'est-ce qu'un gâteau?
PRÉSENTATEUR/PRÉSENTATRICE: Non. C'est faux. C'est l'objet qu'on cache dans la galette des rois.
GROUPE 2: Qu'est-ce qu'une fève?
PRÉSENTATEUR/PRÉSENTATRICE: Oui, c'est exact.

On s'embrasse sous le gui le 31 décembre à minuit.

Vocabulaire interactif

Les jours de fête   Talking about holidays and other celebrations

Vous connaissez déjà deux fêtes qu'on célèbre en France: la fête des Rois (l'Épiphanie) et le réveillon du jour de l'An (la Saint-Sylvestre). Jean-Pierre Mercier, un étudiant français en anthropologie, nous explique l'importance d'autres dates sur son calendrier. Indiquez avec quelle explication va chacune des images. **Attention!** Deux des fêtes mentionnées ne vont avec aucune image.

1. _____   2. _____   3. _____   4. _____

5. _____   6. _____   7. _____   8. _____

a. **Le jour de l'An (le 1ᵉʳ janvier):** C'est **un jour férié** en France—c'est-à-dire un jour où on ne travaille pas. Ma mère envoie toujours **une carte de vœux** aux amis de notre famille pour leur souhaiter (*wish them*) la bonne année.

b. **Le Mardi gras:** Pourquoi est-ce un mardi «gras»? C'est la dernière occasion pour manger ce que l'on veut avant les jours «maigres» (période de privation du **carême** [*Lent*]). À Nice, par exemple, les jeunes portent **un déguisement** et on assiste à **un défilé** (*parade*) extravagant ou même, on en fait partie!

c. **Mon anniversaire:** D'habitude, ce sont mes amis qui organisent une soirée chez eux. Ils me chantent «Joyeux anniversaire» et puis je souffle (*blow out*) **les bougies** sur mon gâteau avant d'**ouvrir** mes **cadeaux.**

d. **Le poisson d'avril (le 1ᵉʳ avril):** C'est le jour des **farces:** les enfants découpent (*cut out*) des poissons en papier et les accrochent dans le dos de leurs camarades.

e. **Pâques:** Le matin, les enfants cherchent ce que **les cloches** de Pâques, en revenant de Rome, ont laissé tomber dans le jardin—des œufs colorés, **des lapins** et cloches en chocolat. Après **la messe** (*mass*) à l'église, à midi, on mange du gigot d'agneau. C'est aussi à cette époque de l'année que les Juifs fêtent **la Pâque** (*Passover*).

f. **La fête des Mères / des Pères:** Les enfants célèbrent ce jour en l'honneur de leur mère, le quatrième dimanche de mai, et de leur père, le troisième dimanche de juin. J'aime **offrir** un **bouquet de fleurs** à ma mère et l'inviter à déjeuner dans un beau restaurant; mon père préfère **recevoir** un **chèque-cadeau!**

▶ Answers to this activity are in Appendice 2 at the back of the book.

g. **Le 14 juillet:** C'est la fête nationale française. On commémore la prise (*storming*) de la Bastille, une prison à Paris à l'époque de la Révolution. Il y a un grand défilé militaire sur les Champs-Élysées et **un feu d'artifice** (*fireworks display*) lumineux le soir.

h. **La Toussaint (le 1ᵉʳ novembre):** La Toussaint, c'est le jour où l'on honore tous les saints catholiques. Beaucoup de Français vont au **cimetière** pour poser des fleurs—surtout des chrysanthèmes—sur **la tombe** de leurs parents (*relatives*) décédés.

i. **Le réveillon (de Noël) (le 24 décembre):** On célèbre la naissance (*birth*) du Christ pendant la messe de minuit à l'église, puis on rentre dîner. On sert des huîtres, du foie gras, de la dinde ou de l'oie (*goose*) et on finit le repas avec **une bûche de Noël.**

j. **Noël (le 25 décembre):** Le matin, on offre des cadeaux aux membres de sa famille. Les enfants ouvrent les cadeaux que le **père Noël** (Papa Noël) leur a laissés sous **le sapin de Noël** et dans leurs chaussures. C'est aussi à cette époque de l'année que les familles juives fêtent **Hanoukka,** la «fête des lumières», qui dure huit jours et pendant laquelle on allume chaque jour une des bougies de **la ménorah.**

En français

Two verbs you'll likely use when talking about gifts and gift-giving are **offrir** (*to offer; to give [as a gift]*) and **ouvrir** (*to open*). Though ending in **-ir**, they are conjugated in the present tense just like regular **-er** verbs.

Tu **offres** toujours de beaux cadeaux.	*You always give (offer) nice gifts.*
Vous **ouvrez** vos cadeaux maintenant?	*You're opening your gifts now?*

The verbs **offrir** and **ouvrir** do, however, have an irregular past participle:

J'ai **offert** des fleurs à ma mère.	*I gave (offered) my mother flowers.*
Ils ont déjà **ouvert** ma carte de vœux.	*They already opened my card.*

A. Pour parler des fêtes.

Première étape. Avec un(e) camarade, décidez quel terme de la liste complète le mieux chaque phrase. **Attention!** N'utilisez chaque terme qu'une seule fois.

les bougies	des cadeaux	une farce
un bouquet de fleurs	des cartes de vœux	un feu d'artifice
une bouteille de champagne	un défilé	des œufs colorés
une bûche de Noël	un déguisement	le sapin

1. On achète _____ à la pâtisserie.
2. On assiste à _____ dans la rue.
3. On emballe (*wraps*) bien _____.
4. On met des cadeaux sous _____.
5. On envoie _____ par la poste (*mail*).
6. On s'amuse à faire _____ à quelqu'un.
7. On offre parfois _____ à sa mère.
8. On ouvre _____, puis on en boit.
9. On porte _____ (un masque, par exemple).
10. On regarde _____ dans le ciel (*sky*) le soir.
11. On souffle _____ sur son gâteau.
12. Les enfants trouvent _____ dans le jardin.

Deuxième étape. Présentez une de vos phrases à la classe et ajoutez la fête (ou les fêtes) qu'on associe à cette activité. Est-ce que vos camarades sont d'accord avec votre description?

B. C'est quelle fête? Utilisez les dates dans la liste pour déterminer quelle fête Jean-Pierre a célébrée. Qu'est-ce qu'il a probablement fait pour l'occasion?

EXEMPLE: le 23 mars
　　　　　Il a fêté son anniversaire; il a soufflé des bougies.

le 1ᵉʳ novembre	le quatrième dimanche de mai
le 14 juillet	le troisième dimanche de juin
le 25 décembre	le 24 décembre
le 1ᵉʳ avril	le 6 janvier
la veille (*the day before*) du carême	le 31 décembre

Chez les Français

Les 11 jours fériés

Au total, il y a onze jours fériés en France. Lesquels (*Which ones*) correspondent à des fêtes religieuses?

1ᵉʳ janvier	**le jour de l'An**
(date variable)	**le lundi de Pâques**
1ᵉʳ mai	**la fête du Travail**
8 mai	**le jour de la Victoire** (la victoire des Alliés contre le nazisme en 1945; la fin de la Deuxième Guerre mondiale en Europe)
(date variable)	**l'Ascension**
(date variable)	**le lundi de (la) Pentecôte**
14 juillet	**la fête nationale**
15 août	**l'Assomption**
1ᵉʳ novembre	**la Toussaint**
11 novembre	**l'Armistice (le jour du Souvenir)** (l'armistice signée à cette date en 1918; la fin de la Première Guerre mondiale)
25 décembre	**Noël**

Et chez vous? Quelles fêtes religieuses de la liste ne sont pas fériées (*holidays*) dans votre pays? Quelles fêtes civiles est-ce qu'on célèbre le même jour en France et dans votre pays?

C. Les préparatifs de fête. Avec un(e) camarade, mentionnez deux choses importantes à faire *avant* chaque fête. Ensuite, partagez vos idées avec la classe et déterminez ensemble ce que la majorité considère comme essentiel pour chaque fête.

EXEMPLE: Noël

　　　　É1: On doit décorer le sapin.
　　　　É2: On doit aussi acheter des cadeaux.

1. la Saint-Valentin (le jour des amoureux)
2. Pâques / la Pâque juive
3. la fête nationale
4. Halloween
5. Thanksgiving
6. le réveillon du jour de l'An

D. Les cadeaux d'anniversaire.

Première étape. Quelle sorte de cadeau est-ce que vous offrez généralement aux personnes suivantes pour leur anniversaire—des vêtements, des chocolats, un chèque-cadeau ou simplement une carte? Écrivez vos réponses dans le tableau (ou mettez un "X" si vous n'offrez rien) avant d'interviewer un(e) camarade dans la **Deuxième étape.**

	mes cadeaux	les cadeaux de mon/ ma camarade
1. votre mère	_____	_____
2. votre père	_____	_____
3. un grand-parent	_____	_____
4. un frère / une sœur	_____	_____
5. votre meilleur(e) ami(e)	_____	_____
6. votre petit(e) ami(e)	_____	_____

Deuxième étape. Interviewez un(e) camarade, et ensuite ajoutez ses réponses à vos réponses de la **Première étape.** Soyez prêt(e)s à répondre si on vous demande de mentionner (1) le cadeau le plus extravagant (2) le cadeau le moins cher et (3) le cadeau le plus original.

EXEMPLE: É1: Qu'est-ce que tu offres à ton père?
           É2: Je lui offre souvent une chemise ou une cravate. Et toi?
           É1: Je lui offre seulement une carte de vœux. Il ne veut pas de cadeau!

En français

When using the verb **offrir**, the item that is offered to someone is considered the direct object of the verb; the person who receives that item is considered the indirect object of the verb.

J'offre une belle jupe à ma mère.   *I'm giving a pretty skirt to my mother.*
    direct object   indirect object   *(I'm giving my mother a pretty skirt.)*

To replace the indirect object of a verb like **offrir**, the pronoun **lui** is used for one person (male or female); the pronoun **leur** is used for more than one person.

Je <u>lui</u> offre ce tee-shirt.   *I'm giving this t-shirt to him/her. (I'm giving him/her this t-shirt.)*

Je <u>leur</u> offre des fleurs.   *I'm giving flowers to them. (I'm giving them flowers.)*

E. Une fête en famille. Travaillez avec deux autres camarades. Choisissez une fête que chacun(e) de vous célèbre en famille. À l'aide des activités de la liste, décrivez ce que votre propre famille fait à cette occasion. Expliquez ensuite à la classe les différences que vous avez remarquées entre vous dans votre manière de célébrer cette fête.

1. se lever tôt / se coucher tard
2. assister à un service religieux
3. rendre visite à des amis / des parents
4. offrir un cadeau à quelqu'un
5. ouvrir ses cadeaux le matin / le soir
6. boire/manger quelque chose en particulier
7. regarder un film en particulier
8. jouer à un jeu / jouer d'un instrument

F. Le père Noël arrive!

Première étape. Travaillez en groupes de quatre. Choisissez un père Noël. Les autres membres du groupe vont essayer de convaincre le père Noël qu'ils ont été très sages pendant l'année.

EXEMPLES: É1: Est-ce que tu as été sage cette année?
        É2: J'ai été très sage: j'ai eu de bonnes notes, j'ai aidé ma sœur à déménager cet été, …
        É2: Moi aussi, j'ai été très sage: j'ai fait tous mes devoirs et je ne suis pas rentré(e) trop tard le soir.

Deuxième étape. Le père Noël a trois cadeaux à offrir cette année: une tablette, un vélo tout terrain (VTT) (*mountain bike*) et un chèque-cadeau sur *Amazon*. Les autres membres du groupe vont lui dire ce qu'ils préfèrent et pourquoi.

EXEMPLE: J'ai déjà une tablette et je n'aime pas les chèques-cadeaux. Je préfère recevoir un vrai cadeau. Alors, le VTT pour moi!

G. Forum: Comment la fêtent-ils?
Postez un message sur le **Forum des étudiants,** pour décrire une fête régionale ou étrangère à laquelle (*in which*) vous avez participé. Suivez l'exemple.

Prononcez bien!
To learn about the spelling and pronunciation of the consonants [l] as in **Noël** and [ʀ] as in **ramadan**, see the **Prononcez bien!** section of the *Workbook / Laboratory Manual.*

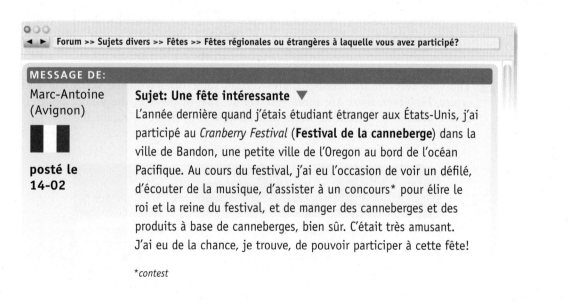

Forum >> Sujets divers >> Fêtes >> Fêtes régionales ou étrangères à laquelle vous avez participé?

MESSAGE DE:

Marc-Antoine (Avignon)

posté le 14-02

Sujet: Une fête intéressante ▼
L'année dernière quand j'étais étudiant étranger aux États-Unis, j'ai participé au *Cranberry Festival* (**Festival de la canneberge**) dans la ville de Bandon, une petite ville de l'Oregon au bord de l'océan Pacifique. Au cours du festival, j'ai eu l'occasion de voir un défilé, d'écouter de la musique, d'assister à un concours* pour élire le roi et la reine du festival, et de manger des canneberges et des produits à base de canneberges, bien sûr. C'était très amusant. J'ai eu de la chance, je trouve, de pouvoir participer à cette fête!

*contest

Grammaire interactive

10.1 Tu crois au père Noël?

The verbs **croire** and **recevoir**; subordinate clauses

Cochez une des réponses de chaque paire selon vos croyances (*beliefs*).

Je crois...

1. a. ☐ à la chance.
   b. ☐ que nos actions sont prédéterminées.

2. a. ☐ au coup de foudre (*love at first sight*).
   b. ☐ que l'amour vient avec le temps.

3. a. ☐ aux extraterrestres.
   b. ☐ que nous sommes seuls dans l'univers.

Analysons!

1. Qu'est-ce qui se trouve après **croire à...** : un nom ou une phrase? _____ Et après **croire que**? _____
2. Les formes **je crois** et **vous croyez** ressemblent beaucoup aux formes de quel verbe irrégulier: **venir, vivre** ou **voir**? _____

---

1 The verb **croire** (*to believe*) is conjugated similarly to the verb **voir**, which you learned in **Chapitre 7**. Using your knowledge of that verb and the forms provided, complete the following chart.

croire (*to believe*)	
RADICAUX: croi-, croy-	
je **crois**	nous **croyons**
tu _____	vous _____
il/elle/on _____	ils/elles **croient**

> ⏵ Answers to the activities on this page are in Appendice 2 at the back of the book.

2 The verb **recevoir** (*to receive*) shares certain similarities with the verbs **voir** and **croire**. However, there are three verb stems, two of them in the plural. Note that a **cédille** (ç) is used in stems that contain **o** in order to retain the soft [s] sound of the letter **c**.

recevoir (*to receive*)	
RADICAUX: reçoi-, recev-, reçoiv-	
je **reçois**	nous **recevons**
tu **reçois**	vous **recevez**
il/elle/on **reçoit**	ils/elles **reçoivent**

3 The **imparfait** stems of **voir**, **croire**, and **recevoir** are formed regularly, using the **nous** form of the present tense: **voy-**, **croy-**, and **recev-**. In the **passé composé**, these verbs have irregular—but similar—past participles: **vu**, **cru**, and **reçu**.

Mise en pratique 1. Complétez chaque phrase avec la forme appropriée du verbe (**au présent, à l'imparfait** ou **au passé composé**).

1. (**voir**) Je n'_____ jamais _____ le père Noël dans ma salle de séjour, mais je le _____ régulièrement au centre commercial!

2. (**croire**) Avant, nous ne _____ pas beaucoup au karma, mais maintenant nous y _____ fermement (*resolutely*)!

3. (**recevoir**) Maintenant qu'elle est adulte, elle ne _____ pas beaucoup de cadeaux d'anniversaire. L'année dernière, par exemple, elle n'_____ qu'un seul (*single*) cadeau: un pull moche!

▷ Answers to this activity are in Appendice 2 at the back of the book.

---

4 The verb **croire** followed by a form of the preposition **à** and a noun expresses one's belief in the existence of someone or something. When followed by the conjunction **que** and a clause (**une proposition**)—that is, another subject + verb—**croire** tells what one believes to be true.

Elle croit ⎱ à l'amour véritable. *She believes* ⎱ *in true love.*
⎰ aux miracles. ⎰ *in miracles.*
que tu te trompes. *(that) you're wrong.*

À noter: The preposition **en**, rather than **à**, is used to express one's belief in someone's goodness, abilities, etc., and is followed by a person's name or by a stressed pronoun (See **Chapitre 9, Grammaire interactive 9.2** to review stressed pronouns).

Croyez-vous **en** Dieu? *Do you believe in God?*

Je crois **en toi**, mon ami! *I believe in you, my friend!*

Mise en pratique 2. Use either the correct form of the preposition **à** or **en** with the following terms.

Croyez-vous... (*ou* **Croyiez-vous...**)

1. _____ astrologie?   4. _____ miracles?
2. _____ chance (*f.*) (*luck*)   5. _____ karma (*m.*)?
3. _____ Dieu?   6. _____ vos amis?

---

5 When a verb like **croire** is followed by a clause (as in **Elle croit que tu te trompes**), that clause is said to be "subordinate" to the "main" clause—the clause in which the verb **croire** is found. In French, subordinate clauses *must* begin with **que** (**qu'**) whereas the conjunction "that" is optional in English.

MAIN CLAUSE   SUBORDINATE CLAUSE

Tu crois (Tu penses,
Tu sais, Tu es sûr[e], ⎱ **que les enfants aiment tous leurs cadeaux?**
Tu as l'impression) ⎰ *(that) the children like all their gifts?*

A. Écoutez bien! Votre professeur essaie de se souvenir des dates de certaines fêtes. Est-ce qu'il/elle a raison (**Exact!**) ou est-ce qu'il/elle se trompe (**C'est faux!**)? Si votre professeur se trompe, corrigez sa phrase en employant **je crois**, **je pense** ou **je suis sûr(e)**.

	Exact!	C'est faux!		Exact!	C'est faux!
1.	☐	☐	5.	☐	☐
2.	☐	☐	6.	☐	☐
3.	☐	☐	7.	☐	☐
4.	☐	☐			

B. Cadeaux reçus. Avec un(e) camarade, indiquez quelle sorte de cadeau on reçoit d'habitude à l'occasion des fêtes sur la liste. Pour quelles occasions est-ce que vous et votre camarade ont indiqué le même cadeau? Pour quelles occasions avez-vous des idées complètement différentes?

1. un(e) adolescent / Noël
2. les enfants / Pâques
3. votre mère ou père / la fête des Mères ou des Pères
4. votre copain ou copine / la Saint-Valentin
5. vous / votre anniversaire
6. vous et vos frères et sœurs / la remise des diplômes (*graduation*)

C. Certitudes, croyances et impressions. Avec votre professeur et le reste de la classe, choisissez une personne très connue (*well known*) dans votre pays. Ensuite, travaillez avec deux autres camarades et décrivez cette personne. Dites ce que vous savez à son propos (*about him/her*) (**savoir, être sûr[e]**) et ce que vous pensez savoir (**croire, penser**). Partagez aussi vos impressions (**trouver, avoir l'impression**).

EXEMPLE: Adam Levine
—Nous savons qu'il est chanteur.
—Nous croyons qu'il vient de Los Angeles.
—Nous avons l'impression qu'il est...

Chez les francophones: En Haïti

Le vaudou° et *Papa Legba*

°*voodoo*

Fortement croyants (*religious*), environ 96 % des Haïtiens prétendent (*profess*) être chrétiens, mais peuvent incorporer des éléments du vaudou dans leur pratique religieuse. Le vaudou, terme qui désigne l'ensemble des esprits (*spirits*) et forces surnaturelles, réunit environ 50 millions d'adeptes (*followers*) dans le monde, surtout dans les milieux ruraux d'Haïti et d'autres îles des Caraïbes.

Deux adeptes du vaudou devant un vévé

Le vaudou est un exemple de syncrétisme—un mélange d'influences et de pratiques fondées, depuis l'époque de l'esclavage (*slavery*), dans certaines religions africaines et dans le catholicisme européen des colonisateurs. Par exemple, les adeptes du vaudou croient en un Être suprême, nommé **Bondyé** en créole haïtien (dérivé du **Bon Dieu** en français). Bondyé délègue ses pouvoirs (*powers*) à des esprits (des **lwas**) comme **Papa Legba**, le premier des lwas. C'est lui qui garde la frontière entre le monde des humains et le monde surnaturel, semblable en quelque sorte à Saint Pierre, qui tient les clés du Paradis. À côté de ces ressemblances au catholicisme européen, il existe différents rites pour entrer en relation avec le monde surnaturel, rites souvent représentés (avec des effets dramatiques) dans des films et séries télévisées hollywoodiens—des danses, des transes, des **vévés** (dessins rituels que l'on trace par terre), des sortilèges (*spells*) et même des sacrifices d'animaux.

Et chez vous? Y-a-t-il des adeptes du vaudou (ou d'une autre religion syncrétique) dans certaines régions de votre pays? Quelle impression du vaudou peut-on avoir d'après (*based on*) les films hollywoodiens?

Source: *Vaudou en Haïti, l'âme d'un peuple* (www.franceculture.fr); *Haïti et le Vaudou: les racines africaines bien vivantes* (www.afrik.com)

D. Les superstitions. Est-ce que vous croyez vraiment que certaines choses portent bonheur (*good luck*) ou malheur (*bad luck*)? Travaillez avec trois autres camarades. L'un(e) d'entre vous va choisir deux ou trois des superstitions de la liste et poser des questions aux deux autres. Cette personne va alors dire si elle croit que son groupe est **très, assez** (*quite*) ou **peu superstitieux**.

EXEMPLE: É1: (chef du groupe): Vous croyez vraiment qu'un chat noir porte malheur?
É2: Non! Je n'y crois pas! J'adore les chats noirs.
É3: J'y croyais quand j'étais petit(e), mais plus maintenant.
É4: Je n'aime pas beaucoup les chats, mais ils ne portent pas malheur!

1. un chat noir
2. un fer à cheval (*horseshoe*)
3. un miroir brisé (*broken*)
4. le numéro 7
5. un parapluie ouvert dans une maison
6. une patte (*paw*) de lapin
7. un trèfle (*clover*) à quatre feuilles
8. le vendredi 13

En français

You've already seen that the preposition **à** is used with the verb **croire** to express one's belief *in* something. The pronoun **y** can replace **à** + the noun representing what one believes in:

—**Tu crois au coup de foudre?**
Do you believe in love at first sight?

—**Oui, j'y crois!**
Yes, I do (believe in that).

—**Non, je n'y crois pas!**
No, I don't (believe in that).

10.2 Une fête que j'aime bien

Relative clauses with **qui, que,** and **où**

Testez vos connaissances des fêtes célébrées en France: associez un des termes en caractères gras de la colonne A à une des propositions (*clauses*) de la colonne B pour créer des définitions.

A	B
1. _____ Le père Noël: C'est **un personnage...**	a. **qui** dure environ 30 jours.
2. _____ Le jardin: C'est **l'endroit...**	b. **qui** précède la période du carême.
3. _____ Le ramadan: C'est **une fête...**	c. **que** les enfants adorent.
4. _____ La dinde aux marrons (*with chestnut stuffing*): C'est **un plat...**	d. **qu'on** mange traditionnellement à Noël.
5. _____ Le Mardi gras: C'est **le jour...**	e. **où** on commémore la prise de la Bastille.
6. _____ Le 14 juillet: C'est **le jour...**	f. **où** les cloches de Pâques laissent tomber des œufs.

Analysons! 1. Quels sont les trois mots (les trois pronoms relatifs) utilisés en tête (*at the start*) des propositions de la colonne B? _____, _____, _____. 2. Quelle forme du pronom relatif **que** est-ce qu'on utilise devant une voyelle ou *h* muet? _____

○ Answers to this activity are in Appendice 2 at the back of the book.

1 Unlike the subordinate clauses you studied in **Grammaire interactive 10.1**, *relative* clauses modify (describe, add detail to) a noun in much the same way that adjectives do. The information provided by a relative clause is "relative" to the noun preceding the clause. This noun is often called the *antecedent*.

ANTECEDENT   RELATIVE CLAUSE

C'est <u>une fête</u> <u>qui dure environ 30 jours.</u>   *It's a holiday that lasts about 30 days.*

2 The relative pronouns **qui** and **que** (**qu'**) are used to represent the antecedent when a subject or direct object is needed for the verb in the relative clause. **Qui** is used as the subject of that verb, whereas **que** (**qu'**) is used as the direct object. Note that only **que** contracts to **qu'**; **qui** never does so.

C'est un personnage
- **qui** distribue des cadeaux.   *He's a character who leaves gifts.*
- **que** les enfants adorent.   *He's a character who(m) children love.*

Voici un cadeau
- **qui** vient de Paris.   *Here's a present that comes from Paris.*
- **qu'**on donne rarement.   *Here's a present that people rarely give.*

3 **Où** is used at the start of a relative clause that gives information about the place or time at which something occurs in relation to the antecedent.

Nous cherchons **une mosquée où** il y a un service.   *We are looking for a mosque where there is a service.*

Décembre est **un mois où** il y a beaucoup de fêtes.   *December is a month when (in which) there are a lot of holidays.*

Study Tip

Understanding the grammatical role played by relative pronouns is key to mastering relative clauses in French. A translation strategy is not advisable, because English uses many different relative pronouns (including *who, whom, that,* and *which*), depending on whether the antecedent is a person or thing, whether one is speaking formally or informally, etc. Certain relative pronouns can even be omitted in some cases in English; in French they are *never* omitted.

○ Answers to this activity are in Appendice 2 at the back of the book.

○ To learn about the relative pronoun **dont**, as well as **ce qui, ce que,** and **ce dont,** see Par la suite at the back of the book.

Mise en pratique. Donnez des détails sur le nom **la pièce** en employant des propositions relatives. Utilisez la forme correcte du pronom relatif (**qui, que** [**qu'**] ou **où**) au début de chaque proposition.

Le salon est *la pièce*
- _____¹ je préfère dans notre maison.
- _____² est la plus spacieuse.
- _____³ nous mettons notre sapin de Noël.
- _____⁴ il y a une cheminée (*fireplace*).
- _____⁵ j'ai décorée cette année.

4 When the verb of a relative clause beginning with **que** is in the **passé composé**, the past participle must agree in number and gender with the antecedent. This occurs only with the relative pronoun **que** (not **qui** or **où**) because, in this case, the pronoun **que** (which represents the antecedent) is a *preceding direct object.*

C'est **le sapin** (*m*)   acheté.
C'est **la dinde** (*f.*)   **que j'ai**   achetée.
Ce sont **les cadeaux** (*m. pl*)   achetés.
Ce sont **les cartes** (*f. pl.*) **de vœux**   achetées.

À noter: This agreement does not affect the pronunciation of most past participles. Only those that end in a consonant—such as **mis, pris, offert, ouvert**—are pronounced differently when -e(s) is added. Compare:

La dinde que j'ai préparée était délicieuse.

Les bouteilles que j'ai mises sur la table sont vides.

A. Écoutez bien! Votre professeur va parler d'un jour de fête. Indiquez le pronom relatif que vous entendez dans chaque phrase. Ensuite, devinez la fête qu'il/elle décrit.

	qui	que (qu')	où		qui	que (qu')	où
1.	☐	☐	☐	4.	☐	☐	☐
2.	☐	☐	☐	5.	☐	☐	☐
3.	☐	☐	☐	6.	☐	☐	☐

B. Le plus beau cadeau. Travaillez avec deux autres camarades. Complétez la description de chaque cadeau avec le pronom relatif **qui** ou **que (qu')**, puis donnez un exemple de cadeau qui correspond à la description. **Attention!** Proposez chaque fois un cadeau différent et travaillez vite (*quickly*)! Le groupe qui finit en premier gagne.

C'est un cadeau...	Exemples
1. _____ fait plaisir aux enfants:	_____
2. _____ coûte moins de 20 dollars:	_____
3. _____ les gens achètent au dernier moment:	_____
4. _____ n'est pas facile à emballer (*wrap*):	_____
5. _____ on offre souvent à ses grands-parents:	_____
6. _____ tout le monde apprécie:	_____
7. _____ est souvent échangé (au magasin):	_____

C. Une fête sympa.

Première étape. Ajoutez un -e, -s ou -es aux participes passés (si nécessaire) pour faire l'accord. Vous allez utiliser ces catégories pour parler d'une fête.

1. les boissons que vous avez bu____	4. le film que vous avez regardé____
2. les cadeaux que vous avez reçu____	5. la musique que vous avez choisi____
3. les costumes que vous avez porté____	6. le repas que vous avez mangé____

Deuxième étape. Pensez à une fête récente à laquelle vous avez participé. Parlez de cette fête à un(e) camarade en faisant référence à trois ou quatre des catégories de la liste de la **Première étape**.

EXEMPLE: le repas que vous avez mangé
—Pour mon anniversaire cette année, nous avons mangé des crevettes, du bifteck, des frites et un énorme gâteau au chocolat.

D. Des fêtes nord-américaines. En travaillant avec un(e) camarade, choisissez un jour de fête dans votre pays/région. Complétez la phrase **C'est un jour où nous…** pour décrire cette fête; utilisez un verbe de la liste ou un autre verbe de votre choix. Écrivez votre phrase au tableau, puis déterminez à quel point les descriptions au tableau se ressemblent.

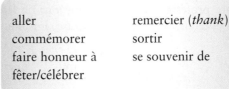

aller	remercier (*thank*)
commémorer	sortir
faire honneur à	se souvenir de
fêter/célébrer	

10.3 Aide ton père! Giving commands using the imperative

Une mère donne des ordres à différents membres de la famille. À quelle période de l'année (à l'occasion de quelle fête) est-ce qu'elle semble donner ces ordres?

	à l'occasion d'un anniversaire	à Pâques	à Noël
1. **Souffle** tes bougies!	☐	☐	☐
2. **Achète** une bûche à la boulangerie!	☐	☐	☐
3. **Finis** la décoration du sapin!	☐	☐	☐
4. **Sors** dans le jardin: je vois des œufs!	☐	☐	☐
5. **Ne perds pas** la carte pour les quinze ans d'Annie!	☐	☐	☐

Analysons! Conjuguez les verbes en caractères gras dans les phrases 1 à 5 avec **tu** au présent. 1. Pour quel(s) groupe(s) de verbes remarquez-vous une différence entre le présent et l'impératif: les verbes réguliers en **-er**, **-ir** ou **-re**? _____ 2. Quelle différence remarquez-vous? _____

○ Answers to this activity are in Appendix 2 at the back of the book.

1 As in English, direct commands are given to others without using subject pronouns. In French, however, commands exist in two forms: informal commands to one person corresponding to **tu** and formal commands, or commands to more than one person, corresponding to **vous**.

~~Tu~~ **Finis** tes devoirs!

~~Vous~~ **Finissez** vos devoirs!

Finish your homework!

2 The imperative forms of a given verb are the same as the regular present-tense forms for **vous** and **tu**, except that the final **-s** of the **tu** form of **-er** verbs is dropped. (This is even true of the irregular verb **aller** and verbs conjugated like **-er** verbs, such as **ouvrir** and **offrir**.)

Chante avec nous!	*Sing with us!*
Va chercher dans ta chambre!	*Go look in your room!*
Ouvre ton cadeau!	*Open your gift!*

3 When negation is used, **ne** precedes the verb and **pas, jamais,** etc. follow it.

Ne mange **pas** ces biscuits!

Ne mangez **pas** ces biscuits!

Don't eat these cookies!

4 Imperative forms that correspond to **nous** are used to make suggestions, equivalent to *Let's . . .* in English.

Prenons un verre!

Ne mangeons **pas** sans elle.

Let's have a drink.

Let's not eat without her.

○ Answers to this activity are in Appendice 2 at the back of the book.

Mise en pratique. Donnez des ordres en employant les verbes entre parenthèses à l'impératif.
Mettez les verbes de la colonne A au négatif et les verbes de la colonne B à l'affirmatif. Utilisez le pronom **tu** pour 1 et 2, **vous** pour 3 et 4 et **nous** pour 5 et 6.

	A			B	
1. (acheter)	*N'achète pas* de billet;	(louer)	*loue* un film!
2. (sortir)	_____ ce soir;	(rester)	_____ ici!
3. (prendre)	_____ de vin;	(finir)	_____ ce champagne!
4. (attendre)	_____ les autres;	(partir)	_____ tout de suite!
5. (offrir)	_____ de cadeau;	(envoyer)	_____ une carte!
6. (mettre)	_____ la table;	(ranger)	_____ d'abord la salle à manger!

A. Écoutez bien! Votre professeur va lire plusieurs phrases à l'impératif. Indiquez si on donne un ordre ou si on fait une suggestion.

	un ordre	une suggestion		un ordre	une suggestion
1.	☐	☐	5.	☐	☐
2.	☐	☐	6.	☐	☐
3.	☐	☐	7.	☐	☐
4.	☐	☐	8.	☐	☐

B. Faisons la fête! Travaillez avec un(e) camarade. Imaginez que vous organisez une fête ensemble. À tour de rôle, choisissez une catégorie et faites une suggestion en utilisant le(s) verbe(s) entre parenthèses. Est-ce que votre camarade est d'accord? S'il / Si elle n'est pas d'accord, cherchez un compromis.

EXEMPLE: les boissons (acheter, aimer)
    É1: Achetons du coca et de la limonade.
    É2: Oui, mais on aime aussi le coca light.
    É1: D'accord—du coca, du coca light et de la limonade.

1. le lieu (aller chez...)
2. l'invitation (créer, envoyer)
3. les invités (inviter)
4. le ménage (faire, ranger)
5. les boissons (acheter)
6. les films/émissions (regarder)
7. la nourriture (servir)
8. les jeux (jouer)

En français

In cases where a command is directed at the general public (rather than to someone in particular)—as in cookbook recipes, product labels, posters, and road signs—an infinitive is normally used; in a negative command of this type, both **ne** and **pas** precede the infinitive.

Couper le citron en deux.	*Cut the lemon in half.*
Ne pas mettre en marche.	*Do not start (engine).*

Various expressions can be used before the infinitive to make the command more polite, for example, **Veuillez…** and **Prière de…** (corresponding to English *Please…*). Other expressions can be used to make the command more forceful, for example **Défense de…** and **Interdit** (or **Interdiction**) **de…**

C. S'il te plaît!

Première étape. Travaillez avec un(e) camarade. À tour de rôle, transformez chaque commande «officielle» sur les panneaux (*signs*) en une commande «informelle».

EXEMPLE:

—Attache ta ceinture de sécurité (s'il te plaît)!

Deuxième étape. Toujours avec votre camarade, dessinez au tableau (ou sur une feuille de papier) un panneau (sérieux ou ridicule) qui donne à vos camarades de classe un ordre lié aux (*related to*) fêtes.

EXEMPLE:

Interdiction de manger
ma bûche de Noël!

D. Pour réussir à la fac.

Première étape. On donne des conseils aux étudiants qui viennent d'arriver à la fac. Complétez les conseils de la colonne B avec la forme impérative du verbe entre parenthèses. Ensuite, formez des phrases en associant chacune des situations de la colonne A à une proposition de la colonne B. **Attention!** Pour certaines situations, il y a plusieurs réponses possibles.

A	B
1. Si vous ne comprenez pas le/la prof,	a. n' _____ (avoir) pas peur de demander de l'aide!
2. Si vous vous sentez timide,	b. _____ (chercher) un lieu tranquille pour étudier!
3. Si vous vous sentez hyper-stressé(e),	c. _____ (savoir) que tout va s'arranger (*work out*)!
4. Si vous préparez un examen important,	d. _____ (aller) le/la voir dans son bureau!
5. Quand vous avez cours très tôt le matin,	e. _____ (faire) une petite pause (*take a break*), respirez!
6. Quand vous avez trop à faire,	f. _____ (être) courageux/ courageuse—parlez aux autres!
7. Quand rien ne se passe comme il faut,	g. n' _____ (oublier) pas de mettre votre réveil (*alarm clock*)!

Deuxième étape. Êtes-vous d'accord avec ces conseils? À votre avis, quels conseils ne sont pas pratiques? Quels sont les meilleurs conseils? En avez-vous d'autres?

En français

The verbs **être, avoir,** and **savoir** have irregular imperative forms:

Sois / Soyez / Soyons à l'heure!
Be on time! / Let's be on time!

N'aie / N'ayez / N'ayons pas peur!
Don't be afraid! / Let's not be afraid!

Sache que / Sachez que tout va bien ici!
Know that all is well here!

10.4 Tout se passe bien! Synthesis of uses and forms of adverbs

Êtes-vous quelqu'un de très précis ou de très détendu? Passez ce petit test. Cochez l'adverbe (ou l'expression adverbiale) qui complète le mieux chaque phrase.

1. Vous devez apporter des fleurs à une soirée. Vous choisissez
   _____ **soigneusement** (*carefully*) / _____ **distraitement** un bouquet au marché.

2. On passe beaucoup de temps à emballer un cadeau pour vous. Vous l'ouvrez
   _____ **lentement** / _____ **vite**.

3. Un ami vous offre un tee-shirt pour votre anniversaire, mais vous ne l'aimez pas. Quand il vous demande si le tee-shirt vous plaît, vous répondez
   _____ **honnêtement** / _____ **diplomatiquement**.

4. Quand c'est vous qui organisez une fête, en général elle se passe
   _____ **très bien** / _____ **assez mal**.

Analysons!
Quelle sorte de mot est à la base des adverbes en -**ment**: un adjectif, un nom ou un verbe? _____ Quels adverbes ne se terminent pas en -**ment**? _____, _____, _____.

> Answers to this activity are in Appendice 2 at the back of the book.

1 Throughout the chapters you've studied so far, you've come across different types of adverbs (some of which you may not have even realized were adverbs!). Adverbs typically modify a verb or a clause.

ADVERBES DE DEGRÉ (À quel point?)	ADVERBES DE FRÉQUENCE (Combien de fois?)	ADVERBES DE TEMPS (Quand?)	ADVERBES DE LIEU (Où?)
énormément	toujours	hier	ici
beaucoup	souvent	aujourd'hui	là (*there*)
tellement (*so much*)	parfois	maintenant	là-bas (*over there*)
assez	quelquefois (*sometimes*)	bientôt	ailleurs (*elsewhere*)
trop	rarement	demain	partout (*everywhere*)

A fifth type of adverb, known as *manner* adverbs (**adverbes de manière**), tell how something is done, in response to the question: **Comment?**

La fête se passe **bien/mal**.   *The party is going well/poorly.*

Léa emballe **soigneusement** ses cadeaux.   *Léa carefully wraps her gifts.*

2 You may have noticed that many adverbs end in -**ment**, the equivalent of -*ly* in English, and that adverbs ending in -**ment** are based on an adjective stem (**e.g., rare → rarement**). If the masculine adjective ends in a vowel, use it as the stem for the related adverb (**vrai → vraiment; honnête → honnêtement**). If the masculine adjective ends in a consonant, use the feminine form as the stem (**heureux → heureusement; complet → complètement**).

VOYELLE (MASC.)	CONSONNE (FEM.)
joli → joli**ment**	distrait/distrai<u>te</u> → distrait**ement**
absolu → absolu**ment**	soigneux/soigneu<u>se</u> (*careful*) → soigneu<u>se</u>**ment**

Mise en pratique.
Dans la colonne B, écrivez la forme adverbiale qui correspond à l'adjectif de la colonne A. Avant de choisir le radical de l'adverbe, faites attention à la dernière lettre de la forme masculine de chaque adjectif.

A	B
1. absolu(e)	*absolument*
2. actuel(le)	
3. certain(e)	
4. complet/complète	
5. doux/douce (*soft*)	
6. heureux/heureuse	
7. premier/première	
8. vrai	

◖ Answers to the activities on this page are in Appendice 2 at the back of the book.

3 Adverbs that end in certain consonant-cluster or nasal-vowel sounds follow different patterns to facilitate pronunciation; these patterns are shown in the chart. Based on the examples provided, complete the chart with the adverb form of each adjective.

E → ÉMENT (consonant cluster)	ANT → AMMENT	ENT → EMMENT
éno**rme** → énormément	const**ant(e)** → constamment	réc**ent(e)** → réc**emment**
aveu**gle** (*blind*) → _____	cour**ant(e)** (*current*) → _____ (*fluently*)	appar**ent(e)** → _____
profo**nd(e)** → _____	brill**ant(e)** → _____	prud**ent(e)** → _____
int**ense** → _____		

A. Écoutez bien! Votre professeur va parler des activités d'Anne-Laure et de sa manière de faire les choses. Indiquez votre réaction: **C'est bien!** (*That's great!*) ou **Ce n'est pas bien!** (*That's no good!*).

	C'est bien!	Ce n'est pas bien!		C'est bien!	Ce n'est pas bien!
1.	☐	☐	5.	☐	☐
2.	☐	☐	6.	☐	☐
3.	☐	☐	7.	☐	☐
4.	☐	☐	8.	☐	☐

B. Quels sont vos talents?

Première étape. Aidez votre professeur à faire une liste d'**adverbes de manière** au tableau, basée sur les adjectifs de la liste.

attentif/attentive	lent(e)
bon(ne)	mauvais(e)
distrait(e)	nerveux/nerveuse
facile	prudent(e)
horrible	rapide

Deuxième étape. En travaillant avec deux autres camarades, utilisez la liste d'adverbes au tableau pour décrire à tour de rôle comment vous faites les activités suivantes. Révélez ensuite à la classe une activité que vous faites très bien tous (toutes) les trois.

1. chanter	3. cuisiner	5. faire (du ski)	7. organiser une fête
2. choisir mes cours	4. danser	6. jouer (au tennis)	8. préparer un examen

C. Des fêtes préférées. Avec un(e) camarade, parlez de deux ou trois fêtes que vous célébrez régulièrement. Utilisez les **adverbes de degré** de la liste suivante pour indiquer à quel point vous aimez ces fêtes et expliquez pourquoi. Quelle est votre fête préférée et pourquoi?

<aside>
En français

Degree adverbs are not only used to modify verbs and clauses, but also can modify adjectives and even other adverbs.

On **mange trop** pendant les fêtes!
We eat too much during the holidays.

J'ai mangé **trop vite!**
I ate too quickly.

Le repas était **trop bon!**
The meal was (just) too good!
</aside>

assez (bien/mal)	tellement
beaucoup	très (bien/mal)
énormément	trop
incroyablement (bien/mal)	

EXEMPLE: —J'aime beaucoup la fête de Thanksgiving parce que mon frère revient du Texas et nous nous entendons très bien. Nous mangeons trop, mais nous nous amusons énormément!

D. Les fêtes à travers les cultures.

Première étape. Indiquez à quel lieu s'applique la description de chaque fête en cochant un des **adverbes de lieu: ici** (dans votre pays), **là-bas** (en France) ou **partout** (dans presque toutes les cultures). Cochez **ailleurs (?)** si vous ne savez pas exactement où.

	ici	là-bas	partout	ailleurs (?)
1. Il y a un jour férié pour honorer les gens qui travaillent.	☐	☐	☐	☐
2. À Pâques, c'est un lapin qui distribue les œufs et les chocolats.	☐	☐	☐	☐
3. Le père Noël met de petits cadeaux dans des chaussures.	☐	☐	☐	☐
4. On va voir un feu d'artifice pour le Nouvel An ou une fête nationale.	☐	☐	☐	☐
5. On fête la naissance du Christ et du prophète Mahomet.	☐	☐	☐	☐
6. On fait honneur à ses aïeux (*ancestors*).	☐	☐	☐	☐
7. On fait honneur aux jeunes / à la jeunesse.	☐	☐	☐	☐

Deuxième étape. Avec vos camarades et votre professeur, mettez-vous d'accord sur les bonnes réponses de la **Première étape:** Parlez des petites différences entre les cultures en ce qui concerne la date des fêtes et/ou les coutumes (*customs*). Les fêtes décrites dans 5, 6 et 7 de la **Première étape** ont lieu en Haïti, au Maroc et au Sénégal. Devinez à quel pays correspond chaque fête.

Le carnaval: de La Nouvelle-Orléans, de Nice, de Québec, des Antilles

A. Avant de regarder. Quand vous entendez l'expression «Mardi gras», quelles images vous viennent à l'esprit? Où est-ce qu'on fête Mardi gras? Qu'est-ce qu'on fait pour le fêter? Comparez vos réponses à celles d'un(e) camarade.

B. Regardez et écoutez. Le professeur va vous parler de la tradition du carnaval dans plusieurs pays et régions francophones. Écoutez et regardez.

C. Complétez. Complétez les phrases suivantes en utilisant les expressions de la liste. **Attention!** Il y a plus de mots et expressions que de réponses!

brûler (*to burn*)	l'Épiphanie	Mardi gras	Pâques
danser	italien	se moquer	Québec
des chars (*floats*)	jeter	Nice	viande
des déguisements	latin		

1. Le mot «carnaval» vient d'un mot _____ qui fait allusion au fait qu'autrefois (*historically*) on ne mangeait pas de _____ pendant le carême, une période de quarante jours qui précède _____.

2. En général, le carnaval commence à _____, (le 6 janvier), date qui marque la fin des fêtes de Noël, et continue jusqu'au _____, la veille du carême.

3. Un des buts originaux du carnaval était de _____ des gens et des choses.

4. À _____ le carnaval a commencé au 19ᵉ siècle, et il y a toujours des activités comme une compétition de sculpture sur neige et des sports d'hiver.

5. Le carnaval de _____ est célèbre pour ses défilés de caricatures et de figures grotesques et ses batailles de fleurs.

6. Aux Antilles, le carnaval a un roi nommé Vaval; il est traditionnel de _____ Vaval le dernier jour du carnaval.

D. À vous!

1. Dans votre région, y a-t-il une fête similaire au carnaval?

2. Complétez les phrases suivantes, en ajoutant vos propres opinions ou impressions sur le carnaval.

   a. Une chose que je trouve bien avec le carnaval c'est que…

   b. Un des aspects du carnaval que je trouve surprenant, c'est que…

Au temps du carnaval, l'homme se met sur son masque un visage de carton.*

—XAVIER FORNERET

cardboard

Le roi du Carnaval à Nice

Le coin lecture

Le 14 juillet

A. Avant de lire. Discutez avec des camarades: Quel événement historique est à l'origine de votre fête nationale? La date a-t-elle été fixée à ce moment-là ou plus tard? Traditionnellement, que fait-on le jour de votre fête nationale? Est-ce qu'il y a des programmes spécifiques à la télé? Un discours politique? Des décorations patriotiques?

B. Lisez. Le texte suivant parle de la fête nationale en France et des traditions qui s'y rattachent. Lisez-le attentivement, puis répondez aux questions de compréhension.

Zoom sur la fête nationale en France

Une fête nationale commémore un événement majeur dans l'histoire d'une nation. Souvent, on célèbre l'indépendance du pays comme dans beaucoup de pays d'Afrique anciennement colonisés. En France, on célèbre un événement unique: la prise[1] de la Bastille et, par association, la fin de la Monarchie et le début de la République. Quoique[2] cette date soit associée à l'année 1789, quand la Bastille (une prison politique) a été attaquée par les révolutionnaires français, ce n'est qu'en 1880 que la date du 14 juillet est fixée comme la fête nationale officielle de l'État français pendant la Troisième République!

Aujourd'hui, le 14 juillet est une grande fête pour célébrer la République. Le matin, il y a un défilé militaire de plusieurs heures sur les Champs-Élysées qu'on peut aussi regarder à la télé. Cette parade de

Le 14 juillet: le défilé militaire sur les Champs-Élysées

soldats et de chars[3] portant parfois des missiles peut sembler bizarre, mais il y a une histoire derrière cela. En 1880, quand le gouvernement choisit le 14 juillet comme date de la fête nationale, les Français sont encore sous le choc de la défaite du pays dans la guerre avec la Prusse (un pays qui correspond plus ou moins à l'Allemagne aujourd'hui). C'est pour cette raison que le gouvernement organise un défilé dix ans plus tard pour montrer la puissance militaire retrouvée de la France et redonner de la fierté[4] au peuple français.

Un peu partout le soir du 14 juillet, il y a des bals populaires que l'on appelle traditionnellement «bals des pompiers[5]». Cette tradition a commencé au début du vingtième siècle à Paris quand les pompiers passaient la fête nationale avec leur famille à la caserne.[6] À la fin des années trente à Montmartre (un quartier de Paris), les animations et les jeux que les pompiers avaient organisés ont attiré des passants[7] qui voulaient participer. Les pompiers les ont invités à passer la soirée en leur compagnie et l'année suivante, plusieurs casernes ont fait la même chose. La tradition continue aujourd'hui. De nos jours, après le bal, les gens se retrouvent sur une grande place, dans un parc ou au bord d'une rivière pour admirer le traditionnel feu d'artifice dont les Français sont des spécialistes depuis l'époque monarchique. En effet, les fêtes extravagantes au château de Versailles comportaient généralement un spectacle pyrotechnique pour divertir[8] la Cour. Dans quelques endroits en province, on continue une autre tradition moins répandue: la retraite aux flambeaux[9] la veille ou le soir du 14 juillet, avant le feu d'artifice. Une retraite aux flambeaux est un défilé, après la tombée de la nuit, avec des personnes qui portent des torches[10] ou des bougies.

Défilé militaire, bal des pompiers, retraite aux flambeaux, feu d'artifice… toutes ces célébrations montrent bien que le 14 juillet reste une fête populaire et chargée d'histoire. C'est un symbole d'union entre tous les Français.

[1]storming   [2]Although   [3]tanks   [4]pride   [5]firemen   [6]fire station   [7]passersby   [8]entertain   [9]torches   [10]flashlights

C. Avez-vous compris? Répondez aux questions suivantes.

1. Quand a-t-on décidé de fixer la fête nationale française le 14 juillet?
2. Quelles sont les activités typiques d'un 14 juillet en France?
3. Pourquoi y a-t-il un défilé militaire sur les Champs-Élysées chaque année?
4. Que font les Français avant d'aller voir le feu d'artifice traditionnel?
5. En plus d'être une joyeuse fête, qu'est-ce que le 14 juillet représente pour les Français aujourd'hui?

D. À vous!

1. Que pensez-vous de la fête nationale française? Est-elle très différente de votre fête nationale?
2. Que ressentez-vous (*How do you feel*) le jour de votre fête nationale? Que représente-t-elle pour vous?
3. Pensez-vous qu'il faut célébrer la fête nationale pour aimer son pays? Que veut dire «être patriotique» pour vous?

Les coins lecture et écriture: Additional reading and writing activities are available in the **Workbook / Laboratory Manual** and at **Connect French** (www. mhconnectfrench.com).

Rétrospective L'hymne national français

La Marseillaise de François Rude, Arc de Triomphe, Paris

«Allons enfants de la patrie, le jour de gloire est arrivé!»

—ROUGET DE LISLE

En 1792, à l'époque de la Révolution française (1789–1799), le nouveau gouvernement déclare la guerre (*war*) contre l'Autriche, qui se prépare à envahir (*invade*) la France, pour rétablir la puissance (*reinstate the power*) de la monarchie française. À Strasbourg, Claude Joseph Rouget de Lisle, un ingénieur militaire et musicien, compose un «Chant de guerre pour l'Armée du Rhin»—un appel patriotique à la mobilisation et une exhortation au combat contre la tyrannie et l'invasion étrangère. Mais ce chant de guerre devient le chant emblématique des armées révolutionnaires quand elles entrent à Paris le 30 juillet 1792 pour renverser (*overturn*) la Monarchie—c'est à ce moment qu'on l'appelle «La Marseillaise», car les soldats venaient de Marseille, sur la côte méditerranéenne. Et pourtant, Rouget de Lisle n'était pas un révolutionnaire; il était monarchiste. Déclarée chant national en 1795, «La Marseillaise» perd son statut de chant national sous Napoléon et elle est entièrement bannie pendant la Restauration de la monarchie, puis réinstaurée en 1830 (avec orchestration par le compositeur Hector Berlioz) pour enfin devenir l'hymne national officiel de la France en 1879, juste avant que le 14 juillet devienne officiellement la fête nationale en 1880.

Avez-vous compris? Qui a composé l'hymne national français? Pourquoi est-ce que la chanson est aujourd'hui nommée «La Marseillaise»? Quels éléments patriotiques deviennent officiels à la fin du 19e siècle en France? Connaissez-vous l'histoire de votre hymne national?

Des soldats écossais jouent de la cornemuse dans le film *Joyeux Noël*.

Film:

Joyeux Noël

(Drame; 2005; France; Réalisateur: Christian Carion; 115 min.)

SYNOPSIS: This film, which is based on a true story, is about a spontaneous cease-fire in the trenches during World War I on Christmas Eve, during which French, German, and Scottish soldiers meet in "no man's land" to celebrate Christmas.

SCÈNE: (DVD, Scene 13, "First the Officers," 00:48:40–01:00:15) In this scene, a German soldier marches toward "no man's land" as he sings a Christmas song in Latin in response to the sound of bagpipes coming from the Scottish trench. He is then joined peacefully by the lieutenants and soldiers from the three countries.

Avant-première.
Répondez aux questions suivantes avec un(e) camarade.

Que représente Noël pour vous personnellement? Avez-vous déjà passé Noël avec des gens d'un autre pays, d'une autre culture? Est-ce qu'il y a des traditions de Noël qui existent dans tous les pays? Donnez des exemples.

On tourne! Complétez chaque phrase avec l'option qui convient.

1. L'officier allemand avance vers le «no man's land» avec _____.
   a. un sapin de Noël illuminé
   b. du chocolat
   c. des cadeaux de Noël

2. Les trois lieutenants se souhaitent (*wish each other*) «Joyeux Noël» en _____.
   a. anglais
   b. anglais et en français
   c. français, en anglais et en allemand

3. Les soldats échangent _____.
   a. des cadeaux et du chocolat
   b. une bûche de Noël et du champagne
   c. du champagne et du chocolat

4. Les soldats montrent les photos de _____.
   a. leurs enfants
   b. leurs femmes
   c. leurs amis

5. À minuit, ils _____.
   a. font la fête
   b. assistent à la messe de minuit
   c. chantent

On boucle! Discutez des sujets suivants avec (un)e camarade.

1. Quelles sont vos scènes de «fraternisation» préférées dans le film, et pourquoi?

2. À votre avis, est-ce que ces scènes représentent «l'esprit» de Noël? Expliquez.

Rappel | **_La Rue Mosnier pavoisée_ (1878), Édouard Manet**

Édouard Manet (1832–1883) commence à avoir du succès en 1863 quand il expose ses tableaux au Salon des Refusés. Là, les peintres refusés par le Salon officiel et les juges académiques peuvent montrer leurs tableaux. Manet n'est pas conventionnel et choque avec ses tableaux un peu trop réalistes qui montrent sans embellissement des scènes modernes, comme _Le Déjeuner sur l'herbe_ (1863). Pourtant, il est en bons termes avec les peintres les plus célébrés à l'époque: Edgar Degas, Claude Monet et Auguste Renoir.

A. La scène. Pour mieux comprendre le tableau, complétez les phrases suivantes en conjuguant les verbes entre parenthèses au **passé composé** ou à l'**imparfait**.

Quand il _____¹ (composer) ce tableau, Édouard Manet _____² (vivre) au deuxième étage d'un immeuble rue Mosnier. Probablement, l'homme à gauche dans la rue _____³ (être) un ancien combattant de la guerre franco-prussienne de 1870 et il _____⁴ (perdre) sa jambe au combat. Les habitants de la rue Mosnier _____⁵ (installer) des drapeaux tout le long de la rue, au rez-de-chaussée et sur le balcon des immeubles, mais c'est quand-même (_even so_) une scène un peu austère: à l'époque, on _____⁶ (célébrer) la fête nationale de façon plus extravagante dans d'autres quartiers. Le peintre _____⁷ (peut-être marquer) le contraste entre les pauvres et les riches avec la personne à gauche et la voiture sur la droite. En 1878, seuls les gens riches _____⁸ (pouvoir) acheter une voiture.

B. Les origines du tableau. Complétez les phrases avec les pronoms relatifs **que**, **qui** ou **où** pour en apprendre plus sur le contexte de ce tableau.

1. 1878 est la seule année _____ on commémore la fête nationale française le 30 juin. En 1880, on décide de la célébrer le 14 juillet, date de la prise de la Bastille pendant la Révolution de 1789.

2. C'est une fête nationale _____ le gouvernement appelle la «fête de la Paix» pour célébrer la fin de la guerre franco-prussienne de 1870–1871.

3. C'est une fête _____ marque aussi le début de l'Exposition universelle (_World's Fair_) à Paris.

4. L'Exposition universelle de 1878, _____ la mairie organise, attire 13 millions de visiteurs—un énorme succès!

C. Appréciation. Discutez les questions suivantes avec vos camarades de classes en paires ou en petits groupes.

1. On trouve dans ce tableau un contraste entre la lumière (_light_) et l'ombre (_shadow_). Quels autres contrastes remarquez-vous? Quel en est l'effet?

2. Imaginez une scène de fête nationale: quels éléments absents dans le tableau de Manet se trouvent dans votre tableau?

Vocabulaire

Questions et expressions

Bon/Joyeux anniversaire!	Happy birthday!
Bon appétit!	Enjoy (your meal)!
Bon séjour!	Have a nice stay!
Bon voyage!	(Have a) good trip! (Bon voyage!)
Bonne année!	Happy New Year!
Bonne journée/soirée!	(Have a) good day/evening!
Bonnes fêtes (de fin d'année / de Pâques)!	Happy holidays!
Bonnes vacances!	(Have a) good vacation!
Bravo!	Bravo! / Good job!
Félicitations!	Congratulations!
Qu'est-ce que (qu')... ? / Qu'est-ce que c'est que (qu')... ? / C'est quoi, ... ?	What is . . . (when asking for a definition)
Qu'est-ce qu'on dit à quelqu'un... ?	What do you say to someone . . . ?
Santé! / Chin-chin! / À la tienne!	Cheers!
Soyez heureux pour la vie!	Wishing you lifelong happiness!

Verbes

croire (à/en)	to believe (in)
offrir (un cadeau)	to offer/give (a gift)
ouvrir	to open
recevoir	to receive

Les fêtes / Les jours fériés

Festivals / Holidays

le carême	Lent
la fête des Mères / des Pères	Mother's/Father's Day
la fête des Rois (l'Épiphanie)	Epiphany (January 6)
la (fête de) Saint-Jean-Baptiste	Quebec Day (June 24)
la (fête de) Saint-Sylvestre	New Year's Eve
la fête du Travail	Labor Day (May 1)
Hanoukka (*m.*)	Hanukkah
le jour de l'An	New Year's Day
le jour de la Victoire	May 8
le jour du Souvenir	Veteran's Day, (November 11)
un jour férié	a public holiday
Noël (*m.*)	Christmas
Pâque (la Pâque juive)	Passover
Pâques (*f.*)	Easter
le poisson d'avril	April Fool's Day; practical joke
le ramadan	Ramadan
le réveillon (de Noël)	Christmas Eve dinner
le réveillon du jour de l'An (de la Saint-Sylvestre)	New Year's Eve dinner
le 14 juillet	Bastille Day
la Toussaint	All Saints Day (November 1)
la veille de Noël	Christmas Eve

Pour parler des fêtes

To talk about holidays

une bougie	a candle
un bouquet (de fleurs)	a bouquet (of flowers)
une bûche de Noël	a Christmas log (chocolate roll cake)
un cadeau	a gift
une carte de vœux	a greeting card
un chèque-cadeau	a gift certificate
un cimetière	a cemetery
les cloches (*f.*) (de Pâques)	(Easter) bells
un défilé	a parade
un déguisement	a costume, disguise
une farce	a practical joke
un feu d'artifice	a fireworks display
un lapin (en chocolat)	a (chocolate) rabbit
une ménorah	a menorah
la messe (de minuit)	(Midnight) Mass
le père (papa) Noël	Father Christmas (Santa Claus [N. Am.])
un sapin de Noël	a Christmas tree
une tombe	a grave, tomb

Adverbes

absolument	absolutely
ailleurs	elsewhere
bien	well, much
constamment	constantly
couramment	fluently
distraitement	distractedly (absent-mindedly)
énormément	enormously
mal(heureusement)	(un) fortunately
(mal)honnêtement	(dis) honestly
là(-bas)	(over) there
lentement	slowly
mal	badly, poorly
partout	everywhere
ponctuellement	punctually
quelquefois	sometimes
rapidement / vite	quickly / quickly, fast
soigneusement	carefully
tellement	so much

Bilan

In this chapter, you will learn:

- to talk about future plans
- to find out what someone does for a living and how he/she likes his/her job
- career and workplace terms
- personal relationship terms
- to indicate means of communication with the verbs **lire, dire,** and **écrire**
- to make general statements using the impersonal pronoun **il**
- to express future events using the **futur simple**
- about cultural notions of schooling and higher education

Le Penseur (1881) d'Auguste Rodin, dans le jardin du musée Rodin à Paris, avec le dôme des Invalides en arrière-plan (*background*)

11 Trouver son chemin

connect plus+

| FRENCH

www.mhconnectfrench.com

LEARNSMART

Qu'est-ce que tu veux faire après tes études?   Talking about future plans

- To find out what someone's future plans are, say:

  —**Qu'est-ce que tu veux / vous voulez faire...**   *What do you want to do . . .*

  après tes/vos études?   *after you graduate?*

  dans la vie?   *for a living?*

  dans l'avenir?   *in the future?*

- Depending on how certain you are of your future plans, you can reply:

  —**Je veux devenir** avocat(e).   *I want to become a lawyer.*

  —**J'aimerais être** écrivain.   *I would like to be a writer.*

  Attention! Remember that you *don't* use an article with the names of professions in these cases!

- If you don't know what you want to be, or you're not sure, you can always say:

  Je ne sais pas. / Je n'en ai aucune idée! / Je n'ai pas encore décidé.

Vidéo

A. À l'écran. Regardez la vidéo et écoutez les gens dire ce qu'ils veulent faire après leurs études ou plus tard dans la vie. Ensuite, répondez aux questions.

Anna

Éva

Éric-Alexandre

Camille

Anthony et Sullyvan

1. Qui veut devenir musicien professionnel et enseignant?
2. Qui veut faire un voyage autour du monde (*around the world*)?
3. Qui aimerait être journaliste?
4. Qui voulait être avocat(e), mais n'est plus certain(e)?
5. Qui veut faire des études en Angleterre?
6. Qui veut devenir professeur de chant?

B. Et vous, qu'est-ce que vous voulez faire après vos études? Travaillez avec un(e) camarade. Demandez-lui ce qu'il/elle étudie et ce qu'il/elle veut faire après ses études. Ensuite, changez de rôles.

EXEMPLE: É1: Qu'est-ce que tu étudies?
           É2: Moi, je fais du français, de l'italien et de la linguistique.
           É1: Qu'est-ce que tu veux faire après tes études?
           É2: J'aimerais étudier en France, faire un master et ensuite devenir professeur de français.

Qu'est-ce que vous faites dans la vie?
Ça vous plaît?   Finding out if people like what they do

- You already know the verb **aimer** (*to like*):
    - **—Tu aimes tes cours et tes professeurs?**
    - **—Aimez-vous votre métier?**
- Another way to to ask if someone likes something is to say:

—Est-ce que votre métier vous plaît?	*Do you like your profession?*
—Oui, il me plaît.	*Yes, I like it.*
—Tes cours et tes professeurs te plaisent?	*Do you like your courses and instructors?*
—Oui, ils me plaisent.	*Yes, I like them.*

À noter: If you have already been talking about something, you can simply refer to it using **ça.**

—Qu'est-ce que tu fais / vous faites dans la vie?	*What do you do for a living?*
—Je suis ingénieur.	*I'm an engineer.*
—Ça te/vous plaît?	*Do you like it/that?*
—Oui, ça me plaît. / Non, ça ne me plaît pas.	*Yes, I like it/that. / No, I don't like it/that.*

A. À l'écran.

Vidéo

Première étape. Regardez la vidéo et écoutez les gens qui disent ce qu'ils font dans la vie et si leur métier leur plaît ou pas. La première fois, associez chaque personne au nom de son métier en choisissant de la liste de droite à la page 310. **Attention!** Il y a une réponse de plus.

Qu'est-ce que vous faites dans la vie? Ça vous plaît?

Nom

1. Raphaël _____

2. Fanny _____

3. Lahcen _____

4. Olivier _____

Métier

a. enseignant dans un collège (*junior high*)
b. éducatrice spécialisée avec des personnes handicapées mentales
c. médecin anesthésiste
d. professeur à l'université
e. infirmier

Deuxième étape. Regardez encore une fois la vidéo. Indiquez pourquoi chaque personne aime son métier. Trouvez la raison ou les raisons dans la colonne de droite. À votre avis, qui a le métier le plus intéressant? le plus difficile? Quel métier vous attire le plus? Expliquez.

Nom	Raisons
1. Raphaël _____	a. C'est un travail idéal, une école de vie.
2. Fanny _____	b. On peut influencer la vie des jeunes.
3. Lahcen _____	c. C'est un métier très excitant, très varié.
4. Olivier _____	d. Il/Elle est content(e) pour le moment.
	e. On sert à quelque chose et on rend service aux gens.
	f. C'est un métier de relations humaines.
	g. C'est très enrichissant.

B. Qu'est-ce qui vous plaît dans la vie? Travaillez en petits groupes. Renseignez-vous sur la vie de vos camarades à l'aide des thèmes possibles de la liste suivante. Utilisez le verbe **plaire** dans vos questions. En vous basant sur leurs réponses, déterminez qui est la personne la plus heureuse du groupe. C'est vous?

tes cours	ta maison / ton appartement	la ville où se trouve l'université
tes études	la nourriture au resto-U	la ville où tu habites
tes loisirs	l'université	autre chose?

EXEMPLE: É1: Tes cours te plaisent?
           É2: Oui, ils me plaisent beaucoup.
           É1: Pourquoi?
           É2: Parce qu'ils sont intéressants et mes profs sont bons.

Vocabulaire interactif

Les étapes de la vie   Talking about life's major milestones

Voici quatre jeunes Français qui habitent à Lille. Selon leurs intérêts, qu'est-ce qu'ils espèrent faire **dans l'avenir**? En vous basant sur ce que vous savez de leur vie actuelle (*current*), devinez de quelle personne on parle dans les paragraphes concernant les études supérieures et les métiers (pages 312–313).

L'enseignement° secondaire

°*Instruction*

Milène a 15 ans. Elle est **en troisième** (3ᵉ)—sa dernière année d'études au **collège**. C'est **une collégienne** qui est douée pour les maths; elle aime aussi suivre des cours de sciences.

Ibrahim a 16 ans. Il commence ses **études** au **lycée**. Il est **en seconde** (2ᵈᵉ). C'est **un lycéen** doué pour les sports. Comme sa mère est médecin, il s'intéresse à la médecine du sport.

Jean-Paul a 17 ans. Il continue ses études dans un lycée **privé**. Il est **en première** (1ᵉʳᵉ). Il s'intéresse surtout au monde des affaires (*business*) et des finances.

Élisabeth a 18 ans. Elle finit ses études secondaires. Elle est **en terminale (en term)**. Elle parle couramment l'anglais et elle a toujours aimé les cours d'histoire et de littérature.

Chez les Français

Le lycée et «le bac»

Les élèves français âgés de 15 à 18 ans peuvent aller dans deux sortes de lycées: un lycée d'enseignement général ou un lycée professionnel qui les prépare à travailler dans certains secteurs professionnels comme, par exemple, la vente (*sales*), l'industrie textile, l'automobile ou la mode. À la fin de la terminale, dernière année de lycée, les élèves passent un examen national: le baccalauréat, souvent juste appelé «le bac», qu'il est nécessaire de réussir pour continuer ses études à l'université. En fonction de la spécialité, le bac comporte plusieurs épreuves (*tests*) écrites et orales sur les matières générales comme les maths ou l'histoire-géographie, et sur les matières spécialisées

Les résultats du bac sont affichés (*posted*)!

comme les langues, la comptabilité (*accounting*) ou les sciences. Les épreuves sont corrigées anonymement par des profs qui ne connaissent pas les élèves. On s'y prépare (*Students prepare for it*) pendant toute l'année de terminale. C'est un grand événement dont on parle partout: à la télé, la radio, et sur de nombreux sites Internet.

Et chez vous? Qu'est-ce que vous préférez: un examen à la fin du lycée comme en France, ou un examen pour entrer à l'université? Expliquez votre réponse. Les élèves français stressent souvent à propos du bac. Et vous, est-ce que vous êtes très stressé(e) avant un examen? Qu'est-ce qu'il est essentiel de faire pour bien se préparer mentalement et physiquement pour un examen important?

L'enseignement supérieur

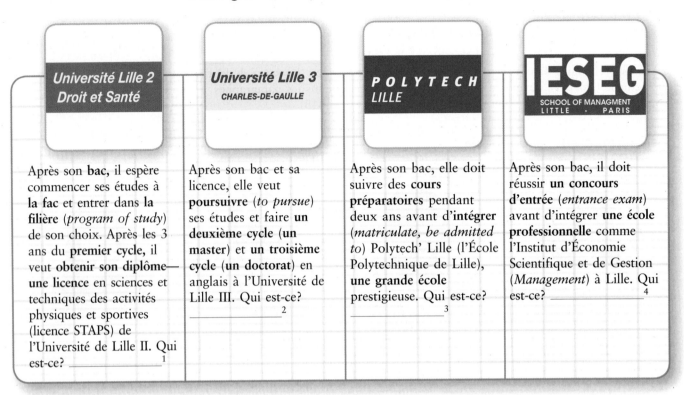

Université Lille 2 Droit et Santé

Après son **bac,** il espère commencer ses études à **la fac** et entrer dans **la filière** (*program of study*) de son choix. Après les 3 ans du **premier cycle,** il veut **obtenir son diplôme—une licence** en sciences et techniques des activités physiques et sportives (licence STAPS) de l'Université de Lille II. Qui est-ce? _____ 1

Université Lille 3 CHARLES-DE-GAULLE

Après son bac et sa licence, elle veut **poursuivre** (*to pursue*) ses études et faire **un deuxième cycle (un master)** et **un troisième cycle (un doctorat)** en anglais à l'Université de Lille III. Qui est-ce? _____ 2

POLYTECH LILLE

Après son bac, elle doit suivre des **cours préparatoires** pendant deux ans avant d'**intégrer** (*matriculate, be admitted to*) Polytech' Lille (l'École Polytechnique de Lille), **une grande école** prestigieuse. Qui est-ce? _____ 3

IESEG SCHOOL OF MANAGMENT LITTLE · PARIS

Après son bac, il doit réussir **un concours d'entrée** (*entrance exam*) avant d'intégrer **une école professionnelle** comme l'Institut d'Économie Scientifique et de Gestion (*Management*) à Lille. Qui est-ce? _____ 4

Chez les Français

Les diplômes universitaires

L'organisation des cours et des diplômes d'enseignement supérieur en France correspondent aujourd'hui aux programmes européens. Le cursus (*curriculum*) universitaire français offre trois diplômes: la licence (*bachelor's*), qui demande trois ans d'études après le lycée (on dit souvent «bac + 3») ; le master (licence + 2 ans) et le doctorat (master + 3 ans [minimum]). Pendant la première année de licence, les étudiants de la même filière suivent un programme commun et ils ne peuvent pas choisir leurs cours comme aux États-Unis. Il n'est pas possible de suivre un cours de biologie si vous étudiez la littérature et vice versa, car biologie et littérature ne font pas partie de la même filière. Après la première année, les étudiants peuvent se spécialiser à l'intérieur de leur filière.

En plus des universités publiques, il existe des «grandes écoles»—l'équivalent des *Ivy League* aux États-Unis. Il faut réussir un examen d'entrée très difficile pour être admis par exemple à L'École Nationale d'Administration (l'ENA), une institution prestigieuse qui n'accepte que 190 étudiants chaque année. Les étudiants prennent souvent des cours pendant deux ou trois ans dans des écoles préparatoires avant de passer l'examen. Mais s'ils réussissent et sortent diplômés, ils auront accès à des postes importants dans l'administration ou les grandes entreprises. Beaucoup de ministres et présidents français sont passés par ces écoles qui forment l'élite du pays.

L'entrée de l'École normale supérieure à Paris, une des grandes écoles

Et chez vous? Quelles sont les meilleures universités chez vous quand il s'agit de former l'élite du pays? Que faut-il faire pour être accepté dans ces écoles? Pensez-vous qu'il est nécessaire d'avoir beaucoup d'éducation pour être un bon leader? Expliquez votre réponse.

Le travail et les métiers°

a. Elle veut devenir ingénieur. Elle cherche **un poste** dans **une** grande **entreprise** comme Airbus. Qui est-ce? _____ 5

b. Il aimerait être directeur des finances d'**une société commerciale**—peut-être son **président-directeur général (PDG)** un jour. Qui est-ce? _____ 6

c. Il espère trouver **un emploi** dans **un cabinet médical** ou **un laboratoire**. Qui est-ce? _____ 7

d. Elle veut travailler dans la traduction (*translation*) ou être prof à la fac. Qui est-ce? _____ 8

A. Identifications. À tour de rôle avec un(e) camarade, indiquez si chacun des termes de la liste désigne une personne, un diplôme, un établissement (scolaire) ou un lieu de travail.

1. le bac(alauréat)?
2. un cabinet médical
3. un collège
4. un(e) collégien(ne)
5. un doctorat
6. une école polytechnique
7. une entreprise
8. la fac(ulté)
9. une grande école
10. une licence
11. un lycée
12. un(e) lycéen(ne)
13. un master
14. un PDG
15. une société commerciale

B. Les études. En travaillant avec un(e) camarade, examinez les étapes scolaires suivantes. Indiquez à qui, dans votre famille élargie ou parmi vos amis, les situations suivantes peuvent s'appliquer.

EXEMPLE: être au collège
—Actuellement, ma petite sœur Jessica est au collège, en 4ᵉ (*eighth grade*).

1. être au collège
2. étudier dans un lycée privé
3. être en terminale
4. poursuivre ses études supérieures
5. suivre un cours préparatoire (pour le *GRE*, *LSAT*, etc.)
6. se spécialiser en…
7. chercher du travail / un emploi
8. avoir déjà son diplôme (sa licence, son master)

En français

Although **prendre un cours** can be used as the French equivalent of *to take a class*, **suivre** (*to follow*) **un cours** is also used. The verb **suivre** is irregular, with one stem for the singular forms, **sui-** (**je suis, tu suis, il/elle/on suit**), and another for the plural forms, **suiv-** (**nous suivons, vous suivez, ils/elles suivent**). The past participle of **suivre** is also irregular: **suivi**.

C. Votre université. Réfléchissez avec le reste de la classe. Votre but: trouver quatre ou cinq caractéristiques spécifiques à votre université. Servez-vous des idées de la liste. Ensuite, en groupes de quatre, choisissez la caractéristique qui vous plaît le plus et celle qui vous plaît le moins. Présentez vos idées à la classe. Est-ce que votre prof est du même avis que vous?

> l'apparence du campus
> le choix de filières
> les clubs / les sports
> les frais de scolarité (*tuition*)
> les horaires de cours
>
> le nombre d'étudiants
> les rapports profs–étudiants
> les résidences universitaires
> les séjours académiques (*study abroad*)

Des étudiants dans la place Kléber à Strasbourg

D. Au travail.

Première étape. Indiquez dans quel lieu de la colonne B travaille chacune des personnes de la colonne A.

A	B
1. un(e) prof	a. une entreprise
2. un PDG	b. un petit commerce (*small business*)
3. un coiffeur (une coiffeuse)	c. un cabinet dentaire
4. un(e) dentiste	d. un collège (un lycée, une université)
5. un avocat (une avocate)	e. un salon de beauté
6. un commerçant	f. une usine (*factory*)
7. un ouvrier (une ouvrière)	g. un laboratoire
8. un(e) biologiste	h. un cabinet d'avocats
9. un infirmier (une infirmière)	i. un hôpital / un cabinet médical

Deuxième étape. Travaillez avec deux autres camarades. Considérez les métiers mentionnés dans la **Première étape** et les critères suivants. Mettez-vous alors d'accord sur le métier qui vous semble le meilleur en faisant une liste des caractéristiques qui vous plaisent.

1. **la formation:** Est-ce qu'on doit être diplômé(e)? (licence, master, doctorat?)
2. **le lieu de travail:** Est-ce qu'on travaille dans un environnement tranquille ou stressant?
3. **le salaire:** Est-ce qu'on gagne (*earn*) juste assez pour vivre ou vraiment beaucoup d'argent?
4. **le temps de travail:** Est-ce qu'on a un horaire fixe ou flexible?
5. **les collègues:** Est-ce qu'il y a une atmosphère de collaboration ou de rivalité?

La vie sentimentale

Imaginez maintenant la vie privée de Milène, d'Ibrahim, de Jean-Paul et d'Élisabeth. Complétez les paragraphes avec les verbes de la liste au présent. En vous basant sur les illustrations, indiquez quelle version de chaque histoire est correcte.

○ Answers to this activity are in Appendice 2 at the back of the book.

Histoire 1: Milène et Pierre, un autre ingénieur chez Airbus, _____ 1 (se rencontrer) au travail. Ils _____ 2 (tomber amoureux) l'un de l'autre.

Histoire 2: Milène vit seule. Elle travaille beaucoup, mais elle aimerait bien avoir **un petit ami** (**un copain**).

Histoire 1: Ibrahim **sort avec** Sandrine, mais il n'a pas envie d'une **relation** sérieuse.

Histoire 2: Ibrahim a **une petite amie** (**une copine**), Aïcha, avec qui il sort depuis deux ans. Ils _____ 3 (se fiancer) au printemps et _____ 4 (se marier) en août. Après la cérémonie, ils vont faire leur **voyage de noces** en Corse.

Histoire 1: Jean-Paul est toujours célibataire. Le coup de foudre? L'amour véritable? Il n'y croit pas.

Histoire 2: Jean-Paul et Grégoire sont pacsés. Ils _____ 5 (s'entendre) très bien l'un avec l'autre. Ils _____ 6 (se disputer) rarement.

Histoire 1: Élisabeth **est attirée par** (*attracted to*) son voisin, Martin. Ils _____ 7 (se voir) souvent dans le quartier et _____ 8 (s'envoyer) des méls amusants.

Histoire 2: Élisabeth et son mari Sébastien ne sont plus heureux ensemble. Il est probable qu'ils _____,9 (se séparer) ou même qu'ils _____ 10 (divorcer).

E. Une histoire d'amour «conventionnelle».

Première étape. Aidez votre professeur à écrire, au tableau, une petite histoire d'amour «conventionnelle». Ajoutez des détails en répondant aux questions entre parenthèses. Êtes-vous tous d'accord sur les détails? Si vous ne l'êtes pas, c'est votre professeur qui a le dernier mot!

EXEMPLE: se rencontrer (où?)
—D'abord, ils se rencontrent au lycée et puis...

1. se rencontrer (où?)
2. sortir ensemble (que font-ils?)
3. s'embrasser (*to kiss*) pour la première fois (quand?)
4. s'offrir de petits cadeaux (quelles sortes de cadeaux?)
5. tomber amoureux (les deux en même temps?)
6. se fiancer (qui fait la demande en mariage et où?)
7. se marier (après combien de mois / d'années?)
8. avoir des enfants (combien?)

Deuxième étape. Mettez l'histoire de la **Première étape** au passé composé. **Attention!** Faites l'accord du participe passé quand c'est nécessaire.

En français

Recall from **Chapitre 8** that in the **passé composé**, past participles agree with the pronoun of pronominal verbs when it represents the direct object of the verb. This is also the case when pronominal verbs have a reciprocal meaning:

Ils **se** sont **embrassés (disputés, fiancés, mariés, rencontrés, vus).**
They kissed (argued with, got engaged to, married, met, saw) each other.

Recall as well from **Chapitre 8** that agreement is *not* made when the pronoun of pronominal verbs represents the *indirect* object of the verb; for example, **elle s'est lavé les mains.** The same is true for pronominal verbs used with a reciprocal meaning.

Ils **se** sont **parlé au téléphone (envoyé des textos, offert des chocolats, acheté des fleurs).**
They spoke to each other on the phone (sent each other text messages, gave each other chocolates, bought each other flowers).

Prononcez bien!

To learn about unstable e (otherwise known as "schwa" [ə]) in words such as **chemin**, see the **Prononcez bien!** section of the *Workbook / Laboratory Manual.*

Chez les francophones: Au Maghreb

Le statut de la femme en évolution

Où est-ce que je ferai mes études? Quel métier me plaira? Est-ce que je me marierai ou pas? Telles (*Such*) sont les questions qu'une jeune femme se pose dans les pays occidentaux. Ce n'est pas forcément le cas dans les pays du Maghreb (l'Algérie, le Maroc et la Tunisie), où une jeune femme peut se retrouver confinée (*restricted*) au rôle traditionnel de «gardienne de maison». Même si la femme est reconnue comme citoyenne (*citizen*) par les constitutions des trois États et a le droit de vote, les codes civils varient considérablement selon le pays et on constate un grand écart (*gap*) entre les femmes qui vivent dans les grandes villes et celles (*those*) qui habitent en milieu rural.

La Tunisie reste le pays maghrébin le plus avancé sur la question: la femme est reconnue comme l'égale de l'homme depuis l'adoption du *Code du Statut Personnel* en 1956 qui a notamment aboli la polygamie et la répudiation (*spousal abandonment*). Le port du voile (*wearing of the veil*) n'est pas obligatoire en Tunisie—il est même interdit dans les établissements publics et scolaires. Au **Maroc**, la femme n'a plus besoin de tuteur ([*permission from*] *a legal guardian*) pour se marier et elle peut demander le divorce. Toutefois, polygamie et répudiation restent possibles avec l'autorisation d'un juge. En **Algérie**, la situation des femmes reste la plus précaire avec des lois qui ont changé plusieurs fois depuis l'indépendance en 1960.

Et chez vous? Pensez-vous que les hommes et les femmes sont vraiment égaux dans votre culture? Donnez des exemples précis. À votre avis, est-ce que le statut des femmes changera dans les prochaines années? Quelles opportunités auront-elles? Qu'est-ce que la société devra faire pour protéger leurs droits?

11.1 Vous lisez un journal en ligne?

The verbs **lire**, **dire**, and **écrire**

Avec quel métier associez-vous chacune des activités suivantes? Écrivez la bonne réponse.

> un chef d'entreprise   une femme médecin
> un commerçant   les hommes politiques
> les étudiants   les informaticiens

1. a. Il **lit** un journal financier comme *Les Échos* chaque jour.

   _____

   b. Ils **lisent** des magazines comme *Wired* et *Macworld*. _____

2. a. Il **dit** bonjour à des clients qui entrent dans son magasin. _____

   b. On pense qu'ils ne **disent** pas toujours la vérité. _____

3. a. Elle **écrit** une ordonnance (*prescription*). _____

   b. Ils **écrivent** des dissertations (*term papers*). _____

Analysons!

1. Regardez les formes verbales en caractères gras. Si **lit** et **lisent** sont des formes du verbe **lire**, **dit** et **disent** doivent être des formes du verbe _____; **écrit** et **écrivent** doivent être des formes du verbe _____.
2. Selon le contexte des phrases, quel verbe est synonyme de l'expression **raconter à l'écrit**? _____ Lequel (*Which one*) est synonyme de l'expression **raconter à l'oral**? _____ Lequel est synonyme de l'expression **faire de la lecture**? _____

> ◗ Answers are in Appendice 2 at the back of the book.

1   Three frequently used verbs of communication in French are **lire** (*to read*), **dire** (*to say; to tell*), and **écrire** (*to write*). These verbs appear in sentences with a direct object, an indirect object, or both.

            OBJET DIRECT   OBJET INDIRECT
Je **lis** <u>des contes de fées</u> <u>à mon enfant</u>.   *I read fairy tales to my child.*

            OBJET DIRECT   OBJET INDIRECT
Il **écrit** <u>des billets doux</u> <u>à sa copine</u>.   *He writes love letters to his girlfriend.*

              OBJET   OBJET
              DIRECT   INDIRECT
Ils **disent** toujours <u>bonjour</u> <u>à leur prof</u>.   *They always say hello to their instructor.*

2 **Lire, dire,** and **écrire** are irregular but have a similar conjugation pattern: The singular forms are based on one verb stem and the plural forms are based on another. The verb lire serves as an example:

lire (to read)	
RADICAUX: **li-, lis-**	
je lis	nous lisons
tu lis	vous lisez
il/elle/on lit	ils/elles lisent

Using the forms already provided as a model, fill in the chart with the missing forms of the verbs **dire** and **écrire**. Then, identify the one verb form in the table that does *not* follow the expected pattern.

dire (to say; to tell)	écrire (to write)
RADICAUX: **di-, dis-**	RADICAUX: **écri-, écriv-**
je _____	j'écris
tu **dis**	tu _____
il/elle _____	il/elle _____
nous _____	nous écrivons
vous **dites**	vous _____
ils/elles **disent**	ils/elles **écrivent**

Study Tip

The present-tense **vous** form of nearly every verb in French ends in **-ez**. There are only three exceptions: **vous êtes, vous faites,** and **vous dites.**

○ Answers to the activities on this page are in Appendice 2 at the back of the book.

3 As you may recall, all verbs except **être** form the **imparfait** the same way. The stem is derived from the present-tense **nous** form: **lis-, dis-,** and **écriv-**. In the **passé composé**, however, these verbs have irregular past participles: **lu, dit,** and **écrit.**

Mise en pratique. Complétez chaque phrase avec la forme appropriée du verbe (au **présent**, à l'**imparfait** ou au **passé composé**).

1. **lire:** D'habitude je _____ seulement le journal, mais le mois dernier, j'_____ un roman excellent.

2. **dire:** Vous n' _____ rien _____ à votre mère l'autre jour? Mais normalement, vous lui _____ absolument tout!

3. **écrire:** Avant, quand elle était jeune, elle _____ dans son journal intime (*diary*). Maintenant, elle _____ dans son blog!

Un garçon et son chat lisent une bande dessinée (*comic book*)

A. Écoutez bien! Lise a fini ses études et elle cherche maintenant un emploi. Écoutez ce qu'elle fait pour trouver un emploi et indiquez si on *doit* (normalement) le faire ou si on *peut* le faire si on veut.

	On doit le faire.	On peut le faire.		On doit le faire.	On peut le faire.
1.	☐	☐	4.	☐	☐
2.	☐	☐	5.	☐	☐
3.	☐	☐	6.	☐	☐

En français

You saw in **Chapitre 10** that the pronouns **lui** and **leur** replace the indirect object of a verb, the equivalent of *to him / to her* and *to them* in English. The remaining indirect object pronouns are **me (m')** (*to me*), **te (t')** (*to you*), **nous** (*to us*), and **vous** (*to you*, formal or plural). You've already seen their use in the **Communication en direct** section of this chapter:

—Ça **te** plaît? / Ça **vous** plaît?   *Is that pleasing to you? (Do you like that?)*

—Oui, ça **me** plaît / ça **nous** plaît beaucoup!   *Yes, I/we like it a lot.*

Indirect object pronouns are also frequently used with verbs of communication such as **lire, dire,** and **écrire** because one is communicating something *to* someone else.

Le prof **nous** lit des poèmes.	*The professor reads poems to us.*
Il **me** dit toujours bonjour.	*He always says hello to me.*
Il **vous** écrit des méls?	*Does he write e-mails to you?*

B. Un peu de politesse, s'il te plaît (s'il vous plaît)!

Première étape. Utilisez la forme correcte du verbe **dire** dans la première partie de la phrase, puis le pronom d'objet indirect approprié dans la deuxième partie de la phrase.

EXEMPLE: Si un Français <u>dit</u> «Joyeux Noël!», vous <u>lui</u> répondez...

1. Si je _____ «Merci!» à une personne, elle _____ répond...
2. Si tu _____ «Bonjour!» au prof, il/elle _____ répond...
3. Si une Française _____ «Je m'appelle Madame Legrand» en se présentant, vous _____ répondez...
4. Si nous _____ «Quel jour sommes-nous?», on _____ répond...
5. Si vous _____ «Ciao!» à des amis, ils _____ répondent...
6. Quand mes amis _____ «Sortons ce soir!», je _____ réponds...

Deuxième étape. Avec un(e) camarade, vérifiez vos réponses de la **Première étape** et, ensemble, cherchez une réponse appropriée.

EXEMPLE: É1: Si un Français dit «Joyeux Noël!», vous lui répondez...
             É2: «Merci. Joyeux Noël à vous aussi.»

Vocab supp'

Here are some literary works and types of documentation that people typically read and/or write; they will be useful to you in completing Activities C and D.

Les œuvres (f.) **littéraires**

une bande dessinée (BD) (*comic book*)

une nouvelle (*short story*)

une pièce (de théâtre)

un recueil (*collection*) **de poèmes**

un roman (*novel*)

La documentation

une analyse / un bilan (statistique)

un article (de journal, de revue)

une (auto)biographie

un compte rendu (*book/film review*)

une dissertation (*term paper, essay*)

une thèse (*thesis, dissertation* [US])

C. Qu'est-ce que vous lisez dans vos cours?

Première étape. Parlez à un(e) camarade des cours que vous suivez ce trimestre/semestre et de ce que vous lisez pour ces cours.

EXEMPLE: —J'ai un cours de littérature comparée. En ce moment, nous lisons un roman de Balzac.

Deuxième étape. Parlez des choses que vous écrivez en ce moment dans vos cours. Quel cours est le plus exigeant (*demanding*) en ce qui concerne la lecture et l'écriture?

EXEMPLE: J'écris une dissertation de dix pages pour mon cours de sciences politiques. Je pense que c'est mon cours le plus exigeant parce que…

D. Culture: Œuvres et citations (*quotes*) célèbres.

Première étape. Travaillez avec un(e) camarade. À tour de rôle, indiquez (ou devinez) qui a écrit les œuvres de la colonne A et de qui sont les citations célèbres de la colonne B. Cherchez leur nom dans la liste.

Baudelaire	Descartes	Louis XIV	Sartre
Camus	Flaubert	Marie-Antoinette	Voltaire
de Gaulle	Hugo	Molière	

EXEMPLE: *Les Fleurs du mal* (recueil de poèmes)
—Je crois (je sais, je pense, je suis sûr[e]) que Baudelaire a écrit ce recueil de poèmes.

A

1. *L'Étranger* (roman)
2. *Candide* (nouvelle)
3. *Madame Bovary* (roman)
4. *Le Malade imaginaire* (pièce de théâtre)
5. *Les Misérables* (roman)

B

1. «Cogito, ergo sum.» (Je pense, donc je suis.)
2. «Vive le Québec libre!»
3. «L'État, c'est moi»
4. «L'enfer (*hell*), c'est les autres.»
5. «Qu'ils mangent de la brioche!»

11.2 Il faut avoir un diplôme   Impersonal use of **il**

Comment être heureux dans la vie? Indiquez si vous êtes d'accord avec les conseils suivants.

Pour être heureux dans la vie...	je suis d'accord	je ne suis pas d'accord
1. **Il est nécessaire de** se marier.	☐	☐
2. **Il faut** avoir des enfants.	☐	☐
3. **Il est important de** bien s'entendre avec sa famille.	☐	☐
4. **Il est essentiel de** maintenir des amitiés (*friendships*).	☐	☐
5. **Il vaut mieux** avoir un emploi bien rémunéré.	☐	☐

Analysons! 1. Est-ce que le pronom **il** dans les locutions (*expressions*) en caractères gras fait référence à une personne? _____ 2. Quelle forme verbale suit les expressions **il faut** et **il vaut mieux** (*it is better*)—adjectif? infinitif? substantif? _____

---

1 Although the pronoun **il** usually refers to a male (equivalent to English *he*), it is also used impersonally (equivalent to English *it* or *there*) in some common expressions. You've already seen the use of impersonal **il** in **il y a** and in weather expressions such as **il fait beau.** Other common expressions include **il faut,** from the verb **falloir** (*to be necessary*), and **il vaut mieux,** from the verb **valoir** (*to be worth*), followed directly by an infinitive.

○ Answers to this activity are in Appendice 2 at the back of the book.

Il faut ⎫
⎬ chercher un emploi.   *It's necessary to (One must) look for a job.*
Il vaut mieux ⎭   *It's better to look for a job.*

2 Impersonal **il** can also be used with the verb **être** and a masculine singular adjective. In these expressions, the preposition **de (d')** precedes the infinitive.

Il est essentiel ⎫		*It's essential* ⎫	
Il est nécessaire	**de poursuivre ses études.**	*It's necessary*	*to pursue one's studies.*
Il est important		*It's important*	
Il est préférable ⎭		*It's preferable* ⎭	

3 Other impersonal expressions can be formed by placing **C'est** before an indefinite article and a noun. As with **Il est essentiel...** , the preposition **de (d')** precedes the infinitive.

C'est une bonne idée ⎫
⎬ **de** visiter le campus.   *It's a good idea to visit the campus.*
C'était un vrai plaisir ⎭   *It was a real pleasure to visit the campus.*

Mise en pratique.
Utilisez une locution impersonnelle pour décrire comment on réussit en cours de français.

falloir:	_____ apprendre les leçons dans le manuel scolaire.
valoir mieux:	_____ préparer ses examens bien à l'avance.
être essentiel de (d'):	_____ faire ses devoirs tous les jours.
être une bonne idée de (d'):	_____ essayer de parler en classe.

▷ Answers to this activity are in Appendice 2 at the back of the book.

A. Écoutez bien! Vous allez entendre quelques conseils pour faire la cour à (*to court*) une jeune femme. Est-ce toujours une bonne idée de faire ces choses? Cochez votre réponse.

	C'est toujours une bonne idée.	Ce n'est jamais une bonne idée.	Ça dépend!
1.	☐	☐	☐
2.	☐	☐	☐
3.	☐	☐	☐
4.	☐	☐	☐
5.	☐	☐	☐
6.	☐	☐	☐
7.	☐	☐	☐
8.	☐	☐	☐

En français

You learned earlier that the indirect object pronouns **me (m')**, **te (t')**, **lui**, **nous**, **vous**, **leur** are normally placed directly before the conjugated verb. When using verbs such as **préférer** + infinitive, or expressions such as **il vaut mieux** and **c'est une bonne idée de** + infinitive, they appear directly before the infinitive instead—that is, the verb of which they are the indirect object.

Je préfère **lui téléphoner** le soir.	*I prefer to call him/her at night.*
Il vaut mieux **leur parler** de ce problème.	*It's better to talk to them about this problem.*
C'est une bonne idée de **t'envoyer** un mél?	*Is it a good idea to send you an e-mail?*

B. Un(e) ami(e) très sympa. Comment être un bon ami / une bonne amie? Quels gestes (*gestures*) sont les plus importants? Avec un(e) camarade, utilisez deux expressions impersonnelles différentes que vous connaissez et deux gestes différents de la liste. Présentez vos idées à la classe. Quel geste est le plus important selon la classe?

l'aider avec ses devoirs	lui parler de ses rêves
l'aider à déménager	lui payer un repas
l'écouter parler de ses problèmes	lui prêter de l'argent
lui demander des conseils	lui rendre visite
lui offrir un cadeau d'anniversaire	

C. Pour réussir.

Première étape. Quelles qualités faut-il avoir et quel genre d'effort faut-il faire pour atteindre (*attain*) les objectifs suivants? Avec un(e) camarade, faites une liste de suggestions.

> EXEMPLE: pour réussir ses études à l'université
> —Il faut être diligent et travailler beaucoup.

1. pour réussir ses études à l'université
2. pour rester en bonne forme
3. pour trouver un bon emploi
4. pour intégrer une bonne école
5. pour bien s'entendre avec ses collègues
6. pour trouver un petit ami (une petite amie)

Deuxième étape. Comparez maintenant vos réponses à celles d'un autre groupe. Choisissez la meilleure suggestion et présentez-la à la classe.

> EXEMPLE: —Pour rester en bonne forme, nous pensons qu'il faut faire du sport et manger sainement.

11.3 Ses projets d'avenir (1) Use of the **futur simple**

Voici les projets d'avenir d'Anna. Mettez-les dans l'ordre chronologique.

_____ a. Elle **cherchera** un emploi à une station de télévision.

_____ b. Elle **finira** sa licence professionnelle de journalisme.

_____ c. Elle **attendra** les résultats du bac avec impatience.

_____ d. Elle **préparera** les dernières épreuves du bac.

_____ e. Elle **travaillera** comme journaliste.

Anna

Analysons! Les verbes en caractères gras sont au **futur simple**. Étudiez la forme du verbe conjugué avec **il/elle/on**. 1. Quelle forme du verbe sert de (*serves as*) radical? _____ 2. Pour quel groupe de verbes réguliers est-ce qu'on modifie la forme du radical au **futur simple**—les verbes en -er, -ir ou -re? _____; par exemple, elle _____.

○ Answers to this activity are in Appendice 2 at the back of the book.

1 In **Chapitre 4,** you learned to talk about future events by using **aller** followed by an infinitive—a construction known as the **futur proche** (*near future*). For future events that are considered farther off in the future, or that one considers likely but not certain to occur, the **futur simple** (*simple future*) is used. This future tense is called "simple" because only one verb is involved, rather than two verbs (**aller** + infinitive).

Je **vais chercher** un emploi.   *I'm going to look for a job.*

but: Je **chercherai** un emploi.   *I will look for a job.*

2 The **futur simple** can also be considered "simple" (for students) in the sense that the infinitive form of a verb serves as the stem and the endings are already familiar to you: they are derived from the present tense forms of the verb **avoir**. The verb **chercher** (*to look for*) serves as an example:

chercher (FUTUR)	
je chercherai	nous chercherons
tu chercheras	vous chercherez
il/elle/on cherchera	ils/elles chercheront

All verbs that end in **-re,** whether they are part of the regular **-re** verb group (such as **vendre**) or irregular (such as **lire**), drop the final **-e** of the infinitive before adding endings: **il vendra, il lira.**

○ To learn about the future stems of verbs with spelling changes, such as **acheter** and **préférer**, see Par la suite at the back of the book.

Mise en pratique.
Complétez chaque phrase en mettant le verbe entre parenthèses au **futur simple**, puis cochez les phrases qui vous semblent plausibles.

Dans l'avenir...	Plausible?
1. Les étudiants _____ (**se réunir**) moins en classe et plus sur Internet.	☐
2. On ne _____ (**lire**) plus beaucoup de romans; on regardera plus de films.	☐
3. On _____ (**prendre**) des pilules (*pills*) à la place des repas.	☐
4. Les Européens _____ (**décider**) de parler tous la même langue: l'anglais.	☐
5. Les familles _____ (**partir**) en vacances dans l'espace.	☐

○ Answers to this activity are in Appendice 2 at the back of the book.

A. Écoutez bien!

Première étape. Votre professeur va parler des projets de certains étudiants. Décidez si chaque phrase fait allusion à quelque chose qui va se passer bientôt (**au futur proche**) ou qui se passera plus tard (**au futur simple**).

	va se passer bientôt	se passera plus tard
1. poursuivre un master	☐	☐
2. changer de filière	☐	☐
3. écrire son premier roman	☐	☐
4. se marier	☐	☐
5. retourner chez ses parents	☐	☐
6. chercher un emploi	☐	☐

Deuxième étape. Avec un(e) camarade, nommez un événement dans la liste de la **Première étape** qui va bientôt se passer dans votre vie et un autre qui se passera (en toute probabilité) plus tard.

B. Dans l'avenir. Voici une liste de phénomènes qui caractérisent la vie en France (et en Amérique du Nord) aujourd'hui. Qu'est-ce qui changera dans l'avenir, à votre avis? Avec un(e) camarade, faites des prédictions.

EXEMPLE: On lit des livres traditionnels et des livres numériques.

> É1: Dans l'avenir, on lira uniquement des livres numériques.
> É2: Je suis d'accord. (*ou* Moi, je crois qu'on continuera à lire les deux.)

1. On boit beaucoup de boissons sucrées et/ou caféinées.
2. La plupart (*Most*) de la population vit en ville.
3. Aux États-Unis, on passe quatre ans (ou plus) à obtenir sa licence.
4. En France, la plupart des élèves apprennent à parler anglais.
5. On se marie assez tard, à l'âge de 29 ans (en moyenne).
6. On travaille jusqu'à l'âge de 62 ans (au minimum).

C. Vos objectifs.

Première étape. Travaillez maintenant avec un(e) camarade de classe différent(e). Utilisez les expressions suivantes pour préciser quand vous comptez (*plan*) chacun(e) atteindre ces objectifs.

à l'âge de _____ ans	l'année prochaine
beaucoup plus tard	le plus tôt/tard possible
dans _____ ans	ne… jamais

EXEMPLE: finir ses études → Je finirai mes études dans deux ans.

1. finir ses études
2. visiter la France
3. trouver un emploi
4. se marier
5. acheter une maison
6. commencer une famille
7. prendre sa retraite (*retire*)
8. quitter ce monde (*leave this world*)

Deuxième étape. Présentez à la classe une similarité et une différence entre vous deux.

EXEMPLE: —Nous finiro ns tous/toutes les deux nos études dans deux ans, mais moi, je me marierai l'année prochaine et Mike se mariera le plus tard possible!

D. Vos projets d'avenir.

Première étape. Créez deux phrases au **futur simple** en employant deux verbes de la liste. Une phrase représentera «la vérité» (quelque chose que vous comptez vraiment faire plus tard); l'autre phrase représentera «un mensonge» (quelque chose qu'en réalité, vous ne comptez pas du tout faire). Vous utiliserez ces phrases dans la **Deuxième étape**.

acheter	jouer	parler	prendre
écrire	se marier avec	passer un an	travailler
étudier	ouvrir	poursuivre	vivre/habiter

Deuxième étape. Parlez de vos projets d'avenir à trois camarades l'un(e) après l'autre. Combien d'entre eux/elles sont capables de déterminer quand vous dites la vérité et quand vous mentez?

EXEMPLE: É1: Plus tard, je passerai un an en France et j'écrirai un roman.
> É2: Tu passeras un an en France, mais tu n'écriras pas de roman.
> É1: Oui, c'est exact! / En fait, c'est le contraire!

11.4 Ses projets d'avenir (2) Irregular stems in the **futur simple**

Complétez chaque phrase pour décrire votre vie dans 20 ans.

1. Mon métier? Je **serai** _____ (par ex., médecin).

2. Mes vacances? J'**irai** souvent en/au _____ (par ex., Québec).

3. Ma résidence? J'**aurai** _____ (par ex., un appartement).

4. Mes loisirs? Je **ferai** souvent _____ (par ex., du ski).

Analysons! Quelle forme est un exemple du verbe **aller** au futur simple?
_____; du verbe **avoir**? _____; du verbe **être**? _____;
du verbe **faire**? _____.

◗ Answers to this activity are in Appendice 2 at the back of the book.

1 The four most commonly used verbs in French (**aller, avoir, être, faire**) all have an irregular stem in the **futur simple** that differs significantly from the infinitive; however, the endings for the **futur simple** that you learned about in **Grammaire interactive 11.3** remain the same.

INFINITIF	aller	avoir	être	faire
RADICAL	ir-	aur-	ser-	fer-

2 Other verbs have an irregular stem in the **futur simple** that is easier to recognize because it more closely resembles the infinitive.

Given these resemblances, you should be able to fill in the chart below with the appropriate **futur simple** forms from the list.

◗ Answers to this activity are in Appendice 2 at the back of the book.

◗ To learn about the future perfect (**futur antérieur**), a tense used to indicate that a future action will occur before another future action, see Par la suite at the back of the book.

devra	mourra	saura	verra
enverra	pourra	tiendra	viendra
faudra	recevra	vaudra	voudra

1. voir → il _____*verra*_____

2. envoyer → il _____

3. venir (devenir, revenir) → il _____

4. tenir (obtenir) → il _____

5. devoir → il _____

6. recevoir → il _____

7. pouvoir → il _____

8. mourir → il _____

9. savoir → il _____

10. vouloir → il _____

11. falloir → il _____*faudra*_____

12. valoir → il _____*vaudra*_____

A. Écoutez bien! Votre professeur va parler d'Amy, une étudiante qui part faire ses études à Lille l'année prochaine. Quand vous entendez un verbe, écrivez le numéro de la phrase à côté de l'infinitif correspondant. **Attention!** Les verbes que vous entendrez seront tous au futur simple!

_____ arriver   _____ envoyer   _____ passer

_____ avoir   _____ être logée   _____ pouvoir

_____ devoir   _____ falloir   _____ vouloir

B. Son diplôme. Si Amy, l'étudiante de l'activité A, obtient les diplômes indiqués dans la colonne de gauche, quelle activité de la colonne de droite fera-t-elle? **Attention!** Il faut mettre l'infinitif au **futur simple**.

EXEMPLE: un master en psychologie
—Si Amy obtient un master en psychologie, elle aidera les enfants en difficulté.

Si Amy obtient…	**Elle…**
1. une licence en communication	a. être professeur, écrire des livres
2. une licence en chimie	b. aider des enfants en difficulté
3. un master en psychologie	c. travailler dans un cabinet d'avocat
4. un doctorat en droit	d. envoyer des annonces de presse
5. un doctorat en médecine	e. faire des recherches dans un labo
6. un doctorat en philosophie	f. voir ses patients à l'hôpital

C. Juste après mes études.

Première étape. Décrivez votre vie juste après vos études. Décidez entre les deux options (ou cochez **aucune idée!**). Soyez prêt(e) à expliquer vos réponses en groupe.

	Option 1	Option 2	
1. ☐	rester dans ce pays	☐ aller vivre à l'étranger (*abroad*)	☐ Aucune idée!
2. ☐	devenir riche	☐ être très endetté(e) (*in debt*)	☐ Aucune idée!
3. ☐	devoir travailler	☐ faire du bénévolat (*volunteer*)	☐ Aucune idée!
4. ☐	vouloir me marier (ou me pacser)	☐ vivre seul(e) (ou en colocation)	☐ Aucune idée!

En français

The following conjunctions are often used with the **futur simple** in French:

quand / lorsque (*when*)

dès que / aussitôt que (*as soon as*)

Quand (Lorsque) j'**arriverai** demain, je **rendrai** ma dissertation.	*When I arrive (= will arrive) tomorrow, I will hand in my term paper.*
Tu **pourras** commencer dès que (aussitôt que) tu **recevras** son mél.	*You will be able to start as soon as you receive (= will receive) his e-mail.*

À noter: In French (unlike in English), the **futur simple** is used for *both* events, because both occur at a future time.

Deuxième étape. Travaillez avec trois camarades. Posez une question sur une des décisions de la **Première étape.** Les autres membres y répondront en ajoutant des détails pertinents. Changez ensuite de rôle. Choisissez chacun(e) une question différente.

EXEMPLE: É1: Quand vous recevrez (vous obtiendrez) votre diplôme, est-ce que vous resterez dans ce pays ou est-ce que vous irez vivre à l'étranger?

É2: Moi, je resterai dans ce pays. J'ai déjà un mari et une maison ici.

É3: Je n'en ai aucune idée parce que…

É4: Moi, j'irai vivre à l'étranger. Je crois que j'aurai envie de découvrir de nouvelles choses.

D. Forum: Qu'est-ce que tu étudies, et pourquoi? Postez un message sur le **Forum des étudiants** pour décrire ce que vous étudiez à l'université. Mentionnez les cours que vous suivez, votre spécialisation et ce que vous voulez faire dans la vie. Suivez l'exemple.

○○○ ◄ ► Forum >> Vie universitaire >> Cours et spécialisations des membres?

MESSAGE DE:

RachidN
(Rouen)

posté
le 02-03

Sujet: Mes cours et ma spécialisation ▼

Bonjour! Je me spécialise en informatique. Il est probable qu'un jour je travaillerai et vivrai en Amérique ou en Angleterre. J'ai donc un cours de conversation anglaise dans lequel j'apprends beaucoup de vocabulaire utile en particulier dans le domaine de l'informatique. J'ai aussi trois cours obligatoires de programmation et un cours sur les interfaces graphiques. C'est dur, tout ça, mais à la fin de mes études, je crois que je serai bien préparé pour entrer dans le monde du travail.

Le système éducatif français

A. Avant de regarder. Que savez-vous à propos d'autres systèmes éducatifs dans le monde? Connaissez-vous, par exemple, les critères de sélection pour aller à l'université, les frais de scolarité (*tuition*), la façon de choisir une spécialisation, le système de notation (*grading*)... ? Qu'est-ce que vous avez déjà appris dans ce chapitre à propos des différences entre les systèmes éducatifs en France et dans votre pays?

B. Regardez et ecoutez. Regardez et écoutez pendant que le professeur vous parle du système éducatif français.

C. Complétez. Indiquez quelle réponse correspond à chaque description. **Attention!** Certaines des réponses suggérées ne seront pas utilisées.

cinq	l'État	mercredi
dix	jeudi	quatre
l'école maternelle	la licence	184 euros
l'enseignement primaire et secondaire	le master	391 euros

1. Cette école n'est pas obligatoire et dure trois ans: _____.
2. Ce sont les grandes étapes de l'enseignement obligatoire: _____.
3. C'est le jour de la semaine où, traditionnellement, les enfants n'ont pas d'école: _____.
4. Depuis 2008, c'est le nombre de jours dans la semaine scolaire (pour l'école primaire): _____.
5. C'est l'organisation qui établit les programmes nationaux et le contenu de l'enseignement: _____.
6. C'est la note la plus basse qu'on peut recevoir sans rater (*fail*) un examen: _____.
7. C'est le diplôme qui correspond à peu près au B.A. / B.S. en Amérique du Nord: _____.
8. Ce sont les frais d'inscription (*registration fees*) pour les étudiant(e)s de licence: _____.

D. À vous! Complétez les phrases suivantes pour exprimer votre propre opinion ou vos impressions sur le système éducatif français.

—Une chose que je trouve bien dans le système éducatif français c'est (que) ...
—Une chose surprenante dans le système éducatif français c'est (que) ...

Éducation: Ce qui manque à l'ignorant pour reconnaître qu'il ne sait rien.*

—ALBERT BRIE

*Education: What an ignorant person lacks in order to recognize that he doesn't know anything.

Des étudiants de licence

Rétrospective Le Quartier latin et la Sorbonne

Le Quartier latin, nommé ainsi (*this way*) parce qu'on y parlait latin en classe pendant le Moyen Âge (*Middle Ages*), se trouve dans les 5ᵉ et 6ᵉ arrondissements de Paris, autour d'un symbole de l'éducation en France: l'université de **la Sorbonne**. C'est en 1257 que le théologien Robert de Sorbon fonde cette modeste école de théologie qui se développera au cours des siècles en l'un des plus importants centres européens de l'enseignement supérieur, jusqu'à devenir l'**Université de Paris**. Après les manifestations (*protests*) ouvrières et étudiantes de mai 1968, pendant lesquelles les étudiants ont demandé un système universitaire plus démocratique et moins élitiste, la Sorbonne a été divisée en treize campus autonomes (Paris I–Paris XIII). Trois campus seulement portent aujourd'hui le nom Sorbonne dans leur titre officiel (**Paris-Sorbonne, Sorbonne Nouvelle** et **Panthéon-Sorbonne**). Maintenant, le mot **Sorbonne** est surtout associé à l'**Université Paris-Sorbonne, Paris IV**, et au bâtiment qui abrite (*houses*) l'école d'origine sur la place de la Sorbonne près du jardin du Luxembourg. La recomposition de l'Université de Paris a aussi apporté (*brought*) des changements dans le Quartier latin. Il y a longtemps qu'on n'y parle plus le latin, et ce n'est plus le seul quartier intellectuel de Paris. Au 21ᵉ siècle, c'est un quartier très vivant et cosmopolite avec des cafés, des restaurants, des boutiques de vêtements, qui servent en grande partie une population jeune.

La Sorbonne à Paris

Avez-vous compris? Pourquoi est-ce qu'on appelle le quartier autour de la Sorbonne le Quartier latin? Quelle était la vocation première de la Sorbonne au Moyen Âge? Le Quartier latin est-il toujours un quartier étudiant aujourd'hui? Justifiez votre réponse. Chez vous, où se trouvent les plus vieilles universités du pays? Est-ce qu'elles donnent une certaine image au quartier ou à la ville où elles se trouvent? Expliquez. Est-ce que vous avez envie d'étudier à la Sorbonne? Pourquoi ou pourquoi pas?

Sur la vidéo

Pour en savoir plus sur une autre université du monde francophone, l'Université de Tunis El-Manar, regardez l'interview de Madame Triki, professeur de culture americaine, dans la vidéo *Salut de Tunis!* en ligne sur **Connect French** ou sur le DVD d'*En avant!*

Une lettre de Marc à ses parents

A. Avant de lire. Vous allez lire une lettre de Marc à ses parents au sujet de son avenir, adaptée d'un article publié dans le magazine français *Phosphore*. Avec un(e) camarade, répondez aux questions suivantes.

Savez-vous déjà ce que vous voulez faire dans la vie? Si oui, est-ce que vos parents sont contents de votre choix ou est-ce que vous avez dû les convaincre? Comment? Si vous n'avez pas encore décidé, comment et quand pensez-vous arriver à cette décision?

B. Lisez. Marc veut étudier les arts plastiques, mais ses parents pensent qu'il devrait faire des études de commerce. Pour convaincre ses parents, Marc leur envoie la lettre suivante. Lisez le texte.

Une lettre de Marc à ses parents: Voici pourquoi il faut absolument que je fasse une école d'art.

Mes chers parents,

Ne vous inquiétez plus de savoir ce que je ferai plus tard, je le sais maintenant. Je veux exercer un métier en rapport avec l'art. **Et j'ai vraiment beaucoup d'arguments.**

Vous le savez, je suis…

- un créatif.
- toujours avec un crayon à la main.
- un esthète pragmatique.

Mais j'ai aussi…

- les pieds sur terre.
- encore besoin d'apprendre, et il vaut mieux que je poursuive mes études.
- bien conscience que, même dans le domaine de l'art, il est essentiel d'être diplômé. […]

Un jour, vous serez fiers de savoir que…

- j'ai créé le logo de votre voiture, la robe de mariée[1] d'une actrice célèbre ou la déco[2] d'une grande chaîne d'hôtels.
- des professionnels m'auront remarqué lors de la journée portes ouvertes[3] de l'école d'arts appliqués.
- le petit dessinateur que j'étais est devenu un grand artiste. […]

Ce n'est pas une voie[4] facile, mais vous savez bien que…

- je suis prêt à déplacer des montagnes quand je suis motivé.
- aujourd'hui, aucune profession n'est absolument sûre, donc il faut que j'essaie de concrétiser mes rêves.[5]
- une école d'arts appliqués, ce n'est pas comme les Beaux-Arts, les débouchés[6] sont très concrets et ancrés dans le quotidien.[7]

[1]robe… *wedding dress* [2]décoration [3]journée… *open house* [4]*path* [5]concrétiser… *to have realistic dreams/goals* [6]*job openings, prospects* [7]ancrés… *anchored in reality*

(suite)

Mes chers parents, vous trouverez ci-joint[8]...

- la brochure de l'école qui m'intéresse et l'adresse de son site Internet, si vous voulez en savoir plus.
- les premiers travaux que j'ai l'intention de présenter dans mon book[9] pour être sélectionné.
- mon dernier bulletin scolaire,[10] il est un peu faible en maths/gym/géographie, mais il cartonne[11] en arts plastiques, en français et en philo.

Merci d'avance de votre compréhension!

Je vous embrasse, *Marc*

[8]*attached*   [9]*portfolio*   [10]*bulletin... report card*   [11]*il... it's solid*

© Bayard Presse - Phosphore - Julie Lasterade - 2008

Les coins lecture et écriture: Additional reading and writing activities are available in the ***Workbook / Laboratory Manual*** and at **Connect French** (**www. mhconnectfrench.com**).

C. Avez-vous compris? Selon la personnalité et la vision de Marc, indiquez si les phrases suivantes sont vraies ou fausses. Si une phrase est fausse, corrigez-la.

	vrai	faux
1. Marc a toujours aimé dessiner.	☐	☐
2. Il veut peindre des paysages et des portraits.	☐	☐
3. Il ne pense pas à l'avenir.	☐	☐
4. Pour lui, il vaut mieux avoir un diplôme.	☐	☐
5. Il pense qu'il n'est pas nécessaire d'étudier pour être artiste.	☐	☐
6. Il décorera des voitures.	☐	☐
7. Il travaille très bien quand il est motivé.	☐	☐
8. Il ne sait pas encore dans quelle école il ira.	☐	☐

D. À vous. Imaginez qu'un(e) de vos ami(e)s hésite entre deux filières d'études, et ne sait pas comment choisir. En utilisant les expressions avec «il» impersonnel, donnez-lui quatre conseils pour résoudre son dilemme.

Le coin chanson

«On ira»   (Jean-Jacques Goldman, 1997)

iTunes Playlist: This song is available for purchase at the iTunes store. The songs for this feature are not provided by the publisher.

A. Avant d'écouter. Lisez la biographie du chanteur Jean-Jacques Goldman, puis répondez aux questions.

Jean-Jacques Goldman, né à Paris en 1951, est une des personnalités préférées des Français, à travers (*across*) les générations. Auteur-compositeur-interprète (c'est-à-dire, un artiste qui écrit les paroles et compose la musique des chansons qu'il interprète), Goldman a commencé sa vie d'artiste en jouant dans différents groupes, mais c'est sa carrière solo qui l'a rendu célèbre en France et dans de nombreux pays francophones. Il a également écrit et composé pour beaucoup d'autres artistes, comme Céline Dion.

Jean-Jacques Goldman, un artiste français très connu

1. Quels sont les talents de Jean-Jacques Goldman?

2. Goldman est une personnalité préférée des gens de quel âge?

3. D'après le titre «On ira», de quoi pensez-vous que cette chanson va parler—de projets accomplis, de la routine de la vie ou d'une aventure future?

B. Écoutez. Lisez les questions suivantes avant d'écouter la chanson, puis écoutez, et ensuite choisissez la bonne réponse.

1. Avec qui est-ce que le chanteur partira?

   a. avec ses deux filles

   b. avec une femme, surnommée «Belle»

   c. avec sa mère, en vacances

2. Pendant son voyage, qu'est-ce que le chanteur suivra?

   a. les étoiles (*stars*)

   b. une carte routière (*road map*)

   c. son GPS

3. À part (*Aside from*) le titre / le refrain «On ira», quelles autres phrases au futur simple est-ce qu'on entend dans la chanson? Cochez-les. **Attention!** Il y en a cinq.

   ☐ Ce sera...   ☐ On devra...   ☐ On suivra...
   ☐ Il faudra...   ☐ On laissera...   ☐ On tombera...
   ☐ On achètera...   ☐ On partira...   ☐ Tu verras...

C. À vous! Répondez aux questions.

1. Nous savons qu'un jour le chanteur ira quelque part, mais on ne sait pas où exactement. Pourquoi, à votre avis?

2. Imaginez que vous chantez une chanson de ce genre à quelqu'un que vous aimez. Où est-ce que vous irez ensemble? Qu'est-ce que vous ferez ensemble?

Le coin conversation

Jeu: Quand les poules auront des dents...°

°*When pigs fly . . .*

Première étape. Sur une feuille de papier, écrivez trois choses que vous ferez «quand les poules auront des dents»—c'est-à-dire, jamais de votre vie! Ne mettez pas votre nom sur la feuille et ne la montrez pas à vos camarades. Pliez (*Fold*) votre feuille pour cacher l'écriture.

EXEMPLES: Je ne travaillerai jamais pour une grande société.
Je ne vivrai jamais dans un petit village.
Je ne me marierai jamais avec une vedette de cinéma.

Deuxième étape. Travaillez avec trois camarades. Un(e) d'entre vous lira les quatre listes au groupe (sans montrer l'écriture). Essayez ensemble d'identifier l'auteur de chaque liste. Ensuite, choisissez une des choses sur votre propre liste et expliquez pourquoi vous ne la ferez jamais.

Vocabulaire

Questions et expressions

Qu'est-ce que tu veux / vous voulez faire après tes/vos études?	What do you want to do after your studies?
dans la vie?	for a living
dans l'avenir	in the future?
Je veux devenir…	I want to become …
J'aimerais être…	I would like to be …
Ça te/vous plaît?	Does that please you (Do you like that)?

Expressions impersonnelles

Impersonal expressions

c'est une bonne idée (de [d'] travailler)	it's a good idea (to work)
c'est un vrai plaisir (de [d'] dîner)	it's a real pleasure (to dine)
il est essentiel ([de] / d'étudier)	it's essential (to study)
il est important (de [d'] sortir)	it's important (to go out)
il est nécessaire (de [d'] réussir)	it's necessary (to succeed)
il est préférable ([de] d'attendre)	it's preferable (to wait for)
il faut (rentrer)	it's necessary, one must (go home)
il vaut mieux (dormir)	it's prefereable, it's better (to sleep)

Verbes

dire	to say; to tell
écrire	to write
lire	to read

Verbes liés aux études / au travail

Verbs related to studies/work

être diplômé	to have a degree
gagner (de l'argent)	to earn (money)
intégrer (une école)	to matriculate, be admitted to (a school)
obtenir (un diplôme)	to get (a diploma), graduate
poursuivre (ses études)	to pursue; to continue (one's studies)
suivre (un cours)	to follow; to take (a course)
trouver un poste	to find a job

Verbes liés à la vie sentimentale

Verbs related to emotional life

se disputer (avec)	to argue (with)
divorcer	to divorce, get divorced
s'embrasser	to kiss
être attiré(e) par	to be attracted to
se fiancer (à)	to get engaged (to)
se marier (avec)	to get married (to)
se rencontrer	to meet
se séparer	to separate
tomber amoureux/ amoureuse (de)	to fall in love (with)

Les études

Studies

le bac(calauréat)	the baccalaureate (French national high school exam)
un collège	a junior high school / middle school
un(e) collégien(ne)	a junior high school / middle school student
en troisième (3e)	in 9th grade (a freshman [U.S.])
un concours d'entrée	an entrance exam
un cours préparatoire	a preparatory course
un diplôme	a diploma
une licence	a bachelor's degree
un master	a master's degree
un doctorat	a doctorate
une école	a school
une grande école	an elite French college
l'enseignement (*m.*) (secondaire, supérieur)	(secondary, university-level) instruction
la fac(ulté)	university
une filière	a program of study
une formation	an education, training
un lycée (privé/professionnel)	a (private/vocational) high school
un(e) lycéen(ne)	a high school student
en seconde (2de)	in tenth grade (a sophomore [U.S.])
en première (1ère)	in eleventh grade (a junior [U.S.])
en terminale (en term)	in twelfth grade (a senior [U.S.])
une spécialisation	a major (U.S.)

Vocabulaire

La vie sentimentale

Emotional life

un copain / une copine	a pal, buddy; (boy/girl) friend
un(e) petit(e) ami(e)	a boyfriend, a girlfriend
une relation	a relationship
un voyage de noces	a honeymoon

Le lieu de travail

Workplace

un cabinet (d'avocats, dentaire, médical)	a (law) practice, (dental office, medical) office
un(e) collègue	a colleague
un emploi	a job
une entreprise	a company
un horaire	a (work) schedule
un institut	an institute
un laboratoire	a laboratory
un président–directeur général (PDG)	a chief executive officer (CEO)
un poste	a position, job, post
un salaire	a salary
une société commerciale	a corporation

Les œuvres (f.) et la documentation

Literary works and documents

une analyse / un bilan (statistique)	a (statistical) analysis
un article (de journal, de revue)	a (newspaper, magazine) article
une (auto)biographie	an (auto)biography
une bande dessinée (une BD)	a comic book
un compte rendu	a film/book review
une dissertation	an essay (term paper)
un essai	an essay
une nouvelle	a short story
une pièce (de théâtre)	a (theatrical) play
un recueil de poèmes	a collection of poetry
un roman	a novel
une thèse	thesis, dissertation (U.S.)

Conjonctions

lorsque / quand	when
aussitôt que / dès que	as soon as

Rappel

In this chapter, you will review:

- how to talk about what one must do using **il faut**
- the verbs **croire** and **savoir**
- how to make comparisons involving adjectives
- the use of object pronouns such as **y**, **en**, **le**, and **lui**

Bilan

In this chapter, you will learn:

- to ask for and give directions
- to talk about city living
- to express what you're familiar with using the verb **connaître**
- how to make comparisons involving adverbs and nouns
- more about the use of object pronouns
- about cultural notions of city and country living
- about Préfète Duffaut and his work, *La Tour de Babel couronnée*, while reviewing vocabulary and grammar from previous chapters

La Tour de Babel couronnée (1964), Préfète Duffaut

12 En ville

connect plus+
FRENCH
www.mhconnectfrench.com
LEARNSMART

Pourriez-vous me dire où se trouve... ?

Asking for and giving directions

- Before you ask directions, it's a good idea to find out whether the person is familiar with the neighborhood, especially if you are in a big city where there are many tourists.

—**Bonjour, monsieur/madame/ mademoiselle.**	*Hello, sir/ma'am/miss.*
—**Bonjour.**	*Hello.*
—**Connaissez-vous le quartier?**	*Are you familiar with / Do you know the neighborhood?*
—**Oui. / Non, je ne suis pas d'ici.**	*Yes. / No, I'm not from here.*

- Here is a polite way to ask a stranger where something is.

Pourriez-vous me dire où se trouve la station de métro la plus proche / le bureau de poste le plus proche?	*Could you tell me where the closest subway station / post office is?*

- When people give directions, here are some common expressions they use.

Vous tournez à droite / à gauche.	*You turn right / left.*
Vous traversez le parc.	*You cross the park.*
Vous prenez la rue Andrieux.	*You take Andrieux Street.*
Vous allez / continuez tout droit jusqu'à la rue Turenne.	*You go / continue straight (ahead) as far as / until you get to Turenne Street.*

- Note that you can give the same directions using **il faut** + *infinitive*.

Il faut tourner à droite / traverser la rue.	*You have to turn right / cross the street.*
Il faut monter / descendre le boulevard.	*You have to go up / go down the boulevard.*

Note: Because French cities were not built on grids like many North American cities such as New York, the notion of "blocks" isn't really a French concept. Instead, people will often tell you how many minutes it might take to get there or how many meters away it is.

C'est à 20 minutes à pied.	*It's a 20-minute walk.*
C'est à cinquante mètres.	*It's 50 meters (away).*

Vidéo

A. À l'écran. Regardez et écoutez ces gens expliquer comment trouver certains endroits dans leur quartier, puis choisissez la bonne route.

Cécile

Xavier Roy

Clara

1. Pour trouver la station de métro la plus proche (Châtelet), _____.
   a. il faut traverser le parc et ensuite tourner à droite.
   b. il faut aller tout droit et ensuite, tourner à gauche.
   c. il faut monter le boulevard et ensuite tourner à droite.

2. La station de métro la plus proche est tout au fond (*at the very back* [*of* le Champs de Mars]).
   a. Vous tournez à gauche et c'est à 50 mètres.
   b. Vous tournez à droite et c'est à 10 minutes à pied.
   c. Vous continuez tout droit; ce n'est pas loin.

3. Le bureau de poste le plus proche est _____.
   a. à 15 minutes à pied.
   b. tout droit.
   c. en bas (*at the bottom of*) des escaliers, à gauche.

- Here's a way to ask if something is nearby.

  Est-ce qu'il y a un distributeur de billets / un bon restaurant près d'ici / dans le quartier?

  Is there an ATM / a good restaurant near here / in the neighborhood?

- When people specify a location, here are some common expressions they use, some of which you already heard people using in **Activité A.**

  C'est...   *It's...*

  (tout) au bout / au fond de la rue.   *at the (very) end of the street.*

  au coin / à l'angle de la rue Saint-Gilles et de la rue de Turenne.   *at the corner of Saint Gilles Street and Turenne Street.*

  en haut / en bas des escaliers.   *at the top / bottom of the stairs.*

  entre la rue de Lyon et le boulevard Bourdon.   *between Lyon Street and Bourdon Boulevard.*

  là-bas (derrière).   *over there (in back).*

  sur/à votre droite/gauche.   *on your right/left.*

B. À l'écran. Regardez et écoutez ces gens indiquer la situation (*location*) de certains endroits dans leur quartier. Faites correspondre chaque question à la réponse donnée. **Attention!** Une des réponses ne sera pas utilisée.

Cécile

Clara

1. Est-ce qu'il y a un bureau de poste près d'ici? _____

2. Est-ce qu'il y a un distributeur de billets?
_____

a. C'est au bout de la rue là-bas.

b. C'est à ma gauche, dans le bâtiment.

c. C'est tout droit.

d. C'est à l'autre côté du parc, à droite.

e. C'est en face du cinéma.

f. C'est à ma droite, dans le bâtiment.

Xavier Mays

3. Est-ce qu'il y a un bureau de poste près d'ici? _____

4. Et un distributeur de billets? _____

Guillaume et Élise

5. Est-ce qu'il y a un bon restaurant près d'ici? _____

C. Connaissez-vous bien votre campus? Travaillez en petits groupes. Choisissez en secret un endroit sur le campus—la bibliothèque, un café, etc.; puis, à tour de rôle, indiquez comment y aller en partant du bâtiment où a lieu le cours de français. Les autres membres doivent identifier l'endroit.

EXEMPLE: É1: Vous sortez du bâtiment Morgan et vous tournez à gauche. Continuez tout droit et c'est sur votre droite.
É2: C'est le resto-U!

D. Où allons-nous? Travaillez avec un(e) camarade. Un(e) d'entre vous lit la première phrase pendant que l'autre écoute et suit le chemin indiqué sur le plan du quartier. La personne qui a écouté donne alors le point d'arrivée. Changez ensuite de rôle.

Le Marais

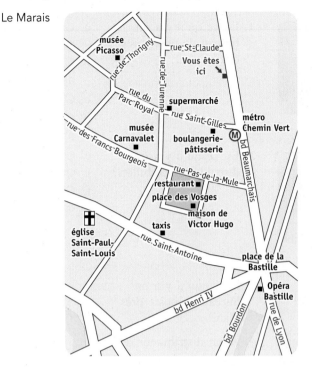

EXEMPLE: É1: Vous tournez à droite dans la rue Saint-Gilles et c'est à 100 mètres sur votre gauche.
É2: C'est la boulangerie-pâtisserie.

1. Vous descendez le boulevard Beaumarchais vers la place de la Bastille. C'est à 2 minutes à pied, juste après la rue Saint-Gilles.

2. Vous descendez le boulevard Beaumarchais vers la place de la Bastille. Vous tournez à droite dans la rue Saint-Gilles. Vous allez tout droit et c'est au coin de la rue Saint-Gilles et de la rue de Turenne sur votre droite.

3. Vous descendez le boulevard Beaumarchais vers la place de la Bastille. Vous tournez à droite dans la rue du Pas-de-la-Mule. Vous allez sur la place à votre gauche et vous y êtes.

4. Vous descendez le boulevard Beaumarchais vers la place de la Bastille. Vous tournez à droite dans la rue du Pas-de-la-Mule. Vous traversez la place. C'est tout au bout, à gauche.

5. Vous descendez le boulevard Beaumarchais jusqu'à la place de la Bastille. Vous tournez à droite et vous faites le tour (*go around*) de la place. C'est à votre gauche dans la rue de Lyon.

La place de la Bastille

Chez les Français

Le quartier du Marais

Le Marais est un quartier historique dans les 3e et 4e arrondissements qu'il faut absolument visiter quand on est à Paris. Son histoire en fait l'un des quartiers les plus intéressants et pittoresques de la capitale. On l'appelle le Marais (*swamp*) car il a été développé au 12e siècle sur une zone marécageuse (*swampy*). Tout d'abord occupé par des ordres religieux, la noblesse parisienne vient ensuite s'y installer dans des résidences qu'on appelle des **hôtels particuliers**—il y en a encore beaucoup à Paris aujourd'hui. Après la Révolution, le quartier change d'atmosphère et devient plus ouvrier et artisan.

La place des Vosges

Les grands changements apportés par les plans du Baron Haussmann (voir **Rétrospective** à la page 362) n'ont pas beaucoup touché le Marais. Il est resté un vieux quartier avec de charmantes rues étroites et des façades anciennes préservées par un programme gouvernemental de sauvegarde du patrimoine (*heritage preservation*). La place des Vosges est une des plus anciennes et des plus jolies places en France, où vous trouverez aussi la Maison de Victor Hugo où l'écrivain a vécu de 1832 à 1848. Aujourd'hui, le Marais est un endroit historiquement très multiculturel, mélange de culture juive, chinoise et depuis les années 1980, le centre de la culture gay à Paris, ainsi qu'(*as well as*) un endroit privilégié pour les boutiques de vêtements de marque (*designer clothing*). Il est facile de venir flâner (*stroll*) dans le Marais pour regarder les sites et monuments classés, manger dans un bon restaurant, ou visiter le musée Picasso et le musée Carnavalet, consacré à l'histoire de Paris et de ses habitants.

Et chez vous? Comment s'appelle le quartier où vous habitez? Comment est-il? Est-ce qu'il y a un quartier historique dans votre ville? Où se trouve-t-il? Qu'est-ce qu'un visiteur peut faire dans ce quartier pour passer la journée?

E. Moi, je connais le quartier. Vous habitez dans le Marais depuis 10 mois maintenant et vous connaissez bien le quartier! Votre camarade joue le rôle d'un(e) touriste et vous demande comment trouver certains endroits (situations 1–3 pour le **Touriste 1**). Maintenant, c'est votre tour de poser des questions (situations 4–6 pour le **Touriste 2**). Votre camarade va vous répondre. **Attention!** Utilisez le plan du Marais (à la page précédente).

Touriste 1

1. Il est 20 heures et vous avez faim.
2. Vous voulez aller voir un opéra.
3. Vous voulez visiter le musée Carnavalet (musée de l'histoire de Paris).

Touriste 2

4. Ce soir, il y a un concert à l'église Saint-Paul-Saint-Louis.
5. Vous devez prendre un taxi.
6. Vous adorez les tableaux modernes.

La vie urbaine Talking about city living

Connaissez-vous les villes francophones dans la liste? Associez chaque ville avec le pays / la province / le territoire où elle se trouve et puis sa situation géographique.

Ville	Pays, etc.	Situation géographique
1. Tunis	au Québec	sur les **rives** (*banks*) de la Seine
2. Montréal	à Tahiti	sur le **golfe** de Tunis
3. Paris ————	en France	dans l'**océan** Pacifique
4. Papeete	en Tunisie	au bord du **fleuve** (*river*) Saint-Laurent
5. Genève	au Sénégal	sur la **côte** atlantique de l'Afrique
6. Dakar	en Suisse	sur le **lac** Léman

Voici des descriptions de quatre villes francophones: Paris, Montréal, Tunis et Papeete. Est-ce qu'on trouve les mêmes choses et les mêmes lieux dans la ville où vous faites vos études?

À Paris

Paris, capitale de la France, se situe sur les rives de la Seine. Une série de trente-sept **ponts** traverse le fleuve pour relier (*connect*) sa rive gauche à sa rive droite. Dans le 8ᵉ—un des vingt **arrondissements** qui composent la ville—on trouve **la gare** Saint-Lazare et **la** célèbre **avenue** des Champs-Élysées, qui aboutit (*ends*) au fameux **rond-point** (*traffic circle*) de l'Arc de Triomphe. **La circulation** présente souvent un problème aux **heures de pointe** (*rush hour*). Si on veut éviter **les embouteillages** (*traffic jams*), il vaut mieux prendre **le métro**!

Dans notre ville, on trouve aussi _____.		
☐ un/des pont(s)	☐ une/des gare(s)	☐ un/des rond(s)-point(s)
☐ des arrondissements (*m.*)	☐ des avenues (*f.*)	☐ des embouteillages (*m.*)
		☐ un métro

À Montréal

Située sur **une île**, Montréal est **un port** important sur le fleuve Saint-Laurent au Québec. Dans le Vieux Montréal, qui date du 17ᵉ siècle, on trouve des musées, **des cathédrales** et d'autres sites touristiques dans de petites **rues pavées** (*cobblestone*), souvent **à sens unique** (*one way*). Au centre-ville, il y a **des gratte-ciel** (*skyscrapers*) qui marquent l'horizon et **un centre commercial souterrain** (*underground*)—il fait froid à Montréal en hiver! En été, **les pistes** (*paths*) **cyclables** le long du fleuve et du **canal** de Lachine permettent de découvrir, à vélo, **des paysages** (*landscapes*) magnifiques.

Dans notre ville, on trouve aussi _____.

☐ un port   ☐ des gratte-ciel (*m.*)   ☐ un canal / des canaux

☐ une/des cathédrale(s)   ☐ un centre commercial (souterrain)   ☐ des pistes (*f.*) cyclables

☐ des rues (*f.*) (pavées; à sens unique)

À Tunis

Tunis, la capitale et seule métropole de la Tunisie, est un port qui se trouve sur le golfe de Tunis (sur la côte méditerranéenne). Un visiteur peut passer des heures dans la médina, **le quartier** musulman le plus ancien de la ville. C'est là où se trouvent les «souks», ces marchés couverts avec un labyrinthe de petites **ruelles** bordées de boutiques de commerçants et d'artisans groupés par spécialités. On peut aussi prendre **le tramway** pour visiter le cœur de la médina et découvrir ses beaux **palais**, ses **mosquées** et ses jolies **places** ornées de **fontaines** et de palmiers.

Dans notre ville, on trouve aussi _____.

☐ des ruelles (*f.*)   ☐ des quartiers (*m.*)   ☐ une/des mosquée(s)

☐ un tramway   ☐ un palais   ☐ une/des place(s)

☐ une/des fontaine(s)

À Papeete

Située sur l'île de Tahiti en Polynésie française, Papeete offre toutes les splendeurs d'un lieu tropical: **une plage** et **une esplanade** le long de la côte, beaucoup d'**espaces verts**, comme le parc Bougainville, et—sur **le** grand **boulevard** Pomare—des hôtels de luxe et de petites **auberges** (*inns*). L'architecture des **bâtiments** municipaux, comme **la mairie** (ou «**l'hôtel de ville**»), est souvent de style colonial: à deux ou trois étages et peints de couleurs vives (*bright*).

Dans notre ville, on trouve aussi _____.

☐ une plage ☐ des espaces (*m.*) verts ☐ une/des auberge(s)

☐ une esplanade ☐ des boulevards (*m.*) ☐ des bâtiments (*m.*) (municipaux)

☐ une mairie (un hôtel de ville)

A. Où sont-ils? Travaillez avec un(e) camarade. À tour de rôle, lisez les phrases suivantes et déterminez où on est: à Paris, à Montréal, à Tunis ou à Papeete.

1. —Nous faisons des promenades le soir sur l'esplanade.
2. —Nous habitons en banlieue alors, nous prenons le métro ou le RER pour aller en ville.
3. —Nous allons suivre une piste cyclable le long du canal de Lachine.
4. —L'avenue Mohammed V traverse le quartier des banques.
5. —La tour de la Bourse (*stock exchange*), au 800 place Victoria, a quarante-sept étages.
6. —Nous prenons le métro; les embouteillages dans cet arrondissement sont horribles!
7. —On peut prendre le tramway place de Barcelone.
8. —Nous avons trouvé une auberge près du parc Bougainville.
9. —Le restaurant *Le Vieux Saint-Laurent* est dans une petite rue à sens unique.

B. La première chose qui vient à l'esprit (*to mind*). Avec un(e) camarade, vous allez donner, en même temps, le premier mot qui vient à l'esprit pour chaque catégorie ci-dessous qui représente un aspect de la vie en ville. Pour quelle(s) catégorie(s) avez-vous pensé au même mot?

1. les transports en commun (*public transportation*)
2. la religion
3. le commerce
4. le logement
5. la culture
6. le sport / les loisirs

Chez les Français

Les lumières des villes... et les ténèbres°
°shadows

En France, certains cimetières sont célèbres, comme **le Père Lachaise** à Paris, parce que beaucoup de personnes célèbres y sont enterrées (parmi les plus connues : Balzac, Chopin, Édith Piaf, Jim Morrison et Oscar Wilde). Dans les cimetières français en général, les tombes (*graves*) sont recouvertes d'une pierre (*stone*) tombale souvent ornée de décorations, religieuses ou symboliques (une croix, une flamme pour la vie éternelle), avec une pierre verticale à la tête de la sépulture. Chaque tombe est donc très visible comparée aux petites pierres sur le sol dans certains cimetières américains.

Mais sous la ville de Paris, il y a une ville d'une autre nature, un cimetière souterrain: «l'empire des morts»! En effet, dans les anciennes carrières (*quarries*) de calcaire qui ont servi

Les Catacombes de Paris: «l'empire des morts»!

à construire la capitale, il y a un labyrinthe de tunnels où on a rassemblé les restes (*remains*) d'environ six millions de Parisiens qui étaient dans des cimetières fermés par les autorités de la ville au 18e et au 19e siècles. Les **Catacombes** sont aujourd'hui une attraction touristique très populaire (30.000 visiteurs par an), car on y apprend beaucoup sur la ville de Paris et son histoire géologique et politique. De grandes figures de l'histoire et de la culture françaises y ont été transférées, comme **François Rabelais, Jean de la Fontaine**, et le révolutionnaire **Robespierre**, guillotiné pendant la Révolution française en 1794. Pour quelques euros, vous pouvez visiter les Catacombes avec un guide, ou un audioguide en plusieurs langues, toute l'année, sauf le lundi et les jours fériés. Le parcours fait plus de deux kilomètres et dure environ 45 minutes.

À 30 mètres sous terre, suivez les rues de Paris soutenues par une architecture souterraine, et donnez-vous quelques frissons (*shivers*) gothiques car, au début du 19e siècle, un architecte, Louis-Étienne Héricart de Thury, a décidé d'agencer les ossements (*arrange the bones*) désordonnés en un décor théâtral avec des inscriptions et autres décorations sculptées par lui pour «montrer la mort à Paris».

Et chez vous? Quels sont les cimetières ou les lieux de repos historiques chez vous? Quelles personnalités y sont enterrées? À votre avis, est-ce qu'il est bizarre ou intéressant de visiter ce genre d'endroit? Expliquez votre réponse.

C. Les bonnes adresses (*The "in" spots*).

Première étape. Avec un(e) camarade, identifiez dans votre ville deux bonnes adresses où un visiteur doit absolument aller. C'est quelle sorte d'établissement? Où se trouve-t-il?

EXEMPLE: —À Baltimore, il faut aller au restaurant au 13e étage de l'hôtel Belvedere (au coin de la rue Chase et de la rue Charles) et au port (le long de la rue Pratt).

Deuxième étape. Proposez vos bonnes adresses à vos camarades et expliquez-leur pourquoi vous les avez choisies. Qu'est-ce qu'ils pensent de chaque lieu: **c'est génial** ou que **c'est nase** (*lame*)?

Vocab supp'

Here are several adjectives that will be useful in comparing city life (**la vie urbaine; en ville**) to country life (**la vie rurale; à la campagne**).

un centre-ville **sale** (*dirty*) ≠ **propre**

un quartier **sûr** (*safe*) ≠ **dangereux**

une rue **bruyante** (*noisy*) ≠ **tranquille**

des prix **élevés** (*high*) ≠ **bas**

une population **diverse** ≠ **homogène**

Prononcez bien!

To learn about unstable [ə] ("schwa") in single-syllable words such as **le** and **ne** and its contraction (**l'élision**), see the **Prononcez bien!** section of the *Workbook / Laboratory Manual*.

D. Débat: Ville ou village?

Première étape. Votre professeur va diviser votre classe en deux groupes, l'un en faveur des villes (la vie en ville) et l'autre en faveur des villages (la vie à la campagne). Avec les membres de votre groupe, faites une liste de raisons qui justifient votre position, puis échangez votre liste avec celle de l'autre équipe (*team*).

Bruxelles, capitale de la Belgique

Un village en Wallonie (Belgique)

Deuxième étape. Examinez maintenant les arguments de l'autre équipe et préparez-vous à les réfuter. Quand les deux équipes sont prêtes (*ready*), le débat commence. Le groupe qui justifie le mieux (*best*) sa position et qui réfute les arguments de l'autre équipe de la façon (*way*) la plus convaincante gagne le débat. C'est le professeur qui décide qui gagne!

E. Forum: La ville idéale pour un séjour linguistique. Postez un message sur le **Forum des étudiants,** dans lequel vous décrivez la ville francophone—Montréal, Papeete, Paris ou Tunis—qui vous semble idéale pour un séjour linguistique l'année prochaine. Suivez l'exemple.

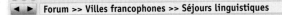

Forum >> Villes francophones >> Séjours linguistiques

MESSAGE DE:

Bob
(Vancouver)

posté le
15-04

Sujet: Un séjour linguistique ▼

Papeete, la ville principale de l'île de Tahiti, est très loin de chez moi, mais c'est la ville francophone qui me tente le plus pour un séjour linguistique. Si on y va entre les mois de mai et octobre, il y a beaucoup de soleil et on peut profiter des jolies plages pour se baigner dans la mer et bronzer.* Au centre-ville, on peut aussi admirer la belle architecture coloniale, et puis le soir, on peut se balader le long de l'esplanade et profiter des cafés et des boîtes de nuit. En plus, on peut faire toutes ces activités et pratiquer le français en même temps! C'est idéal!

*tan

Grammaire interactive

Le blason (*coat of arms*) de Paris

Rappel

The verbs savoir and croire

Une partie de Trivial Pursuit™.

Première étape. Lisez les questions suivantes sur la ville de Paris. Si vous êtes certain(e) de la réponse, écrivez-la. Si vous n'en êtes pas certain(e), vous aurez l'occasion de poser ces questions à vos camarades pendant la **Deuxième étape.**

Savez-vous...

1. combien d'arrondissements il y a à Paris?   Il y en a _____.
2. devant quel musée à Paris on trouve la Pyramide?   C'est _____.
3. en quelle année les révolutionnaires ont pris la Bastille?   C'était en _____.
4. qui a conçu (*designed*) la tour Eiffel?   C'était _____.
5. quel fleuve traverse Paris?   C'est _____.
6. dans quel quartier se trouve la place des Vosges? Dans _____.

Deuxième étape. Circulez dans la salle de classe pour confirmer (ou trouver) les réponses aux questions de la **Première étape.** Continuez à circuler pour trouver quelqu'un qui est sûr de la réponse.

EXEMPLE: É1: Est-ce que tu sais / vous savez combien d'arrondissements il y a à Paris?
          É2: Oui, je le sais; il y en a… (*ou*) Je ne sais pas / je n'ai aucune idée! (*ou*)
              Je crois qu'il y en a….

12.1 Tu connais bien le quartier?
The verbs **connaître** and **reconnaître**

> ⊙ Answers to this activity are in Appendice 2 at the back of the book.
>
> ⊙ To review the verb **savoir**, see Grammaire interactive 7.1; to review the verb **croire** and subordinate clauses (with **que**), see Grammaire interactive 10.1.

1 As you saw in the **Rappel** section, the verbs **savoir** and **croire** are used to express knowledge of facts (**Je sais où il habite**) or beliefs (**Je crois qu'il habite à Paris**). Both verbs are often followed by a subordinate clause introduced by **que**. The verb **connaître**, on the other hand, is used to express one's *familiarity* (based on personal experience) with a certain person, place, or thing, and so can be followed only by a noun.

Tu connais { son père? / ce quartier? / le film *Camping*?   *Do you know (Are you familiar with)* { *his/her father?* / *this neighborhood?* / *the movie* Camping?

2 The verb **connaître**, as well as **reconnaître** (*to recognize*), has an irregular conjugation pattern.

connaître (*to know, be familiar with*)	
RADICAUX: **connai-, connaiss-**	
je **connais**	nous **connaissons**
tu **connais**	vous **connaissez**
il/elle/on **connaît**	ils/elles **connaissent**

Mise en pratique. Utilisez la forme correcte du verbe **connaître** pour compléter les phrases suivantes. Ensuite, cochez **oui** ou **non** pour indiquer si la phrase est vraie dans votre cas.

	oui	non
1. Je _____ le campus «comme le fond de ma poche».	☐	☐
2. Ma famille _____ quelqu'un de célèbre.	☐	☐
3. J'ai un ami (une amie) qui _____ bien la France.	☐	☐
4. Mes parents _____ la plupart de mes amis.	☐	☐
5. Nous, les étudiants, nous _____ assez bien notre prof.	☐	☐

○ Answers to this activity are in Appendice 2 at the back of the book.

3 The past participle of **connaître** is **connu.** When used in the **passé composé, connaître** takes on the meaning of having met someone for the first time:

PASSÉ COMPOSÉ: J'ai **connu** Paul au lycée.   *I knew (=met) Paul in high school.*

The **imparfait** and **futur simple** stems of the verb **connaître** are regular.

IMPARFAIT: Il les **connaissait** déjà?   *Did he already know (Was he already familiar with) them?*

FUTUR SIMPLE: Il les **connaîtra?**   *Will he know (be familiar with) them?*

À noter: Because the letter **i** with an **accent circonflexe** is used in the spelling of the infinitive, *all* **futur simple** forms of the verb **connaître** retain this spelling (je **connaîtrai,** tu **connaîtras,** etc.).

The past participle of **reconnaître** is **reconnu. Reconnaître** follows the same patterns as **connaître** in the **imparfait** and future tense.

A. Écoutez bien!

Première étape. Votre professeur va jouer le rôle d'un étudiant français (une étudiante française) qui vient d'arriver sur le campus. Écoutez chaque question et, sur une feuille de papier, écrivez le nom d'un lieu en ville que vous connaissez bien et qui répond à la question.

Deuxième étape. Travaillez avec deux camarades. Comparez vos réponses aux questions de la **Première étape** et choisissez la meilleure recommandation pour chaque question. Ensuite, réfléchissez au meilleur moyen d'y arriver. Mettez-vous d'accord avant d'expliquer le chemin à «l'étudiant(e)» (votre professeur).

EXEMPLE: —On connaît bien le restaurant Jade Garden. Il se trouve au coin des rues Jackson et «F». Pour y aller…

B. Connaissez-vous vraiment bien votre meilleur(e) ami(e)?

Première étape. Avec un(e) camarade, parlez de votre meilleur(e) ami(e) en répondant aux questions suivantes.

1. Comment s'appelle-t-il/elle?
2. Depuis combien de temps est-ce que vous vous connaissez?
3. Où est-ce que vous vous êtes connu(e)s?
4. Est-ce que vous connaissez bien sa maison ou son appartement?
5. Est-que vous connaissez bien ses parents?

Deuxième étape. Posez les questions suivantes en utilisant **Est-ce que tu sais... ?** à votre camarade pour déterminer s'il / si elle connaît *vraiment bien* son meilleur ami / sa meilleure amie.

1. ... en quelle année il/elle est né(e)?
2. ... où il/elle est né(e)?
3. ... quel âge il/elle a maintenant?
4. ... de quelle couleur sont ses yeux?
5. ... combien de frères et de sœurs il/elle a?
6. ... ce qu'il/elle fait (*ou* fera) dans la vie?

C. Les grandes œuvres littéraires.

Première étape. Voici les titres (en français) de huit œuvres littéraires écrites en français ou dans d'autres langues. Avec un(e) camarade, dites si vous reconnaissez le titre en français. Est-ce que vous connaissez bien l'histoire aussi?

EXEMPLE: —Je reconnais le titre *Don Quichotte* et je connais bien l'histoire aussi. J'ai lu ce livre au lycée (*ou*) dans un cours de littérature.

1. *La Métamorphose*
2. *Crime et Châtiment*
3. *Don Quichotte*
4. *La Divine Comédie*
5. *Les Raisins de la colère*
6. *L'Étranger*
7. *Hamlet*
8. *Cent ans de solitude*

Deuxième étape. Présentez une des œuvres de la **Première étape** que vous avez lue tou(te)s les deux. Savez-vous qui a écrit cette œuvre, de quel genre elle est et où l'histoire se passe?

EXEMPLE: —Nous avons lu *Don Quichotte*. Nous savons que c'est un roman de Cervantes et que l'histoire se passe en Espagne.

En français

The verb **connaître,** like many other verbs in French, has a pronominal version (**se connaître**), which typically has a reciprocal meaning.

Nous **nous connaissons** depuis cinq ans.
We've known each other for five years.

D. D'autres grandes villes francophones.

Première étape. Regardez bien ces photos. Reconnaissez-vous les villes? Est-ce que quelqu'un dans la classe connaît bien une de ces villes?

1. _____   2. _____

3. _____   4. _____

Deuxième étape. Lisez maintenant la section **Chez les francophones** ci-dessous pour vous aider à identifier les villes francophones de la **Première étape.**

Troisième étape. Un(e) touriste français(e), joué(e) par votre professeur, veut visiter quelques villes nord-américaines. Indiquez à quoi on reconnaît généralement les villes de la liste suivante. Quelle ville dans la liste recommandez-vous?

EXEMPLE: —Tout le monde reconnaît Chicago à ses gratte-ciel, et à sa proximité du lac Michigan.

1. Boston   3. Miami   5. San Francisco   7. Vancouver
2. Los Angeles   4. New York   6. Toronto   8. Washington

Chez les francophones

D'autres grandes villes de la francophonie

- **Bruxelles** (*Brussels*): La capitale de la Belgique, une ville officiellement bilingue (français–flamand). **À voir:** la Grand-Place, «la plus belle place du monde», bordée par l'hôtel de ville et la maison du roi, est couverte d'un tapis de fleurs tous les deux ans pour fêter l'Assomption.

- **Dakar:** La capitale du Sénégal et un port important de l'Afrique occidentale. **À voir:** l'île de Gorée, dans la baie de Dakar, autrefois le point de départ des esclaves (*slaves*) déportés en Amérique, est maintenant un site du patrimoine mondial (*world heritage*).

- **Genève:** La ville principale de la Suisse francophone située au bord du lac Léman, connue pour ses bijouteries et chocolateries. C'est aussi le siège (*headquarters*) européen des Nations-unies, de la Croix-Rouge et de beaucoup d'autres organisations mondiales. **À voir:** l'énorme fontaine (le jet d'eau) du lac.

- **Port-au-Prince:** La capitale et la plus grande ville d'Haïti, nommée en l'honneur du vaisseau (*ship*) français, *Le Prince*, envoyé pour protéger l'ancienne colonie française contre les Anglais. **À voir:** le beau palais présidentiel de la «première république noire au monde».

Et chez vous? Quelle est la plus grande ville de votre région? Est-ce que vous la connaissez bien? Pourquoi ou pourquoi pas? Qu'est-ce qu'il y a à voir dans cette ville—une belle place, une rue animée, un bâtiment célèbre?

The comparative and superlative of adjectives

Les villes en chiffres (*in numbers*). Examinez les statistiques sur ces quatre villes aux Amériques, à l'origine colonisées par la France, puis complétez les phrases qui suivent. Pour les phrases 1–3, utilisez le comparatif (**plus/aussi/moins... que**) des adjectifs suggérés. Pour les phrases 4–5, utilisez le superlatif (**la plus/moins... de**). **Attention!** N'oubliez pas de faire l'accord de l'adjectif avec le nom **ville** (*f.*).

	Cayenne (en Guyane française)	La Nouvelle-Orléans	Port-au-Prince	(la ville de) Québec (au Québec)
Siècle de fondation	au 17ᵉ siècle	au 18ᵉ siècle	au 18ᵉ siècle	au 17ᵉ siècle
Superficie	207 km²*	907 km²†	36 km²‡	484 km²§
Population	106.000	369.000	942.000	517.000

*80 sq mi   †350 sq mi   ‡14 sq mi   §187 sq mi

1. La ville de Cayenne est _____ (vieux) la ville de Québec.

2. La ville de Port-au-Prince est _____ (vieux) la ville de Cayenne.

3. La ville de Québec est _____ (petit) La Nouvelle-Orléans.

4. La Nouvelle-Orléans est _____ (grand) quatre villes.

5. La ville de Cayenne est _____ (peuplé) quatre villes.

○ To review the comparative and superlative forms of adjectives, see Grammaire interactive 9.1.

○ Answers to this activity are in Appendice 2 at the back of the book.

12.2 La ville que je connais le mieux
The comparative and superlative of adverbs and nouns

1 Like the comparisons with adjectives you made in the **Rappel** section, **plus** (*more*), **aussi** (*as, equally*), and **moins** (*less*)**... que** are used to make comparisons with adverbs.

Il sort { **plus** souvent / **aussi** souvent / **moins** souvent } **que** son frère.

He goes out more often than his brother.

He goes out as often as his brother.

He doesn't go out as often as (goes out less often than) his brother.

2 In **Chapitre 9**, you learned that the adjective **bon** has a special comparative form: **meilleur**. The adverb **bien** also has a special comparative form: **mieux**.

Je connais le campus **mieux / aussi bien / moins bien que** mes camarades.

I know the campus better than / as well as / less well than (not as well as) my classmates.

À noter: The comparative form of the adverb **mal** is formed regularly.

Je me débrouille **plus mal / aussi mal / moins mal** au travail **que** mes collègues.

I handle (manage) things at work worse than / as badly as / less badly than (not as badly as) my coworkers.

Answers to this activity are in Appendice 2 at the back of the book.

Mise en pratique. Complétez chaque phrase en utilisant le verbe, l'adverbe et le comparatif entre parenthèses.

Quand Camille est stressée, elle _____¹ (se coucher / = tard)

que d'habitude, mais elle _____² (s'endormir / – facilement).

Elle _____³ (travailler / + vite) que d'habitude, mais

elle _____⁴ (manger / – bien). Elle _____

_____⁵ (se fâcher / + souvent) contre ses collègues que

d'habitude. En fait, elle _____⁶ (se sentir / + bien) en

vacances qu'au travail!

3 To form the superlative, the definite article **le** is used before **plus** or **moins**. (Because adverbs do not agree in gender or number with anything, **le** is the only form used.)

Elle travaille **le plus vite** / **le moins vite**.   *She works the most quickly / the least quickly.*

Elle danse **le mieux** / **le plus mal**.   *She dances the best / the worst.*

4 To make comparisons with nouns, **plus de (d')** and **moins de (d')** are used. To express an equal number of people or things, the comparative form **autant de (d')** is used.

Il y a **plus de** gratte-ciel / **autant de** bons restaurants / **moins de** parcs à New York **qu'**à Paris.   *There are more sky-scrapers / as many good restaurants / fewer parks in New York than (in) Paris.*

A. Écoutez bien! Votre professeur va vous parler d'Adeline et de Claire, deux colocataires qui suivent des cours ensemble. Choisissez le terme de comparaison le plus approprié à chaque phrase.

1. Adeline sort	**plus**	**aussi**	**moins**	souvent que Claire.
2. Adeline fait	**plus**	**aussi**	**moins**	rapidement ses devoirs que Claire.
3. Adeline comprend	**plus**	**aussi**	**moins**	facilement les leçons que Claire.
4. C'est Adeline qui parle	**le plus**	**le moins**		couramment l'anglais.
5. C'est Adeline qui se débrouille	**le mieux**	**le moins bien**		dans leur cours de danse.

B. Les villes de l'avenir. Avec un(e) camarade, donnez votre avis sur l'avenir de la ville où vous vivez actuellement: discutez de ce qui changera (**plus de…** / **moins de…**) et de ce qui ne changera pas (**autant de…**). Justifiez votre avis en citant ce que vous pensez qu'on fera ou ne fera pas dans l'avenir.

EXEMPLE: —Je pense qu'il y a aura moins de librairies en ville parce qu'on lira moins de livres traditionnels et plus de livres numériques sur tablette.

1. **le commerce:** épiceries, grands magasins, marchés en plein air, hypermarchés…
2. **les loisirs:** espaces verts, salles de spectacles, cinémas…
3. **la circulation:** pollution, pistes cyclables, rues piétonnes (*pedestrian*), autoroutes…
4. **le logement:** immeubles résidentiels, maisons particulières…
5. **les problèmes sociaux:** crime, gangs, surpeuplement (*overcrowding*)…

C. Votre vie en ville.

Première étape. Donnez quelques détails sur votre vie, vos goûts et vos habitudes.

1. le café que vous fréquentez le plus	_____
2. le restaurant que vous aimez le plus	_____
3. la chose qui vous plaît le plus / le moins dans cette ville	_____
4. le quartier que vous fréquentez le moins dans cette ville	_____
5. le bâtiment que vous aimez le moins sur le campus	_____
6. le moyen de transport que vous employez le plus	_____

Deuxième étape. Transformez les phrases de la **Première étape** en questions que vous allez poser à votre professeur (par exemple: Quel café fréquentez-vous le plus?). Est-ce que sa réponse est la même que la vôtre (*yours*)? Si elle est différente, expliquez votre choix.

D. Le mieux.

Première étape. Cochez **bien**, **assez bien** ou **mal** pour compléter chaque description. Pendant la **Deuxième étape**, vous allez déterminer la personne à qui s'applique le mieux chaque caractéristique.

	bien	assez bien	mal	
1. Je connais	☐	☐	☐	le campus.
2. Je chante	☐	☐	☐	l'hymne national.
3. Je danse	☐	☐	☐	le swing.
4. Je joue	☐	☐	☐	au tennis.
5. Je me débrouille	☐	☐	☐	dans les cours de sciences.

Deuxième étape. Travaillez avec trois autres camarades. Chacun(e) dit comment il/elle a complété la première phrase. Si deux étudiants (ou plus) ont choisi **bien** pour une des phrases, ils doivent en discuter pour essayer de prouver leur supériorité. Le groupe prendra ensuite sa decision.

EXEMPLE:
É1: Je connais bien le campus.
É2: Moi aussi, je connais bien le campus.
É1: Je le connais le mieux, peut-être, parce que…
LE GROUPE: Tu as raison; tu le connais le mieux.

En français

Le plus and **le moins** can be used alone—without an adverb following—in an "absolute" sense, equivalent to English *the most* and *the least*. When no adverb follows, the final **-s** of **plus** (but not **moins**) is pronounced.

la ville que j'aime
le plus / le moins
the city (that) I like the most / the least

Rappel · Object pronouns

Un projet de voyage. Colleen, une étudiante américaine en France, décrit un voyage qu'elle fait avec son copain Ben. Indiquez à quel nom de la liste correspond chacun des pronoms d'objet. Ensuite, devinez où ils vont!

| à nos parents | des photos | le flamand |
| à Ben et moi | dans un hôtel | les billets de train |

1. On **y** passe cinq nuits. (**y** = _____)
2. On **les** réserve avant de partir. (**les** = _____)
3. Claudine **nous** prête (*lend*) son plan de la ville. (**nous** = _____)
4. Certains habitants **le** parlent; c'est une ville bilingue. (**le** = _____)
5. On va **en** poster beaucoup sur *Facebook*! (**en** = _____)
6. On veut **leur** envoyer une vidéo de notre visite à la Grand-Place.
   (**leur** = _____)

Où vont Colleen et Ben? _____

○ Object pronouns have been presented in En français features in many of the preceding chapters. To review **y** and **en**, see Grammaire interactive 4.3 and 5.2. To review **le**, **la**, and **les**, see Grammaire interactive 6.1. To review **lui** and **leur**, see Vocabulaire interactif of Chapitre 10. To review **me**, **te**, **nous**, and **vous**, see Grammaire interactive 11.1. To review object pronoun placement with respect to verbs in the infinitive, see Grammaire interactive 7.1 and 11.2.

○ Answers to the *Rappel* activity are in Appendice 2 at the back of the book.

12.3 On y va?   Synthesis of uses and forms of object pronouns

1 You have been gradually introduced in previous chapters to object pronouns (**pronoms d'objet**). They are called "object" pronouns *not* because they necessarily represent objects (things), but to differentiate all of them from "subject" pronouns—those representing the grammatical subject of a sentence, which you've been using since **Chapitre 1**. Complete the following chart with the missing object pronouns (i.e., those not already used in the **Rappel** section).

○ Answers to this activity are in Appendice 2 at the back of the book.

PRONOM SUJET	PRONOM D'OBJET DIRECT	PRONOM D'OBJET INDIRECT
je	_____	
tu	_____	
il	le (l')	_____
elle	_____	
nous	nous	
vous	_____	
ils	les	leur
elles		
	+ y, en	

2 Only in the third person ([*to*] *him, her, it, them*) are there two sets of object pronouns—one for direct objects (**le/la/l'/les**), and one for indirect objects (**lui/leur**).

DIRECT OBJECT

—Tu connais **sa sœur / la ville?**

Do you know his/her sister / the city?

—Oui, je **la** connais bien; je l'aime beaucoup!

Yes, I know her/it well; I like her/it a lot!

INDIRECT OBJECT

—Tu parles **à sa sœur?**

Do you speak to his/her sister?

—Oui, je **lui** parle souvent.

Yes, I speak to her often.

All other persons are represented by a single object pronoun form: **me (m')**, **te (t')**, **nous**, and **vous.**

DIRECT

Martin **me / nous** voit souvent en ville.

Martin often sees me / us in town.

INDIRECT

Pauline **m' / nous** écrit souvent.

Pauline often writes to me. / to us.

DIRECT

Est-ce que ce film **t' / vous** intéresse?

Does that film interest you?

INDIRECT

Est-ce que le cadeau **te / vous** plaît?

Is the gift pleasing to you?

3 The pronoun **y** replaces a noun referring to a place that is in a larger prepositional phrase, such as **au cinéma, dans le parc,** and **en France.** It also replaces nouns referring to things or concepts that are introduced by the preposition **à,** with verbs such as **croire (à), jouer (à), penser (à),** and **réfléchir (à).**

—Tu vas **en France?**

Are you going to France?

—Oui, j'**y** vais cet été.

Yes, I'm going (there) this summer.

—Tu crois toujours **à l'amour véritable?**

Did you still believe in true love?

—Oui, j'**y** crois toujours.

Yes, I still believe (in that).

Similarly, the pronoun **en** replaces a noun referring to a place, thing, or concept when it is part of a larger prepositional phrase beginning with **de.** It also replaces nouns that appear with a form of the partitive article **du / de la / de l'** and the plural indefinite article, **des.**

—Tu es revenu **du Canada?**

Did you come back from Canada?

—Oui, j'**en** suis revenu hier.

Yes, I came back (from there) yesterday.

—Tu prendras **du vin?**

Will you be having some wine?

—Oui, j'**en** prendrai un verre.

Yes, I'll have a glass (of it).

Mise en pratique. Écrivez le pronom qu'il faut utiliser pour remplacer les mots entre parenthèses. **Attention!** Les options **a** et **b** exigent (*require*) des pronoms différents.

1. a. _____ aimer (le théâtre)

   b. _____ aller souvent (au théâtre)

2. a. _____ aimer (les films)

   b. _____ louer souvent (des films)

3. a. _____ téléphoner souvent (à vos amis)

   b. _____ voir souvent (vos amis)

4. a. _____ jouer (au football)

   b. _____ regarder (des matchs de football) à la télé

○ Answers are in Appendice 2 at the back of the book.

4 As you already know, when there is a single verb form in a sentence, object pronouns appear immediately before it, after the subject pronoun. If negation is used, it surrounds both the object pronoun and the verb. Remember that the verb agrees with the *subject* of the sentence, not the object pronoun.

Elle nous invite à la fête.	*She is inviting us to the party.*
Elle ne t'invite pas?	*She isn't inviting you?*
Tu n'y vas pas?	*You aren't going (there)?*

5 When a conjugated verb is followed by an infinitive, such as in the **futur proche** (**aller** + infinitive) or with verbs such as **devoir, pouvoir,** and **vouloir** + infinitive, the object pronoun precedes the verb of which it is the object, here, the infinitive.

—Tu vas **voir Marie?**	*Are you going to see Marie?*
—Oui, je vais **la voir** ce soir.	*Yes, I'm going to see her tonight.*
—Tu dois **téléphoner à Marie?**	*Do you have to call Marie?*
—Non, je ne dois pas **lui téléphoner.**	*No, I don't have to call her.*

○ To learn about the use and order of more than one object pronoun, see Par la suite at the back of the book.

A. Écoutez bien! Votre professeur va parler des quatre villes francophones présentées dans **Vocabulaire interactif** au début du chapitre. Écrivez le pronom d'objet que vous entendez dans la phrase, puis indiquez à qui ou à quoi le pronom fait référence. Cochez la réponse logique.

1. _____ ☐ à Paris ☐ à Montréal ☐ à Papeete

2. _____ ☐ des ruelles ☐ des gratte-ciel ☐ des canaux

3. _____ ☐ la mairie ☐ la vieille ville ☐ la plage

4. _____ ☐ les habitants ☐ les rues ☐ les bâtiments

5. _____ ☐ au président ☐ à un policier ☐ au guide

B. Collez (*Stump*) votre prof! Avec un(e) camarade, posez une colle (une question particulièrement difficile) à votre prof, à l'aide des expressions de la liste. **Attention!** La réponse doit être quelque chose ou quelqu'un qu'on associe à la vie urbaine. Est-ce que vous réussirez à coller votre prof?

EXEMPLE: VOUS: On en voit beaucoup à Paris pour traverser la Seine.

VOTRE PROF: Des ponts?

VOUS: Exact!

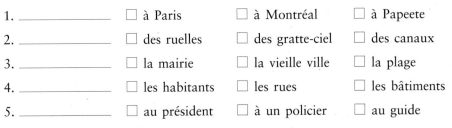

On y va pour…
On en voit souvent / beaucoup…
On le/la traverse…

On les trouve…
On lui/leur dit…
On y/en achète…

C. Culture: Un peu de sagesse (Des proverbes francophones).

Première étape. Associez le début de chaque proverbe à sa fin. Qui peut expliquer le sens d'un de ces proverbes à la classe?

1. (français) La terre rend…
2. (ouest-africain) Tout a une fin,…
3. (tahitien) L'ignorance ne vous tuera (*kill*) pas…
4. (belge) La sagesse est le peigne (*comb*)…
5. (guyanais) Ce qui est bon pour toi…
6. (tunisien) Souris (*Smile*) à la vie…

a. mais elle vous fera transpirer (*sweat*).
b. pour qu'elle te sourie.
c. sauf la banane, qui en a deux.
d. le sera pour toujours.
e. que la nature nous donne quand nous sommes chauves (*bald*).
f. ce qu'on lui donne.

Deuxième étape. En travaillant avec deux autres camarades, créez vos propres proverbes en complétant les phrases suivantes. Quand c'est possible, employez un pronom d'objet pour remplacer les mots en caractères gras. Utilisez les proverbes de la **Première étape** comme modèles.

EXEMPLE: Dès qu'on ferme **une fenêtre…**
—quelqu'un vient l'ouvrir!

1. Qui (*He who*) ne dort pas **dans son lit…**
2. Quand on cache (*hides*) **de l'argent…**
3. Si **un chien** aboie (*barks*), il faut…
4. Tout le monde aime **les fleurs,** mais…
5. Qui trahit (*betrays*) **un ami…**
6. On doit obéir **à ses parents,** mais…

D. Signez ici, s'il vous plaît!
Écrivez six questions à poser à vos camarades sur leur façon de voyager en utilisant les mots indiqués. Ensuite, pour chaque question, trouvez une personne dans la classe qui répond à l'affirmatif et une autre qui répond au négatif et demandez-leur une signature. **Attention!** Il faut utiliser un pronom d'objet dans sa réponse—sinon, on ne peut pas signer!

1. aimer / les grandes villes
2. acheter / des guides touristiques
3. aller / aux musées
4. préférer / prendre / le métro (*ou* le bus)
5. aimer / parler / aux habitants
6. vouloir / vivre / à Paris un jour

Grammaire interactive

For more on direct and indirect objects, watch the corresponding *Grammar Tutorials* and take the brief practice quizzes at **Connect French (www. mhconnectfrench.com)**.

To review the forms of pronominal verbs in the **passé composé**, see Chapitre 8, Grammaire interactive 8.3 and the **En français** feature in Chaptire 11, Vocabulaire interactif.

Rappel

Pronominal verbs in the **passé composé**

Un week-end à Genève. Élodie et ses amis sont à Genève ce week-end. Élodie raconte ce qui s'est passé pendant le voyage en train. Complétez ses phrases en mettant les verbes entre parenthèses au passé composé avec **être. Attention!** N'oubliez pas de faire l'accord du participé passé, si nécessaire.

Évelyne:

1. (se renseigner) Elle _____ sur le choix d'auberges.

Guillaume et Lillian:

2. (se disputer) Ils _____ à propos de leur itinéraire.

3. (se parler) Ils ne _____ pas _____ pendant le reste du voyage.

Anne-Marie et moi:

4. (se retrouver) Nous _____ au minibar.

5. (s'acheter) Nous _____ un café.

12.4 Vous l'avez déjà vu(e)? Use of object pronouns in the **passé composé**

1 As you saw in the **Rappel** section, the pronouns used with pronominal verbs (e.g., **se renseigner**) come before the auxiliary verb in the **passé composé.** When negation is used, it surrounds the pronoun + auxiliary verb. The same is true when the object pronouns you reviewed in **Grammaire interactive 12.3** are used with the **passé composé.**

Answers to the activities on this page are in Appendice 2 at the back of the book.

Il y **est arrivé** à l'heure.	*He arrived (there) on time.*
Nous l'**avons vu** à l'hôtel.	*We saw him at the hotel.*
Nous ne lui **avons** pas **parlé.**	*We didn't speak to him.*

Mise en pratique 1. Remplacez les mots en italique par le pronom approprié. Mettez cette nouvelle phrase à la forme négative (en utilisant la négation **ne... pas encore**).

	À l'affirmatif	Au négatif (*ne... pas encore*)
1. Elle a lu *le journal.*		
2. Elle a pris *du café.*		
3. Elle est arrivé *au travail.*		
4. Elle a parlé *à ses clients.*		

2 Although agreement does not normally occur in the **passé composé** when **avoir** is the auxiliary, it does occur when the *direct* object pronoun precedes the verb. In this case, the past participle must agree with the direct object pronoun in gender and number.

Il **l'**a **vu** à l'hôtel. (**l'** = Paul)	*He saw him at the hotel.*
Il **l'**a **vue** au café. (**l'** = Adèle)	*He saw her at the cafe.*
Il **les** a **vus** au musée. (**les** = les Blanchard)	*He saw them at the museum.*
Il **les** a **vues** à l'aéroport. (**les** = Emma et Sophie)	*He saw them at the airport.*
Il **m'**a **invité(e)** chez lui.	*He invited me to his house.*
Ils **vous** ont **aidé(e)(s)**?	*They helped you?*

3 The past participle never agrees, however, with **lui, leur, y,** or **en,** or when **me** (**m'**), **te** (**t'**), **nous,** and **vous** are used as *indirect* object pronouns.

Il **leur** a **envoyé** une lettre.	*He sent them a letter.*
Ils **nous ont montré** les photos de leur voyage.	*They showed us the photos of their trip.*

Mise en pratique 2.
Nicole parle de ses parents. Si le pronom **me** (**m'**) représente l'objet *direct* du verbe, faites l'accord en ajoutant un *e*. Sinon, marquez un «x».

1. Ils m'ont parlé____.   4. Ils m'ont aidé____.   7. Ils m'ont cherché____.
2. Ils m'ont attendu____.   5. Ils m'ont écrit____.   8. Ils m'ont téléphoné____.
3. Ils m'ont vu____.   6. Ils m'ont écouté____.

○ Answers to this activity are in Appendice 2 at the back of the book.

A. Écoutez bien! La famille Cartier fait le tour du monde. Écoutez leurs réponses aux questions posées sur leurs voyages, puis cochez la forme correcte du participe passé. **Attention!** Vous n'allez pas entendre de différence entre les formes elles-mêmes; il faut comprendre le sens de la phrase pour choisir la forme correcte.

1. ☐ vu   ☐ vue   ☐ vus   ☐ vues
2. ☐ remarqué   ☐ remarquée   ☐ remarqués   ☐ remarquées
3. ☐ acheté   ☐ achetée   ☐ achetés   ☐ achetées
4. ☐ trouvé   ☐ trouvée   ☐ trouvés   ☐ trouvées
5. ☐ parlé   ☐ parlée   ☐ parlés   ☐ parlées

B. Qu'est-ce que vous avez visité?

Première étape. Travaillez avec un(e) camarade. Connaissez-vous les sites touristiques suivants? Savez-vous dans quelle ville en Amérique du Nord ils se trouvent?

1. la statue de la Liberté   4. les musées du Smithsonian
2. le château Frontenac   5. le pont Golden Gate
3. les chutes (*f.*) du Niagara   6. le Vieux Carré (*French Quarter*)

Deuxième étape. Est-ce que votre camarade a visité (ou *veut* visiter) les sites touristiques de la **Première étape?** À tour de rôle, posez-vous des questions et répondez-y.

EXEMPLE: É1: Tu as visité la statue de la Liberté?
É2: Oui, je l'ai visitée l'été dernier avec ma famille. Et toi?
É1: Non, je ne l'ai jamais visitée.

C. Des contretemps (*mishaps*) **en voyage.** Lionel a visité Cayenne la semaine dernière, mais le voyage ne s'est pas très bien passé. Racontez ce qui est arrivé en utilisant les verbes de la liste (ou d'autres verbes) et des pronoms d'object. Suivez l'exemple.

laisser (*to leave*)	perdre	ne pas réserver
oublier	rater (*to miss*)	ne pas trouver

EXEMPLE: son appareil photo → Il l'a perdu quand il était à l'aéroport. Il l'a laissé quelque part, mais il ne sait pas où!

1. son appareil photo
2. sa carte de crédit
3. son plan de la ville

4. son avion
5. une chambre
6. les clés (*keys*) de sa chambre d'hôtel

Chez les francophones: En Guyane française

Cayenne et Kourou

En 1498, Christopher Colomb navigue pour la première fois le long des côtes d'un territoire en Amérique du Sud qu'on appelle aujourd'hui **la Guyane**, un département/une région d'outre-mer (*overseas*) (DROM) français. Le territoire guyanais, voisin du Brésil, est couvert à 96% d'une forêt équatoriale très riche écologiquement. On y parle le français, la langue officielle, mais aussi le créole guyanais et d'autres langues locales.

La capitale de ce département français est **Cayenne**, une ville située sur la côte atlantique, construite au 18e siècle. On la connaissait au 19e siècle pour son terrible bagne (*penal colony*), centre de l'action du grand classique du cinéma *Papillon* (1973) avec Dustin Hoffman et Steve McQueen. Aujourd'hui, le bagne n'existe plus, et on parle de Cayenne bien plus pour ses magnifiques maisons anciennes de style créole, son marché coloré, et son carnaval qui dure entre six et dix semaines! Les plages à une courte distance du centre-ville attirent aussi bien les locaux que les touristes.

Le marché coloré de Cayenne en Guyane

À environ 50 minutes en voiture de Cayenne se trouve une autre commune française, **Kourou**. C'est un nom bien connu en France car on y trouve **le Centre spatial guyanais** installé par le gouvernement français en 1964. C'est de là que l'Agence spatiale européenne lance la fusée (*rocket*) **Ariane** qui met en orbite principalement des satellites de télécommunications.

Et chez vous? Quelles villes d'outre-mer font partie du territoire national de votre pays? Quels points d'intérêt y trouve-t-on? Quelle région est à la fois un paradis écologique et un centre économique chez vous? Donnez (ou imaginez) les activités qu'on peut y faire.

Faisons un tour de Paris

A. Avant de regarder. Quels transports en commun sont disponibles (*available*) dans votre ville? Vous les prenez souvent? Pourquoi ou pourquoi pas? Avez-vous déjà pris le métro à New York, à Chicago ou même à Paris? Si oui, quelles en sont vos impressions?

B. Regardez et écoutez. Regardez et écoutez pendant que le professeur vous parle des transports en commun de Paris.

C. Complétez. Trouvez dans la liste suivante la réponse à chaque énigme. **Attention!** Certaines des réponses suggérées ne seront pas utilisées.

3	12	100	1.800	1920
5	16	300	1900	20.000

1. C'est le nombre d'habitants dans la région parisienne: _____ millions.

2. C'est l'année de l'ouverture du métro: _____.

3. C'est le nombre de lignes du métro: _____.

4. C'est le nombre de stations de métro à Paris: _____.

5. C'est le nombre de lignes du RER: _____.

6. C'est le nombre de vélos du service Vélib' à Paris: _____.

7. C'est le nombre de stations Vélib' à Paris: _____.

D. À vous! Répondez aux questions suivantes et comparez vos réponses à celles d'un(e) camarade.

1. De tous les moyens de transport en commun à Paris, est-ce qu'il y en a un que vous trouvez plus agréable ou pratique que les autres? Si oui, pourquoi?

2. Pour quelles raisons, ou dans quelles circonstances, est-ce qu'on peut décider d'utiliser chacun de ces moyens de transport?

> On ne perd rien à être poli sauf sa place dans le métro.
>
> —TRISTAN BERNARD

Porte Dauphine (Paris 16ᵉ): Cette bouche de métro, de style Art nouveau, par l'architecte Hector Guimard, date de 1900.

Rétrospective Haussmann: La transformation de Paris

Le Paris du 21e (vingt-et-unième) siècle serait bien différent sans le génie créatif et logistique du Baron Georges-Eugène Haussmann (1809–1891). Il occupe plusieurs postes de haut-fonctionnaire (*senior civil servant*), puis en 1853, l'empereur Napoléon III lui confie la mission de transformer Paris en capitale moderne. L'urbaniste officiel du Second Empire se met au travail pour assainir (*clean up*) et embellir une ville encore bien moyenâgeuse. Le **palais Garnier**, où l'on présente beaucoup de ballets, et le **boulevard Haussmann** à Paris, sont deux des développements les plus grandioses du Baron.

Vue des grands boulevards à Paris aujourd'hui

Pour rendre les rues plus aérées et plus propres, Haussmann a fait détruire des quartiers entiers de Paris. Il a remplacé les vieilles rues étroites par de **grands boulevards**, comme l'**avenue de l'Opéra** et le **boulevard Saint-Germain**. Les larges avenues ont facilité la circulation des voitures à cheval, et plus tard, des véhicules motorisés, et permis à Paris de s'adapter plus facilement au rapide développement urbain de la fin du 19e siècle. Plus d'espace a aussi permis d'éviter plus de révoltes car les révolutionnaires de 1848 (des opposants au régime monarchique) bloquaient les rues, et les troupes françaises ne pouvaient pas avancer dans la ville.

C'est Haussmann qui a divisé Paris en vingt arrondissements, un système toujours (*still*) en place aujourd'hui. L'urbaniste a aussi augmenté la hauteur des bâtiments pour créer plus d'espaces habitables pour les Parisiens, et surtout, il a rénové le système des égouts (*sewers*) développé sous Napoléon 1er au début du siècle, et qui était vieux et insalubre (*unsanitary*). Avec de nouvelles règles d'hygiène et d'organisation du milieu social urbain, Haussmann a non seulement rénové l'espace parisien, il a révolutionné l'urbanisme et influencé des architectes et ingénieurs dans le monde entier.

Avez-vous compris? Comment était Paris avant les rénovations du Baron Haussmann? Quels sont les changements principaux que l'urbaniste a apportés? Quelles motivations politiques ont aussi influencé ces rénovations? Comment étaient les villes américaines au 19e siècle en comparaison à aujourd'hui (plus sales, moins éclairées, etc.)?

Le coin lecture

La France du Tour de France

A. Avant de lire. Avec un(e) camarade, répondez aux questions suivantes.

1. Quelles courses (*races*) automobiles ou cyclistes célèbres connaissez-vous?
2. Dans quelle(s) ville(s) se déroulent-elles (*do they take place*)?
3. Est-ce que le circuit change d'une année à l'autre ou est-ce qu'il est toujours le même?

B. Lisez. La lecture qui suit porte notamment sur Montpellier et Annecy, deux villes françaises qui sont des destinations touristiques appréciées. En 2009 et en 2013, elles ont toutes les deux servi de villes-étapes (*stage cities*) pendant le Tour de France. Mais le charme du Tour n'est pas que dans les villes.

Montpellier et Annecy

Le Tour de France a été rendu célèbre aux États-Unis par les nombreuses victoires de Lance Armstrong et Greg LeMond avant lui. C'est une compétition cycliste par étape qui a débuté en 1903 et qui se déroule tous les ans au mois de juillet. Avec un parcours[1] de plus de 3.000 kilomètres, cette course a une renommée[2] mondiale. La course comprend toujours des étapes de plaine, de montagne et de «contre-la-montre»[3] en individuel ou par équipe. Depuis 1975, le Tour se termine sur les Champs-Élysées, mais la ville de départ et la vingtaine de villes-étapes changent chaque année. Depuis quelques années, le Tour inclut même quelques villes étrangères; à noter, le grand départ du Tour 2014—Leeds dans le nord de l'Angleterre, suivi d'une étape à Londres, avant de continuer en France.

Le palais de l'Île à Annecy, en Haute-Savoie

La ville de Montpellier et ses 250.000 habitants ont vu arriver le Tour de France 27 fois depuis 1903! Cette région, située sur la côte méditerranéenne, a une économie très dynamique depuis le début des années 1990: les secteurs des technologies de pointe[4] comme la chimie, la médecine, la pharmacie, l'informatique, l'environnement, et l'agronomie[5] tropicale et méditerranéenne, ainsi que le tourisme, ont déjà créé plus de 40.000 emplois. L'agglomération est un centre économique incontournable[6] du sud de l'Europe.

Annecy, une ville de seulement 52.000 habitants, a été le site d'un contre-la-montre en individuel en 2009. Chef-lieu[7] du département de la Haute-Savoie, Annecy se trouve au pied des massifs alpins des Aravis et des Bauges, au bord d'un des lacs les plus purs d'Europe. Elle est réputée pour sa beauté et sa qualité de vie. Le dynamisme de la Haute-Savoie est dû en partie aux technologies de pointe, et au secteur du film d'animation à Annecy. Cette dernière est un carrefour[8] stratégique entre l'Italie, la France et la Suisse.

Mais le Tour de France, ce n'est pas que les villes-étapes. Pour les fans qui se pressent le long des routes pour encourager les coureurs, et ceux qui suivent le Tour à la télévision, un grand plaisir est aussi de voir défiler[9] le paysage français avec ses villages pittoresques, ses montagnes, ses rivières et ses vallées, filmés par hélicoptère. Pendant la course, les commentateurs décrivent les paysages et donnent des informations sur les endroits où passent le peloton[10] et la caravane.[11] On apprend beaucoup sur la France et les Français en suivant le Tour de France.

[1]route [2]fame [3]contre... time trial [4]de... cutting edge [5]agronomy, science of farm management [6]to be reckoned with [7]capital of a region [8]crossroads [9]pass [10]pack [11]group of colorful publicity trucks that precede the cyclists

C. Avez-vous compris? Chacune des phrases suivantes décrit une ville. Indiquez de quelle ville il s'agit.

	Annecy	Montpellier
1. Cette ville est proche de la mer Méditerranée.	☐	☐
2. Cette ville est connue pour sa qualité de vie.	☐	☐
3. Cette ville est au bord d'un lac et près de la montagne.	☐	☐
4. Cette ville se trouve au point de rencontre de trois pays européens.	☐	☐
5. Cette ville a créé beaucoup d'emplois liés à la technologie médicale de pointe.	☐	☐

Les coins lecture et écriture: Additional reading and writing activities are available in the *Workbook / Laboratory Manual* and at **Connect French** (www. mhconnectfrench.com).

D. À vous! Répondez aux questions suivantes.

1. Quelle ville préférez-vous: Annecy ou Montpellier? Pourquoi?

2. Pensez aux autres villes que vous connaissez en France, en vous basant sur les chapitres précédents du livre et/ou sur votre expérience personnelles: Avez-vous regardé le Tour de France à la télé? Que savez-vous sur ces villes?

3. Quelles compétitions sportives permettent de découvrir des aspects de votre culture? Expliquez.

Culture en direct

Le coin ciné

Madame Souza suit son petit-fils dans les rues pavées de Paris.

Film: *Les Triplettes de Belleville*

(Film d'animation; 2003; France/Royaume-Uni/ Belgique/Canada; Réalisateur: Sylvain Chomet; 80 min.)

SYNOPSIS: After her beloved grandson is kidnapped during the Tour de France, Madame Souza leaves her home in post-World War II Paris and travels with her dog Bruno to the mythical city of Belleville (meant to evoke a large East Coast city in North America), where she meets a trio of former dancehall singers, now elderly, who help rescue her grandson from the clutches of a French mafia boss.

SCÈNES: (DVD, Chapter 5 "His heart's desire" and Chapter 6 "Neither sleet, rain nor snow" 00:06:48–00:12:58). In back-to-back scenes, Madame Souza watches her grandson grow from a little boy who likes bicycles into a young man preparing to compete in the Tour de France; the city of Paris grows along with him, from a large city into an enormous metropolis during Charles de Gaulle's tenure as president.

Avant-première. Réfléchissez aux questions suivantes, puis comparez vos réponses à celles d'un(e) camarade.

1. Quelles sont les meilleures qualités de la ville où vous faites vos études? Quelles en sont les plus mauvaises (les pires)?

2. Qu'est-ce qu'on veut dire par «belle» quand on parle d'une belle ville (comme Paris)? Selon ces critères, croyez-vous que la ville où vous faites vos études est belle?

On tourne! Déterminez si les affirmations suivantes sont vraies ou fausses. Si une affirmation est fausse, corrigez-la en changeant les mots soulignés pour la rendre vraie.

	vrai	faux
Pendant l'enfance du petit-fils		
1. Il habite avec sa grand-mère <u>au centre</u> de Paris.	☐	☐
2. On peut voir <u>la tour Eiffel</u> de leur maison, dans la distance.	☐	☐
3. Il s'intéresse beaucoup aux <u>courses cyclistes</u>.	☐	☐
Quand le petit-fils devient un jeune adulte		
4. Il y a maintenant <u>un bus</u> qui passe devant la maison plusieurs fois par jour.	☐	☐
5. Le président apparaît à la télé pour annoncer l'ouverture du <u>Tour de France</u>.	☐	☐
6. Le petit-fils s'entraîne pour le Tour de France <u>sur les pistes cyclables</u> de Paris.	☐	☐
7. Le terminus du bus est <u>la mairie</u> du «XXIᵉ (vingt-et-unième)» arrondissement.	☐	☐

On boucle! Répondez aux questions suivantes.

1. Est-ce que votre ville se développe plus vite ou plus lentement que d'autres villes? Qu'est-ce qu'il y a de nouveau dans votre quartier, par exemple?

2. On utilise le terme **étalement urbain** (*urban sprawl*) pour décrire le développement (souvent rapide) de la périphérie des villes. Est-ce que ce terme a une connotation positive ou négative pour vous? Expliquez.

Rappel

La Tour de Babel couronnée (1964), Préfète Duffaut

Préfète Duffaut (1923–2012) est une figure majeure de l'art haïtien. Au début de sa carrière, on caractérise ses peintures **d'art naïf**, un genre pictural spécifique qui reflète souvent une culture, des croyances ou des rituels, comme *La Noce* d'Henri Rousseau (Chapitre 4). Duffaut, lui, s'intéresse en particulier aux villes. Les maisons et les rues qui sortent de son imagination sont sophistiquées et souvent tirées de thèmes religieux, comme dans cette image où la ville (une «tour de Babel») monte vers le ciel et les anges.

A. Une vocation surprise. Pour en savoir plus sur Préfète Duffaut, complétez le texte avec les mots de la liste. Accordez les noms et les adjectifs en genre et en nombre, et conjuguez les verbes, si nécessaire. **Attention!** Il y a plus de mots que de phrases à compléter.

bâtiment	dire	inspirer	rue	suivre
diplômé	étude	métier	spécialisation	ville

Certains artistes naïfs ne sont pas _____¹ d'une école d'art, comme Henri Rousseau, mais la majorité _____² des cours formels pour développer leur technique. Préfète Duffaut n'a pas poursuivi des _____³ de peinture au départ. Il était constructeur de bateaux comme son père. Puis, il a dit qu'un jour, la vierge (*virgin*) Marie lui a parlé et lui a demandé de peindre sa _____⁴ de Jacmel, en Haïti. Il a alors quitté son _____⁵ de charpentier (*carpenter*) pour devenir peintre et dessiner en détails les _____⁶ et les _____⁷ de Jacmel et d'autres villes réelles, puis imaginaires. En fait, cette vision _____⁸ toutes ses œuvres dont certaines ont été détruites pendant le tremblement de terre (*earthquake*) en 2010.

B. Deux villes. Comparez la ville du futur et la ville de Babel que Préfète Duffaut a dessinée. Pour cela, utilisez le futur simple et les structures comparatives pour former une phrase correcte avec les éléments donnés.

EXEMPLE: bâtiment / être / haut (+) / pour accueillir (*welcome*) plus de gens
Dans la ville du futur, les bâtiments seront plus hauts qu'à Babel pour accueillir plus de gens.

1. on / travailler (–) / et / sortir avec ses amis (+) / pour profiter de la vie

2. la ville / avoir / arbre / vert (=) / parce qu'il n'y aura plus de pollution

3. les gens / connaître / bien (+) / ville / grâce à (*thanks to*) la technologie du GPS

4. vous / voyager / facilement (+) / grâce aux ponts

5. les gens / se rencontrer / souvent (+) / parce qu'ils aimeront marcher dans les rues colorées

C. Une passion pour l'art. Répondez aux questions suivantes par une phrase complète et remplacez les mots soulignés par un pronom d'objet. Attention de bien faire l'accord si le pronom fait référence à un terme féminin et/ou pluriel.

1. Est-ce que vous avez déjà vu <u>des tableaux de Préfète Duffaut</u>?

2. Est-ce que vous êtes allé(e) <u>au musée</u> cette année?

3. Est-ce que vous avez étudié <u>l'art français</u> avant de suivre ce cours?

4. Quels tableaux célèbres avez-vous étudiés <u>en classe</u>?

5. Est-ce que vous parlez souvent <u>à vos amis</u> de vos artistes préférés?

D. Appréciation. Discutez les questions suivantes avec vos camarades de classe en paires ou en petits groupes.

1. Quels éléments du tableau *La Tour de Babel couronnée* vous font penser que cette ville se trouve en Haïti, à l'époque moderne, et pas au Moyen-Orient [*Middle East*] comme la tour de Babel biblique?

2. Préférez-vous les images et la littérature réalistes ou plutôt imaginaires, même (*even*) fantastiques? Expliquez les aspects positifs de chaque genre.

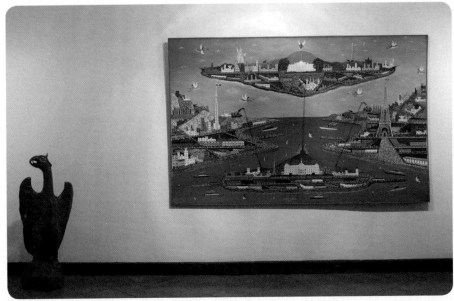

Un tableau de Préfète Duffaut dans la galerie d'art Monnin en Haïti.

Vocabulaire

Questions et expressions

Connaissez-vous le quartier?	Do you know the neighborhood?
Oui. / Non, je ne suis pas d'ici.	Yes. / No, I'm not from here.
Est-ce qu'il y a (un marché / une banque) près d'ici / dans le quartier?	Is there a (market / bank) near-by / in the neighborhood?
Pourriez-vous me dire où se trouve (le marché / la banque) le/la plus proche?	Could you tell me where the closest (market / bank) is?
C'est...	It's . . .
à 50 mètres.	50 meters away.
à 20 minutes à pied.	a 20-minute walk.
(tout) au bout / au fond de la rue.	at the (very) end of the street
au coin / à l'angle de la rue Saint-Gilles et de la rue de Turenne.	at the corner of Saint Gilles Street and Turenne Street.
en haut / en bas des escaliers.	at the bottom / top of the stairs.
entre la rue de Lyon et le boulevard Bourdon.	between Lyon Street and Bourdon Boulevard
là-bas (derrière).	over there (in back).
sur (ou à) votre droite / gauche.	on your right / left.
Vous traversez le parc.	You cross the park.
Vous allez jusqu'à la rue Turenne.	You go until (you get to) Turenne Street.
Vous continuez tout droit.	You keep going straight (ahead).
Vous montez / descendez la rue Voltaire.	You go up / go down Voltaire Street.
Vous prenez la rue Truffaut.	You go down Truffaut Street.
Vous tournez à droite / à gauche.	You turn right / left.

Verbes et expressions verbales

connaître	to know, be familiar with
reconnaître	to recognize

La vie urbaine

City life

un arrondissement	a city quarter / district (*Paris*)
une auberge	an inn
une avenue	an avenue
un bâtiment	a building
un boulevard	a boulevard
un canal	a canal
une cathédrale	a cathedral
un centre commercial	a shopping mall
la circulation	traffic
un embouteillage	a traffic jam
des espaces (*m.*) verts	recreation areas
une esplanade	an esplanade
une fontaine	a fountain
une gare (de train)	a train station

un gratte-ciel (*inv.*)	a skyscraper
les heures (*f.*) de pointe	rush hour
l'hôtel de ville / la mairie	city hall
un métro	a subway
une mosquée	mosque
un palais	a palace
une piste cyclable	a bike path
une place	a city square
une plage	a beach
un plan	(city) map
un pont	a bridge
un port	a port, a harbor
un quartier (résidentiel, commercial)	a (residential, business) district
un rond-point	a traffic circle, roundabout
une rue (pavée, à sens unique)	a (cobblestone, one-way) street
une ruelle	an alley
une tour	a tower
un tramway	a tramway
les transports (*m.*) en commun	public transportation
la vie urbaine / en ville	city (urban) life
la vie rurale / à la campagne	country (rural) life
une ville	a city

Termes géographiques

la côte	coast
un fleuve	a river (flowing directly into the sea)
un golfe	a gulf, a bay
une île	an island
un lac	a lake
un océan	an ocean
une rive	a riverbank

Termes descriptifs

bas/basse	low
bruyant(e)	noisy
dangereux/dangereuse	dangerous
divers(e)	diverse, varied
élevé(e)	high (rate, price, etc.)
homogène	homogenous
propre	clean
sale	dirty
sûr(e)	safe
tranquille	quiet, tranquil

Adverbes de comparaison

autant (de)	as much (as)
le plus / le moins	the most / the least
mieux / plus mal	better/worse
moins (de)	less, fewer (than)
plus (de)	more (than)

La Terrasse à Sainte-Adresse (1867), Claude Monet

13 Bonnes vacances!

Bilan

In this chapter, you will learn:

- how to talk about hypothetical situations
- vacation and travel terms
- to indicate movement using verbs such as **conduire**
- about the uses of the conditional mood
- to give commands using the imperative with object pronouns
- about French cultural notions of travel and tourism

McGraw Hill Education
connect plus+
|FRENCH
www.mhconnectfrench.com
LEARNSMART

Si vous pouviez faire le voyage de vos rêves, où iriez-vous?

Talking about a hypothetical situation

- In this chapter, you will learn to talk about vacations. Have you ever thought about where you would go if you were able to take the trip of your dreams? To ask someone about hypothetical situations, such as this one, you ask:

  —**Si tu pouvais faire le voyage de tes rêves, tu irais où?* /**
  Si vous pouviez faire le voyage de vos rêves, où iriez-vous?

  If you were able to / could take your dream trip, where would you go?

  —**Si je pouvais faire le voyage de mes rêves, j'irais en Nouvelle-Calédonie.**

  If I could take my dream trip, I would go to New Caledonia.

- In this construction, note that the verb following *si* (*if*) is in the **imparfait,** which you already learned in **Chapitre 9. Si + imparfait** shows that the situation is hypothetical, not real. The other verb in each of the model sentences (**tu irais / vous iriez / j'irais** [*you would go / I would go*]) is used to express what you *would do* if the situation were real. These verbs (**tu irais,** etc.) are in the conditional mood, which you will learn in **Grammaire interactive 13.2.**

*A more formal way to ask this question is: **Si tu pouvais faire le voyage de tes rêves, où irais-tu?**

A. Le voyage de vos rêves. Travaillez avec quatre ou cinq camarades. Regardez les cartes du monde au début et à la fin de votre manuel et à tour de rôle, posez-vous la question: **Si tu pouvais faire le voyage de tes rêves, tu irais où?** Le/La secrétaire du groupe va noter toutes les réponses.

> EXEMPLE: —Si tu pouvais faire le voyage de tes rêves, tu irais où?
> —J'irais...

B. À l'écran.

Première étape. Maintenant regardez la vidéo et écoutez les gens répondre à la même question. Choisissez dans la liste la destination (ou les destinations) de rêve de chacun des interviewés (page 382). **Attention!** Deux personnes donnent la même réponse et une des destinations dans la liste n'est pas mentionnée.

Vidéo

en Asie	au Japon
au Brésil	en Nouvelle-Zélande
au Canada	sur la planète Mars
sur une étoile (*star*)	

Si je pouvais faire le voyage de mes rêves, j'irais…

1. Jean-Jacques

2. Nicolas

3. Blood

4. Olivier

5. Antoine

6. Benjamin

Deuxième étape. Regardez la vidéo encore une fois et répondez aux questions suivantes.

1. Quelles sont les deux interviewés qui ont la même réponse? À votre avis, pourquoi est-ce qu'ils aimeraient tous les deux aller dans ce pays?
2. Si Olivier pouvait faire le voyage de ses rêves, pourquoi irait-il au Canada?
3. Deux interviewés feraient un voyage très exotique, si c'était possible. Qui sont-ils et où iraient-ils?
4. Est-ce que vous choisiriez la même destination qu'un de ces interviewés?

Chez les Français

Destinations préférées des Français

La France est toujours la destination préférée des touristes étrangers. Mais où vont les Français quand ils vont à l'étranger? En 2007, les pays européens étaient largement favorisés (67 %) devant l'Afrique (15 %) et les Amériques (8 %). En 2014, les choses n'ont pas beaucoup changé, mais l'on remarque que les Français voyagent aussi beaucoup en France même (*itself*). En fait, les Français aiment visiter les autres régions, comme la Bretagne et la Normandie, puis la Côte d'Azur. En Europe, ils préfèrent toujours les pays latins comme l'Italie et l'Espagne, qui offrent du soleil et de la chaleur. Le soleil reste la motivation principale pour les voyages en dehors de l'Europe: l'Océanie (toutes les îles autours de l'Australie) et la zone pacifique est l'idéal recherché. Par contre, le Moyen-Orient n'est pas très populaire, car les Français ne le connaissent pas bien, donc ils préfèrent l'Amérique du Nord et l'Asie. Pour les jeunes, qui ont souvent moins d'argent, la destination principale reste la France, mais ils essaient aussi de visiter l'Europe et désirent voyager en Amérique du Nord et dans le Pacifique. Pour ceux qui sont plus aisés financièrement, l'étranger est largement favorisé et ils choisissent d'abord des destinations lointaines.

Et chez vous? Est-ce que les gens voyagent beaucoup à l'étranger en général? Expliquez. Quelles sont les destinations préférées de ceux (*those*) qui voyagent? Quelles destinations choisit-on si on a un petit budget ou si on a plus d'argent? Pour y faire quels types d'activités?

Source: http://www.tourisme.gouv.fr/

Si je n'étais pas obligé(e) de... More hypothetical situations

- Everyone has obligations, but sometimes it's fun to think about what you *would do if you weren't obliged to* do something else! To ask someone this question, you use **si** + the expression **ne pas être obligé(e) de** + infinitif.

  tu

  —**Si tu n'étais pas obligé(e) d'**étudier, qu'est-ce que **tu ferais?**
  —**Si je n'étais pas obligé(e) d'**étudier, **je sortirais** plus souvent avec mes amis.

  If you didn't have to study, what would you do?
  If I didn't have to study, I would go out more often with my friends.

  vous

  —**Si vous n'étiez pas obligé(e) de** travailler, que **feriez-vous?**
  —**Si je n'étais pas obligé(e) de** travailler, **je voyagerais** beaucoup.

  If you didn't have to work, what would you do?
  If I didn't have to work, I would travel a lot.

- Once again, you use **si** followed by the **imparfait** to express the hypothetical situation; the second verb in these sentences is in the conditional mood and expresses what you *would do*, if the situation were real.

  À noter: It is also possible to reverse the order of the clauses in the question and answers.

  —Qu'est-ce que **vous feriez, si vous n'étiez pas obligé(e) de** travailler?
  —**Je voyagerais** beaucoup, **si je n'étais pas obligé(e) de** travailler.

A. À l'écran.

Vidéo

Première étape. D'abord, lisez les questions (page 372) sur la séquence que vous allez voir. Ensuite, regardez la vidéo et écoutez les gens répondre à la question: **Si vous n'étiez pas obligé(e) de travailler, que feriez-vous?** Indiquez les réponses en écrivant l'initiale de la personne à côté de la question. **Attention!** Il y a deux questions au sujet de la même personne.

Simon (S)

Jean-Jacques (J-J)

Marc (M)

Éveline (E)

Fanny (F)

_____ 1. Qui irait en Italie pour apprendre la langue?

_____ 2. Qui voyagerait et prendrait beaucoup de photos?

_____ 3. Qui ferait du bénévolat (*volunteer / charity work*)?

_____ 4. Qui ferait de la musique?

_____ 5. Qui danserait?

_____ 6. Qui voyagerait tout le temps?

Deuxième étape. Maintenant, regardez la vidéo encore une fois et répondez aux questions suivantes.

1. De quel instrument jouerait Simon?

2. Pourquoi est-ce que Marc aimerait apprendre l'italien?

3. Quelle est la réponse la plus fréquente?

4. À votre avis, qui a la réponse la plus intéressante? Pourquoi?

B. Et vous?

Première étape. Si vous n'étiez pas obligé(e) de travailler, qu'est-ce que vous feriez? Cochez toutes les possibilités qui vous plaisent.

Si je n'étais pas obligé(e) de travailler / d'étudier...

☐ j'irais en France / dans un autre pays.

☐ je voyagerais beaucoup.

☐ je ferais du sport tous les jours.

☐ je lirais beaucoup.

☐ je passerais plus de temps avec...

☐ je verrais mes amis plus souvent.

☐ je sortirais tous les soirs.

☐ j'étudierais davantage (*more*).

☐ je ferais du bénévolat.

☐ ?

Deuxième étape. Circulez dans la classe pour trouver la personne qui a la réponse la plus intéressante, à votre avis.

EXEMPLE: É1: Qu'est-ce que tu ferais si tu n'étais pas obligé(e) de travailler / d'étudier?

É2: Si je n'étais pas obligé(e) de travailler, je...

En vacances! Talking about vacations and travel

C'est votre tour d'organiser vos prochaines vacances en France: après une semaine à Paris, vous voulez découvrir une autre région du pays. Avant de faire vos **valises** (*suitcases*), faites vos choix sur le site Web **en-vacances.fr.**

Première étape. Quel **forfait** (*vacation package*) préférez-vous? Cochez *un* des quatre forfaits de la liste. **Attention!** Il faut peut-être prendre en compte les **prévisions météo** avant de choisir.

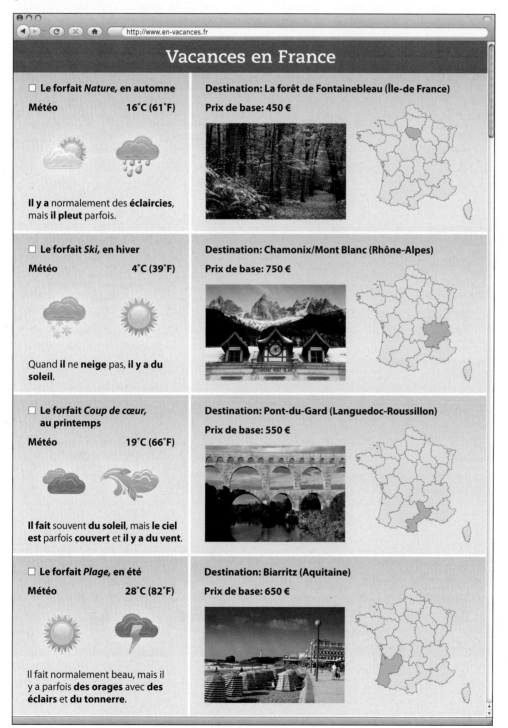

Vacances en France

☐ **Le forfait *Nature*, en automne**

Météo   16°C (61°F)

Il y a normalement des **éclaircies**, mais **il pleut** parfois.

Destination: La forêt de Fontainebleau (Île-de France)

Prix de base: 450 €

☐ **Le forfait *Ski*, en hiver**

Météo   4°C (39°F)

Quand **il ne neige** pas, **il y a du soleil.**

Destination: Chamonix/Mont Blanc (Rhône-Alpes)

Prix de base: 750 €

☐ **Le forfait *Coup de cœur*, au printemps**

Météo   19°C (66°F)

Il fait souvent **du soleil**, mais **le ciel est** parfois **couvert** et **il y a du vent.**

Destination: Pont-du-Gard (Languedoc-Roussillon)

Prix de base: 550 €

☐ **Le forfait *Plage*, en été**

Météo   28°C (82°F)

Il fait normalement beau, mais il y a parfois **des orages** avec **des éclairs** et **du tonnerre.**

Destination: Biarritz (Aquitaine)

Prix de base: 650 €

Deuxième étape. Qu'est-ce que vous voulez faire? Le prix de base de chaque forfait inclut **une excursion** organisée. Vous voulez faire d'autres excursions? Cochez-les! Chaque excursion supplémentaire coûte 50 euros, ajoutés au prix de base de votre forfait.

Troisième étape. Où peut-on **loger**? Cochez *un* des quatre **hébergements** (*lodgings*) de la liste, selon vos préférences.

Quatrième étape. Comment peut-on arriver à sa destination? Cochez *un* des quatre moyens de transport de la liste, selon vos préférences.

Dernière étape. Quel est le prix total de votre voyage? Comment préférez-vous payer? Complétez maintenant le bilan de vos **dépenses** (*expenses*).

		Prix
Nom du forfait:	_____	_____ €
Excursions supp.	_____	(+) _____ €
	_____	(+) _____ €
	_____	(+) _____ €
Hébergement:	_____ (5 nuits)	+ _____ €
Transport:	_____ (aller–retour)	+ _____ €
		À payer: _____ €

Je préfère payer...

☐ en espèces (en liquide) (*cash*)   ☐ par carte bancaire

☐ par chèque   ☐ par carte de crédit

Chez les Français

Les saisons en France

La France est un pays à la géographie si diverse qu'il est difficile de choisir parmi toutes les destinations possibles... Essayons quand même!

En automne, la destination qui vient tout de suite à l'esprit pour les amoureux de la nature: **la Forêt de Fontainebleau**—la forêt la plus célèbre et, pour beaucoup, la plus belle de France. On ne compte plus les espèces (*species*) végétales et animales que ce trésor de 28.000 hectares (environ 70.000 *acres*) offre aux visiteurs.

Les plaisirs du ski alpin

Envie de neige et de paysages de montagnes? **Chamonix** est LA ville où aller en hiver, au cœur du massif du Mont Blanc, dans les Alpes. De nombreuses stations de sport d'hiver (*ski resorts*) dans la région proche proposent des formules hébergement et accès aux pistes (*slopes*); mais si vous n'aimez pas le ski, vous pouvez prendre le téléphérique (*aerial tramway*) pour admirer le panorama.

Le Gard, un département de la région Languedoc-Roussillon, est magnifique au printemps. **Le pont du Gard** en particulier est à découvrir. C'est un aqueduc impressionnant qui date de l'époque romaine et qui est encore en très bon état. Aujourd'hui, la France, avec l'aide de l'Union européenne, a développé une zone entièrement piétonne autour du pont et on peut aussi le traverser et admirer le site naturel qui l'entoure.

En été, allez vers l'ouest jusqu'aux plages de **Biarritz**, station balnéaire (*summer resort*) du pays basque français, à environ 18 kilomètres de la frontière (*border*) avec l'Espagne. La région est bordée de belles plages de sable fin et certaines sont ouvertes aux surfeurs.

Et chez vous? Dans votre région, est-ce qu'il y a quatre saisons très différentes? Expliquez. Où faut-il aller pour profiter de chaque saison? Donnez des exemples d'activités à faire.

A. La terminologie des vacances.

Première étape. Dans chaque catégorie, il y a un intrus (*unrelated item*). Avec un(e) camarade, trouvez l'intrus et indiquez à quelle autre catégorie de la liste il appartient.

1. la météo:	du vent	un orage	une auberge	des éclaircies
2. les activités de plein air:	le ciel	l'escalade	le parachutisme	la planche à voile
3. les moyens de transport:	en train	en avion	en espèces	en voiture
4. les hébergements:	un hôtel	une résidence	une balade en forêt	une auberge de jeunesse
5. les modes de paiement:	un chèque	un autocar	une carte bancaire	une carte de crédit

Deuxième étape. Toujours avec votre camarade, choisissez un terme de chaque catégorie et inventez ensemble une petite histoire de deux ou trois phrases. Utilisez les cinq termes dans l'ordre qui convient [*is suitable*] à votre histoire. Ensuite, présentez-la à la classe.

B. Le temps qu'il fait.

Première étape. Examinez les prévisions météo pour les destinations touristiques suivantes. Quel temps et quelle température fait-il dans chaque endroit? Quel climat préférez-vous et pourquoi?

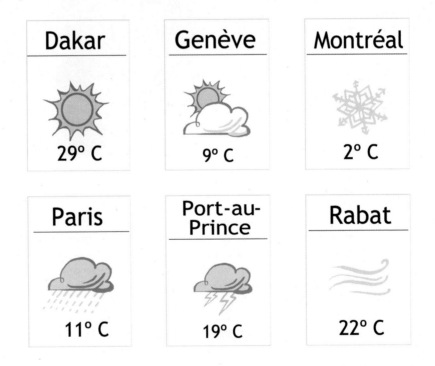

Deuxième étape. Quelles sont les prévisions météo pour votre région? Avec un(e) camarade, discutez de ce que vous avez chacun(e) l'intention de faire dans les jours à venir en tenant compte du temps qu'il va faire.

En français

To ask what the temperature is, say: **Quelle température fait-il?** or **Quelle est la température?** To tell what the temperature is, say: **Il fait (dix) degrés.** Also keep in mind that temperatures in the French-speaking world are measured in degrees Celsius.

The expressions **il pleut** and **il neige** are present-tense forms of the verbs **pleuvoir** (*to rain*) and **neiger** (*to snow*), respectively. To indicate that it has recently rained or snowed, say: **Il a plu/Il a neigé.** To indicate that it is soon going to rain or snow, say: **Il va pleuvoir** and **Il va neiger.**

C. Les vacances d'été de mon enfance.

Première étape. Comment passiez-vous vos vacances d'été quand vous étiez petit(e)? Avec deux autres camarades, comparez vos expériences en discutant des sujets dans la liste.

EXEMPLE: —En général, je passais mes vacances d'été chez moi, mais pendant une semaine au mois de juillet, j'allais dans une colonie de vacances (*summer camp*)...

1. où vous alliez et avec qui
2. combien de temps vous y passiez
3. comment vous y alliez
4. où vous logiez
5. le temps qu'il faisait
6. les activités que vous aimiez faire

Deuxième étape. Compte tenu de (*Taking into account*) votre discussion, qui dans votre groupe passait les vacances d'été les plus mouvementées (*eventful*) et les plus tranquilles?

Vocab supp'

In addition to verbs such as **acheter, coûter, payer (en espèces, par chèque,** etc.), which you're already familiar with, the following verbs are useful for talking about one's finances:

économiser (de l'argent)	to save (*money*)
régler/payer (une facture)	to settle/pay (*a bill*)
retirer... de son compte (chèques)	to withdraw . . . from one's (*checking*) account
verser de l'argent sur son compte (épargne)	to deposit money in one's (*savings*) account

D. Les dépenses.

Première étape. Avec un(e) camarade, comparez vos méthodes de paiement dans chaque cas—est-ce que vous retirez de l'argent pour ensuite payer en espèces, par exemple?

1. C'est un samedi soir et vous sortez au cinéma avec des amis.
2. Vous payez votre facture mobile (de téléphone portable) / de gaz / d'électricité.
3. Vous laissez un pourboire (*tip*) au serveur dans un restaurant.
4. Vous réservez un billet d'avion sur Internet.
5. Vous payez un sandwich au resto-U.
6. Vous payez votre loyer (*rent*).
7. Vous achetez une tablette.

Deuxième étape. Est-ce que votre façon de régler vos factures change quand vous êtes en vacances? Expliquez à votre camarade comment vous payez et pourquoi. Est-ce que vos grands-parents paieraient de la même façon que vous?

E. Voyages en promo.
Comment peut-on économiser de l'argent pendant ses vacances? Travaillez avec trois autres camarades. Préparez ensemble une liste de quatre conseils destinés à des étudiants français pour voyager pas cher dans votre région. Utilisez les expressions **il faut... , il vaut mieux... , il est important de... ,** etc., et mentionnez (1) des destinations, (2) des activités, (3) des hébergements et (4) des moyens de transport.

Prononcez bien!
To learn about **enchaînement** (the linking of consonant sounds across words), as in **avec_une_amie,** see the **Prononcez bien!** section of the *Workbook / Laboratory Manual.*

13.1 Qui va conduire? Indicating movement with verbs such as **conduire**

Regardez **la carte routière** (*road map*) du sud-ouest de la France, puis lisez la description d'un voyage en voiture. Essayez de déterminer le sens des quatre verbes de déplacement (*movement*) que vous ne connaissez pas encore.

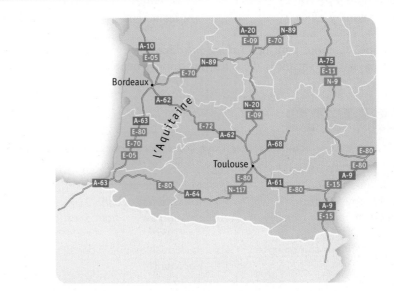

Aujourd'hui, **nous nous rendons** à Toulouse en voiture. Nous suivons l'A62, une autoroute à péage (*toll road*) qui traverse l'Aquitaine. Le voyage dure moins de 3 heures si **nous conduisons** à 130km/h (la limite de vitesse sur la plupart des autoroutes françaises) et si **nous** ne **nous arrêtons** pas aux aires de repos (*rest stops*). Quand **nous nous approchons** de la région toulousaine, nous quittons l'autoroute après la sortie 11 et la gare de péage (*toll booth*). Nous arrivons au centre-ville, prêts à commencer notre visite de la «ville rose».

Analysons! Voici les infinitifs de quatre nouveaux verbes de déplacement: **s'approcher, s'arrêter, conduire, se rendre.** 1. Quel infinitif veut dire «piloter une véhicule»? _____ 2. Quel infinitif veut dire «venir près»? _____ 3. Quel infinitif est synonyme du verbe **aller**? _____ 4. Quel infinitif est le contraire du verbe **continuer**? _____

○ Answers to this activity are in Appendice 2 at the back of the book.

1 The verb **conduire** is the equivalent of English *to drive*.

Elle ne conduit pas la nuit.   *She doesn't drive at night.*

Verbs indicating movement, some of which you've seen in earlier chapters, include:

s'approcher de	*to approach*	entrer (dans, sur)	*to enter (into, onto)*
s'arrêter (à)	*to stop (at)*	marcher	*to walk*
courir	*to run*	quitter	*to leave (a location)*
se déplacer	*to move about / get around*	se rendre à	*to go / get to (a location)*
		traverser	*to cross*

2 The verb **conduire** has an irregular conjugation pattern, with two stems: one for the singular forms and another for the plural forms.

conduire (*to drive*)	
RADICAUX: **condui-, conduis-**	
je conduis	nous conduisons
tu conduis	vous conduisez
il/elle/on conduit	ils/elles conduisent

▶ To learn about other verbs ending in **-uire**, see Par la suite at the back of the book.

À noter: The past participle of **conduire** is **conduit** (**J'ai conduit**); the stems for the **imparfait** (**conduis-**) and future tense (**conduir-**) are formed regularly.

Mise en pratique. Complétez chaque phrase avec la forme équivalente du verbe **conduire** au présent.

1. Je ne roule (= _____) pas trop vite!
2. Tu roules (= _____) sur les autoroutes?
3. En Angleterre, on circule (= _____) à gauche.
4. Ici, en France, nous roulons (= _____) à droite.
5. Vous ne roulez (= _____) pas quand il fait noir (*it's dark*)?
6. Mes parents roulent (= _____) trop lentement.
7. Il est parfois difficile de circuler (= _____) en ville.

▶ Answers to this activity are in Appendice 2 at the back of the book.

3 Although the verbs **conduire, courir,** and **marcher** express movement and do express distinct ways of getting somewhere, they focus on the "action." Other common verbs of movement that you already know (such as **aller**) are often used with expressions such as **à pied, à vélo, en avion, en train, en voiture,** and even **en courant** (*by running*), to focus on the "method" someone uses to get somewhere. Compare:

Activité	Moyen de déplacement
Je ne conduis pas la nuit.	Je me rends au travail en voiture.
I don't drive at night.	*I drive to work. / I get to work by car.*
J'aime beaucoup courir.	Elle est entrée dans la salle en courant.
I really like to run.	*She ran into the room. / She entered the room running.*
Je n'aime pas marcher pas quand il pleut.	Il fait beau! Je vais rentrer chez moi à pied.
I don't like to walk when it's raining.	*It's nice out. I'm going to walk home.*

À noter: Forms of transportation that you ride *in* use the preposition **en** (**en avion, en (auto)car, en bateau, en bus, en métro, en taxi, en train, en voiture**); forms of transportation that you ride *on* use the preposition **à** (**à cheval** [*on horseback*], **à moto, à pied, à vélo**).

A. Écoutez bien! Voici quelques panneaux (*signs*) de signalisation très communs en France. Qu'est-ce que chaque panneau signale? Écoutez chaque description, puis écrivez le numéro de la phrase sous le panneau correspondant.

a. _____   b. _____   c. _____

d. _____   e. _____   f. _____

Chez les Français

En route!

En France, l'âge légal pour conduire est 18 ans. Cependant, on peut conduire dès 16 ans avec un adulte qui a déjà le **permis de conduire** (*driver's license*): c'est le système de la «conduite accompagnée». Pour passer le permis, il faut d'abord prendre 20 heures minimum de cours de conduite dans une auto-école agréée (*certified*) par le gouvernement. Quand on ajoute les cours de code de la route, le permis coûte généralement entre 1.000 et 1.200 euros!

Les Nord-Américains qui ont déjà leur permis peuvent conduire en France sans trop de difficultés. Tout de même (*Even so*), il faut savoir qu'on ne peut pas tourner à droite au feu rouge, et qu'il existe beaucoup plus de ronds-points en France qu'en Amérique du Nord. Il faut céder le passage (*yield*) aux automobilistes qui sont déjà sur le rond-point.

Panneau d'annonce de feux tricolores

Et chez vous? Pensez-vous que conduire à 16 ans, c'est normal ou c'est trop jeune? Trouvez des arguments pour et contre la conduite à 16 ans ou à 18 ans. Comment est-ce que vous avez appris à conduire et avec qui? C'était difficile?

B. Conduire ou ne pas conduire, telle est la question.

Première étape. Travaillez avec trois autres camarades. Qui dans le groupe conduit dans les circonstances suivantes? Si vous ne conduisez pas, qu'est-ce que vous faites quand vous devez vous rendre quelque part? Notez quelques détails intéressants de votre discussion et présentez-les à la classe.

1. quand il fait nuit (il fait noir)
2. quand il pleut / il neige beaucoup
3. pendant les heures de pointe
4. dans une ville qu'on ne connaît pas
5. quand on a sommeil
6. sur l'autoroute

C. Comment y aller?

À tour de rôle avec un(e) camarade de classe, indiquez comment on se déplace (ou peut se déplacer) pendant l'année scolaire et quand on est en vacances à Paris. Utilisez les expressions de la liste suivante.

à pied	se rendre en cours
à velo	en courant
en (auto)car	en taxi
en bateau	en train
en bus	en voiture (de location)

EXEMPLE: se rendre en cours
—On se rend en cours à pied... ou en courant!

Pendant l'année scolaire	**En vacances en France**
1. se rendre en cours	5. aller à Paris
2. aller au café le plus proche	6. visiter les monuments de Paris
3. se déplacer au centre-ville	7. descendre la Seine
4. rentrer chez ses parents	8. voyager de Paris à Lyon

D. Son empreinte carbone (*Carbon footprint*).

Interviewez un(e) camarade pour déterminer qui d'entre vous laisse la plus petite empreinte carbone— c'est-à-dire, qui se déplace d'un lieu à l'autre le plus écologiquement. Posez-vous des questions sur la fréquence d'emploi des moyens de transport dans la liste.

EXEMPLE: É1: Tu aimes marcher?
       É2: Pas vraiment, non.
       É1: Où est-ce que tu vas à pied?
       É2: Je vais en cours à pied, mais c'est tout.

1. marcher, aller à pied
2. avoir un vélo, aller à vélo
3. avoir une voiture (hybride/électrique), aller en voiture
4. faire du co-voiturage (*carpooling*)
5. prendre le bus / le métro (pour se déplacer en ville)
6. prendre l'autocar / le train / l'avion (pour voyager d'une ville à l'autre)

Les voitures électriques sont plus écologiques!

13.2 Où iriez-vous en vacances? The conditional mood

Voici ce que les Duclos feront pendant leurs vacances. Cochez ce que votre famille ferait (*would do*) si elle pouvait partir en vacances demain.

La famille Duclos...	Ma famille...
1. **passera** deux semaines à la mer.	☐ **passerait** aussi deux semaines à la mer.
2. **ira** en voiture.	☐ **irait** aussi en voiture.
3. **emmènera** le chien.	☐ **emmènerait** aussi le chien.
4. **laissera** l'ordinateur à la maison.	☐ **laisserait** aussi l'ordinateur à la maison.
5. **logera** dans un bel hôtel.	☐ **logerait** aussi dans un bel hôtel.

Analysons! 1. Est-ce qu'on utilise le même radical pour les formes du futur simple (à gauche) et les formes du conditionnel (à droite)? _____ 2. Est-ce qu'on utilise aussi les mêmes terminaisons (*verb endings*) au futur et au conditionnel? _____

○ Answers to this activity are in Appendice 2 at the back of the book.

1 As you saw in the **Communication en direct** section of this chapter, the conditional mood (**le conditionnel**) is used to say what *would* happen in some hypothetical situation.

À ta place, je **prendrais** un taxi.	*If I were you, I'd take a taxi.*
S'il ne pleuvait pas, je **me promènerais.**	*If it weren't raining, I'd go for a walk.*
Une semaine à Paris? J'**irais** volontiers!	*A week in Paris? I would certainly go!*

The conditional forms of the verbs **aimer** and **vouloir** + infinitive are also used to invite or politely make requests of others.

Vous **aimeriez** dîner avec nous?	*Would you like to have dinner with us?*
Vous **voudriez** m'aider un peu?	*Would you like to help me a bit?*

Study Tip

The helping verb *would* in English has two functions: (1) to describe habitual actions in the past (*We would go on vacation once a year*) and (2) for hypothetical situations (*We would go on vacation if we had the time*). Remember that in French, the **imparfait** form of a verb expresses habitual actions in the past (**nous allions en vacances...**), and the **conditionnel** form of a verb expresses a hypothetical reality (**nous irions en vacances...**).

2 Conditional verb forms consist of a stem and a series of endings, both of which you're already familiar with: The stem is the same as that used in the **futur simple** (whether regular or irregular), which you learned about in **Chapitre 11**; the endings are the same as those used in the **imparfait,** which you learned about in **Chapitre 9.** Compare:

FUTUR: Tu **prendras** le bus?	*Will you take the bus?*
CONDITIONNEL: S'il pleuvait, est-ce que tu **prendrais** le bus?	*If it were raining, would you take the bus?*

prendre (CONDITIONNEL)	
RADICAL: **prendr-**	
je prendrais	nous prendrions
tu prendrais	vous prendriez
il/elle/on prendrait	ils / elles prendraient

> **Mise en pratique.** Complétez chaque phrase avec la forme appropriée du verbe **passer** au conditionnel. Ces phrases reflètent-elles la réalité? Parlez-en en classe.
>
> 1. Si je voyageais seul(e), je _____ mes vacances sur la côte (en Floride, par exemple).
>
> 2. Si je voyageais avec des amis, nous _____ nos vacances dans une grande ville (à Chicago, par exemple).
>
> 3. Mes parents _____ leurs vacances dans un parc national (à Yellowstone, par exemple).
>
> 4. Notre prof _____ ses vacances en France.
>
> 5. L'étudiant(e) à côté de moi _____ ses vacances sur une île tropicale (à Tahiti, par exemple).

◗ Answers to this activity are in Appendice 2 at the back of the book.

3 Verbs in their conditional form can be found in complex sentences that include a clause beginning with **si** (*if*). The verb in the **si** clause is in the **imparfait** and introduces a hypothetical situation; the verb in the other clause is in the **conditionnel** and tells what *would happen* in that hypothetical situation.

◗ To learn about forms and uses of the past conditional (le **passé du conditionnel**), a tense used to express a hypothetical situation that would have occurred if certain conditions had been met, see Par la suite at the back of the book.

Si nous **allions** à Paris,
If we went to Paris,
> nous **visiterions** le Louvre.
> *we would visit the Louvre.*
> nous **prendrions** le métro.
> *we would take the subway.*

4 The conditional form of **devoir** + an infinitive is used to express what *should* happen, and the conditional form of **pouvoir** + infinitive is used to express what *could* happen.

Vous
> **partiriez** la semaine prochaine? *You would leave next week?*
> **devriez partir** tout de suite. *You should leave right away.*
> **pourriez partir** demain. *You could leave tomorrow.*

A. Écoutez bien! Êtes-vous aventureux/aventureuse? Votre professeur va suggérer plusieurs situations hypothétiques. Imaginez comment vous réagiriez dans chaque cas.

1. ☐ Je serais très content(e)!   ☐ Je serais assez déçu(e) (*disappointed*).

2. ☐ J'accepterais avec plaisir!   ☐ Je n'irais pas.

3. ☐ Je serais le premier (la première) à sauter!   ☐ Je refuserais d'y participer.

4. ☐ Je goûterais à tout!   ☐ Je ne mangerais rien; je boirais de l'eau.

5. ☐ Je m'amuserais beaucoup!   ☐ J'aurais probablement mal à la tête.

Où iriez-vous en vacances?

B. Bon voyage? Travaillez avec un(e) camarade. Discutez des activités possibles pendant les vacances, en utilisant les expressions de la liste. Est-ce que ce serait assez facile ou assez difficile pour vous d'aller en vacances ensemble?

> J'aurais peur de...   Je ferais volontiers... / Je ne ferais jamais...
> J'aimerais beaucoup...   Je (ne) pourrais (jamais)...

EXEMPLE: faire de l'escalade

> É1: Je ne ferais jamais d'escalade; j'aurais peur de tomber de la montagne!
> É2: Moi, par contre, j'aimerais beaucoup faire de l'escalade.

1. passer les vacances à l'étranger
2. prendre l'avion
3. voyager en bateau
4. loger dans une auberge de jeunesse
5. faire du bungee
6. faire du ski alpin
7. faire de la plongée
8. traverser une forêt à cheval

C. Qu'est-ce que tu ferais avec... ?

Première étape. Interviewez trois ou quatre camarades pour savoir ce qu'ils/elles feraient avec ces choses ou ces gens. Prenez des notes.

Qu'est-ce que tu ferais si tu...

1. avais 100.000 dollars?
2. trouvais un billet de 50 dollars par terre?
3. gagnais une villa sur la Côte d'Azur?
4. avais un(e) ami(e) célèbre?
5. devais passer la journée avec un enfant de 5 ans?
6. pouvais passer une année à faire exactement ce que tu voulais?

Deuxième étape. En vous basant sur les résultats de vos interviews, décrivez brièvement à la classe le caractère de vos camarades.

EXEMPLE: —Cindy est généreuse parce qu'elle achèterait un cadeau pour sa mère avec le billet de 50 dollars.

D. Forum: Si je pouvais refaire mes vacances...
On dit parfois que c'est en faisant des erreurs qu'on apprend. Postez un message sur le **Forum des étudiants** pour décrire des vacances récentes, puis dites ce que vous feriez différemment aujourd'hui si vous aviez l'occasion de refaire ces vacances. Suivez l'exemple.

◀ ▶ Forum >> Sujets divers >> Vacances >> Refaire des vacances?

MESSAGE DE:

Pierre30
(Montpellier)

posté le 05-05

Sujet: Vacances à refaire ▼

L'année dernière en février, je suis parti avec deux amis. Puisque nous sommes du sud-est de la France et que nous avons déjà assisté au Carnaval de Nice, nous voulions aller voir le Carnaval de Québec. Le Carnaval était génial, surtout la sculpture sur neige. Cependant[1] si je pouvais refaire ces vacances, je changerais une chose, et ce serait d'amener[2] (et puis de porter, bien sûr!) des vêtements plus chauds. Je savais que le Carnaval se passait en plein air, mais je ne savais pas à quel point il ferait froid à Québec!

[1]*However* [2]*bring*

13.3 Allons-y! Object pronouns with the imperative

Indiquez à quel mot de la colonne B correspond le pronom d'objet dans chacune des phrases de la colonne A.

A	B
_____ 1. **Allons-y!** C'est l'endroit idéal pour une balade.	a. à nos amis
_____ 2. **N'en faisons pas.** C'est trop dangereux.	b. dans la forêt
_____ 3. **Ne m'en parlez pas.** Cette histoire me fait peur!	c. le foulard Hermès
_____ 4. **Achetons-le!** Il va bien avec ma robe bleue.	d. de l'escalade
_____ 5. **Dites-leur** que nous partons demain à 6 h pile (*sharp*)!	e. de l'accident d'avion

Analysons! 1. Dans les ordres à l'affirmatif, où se trouve le pronom d'objet: avant ou après le verbe? _____ 2. Et dans les ordres au négatif? _____ 3. Est-ce qu'on utilise un trait d'union (*hyphen*) pour joindre le verbe et le pronom à l'affirmatif ou au négatif? _____

◗ Answers to this activity are in Appendice 2 at the back of the book.

1 In commands (**l'impératif**), object pronouns *follow* the verb and are joined to it by a hyphen. **Liaison** occurs between the imperative form and the object pronouns **y** and **en**.

Voici tes clés. **Prends-les.**	*Here are your keys. Take them.*
Elle attend votre réponse. **Téléphone-lui.**	*She's waiting for your answer. Call her.*
C'est un très bon restaurant. **Dînez-y.**	*It's a very good restaurant. Dine there.*
Voilà du pain. **Achetons-en.**	*There's some bread. Let's buy some.*

Mise en pratique 1. Donnez des conseils pour des vacances réussies. Faites correspondre les impératifs de la colonne A avec les termes logiques de la colonne B. Puis, remplacez les termes de la colonne B par des pronoms d'objet et écrivez-les dans la colonne C. Ensuite, utilisez ces pronoms et écrivez vos conseils dans la colonne D.

A	B	C	D
1. Réfléchissez	votre passeport	_____	_____ !
2. Consultez	à une destination	*y*	*Réfléchissez-y* !
3. Achetez	vos billets d'avion	_____	_____ !
4. Réservez	des sites Web	_____	_____ !
5. Cherchez	votre chambre d'hôtel	_____	_____ !

◗ Answers to this activity are in Appendice 2 at the back of the book.

2 In **Chapitre 10,** you learned that the final **-s** of the **tu** form of verbs ending in **-er** is normally dropped in the imperative; this is also true of verbs conjugated like **-er** verbs (such as **offrir** and **ouvrir**) and the irregular verb **aller.** When the object pronouns **y** and **en** follow these imperative forms, however, the final **-s** is retained for ease of pronunciation, and **liaison** occurs.

—**Achète** des chocolats.	*Buy some chocolates.*
but: **Achètes**-en.	*Buy some (of them).*
—**Va** à l'hôpital.	*Go to the hospital.*
but: **Vas**-y.	*Go there!*

3 The object pronouns **me** and **te** become **moi** and **toi** when used in the affirmative imperative, whereas **nous** and **vous** remain unchanged.

—Appelez-**moi** si vous avez des problèmes.	*Call me if you have any problems.*

The forms **toi, nous,** and **vous** always occur when a pronominal verb is used in affirmative commands.

—Couche-**toi** de bonne heure.	*Go to bed early.*
—Dépêchons-**nous**!	*Let's hurry!*
—Réveillez-**vous**, les enfants!	*Wake up, kids!*

Mise en pratique 2.
Donnez des ordres en utilisant les verbes indiqués à la deuxième personne du singulier (**tu**). **Attention!** Le pronom **toi** est seulement utilisé avec les verbes pronominaux.

1. se coucher _____
2. se dépêcher _____
3. être sage _____
4. ranger ta chambre _____
5. se lever _____
6. finir ton dîner _____

○ Answers to this activity are in Appendice 2 at the back of the book.

---

4 When negative expressions such as **ne... pas** are used in commands, all object pronouns return to their regular position immediately before the conjugated verb (and to their regular form, in the case of **me** and **te**).

Ce sont mes clés. **Ne les prends pas**!	*Those are my keys. Don't take them!*
Ces chocolats ne sont pas bons. **N'en achète pas**!	*Those chocolates aren't good. Don't buy any (of them)!*
Ne te couche pas trop tard!	*Don't go to bed too late.*

○ To learn about the use of more than one object pronoun with the imperative, see Par la suite at the back of the book.

A. Écoutez bien! Qu'est-ce qu'il faut faire chez vous avant de partir en vacances? Votre professeur va vous donner ses conseils. Complétez chacun de ses conseils en utilisant un des verbes de la liste à l'impératif. Quels conseils suivez-vous déjà avant de partir en voyage?

> couper (*turn off*)   donner
> débrancher (*unplug*)   laisser
> demander   oublier

1. Vos appareils électroniques?   _____-les.

2. L'eau?   _____-la.

3. Des produits frais?   N'en _____ pas sur le comptoir.

4. Un ami?   _____-lui de venir chercher votre courrier (*mail*) et d'arroser (*water*) vos plantes.

5. Des voisins?   _____-leur un double de vos clés.

6. Votre passeport ou une carte d'identité?   Ne l' _____ pas!

B. D'une façon plus directe. Travaillez avec un(e) camarade. Imaginez que vous êtes en vacances ensemble. Ajoutez le pronom d'objet approprié aux questions (**au conditionnel**). Ensuite, à tour de rôle, donnez des ordres d'une façon plus directe en utilisant l'**impératif**. Attention à la forme et place du pronom d'objet!

EXEMPLE: (le plan de la ville) Pourrais-tu ___*le*___ mettre dans ton sac?
—Mets-le dans ton sac (s'il te plaît).

1. (moi) Pourrais-tu _____ aider avec mes valises?

2. (la chambre) Pourrais-tu _____ réserver en ligne ce soir?

3. (à la poste) Pourrions-nous _____ aller avant de partir?

4. (de l'aspirine) Pourrais-tu _____ acheter à la pharmacie?

5. (au guide) Pourrais-tu _____ dire que nous sommes prêts?

6. (aux amis) Pourrions-nous _____ envoyer une carte postale?

Marseille, une des plus grandes villes de France

C. Bonne idée ou mauvaise idée? Imaginez qu'un(e) ami(e) prend l'avion pour la première fois et vous parle de ses préparatifs. Réagissez à ce qu'il/elle dit en utilisant l'impératif + un pronom pour remplacer les mots en italique. Expliquez brièvement votre réaction.

EXEMPLE: «Je vais *faire ma valise* le matin du voyage.»
—Oui, fais-la le matin du voyage. Il n'est pas nécessaire de passer des heures à faire sa valise.

ou

—Non, ne la fais pas le matin du voyage! Tu oublieras de mettre des choses importantes.

1. «Je vais *imprimer ma carte d'embarquement* à la maison.»
2. «Je vais *me rendre* à l'aéroport une demi-heure avant le vol.»
3. «Je vais *aller* tout de suite *au contrôle de sécurité*.»
4. «Je vais *revérifier l'heure de départ et la porte d'embarquement* sur les écrans.»
5. «Je vais *acheter de l'eau* avant de monter à bord.»
6. «Je ne vais pas *attacher ma ceinture de sécurité*; ça me gêne!»
7. «Je vais parler *aux gens à côté de moi* pendant tout le vol!»

Vocab supp'

Certain imperative forms, especially when combined with object pronouns, are used so frequently that they become expressions that can be learned as "chunks." Here are some examples:

Allons-y!	*Let's go. Let's do that!*
Arrête!	*Cut it out! / Stop it!*
Tiens!	*Well, well! / My, my!*
Laisse-moi / Laissez-moi tranquille!	*Leave me alone!*
Regarde-moi ça! / Regardez-moi ça!	*Would you look at that! (I can't believe it!)*
Vas-y! / Allez-y!	*Go right ahead! Do that!*
Va-t'en! / Allez-vous-en! (du verbe **s'en aller**)	*Get out of here! Get lost!*
Ne t'en fais pas! / Ne vous en faites pas! (du verbe **s'en faire**)	*Don't worry about it!*

D. Exclamations. Imaginez que vous êtes en vacances avec des amis. Trouvez dans la section **Vocab supp'** une expression appropriée à chaque situation sur la liste. **Attention!** Dans certaines situations, il y a plusieurs possibilités.

Qu'est-ce que vous diriez...

1. si un ami s'inquiète trop de votre itinéraire?
2. s'il y a des enfants qui vous embêtent (*bother*) sur la plage?
3. si tout le monde veut aller danser en boîte, vous aussi?
4. si un ami trouve enfin vos lunettes de soleil (que vous cherchez depuis longtemps)?
5. un ami se moque constamment de ton nouveau maillot de bain?
6. si vous rencontrez quelqu'un de chez vous, par hasard, dans un café?

Les essentiels pour une journée à la plage

E. En vacances. Travaillez avec deux autres camarades. Faites une liste de quatre conseils que vous donneriez tous/toutes à des amis qui vont bientôt partir en vacances. Utilisez l'impératif de quatre des verbes de la liste, puis écrivez un de vos conseils au tableau. La classe votera pour le meilleur conseil et pour le pire.

s'amuser (à)	se fâcher (contre)
se balader	s'habiller
se coucher	se lever
se détendre	s'occuper (de)

EXEMPLE: s'acheter
Si vous allez passer beaucoup de temps à la plage, achetez-vous des nouveaux maillots de bain!

Chez les francophones À la Réunion

Une destination paradisiaque

Si vous n'avez pas encore décidé quelle sera votre prochaine destination touristique, vous devriez penser à la Réunion, une île paradisiaque dans l'Océan Indien. Ce département d'outre-mer français à l'est de Madagascar offre un climat tropical, un peu comme à Hawaï, avec une flore très verte et abondante, grâce aux pluies fréquentes, et une chaleur ensoleillée pendant la saison touristique. La riche diversité de la faune et de la flore a mené l'Unesco à inscrire de multiples sites dans l'île au patrimoine mondial de l'humanité en 2010, par exemple le Parc national de la Réunion qui se situe au centre de l'île; c'est un site spectaculaire dominé par deux pics volcaniques avec une grande diversité de relief (gorges immenses, forêts subtropicales), et un écosystème remarquable. Le billet aller-retour peut être cher pour aller à la Réunion, mais il y a tant de choses à faire car le tourisme est une activité économique majeure: vous pouvez faire de la randonnée ou de la plongée ou visiter une fabrique de sucre, une activité agricole traditionnelle. La population d'environ 840.000 habitants, est composée de groupes ethniques variés originaires d'Afrique, d'Inde, d'Europe et de Chine. Comme la Réunion est un territoire français, la monnaie est l'euro, et le français y est la langue officielle, mais les gens parlent aussi beaucoup le créole réunionnais, la langue natale.

Et chez vous? Quels sites magnifiques et importants écologiquement connaissez-vous dans votre pays? Comment y est le climat et que peut-on y faire? Si vous visitiez la Réunion et les régions spectaculaires mais fragiles dont on parle dans le texte, qu'est-ce que vous feriez pour être un touriste «responsable» qui respecte le site et la culture?

Le Parc National de la Réunion: idéal pour une longue randonnée

Le coin vidéo

Le meilleur moyen d'enrayer l'hémorragie* des accidents du travail est sans doute d'arrêter de travailler. Ce qui aurait malheureusement pour conséquence d'augmenter les accidents de vacances.

—MICHEL COLUCCI (COLUCHE)

*enrayer… stem the flood

Les vacances, le tourisme et son impact sur la France

A. Avant de regarder. Avec un(e) camarade, répondez aux questions suivantes.

Quelle place occupent les vacances dans votre vie et celle de votre famille? Pendant les vacances, que faites-vous généralement? Aimez-vous voyager? De tous les pays ou régions francophones décrits dans ce manuel, lequel ou laquelle vous tente le plus et pourquoi?

B. Regardez et écoutez. Le professeur va maintenant parler des vacances en France et du rôle du tourisme dans l'économie française.

C. Complétez. Complétez les phrases en utilisant certains des termes suivants. **Attention!** Trois termes ne sont pas utilisés!

5	les Alpes	écologique	pratique
55	l'Amérique du Nord	économique	services
69 millions	aoûtiens	juilletistes	
84 millions	le bord de mer (*seaside*)	la Martinique	

1. En 2013, la France a accueilli environ _____ de touristes.

2. En 2013, par contre, les États-Unis ont accueilli _____ de touristes.

3. Les salariés français ont droit à un minimum de _____ semaines de congés payés.

4. On appelle parfois ceux (*those*) qui partent en vacances au mois d'août des «_____».

5. La destination préférée des touristes français en été est _____.

6. Pour les vacances d'hiver, la plupart des Français préfèrent une destination proche, comme _____.

7. Le tourisme est un secteur économique important dans les domaines des infrastructures routières et des _____.

8. Le tourisme a des répercussions négatives dans les domaines _____ et _____.

D. À vous! D'après vous, pourquoi est-ce que tant de (*so many*) Français préfèrent passer leurs vacances en France? Si vous partiez en vacances, préféreriez-vous rester près de chez vous ou voyager à l'étranger? Pourquoi?

Deux enfants en vacances à la plage

Rétrospective Il y a un guide pour ça!

Le guide Michelin est publié chaque année depuis 1900 par la fabrique familiale de pneus (*tire factory*) Michelin à Clermont-Ferrand. À l'origine, ce devait être une source d'informations pour les automobilistes—ainsi qu' (*as well as*) un moyen de faire de la publicité pour les pneus de voiture. Il est aujourd'hui connu dans le monde entier comme l'autorité en matière d'hôtels et de restaurants de qualité (avec sa couverture rouge) et d'attractions touristiques (avec sa couverture verte). Ses fameuses **étoiles** qualifient les meilleurs restaurants et chefs de France.

Pour ceux qui ont un budget modeste, **Le guide du routard** (*backpacker*) est le guide favori des jeunes en quête d'aventures et de vrais contacts avec les populations locales. Les guides sont organisés par pays ou régions du monde et ils fournissent des détails pratiques et des informations sur la culture et l'histoire locales.

Quel guide préférez-vous?

Avez-vous compris? À quel public bien différent s'adressent les deux guides? En voyage à l'étranger, si vous vouliez aller dans un restaurant qui propose de la cuisine locale, quel guide consulteriez-vous? Expliquez. Et vous, quelle est votre source d'informations préférée pour préparer vos voyages?

Le coin lecture

Interview avec Yann Arthus-Bertrand sur le tourisme responsable: «On va vers un tourisme de plus en plus utile.»

L'article suivant est une interview avec Yann Arthus-Bertrand, qui est photographe, président de l'association Good Planet et du programme Action Carbone et président du jury des Trophées du Tourisme Responsable. Son livre, *La Terre vue du ciel* (1994), est un best-seller mondial. Son film *Home* (2009), produit par Luc Besson, a été diffusé au cinéma à tarif réduit et gratuitement sur *YouTube*.

A. Avant de lire. Qu'est-ce que les expressions «écotourisme» et «tourisme responsable» veulent dire dans le contexte des vacances? Est-ce que vous associez ces expressions à des activités touristiques spécifiques? Est-ce qu'elles représentent plutôt une perspective sur les vacances et le tourisme? Comparez vos réponses à celles d'un(e) camarade.

Culture en direct

B. Lisez. Lisez l'article, puis répondez aux questions qui suivent.

Vous avez largement contribué à une prise de conscience[1] des Français de notre impact sur la planète. Quel est votre sentiment aujourd'hui sur l'évolution des mentalités?

Yann Arthus-Bertrand (YA-B): Ça avance très doucement, c'est assez étonnant: c'est comme si tout le monde était au courant[2] de ce qui allait se passer mais personne ne veut vraiment y croire. C'est très curieux. Par exemple je suis dans ma voiture, il y a une personne par voiture, il n'y a pas beaucoup de covoiturage[3] encore. On sait que les voitures sont responsables d'énormément de rejet de CO_2.[4] On connaît les conséquences de nos modes de vie[5] sur l'environnement, et pourtant[6] on n'est pas encore prêts à changer nos habitudes.

Quel est selon vous le rôle des entreprises du secteur du tourisme?

YA-B: C'est un peu difficile parce qu'on sait très bien que ce qui est bon pour la planète, c'est de voyager un peu moins et un peu plus intelligent. En même temps, ce sont des gens qui vendent des voyages, donc ils sont un peu entre les deux. Je pense que l'intelligence, c'est justement d'accompagner ce mouvement plutôt que[7] de le prendre un jour en pleine face.[8] Et puis le tourisme responsable, c'est voyager d'une façon intelligente, c'est-à-dire à la découverte, en essayant d'apprendre quelque chose, de devenir un petit peu meilleur à la fin de son voyage. Le voyage «tourisme plage» est un peu fini; ça existe encore, mais on en a fait le tour.[9] Les gens commencent à prendre conscience de ce qui est en train de se passer... Voyager permet de mieux comprendre.

Avez-vous un message à adresser aux voyageurs?

YA-B: Aujourd'hui, il y a beaucoup de gens qui prêchent la décroissance[10] en disant «il faut arrêter de voyager, de prendre l'avion»... Mais le voyage, c'est formidable: ça permet de réunir les gens, de voir et de comprendre les choses, donc on ne peut pas dire qu'il faut arrêter de voyager, même si quelque part, ce serait l'une des solutions... Mais c'est impossible! Donc il faut essayer de comprendre que dès qu'on voyage, on émet du CO_2, donc on se doit[11] de faire en sorte que ce voyage soit[12] quelque chose d'utile pour soi, qu'il permette[13] de mieux comprendre certaines choses. On peut compenser[14] ses émissions de CO_2, mais ce n'est pas une obligation, on peut compenser en voyageant plus malin,[15] plus intelligent, en essayant de comprendre ce qui se passe dans le monde.

[1]prise... *growing awareness* [2]au... *aware* [3]carpooling [4]rejet... *CO_2 emissions* [5]modes... *lifestyles* [6]*nevertheless* [7]plutôt... *rather than*
[8]de... *to be taken completely by surprise* [9]on... *people have "been there, done that"* [10]prêchent... *advocate the scaling back of tourism*
[11]se... *owes it to oneself* [12]faire... *to make sure that the trip is* [13]qu'il... *that it allows one* [14]*make up for, to compensate for* [15]*cleverly*

C. Avez-vous compris? Indiquez si les phrases suivantes sont vraies ou fausses. Si une phrase est fausse, corrigez-la.

Selon Yann Arthus-Bertrand...	vrai	faux
1. la prise de conscience de notre impact sur la planète avance rapidement.	___	___
2. c'est difficile pour nous de changer nos modes de vie.	___	___
3. le tourisme responsable, c'est de ne plus voyager du tout.	___	___
4. le «tourisme plage» est une idée dépassée (*out of fashion*).	___	___
5. il est impossible de compenser ses émissions CO_2.	___	___

D. À vous! Selon vous, quels sont les avantages et les inconvénients de l'écotourisme? Seriez-vous disposé(e) à faire de l'écotourisme même si ça coûtait plus cher que les vacances traditionnelles? Comparez vos réponses à ces questions à celles d'un(e) camarade.

«Destination ailleurs°»   (Yannick Noah, 2006)   °*elsewhere*

A. Avant d'écouter. Lisez la biographie du chanteur Yannick Noah, puis répondez aux questions.

Yannick Noah est né en 1960 à Sedan, dans les Ardennes au nord-est de la France, mais a passé son enfance à Yaoundé, capitale du Cameroun, le pays d'origine de son père. Ancien joueur de tennis, il a gagné Roland-Garros en 1983. Il est maintenant chanteur et le co-fondateur, avec sa mère, d'une association caritative (*charity*) pour les enfants défavorisés (*underprivileged*), *Les enfants de la terre*. Yannick a lui-même cinq enfants, dont un, Joakim Noah, joue du basketball pour l'équipe NBA des Chicago Bulls. La chanson «Destination ailleurs» est de son septième album, *Charango*.*

*La *charango* est une petite guitare originaire du Pérou.

Yannick Noah

1. Quelles sont les deux nationalités et les deux carrières de Yannick Noah?

2. Qu'est-ce que son fils Joakim Noah fait dans la vie?

3. Est-ce que le titre «Destination ailleurs» évoque pour vous une évasion (*escape*), une habitude ou une obligation?

ITunes Playlist: This song is available for purchase at the iTunes Store. The songs for this feature have not been provided by the publisher.

B. Écoutez. Lisez les questions suivantes avant d'écouter la chanson, puis cochez les *deux* réponses correctes à chaque question.

1. Qu'est-ce que le chanteur veut laisser chez lui?

☐ ses billets   ☐ ses chaussures   ☐ ses enfants

2. Qu'est-ce qu'il veut prendre avec lui?

☐ un CD de Marley   ☐ une guitare   ☐ des lunettes de soleil

3. Qu'est-ce qu'il veut oublier pendant ses vacances?

☐ les autres   ☐ le travail   ☐ la voiture

4. Qu'est-ce qu'il veut couper pendant ses vacances?

☐ la lumière   ☐ son portable   ☐ la télé

C. À vous! Répondez aux questions suivantes.

Yannick Noah suggère qu'ailleurs / qu'en vacances on peut «faire une pause dans la vie». Est-ce que vous êtes d'accord avec lui? Qu'est-ce que vous laisseriez chez vous? Est-ce que vos vacances sont en général calmes (relaxantes) ou stressantes? Expliquez.

Jeu de rôles: en route

Première étape. Vous êtes à Paris et vous aimeriez visiter Toulouse. Si vous décidiez d'y aller, quel moyen de transport choisiriez-vous? Pourquoi? Évaluez le pour et le contre de chaque moyen de transport à l'aide du tableau.

Si on allait...

Paris–Toulouse		
Moyen	Durée	Prix (aller–retour)
en avion	1 h 20 min	112–156 €
en TGV (train à grande vitesse) (via Bordeaux)	5 h 33 min	84–89 €
en voiture	6 h 52 min	110–140 € [carburant (*fuel*) + péages (*tolls*)]

Deuxième étape. Travaillez avec deux autres camarades. Si vous alliez en voiture de Paris à Toulouse, quelles activités de la liste feriez-vous et lesquelles ne feriez-vous pas? Mettez-vous tous/toutes d'accord sur les choses à faire avant de partir et en route.

Avant de partir:

partir de bonne heure?

faire le plein d'essence (*fill up on gas*)?

chercher son GPS / sa carte routière?

créer un nouveau mix sur son iPod?

acheter des boissons, des chips?

En route:

s'arrêter toutes les deux heures?

éviter les péages?

respecter la limite de vitesse?

changer de place dans la voiture?

lire / jouer (à quelque chose)?

Troisième étape. Présentez quelques détails de votre voyage à la classe. Par exemple, que feriez-vous avant de partir? Quelle personne serait responsable de chaque préparatif?

En France, on roule généralement à 130 km à l'heure sur l'autoroute, sauf quand il pleut!

Vocabulaire

Questions et expressions: situations hypothétiques

Hypothetical situations

Si tu pouvais / vous pouviez (partir)…	If you could (leave) . . .
Qu'est-ce que tu ferais / vous feriez si…	What would you do if . . .
Si je n'étais pas obligé(e) de (d') (travailler)…	If I didn't have to (work) . . .

Le temps

The weather

neiger	to snow
pleuvoir	to rain
les prévisions méteo	the weather forecast
Quelle est la température?	What is the temperature?
Il fait… degrés.	It is . . . degrees.
Quel temps fait-il?	What is the weather like?
Il fait du soleil.	It's sunny.
Il neige.	It's snowing.
Il pleut.	It's raining.
Il y a des éclaircies.	It's partly sunny.
Il y a des éclairs.	There's lightning.
Il y a des orages (*m.*).	There are storms.
Il y a du soleil.	It's sunny.
Il y a du tonnerre.	There's thunder.
Il y a du vent.	It's windy.
Le ciel est couvert.	It's cloudy, overcast.

Les ordres

Commands

Allons-y!	Let's go! Let's do that!
Arrête!	Cut it out! / Stop it!
Laisse-moi / Laissez-moi tranquille!	Leave me alone!
Regarde-moi ça! / Regardez-moi ça!	Would you look at that! (I can't believe it!)
Ne t'en fais pas / Ne vous en faites pas!	Don't worry about it!
Tiens!	Well, well! / My, my!
Va-t-en / Allez-vous-en!	Get out of here! Get lost!
Vas-y / Allez-y!	Go right ahead! Do that!

Verbes et expressions verbales

(aller) à cheval / moto / pied / vélo	(to go) on horseback / by motorcycle / on foot / by bike
(aller) en (auto)car / avion / bateau / bus / métro / taxi / voiture	(to go) by coach (tour bus) / airplane / boat / (city) bus / subway / taxi / car
s'approcher de	to approach
s'arrêter	to stop
conduire	to drive
courir	to run
se déplacer	to move, get around
économiser	to save (money)
faire une balade en forêt	to go for a walk in the woods
du canoë-kayak	canoeing
de l'escalade	mountain climbing
de la luge	sledding
du parachutisme	skydiving
de la planche à voile	windsurfing
de la plongée (sous marine)	scuba diving
du rafting	rafting
du saut à l'élastique	bungee-jumping
du ski (alpin, de fond, nautique)	(downhill, cross-country, water) skiing
du snowboard	snowboarding
du surf	surfing
du VTT (vélo tout terrain)	mountain biking
faire ses valises	to pack
loger	to stay
marcher	to walk
payer en espèces / en liquide	to pay in cash
par carte bancaire,	by debit card
par carte de crédit	by credit card
par chèque	by check
régler (une facture)	to settle (a bill)
se rendre à	to go / get to (a location)
retirer (de l'argent) de son compte (chèques)	withdraw (money) from one's (checking) account
verser de l'argent sur son compte (épargne)	to deposit money in (one's savings account)

Les vacances

une auberge de jeunesse	a youth hostel
un billet aller-retour	a round-trip ticket
une carte routière	a road map
les dépenses (*f.*)	expenses
une excursion	an excursion
un forfait	a vacation package
un hébergement	a lodging
un hôtel (de luxe)	a (luxury) hotel
un paiement	a payment
un passeport	a passport
une valise	a suitcase

Bilan

In this chapter, you will learn:

- to ask someone's opinion about what's essential or impo rtant
- to expand upon an opinion by explaining why
- terms for talking about a country's history and language(s)
- to link verbs to an infinitive using the prepositions **à** and **de**
- to specify groups of people and things using **tout/tous/toute**(s) and other quantifiers
- to say what one should do using the present subjunctive
- about the influence of French language and culture in West Africa
- about Kiné Aw and her work, *Les Mareyeuses*, while reviewing vocabulary and grammar from previous chapters

Les Mareyeuses (Fish merchants) (2011), Kiné Aw

14 Ici on parle français!

McGraw Hill Education

connect plus+

| FRENCH

www.mhconnectfrench.com

LEARNSMART

Communication en direct

À ton/votre avis, est-ce qu'il est essentiel de parler d'autres langues?

Asking someone's opinion about what's essential or important

- To find out someone's opinion about something, you simply put the expression **à ton/votre avis** before the question:

  —**À ton/votre avis, est-ce qu'il est essentiel de parler d'autres langues?**
  In your opinion, is it essential to speak / that people speak other languages?

  —**Oui, (à mon avis,) c'est absolument essentiel.**
  Yes, (in my opinion,) it's absolutely essential.

- As with the impersonal expression **il faut,** which you learned in **Chapitre 8, Communication en direct,** impersonal expressions such as **il est essentiel/important de + infinitif** are used to make general statements or to talk about general truths.

  —**À ton/votre avis, est-ce qu'il est important de connaître d'autres cultures?**
  In your opinion, is it important to know about / be familiar with other cultures?

  —**Oui, c'est important.**
  Yes, it's important.

- **À noter:** You use **c'est** instead of **il est** in your answer when the topic has already been mentioned. In this example, you know that **c'est important** refers back to the fact that it is important to be familiar with / to know about other cultures.

A. À l'écran.

Première étape. Regardez la vidéo et écoutez les gens exprimer leur opinion sur l'importance de parler d'autres langues. Indiquez si la raison donnée par chaque personne est pratique/utilitaire, ou si elle reflète un intérêt plus humain ou culturel.

Vidéo

	raisons utilitaires	raisons culturelles / relations humaines
 1. Camille	☐	☐
2. Éric-Alexandre	☐	☐

3. Nicolas ☐ ☐

4. Blood ☐ ☐

5. Fayçal ☐ ☐

6. Lucia ☐ ☐

Deuxième étape. Regardez de nouveau la vidéo et trouvez dans la colonne B la meilleure façon de compléter chacune des phrases de la colonne A.

A

1. Camille pense qu'il est essentiel de parler une autre langue _____.
2. Éric-Alexandre croit qu'il est essentiel de parler une autre langue _____.
3. Nicolas dit qu'il est essentiel de parler une autre langue _____.
4. Blood dit qu'il est essentiel de parler une autre langue _____.
5. Fayçal est le seul à dire qu'il est essentiel de parler une autre langue _____.
6. Lucia trouve qu'il est essentiel de parler une autre langue _____.

B

a. pour aider les touristes.
b. pour le travail.
c. pour étendre (*expand*) ses horizons.
d. pour s'ouvrir sur le monde.
e. pour pouvoir parler des / utiliser les nouvelles technologies.
f. pour avoir une autre manière de voir les choses.

Troisième étape. Et vous? Répondez aux questions suivantes.

1. À votre avis, est-ce qu'il est essentiel de parler d'autres langues? Pourquoi?
2. À votre avis, est-ce qu'il est essentiel de parler français en particulier? Pourquoi?

B. À l'écran.

Première étape. Écoutez les gens répondre à la question: **Est-ce que tu parles / vous parlez d'autres langues?** Notez leurs réponses et s'ils le précisent, indiquez aussi comment ils ont appris à parler anglais. Qui parle le mieux anglais à votre avis?

Vidéo

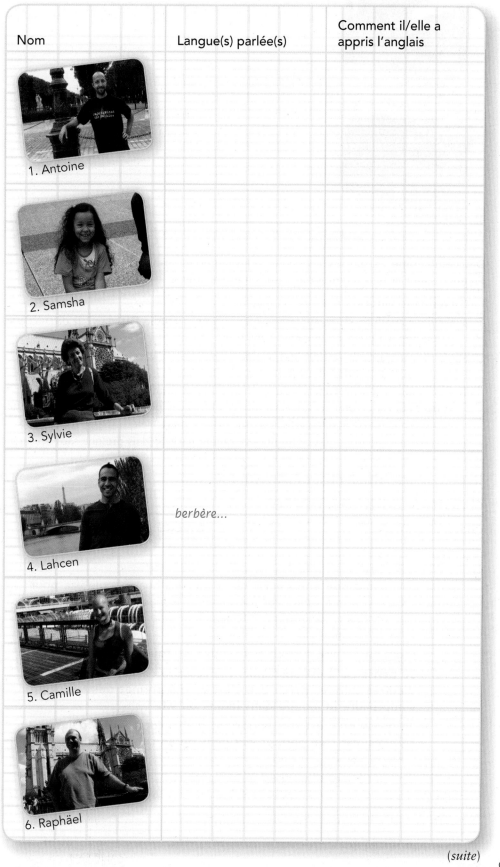

Nom	Langue(s) parlée(s)	Comment il/elle a appris l'anglais
1. Antoine		
2. Samsha		
3. Sylvie		
4. Lahcen	*berbère…*	
5. Camille		
6. Raphäel		

(suite)

Nom	Langue(s) parlée(s)	Comment il/elle a appris l'anglais
7. Blood		
8. Éric-Alexandre		

Deuxième étape. Regardez la vidéo de nouveau pour vérifier vos réponses de la **Première étape** et puis répondez aux questions suivantes.

1. Qui parle plusieurs langues? Lesquelles?
2. Pendant combien de temps est-ce que Lahcen a étudié l'anglais? Il dit: «C'est pas le top.» Qu'est-ce que cela veut dire?
3. Comment s'appelle le livre qui a aidé Camille à progresser en anglais? Avez-vous compris le titre? Pourquoi ou pourquoi pas?
4. Quels sont les trois facteurs qui ont aidé Blood à améliorer son anglais? À votre avis, est-ce que ce sont des moyens efficaces pour apprendre une langue étrangère (*foreign language*)? Décrivez votre expérience.
5. À votre avis, pourquoi est-ce qu'Éric-Alexandre parle anglais presque sans accent?

Il est essentiel de connaître d'autres cultures parce que / pour...

Expanding on an opinion by explaining why

In this **Communication en direct** section, you will hear people use **pour** (*in order to*) and **parce que / car** (*because*) to explain why they think it is essential, necessary, or important to speak another language and to get to know other cultures.

—**C'est nécessaire surtout pour aider les touristes.**

—**Je pense qu'il est absolument nécessaire de connaître d'autres cultures parce que c'est ce qui permet de comprendre le monde dans lequel on vit.**

—**Je pense qu'il est très important d'être confronté à d'autres cultures, car cela permet aux gens de se connaître.**

À noter: The word **pour** is followed by an infinitive, and **parce que** and its synonym **car** (more often used in formal speech and in written French) are followed by a clause (a subject and a verb).

A. À l'écran.

Première étape. À votre avis, est-ce qu'il est important de connaître d'autres cultures? Examinez les raisons suivantes et classez-les par ordre d'importance en les numérotant de 1 (très importante) à 5 (moins importante).

_____ a. Oui, parce que comme ça, on connaît mieux sa propre culture.

_____ b. Ah oui, absolument, oui... pour connaître d'autres personnes et pour être plus tolérant et ouvert.

_____ c. Oui, car cela permet aux gens de se connaître et si tous les gens faisaient cet effort, on aurait peut-être la paix sur la terre (*peace on earth*).

_____ d. Oui, connaître d'autres cultures en voyageant, c'est essentiel. C'est un cadeau que nous avons pour voir et connaître d'autres gens.

_____ e. Oui, parce que c'est ce qui permet de comprendre le monde dans lequel (*in which*) on vit.

Deuxième étape. Maintenant, regardez la vidéo et associez chaque réponse (**a.–e.**) de la **Première étape** avec le nom de la personne qui l'a donnée.

Vidéo

1. Jean-Jacques _____   2. Victoria _____

3. Daniel _____   4. Sylvie _____

5. Marc _____

B. Et vous?

Qu'est-ce que vous en pensez? Exprimez votre opinion en utilisant **parce que** ou **pour** dans vos réponses.

1. À votre avis, est-ce qu'il est important de connaître d'autres cultures? Pourquoi?

2. À votre avis, est-ce qu'il est essentiel de commencer l'apprentissage d'une langue étrangère quand on est jeune? Pourquoi?

3. À votre avis, est-ce qu'il est important de faire un séjour linguistique ou de passer une année à l'étranger quand on étudie une langue étrangère? Pourquoi?

La langue française—du passé à l'avenir

Talking about a country's history and language(s)

Neuf moments-clés dans l'histoire de France et de la langue française

Voici une liste de neuf moments-clés pour mieux comprendre pourquoi on parle français dans beaucoup d'endroits dans le monde. Regardez les illustrations et lisez les titres et les textes, puis répondez aux questions.

52 av. J-C.

Jules César conquiert la Gaule.

1. L'époque romaine (*Roman*)

Jules César et ses légions introduisent le LATIN VULGAIRE (parlé par le peuple) dans le **sud** (*south*) de la Gaule—la **région** méditerranéenne de la France d'aujourd'hui. Les Gaulois apprennent à parler la **langue** de leurs **conquérants.** Pendant quatre **siècles,** l'emploi du latin vulgaire se répandra (*will spread*) vers le **nord** (*north*) et les Francs, un peuple germanique, apprendront à le parler aussi.

772 ap. J.-C.

2. La dynastie carolingienne

Sous Charlemagne, «le **roi** des Francs», le latin classique reste la langue de l'église (de la **religion** chrétienne) et de l'éducation. Cependant, le latin vulgaire a déjà évolué en une sorte de proto-français—le GALLO-ROMAN—attesté dans les *Serments de Strasbourg* (842), une **alliance** militaire signée par deux des petits-fils de Charlemagne.

Charlemagne est couronné empereur par le pape (*pope*).

1066

Guillaume le Conquérant est victorieux dans **la bataille** d'Hastings.

3. La conquête (*conquest*) **normande de l'Angleterre**

Guillaume, duc de Normandie, et ses **armées** traversent la Manche (*English Channel*). La conquête aura un effet profond: le français normand, un **dialecte** de l'ANCIEN FRANÇAIS, deviendra la langue de l'**aristocratie** en Angleterre pendant trois siècles. Aujourd'hui, les **linguistes** estiment qu'un tiers (*third*) du vocabulaire actuel de la langue anglaise est d'origine française.

Avez-vous compris? Répondez aux questions suivantes.

1. Quels groupes ont appris à parler le latin vulgaire pendant l'époque romaine? Où habitaient-ils?
2. Qu'est-ce que le gallo-roman? Quel document bien connu en est un exemple?
3. Après la conquête normande, qui parlait français en Angleterre? Pendant combien de temps?

4. La fin du Moyen Âge

Des **conflits** politiques et religieux marquent cette **période** du MOYEN FRANÇAIS, surtout la **guerre** (*war*) de Cent Ans et la défense de la ville d'Orléans par Jeanne d'Arc. Sa **victoire** contre les Anglais assure qu'un roi français, Charles VII, accède au trône de France. Le dialecte parlé par le roi et sa cour (*court*), à Paris et en Île-de-France, devient petit à petit le dialecte le plus prestigieux du **royaume** (*kingdom*).

Jeanne d'Arc défend **la monarchie** française à Orléans.

François Iᵉʳ, surnommé le Père et Restaurateur des Lettres, devient roi de France

5. La Renaissance et l'exploration

François Iᵉʳ, «premier roi de la Renaissance française», envoie l'explorateur Jacques Cartier à la **découverte** des richesses au long de la côte **est** (*east*) de l'Amérique du Nord en 1534. Cinq ans plus tard, il ordonne (*orders*) que le français remplace le latin dans les fonctions de l'État. On commence alors à «codifier» les **règles** (*rules*) de grammaire et l'**orthographe** (*spelling*) des mots français dans des lexiques bilingues.

6. La colonisation

Des **colons** français s'installent en Nouvelle-France. Aux Antilles, le contact entre le français et les langues africaines parlées par les **esclaves** (*slaves*) donne **naissance** à divers **créoles** (haïtien, martiniquais, etc.). En France, par contre, le cardinal Richelieu fondera l'Académie française en 1635 pour «normaliser et perfectionner» la langue française—le **commencement** de la période du FRANÇAIS «CLASSIQUE».

Samuel de Champlain fonde la ville de Québec en «Nouvelle-France».

Avez-vous compris? Répondez aux questions suivantes.

1. À la fin du Moyen Âge, quel dialecte du français est devenu le plus prestigieux?
2. Qui était François Iᵉʳ? Jacques Cartier? Samuel de Champlain? Qu'est-ce qu'ils ont fait?
3. D'où viennent les créoles parlés aux Antilles?
4. Qu'est-ce qu'on a fait pour «codifier» la langue française? Et pour la «perfectionner»?

● 1792

Après la mort de Louis XVI, on fonde la Première République en 1792.

7. L'ère (*era*) révolutionnaire

À la **fin** du dix-huitième siècle, la **Révolution** française mène à la proclamation d'une **république** «une et indivisible», d'où l'idée d'une seule langue indivisible: un FRANÇAIS MODERNE standardisé. Par contre, seule une petite partie de la **population** se conforme au standard. En 1794, les chefs révolutionnaires recommandent la suppression des **patois** (dialectes ruraux) et l'enseignement de la «langue nationale».

● 1803

8. L'impérialisme français

Napoléon décide de vendre tout le **territoire** français du centre-**ouest** (*west*) de l'Amérique du Nord («la Louisiane») en 1803 et se fait couronner **empereur** un an plus tard. Au moment de sa **mort** en 1821, le français—langue d'un **empire**—jouit (*enjoys*) déjà d'un statut privilégié dans les affaires internationales et la **diplomatie**. Pendant tout le reste du 19ᵉ siècle, surtout sous l'empereur Napoléon III (le neveu de Napoléon), la France continuera à étendre (*expand*) son influence en fondant des colonies en Afrique (le Maghreb) et en Asie (l'Indochine).

Napoléon vend la Louisiane aux États-Unis.

● 1958

Le général Charles de Gaulle est élu président de la 5ᵉ République française.

9. La perte (*loss*) des colonies

Après la Deuxième Guerre **mondiale**, le refus de la Franc de renoncer à certaines de ses colonies et territoires provoque des guerres pendant deux **décennies** (*decades*): en Indochine de 1946 à 1954 et en Algérie de 1954 à 1962. La France finit par perdre la plupart de ses colonies, mais le français restera toujours la langue de l'éducation et de l'administration dans beaucoup de ces **pays** nouvellement indépendants.

Avez-vous compris? Répondez aux questions suivantes.

1. Depuis quand est-ce qu'on associe la *langue* française à la *République* française?
2. Pendant quel siècle est-ce que la France a étendu son empire? Sur quels continents? Sous quel empereur?
3. Dans quels domaines est-ce que le français a un statut privilégié (même aujourd'hui)?
4. Quel a été le résultat des guerres coloniales pendant les années 50 et 60?

A. La terminologie. Dans chaque catégorie, il y a un intrus. Trouvez ces cinq intrus et avec un(e) camarade, préparez la définition de ces termes (ou illustrez-les à l'aide d'exemples historiques). Présentez vos explications à la classe.

1. **termes militaires:** une bataille   un conflit   un patois   une armée
2. **termes politiques:** un roi   une monarchie   une république   une décennie
3. **termes géographiques:** un pays   un empereur   une région   une nation
4. **termes temporels:** un siècle   un territoire   une période   une époque
5. **termes linguistiques:** un dialecte   un créole   une guerre   un accent
6. **points cardinaux:** nord   romain   sud   ouest

En français

Ordinal numbers are used to put things (such as centuries) in sequential order. **Premier/Première** and **second(e)** are the only ordinal numbers that vary in terms of gender agreement; from **deuxième** on, they are formed by adding the suffix **-ième** to a cardinal number, with some spelling changes.

1er/ère	premier, première	8e	huitième	15e	quinzième
2e	second(e), deuxième	9e	neuvième	16e	seizième
3e	troisième	10e	dixième	17e	dix-septième
4e	quatrième	11e	onzième	18e	dix-huitième
5e	cinquième	13e	douzième	19e	dix-neuvième
6e	sixième	13e	treizième	20e	vingtième
7e	septième	14e	quatorzième	21e	vingt et unième

B. À travers les siècles. Travaillez avec un(e) camarade. Choisissez dans la liste suivante la date de chacun des événements historiques. Ensuite, vérifiez vos réponses auprès de (*with*) votre professeur en faisant référence au siècle.

52 av. J.-C.   ✓ 842   1066   1429   1635   1789   1804   1958

EXEMPLE: *Les petits-fils de Charlemagne signent les Serments de Strasbourg.*
  —C'était en 842 (huit cent quarante-deux), c'est-à-dire au neuvième siècle.

1. La prise de la Bastille déclenche (*sets off*) la Révolution française.
2. Le duc de Normandie traverse la Manche pour conquérir l'Angleterre.
3. Le cardinal Richelieu fonde l'Académie française.
4. Le général Charles de Gaulle devient président de la 5e République.
5. Jules César conquiert la Gaule.
6. Jeanne d'Arc défend la monarchie française à Orléans.
7. Napoléon se fait couronner empereur.

C. Le patrimoine (*heritage*) français.

Première étape. Travaillez avec deux autres camarades. Reconnaissez-vous ces édifices qui font partie du patrimoine français? Associez les photos aux descriptions. Vous pourrez vérifier vos réponses dans la **Deuxième étape.**

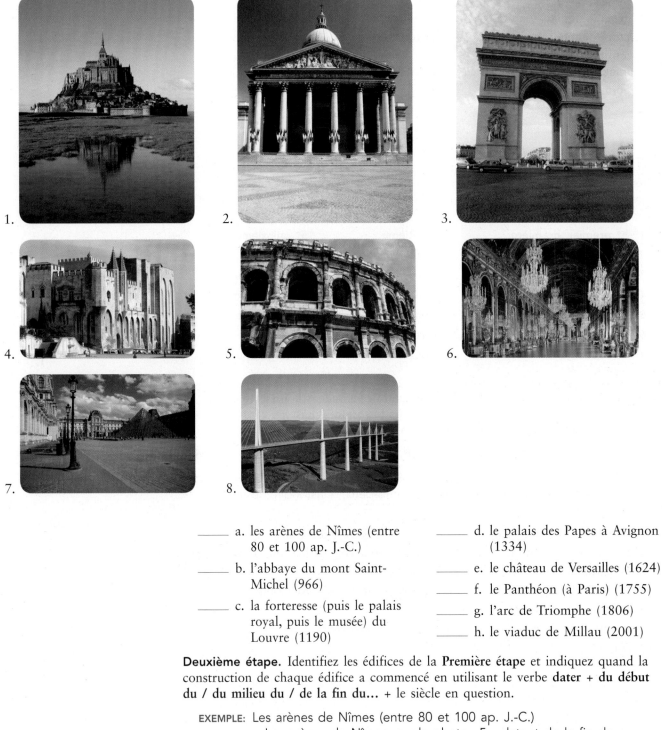

_____ a. les arènes de Nîmes (entre 80 et 100 ap. J.-C.)

_____ b. l'abbaye du mont Saint-Michel (966)

_____ c. la forteresse (puis le palais royal, puis le musée) du Louvre (1190)

_____ d. le palais des Papes à Avignon (1334)

_____ e. le château de Versailles (1624)

_____ f. le Panthéon (à Paris) (1755)

_____ g. l'arc de Triomphe (1806)

_____ h. le viaduc de Millau (2001)

Deuxième étape. Identifiez les édifices de la **Première étape** et indiquez quand la construction de chaque édifice a commencé en utilisant le verbe **dater + du début du / du milieu du / de la fin du... + le siècle en question.**

EXEMPLE: Les arènes de Nîmes (entre 80 et 100 ap. J.-C.)
—Les arènes de Nîmes, sur la photo «5», datent de la fin du premier siècle.

D. Parler une langue. Travaillez avec trois autres camarades. Chaque membre du groupe va mener (*lead*) la discussion pour une des questions suivantes. Présentez ensuite quelques détails intéressants de votre discussion à la classe.

> **1er sujet:** Quelle(s) langue(s) est-ce que vous parlez couramment?
>
> **2e sujet:** Est-ce que vous croyez parler anglais avec un accent (étranger ou régional)?
>
> **3e sujet:** Qu'est-ce que vous pensez des autres dialectes de l'anglais (britannique, irlandais, australien, etc.)? À votre avis, sont-ils moins, aussi ou plus «beaux» que la forme que vous utilisez? Sont-ils difficiles à comprendre?
>
> **4e sujet:** À votre avis, est-ce qu'on devrait avoir une langue officielle—ou plusieurs langues officielles—aux États-Unis? (À présent, il n'y en a pas au niveau national.)

E. Sondage: Les langues au 21e siècle.

Première étape. Voici une liste de dix groupes ou institutions qui ont souvent une influence sur le développement d'une langue. Choisissez-en deux qui, à votre avis, jouent un rôle particulièrement important au 21e siècle. Soyez prêt(e) à justifier vos choix avec des exemples précis.

- ☐ les acteurs (le cinéma / la télévision)
- ☐ les auteurs (la littérature)
- ☐ les chanteurs
- ☐ les grammairiens
- ☐ les immigrés
- ☐ les jeunes
- ☐ les journalistes (la presse)
- ☐ les professeurs (l'éducation)
- ☐ les hommes/femmes d'affaires (le marketing)
- ☐ les hommes/femmes politiques (la législation)

Deuxième étape. Travaillez avec trois autres camarades. Comparez et expliquez les choix que vous avez faits dans la **Première étape**. Déterminez le facteur choisi par la majorité des membres de votre groupe et présentez vos arguments à la classe. Quel groupe est le plus convaincant?

> **Prononcez bien!**
> To review the difference between oral and nasal vowels, such as [a] as in **pape** and [ã] as in **langue,** see the **Prononcez bien!** section of the *Workbook / Laboratory Manual.*

Chez les Français

Le verlan (la langue française à l'envers°)

°*reverse*

Le verlan est une forme d'argot (*slang*) qui ressemble un peu au *Pig Latin* en anglais. Son principe est assez simple: il consiste à inverser les syllabes d'un mot et à faire quelques petites transformations, si nécessaire, pour respecter les règles phonétiques du français. Par exemple, le mot **l'envers** a donné son nom au système **verlan** (ver∫-l'en).

Les jeux de langues sont fréquents dans l'histoire de la langue française depuis le Moyen Âge, mais c'est dans les années 80 et 90 que la forme actuelle du verlan se développe rapidement et prend une importance culturelle. Au début, c'était le langage cryptique des rappeurs, des chanteurs de hip-hop et des banlieues. Aujourd'hui, certains mots issus du verlan sont entrés dans le langage courant, comme **zarbi** («bizarre»), **beur** («arabe», après transformations) et **trom** («métro», après transformations).

Et chez vous? Quels jeux de langue existent chez vous? Est-ce qu'ils sont associés à des groupes particuliers? Expliquez. Est-ce que vous utilisez des codes pour parler avec vos amis parfois? Et quand vous écrivez? Donnez des exemples.

Grammaire interactive

14.1 Apprendre à parler français
Linking verbs to an infinitive with **à** or **de**

Indiquez à quelle personne (ou à quel groupe de personnes) de la liste se réfère chacune des phrases suivantes.

a. le cardinal Richelieu   c. la France   e. le peuple gaulois

b. Charlemagne   d. François Iᵉʳ   f. Napoléon

_____ 1. Pendant l'époque romaine, il **apprend à parler** la langue de ses conquérants.

_____ 2. Sous son règne (*reign*), la religion chrétienne **continue à se répandre**.

_____ 3. Il **choisit de remplacer** le latin par le français dans les fonctions officielles de l'État.

_____ 4. Il **cherche à veiller** à (*watch over*) la pureté de la langue française en fondant l'Académie française.

_____ 5. Il **décide de vendre** certains territoires de l'Empire, comme la Louisiane.

_____ 6. Après la Deuxième Guerre mondiale, elle **refuse de renoncer** à son empire colonial en Indochine et en Afrique du Nord.

Analysons! Qu'est-ce qu'on utilise, dans chaque cas, pour «lier» (*connect*) le verbe conjugué à l'infinitif qui suit? _____ ou _____

> ◖ Answers to this activity are in Appendice 2 at the back of the book.

1 Throughout the book, you've seen many verbs—usually related to preferences, obligations, abilities, and desires—that can be linked to (and directly followed by) an infinitive.

Les étudiants **adorent (aiment, désirent, doivent, espèrent, peuvent, préfèrent, savent, vont, veulent) préparer** leurs examens.

The students love (like, wish, have, hope, can, prefer, know how, are going, want) (to) study for their exams.

2 Aside from the verbs in the preceding example, the preposition à or **de (d')** is normally required for linking a conjugated verb to an infinitive.

Ils **commencent à / finissent de** préparer leurs examens.

They begin / finish studying for their exams.

3 There are many verbs that are linked to a following infinitive by the preposition à; six of the more frequently used ones, such as **commencer** (and its synonym **se mettre**), all relate to the *planning stages*, *beginning*, or *continuation* of an activity.

aider (qqn.) à	*to help (someone) do*	**continuer à**	*to continue to do*
apprendre à	*to learn to do*	**inviter** (qqn.) à	*to invite (someone) to do*
chercher à	*to seek to do*	**tenir à**	*to be eager/anxious to do*

4 There are just as many verbs that are linked to an infinitive by the preposition **de (d')**; eight of the more frequently used ones relate either to *mental process* (such as *decision making*) or, like **finir**, to the *end stages* of an activity.

arrêter de	*to stop/quit doing*	**essayer de**	*to try to do*
choisir de	*to choose to do*	**éviter de**	*to avoid doing*
décider de	*to decide to do*	**oublier de**	*to forget to do*
demander (à qqn.) **de**	*to ask (someone) to do*	**refuser de**	*to refuse to do*

Mise en pratique. Complétez les descriptions suivantes avec (1) un verbe approprié de la liste et (2) la préposition appropriée (à ou de [d']). **Attention!** Dans certains cas, il y a plusieurs réponses possibles, mais n'utilisez chaque verbe qu'une seule fois.

apprendre	commencer	essayer	éviter	oublier

1. quelqu'un d'anxieux   Elle _____ tout de suite _____ préparer ses examens des semaines à l'avance.

2. quelqu'un de distrait   Il _____ souvent _____ faire ses devoirs.

3. quelqu'un de généreux   Il _____ toujours _____ aider les gens.

4. quelqu'un de créatif   Il _____ maintenant _____ peindre.

5. quelqu'un de timide   Elle _____ souvent _____ parler aux gens.

○ Answers are in Appendice 2 at the back of the book.

A. Écoutez bien! Vous allez entendre des phrases qui révèlent la personnalité de certaines personnes. Cochez la préposition (**à** ou **de / d'**) que vous entendez avant l'infinitif, puis réagissez en indiquant si vous trouvez que la personne est gentille.

	à	de (de / d')	C'est gentil.	Ce n'est pas gentil.
1. invite	☐	☐	☐	☐
2. a décidé	☐	☐	☐	☐
3. arrête	☐	☐	☐	☐
4. continue	☐	☐	☐	☐
5. apprend	☐	☐	☐	☐

L'Alliance française à Pondichéry, en Inde

B. Les formules de politesse.

Première étape. Complétez chaque phrase avec la préposition **à** ou **de / d'**. Si une préposition n'est pas nécessaire, marquez un «**x**».

1. Vous *invitez* des amis _____ dîner chez vous.

2. Vous ne *tenez* pas _____ sortir ce soir.

3. Vous *demandez* à un monsieur _____ vous indiquer la banque la plus proche.

4. Vous *cherchez* _____ savoir ce qu'un ami pense de votre cadeau.

5. Vous *essayez* _____ déterminer le nom de votre prof.

6. Vous *avez oublié* _____ mettre votre montre aujourd'hui et vous voulez savoir l'heure.

7. Vous *voulez* _____ attirer l'attention d'une vieille dame dans la rue.

Deuxième étape. Imaginez que vous vous trouvez dans les situations de la **Première étape.** Que diriez-vous? Travaillez avec un(e) camarade et lisez vos phrases à tour de rôle.

C. Ça m'énerve! (*That annoys me!*)

Première étape. Travaillez avec trois camarades. Complétez chaque phrase en donnant deux exemples de choses qui vous énervent chez un(e) colocataire et n'oubliez pas d'utiliser la préposition qui convient.

1. Ça m'énerve quand on oublie _____…	3. Ça m'énerve quand on évite (*ou* refuse) _____…
2. Ça m'énerve quand on continue _____…	4. Ça m'énerve quand on cherche _____…

En français

In **Chapitre 12,** you reviewed the use of the direct object pronoun **le**, which replaces a noun that is masculine singular. **Le** can also be used as a "neutral" pronoun, especially with the verb **faire**, to replace an entire verb phrase, equivalent to English (*do*) *that*.

Elle tient à **étudier le basque.**	*She's eager to study Basque.*
Elle tient à **le faire.**	*She's eager to do that.*
Elle a oublié de **préparer sa leçon.**	*She forgot to prepare her lesson.*
Elle a oublié de **le faire.**	*She forgot to do that.*

Deuxième étape. Chaque membre du groupe va choisir une des situations de la **Première étape**; les autres membres du groupe vont indiquer s'ils sont coupables (*guilty*) de ces «offenses». Qui est le/la colocataire «idéal(e)» du groupe?

EXEMPLE: É1: Ça m'énerve quand on oublie d'éteindre les lumières.
        É2: Je n'oublie (presque) jamais de le faire. / Je n'oublie jamais de les éteindre.

D. Apprendre à parler une langue étrangère. Travaillez en petits groupes. Expliquez ce qui se passe (*what happens*) quand on apprend une langue étrangère. Utilisez les verbes de la liste + infinitif, et faites attention aux prépositions. Est-ce que votre professeur est du même avis que vous?

apprendre	commencer	demander	finir
arrêter	continuer	essayer	oublier
chercher	décider	éviter	refuser

EXEMPLE: On commence par utiliser quelques mots simples comme «bonjour» et «merci» et puis...

E. Forum: Pourquoi j'étudie le français. Vous avez choisi d'étudier le français, mais pourquoi? Est-ce que vous avez décidé de l'étudier pour des raisons familiales/personnelles, parce que l'histoire de France vous intéresse, parce que c'est une langue parlée dans plusieurs pays ou pour une autre raison? Postez votre message sur le **Forum des étudiants,** pour expliquer pourquoi vous avez choisi le français comme langue étrangère. Suivez l'exemple.

◯◯◯

◀ ▶ Forum >> Introductions >> Pourquoi le français?

MESSAGE DE:

Lukiluk2
(Chicago)

posté le
06-06

Sujet: Le français et moi ▼

Pourquoi est-ce que j'étudie le français? Au moment de choisir une langue étrangère à l'université, j'avais le choix entre l'espagnol et le français. Mes copains ont choisi d'étudier l'espagnol parce qu'on dit que c'est beaucoup plus «facile» et plus «pratique», mais moi j'ai décidé d'essayer le français parce que je ne voulais pas faire comme tout le monde et je voulais voyager un jour en France. (Le français est donc plus pratique pour moi!) Je n'ai jamais regretté ma décision. Aujourd'hui, je suis toujours nonconformiste et j'adore étudier le français.

Le château de Chenonceau dans la vallée de la Loire, construit au début du 16e siècle

14.2 Toute la francophonie — Specifying groups of people and things using **tout/tous/toute(s)** and other quantifiers

Connaissez-vous bien la francophonie? Dans chaque phrase, choisissez le terme en caractères gras qui convient pour indiquer si la phrase s'applique à tous les pays francophones ou seulement à une partie de ces pays.

1. Il existe une relation au niveau de la langue entre **tous les / plusieurs** pays de la francophonie et la France.

2. **Toutes les / Certaines** anciennes colonies françaises sont devenues indépendantes.

3. Le français est la langue officielle de **tous les / plusieurs** pays francophones.

4. **Tous les / Quelques** (*A few*) pays francophones se trouvent en Europe.

5. Dans **tous les / certains** pays francophones, on parle créole aussi bien que français.

Analysons!
1. Pourquoi dit-on *tous* les pays, mais *toutes* les anciennes colonies? _____ 2. Qu'est-ce qu'on utilise avec **tous/toutes** mais pas avec les autres expressions en caractères gras dans les phrases 1 à 5? _____

> ○ Answers to this activity are in Appendice 2 at the back of the book.

1 To refer to *all* members of a group—whether people, places, or things—the quantifier **tout/tous/toute(s)** is used with the definite article **le/la/l'/les**. Like the definite article, it agrees in gender and number with the noun.

Tout le monde est là.	*Everyone (= lit. All the world) is there.*
Toute la classe passe un examen.	*The whole class is taking an exam.*
Tous les pays en font partie.	*All (of the) countries are part of it.*
Toutes les régions sont représentées.	*All (of the) regions are represented.*

Numbers can also be used after the plural forms **tous** and **toutes** + a definite article.

Ils se réunissent **toutes les deux semaines**.	*They meet every two weeks / every other week.*
Tous les trois pays ont approuvé la loi.	*All three countries voted for the law.*

Mise en pratique.
Utilisez la forme appropriée de **tout/tous/toute(s)** devant chaque article défini + nom.

1. _____ les deux ans		5. _____ la France	
2. _____ les trois colonies		6. _____ la cour	
3. _____ l'empire		7. _____ les siècles	
4. _____ les explorateurs		8. _____ le temps	

> ○ Answers to this activity are in Appendice 2 at the back of the book.

2 Other quantifiers take the place of the definite article and are invariable: **chaque** is used only in the singular, whereas **plusieurs** is used only in the plural. **Quelque** is used in the singular in a few expressions, some of which you're already familiar with (**quelque part, quelque chose**), but is otherwise used primarily in the plural: **quelques**.

SINGULIER	
chaque département français	*each French* département
PLURIEL	
plusieurs siècles / plusieurs églises	*several centuries / churches*
quelques batailles / quelques hommes	*a few battles / men*

3 Several adjectives also function as quantifiers when they appear before the noun. Here, too, **liaison** occurs in the plural with nouns beginning with a vowel or **h**.

un **certain** siècle / **certaines** époques   *a certain century / certain eras*

divers âges / **diverses** lois   *various ages / laws*

de nombreux dialectes / **de nombreuses** étapes   *numerous dialects / stages*

4 Like the adjectives **certain(e)(s)**, **divers(es)**, and **nombreux/nombreuses**, the adjective **seul(e)(s)** also functions as a quantifier when it appears before a noun; it expresses two meanings in English depending on its use in the singular or the plural.

un **seul** état / une **seule** région   *a single state / region*

les **seuls** états / les **seules** régions   *the only states / regions*

○ To learn about the pronoun forms of quantifiers such as **chaque** and **quelques** and the negation of **chaque** and **quelques**, see Par la suite at the back of the book.

A. Écoutez bien! Voici quelques détails sur l'histoire de France et de la langue française. Cochez la forme du mot (au **masculin** ou au **féminin**) que vous entendez dans chaque phrase. Indiquez aussi si vous saviez déjà ce fait historique avant de lire les pages précédentes.

    masculin   **féminin**

1. ☐   tous les   ☐   toutes les

2. ☐   tout le   ☐   toute la

3. ☐   de nombreux   ☐   de nombreuses

4. ☐   divers   ☐   diverses

5. ☐   certains   ☐   certaines

6. ☐   le seul   ☐   la seule

B. Qu'est-ce qu'ils ont en commun? Dans chacun des cas suivants, indiquez ce que les trois mots ont en commun, en utilisant la forme appropriée de **tout + ces** et un des mots de la liste.

explorateurs	langues	provinces
fleuves	pays	départements/régions d'outre-mer (DROM)

EXEMPLE: Paris, Montpellier, Strasbourg
    —Toutes ces villes se trouvent en France.

La mosquée Karaouiyine à Fès, au Maroc

1. le Nouveau-Brunswick, la Nouvelle-Écosse, le Québec
2. le Maroc, l'Algérie, la Tunisie
3. le breton, le basque, l'occitan
4. le Rhône, la Seine, la Loire
5. la Martinique, la Guadeloupe, (l'île de) La Réunion
6. Jacques Cartier, Samuel de Champlain, René-Robert Cavelier de la Salle

C. Quelques pays francophones.

Première étape. Lisez la section **Chez les francophones** ci-dessous. Après votre lecture, travaillez avec un(e) camarade. Sur une feuille de papier, indiquez à quel(s) pays on fait allusion dans chaque description.

1. les pays qui reconnaissent au moins une langue officielle
2. les pays où le français est une de plusieurs langues parlées par la population du pays
3. le pays où l'anglais est une des langues officielles
4. les pays où le français est la langue maternelle d'environ un quart de la population
5. les pays où il existe aussi des langues autochtones (*indigenous*), comme le berbère et l'inuktitut
6. les pays où le français est une langue coloniale

Chez les francophones

Ici on parle français

Pays	Langue(s) officielle(s)	D'autres langues	Histoire/Géographie
l'Algérie	l'arabe classique	le berbère (25 %) le darija, un dialecte arabe (75 %) le français = seconde langue de nombreux Algériens	l'époque coloniale française: 1830–1962
la Belgique	le néerlandais (59 %) le français (40 %) l'allemand (1 %)		La capitale Bruxelles est la seule région officiellement bilingue.
le Canada	l'anglais (60 %) le français (23 %)	l'inuktitut et d'autres langues autochtones	colonisé par la France au 17e siècle
la Suisse	l'allemand (63 %) le français (20 %) l'italien (6,5 %) le romanche (0,5 %)		C'est une confédération de 26 états (**cantons**) depuis le 12e siècle.

Et chez vous? Quelles autres langues que l'anglais parle-t-on beaucoup chez vous? Savez-vous pourquoi? Quelles en sont les origines historiques ou politiques)?

Deuxième étape. Faites des phrases complètes à partir de vos réponses de la **Première étape** en utilisant **le seul pays, les seuls pays** ou **tous ces pays** dans votre phrase, selon le cas.

EXEMPLE: les pays qui reconnaissent au moins une langue officielle
—On reconnaît au moins une langue officielle dans tous ces pays: en Algérie, en Belgique, au Canada et en Suisse.

D. L'explorateur, l'exploratrice. Travaillez avec trois camarades. Ensemble, discutez des voyages que vous avez faits (ou que vous aimeriez bien faire) en choisissant un terme de chaque colonne. Qui est le «vrai» explorateur (la «vraie» exploratrice) du groupe?

A	B	C
quelques	villes	américain(e)s
certain(e)s	états	canadien(ne)s
plusieurs	provinces	européen(ne)s
	pays	nord-africain(e)s

EXEMPLE: —J'ai déjà visité (*ou* J'aimerais bien visiter) quelques états américains, comme le Colorado et la Californie, mais c'est tout!

Sur la vidéo

Pour découvrir une autre région francophone dans le monde ainsi que l'atelier du tatoueur James Samuela, regardez la vidéo *Salut de Polynésie française!* en ligne sur **Connect French** ou sur le DVD d'*En avant!*.

Chez les Français

Les langues régionales de France

La Constitution française mentionne que «la Langue de la République est le français». Le français est donc la seule langue officielle du pays. Cependant, aujourd'hui, on peut choisir d'apprendre certaines langues régionales à l'école, et même les choisir comme épreuves (*tests*) de langues à l'examen du baccalauréat, tout comme l'anglais ou l'espagnol. Cela n'a pas toujours été le cas, car la langue française est considérée comme un élément majeur de l'identité nationale, ce qui s'est manifesté parfois au détriment des héritages linguistiques locaux.

En 1951, *la loi Deixonne* autorise l'enseignement de quatre langues régionales en France: le catalan et l'occitan (tous les deux des langues romanes), le breton (une langue celte) et le basque (dont les origines ne sont toujours pas très bien comprises). Le corse (une langue romane) est ajouté en 1974 et l'alsacien (un dialecte allemand) en 2006. Sur la frontière belge, on trouve aussi des locuteurs (*speakers*) du flamand (un dialecte du néerlandais).

Et chez vous? Y a-t-il des langues régionales dans votre pays? Qui les parle? Est-ce qu'elles sont enseignées à l'école? Quelle est la politique officielle envers ses langues?

14.3 Au 21ᵉ siècle   Saying what one should do using the present subjunctive

Qu'est-ce que vous conseilleriez à un(e) camarade en ce qui concerne «la nétiquette» (les règles de politesse à suivre sur Internet)? Indiquez l'importance de ces conseils en cochant les cases (*boxes*) appropriées. Si vous trouvez un conseil inutile, laissez les deux cases vides.

	Il est essentiel	Il est préférable	
1.	☐	☐	... que tu **répondes** à un mél en moins de 24 heures.
2.	☐	☐	... que tu **commences** toujours ton message par une salutation.
3.	☐	☐	... que tu n'**écrives** pas trop en MAJUSCULES.
4.	☐	☐	... que tu n'**utilises** pas trop d'émoticônes. ☺
5.	☐	☐	... que tu **prennes** ton temps pour éviter des fautes de frappe (*typos*).
6.	☐	☐	... que tu **relises** ton message avant de l'envoyer.

Analysons! Toutes ces phrases contiennent un verbe au **présent du subjonctif.** Quelles formes diffèrent du **présent de l'indicatif** (le temps que vous connaissez déjà très bien)? _____, _____, _____ et _____.

○ Answers to this activity are in Appendice 2 at the back of the book.

1 Thus far, whenever you've used a present-tense verb, you've done so to *indicate* a fact, usually in a simple sentence (a sentence with a single grammatical subject and conjugated verb). For this reason, the present-tense verb forms you've been using are considered forms of the **présent de l'indicatif** (*present indicative*).

Je **relis** toujours mes messages.   *I always reread my messages.*

2 In French, the **présent du subjonctif** (*present subjunctive*) is used in place of the **présent de l'indicatif** when you are not referring to objective facts—for example, to say what people ("one") think(s) is necessary (essential, important) to do. (You'll learn about other situations requiring the use of the subjunctive in **Chapitre 15.**)

Il est essentiel **que je relise** mes   *It's essential that I reread my*
   messages.   *messages.*

As you saw in **Chapitre 11,** the expressions **il faut** and **il est essentiel de (d')** are followed by an infinitive. But, when saying what a particular person or set of people should do, a subordinate clause with the verb in the subjunctive is required after these expressions.

Il faut relire ses messages.   *One should reread one's messages.*
Il faut que tu **relises** tes messages.   *You should (or must) reread your messages.*

3 The subjunctive forms of any verb from the four major verb groups that you have learned (**-er, -ir, -ir/-iss,** and **-re** verbs) consist of a single stem—derived from the indicative **ils/elles** form of that verb—plus a set of endings that are the same for the four major verb groups. The verb **parler** serves as an example.

parler (*to speak*) (PRÉSENT DU SUBJONCTIF) INDICATIF: ils parlent	
RADICAL DU SUBJONCTIF: **parl-**	
… que je parle	… que nous parlions
… que tu parles	… que vous parliez
… qu'il/elle/on parle	… qu'ils/ells parlent

Mise en pratique 1. Complétez le tableau avec les formes correctes des verbes **sortir, finir** et **perdre** au subjonctif.

	sortir (*to go out*)	**finir** (*to finish*)	**perdre** (*to lose*)
	ils sortent STEM: **sort-**	*ils finissent* STEM: **finiss-**	*ils perdent* STEM: **perd-**
… que je	sorte	_____	_____
… que tu	_____	finisses	_____
… qu'il/elle/on	sorte	_____	_____
… que nous	_____	finissions	_____
… que vous	sortiez	_____	_____
… qu'ils/elles	sortent	finissent	perdent

4 Many irregular verbs that have one stem in the present indicative also have one stem in the subjunctive that, like the regular verb groups, is derived from the **ils/elles** form of the present indicative (such as **écrire** [**écriv-**]).

Il faut que j'écrive… / qu'ils écrivent…   *I must write. . . / They must write. . .*

However, if an irregular verb has a stem unique to **nous** and **vous** in the present indicative (such as **boire: buv**ons, **buv**ez), there will also be two stems in the subjunctive. The **nous/vous** stem is used for the **nous** and **vous** forms of the subjunctive, and the **ils/elles** stem (**boivent**) is used for all other forms.

Il faut que je boive… / que nous buvions…   *I have to drink. . . / We have to drink. . .*

Study Tip

Subjunctive forms in French have a variety of English equivalents (in some cases corresponding to the use of an infinitive in English), so trying to understand their use through simple translation isn't a good strategy. Instead, keep in mind that the indicative form will be used in French *unless* three conditions are met: (1) there are two clauses; (2) each clause has a different grammatical subject; and (3) the main clause contains an expression of necessity, such as **il faut** or **il est essentiel** (or other types of expressions you'll learn about in **Chapitre 15**).

○ Answers to this activity are in Appendice 2 at the back of the book.

○ To learn about spelling changes that occur in the subjunctive forms of some -er verbs, see Par la suite at the back of the book.

boire (*to drink*) (PRÉSENT DU SUBJONCTIF)	
INDICATIF: ils boivent, nous buvons	
RADICAUX DU SUBJONCTIF: **boiv-, buv-**	
… que je boive	… que nous buvions
… que tu boives	… que vous buviez
… qu'il/elle/on boive	… qu'ils/ells boivent

Mise en pratique 2. Voici quatre verbes qui, comme **boire**, ont deux radicaux au subjonctif. Complétez le tableau en suivant le modèle.

Il est essentiel…	A	B
voir	*que je voie*	*que nous voyions*
croire	_____	_____
recevoir	_____	_____
prendre (*also* **apprendre, comprendre**)	_____	_____
venir (*also* **devenir, revenir, tenir**)	_____	_____

○ Answers to this activity are in Appendice 2 at the back of the book.

A. Écoutez bien!

Première étape. Les cours de français sont tous un peu différents les uns des autres. Écoutez, puis complétez les questions suivantes avec le verbe au **présent du subjonctif** que vous entendez. Répondez ensuite aux questions en faisant référence à votre cours de français actuel.

Est-ce qu'il faut…		oui	non
1. que vous _____ régulièrement en cours?		☐	☐
2. que vous _____ certaines pages du manuel avant le cours?		☐	☐
3. que vous _____ hors de classe avec un(e) camarade?		☐	☐
4. que vous _____ toujours la main avant de répondre?		☐	☐
5. que vous _____ par cœur le vocabulaire?		☐	☐
6. que vous _____ bien tous vos camarades?		☐	☐

Deuxième étape. À quelles questions de la **Première étape** avez-vous répondu «oui»? Résumez ces responsabilités pour la classe (**Il faut que nous…**). Si vous avez répondu «non», employez **Il n'est pas nécessaire que nous…**

En français

When negated, the expression **il faut que...** is interpreted as expressing—in very strong terms—an obligation *not* to do something.

> **Il ne faut pas que** tu dormes / vous dormiez en classe!
> *You shouldn't (mustn't) sleep in class!*

To say that it is not necessary to do something, you must use a different expression.

> **Il n'est pas nécessaire** que tu achètes ce livre-là.
> *It's not necessary that you buy that book.*

B. Une question d'étiquette. Travaillez avec un(e) camarade. Dites si c'est une bonne idée de faire chacune des choses suivantes en cours de français, en utilisant **il faut** dans votre phrase. Votre camarade vous dira s'il / si elle est d'accord avec vous. Changez ensuite de rôle pour la question suivante.

> EXEMPLE: arriver à l'heure?
> É1: Il faut que tu arrives à l'heure.
> É2: Je suis d'accord. Il faut que j'arrive à l'heure.

1. dire salut/bonjour à tes camarades?
2. parler beaucoup anglais?
3. dormir en classe?
4. envoyer des textos?
5. participer activement?
6. aider un(e) camarade qui ne comprend pas?
7. finir tes devoirs en classe?
8. partir avant l'heure?

Grammaire interactive

For more on the subjunctive, watch the corresponding *Grammar Tutorial* and take the brief practice quiz at **Connect French** (**www. mhconnectfrench.com**).

C. Culture: la sagesse (*wisdom*). Considérez le sens de ces proverbes français. Choisissez-en un qui a une signification personnelle pour vous et transformez-le en utilisant **il faut** et le présent du subjonctif. Travaillez ensuite avec deux camarades. Chacun(e) à son tour, explique aux deux autres pourquoi le conseil que vous avez choisi peut vous être particulièrement utile.

> EXEMPLE: —Il faut que je batte le fer quand il est chaud! C'est une bonne idée parce que je suis très indécis(e). D'habitude, j'ai des difficultés à prendre une décision.

1. Entre deux maux (*evils*) il faut choisir le moindre mal.
2. Il faut battre le fer (*iron*) quand il est chaud.
3. Il faut casser le noyau (*shell*) pour avoir l'amande.
4. Il ne faut pas réveiller le chat qui dort.
5. Il ne faut pas tuer (*kill*) la poule aux œufs d'or.
6. Il ne faut jamais remettre au lendemain ce qu'on peut faire le jour même.

«Il ne faut pas réveiller le chat qui dort.»

D. Les études au 21ᵉ siècle. Voici une série de conseils traditionnellement adressés aux étudiants. À votre avis, est-il encore très important de suivre ces conseils ou est-ce moins important aujourd'hui? Qu'est-ce que vous diriez à un(e) étudiant(e) de première année?

> EXEMPLE: —Il est (très, peu) important que tu suives des cours divers. Comme ça... (*ou*) Ça te permet de...

1. suivre des cours divers
2. choisir une spécialisation selon tes intérêts
3. finir tes cours d'éducation générale le plus tôt possible
4. passer un semestre / un an à l'étranger, si possible
5. apprendre à bien présenter tes idées, à l'écrit comme à l'oral
6. recevoir de bonnes notes dans *tous* tes cours
7. vivre avec d'autres étudiants (ne pas habiter seul[e])

Ce que tu donnes aux autres, tu le donnes à toi-même.

—PROVERBE AFRICAIN

L'Afrique de l'Ouest

Savez-vous qu'on parle français dans un grand nombre de pays d'Afrique de l'Ouest? Dans la présentation que vous allez écouter, vous allez découvrir quelques détails sur l'histoire et la culture de ces pays francophones africains.

A. Avant de regarder. Avec un(e) camarade, trouvez le Maroc, l'Algérie et la Tunisie sur la carte de l'Afrique à la fin de votre manuel. Quels pays se trouvent directement au sud / à l'est du Maroc, de l'Algérie et de la Tunisie? Savez-vous lesquels sont des pays francophones, et pourquoi on y parle français?

B. Regardez et écoutez. Le professeur va vous parler de l'histoire et de la culture de l'Afrique de l'Ouest.

C. Complétez. Complétez les phrases suivantes avec les mots de la liste. **Attention!** Certains mots ne sont pas utilisés.

l'afrobeat	la Côte d'Ivoire	le poulet yassa	le Sénégal
l'awélé	le griot	quinze	six cents
le boubou	le mandingue	seize	trois cents

1. L'Afrique de l'Ouest comprend _____ pays et a plus de _____ millions d'habitants.

2. Parmi les pays d'Afrique de l'Ouest qui sont d'anciennes colonies de la France, on compte _____, la Guinée, le Mali, le Burkina Faso, le Bénin, la Mauritanie, le Niger et _____.

3. Le football et _____ (un jeu de société) sont deux passe-temps très populaires de la région.

4. _____ et _____ sont deux styles de musique populaire en Afrique de l'Ouest.

5. Le vêtement traditionnel, ample et très coloré, s'appelle _____.

6. _____ est un plat qui contient des oignons, du jus de citron, du vinaigre et de l'ail.

7. _____ transmet oralement les traditions de la région aux nouvelles générations.

D. À vous! Avec un(e) camarade, répondez aux questions suivantes.

1. À part ces pays d'Afrique de l'Ouest, connaissez-vous d'autres pays d'Afrique ou d'ailleurs qui sont d'anciennes colonies? Qui en étaient les colonisateurs? Quelle(s) langue(s) est-ce qu'on y parle aujourd'hui?

2. Y a-t-il des vestiges (*traces*) de la colonisation française dans votre région, par exemple, dans les noms d'endroits? Donnez des exemples.

Des griots maliens

Un conte africain

A. Avant de lire. Discutez les questions suivantes avec vos camarades de classe: Vous souvenez-vous des fables, des contes ou des histoires traditionnelles de votre enfance (d'Ésope ou des frères Grimm, par exemple)? Comment les avez-vous appris? Choisissez-en un/une et donnez des exemples de leur morale ou de la leçon qu'ils donnent. (**Il faut être...** , **Il ne faut pas être...**).

B. Lisez. La tradition orale (ou la littérature orale) est une façon de préserver et de transmettre la culture et les histoires d'un groupe de génération en génération. En Afrique de l'Ouest, les contes font partie de la tradition orale. Ce sont des récits courts et parfois drôles qui soulignent et critiquent les faiblesses (*weaknesses*) humaines.

L'auteur de ce conte, Marie-Angèle Kingué, enseigne la pédagogie. Elle a toujours été fascinée par les langues et a écrit deux romans et deux collections de nouvelles (*short* stories). L'histoire présentée ici se passe au Cameroun. Lisez le texte, puis essayez d'en dégager la morale en répondant aux questions de compréhension qui suivent.

Les coins lecture et écriture: Additional reading and writing activities are available in the *Workbook / Laboratory Manual* and at **Connect French** (**www. mhconnectfrench.com**).

Pourquoi les hommes ne mangent pas d'éléphant

Les forêts africaines regorgent[1] de toutes sortes de gibiers[2] et les habitants de ces régions mangent en général la viande des animaux qui les entourent. Jadis,[3] lorsque les éléphants abondaient dans la région de Nkonzock, on en mangeait aussi. De nos jours, on n'entend plus guère parler de chasse[4] à l'éléphant.

La légende raconte qu'il fut[5] un temps où hommes, femmes et enfants mangeaient de l'éléphant. Samba, un notable du village, aimé et respecté de tous, menait une double vie. Mais personne n'en savait rien. Bien sûr, il disparaissait de temps en temps pour rendre visite à sa maîtresse,[6] à l'autre bout du village. Mais personne n'aurait soupçonné,[7] tellement il avait l'air sérieux et honnête.

Or, ce jour-là, Samba s'en était allé[8] chez sa maîtresse qui lui avait préparé un plat (de la viande d'éléphant) particulièrement savoureux. Samba mangea avec appétit. Il mangea tant et si bien qu'il s'endormit. Lorsqu'il se réveilla, il ne se reconnut plus. Son ventre avait gonflé,[9] ses joues avaient gonflé, ses bras et ses jambes avaient quadruplé de volume. Sa maîtresse, épouvantée,[10] s'en fut[11] en courant. Il voulut sortir de la maison mais la porte était soudain trop petite. Le bruit qu'il causait attira les voisins et en quelques minutes tout le village alerté se précipitait pour observer ce spectacle curieux. Samba continuait de gonfler, il occupa bientôt toute la maison et mourut d'asphyxie.

C'est depuis ce jour-là que les hommes ne mangent plus d'éléphant.

[1]*are replete with* [2]*wild game* [3]*Dans le passé* [4]*on... one barely hears anymore about hunting* [5]*was* [6]*mistress* [7]*n'aurait... would have suspected*
[8]*s'en... had gone off to* [9]*avait... had swelled up* [10]*terrified* [11]*s'en... took off*

C. Avez-vous compris? Répondez aux questions suivantes.

1. Qu'est-ce qui a changé entre aujourd'hui et autrefois dans les habitudes africaines?

2. Dans le village, que pensent les gens de Samba?

3. Mais quelle est la véritable personnalité de Samba?

4. Pourquoi est-ce que le corps de Samba gonfle quand il mange beaucoup? C'est pour dire quoi, en fait?

5. Pourquoi est-ce que Samba ne peut plus respirer à la fin?

D. À vous! Répondez aux questions.

1. Quelle est la morale de cette histoire? Qu'en pensez-vous?

2. Est-ce que cette histoire est typiquement africaine ou est-ce qu'on pourrait la transposer dans d'autres cultures, comme la culture occidentale? Justifiez votre réponse.

3. À votre avis, les contes sont-ils un bon moyen d'expliquer le bien et le mal, et d'autres concepts abstraits aux enfants? Pourquoi ou pourquoi pas? Et pensez-vous que les contes peuvent aussi bien marcher pour les adultes? Essayez de donner des exemples.

Rétrospective L'Académie française

En deux milles ans, le français a évolué d'une forme parlée de latin en Gaule à une langue nationale standardisée avec ses règles et ses exceptions. Il est parlé aujourd'hui par quelques 113 millions de locuteurs (*speakers*) et plusieurs millions encore le parlent en seconde langue, comme vous! Les Français sont si attachés à leur héritage linguistique qu'ils ont décidé de créer une organisation appelée **l'Académie française** pour le préserver, même si la langue évolue sans cesse. Le cardinal de Richelieu, le premier ministre du roi Louis XIII, a fondé l'Académie en 1635, et elle reste un pilier de la culture française à ce jour. Les 40 **immortels** sont les membres officiels de l'Académie et, comme leur nom l'indique, ils sont élus à vie. D'importantes personnalités dans l'histoire

L' Académie française à Paris

des Lettres ont été des immortels: le dramaturge Corneille, le philosophe Montesquieu et l'écrivain Victor Hugo. Pourtant, d'autres figures majeures n'ont jamais été candidats: les romanciers Balzac, Flaubert et Proust, et les grands philosophes comme Descartes, Diderot et Rousseau. Sur les 719 immortels qui ont déjà servi l'Académie depuis ses débuts, il n'y a eu que six femmes et seulement depuis 1980 avec l'écrivaine d'origine belge Marguerite Yourcenar. De tous temps, et encore maintenant, l'Académie tente de définir **le bon usage** du français, et de réguler la grammaire, l'orthographe et la littérature de langue française. Elle a une influence considérable sur la langue utilisée dans les documents officiels. Récemment, l'Académie a beaucoup travaillé à réduire l'influence de l'anglais en France et recommande toujours l'utilisation de termes français plutôt que les mots d'origine anglaise souvent utilisés par les médias, et dans le domaine des technologies. Rappelons tout de même que **les Académiciens** ne cherchent pas à stopper l'évolution de la langue qui doit rester vivante et dynamique, notamment au travers des échanges linguistiques avec d'autres cultures et des manipulations de la langue par les jeunes, comme dans le cas du **verlan**, dont certains termes sont entrés dans le dictionnaire.

Avez-vous compris? Est-ce que le français a toujours existé dans sa forme actuelle? Expliquez. Quelle est la mission des immortels de l'Académie française? Comment est-ce qu'une langue reste vivante? Qui est l'autorité en matière de langue, grammaire ou vocabulaire dans votre pays? Pensez-vous qu'il est important que les gens écrivent et parlent bien leur langue nationale? Justifiez votre opinion.

Carol, une factrice américaine de Denver, dans la séquence «14e arrondissement» du film *Paris, je t'aime*

Avant-première. Répondez aux questions suivantes avec un(e) camarade.

1. Depuis combien de temps étudiez-vous le français?

2. Quel âge aviez-vous quand vous avez commencé à étudier le français?

3. Dans deux ans, êtes-vous sûr(e) que vous parlerez bien le français?

4. Croyez-vous que vous auriez le courage de commencer à étudier une langue étrangère à l'âge de 50 ans? Pourquoi, ou pourquoi pas?

On tourne! Regardez le film, puis répondez aux questions suivantes.

1. Carol a étudié le français _____.
   a. au lycée
   b. à l'université
   c. dans un centre pour adultes

2. Elle a étudié le français pendant _____.
   a. trois ans
   b. deux ans
   c. cinq ans

3. Carol est restée à Paris pendant _____.
   a. six jours
   b. une semaine
   c. deux semaines

4. Carol a aimé les musées, mais pas tellement _____.
   a. la nourriture
   b. les restaurants
   c. les parcs

5. Carol a visité le tombeau _____.
   a. de Jim Morrison
   b. de Jean-Paul Sartre
   c. d'Édith Piaf

On boucle! Répondez aux questions suivantes sur la scène du film que vous venez de voir.

1. Est-ce que vous trouvez Carol facile à comprendre? Qu'est-ce que vous pensez de son accent? Expliquez.

2. Est-ce qu'il y a un endroit que vous voudriez visiter en France ou dans un autre pays francophone? Si oui, dites où vous aimeriez aller et expliquez pourquoi. Est-ce que vous auriez le courage d'y aller tout(e) seul(e)?

Film: *Paris, je t'aime* («14e arrondissement»)

(Anthologie; 2006; France; Réalisateurs divers; 120 min.)

SYNOPSIS: *Paris, je t'aime* is a unique film about love and life in the French capital, seen from many points of view. The film is composed of eighteen 5-minute "shorts," each separately shot in a different **arrondissement** of Paris by one (or two) of twenty-one internationally known film directors.

SCÈNE: (DVD, Scene 19, "14e arrondissement," 01:43:40–01:50:30) In this short film segment written and directed by Alexander Payne (director and writer of *Sideways*), Carol, a letter carrier from Denver, Colorado, who is visiting Paris, describes in French what she likes about the city.

Le coin beaux-arts

Les Mareyeuses° (2011), Kiné Aw   °*Fish merchants*

Kiné Aw est une jeune artiste sénégalaise qui s'est spécialisée dans la peinture vers 2006, date de l'obtention de son diplôme de l'École Nationale des Arts à Dakar. Elle déclare dans une interview qu'elle aimait reproduire les bandes dessinées quand elle était petite, mais elle a aussi exploré la mode. Aujourd'hui, son travail se focalise sur la peinture et le thème de la femme sénégalaise dans la vie quotidienne qu'elle «essaie d'exprimer sous une forme géométrique». Elle a déjà participé à plusieurs expositions nationales et internationales.

A. La vie des mareyeurs. Pour en savoir plus sur les mareyeurs et les mareyeuses, complétez le texte avec les mots suivants. N'oubliez pas de conjuguer les verbes si c'est nécessaire.

à pied	économiser	marché	régler
chaud	espèces	pleuvoir	
conduire	langue	poisson	

Un mareyeur ou une mareyeuse est une personne qui achète le _____[1] directement aux pêcheurs, puis le vend à ses clients sur un _____[2] local. Au Sénégal, ce sont plutôt les femmes qui font cette activité. Elles n'ont pas de voiture à _____;[3] elles se rendent à la plage _____[4] et rapportent (*bring back*) les poissons dans une bassine (*basin*) en plastique. On n'utilise pas de carte de crédit pour ce genre de transaction: tout le monde _____[5] en _____.[6] Un seul intermédiaire entre les pêcheurs et les consommateurs permet de réduire les coûts et donc, d'_____[7] de l'argent. Au marché, les mareyeuses parlent à leurs clients en _____[8] locale ou en français. La météo est un facteur important pour les mareyeuses. Quand il _____,[9] ce doit être plus difficile car il faut protéger le poisson. Quand il fait très _____,[10] il faut vendre le poisson rapidement.

B. L'artiste dans la société. Dans une interview, Kiné Aw a partagé quelques informations sur ce tableau et ce qu'il signifie pour elle. Lisez le texte et choisissez la préposition correcte. **Attention!** s'il n'y a pas besoin de préposition, choisissez «x».

1. Avec cette œuvre picturale, Kiné Aw a voulu **à/de/d'/x** représenter des mareyeuses au Sénégal, son pays natal au bord de l'océan Atlantique.

2. Kiné à appris **à/de/d'/x** peindre au Sénégal et, avec la peinture, elle cherche **à/de/d'/x** voir autrement la réalité de son pays.

3. Pour cela, elle a choisi **à/de/d'/x** représenter cette réalité en la retraduisant dans un style cubiste.

4. Parce qu'elle a décidé **à/de/d'/x** devenir artiste, elle peut **à/de/d'/x** être à la fois spectatrice et actrice dans sa société.

5. Elle essaie ainsi **à/de/d'/x** attirer l'attention sur la vie quotidienne des femmes au Sénégal, son sujet de prédilection.

C. Hypothèses. Si vous étiez mareyeur ou mareyeuse, quelles qualités seraient très utiles? Comment serait votre vie quotidienne? Complétez les phrases suivantes en mettant les verbes entre parenthèses au conditionnel.

Si j'étais mareyeur/mareyeuse...

1. Je _____ (devoir) être en bonne forme physique pour porter le poisson tous les jours.

2. Je _____ (parler) français ou wolof pour négocier les prix.

3. Les clients _____ (venir) m'acheter le poisson au marché le matin.

4. Il _____ (être) très utile pour moi de bien communiquer et de bien connaître mes produits.

5. Je _____ (finir) la journée par un moment de repos avec les autres mareyeuses.

D. Appréciation. Discutez les questions suivantes avec vos camarades de classe.

Le tableau de Kiné Aw représente les mareyeuses, mais à votre avis, quelle activité spécifique du métier de mareyeuse? Quels éléments dans le tableau vous permettent de la voir? Si vous ne connaissiez ni le titre ni le thème du tableau, qu'est-ce qu'il représenterait pour vous? Expliquez. Est-ce que le tableau ressemble à cette photo des mareyeuses?

Une mareyeuse vend son poisson au Sénégal.

Vocabulaire

Questions et expressions

À ton/votre avis,...	In your opinion, . . .
Il est essentiel de (parler...)	It is essential to (speak . . .)
Il ne faut pas que...	(You) should not / must not . . .
pour (apprendre...)	in order (to learn . . .)
parce que / car	because

Verbes et expressions verbales

éviter de (faire)	to avoid (doing)
oublier de (faire)	to forget to (do)
tenir à (faire)	to be eager/anxious to (do)

Noms dérivés de verbes

la colonisation	colonization
le commencement	beginning
la conquête	conquest
le couronnement	coronation
la découverte	discovery
la défense	defense
l'emploi (*m.*)	use
l'exploration (*f.*)	exploration
la mort	death
la naissance	birth
la perte	loss

Les langues

Languages

un accent	an accent
un créole	a creole language
un dialecte	a dialect
une langue (étrangère, romane)	a (foreign, Romance) language
un(e) linguiste	a linguist
l'orthographe (*f.*)	spelling
un patois	a patois, regional dialect, a nonstandard language
une règle (de grammaire)	a (grammar) rule

Les espaces de temps

Time periods

un âge (le Moyen Âge)	an age (the Middle Ages)
une décennie	a decade
une époque / une ère	an era
une période	a period
un siècle	a century

La géopolitique

Geopolitics

une alliance	an alliance
une armée	an army
une bataille	a battle
un colon	a colonist
une colonie	a colony
le commerce	trade
un conflit	a conflict
un conquérant	a conqueror
la diplomatie	diplomacy
une dynastie	a dynasty
un empereur	an emperor
un empire	an empire
un(e) esclave	a slave
l'esclavage (*m.*)	slavery
un(e) explorateur/exploratrice	an explorer
une guerre	a war
l'impérialisme (*m.*)	imperialism
un moment-clé	key moment
la monarchie	monarchy
une nation	a nation
un pays	a country
une région	a region
la religion	religion
une république	a republic
une révolution	a revolution
un(e) révolutionnaire	a revolutionary
un roi / une reine	a king / a queen
un territoire	a territory
une victoire	a victory

Nombres ordinaux

Ordinal numbers

premier, première	first
deuxième, second(e)	second (in a series), (of two)
troisième	third
quatrième	fourth
cinquième	fifth
sixième	sixth
septième	seventh

Vocabulaire

huitième	eighth
neuvième	ninth
dixième	tenth
onzième	eleventh
douzième	twelfth
treizième	thirteenth
quatorzième	fourteenth
quinzième	fifteenth
seizième	sixteenth
dix-septième	seventeenth
dix-huitième	eighteenth
dix-neuvième	nineteenth
vingtième	twentieth
vingt et unième	twenty-first

Adjectifs

colonial(e)	colonial
commercial(e)	commercial
dialectal(e)	dialectal
diplomatique	diplomatic
impérial(e)	imperial
légal(e)	legal
mondial(e)	worldwide

prestigieux/prestigieuse	prestigious
régional(e)	regional
religieux/religieuse	religious (related to religion)
républicain(e)	Republican (supporter of the French Republic)
révolutionnaire	revolutionary
romain(e)	Roman
royal(e)	royal
victorieux/victorieuse	victorious

Quantificateurs
Quantifiers

certain(e)(s)	certain (some)
chaque	each
divers(es)	various
de nombreux/nombreuses	many
plusieurs	several
quelques	a few
le seul / la seule	the single, the only
les seul(e)s	the only
tout/tous/toute(s) (+ *def. art.*)	every, all (the), the whole

La Liberté guidant le peuple (1830), Eugène Delacroix

15 Engagez-vous!

Bilan

In this chapter, you will learn:

- to express your level of interest in a topic
- to express your emotional reaction to a topic
- terms for talking about social and environmental issues
- to indicate uncertainty using the present subjunctive
- to say what you wish using the present subjunctive
- about the use of infinitives versus the subjunctive
- about cultural notions of diversity and immigration

connect plus+ | FRENCH
www.mhconnectfrench.com
LEARNSMART

Est-ce que tu t'intéresses / vous vous intéressez à... ?

Expressing one's level of interest in a topic

A. À l'écran. Regardez et écoutez les réponses des gens à la question: **Est-ce-que tu t'intéresses / vous vous intéressez à l'environnement?** Écrivez à côté de chaque nom la lettre correspondant à la réponse de cette personne. **Attention!** Il y a une réponse de plus. À votre avis, qui est la personne la moins engagée (*least commited*) dans la protection de la planète?

Vidéo

1. **Fanny** _____

2. **Anthony** _____
3. **Sullyvan** _____

4. **Anna** _____

5. **Mounira** _____

6. **Geneviève** _____

a. Euh, ben… oui… je fais attention à l'environnement pour ne pas polluer et tout ça.

b. Oui, j'aime faire attention aux déchets (*trash*), à la nature.

c. Oui, beaucoup quand même.

d. Non, pas du tout!

e. Bien sûr!

f. Oui, énormément.

g. Moi, pas trop.

- To start a conversation, you can first ask if someone is interested in something by using the verb **s'intéresser à**:

    —**Tu t'intéresses à / Vous vous intéressez à l'environnement?**

    —**Oui, je m'y intéresse.**

    —**Ça t'intéresse, l'environnement / Ça vous intéresse, l'environnement?**

    —**Oui, ça m'intéresse.**

- Although you can answer with a complete sentence as shown here, all but one person in the video said *yes* and qualified what that meant for them by using another expression or adding a sentence. A person's body language and intonation are also indicators of his/her level of interest and sometimes contradict what they actually say! Here are some of the responses, from the most enthusiastic to the least.

    Oui, énormément.

    Oui, j'aime faire attention aux déchets, à la nature.

    Oui, bien sûr.

    Oui, beaucoup quand même.

    Euh... ben, oui.

- If you don't agree with what another person has just said, you use the stressed pronoun **moi** to emphasize that you are of a different opinion. Look at Anthony and Sullyvan's answers.

    —**Vous vous intéressez à l'environnement?**

    —**Oui, beaucoup quand même.**

    —**Moi, pas trop.**

- In English, one would instead use intonation to emphasize disagreement.

Chez les Français

L'écologie: une préoccupation sociale

L'écologie est apparue en France dans les années 70, et cette science s'est rapidement traduite en termes politiques. Aujourd'hui, le mouvement Europe Écologie est important sur la scène politique française, même si l'écologie liée en partie à une prise de conscience (*awareness*) des changements climatiques est une préoccupation sociale qui touche tous les partis. Les Français recyclent donc activement: 9 communes (*towns*) sur 10 offrent la collecte sélective du verre, 6 sur 10 celle du papier. Une grande majorité de la population exprime le désir de recycler plus. Si les communes n'ont pas les moyens financiers de collecter les déchets à domicile (*at one's home*), on met un container à un carrefour pour que les gens apportent leurs déchets à recycler; mais cela ne marche pas toujours: quand il faut se déplacer, on est un peu moins écolo!

Pour recycler, il faut trier (*to sort*). Ces containers sont pour le verre.

Et chez vous? Quel système a été mis en place pour le recyclage des déchets et autres matériaux chez vous? Est-ce que les gens en général recyclent? Que faudrait-il faire, à votre avis, pour motiver les gens à recycler plus?

B. Êtes-vous écolo?

Première étape. Regardez la liste des activités à faire ou à ne pas faire pour protéger l'environnement. Cochez celles que vous essayez de faire et celles que vous évitez (*avoid*) de faire. Prenez-vous d'autres mesures? Ajoutez-les à la liste!

J'essaie de...

_____ me déplacer à vélo.

_____ faire attention pour laisser une planète propre (*clean*) aux générations futures.

_____ faire le tri sélectif / trier mes déchets (*to sort trash*).

_____ mettre les ordures (*trash*) dans la poubelle (*trash can*).

_____ ne pas utiliser trop d'énergie/d'eau.

_____ ne pas trop polluer.

_____ recycler le papier, le plastique et le verre.

J'évite de/d'...

_____ jeter les choses par terre.

_____ prendre des bains.

_____ utiliser des sacs en plastique.

En français

Note that when you make an infinitive negative, you put **ne pas** before it.

J'essaie de ne pas trop polluer.
I try not to pollute.

J'essaie de ne pas fumer.
I try not to smoke.

Deuxième étape. Maintenant regardez la vidéo et écoutez chaque personne dire ce qu'elle fait pour assurer l'avenir de la planète. Prenez des notes et ensuite, répondez aux questions suivantes.

Vidéo

Fanny

Anthony

Anna

Mounira

Geneviève

Olivier

1. Quelles sont les deux choses que Fanny essaie de faire ou de ne pas faire? Est-ce qu'elle fait ces efforts uniquement chez elle?
2. Qu'est-ce qu'Anthony évite de faire et essaie de faire?
3. Qu'est-ce qu'Anna fait au lieu de (*instead of*) prendre des bains?
4. Selon Mounira, pourquoi faut-il faire attention?
5. Qu'est-ce que Geneviève essaie de recycler?
6. Quelles mesures prend Olivier?

J'ai peur que... / Je souhaite que... / Je suis triste que...
Expressing one's emotional reaction to a topic

A. Le monde dans lequel on vit. Quels sont vos angoisses (*fears*), vos souhaits (*hopes*) et vos sentiments en ce qui concerne la situation mondiale? Complétez chaque phrase de la colonne A avec une des options de la colonne B.

A	B
1. Moi, j'ai peur que (qu')...	a. il y ait la paix dans le monde.
2. Moi, je souhaite que (qu')...	b. les gens ne soient pas plus tolérants les uns envers les autres.
3. Je suis triste que (qu')...	c. il y ait des enfants qui meurent (*die*) de faim.
	d. on respecte la terre.
	e. la faim soit un problème mondial.
	f. mon pays soit attaqué par des terroristes.
	g. on ne trouve pas de solution pour arrêter le réchauffement (*warming*) de la planète.
	h. il y ait beaucoup de sans-abri (*homeless*) dans les villes.

Vidéo

B. À l'écran. Maintenant, regardez et écoutez les gens de la vidéo exprimer leurs sentiments. Après avoir regardé, décidez si les phrases suivantes résument correctement ce qu'ils ont dit. Si une phrase n'est pas exacte, corrigez-la. Qui a les mêmes sentiments que vous?

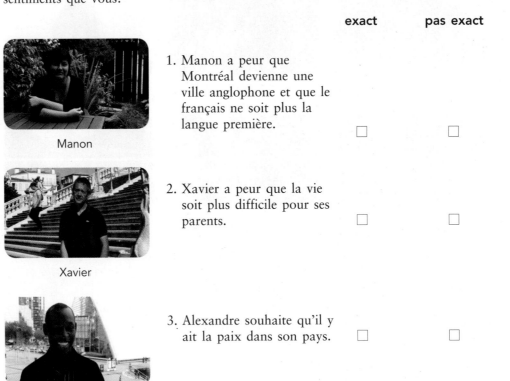

	exact	pas exact
Manon — 1. Manon a peur que Montréal devienne une ville anglophone et que le français ne soit plus la langue première.	☐	☐
Xavier — 2. Xavier a peur que la vie soit plus difficile pour ses parents.	☐	☐
Alexandre — 3. Alexandre souhaite qu'il y ait la paix dans son pays.	☐	☐

Anne-Claire

4. Anne-Claire souhaite qu'on trouve une solution pour arrêter le réchauffement de la planète.

☐   ☐

Xavier

5. Xavier est triste qu'il y ait des enfants qui meurent de faim.

☐   ☐

Anne-Claire

6. Anne-Claire est triste que la pollution dans les villes rende les enfants malades.

☐   ☐

Chez les francophones: Au Rwanda

Un passé tragique, un avenir brillant

Alexandre, qui a été interviewé dans la vidéo, vient du Rwanda, «le pays de mille collines (*hills*)» dans la région des Grands Lacs en Afrique, entre la Tanzanie et la République Démocratique du Congo. Une ancienne colonie belge devenue indépendante en 1962, le Rwanda a été marqué par le génocide ethnique entre les Hutus et les Tutsis en 1994. Cet épisode tragique a été mis en scène dans un film américain célèbre, *Hôtel Rwanda* (2004). En l'espace de deux décennies, le Rwanda semble avoir pansé ses plaies (*tended to its wounds*) pour revenir à la normalité. Le pays jouit (*enjoys*) d'un gouvernement assez stable, élu au suffrage (*voting*) universel, dont la participation des femmes au pouvoir, à environ 50 % des députés, est la plus forte du monde. Si vous faites quelques recherches sur Internet, vous verrez que ce petit pays à beaucoup à offrir.

Les majestueux gorilles de montagne au Rwanda

D'abord, c'est là qu'on peut observer les majestueux gorilles de montagne rendus célèbres par un autre film, basé sur la vie de la zoologiste Dian Fossey, *Gorilles dans la brume* (1988). L'écotourisme en général et la culture (*farming*) du café sont des atouts (*assets*) majeurs pour l'économie nationale.

Et chez vous? Est-ce que vous connaissez des régions qui ont subi (*suffered*) des tragédies sociales ou environnementales dans votre pays et qui, aujourd'hui, ont pansé leurs plaies et ont beaucoup à offrir? Expliquez.

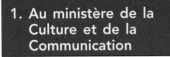

Liberté • Égalité • Fraternité
RÉPUBLIQUE FRANÇAISE

Vive la différence! Talking about France's social and environmental issues

Ces sujets à controverse dont on parle souvent en France tombent sous le ressort (*fall under the purview*) de plusieurs ministères français. Discute-t-on des mêmes sujets dans votre pays? Quels sujets vous intéressent personnellement?

1. Au ministère de la Culture et de la Communication

2. Au ministère de l'Intérieur

3. Au ministère de la Défense

Depuis les années 80, la France cherche activement à protéger son identité culturelle face à la dominance de la culture **populaire** américaine. L'État **soutient** (*supports*) les Maisons de la Culture et organise des événements culturels nationaux, comme la Fête de la Musique en juin. Plusieurs **chaînes de télévision**, comme France 2, aussi bien que le CNC (Centre national du cinéma), sont encore **subventionnés** (*subsidized*) par l'État.

Les immigrés nés à l'étranger constituent 11 % de la population française. Le fait que la France fasse partie de l'Union européenne, et que les frontières de l'UE changent constamment selon l'adhésion de nouveaux pays membres, remet en question les notions d'immigration **légale** et **illégale** (ou **clandestine**). Que faire des personnes venant d'anciennes colonies françaises en Afrique, ou des «Roms» (le peuple romani), venant d'Europe de l'Est? L'attitude des Français envers les milliers d'immigrés «sans papiers» (sans **titre de séjour**) varie beaucoup, de ceux qui souhaitent leur **régularisation** (*naturalization*) jusqu'à ceux qui demandent leur expulsion.

Jusqu'en 1997, la **conscription** (ou service militaire obligatoire) faisait partie du service national des jeunes hommes français. Aujourd'hui, **les forces armées** françaises sont composées de militaires professionnels et sont chargées de défendre les intérêts du pays et ses **citoyens** (*citizens*) dans **la lutte** internationale contre le terrorisme, et dans d'autres interventions militaires en Afrique et au Moyen-Orient.

Indiquez si vous partagez les opinions suivantes en ce qui concerne votre pays.

Il est essentiel que nous...	je suis d'accord	je ne suis pas d'accord
1. défendions activement notre identité culturelle.	☐	☐
2. limitions le nombre d'immigrés dans notre pays.	☐	☐
3. maintenions des forces armées bien équipées et bien formées.	☐	☐

4. Au ministère de l'Agriculture, de l'Agroalimentaire et de la Forêt

Les Français s'intéressent depuis toujours à la qualité de leur nourriture. Aujourd'hui, on s'inquiète du fait que le nombre de petites **fermes** familiales et de jeunes qui choisissent une carrière en **agriculture** soit en baisse (*in decline*).

De plus, la majorité des Français se méfient **des OGM** (**organismes génétiquement modifiés**). La culture OGM avait été interdite pendant douze ans, mais la Commission européenne a récemment autorisé l'introduction de maïs et de pommes de terre OGM.

5. Au ministère de l'Écologie, du Développement durable et de l'Énergie

Qu'est-ce qu'il faut faire pour réduire **la pollution** et lutter contre **le réchauffement de la planète**? En France comme ailleurs, on cherche des sources d'**énergie renouvelable** comme l'énergie solaire, thermale et éolienne (= du vent). Malgré les risques supposés, la France continue à favoriser l'énergie nucléaire, sa principale source de production d'électricité.

6. Au ministère des Affaires sociales et de la Santé

L'Organisation mondiale de la Santé a déterminé que la France fournit **les** meilleurs **soins de santé** (*healthcare*) généraux dans le monde. La réputation de ses laboratoires de recherche sur les **maladies infectieuses** comme le SIDA— l'Institut Pasteur, notamment, fondé en 1887—est mondiale.

Les soins de santé, **la retraite** (*retirement*) et l'aide aux familles, représentent les trois «branches» de la Sécurité sociale, un système financé en grande partie par **les impôts** (*taxes*) sur le revenu et les cotisations (*contributions*) des employés et des employeurs, mais qui devient de plus en plus coûteux dans une société qui vieillit: Les personnes «du troisième âge» (âgés de 65 ans ou plus) constituent, en 2014, 18 % de la population française.

Indiquez si vous partagez les opinions suivantes en ce qui concerne votre pays.

Il vaut mieux que l'État (notre gouvernement)...	je suis d'accord	je ne suis pas d'accord
4. interdise les produits alimentaires avec OGM.	☐	☐
5. favorise le développement de l'énergie nucléaire.	☐	☐
6. subventionne complètement les frais médicaux.	☐	☐

7. Au ministère de l'Économie, du Travail, de l'Emploi et du Dialogue social

Le **taux de chômage**—c'est-à-dire le pourcentage de **la population active** qui n'a pas de travail—est normalement plus élevé en France que dans d'autres pays développés. Il s'élève aujourd'hui à environ 10 %. La CGT (Confédération Générale du Travail) est **un syndicat** (*union*) **puissant** (*powerful*) qui organise très souvent **des grèves** (*strikes*) pour **manifester** contre les mauvaises conditions et le temps de travail.

8. Au ministère du Logement et de l'Égalité des territoires

En Île-de-France, il existe de nombreux quartiers **défavorisés**, peuplés en grande partie par des immigrés nord-africains vivant dans d'énormes **HLM** (habitations à loyer modéré). Leurs enfants—des «beurs»—se trouvent «entre deux chaises» (entre deux langues et deux cultures), une situation qui mène parfois à l'**échec scolaire** (*failure at school*). Le trafic de drogue, le vandalisme, et parfois des **émeutes** (*riots*) violentes contre la police, la plus sérieuse à Clichy-sous-Bois en 2005, marquent la vie quotidienne de «la zone».

9. Au ministère de l'Éducation nationale, de l'Enseignement supérieur et de la Recherche

Depuis la fin du 19ᵉ siècle, l'enseignement public en France est gratuit, obligatoire et **laïc** (= hors du contrôle de l'Église). En 2004, après des débats et des manifestations pour et contre le port du (*wearing of the*) **voile** (ou **foulard**) **islamique*** à l'école, le gouvernement français a approuvé **une loi** interdisant (*prohibiting*) tout signe religieux ostensible dans les écoles publiques, ce qui inclut non seulement le voile islamique mais aussi la kippa (*yarmulke*) et la croix (*cross*) de dimension excessive.

Indiquez si vous partagez les opinions suivantes en ce qui concerne votre pays.

Il est important que l'État...	je suis d'accord	je ne suis pas d'accord
7. réglemente (*regulate*) mieux les conditions et le temps de travail.	☐	☐
8. comprenne mieux les problèmes des quartiers défavorisés.	☐	☐
9. limite plus l'expression des croyances religieuses à l'école.	☐	☐

A. Le «tour de France». Travaillez avec trois autres camarades. Un des membres de l'équipe va demander la définition des termes de la colonne A; les deux autres vont choisir la définition de la colonne B qui leur semble correcte. Quelle équipe va «franchir (*cross*) la ligne d'arrivée» en premier?

> **EXEMPLE:** É1: Qu'est-ce que la conscription?
> É2: C'est...
> É3: Oui, c'est ça (*ou*) Non, c'est plutôt...

*Hijab is the Arab word occasionally used in French to describe the most common type of head scarf worn by young Muslim women in France, which covers the hair but not the face.

	A		B
_____	1. la conscription	a.	une augmentation progressive de la température
_____	2. une émeute	b.	le pourcentage de gens qui n'ont pas de travail
_____	3. une grève	c.	la cessation volontaire du travail décidée par les salariés
_____	4. des impôts	d.	des taxes imposées sur le salaire
_____	5. le réchauffement de la planète	e.	le service militaire obligatoire
_____	6. un syndicat	f.	un document délivré (*given to*) aux immigrés
_____	7. le taux de chômage	g.	un soulèvement (*uprising*) spontané, non organisé, souvent violent
_____	8. un titre de séjour	h.	l'étape de la vie où on ne travaille plus
_____	9. la retraite	i.	une organisation de travailleurs

B. Termes culturels.

Première étape. Travaillez avec un(e) camarade. Ajoutez à chacun des termes suivants l'adjectif approprié de la liste. Attention à l'accord. Vous utiliserez ces termes dans la **Deuxième étape.**

actif	clandestin	infectieux	populaire	scolaire
armé	défavorisé	islamique	renouvelable	social

1. la culture _____
2. l'échec _____
3. l'énergie _____
4. les forces _____
5. l'immigration _____
6. les maladies _____
7. la population _____
8. les quartiers _____
9. la Sécurité _____
10. le voile _____

Deuxième étape. Votre professeur va vous demander de commenter un des termes de la **Première étape.** Pourquoi est-ce qu'on s'intéresse à ce sujet en France? Est-ce que vous vous intéressez aussi à ce sujet? Pourquoi ou pourquoi pas?

C. La citoyenneté (*citizenship*).

Première étape. Qu'est-ce qu'un bon citoyen / une bonne citoyenne, à votre avis? Faites du brainstorming avec vos camarades pour formuler des critères. Votre professeur va les mettre tous au tableau.

Un bon citoyen, c'est quelqu'un qui...

Deuxième étape. Travaillez avec trois camarades. Consultez la liste au tableau et mettez-vous d'accord sur le critère que vous trouvez *essentiel* et sur celui qui *n'est pas nécessaire*. Expliquez à la classe pourquoi vous êtes de cet avis.

EXEMPLE: —Il est essentiel de voter parce que...
—Il n'est pas nécessaire d'entrer dans l'armée parce que...

Chez les Français

La droite et la gauche

La politique en France, comme dans beaucoup d'autres pays du monde, se caractérise par deux grandes tendances idéologiques, **la droite** (de tendance conservatrice) et **la gauche** (de tendance progressiste). Savez-vous que ces deux termes politiques trouvent leur origine en France? À l'époque de la Révolution, un député qui soutenait une monarchie limitée (donc conservateur) s'asseyait (*sat*) à droite dans l'hémicycle (*benches arranged in a semicircle*) de l'Assemblée nationale; un député qui soutenait une république sans monarque (donc progressiste) s'asseyait à gauche.

Depuis 2000, le président de la République—le *chef de l'État*—est élu pour 5 ans au suffrage universel direct. Avant 2000, il était élu pour 7 ans. Après les élections présidentielles, le président nomme son Premier ministre—le *chef du gouvernement*—selon la majorité dans l'Assemblée. Si, par exemple, le Président est d'un parti politique de gauche mais la droite constitue la majorité dans

N'oubliez pas d'aller voter!

l'Assemblée, il faut, selon la tradition, qu'il nomme un Premier ministre de droite (cet arrangement s'appelle **la cohabitation**). Le Premier ministre propose les membres du gouvernement à former et le président nomme alors les autres ministres, dont un ministre de la Culture, un ministre de l'Intérieur, un ministre de la Défense, etc. Il est parfois nécessaire que le nom et la composition des ministères changent d'un gouvernement à l'autre pour faire face à une crise ou répondre à un changement dans la majorité parlementaire, après des élections régionales, par exemple.

Et chez vous? Imaginez que vous devez expliquer votre système politique à des Français, comme le texte ci-dessus vous explique le système français: Quels sont les plus grands partis politiques de droite et de gauche? Qui dirige? Pensez-vous que le système est parfait ou qu'on pourrait en changer des aspects? Lesquels?

D. La bonne solution.

Première étape. Travaillez avec deux camarades. Ensemble, mettez-vous d'accord sur le problème le plus grave de votre pays.

1. le chômage
2. la pollution
3. le terrorisme
4. l'inégalité sociale
5. les produits alimentaires / les OGM
6. l'immigration clandestine
7. la dette nationale
8. ? (à vous)

Deuxième étape. Choisissez parmi les solutions suivantes celle qui résoudrait selon vous le problème que vous avez choisi dans la **Première étape**. Si vous ne voyez pas la meilleure solution dans la liste, trouvez-en une autre. Indiquez quelle solution vous avez choisie et justifiez votre réponse.

augmenter les impôts
baisser les impôts
essayer la diplomatie
envoyer des forces armées
faire grève
imposer des restrictions sur
interdire (*to forbid*)
organiser une manifestation
protéger
utiliser les médias

EXEMPLE: —Nous pensons qu'il faut (*ou* qu'il vaut mieux)...

E. Les dessins de presse.

Première étape. Avec un(e) camarade, examinez les trois dessins ci-dessous. Choisissez chacun(e) un des dessins et faites-en une petite «analyse» en répondant aux questions suivantes. Est-ce que votre camarade est d'accord avec votre analyse? Êtes-vous d'accord avec la sienne (*his/hers*)?

1. À quel sujet à controverse en France est-ce que le dessin fait allusion?
2. Qui sont les «personnages» dans le dessin? (Où sont-ils? Qu'est-ce qu'ils représentent?)
3. Quels sont les éléments humoristiques?
4. Quel est le message?

© Chappatte dans "The International Herald Tribune"

© Chappatte dans "Le Temps", Genève

© Chappatte dans "The International New York Times"

Prononcez bien!

To review the contexts in which **liaison** does and does not occur, as in aux États-Unis et // en France, see the Prononcez bien! section of the *Workbook / Laboratory Manual*.

Deuxième étape. Travaillez avec trois camarades. Votre professeur va vous distribuer un dessin de presse publié dans votre pays. Expliquez (à des Français) le sujet et le message du dessin, et dites pourquoi on le trouverait amusant dans votre pays.

Grammaire interactive

15.1 Ce n'est pas évident! Indicating uncertainty by using the present subjunctive

Dans chaque groupe de phrases (a) et (b), on donne deux opinions différentes sur l'avenir de la planète. Lesquelles sont plus proches de vos propres opinions?

1. a. **Il est certain** qu'ensemble nous **pouvons**
   b. **Il est possible** qu'ensemble que nous **puissions** } sauver la planète.

2. a. **Je crois** que nous **savons** déjà.
   b. **Je doute** que nous **sachions** vraiment } quoi faire pour la sauver.

3. a. **Il est évident** que les pays du monde entier **font**
   b. **Il n'est pas clair** qu'on **fasse** } le nécessaire pour la sauver.

Analysons! 1. Dans chaque groupe de phrases (a et b), on trouve une expression de *certitude* dans les phrases _____, mais une expression d'*incertitude* (de *doute*) dans les phrases _____. 2. Quelle forme du verbe trouve-t-on dans les phrases qui commencent par une expression de doute: **l'indicatif** ou **le subjonctif**? _____. 3. Est-ce que les trois verbes «puissions», «sachions» et «fasse» sont réguliers ou irréguliers au subjonctif? _____

○ Answers to this activity are in Appendice 2 at the back of the book.

1 In **Chapitre 14**, you learned that expressions of necessity (**Il faut que...** , **Il est important que...** , etc.) trigger use of the subjunctive in a subordinate clause, because one is giving not facts but rather an opinion as to what *should be done*. Expressions of possibility, uncertainty, and doubt—like those in the list that follows—also trigger use of the subjunctive, because they put facts into question.

Il est possible que...	*It's possible that . . .*	**Il est douteux** que...	*It's doubtful that . . .*
Il se peut que...	*It may be that . . .*		
Il n'est pas certain/ clair/évident/ vrai que...	*It's not certain/ clear/obvious/ true that . . .*	**Je doute / Tu doutes** que...	*I doubt / You doubt that . . .*

2 If a situation is considered *probable* or *likely*, however, the subjunctive is not triggered and the indicative form of a verb is used in the subordinate clause.

Il est probable
Il est évident } que tout le monde **fait** des efforts.   *It's likely (probable)/ obvious that everyone is making an effort.*

À noter: Some expressions are only followed by the subjunctive when they are in the negative form, since only then do they express doubt. Compare:

SUBJONCTIF		INDICATIF	
Il n'est pas certain que		Il est certain que	
Il n'est pas clair que	Marie **puisse** venir.	Il est clair que	Marc **peut** venir.
Il n'est pas évident que		Il est évident	
Je ne suis pas sûr(e) que		Je suis sûr(e) que	

Mise en pratique. Notez l'expression qui commence chacune des phrases suivantes, puis ajouter le verbe **prendre** à l'indicatif ou au subjonctif.

1. Il est évident que tu _____
2. Je ne suis pas certain(e) que tu _____
3. Il est possible que tu _____
4. Il est probable que vous _____
5. Il est vrai que vous _____
6. Il se peut que vous _____

▸ Answers to the activities on this page are in Appendice 2 at the back of the book.

3 Here are three verbs that have an irregular stem in the subjunctive: **faire** (fass-), **pouvoir** (puiss-), and **savoir** (sach-).

▸ To learn about the use of the indicative versus subjunctive with the verbs **croire**, **penser**, and **(se) douter**, see Par la suite at the back of the book.

Je doute qu'elle	**fasse** des progrès.	*I doubt (that) she's making any progress.*
	puisse trouver une solution.	*I doubt (that) she can find a solution.*
	sache résoudre ce problème.	*I doubt (that) she knows how to solve this problem.*

Each stem is used for all subjunctive forms of that verb, and the endings are the same as for any other verb in the subjunctive. Knowing this, complete the following chart with the missing subjunctive verb forms.

	faire RADICAL: **fass-**	**pouvoir** RADICAL: **puiss-**	**savoir** RADICAL: **sach-**
… que je	fasse	_____	_____
… que tu	_____	puisses	_____
… qu'il/elle/on	_____	puisse	_____
… que nous	fassions	_____	_____
… que vous	fassiez	_____	_____
… qu'ils/elles	_____	puissent	_____

A. Écoutez bien! Écoutez la description de Natalie et cochez les cases pour indiquer la probabilité des phrases 1 à 5. À votre avis, est-ce qu'elle pourrait être plus écologique? Utilisez les cinq premières réponses pour arriver à une conclusion et cochez l'option qui convient dans la phrase 6.

Il est évident...

1. ☐ qu'elle conduit souvent.
2. ☐ qu'elle prend son vélo.
3. ☐ qu'elle fait du jardinage.
4. ☐ qu'elle sait conserver l'eau.
5. ☐ qu'elle recycle beaucoup.
6. ☐ qu'elle peut être plus «écolo»!

Il est douteux...

☐ qu'elle conduise souvent.
☐ qu'elle prenne son vélo.
☐ qu'elle fasse du jardinage.
☐ qu'elle sache conserver l'eau.
☐ qu'elle recycle beaucoup.
☐ qu'elle puisse être plus «écolo»!

10 gestes simples pour sauver la planète

1. **baisser** le chauffage / la climatisation

2. **boire** de l'eau dans une gourde

3. **composter** ses déchets

4. **débrancher** ses appareils quand on ne les utilise pas

5. **faire** du jardinage (biologique)

6. **installer** des ampoules fluocompactes (*energy-saving lightbulbs*) ou à LED

7. **prendre** les transports en commun

8. **raccommoder** ses vêtements

9. **recycler** ses bouteilles et boîtes

10. **se servir** de sacs réutilisables au supermarché

B. Qui est *écolo*?

Première étape. Travaillez avec un(e) camarade. Avant de lui parler, devinez ce que votre camarade fait / ne fait pas (sait faire / ne sait pas faire). Complétez les phrases suivantes en choisissant des gestes dans la section **Vocab supp'**.

	J'avais raison!
1. **Je suis sûr(e) qu'**il/elle _____.	☐
2. **Il est probable qu'**il/elle _____.	☐
3. **Il se peut qu'**il/elle _____.	☐
4. **Je doute qu'**il/elle _____.	☐

Deuxième étape. Interviewez maintenant votre camarade. Posez-lui des questions basées sur vos phrases de la **Première étape**. Si vous aviez raison, cochez la case à côté de la phrase. Est-il/elle écolo?

EXEMPLE: É1: Est-ce que tu bois de l'eau dans une gourde?
É2: Non, j'achète toujours des bouteilles d'eau en plastique.

C. Qu'est-ce que nous pouvons tous faire? Réexaminez les dix gestes dans la section **Vocab supp'** à la page 442. Quels gestes pouvons-nous vraiment tous faire? Utilisez le verbe **pouvoir** à l'indicatif (pour exprimer votre certitude) ou au subjonctif (pour exprimer votre incertitude/doute). Parlez-en avec un(e) camarade.

EXEMPLES: —Il est évident que nous pouvons tous recycler. C'est facile!

—Il est douteux que nous puissions tous prendre les transports en commun. Dans ce pays, on aime trop conduire!

D. De génération en génération.

Première étape. Est-ce que vos amis (les gens de votre génération) font les mêmes gestes que vous pour protéger l'environnement? Vos parents? Vos grands-parents? Avec un(e) camarade, discutez de vos certitudes et de vos doutes à leur sujet.

EXEMPLE: —Mes amis et moi, nous recyclons tous. Je sais que mes parents le font aussi, mais je doute que mes grands-parents le fassent.

Deuxième étape. Maintenant que vous avez parlé des différences entre générations, préparez un petit paragraphe qui résume ce que vous avez dit.

POUR UNE GENERATION BIO

Le sac réutilisable BIO GENERATION

Utilisez-vous toujours un sac réutilisable?

15.2 Qu'on soit plus tolérant!

Saying what one wishes using the present subjunctive

Dans la phrase 1, décrivez-vous en employant un adjectif de la liste. Dans les phrases 2–6, décrivez ce que les autres pensent de vous (et ce que vous pensez des autres) en employant d'autres adjectifs de la liste.

altruiste ≠ égoïste	généreux ≠ avare (*stingy*)
aimable ≠ agaçant (*annoying*)	honnête ≠ malhonnête
bavard (*talkative*) ≠ timide	actif ≠ décontracté
drôle ≠ sérieux	travailleur ≠ paresseux

1. Je **suis** _____.

2. Les gens sont souvent surpris que je **sois** _____.

3. Mon meilleur ami / Ma meilleure amie est content(e) que je **sois** _____

4. Mes parents voudraient que je **sois** un peu plus/moins _____.

5. Pour ma part, je préférerais que mon meilleur ami / ma meilleure amie **soit** un peu plus/moins _____!

6. Pour ma part, j'aimerais que mes parents **soient** un peu plus/moins _____!

Analysons! 1. Quelles formes du verbe **être** au subjonctif trouve-t-on dans ces phrases? _____, _____, _____.
2. On utilise le subjonctif dans ces phrases après une expression d'émotion (**être** surpris[e] que... ; **être** _____[e] que...) ou après un verbe qui exprime un souhait (**vouloir que...** ; _____ **que...**) ou une préférence (_____ **que...**).

▷ Answers to this activity are in Appendice 2 at the back of the book.

Verbs and verbal expressions that express one's wish for some event or situation to occur—or the emotion one feels toward that event or situation—trigger use of the subjunctive in a subordinate clause. Some common expressions of this type include the following.

Verbes	Expressions verbales
aimer (mieux) que	avoir peur que
désirer que	être content(e) que
préférer que	C'est dommage (*too bad*) que
souhaiter que	être surpris(e) que
vouloir que	être triste que

2 Unlike some of the expressions of certainty/uncertainty that you learned about in **Grammaire interactive 15.1**, the verbs and verbal expressions listed here *always* trigger use of the subjunctive, regardless of whether they are used in the affirmative or the negative.

Je (**ne**) veux (**pas**) qu'elle parte.   *I want / don't want her to leave.*
Ils (**ne**) sont (**pas**) tristes qu'elle parte.   *They're sad / not sad that she's leaving.*

Mise en pratique 1.
Décrivez une femme que vous connaissez bien: commencez chaque phrase par un verbe ou une expression verbale de la liste ci-dessus et terminez-la par un adjectif différent.

1. _____ qu'elle soit si (*so*) _____.
2. _____ qu'elle soit peut-être un peu plus _____.
3. _____ qu'elle soit peut-être un peu moins _____.

○ Sample answers to this activity are in Appendice 2 at the back of the book.

---

3 Unlike the irregular verbs **faire, pouvoir,** and **savoir** (presented in **Grammaire interactive 15.1**), which have one stem in the subjunctive, the irregular verbs **aller, avoir,** and **être** each have two stems in the subjunctive: one for the **nous/vous** forms and another for all other forms.

	aller RADICAL: **aill-, all-**	avoir RADICAL: **ai-, ay-**	être RADICAL: **soi-, soy-**
… que je (j')	aille	aie	sois
… que tu	ailles	aies	sois
… qu'il/elle/on	aille	ait	soit
… que nous	allions	ayons	soyons
… que vous	alliez	ayez	soyez
… qu'ils/elles	aillent	aient	soient

○ To learn about the irregular subjunctive forms of **vouloir** and **pleuvoir**, see Par la suite at the back of the book.

Mise en pratique 2. Utilisez la forme appropriée des verbes **aller**, **avoir** et **être** pour compléter les deux phrases.

1. Elle n'est pas riche. C'est pourquoi je suis surpris(e) qu'elle _____ une grande maison; qu'elle _____ souvent en France; qu'elle _____ si généreuse envers les autres.

2. Ils ne sont pas très sociables. C'est pourquoi je suis surpris(e) qu'ils _____ membres du club; qu'ils _____ à la fête ce soir; qu'ils _____ un bon rapport avec leurs voisins.

▶ Answers to this activity are in Appendice 2 at the back of the book.

A. Écoutez bien! Votre professeur va jouer le rôle de Michel(le), qui cherche un/une colocataire. Cochez ses préférences. (Il y en a quatre.)

Michel(le) préfère que son/sa colocataire...

_____ 1. soit aussi jeune que lui / qu'elle.

_____ 2. fasse souvent le ménage.

_____ 3. ait quelques meubles à partager.

_____ 4. sorte avec lui/elle de temps en temps.

_____ 5. aille en vacances avec lui/ elle.

_____ 6. sache parler couramment le français.

_____ 7. puisse réparer sa voiture.

_____ 8. fasse des efforts pour recycler ses déchets.

Vocab supp'

Pour parler de la tolérance et de l'intolérance, on utilise souvent les expressions suivantes:

avoir l'esprit ouvert (*open-minded*)
avoir de l'expérience (*worldly*)
être compréhensif/compréhensive (*understanding*)
être tolérant(e)

avoir l'esprit étroit (*narrow-minded*)
avoir des préjugés contre...
être borné(e) (*set in one's ways*)
snob, antisocial(e)
être intolérant(e), ethnocentrique, homophobe, raciste, sexiste

B. Et pour vous, qu'est-ce qui est important? Travaillez avec un(e) camarade. Ensemble, revoyez les options de l'activité A et les qualités dans les deux listes de la section **Vocab supp'**. Parlez de ce que vous recherchez chez un(e) colocataire. Ajoutez d'autres détails, si possible.

J'aimerais que...
J'aimerais mieux que...
Je désire que...
Je préfère que...

Je ne supporterais (*couldn't stand*) pas que...
Je voudrais que...

C. Convictions ou intolérance? Selon un vieux dicton, «Qui se ressemble s'assemble» (*Birds of a feather flock together*). Il est vrai que tout le monde a ses goûts et ses convictions mais arrive-t-il un moment où les convictions d'une personne deviennent une forme d'intolérance?

Première étape. Travaillez avec deux autres camarades. Choisissez un des termes dans la section **Vocab supp'** et donnez-en une définition qu'un enfant de 10 ans pourrait comprendre. Utilisez les verbes **accepter, aimer, apprécier, s'entendre, respecter, tolérer** (ou la négation de ces verbes) dans votre définition.

EXEMPLE: Être tolérant, c'est respecter différentes idées.

Logo de l'association SOS Racisme qui lutte contre toutes les formes de discrimination raciale

Deuxième étape. Dans le même groupe, réagissez au terme que vous venez de définir dans la **Première étape:** (1) Êtes-vous surpris(es) que certaines personnes soient comme cela? (2) Quelles sont les causes de cette façon d'être, à votre avis? (3) Quelle personne ou quel groupe pourriez-vous décrire en utilisant ce terme?

EXEMPLE: Nous ne sommes pas surpris(es) que certaines personnes aient l'esprit étroit parce que... Par exemple, aux États-Unis, il y a...

Chez les francophones: En Belgique

Au cœur de l'Union européenne

Si **l'Union européenne (l'UE)** n'a pas de capitale officielle, la ville de Bruxelles en Belgique en constitue la capitale *de facto*, parce que c'est là qu'on trouve le siège (*seat*) de la plupart de ses institutions.

Née de l'idée d'un économiste et homme politique français, Jean Monnet (1888–1979), qui souhaitait qu'on évite une Troisième guerre mondiale en Europe, l'UE regroupe aujourd'hui 28 États membres. La plupart d'entre eux forme une **union monétaire** (l'emploi d'une monnaie unique, l'euro [€]) et une **union douanière** (*customs*), qui permet la libre circulation des gens et des biens entre les États membres.

Il est moins évident que les Européens puissent former une vraie **union sociale** et **politique** (aux niveaux diplomatique et militaire) vu les grandes différences culturelles qui les séparent actuellement. La Belgique, un des

Le Parlement européen à Bruxelles

États fondateurs de l'UE en 1951, en est un parfait exemple. Elle regroupe, non sans difficulté, deux cultures distinctes: les Flamands au nord (économiquement plus prospères, plus croyants et de droite, parlant flamand, un dialecte du néerlandais) et les Wallons au sud (économiquement moins prospères, plus laïques et de gauche, parlant français). Il faut noter aussi quelques communautés germanophones sur la frontière avec l'Allemagne.

La question d'une Europe unifiée sur les plans social et politique repose donc sur la question de l'identité nationale de ses États membres et, à l'intérieur de chaque État membre, sur l'identité culturelle de ses habitants.

Et chez vous? Avez-vous l'impression que vous vivez dans un pays «unifié» ou diversifié? Sur quel plan (économique, politique, linguistique, etc.)? Qu'est-ce que vous voulez que l'on fasse (ou ne fasse pas) pour rendre votre pays plus unifié ou plus diversifié?

D. Forum: Un problème social. Postez un message sur le **Forum des étudiants** pour décrire un problème social dans votre ville qui vous touche particulièrement. À votre avis, est-ce qu'il y a une solution politique à ce problème? Suivez l'exemple.

◀ ▶ Forum >> Vie quotidienne >> Problèmes sociaux dans votre ville?

MESSAGE DE:

TahiraG
(Montréal)

posté le
14-07

Sujet: L'échec scolaire à Montréal-Nord ▼

Un problème social qui me touche particulièrement est le taux d'échec scolaire très élevé et ses conséquences (le chômage et la criminalité) chez les jeunes dans les quartiers défavorisés de Montréal-Nord. C'est là où j'ai habité avec ma mère et mes deux frères jusqu'à l'âge de 19 ans. Les besoins de la population sont énormes et je suis contente que le gouvernement provincial commence à prêter plus attention à la revitalisation urbaine. Cependant, il faut que toute la communauté fasse plus d'efforts dans le développement social des enfants à un plus jeune âge.

15.3 Vouloir, c'est pouvoir
Use of an infinitive versus the subjunctive

Voici quelques conseils pratiques pour réussir à l'université. Lesquels vous semblent les plus utiles? Cochez les cases appropriées.

1. Pour vraiment profiter de son éducation, il faut **aller** en cours régulièrement.
   ☐ Il faut que j'**aille** en cours plus régulièrement.
2. Pour continuer ses études, il est essentiel de **recevoir** de bonnes notes.
   ☐ Il est essentiel que je **reçoive** de meilleures notes.
3. Pour gérer le stress, il est important de **faire** de l'exercice de temps en temps.
   ☐ Il est important que je **fasse** un peu plus d'exercice.
4. Quand on se sent fatigué, il vaut mieux **dormir** un peu.
   ☐ Il vaut mieux que je **dorme** un peu plus.

Analysons! 1. Dans chaque cas, quelle différence notez-vous entre les deux verbes en caractères gras? _____
2. Quand le verbe est au présent du subjonctif, est-ce que le sujet grammatical de la proposition subordonnée est le même ou différent du sujet grammatical de la proposition principale? _____

> Answers to this activity are in Appendix 2 at the back of the book.

1 Many of the impersonal expressions you've learned—that is, those using the impersonal pronoun **il** as grammatical subject—can be followed by either an infinitive or a subordinate clause (with the verb in the subjunctive).

Il est important $\left\{\begin{array}{l}\text{de **faire** de l'exercice de temps en temps.} \\ \text{**que tu fasses** un peu plus d'exercice.}\end{array}\right.$

In this example, the version with an infinitive is more general (used to address a general audience) whereas the version with a subordinate clause is more specific (used to address a specific person).

2 Verbs and verbal expressions related to desire/emotion, such as **vouloir** and **être triste**, can also be followed by either an infinitive or a subordinate clause (again with the verb in the subjunctive).

Je suis content(e) $\left\{\begin{array}{l}\text{de **suivre** ce cours.} \\ \text{**que tu suives** ce cours avec moi.}\end{array}\right.$

In this example, an infinitive follows the first verb when there is only one grammatical subject (**je**) governing both verbs. But when a different grammatical subject governs each verb (for example, **je** in one clause and **tu** in the other), the verb in the subordinate clause must be in the subjunctive.

> **Mise en pratique.** Jouez le rôle d'un(e) patron(ne) qui parle des qualités qu'il/elle recherche chez ses employés. Transformez les phrases en remplaçant l'infinitif par la forme appropriée du verbe au subjonctif. Faites les autres changements nécessaires.
>
> 1. Il faut **être** travailleur. = Il faut que mes employés _____.
>
> 2. Il est important **de faire** toujours de son mieux. = Il faut que mes employés _____.
>
> 3. Il est essentiel **de savoir** parler aux autres. = Il faut que mes employés _____.
>
> 4. Il est essentiel **de maintenir** un bon rapport avec la clientèle. = Il faut que mes employés _____.
>
> 5. Il vaut mieux **avoir** déjà un peu d'expérience. = Il faut que mes employés _____.

○ Answers to this activity are in Appendice 2 at the back of the book.

3 The adverb **avant** (*before*) shows the same sort of alternation between the infinitive and subjunctive: When there is one grammatical subject governing both verbs, **avant de (d')** + an infinitive is used; but when there is a different grammatical subject for each verb, the verb in the **avant que** clause must be in the subjunctive.

Tu vas faire tes devoirs { **avant** d'**aller** en cours?
{ **avant** que **nous allions** en cours?

A. Écoutez bien! Écoutez la description de Philippe et indiquez si chacun des verbes suivants est à l'infinitif ou au subjonctif. Que pensez-vous de Philippe? C'est une personne responsable?

	à l'infinitif	au subjonctif
1. aller en cours	☐	☐
2. arriver	☐	☐
3. jouer à des jeux vidéo	☐	☐
4. préparer des repas	☐	☐
5. prêter de l'argent	☐	☐
6. faire des efforts	☐	☐

○ To learn about the use of **après (que)** and forms of the past infinitive, see Par la suite at the back of the book.

B. La critique.

Première étape. D'abord, décrivez-vous en complétant chaque phrase.

1. J'aime passer beaucoup de temps à la / au / chez _____ (par exemple, bibliothèque, cinéma).

2. J'ai de la chance d'avoir mon/ma propre _____ (par ex., appartement, voiture).

3. À la maison, je n'aime pas _____ (par ex., faire la vaisselle, passer l'aspirateur).

4. Quant à (*As for*) mes talents, je sais _____ (par ex., danser, surfer).

5. En ce qui concerne l'environnement, j'aime _____ (par ex., acheter des produits bio).

6. Dans l'avenir, j'aimerais être _____ (par ex., médecin, artiste).

Deuxième étape. Travaillez avec un(e) camarade et determinez, d'après les réponses de la **Première étape,** si vous vous ressemblez ou si vous êtes très différent(e)s. Pendant votre discussion, indiquez comment vos amis ou les membres de votre famille réagissent à ces détails de votre vie.

> EXEMPLE: —J'aime passer beaucoup de temps au cinéma. Mes parents n'aiment pas trop que j'y aille tout le temps. Ils préféreraient que j'étudie plus.

C. Pour échapper au quotidien (*To escape the daily grind*)!

Première étape. Choisissez un(e) camarade que vous connaissez assez bien. Imaginez que votre camarade est un peu stressé(e); il/elle a envie d'échapper au quotidien. Organisez (en secret) des vacances qui vous plaisent à tous/toutes les deux, selon les critères et les suggestions suivants. Vous verrez pendant la **Deuxième étape** si vous avez bien choisi.

1. Nous irons… (au bord de la mer?)
2. Il fera… (chaud?)
3. On parlera… (français?)
4. Il y aura des activités… (sportives?)
5. Nous visiterons des… (sites historiques?)
6. La nourriture sera… (très différente?)
7. Nous logerons dans… (une auberge?)
8. Nous (ne) dépenserons… (pas trop d'argent?)

Deuxième étape. Votre camarade va maintenant vous parler de ses projets de vacances. Qu'est-ce que vous pensez de ses choix? Êtes-vous surpris(e), content(e) ou un peu déçu(e)? Pourquoi? Changez ensuite de rôle.

> EXEMPLE: —Je suis très content(e) que nous allions à la montagne parce que j'adore faire du ski!

D. Les dix choses qu'il faut faire avant de mourir.
Avec deux ou trois autres camarades, mettez-vous d'accord sur une activité que tout le monde devrait faire avant de mourir. Partagez cette idée avec la classe en utilisant **il faut.** Faites preuve d'imagination et d'humour ou soyez poétiques!

> EXEMPLE: É1: Avant de mourir, il faut absolument se baigner dans les eaux bleu-vert de Bora Bora.
> É2: Il n'est pas essentiel que moi, je fasse un voyage à Bora Bora. J'aimerais mieux aller sur la Lune!

Un endroit à visiter avant de mourir: l'île de Bora Bora, en Polynésie française

En français

As you complete the **Deuxième étape** of Activity C, keep in mind that there are no future-tense forms of the subjunctive: The forms of the **présent du subjonctif** are used in talking about both present and future events and situations. The time frame will normally be understood in context.

Le coin vidéo

> Je trouve intolérable que l'on puisse penser que l'immigration régulière fait peser un risque sur l'identité nationale.

—SÉGOLÈNE ROYAL*

*In 2007, Ségolène Royal ran for president in France. She lost by a relatively small margin to Nicolas Sarkozy.

La France et l'immigration: son histoire et la situation sociale actuelle

A. Avant de regarder. Avec un(e) camarade, répondez aux questions suivantes: Avez-vous de la famille qui a récemment immigré? Si oui, quel était leur pays d'origine? Ont-ils eu des problèmes ou des difficultés après leur arrivée dans leur nouveau pays? Sinon, à quelle époque est-ce que vos ancêtres sont arrivés dans ce pays? De quel(s) pays venaient-ils?

B. Regardez et écoutez. Regardez et écoutez bien pendant que le professeur vous parle de l'immigration en France.

C. Complétez. Complétez les phrases suivantes en utilisant les expressions de la liste. **Attention!** Certaines expressions ne sont pas utilisées.

de l'Afrique de l'Ouest	HLM
d'Algérie	du Maroc
le chômage	du Portugal
la Deuxième Guerre mondiale	la Première Guerre mondiale
les émeutes dans les rues	le regroupement familial
la faim	«sans-papiers»
la grève	

1. La France a perdu à peu près 10 % de sa population active mâle pendant _____.

2. L'immigration en provenance _____, du Maghreb et _____ s'est intensifiée après la Deuxième Guerre mondiale.

3. La plupart des immigrés maghrébins en France viennent _____, parce que ce pays est une ancienne colonie française qui a obtenu son indépendance en 1962.

4. On a cessé d'encourager l'immigration après la crise économique des années 70, mais on a permis _____. Dans les années 80, on a essayé de contrôler l'immigration, en expulsant les _____.

5. 20 % de la population française vit en _____.

6. Les habitants des banlieues, surtout les enfants d'immigrés, font face à des problèmes sociaux comme l'échec scolaire, la délinquance et _____.

7. _____ sont des manifestations spontanées et parfois violentes; la France en a vu plusieurs depuis les années 60.

D. À vous! Quelles similarités et quelles différences voyez-vous entre l'immigration en France et dans votre pays? Selon vous, est-ce qu'il devrait y avoir une politique de contrôle d'immigration plus stricte dans votre pays?

Un sans-papiers

Extraits du livre *Le Racisme expliqué à ma fille*, de Tahar Ben Jelloun

Tahar Ben Jelloun est un écrivain et poète franco-marocain de langue française, né en 1944 à Fès, au Maroc. Son livre *Le Racisme expliqué à ma fille* (1997), un best-seller vendu à plus de 400.000 exemplaires, est traduit en 33 langues. Dans les extraits suivants de son livre, Ben Jelloun discute les origines du racisme et sa manifestation chez l'enfant.

A. Avant de lire. Répondez à ces questions: Selon vous, qu'est-ce que le racisme? D'où viennent les idées et les attitudes liées à ce phénomène?

B. Lisez. Lisez les extraits suivants.

C'est quoi le racisme?

Quand la fille de Ben Jelloun lui demande:

—Dis, Papa, c'est quoi le racisme?

Ben Jelloun lui répond:

—Le racisme est un comportement assez répandu,[1] commun à toutes les sociétés, devenu hélas[2] banal dans certains pays parce qu'il arrive qu'on ne s'en rende pas compte.[3] Il consiste à se méfier,[4] et même à mépriser,[5] des personnes ayant des caractéristiques physiques et culturelles différentes des nôtres.[6] [...] En général, l'homme a tendance à se méfier de quelqu'un de différent de lui, un étranger par exemple; c'est un comportement aussi ancien que l'être humain; il est universel. Cela touche tout le monde.

Plus tard dans son livre, Ben Jelloun explique les origines culturelles du racisme:

Un enfant ne naît pas raciste. Si ses parents ou ses proches[7] n'ont pas mis dans sa tête des idées racistes, il n'y a pas de raison pour qu'il le devienne. Si, par exemple, on te fait croire que ceux qui ont la peau blanche sont supérieurs à ceux dont la peau est noire, si tu prends au sérieux cette affirmation, tu pourras avoir un comportement raciste à l'égard des Noirs. [...]

—Tu crois que je pourrais devenir raciste?

—Le devenir, c'est possible; tout dépend de l'éducation que tu auras reçue.

Il vaut mieux le savoir et s'empêcher[8] de l'être, autrement dit accepter l'idée que tout enfant ou tout adulte est capable, un jour, d'avoir un sentiment et un comportement de rejet à l'égard[9] de quelqu'un qui ne lui a rien fait mais qui est différent de lui. [...]

Vers la fin de son livre Ben Jelloun note que:

La différence, c'est le contraire de la ressemblance, de ce qui est identique. La première différence manifeste est le sexe. Un homme se sent différent d'une femme. Et réciproquement. Quand il s'agit de cette différence-là, il y a, en

[1]widespread   [2]unfortunately   [3]ne... *we don't realize it*   [4]mistrust   [5]scorn   [6]our own
[7]parents... *close friends or close relatives*   [8]stop oneself, prevent oneself   [9]à... *in regard to*

(suite)

général, attirance[10] [...] Le raciste est celui qui pense que tout ce qui est trop différent de lui le menace dans sa tranquillité.

—C'est le raciste qui se sent menacé?

—Oui, car il a peur de ce qui ne lui ressemble pas. Le raciste est quelqu'un qui souffre d'un complexe d'infériorité ou de supériorité.

Dans sa conclusion, Ben Jelloun nous rappelle que:

La lutte contre le racisme doit être un réflexe quotidien. Notre vigilance ne doit jamais baisser. Il faut commencer par donner l'exemple et faire attention aux mots qu'on utilise. Les mots sont dangereux. Certains sont employés pour blesser[11] et humilier, pour nourrir[12] la méfiance et même la haine.[13] D'autres sont détournés de leur sens profond et alimentent[14] des intentions de hiérarchie et de discrimination. D'autres sont beaux et heureux. Il faut renoncer aux idées toutes faites,[15] à certains dictons et proverbes qui vont dans le sens de la généralisation et par conséquent du racisme. Il faudra arriver à éliminer de ton vocabulaire des expressions porteuses[16] d'idées fausses et pernicieuses. La lutte contre le racisme commence avec le travail sur le langage.

[10]*attraction*   [11]*wound*   [12]*feed into*   [13]*hatred*   [14]*fuel*   [15]*toutes... preconceived*   [16]*porteuses... which carry*

C. Avez-vous compris? Décidez si les phrases suivantes sont vraies ou fausses selon le texte. Si une phrase est fausse, corrigez-la.

	vrai	faux
1. C'est la peur ou la méfiance envers ceux qui sont différents de nous qui est à l'origine du racisme.	☐	☐
2. Le racisme est un comportement universel.	☐	☐
3. Le racisme se manifeste naturellement chez l'enfant.	☐	☐
4. Tout raciste souffre d'un complexe de supériorité.	☐	☐
5. La lutte contre le racisme ne devrait jamais cesser.	☐	☐
6. La relation entre le racisme et le langage n'est pas bien établie.	☐	☐

D. À vous! Au sujet de son livre, Ben Jelloun dit, «Je suis parti du principe que la lutte contre le racisme commence avec l'éducation.» Pensez-vous aussi que l'éducation peut résoudre les problèmes liés au racisme? Pourquoi, et comment?

Les coins lecture et écriture: Additional reading and writing activities are available in the **Workbook / Laboratory Manual** and at **Connect French (www. mhconnectfrench.com)**.

Tahar Ben Jelloun, écrivain et poète franco-marocain

«Mon pays» (Faudel, 2006)

A. Avant d'écouter. Lisez la biographie du chanteur Faudel, puis répondez aux questions.

> **Faudel Belloua**, dit **Faudel**, né en 1978 de deux parents d'origine algérienne à Mantes-la-Jolie dans la banlieue parisienne, est un acteur et chanteur bilingue (français–arabe). Il est surnommé **le petit prince du raï**, un style de musique algérien populaire qui date du début du 20ᵉ siècle et popularisé en France dans les années 90 par une série de chanteurs (ou **chebs**, signifiant «jeune» et «beau» en arabe). «Mon pays» est le premier single de son album **Mundial Corrida**, sorti en 2006.

1. Faudel est bilingue. Quelles langues parle-t-il?

2. Quel est le genre musical de la chanson? D'où vient-il?

3. À quel(s) pays est-ce que le titre de cette chanson peut faire référence?

Faudel, le petit prince du raï

iTunes Playlist: This song is available for purchase at the iTunes Store. The songs for this feature are not provided by the publisher.

B. Écoutez. Lisez les questions suivantes avant d'écouter la chanson, puis répondez-y.

1. Quels éléments est-ce que Faudel associe à **la France**? Lesquels est-ce qu'il associe à **l'Algérie**?

	la France	l'Algérie
le soleil qui brûle les dunes	☐	☐
le désert	☐	☐
le vent	☐	☐
la pluie	☐	☐
les bancs (*benches*) de la cité	☐	☐
le parfum de menthe (*mint*)	☐	☐
l'océan	☐	☐

2. Quelle phrase est-ce que Faudel répète pour souligner (*emphasize*) que son pays est la France?

3. Faudel dit qu'il n'oubliera jamais son pays parce qu'il a trop de souvenirs. De qui, de quoi?

C. À vous! Répondez aux questions.

Pour le fils / la fille d'immigrés, quels aspects du pays d'origine de ses parents sont importants? Quels aspects du pays où il/elle est né(e) sont importants?

Rétrospective Mai 68 et le droit de grève en France

Alors que la société américaine était soulevée par de nombreuses manifestations pour soutenir et développer les droits civiques au début des années 60, les Français, eux aussi, descendaient dans la rue pour provoquer le changement social en matière de politique, de culture, d'économie et d'éducation. Le point culminant de cette décade mouvementée est mai 1968. Quand les Français disent «**mai 68**», ils font explicitement référence aux manifestations étudiantes et ouvrières qui se sont déroulées (*took place*) dans les rues de Paris et d'autres grandes villes de France, menant (*leading*) parfois à des confrontations violentes avec la police. Tout commence le 3 mai, quand 400 étudiants se sont regroupés calmement à la Sorbonne pour protester contre la fermeture de l'Université de Paris à Nanterre. Pour prévenir les émeutes, les policiers ont forcé les manifestants à quitter les lieux en installant des barricades et en menaçant (*threatening*) de les arrêter. Bientôt, la population ouvrière, également mécontente, a décidé de se mettre en grève en solidarité avec les étudiants. Plus de 10 millions d'ouvriers se sont mis en grève pendant deux semaines. La vie en France était à l'arrêt: plus de (*no more*) ramassage des poubelles (*garbage collection*), plus de transports publics…

Le 11 mai 1968: la police derrière une barricade dans le Quartier latin

Des chants et des graffiti comme «Sous les pavés, la plage!» (*Under the paving stones, the beach!*) ou «Soyez réalistes, demandez l'impossible» et «Usines, Universités, Union» retentissent (*resound*) partout en France, pas seulement à Paris, et font écho à l'atmosphère générale de l'époque: une insatisfaction générale avec les valeurs traditionnelles passéistes (*outdated*) imposées par ceux qui gouvernent et la colère (*anger*) contre les mesures des officiels pour faire taire (*silence*) ceux qui expriment cette insatisfaction au travers d'un militantisme social. Encore aujourd'hui, les grèves qui affectent les transports, la livraison du courrier et l'enseignement sont fréquentes en France. Le droit de grève fait partie intégrante du système politique et économique français, même si les grèves peuvent être frustrantes pour les visiteurs comme pour les citoyens du pays.

Avez-vous compris? Qui a commencé les manifestations de mai 68 et pourquoi? Quel groupe socio-économique s'est ensuite joint au mouvement? De quel état de choses est-ce que les manifestants se plaignaient principalement? Pour quelles raisons peut-on vouloir faire grève? Est-ce qu'on fait grève souvent dans votre pays? Pourquoi ou pourquoi pas?

Jeu de rôles: une campagne politique

Travaillez avec trois camarades—c'est-à-dire, les membres de votre propre parti politique, L'Union pour le mouvement étudiant (l'UME). Mettez-vous d'accord sur une campagne à lancer (*launch*): (1) identifiez un problème ou un sujet à controverse dans votre fac; (2) parlez de votre réaction à ce problème et (3) proposez une solution. Employez des expressions de la liste et n'oubliez pas de faire la distinction entre l'indicatif et le subjonctif. Quand vous êtes prêt(e)s, présentez votre campagne à la classe. Qu'est-ce que vos camarades en pensent?

Il est évident que…   Il faut que nous…
Il est important que…   Nous avons peur que…
Il est tout à fait clair que… Nous croyons que…
Il est vrai que…   Nous voulons que…

Des étudiants manifestent pour un meilleur budget pour l'éducation.

Vocabulaire

Questions et expressions

Ça t'intéresse / Ça vous intéresse, (la politique)?	Does (politics) interest you?
Oui, ça m'intéresse.	Yes, that interests me.
Tu t'intéresses à / Vous vous intéressez à… ?	Are you interested in … ?
Euh… ben, oui.	Uh, yeah.
Moi, pas trop.	Not really.
Oui, je m'y intéresse.	Yes, I'm interested in that.
Oui, énormément.	Yes, extremely.
Oui, beaucoup quand même.	Yes, quite a bit, actually.
Oui, bien sûr.	Yes, of course.
Il est clair/évident/probable/vrai que… (+indic.)	It's clear/obvious/likely/true that …
C'est dommage que (+subj.)…	It's a shame that …
Il est douteux que (+subj.)…	It's doubtful that …
Il se peut que (+subj.)…	It may be that …
J'ai peur que (+subj.)…	I'm afraid that …
Je doute que (+subj.)…	I doubt that …
Je souhaite que (+subj.)…	I hope/wish that …
Je suis triste que (+subj.)…	I am sad that …

Verbes et expressions verbales

augmenter	to increase, augment
avoir l'esprit ouvert	to be open-minded
l'esprit étroit	narrow-minded
de l'expérience	worldly
des préjugés (contre)	prejudiced (against)
baisser	to lower
composter (ses déchets)	to compost (one's garbage)
débrancher	to unplug
faire grève	to go on strike
imposer	to impose
installer	to install
interdire	to prohibit
lutter (pour/contre)	to battle, fight (for/against)
manifester (pour/contre)	to demonstrate (for/against)
raccommoder	to mend an article of clothing
recycler (faire du recyclage)	to recycle
soutenir	to support
subventionner	to subsidize

La société moderne

l'agriculture (f.)	agriculture
une ampoule (fluocompacte)	a(n) (energy-saving) light bulb
une boîte	a can
une chaîne de télévision	a television channel
le chômage	unemployment
un(e) citoyen(ne)	a citizen
la climatisation	air conditioning
la conscription	conscription (obligatory military service)
l'échec (m.) (scolaire)	failure (at school)
l'énergie (f.) (éolienne, nucléaire, renouvelable, solaire, thermale)	(wind, nuclear, renewable, solar, thermal) energy
l'enseignement (m.) (laïc)	(lay/secular) instruction
une émeute	a riot
une ferme (familiale)	a (family) farm
les forces (f.) armées	the armed forces
une gourde	a water bottle
une grève	a strike
un(e) HLM (habitation à loyer modéré)	low income housing
l'immigration (f.) (clandestine, illégale)	(clandestine, illegal) immigration
un(e) immigré(e)	an immigrant
les impôts (m.)	income taxes
l'intolérance (f.)	intolerance
la lutte	fight
une loi	a law
une maladie (infectieuse)	an infectious disease
une manifestation	a march, demonstration
un OGM [organisme génétiquement modifié]	a genetically modified organism (GMO)
la pollution	pollution
la population active	workforce
un produit (agricole, "bio[logique]")	an (agricultural, organic) product
un quartier défavorisé	underprivileged neighborhood
le réchauffement de la planète	global warming
la retraite	retirement
le SIDA (syndrome de l'immunodéficience acquise)	AIDS
un syndicat	a workers' union, trade union
le taux (de chômage)	(unemployment) rate
le terrorisme	terrorism
un titre de séjour	a residency card, visa
un voile / un foulard (islamique)	an (Islamic) head scarf

Adjectifs

antisocial(e)	antisocial
borné(e)	set in one's ways
compréhensif/compréhensive	understanding
ethnocentrique	ethnocentric
homophobe	homophobic
puissant(e)	powerful
raciste	racist
sans papiers	undocumented
sexiste	sexist
snob (inv.)	snobby
tolérant(e)/intolérant(e)	tolerant/intolerant

Clio, Euterpe et Thalie (1640–1645), Eustache Le Sueur

Rappel

In this chapter, you will review:

- how to take leave of people and wish them well
- how to talk about events using regular and irregular present-tense verbs
- how to ask information questions
- how to refer to people, places, and things using object pronouns
- how to talk about past events using the **imparfait** and the **passé composé**

Bilan

In this chapter, you will learn:

- how to seek someone's input
- about French contributions to world culture
- about cultural notions of art and artistic performance
- about Eustache Le Sueur and his work, *Clio, Euterpe et Thalie*, while reviewing vocabulary and grammar from previous chapters

16 Une célébration des arts

connect plus+
| FRENCH
www.mhconnectfrench.com
LEARNSMART

Est-ce que tu as / vous avez quelque chose à dire... ? Seeking someone's input

- To ask someone for additional input at the end of an interview, a meeting, class, or presentation, you can say:

  Est-ce que tu as / vous avez quelque chose à dire / à ajouter?
  Do you have anything to say/add?

  —**Est-ce que tu as / vous avez quelque chose à dire aux étudiants américains au sujet de la France?**

  —**Vous devriez venir en France parce qu'il y a beaucoup de choses à voir et beaucoup de choses à faire.**

- Another way to express the same idea is to say:

  Est-ce que tu voudrais / vous voudriez dire quelque chose...
  Would you like to say something . . .

  —**Est-ce que tu voudrais / vous voudriez dire quelque chose aux étudiants américains au sujet de la culture française?**

  —**Venez découvrir Paris, c'est magnifique. Il y a un centre-ville historique magnifique.**

Vidéo

À l'écran.

Première étape. Regardez et écoutez les Français répondre à la question: **Est-ce que tu as / vous avez quelque chose à dire aux étudiants américains au sujet de la France ou de la culture française?** Indiquez ce que dit chaque personne en cochant les cases appropriées. **Attention!** Certaines personnes disent plus d'une chose et certaines phrases expriment les pensées de plus d'une personne.

Que disent-ils aux étudiants américains?					
Il/Elle leur dit...	de venir en France parce que c'est un très beau pays; Paris est une belle ville.	de chercher à connaître cette culture.	de venir en France à cause de sa culture très riche.	de venir en France pour essayer sa bonne cuisine.	de venir en France parce que les gens sont assez sympathiques.
1. Victoria	☐	☐	☐	☐	☐

Il/Elle leur dit…	de venir en France parce que c'est un très beau pays; Paris est une belle ville.	de chercher à connaître cette culture.	de venir en France à cause de sa culture très riche.	de venir en France pour essayer sa bonne cuisine.	de venir en France parce que les gens sont assez sympathiques.
2. Antoine	☐	☐	☐	☐	☐
3. Sullyvan 4. Anthony	☐ ☐	☐ ☐	☐ ☐	☐ ☐	☐ ☐
5. Daniel	☐	☐	☐	☐	☐
6. Justine	☐	☐	☐	☐	☐
7. Sélim	☐	☐	☐	☐	☐

Deuxième étape. Regardez de nouveau la vidéo et répondez aux questions suivantes.

1. Quelles sont les deux réponses les plus fréquentes? Pourquoi étudiez-vous le français?

2. À votre avis, quelle est la personne la plus accueillante (*welcoming*)? Pourquoi?

3. Daniel dit que les étudiants américains qui étudient le français doivent chercher à connaître cette culture et non pas la combattre. Qu'est-ce que cela veut dire exactement?

4. Écoutez les réponses de Justine, puis répondez à la question: est-ce que tu as / vous avez quelque chose à dire aux étudiants français (ou aux gens de la vidéo) au sujet des États-Unis / de votre pays ou de votre culture? Est-ce que vous diriez les mêmes choses que Justine pour décrire votre culture?

Avant de nous quitter, disons-nous au revoir
Taking leave of people and wishing them well

At the end of each interview, we asked everyone: **Avant de nous quitter, disons-nous au revoir.**

Here is a list of expressions that people used.

- To say good-bye to a group of people, you say:

    Au revoir à tous! Au revoir, les enfants! Salut, les filles!

    À noter: French, unlike English, uses an article, in this case **les,** when addressing a group.

- An informal and affectionate way to say good-bye is:

    Bisous! *Kisses!*

- To welcome someone to your country (or home), you say:

    Vous êtes / Soyez le bienvenu / la bienvenue / les bienvenu(e)s! or just **Bienvenue!**

    Note that the noun **bienvenu** changes depending on whom you are addressing.

- To wish someone good luck, you say: **Bonne chance!**

- If the task at hand is difficult, you say: **Bon courage!**

- To wish someone success with anything, simply put the correct form of **bon** in front of the noun:

Bon travail!	*Good luck with your work!*
Bon voyage!	*Have a good trip!*
Bonnes leçons!	*Good luck with your lessons!*

- To reply to someone who wishes you well, you can thank them and/or wish them the same by saying:

    À toi/vous aussi! *To you too!*

À tous les étudiants américains, au revoir de la France, bisous!

À l'écran.

Vidéo

Première étape. Regardez et écoutez d'autres gens de la vidéo qui vous disent au revoir et qui vous encouragent dans vos études de français. Associez chaque personne ou groupe de personnes avec l'expression ou les expressions qu'elle/il utilise. **Attention!** Plusieurs personnes disent la même chose!

1. Lahcen _____

2. Guillaume et Élise _____

a. Au revoir!
b. Bisous!
c. Bon courage!
d. Bonne chance!
e. Bonnes leçons!
f. Vous êtes les bienvenus en France!

3. Les familles Béranger et Béranger-Plateau

_____

4. Imée et Aïda _____

5. Annie et Martin _____

6. Simon _____

7. Marie-Ange _____

Deuxième étape. Travaillez avec un(e) camarade. Choisissez une des situations de la liste. Lisez-la à votre camarade qui va réagir avec une expression appropriée. Changez ensuite de rôle. Continuez ainsi avec toutes les autres situations.

1. Votre ami a un examen très difficile demain et il va étudier toute la nuit.
2. Vos amis viennent d'arriver de Montréal. Vous ouvrez la porte.
3. Avant de quitter votre amie, vous dites «au revoir» à ses deux enfants.
4. Votre père a une interview dans une heure pour un nouveau poste.
5. Votre colocataire a beaucoup de choses à faire et se sent très stressé(e).
6. Votre professeur vous souhaite un bon week-end.

Vocabulaire interactif

Les «sept arts»   Talking about the arts

Au 19ᵉ siècle, on reconnaissait six arts: **l'architecture, la sculpture, la peinture, la musique, la poésie** et **la danse**. Au 20ᵉ siècle, on a ajouté un septième art à cette liste: **le cinéma**. Indiquez à quelles œuvres mentionnées dans la colonne A correspondent les descriptions de la colonne B, puis lisez les paragraphes qui suivent l'activité pour vérifier vos réponses.

A	B
_____ 1. *Notre-Dame de Paris*	a. un ballet **romantique** de Théophile Gautier
_____ 2. *les Invalides*	b. une cathédrale **gothique**
_____ 3. *Le Penseur* et *Le Baiser*	c. un musée militaire **baroque**
_____ 4. *Impression, soleil levant*	d. un film de la «Nouvelle Vague (*Wave*)»
_____ 5. *La Mort de Marat*	e. un des plus gros succès mondiaux pour un film français
_____ 6. *Carmen*	f. un opéra de Bizet
_____ 7. *Les Fleurs du mal*	g. un tableau **impressionniste** de Monet
_____ 8. *Giselle*	h. un tableau **néoclassique** de Jacques-Louis David
_____ 9. *À bout de souffle* (*Breathless*)	i. un recueil de poèmes de Baudelaire
_____ 10. *Le Fabuleux Destin d'Amélie Poulain*	j. des sculptures de Rodin

Le premier art: l'architecture

Notre-Dame de Paris, la célèbre cathédrale du Moyen Âge, est un exemple de l'architecture gothique—un style architectural qui comprend des éléments structuraux et décoratifs tels des plafonds **en voûte** (*vaulted ceilings*), **des arcs-boutants** (*flying buttresses*), **des vitraux** (*stained-glass windows*) en forme de rose (appelés des **rosaces**) et, bien sûr, **des gargouilles**. Sa construction a duré presque deux siècles, de 1163 à 1345.

L'*Hôtel national des Invalides*, **conçu** (*designed*) par **l'architecte** Libéral Bruant (1635–1697) en 1671 et terminé en 1676, est aujourd'hui un musée militaire où on peut voir le tombeau de Napoléon Ier. C'est un exemple de l'architecture baroque du 17e siècle, caractérisée par l'opulence **des matières** (*building materials*), des escaliers **en spirale**, des coupoles **dorées** (*golden*) et **des fresques** qui couvrent l'intégralité du plafond (*ceiling*).

Le deuxième art: la sculpture

Le troisième art: la peinture

Le Baiser (1889) est une sculpture **en marbre** du **sculpteur** Auguste Rodin (1840–1917). Rodin abandonne **les thèmes** mythologiques et religieux qui ont du succès à l'époque. Il cherche à représenter la condition humaine et se concentre sur le corps humain. *Le Penseur,* **en bronze** et *Le Baiser* sont deux œuvres célèbres qui illustrent bien son art.

La Mort de Marat (ou *Marat assassiné*) (1793), **un tableau** du **peintre** Jacques-Louis David (1748–1825) de l'École néoclassique, est une des plus célèbres **images** de la Révolution française. Le néoclassicisme est un grand mouvement artistique, qui s'inspire de la pureté des arts grec et romain et se caractérise par la perfection de **la ligne** et **la technique** du clair-obscur (*chiaroscuro, "half-light"*).

Impression, soleil levant (1872), **une peinture à l'huile** de Claude Monet (1840–1926), est un des plus célèbres peintres du mouvement impressionniste du 19e siècle. L'impressionnisme est caractérisé par des lignes floues (*blurred*), des touches de couleurs qui reflètent le mouvement et l'effet de **la lumière** sur le sujet et **des coups de pinceau** (*brush strokes*) très visibles sur **la toile** (*canvas*).

Le quatrième art: la musique

Carmen (1875), du **compositeur** Georges Bizet (1838–1875), est un opéra en quatre **actes** qui **met en scène** (*presents*) une bohémienne, Carmen (**mezzo-soprano**), et son amant, le brigadier Don José (**ténor**) et décrit leur relation orageuse (*stormy*). D'abord dénoncé par les critiques, *Carmen* est aujourd'hui un des opéras les plus joués du monde.

Le cinquième art: la poésie

Les Fleurs du mal (1857) est **un recueil** de poèmes de Charles Baudelaire (1821–1867), le père de la poésie moderne. Le **poète** joue sur les idées abstraites et les images—parfois érotiques, grotesques ou décadentes—qui les expriment. Publiée en 1857, pendant le règne de Napoléon III, l'œuvre est jugée un «outrage à la morale publique».

Le sixième art: la danse

Giselle, interprété (*performed*) pour la première fois en 1841, est considéré comme l'archétype du ballet romantique. Le romantisme était un mouvement artistique qui donnait priorité—en danse, en musique et en littérature—aux émotions et à la sensibilité (*sensitivity*). *Giselle* établit aussi la suprématie de **la danseuse** (la ballerine) qui, gracieuse et délicate, danse **sur les pointes** alors que le danseur n'est là que pour mettre en valeur sa partenaire.

Le septième art: le cinéma

À bout de souffle (1960) est **un long métrage** (*feature-length film*) du **réalisateur** Jean-Luc Godard, une figure importante de la Nouvelle Vague, un mouvement cinématographique des années 50 et 60. Ce mouvement est caractérisé par une nouvelle façon de tourner les films unique à son époque. On privilégie **le tournage** (*filming*) en extérieur, **en noir et blanc**, avec des changements de scène rapides et un dialogue souvent improvisé.

Le Fabuleux Destin d'Amélie Poulain (2001) est un film de Jean-Pierre Jeunet, un des membres d'une nouvelle génération de **cinéastes** (*filmmakers*) français (avec Luc Besson) qui connaissent un grand succès aux États-Unis comme en France. **La sortie** (*release*) du film aux États-Unis, **en version originale** (**sous-titré** en anglais), a connu un succès immédiat, battant le record du box-office pour un film français en langue française, à plus de 33 millions de dollars.

A. Qui fait quoi? Travaillez avec un(e) camarade. Ensemble, complétez le tableau suivant avec les termes qui manquent. Quel(le) artiste / Quelle œuvre vous vient immédiatement à l'esprit pour chacun de ces sept domaines artistiques? Est-ce que votre camarade et vous avez pensé au (à la) même artiste / à la même œuvre dans certains cas?

l'art	l'artiste	l'œuvre artistique
1. l'_____	un(e) architecte	un édifice
2. la sculpture	un _____ / une femme sculpteur	une sculpture
3. la peinture	un _____ / une femme peintre	un _____
4. la _____	un musicien / une _____	un morceau de musique, une symphonie, un opéra
5. la poésie	un _____ / une femme poète	un _____
6. la danse	un danseur / une _____	un _____
7. le cinéma	un _____ / une réalisatrice *ou* un(e) cinéaste	un _____

B. Le matériel et le style.

Première étape. Indiquez quels termes de la liste B peuvent décrire les mots de la liste A. Votre professeur va écrire vos idées au tableau. **Attention!** Il y a souvent plusieurs associations possibles.

A

une ballerine une photo(graphie)
une coupole un plafond
un escalier un rôle
un film une sculpture
une peinture un tableau

B

à l'huile en couleur en version originale
de/pour ténor en marbre en voûte
doré(e) en noir et blanc sur les pointes
en bronze en spirale

Deuxième étape. Parmi les termes descriptifs écrits au tableau, lesquels s'appliquent aux images suivantes? Ensuite, trouvez dans la présentation (pages 462–465) un exemple des termes que vous n'avez pas encore utilisés.

a. Le château de Blois

b. *Hyères* (1932), d'Henri Cartier-Bresson

c. *Autoportrait au chapeau de paille* (1782), Élisabeth Vigée-Lebrun

d. l'intérieur de la Sainte-Chapelle à Paris

C. Collez vos camarades! (*Stump your friends!*) Posez une colle à vos camarades en utilisant une des professions artistiques de la liste A et un des adjectifs de nationalité de la liste B. **Attention!** Il faut ajouter quelques détails supplémentaires pour préciser de qui vous parlez.

> EXEMPLE: C'est un architecte américain qui a conçu beaucoup d'édifices aux États-Unis, y compris le musée Guggenheim à New York. Qui est-ce?

<table>
<tr><td colspan="2" align="center">A</td><td colspan="2" align="center">B</td></tr>
<tr><td>architecte</td><td>peintre / femme</td><td>américain(e)</td><td>espagnol(e)</td></tr>
<tr><td>acteur/actrice</td><td>peintre</td><td>belge</td><td>français(e)</td></tr>
<tr><td>cinéaste</td><td>poète / femme</td><td>canadien(ne)</td><td>italien(ne)</td></tr>
<tr><td>compositeur</td><td>poète</td><td>chinois(e)</td><td>russe</td></tr>
<tr><td>danseur/
danseuse</td><td>ténor/soprane</td><td></td><td></td></tr>
</table>

D. Les thèmes. Quelle forme d'art, à votre avis, exprime ou traduit très bien— ou le mieux, peut-être—les sentiments suivants? Justifiez votre opinion et donnez un exemple précis.

> EXEMPLE: —Pour moi, la poésie exprime très bien l'amour. Par exemple, on écrit des poèmes pour la personne qu'on aime et on en récite pendant des cérémonies de mariage. Les poèmes d'Elizabeth Barrett Browning expriment bien l'amour.

1. l'amour
2. le bonheur / la joie
3. le comique
4. le divin
5. le macabre
6. le malheur / la tristesse
7. le patriotisme
8. la souffrance

Prononcez bien!
To learn some famous French **virelangues** (*tongue twisters*), as well as review sound–spelling correspondences in French, see the **Prononcez bien!** section of the *Workbook / Laboratory Manual.*

E. Forum: Les formes d'art. Parmi toutes les formes d'art, est-ce qu'il y en a une que vous préférez? Postez votre message sur le **Forum des étudiants** pour expliquer pourquoi vous l'aimez. Faites référence à quelques artistes et/ou à quelques œuvres. Suivez l'exemple.

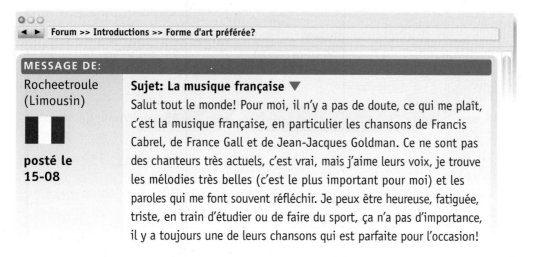

○○○

◄ ► Forum >> Introductions >> Forme d'art préférée?

MESSAGE DE:

Rocheetroule
(Limousin)

posté le
15-08

Sujet: La musique française ▼

Salut tout le monde! Pour moi, il n'y a pas de doute, ce qui me plaît, c'est la musique française, en particulier les chansons de Francis Cabrel, de France Gall et de Jean-Jacques Goldman. Ce ne sont pas des chanteurs très actuels, c'est vrai, mais j'aime leurs voix, je trouve les mélodies très belles (c'est le plus important pour moi) et les paroles qui me font souvent réfléchir. Je peux être heureuse, fatiguée, triste, en train d'étudier ou de faire du sport, ça n'a pas d'importance, il y a toujours une de leurs chansons qui est parfaite pour l'occasion!

Grammaire interactive

Rappel — Regular and irregular verbs in the present tense

La forme appropriée.

Première étape. Complétez chaque phrase en choisissant le verbe le plus logique et en écrivant sa forme appropriée au **présent de l'indicatif**.

> s'amuser   finir   jouer   sortir   vendre

1. a. Le musicien _____ de la trompette.

   b. Les musiciens _____ très bien ensemble.

2. a. L'enfant _____ à peindre.

   b. Les enfants _____ au cirque.

3. a. Le jeune artiste _____ son premier tableau.

   b. Les jeunes artistes _____ leurs œuvres.

4. a. Émilie _____ au théâtre ce soir.

   b. Les Duclos _____ au cinéma cet après-midi.

5. a. L'auteur _____ d'écrire son roman.

   b. Les auteurs _____ leur manuscrit à temps.

Deuxième étape. Complétez le tableau avec les formes indiquées des verbes irréguliers.

EXEMPLE: être (il) → il est

A VERBES FRÉQUEMMENT EMPLOYÉS	B VERBES FRÉQUEMMENT SUIVIS D'UN INFINITIF	C VERBES DE COMMUNICATION	D D'AUTRES VERBES IRRÉGULIERS
1. être (il, ils) _____	5. pouvoir (tu) _____	9. lire (vous) _____	12. prendre (je, nous) _____
2. avoir (elle, elles) _____	6. vouloir (tu) _____	10. écrire (vous) _____	13. boire (je, nous) _____
3. faire (il, ils) _____	7. devoir (tu) _____	11. dire (vous) _____	14. croire/voir (je, nous) _____
4. aller (elle, elles) _____	8. savoir (tu) _____		15. venir/tenir (je, nous) _____

▷ Answers to the activities in this section are in Appendice 2 at the back of the book.

A. Testez votre mémoire.

Première étape. Vous souvenez-vous de ce que fait le sujet ou le personnage principal dans ces œuvres d'art? Répondez aux questions suivantes en employant le **présent de l'indicatif** des verbes de la liste.

> chanter   s'embrasser
> danser   se lever
> descendre la rue à vélo   se promener

Que fait...
1. la ballerine dans *Giselle*?
2. le soleil dans le tableau de Monet?
3. l'homme sur la photo d'Henri Cartier-Bresson?

Que font...
4. la mezzo-soprano et le ténor dans *Carmen*?
5. les deux amants dans la sculpture de Rodin?
6. les deux amants dans le film *À bout de souffle* de Godard?

Deuxième étape. Un(e) de vos camarades va «peindre» au tableau une scène avec plusieurs personnages en train de faire quelque chose. Décrivez ce qui se passe.

B. Un poème de Baudelaire.

Première étape. Complétez les trois premières strophes (*stanzas*) du poème «Hymne à la beauté» avec le **présent de l'indicatif** des verbes en caractères gras.

◖ To learn about the form and uses of the present participle (**le participe présent**), see Par la suite at the back of your book.

◖ To review the conjugation of present-tense **-er** verbs, see Chapitre 3, Grammaire interactive 3.1; for **-re** verbs, see Chapitre 5, Grammaire interactive 5.3; for **-ir** verbs, see Chapitre 6, Grammaire interactive 6.2 and 6.4; for pronominal verbs, see Chapitre 8, Grammaire interactive 8.1.

«Hymne à la beauté»	
_____-tu du ciel profond ou _____-tu de l'abîme,[1]	venir / sortir
Ô Beauté? ton regard, infernal et divin,	
_____ confusément le bienfait[2] et le crime,	verser (*to pour out*)
Et l'on _____ pour cela te comparer au vin.	pouvoir
Tu _____ dans ton œil le couchant et l'aurore;	contenir
Tu _____ des parfums comme un soir orageux;	répandre (*to spread*)
Tes baisers _____ un philtre[3] et ta bouche une amphore[4]	être
Qui font le héros lâche[5] et l'enfant courageux.	
_____-tu du gouffre noir[6] ou _____-tu des astres[7]?	sortir / descendre
Le Destin charmé _____ tes jupons[8] comme un chien;	suivre
Tu _____ au hasard la joie et les désastres,	semer (*to sow*)
Et tu _____ tout et ne _____ de rien.	gouverner / répondre
[...]	
—Charles Baudelaire (*Les Fleurs du mal*, 1857)	

[1]*abyss*   [2]*kind deed*   [3]*philtre (a love potion)*   [4]*amphora (a receptacle used in Antiquity)*   [5]*weak, cowardly*   [6]*dark pit*   [7]*stars*   [8]*skirts*

Deuxième étape. Discutez des questions suivantes avec deux camarades. Êtes-vous tou(te)s d'accord sur les réponses?

1. Quels vers (*verses*) riment dans chaque strophe?
2. On parle de **la beauté** dans ce poème comme si elle était une personne (on appelle cela la personnification d'un concept). Comment savez-vous que cette personne est une femme?
3. Baudelaire utilise le pronom **tu** (et non pas **vous**) pour s'adresser à **la beauté**. Qu'est-ce que cela signifie, à votre avis?
4. Le poète semble très ambivalent face à la beauté: D'un côté, il la désire et dit qu'elle «vient du ciel». D'un autre côté, il en a peur; il dit qu'elle «sort de l'abîme». Trouvez d'autres oppositions de ce type dans le poème.

C. Un(e) véritable cinéphile.

Êtes-vous cinéphile?

Première étape. Avec vos camarades, décrivez ce que fait un(e) «cinéphile». Complétez la phrase **Un(e) cinéphile, c'est quelqu'un qui...** en employant six verbes. Un(e) de vos camarades va écrire vos phrases au tableau.

EXEMPLE: —Un(e) cinéphile, c'est quelqu'un qui connaît le nom de beaucoup de réalisateurs.

Deuxième étape. Posez des questions à deux étudiants (nommés par la classe) pour déterminer qui est un(e) véritable cinéphile. Vos questions doivent être basées sur votre description au tableau.

EXEMPLE: —(Est-ce que) vous connaissez le nom de beaucoup de réalisateurs? Lesquels?

En français

The impersonal expression **il s'agit de (d')** can be used to introduce the plot of a film (novel, etc.). Notice that this introductory sentence is structured quite differently in French and English.

—Est-ce que tu as vu le film *À bout de souffle*?

—Oui, c'est un film super. Il s'agit d'un jeune couple qui...   *It's about a young couple who . . .*

To ask for a summary of the plot of a film or novel, say: **De quoi s'agit-il?**

D. Mon film préféré. Choisissez un film que vous aimez beaucoup et parlez-en avec un(e) camarade. De quoi s'agit-il dans ce film? Où se passe l'histoire? Qui interprète les rôles principaux? Que pensez-vous de ce film? Si votre camarade l'a déjà vu, avez-vous tous/toutes les deux la même opinion du film? S'il / Si elle ne l'a pas vu, essayez de le/la persuader d'aller voir (ou de ne pas aller voir) le film!

To review information questions, see Chapitre 3, Grammaire interactive 3.3 and Chapitre 8, Grammaire interactive 8.2.

Rappel

Question formation

Le premier acte de *Giselle*.

Première étape. Lisez le résumé du premier acte du ballet *Giselle*.

Giselle, une jeune paysanne de Silésie, tombe amoureuse d'un jeune homme, Loys, qui lui promet d'être fidèle. Elle danse en son honneur, oubliant les remontrances (*reprimands*) de sa mère qui lui rappelle l'histoire des Wilis—des jeunes filles transformées en fantômes pour avoir trop dansé. Le garde-chasse (*squire*) Hilarion, amoureux lui aussi de Giselle, découvre que Loys, en réalité, n'est autre (*none other*) qu'Albrecht, le duc de Silésie et qu'il a déjà une fiancée, Bathilde, la fille du duc de Courlande. Hilarion révèle la vraie identité de son rival à Giselle. La jeune fille perd la raison (*loses her mind*) et s'effondre (*collapses*) sans vie, le cœur brisé…

Deuxième étape. Complétez les questions suivantes sur l'histoire de *Giselle* en employant un(e) de ces mots/expressions: **combien, comment, de quoi, où, pourquoi, pour qui.** Soyez prêt(e) à répondre à ces questions en classe.

1. _____ est-ce que l'histoire se passe?

2. _____ d'hommes sont amoureux de Giselle?

3. _____ est-ce que Giselle danse? Pour Hilarion?

4. _____ est-ce que la mère de Gisèle ne veut pas qu'elle danse?

5. _____ est-ce que Giselle apprend que Loys est le duc Albrecht?

6. _____ est-ce que Giselle meurt à la fin du Premier acte?

Troisième étape. Complétez les questions suivantes avec la forme appropriée de **qui** (Qui… ? ou Qui est-ce que… ?) et **que** (Qu'est-ce qui… ? ou Qu'est-ce que… ?). Soyez prêt(e) à répondre à ces questions en classe.

1. _____ jure sa fidélité à Giselle?

2. À _____ Giselle désobéit (*disobeys*) en dansant pour Loys?

3. _____ Giselle fait quand elle apprend que Loys a une fiancée?

4. _____ se passera au Deuxième acte, à votre avis?

Answers to this activity are in Appendice 2 at the back of the book.

A. Les sept arts. À vous de finir ce petit sondage! Formulez sept questions en utilisant chaque fois **Qui... ?** avec le verbe et la forme d'art suggérés. Votre professeur va ensuite poser ces questions à la classe et vous allez noter les réponses en cochant les cases appropriées. Est-ce que le nombre de réponses vous surprend? Expliquez votre réaction à la classe.

EXEMPLE: vouloir (l'architecture)

PROF: Qui veut (voudrait) visiter les châteaux de la Loire et mieux connaître l'architecture de la Renaissance?
(quatre personnes lèvent la main)

É1: Quelques étudiants seulement veulent (voudraient) les visiter. Ça (ne) me surprend (pas) parce que...

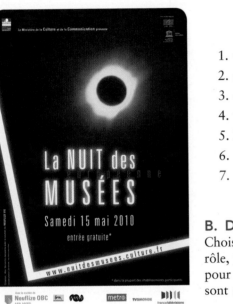

Cette nuit on peut visiter certains musées jusqu'à minuit

	toute la classe	la majorité des étudiants	quelques étudiants seulement	personne
1. vouloir (l'architecture)	☐	☐	☐	☐
2. acheter (la sculpture)	☐	☐	☐	☐
3. connaître (la peinture)	☐	☐	☐	☐
4. tenir à (la musique)	☐	☐	☐	☐
5. lire (la poésie)	☐	☐	☐	☐
6. assister à (la danse)	☐	☐	☐	☐
7. venir de (+ *inf.*) (le cinéma)	☐	☐	☐	☐

B. Deux amateurs (*fans*) **d'art.** Travaillez avec un(e) camarade. Choisissez une forme d'art que vous aimez tous/toutes les deux. À tour de rôle, posez-vous des questions en utilisant les mots interrogatifs de la liste pour déterminer en quoi vos goûts et vos habitudes diffèrent et en quoi ils sont similaires.

Avec qui... ?	Où... ?
Combien de (fois)... ?	Pourquoi... ?
Comment... ?	Quel(le)(s)... ?
Depuis quand... ?	Qui est-ce que... ?

EXEMPLES: —Quels musiciens est-ce que tu admires? (*ou* Qui est-ce que tu admires comme musicien?)
—Combien de fois par an est-ce que tu vas à un concert?

C. Le tableau en question. Votre professeur va vous montrer quatre tableaux assez similaires du même artiste et en choisir un en secret. Posez-lui des questions auxquelles il/elle peut répondre par «oui» ou «non» pour déterminer quel tableau il a choisi. Utilisez **est-ce que** dans vos questions.

D. Paris insolite (*out of the ordinary*).

Première étape. Travaillez avec trois camarades. Chaque membre du groupe se renseigne sur une des quatre attractions «insolites» à la page 473. Avant de décider où vous allez passer votre journée à Paris, vous voulez en savoir plus sur chaque attraction. Posez des questions au «spécialiste» de votre groupe pour obtenir les renseignements indiqués.

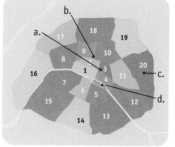

a. **Le Café des Chats:** Vous voulez savoir les heures d'ouverture, ce qu'il y a à boire et si quelqu'un est allergique aux chats.

b. **Le musée Grévin:** Vous voulez savoir ce qu'il y a à voir, l'emplacement du musée, l'heure de fermeture le week-end et si tout le monde apprécie ce genre de chose.

c. **Le cimetière du Père-Lachaise:** Vous voulez savoir quel(le)s artistes célèbres y sont enterré(e)s, le prix d'entrée, la station de métro la plus proche et si quelqu'un dans le groupe ne veut pas y aller.

d. **Les tours de Notre Dame:** Vous voulez savoir ce qu'on fait pendant la visite de la cathédrale, l'emplacement, l'heure de fermeture le week-end et si quelqu'un dans le groupe ne peut pas le faire.

Découvrez Paris insolite

Le Café des Chats

16, rue Michel Le Compte, Paris 3ᵉ
☎ 09.73.53.35.81
Tarif: entrée gratuite, réservation fortement conseillée
Horaire: ouvert tous les jours de 12 h à 22 h
Ⓜ Rambuteau

Salon de thé et restaurant où vivent une douzaine de chats adoptés, choisis en fonction de leur caractère: ils aiment la présence d'autres chats et apprécient les câlins[1] que leur font les clients humains! Sélection de thés bios et Kusmi,[2] boissons fraîches, et plats froids; brunch à 25 € le week-end.

Le musée Grévin

10, boulevard Montmartre – Paris 9ᵉ
☎ 01.47.70.85.05
Tarif: 20 €
Horaire: du lundi au vendredi, de 10 h 00 à 18 h 30.
Ⓜ Grands Boulevards

Ce musée de style baroque qui contient 300 personnages célèbres en cire[3] permet aux visiteurs de revivre des événements historiques, du Moyen Âge à nos jours et de découvrir des stars dans des lieux «branchés».

Le cimetière du Père-Lachaise

16, rue du Repos – Paris 20ᵉ
☎ 01.55.25.82.10
Tarif: (entrée gratuite)
Horaire: du lundi au vendredi, de 8 h 00 à 18 h 00; le samedi et le dimanche, de 8 h 30 à 18 h 00.
Ⓜ Philippe Auguste

L'un des plus beaux cimetières du monde et l'un des plus remarquables. De nombreuses personnes célèbres—de Molière et Oscar Wilde à Chopin et Jim Morrison—y sont enterrées[4] dans des tombes décorées de façon artistique et situées le long de chemins ombragés.[5]

Les tours de Notre-Dame de Paris

la rue du Cloître Notre-Dame (l'extérieur de la cathédrale) – Paris 4ᵉ
☎ 01.53.40.60.80
Tarif: 8,50 €
Horaire: tous les jours de 10 h 00 à 18 h 30; visite nocturne en été le vendredi et le samedi jusqu'à 23 h 00.
Ⓜ Cité

Le circuit des tours de Notre-Dame avec ses 387 marches[6] sans ascenseur, permet de visiter l'ensemble des parties hautes de la façade occidentale, de voir ses gargouilles, ses sculptures chimériques[7] et le *Bourdon Emmanuel*, sa plus grosse cloche[8] qui pèse 13 tonnes.

[1]*cuddles* [2]*Parisian brand of tea* [3]*wax* [4]*buried* [5]*shaded* [6]*steps* [7]*fanciful, dreamlike* [8]*bell*

Deuxième étape. Mettez-vous d'accord sur l'endroit que vous allez visiter, et justifiez votre choix devant la classe. Quelle attraction est la plus populaire dans la classe?

Rappel Subject and object pronouns

La biographie d'une actrice.

Première étape. Voici la biographie de l'actrice française, Marion Cotillard. À qui ou à quoi est-ce que chaque pronom en caractère gras fait référence?

Marion Cotillard

Marion Cotillard naît le 30 septembre 1975 à Paris. **Elle y** passe son enfance avec ses parents, une mère comédienne et un père comédien, mime et metteur en scène. **Ils l'**encouragent à poursuivre un métier artistique. C'est le film *Taxi* produit par Luc Besson qui **la** révèle au grand public en 1998. En 2007, elle interprète le rôle d'Édith Piaf dans le film *La Môme*. Le film est un succès mondial: **il lui** vaut de nombreux prix d'interprétation, surtout l'Oscar 2008 de la meilleure actrice. L'Oscar n'est pas son seul prix d'interprétation. Elle **en** reçoit trois autres pour son rôle: le César, le Golden Globe, et le BAFTA.

1. elle = _____
2. y = _____
3. ils = _____
4. l' = _____

5. la = _____
6. il = _____
7. lui = _____
8. en = _____

Deuxième étape. Les phrases suivantes sont adaptées du passage de la **Première étape** sur la vie de Marion Cotillard. Mettez chaque phrase au passé composé en faisant tous les changements nécessaires. **Attention!** Dans deux des phrases, il faut faire l'accord du participe passé.

1. Elle y passe son enfance. _____
2. Ils l'encouragent à poursuivre ce métier. _____
3. Le film *Taxi* la révèle au grand public. _____
4. Elle en reçoit quatre au total. _____

To review object pronouns in declarative sentences (present tense), see Chapitre 12, Grammaire interactive 12.3; for object pronouns with the **passé composé**, see Chapitre 12, Grammaire interactive 12.4; for object pronouns in commands (the imperative), see Chapitre 13, Grammaire interactive 13.3.

Answers to this activity are in Appendice 2 at the back of the book.

A. Le propriétaire d'une galerie d'art.

Première étape. M. Roux est propriétaire d'une galerie d'art. Complétez la liste de ses activités en ajoutant la préposition **à** ou **de** avant le nom en caractères gras, quand c'est nécessaire. **Attention!** Si une préposition n'est pas nécessaire, marquez un «x».

1. Il ouvre _____ **sa galerie** à 10 h chaque jour.
2. Il accueille (*greets*) _____ **ses clients.**
3. Il montre des œuvres _____ **ses clients.**
4. Il parle _____ **ses artistes.**
5. Il téléphone souvent _____ **son comptable.**
6. Il va souvent _____ **des ventes aux enchères** (*auctions*).
7. Il s'occupe _____ **la publicité.**
8. Il lit _____ **le dernier numéro** (*issue*) du magazine *ArtPress.*
9. Il ferme _____ **la porte d'entrée** vers 19 h.

Deuxième étape. Travaillez avec un(e) camarade. À tour de rôle, remplacez le nom en caractères gras dans chaque phrase de la **Première étape** par un pronom d'objet—d'abord pour résumer ce que M. Roux fait. Ensuite, créez une commande qu'il pourrait dire à son assistant.

EXEMPLE: Il ouvre **sa galerie** à 10 h chaque jour.
É1: Il l'ouvre à 10 h chaque jour.
É2: «Ouvre-la à 10 h chaque jour!»

B. L'équipement qu'il faut.

Votre prof va vous demander quelques renseignements sur les objets de la liste. Dites-lui quel(le) artiste les utilise (porte, tient, emploie) et ce qu'il/elle fait avec ces objets.

EXEMPLE: PROF: un appareil photo?
É1: Un photographe l'utilise (*ou* le tient dans ses mains) pour prendre des photos.

1. un appareil photo	5. un micro(phone)	9. des stylos
2. une caméra	6. des modèles en plâtre	10. une toile
3. des chaussons de danse (*ballet shoes*)	7. un pinceau	11. un tutu
4. un métronome	8. des plans (*blueprints*)	

C. Appréciez-vous l'art?

Première étape. Travaillez avec trois camarades. Nommez un chef de groupe et répondez à ses questions en utilisant le pronom approprié (**y** ou **en**). Ajoutez quelques détails pour expliquer votre réponse.

EXEMPLE: CHEF: Est-ce que vous achetez des œuvres d'art?
É1: Moi, je n'en achète pas. Je n'ai jamais assez d'argent.

1. acheter des œuvres d'art	4. jouer d'un instrument
2. aller au théâtre	5. lire des recueils de poèmes
3. assister à des concerts	6. s'intéresser à la sculpture

Deuxième étape. Le chef de groupe va décider qui dans le groupe est un véritable amateur d'art.

D. Cadeaux pour les amateurs d'art.

Première étape. Nicolas va offrir des cadeaux aux membres de sa famille. Il va aussi s'offrir un cadeau! Avec un(e) camarade, trouvez deux idées de cadeau pour chaque personne.

EXEMPLE: à son fils Gabriel, qui aime peindre
—Il va lui offrir un assortiment de (*set of*) pinceaux et...

1. à son fils Gabriel, qui aime peindre
2. à sa fille Geneviève, qui fait du ballet
3. à ses enfants Geneviève et Gabriel, qui aiment la musique
4. à sa femme Huguette, qui fait de la photographie
5. à lui-même, qui aime lire et écrire

Deuxième étape. Avec votre camarade, discutez du dernier cadeau qu'un membre de votre famille vous a offert. Est-ce que ce cadeau vous a plu? Pourquoi ou pourquoi pas?

EXEMPLE: —Mes parents m'ont offert des DVD pour mon anniversaire.
Ça m'a plu... mais j'en avais déjà beaucoup.

Rappel

Past-tense forms

Un poème de Jacques Prévert.

Première étape. Lisez le poème «Déjeuner du matin» en faisant attention aux participes passés.

«Déjeuner du matin»

Il a **mis** le café
Dans la tasse
Il a mis le lait
Dans la tasse de café
5 Il a mis le sucre
Dans le café au lait
Avec la petite cuiller
Il a **tourné**
Il a **bu** le café au lait
10 Et il a **reposé** la tasse
Sans me parler
Il a **allumé**
Une cigarette
Il a **fait** des ronds
15 Avec la fumée

Il a mis les cendres
Dans le cendrier
Sans me parler
Sans me regarder
20 Il s'est **levé**
Il a mis
Son chapeau sur sa tête
Il a mis son manteau de pluie
Parce qu'il pleuvait
25 Et il est **parti**
Sous la pluie
Sans une parole
Sans me regarder
Et moi j'ai **pris**
30 Ma tête dans ma main
Et j'ai **pleuré**.

Jacques Prévert (1900–1977)

—Jacques Prévert, «Déjeuner du matin» in *Paroles* © Éditions GALLIMARD, © Fatras / succession Jacques Prévert pour les droits électroniques.

Deuxième étape. Mettez les participes passés en caractères gras dans les catégories appropriées et répondez aux questions.

INFINITIFS	PARTICIPES PASSÉS			
Verbes en **-er** → **é**	_____	_____	_____	_____
Verbes en **-ir** → **i** (ou **-ir/-iss**)	_____			
Verbes irréguliers	_____	_____	_____	

1. Quel groupe de verbes réguliers n'est pas représenté dans le poème? _____ 2. Comment est-ce qu'on forme son participe passé? -_____ → _____

Troisième étape. Quelle serait la forme des verbes dans le tableau si l'auteur les conjuguait à l'imparfait?

une action achevée (le passé composé)	une action en cours / habituelle (l'imparfait)
Il **a mis** le café	1. Il _____ le café
Il **a bu** le café	2. Il _____ le café
Il **a fait** des ronds	3. Il _____ des ronds
Il **s'est levé**	4. Il _____
Et il **est parti**	5. Et il _____
Et j'**ai pleuré**	6. Et je _____

Quelle forme verbale dans le poème est déjà à l'imparfait? _____

○ Answers to this activity are in Appendice 2 at the back of the book.

○ To review the use of the **passé composé**, see Chapitre 7, Grammaire interactive 7.3 and 7.4; for the **passé composé** forms of pronominal verbs, see Chapitre 8, Grammaire interactive 8.3. To review the use of the **imparfait**, see Chapitre 9, Grammaire interactive 9.2 and 9.3; for distinctions between the **passé composé** and the **imparfait**, see Chapitre 9, Grammaire interactive 9.4.

A. Imaginez...

Première étape. Avec un(e) camarade, regardez le tableau de Claude Monet, *La terrasse Sainte-Adresse* et imaginez que vous étiez là pendant que l'artiste peignait ce tableau. À tour de rôle, décrivez la scène, les couleurs, le temps, les vêtements des gens, les activités, les sentiments et les pensées des gens à l'aide des verbes de la liste (ou d'autres verbes) à l'imparfait.

avoir envie / besoin de (d')	flotter	regarder
chercher	parler	se reposer
être assis(e)	porter	se sentir
faire beau/doux	se promener	tenir

Deuxième étape. Maintenant racontez le reste de la journée des gens. Qu'est-ce qu'ils ont fait après? Où? Pourquoi? Ensemble ou séparément? Faites une petite histoire et décrivez les actions successives en employant **le passé composé.** Quelle histoire est la plus intéressante ou la plus originale?

B. L'affaire se corse! (*The plot thickens!*)

Première étape. Avec vos camarades, commencez à développer divers scénarios pour un épisode de série télévisée. Créez d'abord des phrases au **passé composé** pour indiquer qui a fait quoi le week-end dernier. Associez les gens de la colonne A aux activités de la colonne B comme bon vous semble (*as you wish*). Votre professeur va écrire vos phrases au tableau.

A	B
Vincent	aller à l'opéra
Clarisse	arriver au théâtre en retard
Corinne et Annabelle	entrer dans une galerie d'art
Jean-Pierre et Hammad	partir avant la fin d'un film
Dalila et Marc	sortir en boîte

Deuxième étape. Travaillez avec trois autres camarades. Décidez d'abord si votre scénario va être utilisé pour: une série **comique, dramatique, romantique, policière** ou **de science-fiction.** Choisissez un des cinq débuts de scénario écrits au tableau (modifiez-le si vous voulez). Imaginez ce qui a motivé ou causé cette première action en employant **l'imparfait** d'un des verbes de la liste qui suit, puis continuez l'histoire.

aimer	connaître	être	savoir
avoir	devoir	pouvoir	vouloir

EXEMPLE: Vincent est sorti en boîte. (série romantique)
—Vincent est sorti en boîte parce qu'il voulait rencontrer une fille. Quand il est arrivé...

C. Qui voulait être artiste?

Première étape. Cherchez un(e) camarade que vous ne connaissez pas bien. Posez-lui des questions sur ses activités, ses héros et ses rêves d'enfance en employant **l'imparfait.**

EXEMPLES: —Qu'est-ce que tu aimais beaucoup faire quand tu étais petit(e)?
Quels chanteurs (athlètes, danseurs) est-ce que tu admirais?
Est-ce que tu voulais devenir... ?

Deuxième étape. Continuez votre interview. Posez des questions à votre camarade pour savoir comment il/elle a réalisé ses rêves d'enfance (ou pourquoi il/elle ne les a pas réalisés) en employant **le passé composé.**

EXEMPLES: —Dans quelles pièces est-ce que tu as joué?
Pendant combien d'années est-ce que tu as joué au baseball?

Troisième étape. Si votre camarade voulait être artiste, parlez de lui / d'elle à la classe. Est-ce qu'il/elle a réalisé ses rêves d'enfance? Comment?

D. L'histoire de *Carmen.*

Première étape. Travaillez avec deux camarades. À tour de rôle, lisez à haute voix ces deux paragraphes qui résument ce qui se passe au début du premier acte de l'opéra *Carmen.* Essayez de déterminer le sens des verbes que vous ne reconnaissez pas en utilisant le contexte de la phrase.

Une place à Séville, entre une caserne (barracks) et une manufacture de tabac.

Le corporal Moralès et des soldats **passent**[1] la journée à regarder des passants quand ils **remarquent**[2] l'arrivée d'une jeune fille, Micaëla. Elle **cherche**[3] son fiancé, le brigadier Don José, et **demande**[4] à Moralès s'il **connaît**[5] son fiancé. Il lui **annonce**[6] que José **va**[7] bientôt arriver. Micaëla **décide**[8] de partir parce que les soldats la **harcèlent**[9] trop.

José **arrive**[10] sur scène et Moralès lui **dit**[11] qu'une fille **veut**[12] le voir. Le capitaine Zuniga, nouveau dans la province, **demande**[13] à Don José ce qu'on **fait**[14] dans le bâtiment qu'on **voit**[15] de l'autre côté de la place. Le brigadier lui **répond**[16] que c'**est**[17] une manufacture de tabac, où ne **travaillent**[18] que des femmes. Une cloche **sonne**[19] et les ouvrières **sortent**[20] de la manufacture, y compris la plus impétueuse de toutes, Carmen.

Deuxième étape. Votre professeur va vous distribuer une copie du texte. Avec un(e) camarade, cherchez les verbes qui expriment une action qui fait progresser l'intrigue (il y en a dix). Ensuite, cherchez les verbes qui désignent une action inachevée ou répétée, ou qui décrivent un état physique ou mental (il y en a dix). Mettez ce texte au passé composé et à l'imparfait, en tenant compte de ces distinctions.

L'art, c'est le plus court chemin de l'homme à l'homme.

—ANDRÉ MALRAUX*

*André Malraux (1901–1976) was a French author, adventurer, and statesman. After Charles de Gaulle created the position of Minister of Culture in 1959, Malraux was the first to hold that position.

L'art visuel en France au cours des siècles

L'art préhistorique dans la grotte de Lascaux dans le sud de *la* France

A. Avant de regarder. Avec un(e) camarade, répondez aux questions suivantes:

1. Quand on parle de peintres français bien connus, quel nom vous vient tout de suite à l'esprit? Qu'est-ce que vous savez de lui/d'elle?

2. À votre avis, pourquoi est-ce qu'il y a tant de (*so many*) mouvements artistiques différents? Qu'est-ce que tous ces changements reflètent ou représentent?

B Regardez et écoutez. Le professeur va vous parler de l'art en France au cours des siècles. Regardez et écoutez bien ce qu'il dit.

C. Associez. Associez les mouvements et les périodes de la colonne A avec les caractéristiques de la colonne B.

A	B
1. l'art préhistorique	a. le mouvement a commencé en Italie
2. l'art médiéval	b. scènes dramatiques et contrastes entre l'ombre et la lumière (en peinture)
3. la Renaissance	c. déconstruction, fragmentation
4. le baroque	d. veut explorer le monde des rêves, l'inconscient
5. le rococo	e. plein d'idéalisme et de passion
6. le néoclassicisme	f. très ancien, se trouve dans des grottes
7. le romantisme	g. thème de la religion très important
8. l'impressionnisme	h. couleurs vives et le mouvement libre des lignes
9. le post-impressionnisme	i. une réaction à l'art baroque
10. le cubisme	j. fascination avec la lumière
11. le surréalisme	k. retour à la symétrie, un rejet de l'ornementation

D. À vous! De toutes les périodes de l'histoire de l'art, laquelle est-ce que vous préférez? Pourquoi? Quels aspects de l'art de cette période est-ce que vous aimez? Ses couleurs? Ses techniques? Sa perspective? Autre chose? Comparez votre réponse à celle d'un(e) camarade.

Le théâtre de l'absurde: extrait de *La Cantatrice chauve*, d'Eugène Ionesco

La Cantatrice chauve (*The Bald Soprano*) a été représentée pour la première fois en 1950 au Théâtre des Noctambules à Paris. Son auteur, **Eugène Ionesco** (1909–1994), d'origine roumaine, l'a écrite comme une anti-pièce de théâtre, dans la tradition du théâtre de l'absurde.

A. Avant de lire. En anglais, on dit souvent **Comment allez-vous?** quand on rencontre quelqu'un, mais on n'attend pas vraiment une réponse; c'est plutôt une formule de politesse. Pouvez-vous penser à d'autres formules du même genre? Quel sujet banal peut-on aborder (*broach*) pour «faire la conversation» quand on ne sait pas quoi dire?

B. Lisez. Les deux protagonistes de la première scène de la pièce sont décrits ainsi dans les indications de l'auteur: «M. Smith, Anglais, dans son fauteuil et ses pantoufles (*slippers*) anglais, fume sa pipe anglaise… À côté de lui, dans un autre fauteuil anglais, Mme Smith, Anglaise, … ». Ils discutent devant un feu (*fire*) de cheminée pendant qu'il lit le journal et qu'elle raccommode des chaussettes. Après un dialogue très comique sur ce qu'ils ont mangé, M. Smith change de sujet. Lisez le passage et essayez de déterminer ce qui est absurde dans cette conversation.

La Cantatrice chauve

Un autre moment de silence. La pendule[1] sonne sept fois. Silence. La pendule sonne trois fois. Silence. La pendule ne sonne aucune fois.

M. SMITH, *toujours dans son journal.*
Tiens, c'est écrit que Bobby Watson est mort.

Mme SMITH
Mon Dieu, le pauvre, quand est-ce qu'il est mort?

M. SMITH
Pourquoi prends-tu cet air étonné? Tu le savais bien. Il est mort il y a deux ans. Tu te rappelles, on a été à son enterrement,[2] il y a un an et demi.

Mme SMITH
Bien sûr que je me rappelle. Je me suis rappelé tout de suite, mais je ne comprends pas pourquoi toi-même tu as été si étonné de voir ça sur le journal.

M. SMITH
Ça n'y était pas sur le journal. Il y a déjà trois ans qu'on a parlé de son décès.[3] Je m'en suis souvenu par associations d'idées!

Mme SMITH
Dommage! Il était si bien conservé.[4]

M. SMITH
C'était le plus joli cadavre de Grande-Bretagne! Il ne paraissait pas son âge. Pauvre Bobby, il y avait quatre ans qu'il était mort et il était encore chaud. Un véritable cadavre vivant. Et comme il était gai!

[1]*clock* [2]*funeral* [3]*death* [4]*bien… well preserved*

(*suite*)

Mme SMITH
La pauvre Bobby.

M. SMITH
Tu veux dire «le» pauvre Bobby.

Mme SMITH
Non, c'est à sa femme que je pense. Elle s'appelait comme lui, Bobby, Bobby Watson. Comme ils avaient le même nom, on ne pouvait pas les distinguer l'un de l'autre quand on les voyait ensemble. Ce n'est qu'après sa mort à lui, qu'on a pu vraiment savoir qui était l'un et qui était l'autre. Pourtant, aujourd'hui encore, il y a des gens qui la confondent[5] avec le mort et lui présentent des condoléances. Tu la connais?

M. SMITH
Je ne l'ai vue qu'une fois, par hasard, à l'enterrement de Bobby.

Mme SMITH
Je ne l'ai jamais vue. Est-ce qu'elle est belle?

M. SMITH
Elle a des traits[6] réguliers et pourtant on ne peut pas dire qu'elle est belle. Elle est trop grande et trop forte. Ses traits ne sont pas réguliers et pourtant on peut dire qu'elle est très belle. Elle est un peu trop petite et trop maigre. Elle est professeur de chant.

La pendule sonne cinq fois. Un long temps.

Mme SMITH
Et quand pensent-ils se marier, tous les deux?

M. SMITH
Le printemps prochain, au plus tard.

[5]*confuse*   [6]*features*

Source: Eugène Ionesco, *La Cantatrice chauve* © Éditions GALLIMARD; www.gallimard.fr «Tous les droits d'auteur de ce texte sont réservés. Sauf autorisation, toute utilisation de celui-ci autre que la consultation individuelle et privée est interdite».

Les coins lecture et écriture: Additional reading and writing activities are available in the **Workbook / Laboratory Manual** and at **Connect French** (**www. mhconnectfrench.com**).

C. Avez-vous compris? Répondez aux questions suivantes sur le texte.

1. Comment M. Smith sait-il que Bobby Watson est mort?
2. Pourquoi est-ce que le nom Bobby peut porter à confusion?
3. Logiquement, pourquoi est-ce que le couple dont parlent M. et Mme Smith ne peut pas se marier le printemps prochain?
4. Quels détails, dans l'extrait, sont impossibles à déterminer exactement?

D. À vous! Discutez ces questions avec un petit groupe de camarades.

1. Quel effet a cet extrait sur vous?
2. Vous est-il arrivé d'avoir une conversation absurde? ou bien d'entendre une conversation absurde, bizarre, par d'autres personnes, ou dans un film? Racontez ce qui s'est passé et pourquoi c'était bizarre ou absurde.

Rétrospective Les mouvements littéraires au 20ᵉ siècle

À la fin du 19ᵉ siècle en France, sans vouloir trop généraliser, le sentiment en ce qui concerne les sciences et le progrès est plutôt positif. Les grandes avancées en matière d'industrie, de transports et d'autres technologies comme le cinéma, font que les gens vivent dans de meilleures conditions matérielles, et ont confiance en l'avenir. Mais en 1914 éclate une guerre très meurtrière (*bloody*) dont on discute encore aujourd'hui les origines exactes. Le règne de la raison s'écroule (*collapses*) quand on se rend compte que le progrès mène aussi à la destruction de millions de vies humaines et de beaucoup de villes d'Europe. La littérature, elle aussi, en est transformée. Au début du 20ᵉ siècle, **le dadaïsme**, qui veut rompre complétement avec les valeurs morales de l'époque, va mener au surréalisme, puis à l'absurde.

Le surréalisme est un mouvement en peinture et en littérature qui prône (*extols*) l'exploration de l'inconscient et des rêves. Le poète et romancier **André Breton** a écrit *Le Manifeste du Surréalisme* (1924) où il exprime l'espoir que «L'imagination est peut-être sur le point de reprendre ses droits». Pour lui et les artistes surréalistes, le temps que l'on passe à rêver est aussi important que «les moments de réalité», et l'écriture n'est pas toujours le résultat d'un processus rationnel de création, mais plutôt ce qui émerge des rêves, de pensées immédiates ou de procédés d'écriture libres, comme l'écriture automatique et les associations d'idées. Ce mouvement est aussi très important dans le monde de la peinture avec des artistes très connus comme **René Magritte**.

L'absurde se retrouve surtout dans le monde du théâtre à partir des années 1950 avec **Eugène Ionesco** (mais aussi en littérature avant cela avec **Albert Camus**) et, comme pour le surréalisme, il s'agit de briser (*break*) les règles du théâtre classique pour faire ressortir la nature illogique de la vie humaine. Ces nouvelles approches artistiques marquent surtout la difficulté de l'homme à comprendre le monde dans lequel il vit.

Avez-vous compris? Quel événement majeur du début du 20ᵉ siècle a motivé la naissance du surréalisme? Qu'est-ce que les surréalistes rejettent? Où trouvent-ils leur inspiration? Dans quels arts trouve-t-on des œuvres surréalistes? Connaissez-vous d'autres artistes surréalistes ou absurdes? Est-ce que vous aimez ce type d'approche artistique? Pourquoi ou pourquoi pas?

Le coin ciné

Film: *Le Fabuleux Destin d'Amélie Poulain*

(Comédie; 2001; France; Réalisateur: Jean-Pierre Jeunet; 120 min.)

SYNOPSIS: This film is about Amélie, a young woman whose isolated upbringing leads her to develop an imaginary life filled with simple, whimsical pleasures. Her life changes one day when she finds a box in her apartment that is full of childhood memorabilia. After tracking down the owner and returning the box to him, thereby bringing him much joy, Amélie vows to continue bringing happiness into people's lives.

SCÈNE: (DVD, scene 4, "Looking for Bredoteau," 00:27:40–00:30:38) In this scene, Amélie's neighbor, who helps her find the address of the owner of the box, also happens to be fascinated by one particular character in a famous Renoir painting.

Avant-première. Avec un(e) camarade, regardez le tableau de Renoir *Le Déjeuner des canotiers* (1881), à la page 136. Renoir est l'un des peintres impressionnistes les plus connus. Comment sont les personnages dans son tableau? Imaginez une histoire qui pourrait expliquer la relation entre ces personnages: Pourquoi est-ce qu'ils sont assis ensemble à table? Regardez la jeune fille qui boit un verre d'eau au centre du tableau. Qui est-elle, et à quoi pense-t-elle? Pouvez-vous imaginez sa vie?

On tourne! Complétez les phrases suivantes.

1. M. Raymond Dufayel peint le tableau de Renoir _____.
   a. trois fois par an   b. une fois par an   c. une fois tous les deux ans

2. Il reproduit le tableau de Renoir depuis _____.
   a. 10 ans   b. 35 ans   c. 20 ans

3. Selon M. Dufayel, ce qui est difficile à peindre, ce sont _____.
   a. les regards   b. les sourires   c. les couleurs

4. Il trouve que la fille au verre d'eau est _____.
   a. belle   b. mystérieuse   c. méchante

5. Il pense que cette fille est _____.
   a. sociable   b. extravertie   c. solitaire

On boucle! Répondez aux questions suivantes.

1. La reproduction de tableau est un art, et plusieurs peintres ont été des copistes avant de devenir des peintres célèbres. Est-ce que vous préféreriez avoir une bonne reproduction d'un tableau célèbre, ou un tableau original d'un artiste inconnu? Expliquez.

2. La vie quotidienne a souvent inspiré les peintres français. Si vous étiez peintre, quelle scène quotidienne aimeriez-vous peindre? Décrivez votre scène imaginaire avec autant de détails que possible. Quel titre donneriez-vous à votre œuvre? De quel style serait votre tableau? impressionniste? cubiste? néoclassique? romantique? Quelles couleurs domineraient?

Le coin beaux-arts

Rappel

Clio, Euterpe et Thalie (1640–1645), Eustache Le Sueur

Eustache Le Sueur ou **Lesueur** (1616–1655) était un artiste peintre de style baroque qui a étudié les peintures italiennes et les grands maîtres de la Renaissance. Un siècle plus tard, en 1776, le roi Louis XVI a acheté quelques-unes de ses grandes œuvres pour les collections royales. Elles sont aujourd'hui au Louvre. **Le Sueur** a été l'un des fondateurs de l'Académie royale de peinture et de sculpture. Il s'est spécialisé alors dans l'histoire biblique ou antique, comme c'est le cas pour son tableau *Clio, Euterpe et Thalie*, inspiré de la mythologie grecque.

A. Les trois Muses. Complétez le texte suivant avec le vocabulaire approprié pour découvrir qui sont les trois muses dans le tableau de Le Sueur. Faites les accords pour les noms et les adjectifs, et conjuguez les verbes, si nécessaire.

genre	livre	personnage	théâtre
instrument	en scène	peintre	thème

Ce tableau met _____[1] trois jeunes femmes: les muses **Clio**, **Euterpe** et **Thalie**. Dans la mythologie grecque, les Muses sont les neuf filles de Zeus et l'on attribue à chacune un art ou une fonction. On les identifie généralement par certains accessoires ou _____[2] de musique. **Clio**, à gauche, est la Muse de l'Histoire. Elle porte une couronne de laurier (*crown of laurel leaves*), une trompette et un _____[3] où sont rédigés (*written*) les récits du passé. Parfois, les _____[4] la représentent également avec un globe terrestre ou une guitare. **Euterpe** qui est assise à côté de Clio, joue de la flûte, car elle est la Muse de la Musique. **Thalie**, elle, est la Muse de la Comédie qui est un _____[5] majeur dans la tradition du _____[6] classique. Elle a aussi une couronne et elle tient un masque de comédie. Elle a l'air un peu triste ici, mais en général, c'est un _____[7] joyeux. Dans le portrait de chacune des trois Muses, on retrouve le _____[8] de la musique, même pour l'Histoire qui est célébrée aussi dans des poésies chantées.

B. De l'influence des Académies sur l'art en France. Pour en savoir plus sur l'histoire de l'Académie des Arts et l'Académie des Beaux-Arts et leurs fonctions, complétez les phrases suivantes en mettant les verbes entre parenthèses au **présent de l'indicatif**, au **présent du subjonctif**, ou à **l'infinitif**.

Les artistes fondateurs de l'Académie des Arts au 17e siècle avaient peur que l'art _____[1] (devenir) seulement commercial et ne (n') _____[2] (être) pas basé sur le talent et la technique de la personne. Une Académie, en général, _____[3] (soutenir) des artistes d'une compétence supérieure et donc, elle peut _____[4] (refuser) qui elle veut. L'Académie était une forme de pouvoir, car Louis XIV l'a utilisée pour _____[5] (mettre) les artistes au service de l'État. Les révolutionnaires la _____[6] (fermer) en 1793, mais il est important de _____[7] (noter) qu'ils commande qu'on la _____[8] (remplacer) avec un Institut de France. En 1816, on fonde une nouvelle Académie des Beaux-Arts qui s'intéresse à _____[9] (promouvoir) tous les arts. L'époque contemporaine a exigé que l'on _____[10] (faire) de la place pour le cinéma (1985) et la photographie (2005). Il est clair que l'Académie _____[11] (s'imposer) encore aujourd'hui comme une autorité en matière d'art.

C. Appréciation. Avec un(e) camarade, échangez vos impressions de ce tableau.

Est-ce que vous l'aimez ou non, et pourquoi? Revisitez les autres tableaux ou images au début des chapitres du manuel: Quelle image préférez-vous et pourquoi? Comparez les images.

Vocabulaire

Questions et expressions

À toi/vous aussi!	To you too!
Bienvenue! (Soyez / Vous êtes le bienvenu / la bienvenue / les bienvenu(e)s!)	Welcome!
Bisous!	Kisses! (Good-bye!)
Bon courage!	Best of luck!
Bonne chance!	Good luck!
Bonnes leçons!	Good luck with your lessons!
Bon travail!	Best of luck on your project / with your work!
Est-ce que tu as / vous avez quelque chose à dire / à ajouter?	Do you have anything to say/ add?
Est-ce que tu voudrais / vous voudriez dire quelque chose...	Would you like to say something . . .
Il s'agit de (d')...	It's about . . .

Verbes

interpréter (un rôle)	to act, perform (a role)
mettre en scène	to put on, direct (a theater production)
peindre	to paint
réaliser (un film)	to direct (a film)

Les arts et les artistes

l'architecture (f.)	architecture
un(e) architecte	an architect
le cinéma	cinema
un(e) cinéaste	a filmmaker
un(e) réalisateur/réalisatrice	a film director
la danse	dance
un(e) danseur/danseuse	a dancer
une ballerine	a ballerina
la musique	music
un compositeur / une compositrice	a composer
un mezzo-soprano	a mezzo-soprano
un(e) musicien(ne)	a musician
un ténor	a tenor
la peinture	painting
un peintre/une femme peintre	a painter
la poésie	poetry
un poète/une femme poète	a poet
la sculpture	sculpture
un sculpteur/une femme sculpteur	a sculptor/sculptress

D'autres substantifs

un acte (d'une pièce, d'un opéra)	an act (of a play, of an opera)
un arc-boutant	a flying buttress
un coup (de pinceau)	(brush) stroke
une fresque	a fresco
une gargouille	a gargoyle
une image	an image, picture
une ligne	a line
un long métrage	a feature-length film
la lumière	light
les matières (f.)	building materials
une œuvre (d'art)	a work (of art)
un plafond	a ceiling
un poème	a poem
un rosace	a rose window
la sortie (d'un film)	the release (of a film)
une symphonie	a symphony
un tableau	a painting
une technique	a technique
un thème	a theme
une toile	a canvas
le tournage (d'un film)	filming (of a movie)
un vitrail, des vitraux	stained-glass window(s)

Adjectifs

baroque	baroque
conçu(e) (par)	designed (by)
doré(e)	golden, gilded
gothique	gothic
impressionniste	impressionist
néoclassique	neoclassical
romantique	romantic (*related to romanticism*)
sous-titré(e) (en anglais)	subtitled (in English)

Expressions prépositionnelles

à l'huile	(painted in) oil
en bronze	(cast in) bronze
en couleur	in color (*film, photography*)
en marbre	(made of) marble
en noir et blanc	in black and white (*film, photography*)
en spirale	spiral
en version originale	in its original language (*film*)
en voûte	vaulted (*ceiling*)
sur les pointes	en pointe ([*to dance*] *on one's toes*)

○ Activities to practice the grammar points presented in Par la suite are at **Connect French (www.mhconnectfrench.com)** and in the print *Workbook / Laboratory Manual.*

CHAPITRE 1

1.1 Gender   More about gender

1 Some nouns are abbreviations of a longer word; they retain the gender of the long form.

un appart (*fam.*)	appartement (*m.*)
une auto	automobile (*f.*)
une biblio (*fam.*)	bibliothèque (*f.*)
un ciné (*fam.*)	cinéma (*m.*)
une moto	motocyclette (*f.*)
une photo	photographie (*f.*)
la télé	télévision (*f.*)

2 Some nouns have different meanings depending on their gender. Here are five common gender alternations.

un livre; une livre	*a book; a pound* (*unit of weight*)
un manche; une manche	*a handle; a sleeve*
un poste; la poste	*a position* (*job*); *the Post Office*
un tour; une tour	*a tour; a tower*
un voile; une voile	*a veil; a sail*

3 French nouns (unlike those in languages such as Italian and Spanish) do not end in a vowel that reliably predicts their gender; there are certain suffixes, however, that do so.

MASCULIN		FÉMININ	
-age	marriage	-ence	influence
-aire	anniversaire	-ie	biologie
-isme	impérialisme	-té	liberté
-ment	gouvernement	-tion, -sion	élection, television
		-ture	agriculture

1.2 Number More about number

1 There are seven nouns in French ending in **-ou** in the singular that form their plural by adding **-x.** Among the most common are **bijou → bijoux, chou → choux,** and **genou → genoux.** The rest follow the regular plural pattern of adding an **s** instead.

SINGULIER		PLURIEL
un clou (*nail*)	→	des clous
un trou (*hole*)	→	des trous

2 Although most masculine singular nouns ending in **-al** have a plural form ending in **-aux** (e.g., **journal → journaux**), some follow the regular plural pattern of adding an **s** instead.

SINGULIER		PLURIEL
un carnaval	→	des carnavals
un festival	→	des festivals

3 Masculine singular nouns ending in **-ail,** like those ending in **-al,** usually have a plural form ending in **-aux.**

SINGULIER		PLURIEL
un bail (*lease*)	→	des baux
un travail (*work, job*)	→	des travaux
un vitrail (*stained-glass window*)	→	des vitraux

4 Some nouns in French are normally used in their plural form, whereas their equivalent in English is singular.

MASCULIN PLURIEL		FÉMININ PLURIEL	
des applaudissements	*applause*	des fiançailles	*an engagement (to be married)*
des divertissements	*entertainment*		
des progrès	*progress*	des funérailles	*a funeral*

Conversely, some words that are plural in English are singular in French.

un feu d'artifice	*fireworks*
un jean	*jeans*
un pantalon	*pants*
un short	*shorts*

⊙ Activities to practice the grammar points presented in Par la suite are in **Connect French** and in the print *Workbook / Laboratory Manual.*

CHAPITRE 2

2.1 The verb *avoir* Additional expressions with **avoir**

1 Here are other expressions with **avoir** whose English equivalents instead use the verb *to be.*

avoir chaud (*to be hot*)	En été, Ibrahim a chaud.
avoir froid (*to be cold*)	En hiver, il a froid.
avoir raison (*to be right*)	Oui, vous avez raison!

avoir tort (*to be wrong*)	Non, vous avez tort!
avoir de la chance (*to be lucky*)	J'ai de la chance au casino!
avoir peur (*to be afraid*)	Il y a un serpent dans le jardin! J'ai peur.
avoir sommeil (*to be sleepy*)	J'ai sommeil ce soir.

2 The expression **avoir l'air** + adjective can be used to say how someone looks or seems. Most speakers make the adjective agree with the subject of the sentence.

Elle a l'air **surprise.**

Ils ont l'air **importants.**

It is also possible, however, to make the adjective agree with the noun **l'air,** which is masculine singular.

Elle a **l'air surpris.**

Ils ont **l'air important.**

2.3 Adjective agreement Additional irregular adjective forms

1 Here are some additional adjectives whose feminine singular form differs from the masculine by more than just the addition of an **e**.

MASCULIN	FÉMININ
discret	discrète
doux (*sweet*)	douce
fier (*proud*)	fière
fou (*crazy*)	folle
frais (*fresh*)	fraîche
public	publique
long	longue

À noter: Each pair of adjectives in the chart is pronounced differently, with the exception of **fier/fière** and **public/publique**.

2 Although most adjectives ending in **-al** in the masculine singular have a masculine plural form ending in **-aux** (e.g., **normal → normaux**), some follow the regular plural pattern of adding an **s** instead; still others allow both possibilities. The feminine forms follow the regular pattern of adding an **e** in the singular and **es** in the plural.

MASCULIN SINGULIER	MASCULIN PLURIEL	FÉMININ SINGULIER	FÉMININ PLURIEL
banal	banals	banale	banales
fatal	fatals	fatale	fatales
final	finals/finaux	finale	finales
idéal	idéals/idéaux	idéale	idéales

○ Activities to practice the grammar points presented in Par la suite are in **Connect French** and in the print *Workbook / Laboratory Manual.*

CHAPITRE 3

3.1 Regular -er verbs Additional spelling changes

1 Verbs that end in -yer, such as **envo<u>y</u>er, emplo<u>y</u>er, essa<u>y</u>er** and **pa<u>y</u>er**, retain the letter **y** in the **nous** and **vous** forms, whereas the letter **i** is used in all other forms.

envoyer (*to send*)	
j'envoie	nous envoyons
tu envoies	vous envoyez
il/elle/on envoie	ils/elles envoient

2 Verbs such as **préf<u>é</u>rer, rép<u>é</u>ter,** and **esp<u>é</u>rer** that end in **é** + consonant + **er** retain the **é** in the **nous** and **vous** forms. In all other forms, **é** is changed to **è**.

préférer (*to prefer*)	
je préfère	nous préférons
tu préfères	vous préférez
il/elle/on préfère	ils/elles préfèrent

À noter: As you learned in the **Prononcez bien!** section of the *Workbook / Laboratory Manual,* the **é** in the **nous** and **vous** forms represents the sound [e] in an open syllable, whereas the **è** in all other forms represents the sound [ɛ] in a closed syllable.

3 Verbs like **ach<u>e</u>ter** and **app<u>e</u>ler** that end in **e** + consonant + **er** retain the **e** in the **nous** and **vous** forms. In all other forms of the verb **acheter**, **e** is changed to **è**; in all other forms of the verb **appeler,** the consonant following **e** is doubled.

acheter (*to buy*)	
j'achète	nous achetons
tu achètes	vous achetez
il/elle/on achète	ils/elles achètent

appeler (*to call*)	
j'appelle	nous appelons
tu appelles	vous appelez
il/elle/on appelle	ils/elles appellent

À noter: The **e** in the stem of both **ach<u>e</u>ter** and **app<u>e</u>ler** is normally not pronounced in the infinitive or in the **nous** and **vous** forms. In all other forms of the present tense, it is pronounced [ɛ], because the **e** is in a closed syllable.

3.3 Information questions Inversion with nouns

1 When the grammatical subject of a question is a noun—whether a common noun such as **les enfants** or proper nouns such as **Paul et Virginie**—it is not possible to have inversion of that noun with the verb. Instead, you must insert an extra subject pronoun and invert this pronoun with the verb.

Les enfants aiment-**ils** jouer aux cartes?   *Do children like playing cards?*

Paul et Virginie regardent-**ils** la télé?   *Do Paul and Virginia watch television?*

2 In information questions (as opposed to *yes/no* questions such as those in point 1), the same rule generally applies.

Où **les enfants** font-ils du ski?	*Where do the children go skiing?*
Quand **Paul et Virginie** font-ils les courses?	*When do Paul and Virginia do their shopping?*

It is not necessary, however, to insert the extra pronoun in order to invert the subject and verb when the information question is in the affirmative, *and* the verb has no direct or indirect object. This rule applies to all information questions except those involving **quand** and **pourquoi,** which always require the insertion of a subject pronoun for inversion.

Où **est Michel?**	*Where is Michael?*
À quelle heure **arrive le train?**	*At what time does the train arrive?*
Comment **vont les enfants?**	*How are the children doing?*

but:

Quand vos enfants quittent-**ils** l'école?	*When do your children leave school?*
Pourquoi vos enfants arrivent-**ils** en retard?	*Why are your children arriving late?*

Negation in questions with inversion

When using negation in questions with inversion, **ne...** precedes the verb and **pas** or **jamais** follows the subject pronoun.

Pourquoi ne faites-vous pas de jardinage?	*Why don't you do any gardening?*
Pourquoi les enfants ne font-ils jamais de ski?	*Why don't the children ever go skiing?*

3.4 Adjective position   Adjectives appearing before and after the noun

1 Certain adjectives can appear either before or after the noun; the difference in position signals a difference in meaning. The four adjectives that most often vary in their position are **ancien(ne)**, **cher (chère)**, **pauvre,** and **propre.**

un vase ancien	*an ancient vase*
l'ancien président	*the former president*
un appartement cher	*an expensive apartment*
un cher ami	*a dear friend*
des pays pauvres	*poor countries (lacking money)*
de pauvres enfants	*poor (pitiful) children*
une maison propre	*a clean house*
ma propre maison	*my own house*

2 The adjective **grand(e)** normally precedes the noun, but has two meanings—either *big/tall* in size or *great* in status—depending on the noun it modifies.

C'est un **grand arbre**.	*That's a big/tall tree.*
C'est un **grand honneur**.	*That's a great honor.*

To avoid possible confusion between the two meanings, **grand(e)** can be placed after the noun, where it means only *big/tall*.

C'est un **homme** très **grand**.	*He's a very big/tall man.*

◯ Activities to practice the grammar points presented in Par la suite are **Connect French** and in the print *Workbook / Laboratory Manual.*

CHAPITRE 4

4.3 Prepositions Prepositions used with additional geographical locations

1 The prepositions **à**, to express *in/to*, and **de (d')** to express *from*, are normally used with islands (as they are with cities).

Mes parents vont **à** Tahiti.	*My parents are going to Tahiti.*
Sa famille vient **d'**Hawaï.	*His/Her family comes from Hawaii.*

But, islands whose name contains a definite article vary as to which prepositions are used.

la Corse	→	en / de Corse
la Martinique	→	à la (en) / de la (de) Martinique
les Seychelles	→	aux / des Seychelles

2 States, provinces, and regions that are feminine are treated like feminine countries, using the prepositions **en** and **de (d')**.

Tu as envie d'aller **en** Californie?	*Do you want to go to California?*
Elle est **de** Normandie.	*She is from Normandy.*

Masculine states, provinces, and regions typically use **dans le** and **du**; a few, however, are treated like masculine countries, using the prepositions **au** and **du**.

le Vermont	→	dans le / du Vermont
le Manitoba	→	dans le / du Manitoba
le Jura (*French region*)	→	dans le / du Jura
but: **le Texas**	→	au / du Texas
le Nouveau-Mexique	→	au / du Nouveau-Mexique
le Québec	→	au / du Québec

À noter: If you aren't sure how to refer to a state, you can always say **dans l'état de / de l'état de**... (especially with New York and Washington states, to differentiate them from the cities of the same name). For a complete list of states and their prepositions, ask your instructor to post it on his/her website.

3 Masculine geographical locations that begin with a vowel or **h** vary as to which prepositions are used. Countries systematically use **en / d'**, whereas states, provinces, and regions may use **en / d'** or **dans le / de l'** (depending on the speaker).

PAYS	ÉTATS, PROVINCES, RÉGIONS	
Haïti → en / d'Haïti	Alaska →	en / d'Alaska
		dans l'Alaska / de l'Alaska
Israël → en / d'Israël		
	Ontario →	en / d'Ontario
Irak → en / d'Irak		dans l'Ontario / de l'Ontario

4.4 Situating events in time Additional temporal expressions

1 In **Grammaire interactive 4.4,** you learned that the present-tense form of a verb in French can be used to tell what someone does in general, as well as what someone is doing at the moment of speaking. Whenever there is potential confusion between these two meanings, the expression **être en train de (d')** + infinitive can be used to emphasize that an action is ongoing (in progress).

Elle **est en train de regarder** un film.	*She's (right now) watching a movie.*
Nous **sommes en train de faire** un gâteau.	*We're (right in the middle of) making a cake.*

2 The expression **être sur le point de** + infinitive can be used to say that someone is about to do something.

Elle **est sur le point d'**acheter un nouvel ordinateur.	*She is about to buy a new computer.*

3 The expression **juste avant (de)** can be used to say that someone does something just before a certain time or before some other action.

Il commence son examen **juste avant** midi.	*He's taking his exam just (right) before noon.*
Je téléphone à mes parents **juste avant d'**arriver.	*I call my parents just (right) before arriving.*

CHAPITRE 5

○ Activities to practice the grammar points presented in Par la suite are in **Connect French** and in the print ***Workbook / Laboratory Manual.***

5.4 Negation Use of **ne... personne** and **ne... rien** with prepositions

Although the negative expressions **ne... personne** and **ne... rien** are like all others in surrounding the conjugated verb, **personne** and **rien** must follow a preposition if one is used after a particular verb.

Elle **n'**aime **personne.**	*She doesn't like anyone.*
but:	
Elle **ne** parle **à personne.**	*She doesn't speak to anyone.*
Elle **ne** dîne **avec personne.**	*She doesn't eat dinner with anyone.*
Elle **ne** pense **à rien.**	*She's not thinking about anything.*
Nous **n'**avons besoin **de rien.**	*We don't need anything.*

Ne... ni... ni...

1 Ne... ni... ni... (*Neither . . . nor*) is the negative equivalent of the expressions **et... et...** (*both . . . and*) and **ou... ou...** (*either . . . or*). As with other negative expressions, **ne** (**n'**) precedes the conjugated verb; however **ni** must be placed immediately before both of the terms being negated.

Nous allons **et** en Belgique **et** en Suisse.	*We're going to both Belgium and Switzerland.*
Nous n'allons **ni** en Belgique **ni** en Suisse.	*We're going to neither Belgium nor Switzerland.*
Tu fais **ou** la vaisselle **ou** la lessive!	*You're doing either the dishes or the laundry!*
Je **ne** fais **ni** la vaisselle **ni** la lessive!	*I'm doing neither the dishes nor the laundry!*

2 Indefinite articles (**un, une, des**) and partitive articles (**du, de la, de l'**) are typically omitted when using **ne... ni... ni...** .

Je n'ai **ni** frère **ni** sœur.	*I have neither a brother nor a sister.*
Il **ne** boit **ni** vin **ni** bière.	*He drinks neither wine nor beer.*

◯ Activities to practice the grammar points presented in Par la suite are in **Connect French** and in the print *Workbook / Laboratory Manual.*

CHAPITRE 6

6.1 Demonstrative articles Demonstrative pronouns **celui, celle, ceux, celles**

1 Whereas demonstrative articles (**ce/cet/cette/ces**) are used with nouns, demonstrative pronouns replace these article + noun combinations.

—Tu aimes **ce magasin**?	*Do you like this (that) store?*
—Non, je préfère **celui** d'en face.	*No, I prefer the (this, that) one across the street.*
—Qu'est-ce que tu penses de **cette robe**?	*What do you think of this (that) dress?*
—Elle est belle, mais j'aime **celle** que j'ai vue hier.	*It's pretty, but I like the one I saw yesterday.*

The form of the demonstrative pronoun depends on the gender and number of the noun it replaces.

	MASCULIN SINGULIER	FÉMININ SINGULIER	MASCULIN PLURIEL	FÉMININ PLURIEL
ARTICLE DÉMONSTRATIF + NOM	ce magasin cet imperméable	cette robe	ces hommes	ces femmes
PRONOM DÉMONSTRATIF	celui	celle	ceux	celles

2 The particles **-ci** and **-là** can be added to demonstrative pronouns, just as with demonstrative article + noun combinations.

—Tu vas porter **cette robe-ci**?   *Are you going to wear this dress (right here)?*

—Non, **celle-là**.   *No, that one (over there).*

6.3 The interrogative quel(le)(s)

The interrogative pronouns lequel, laquelle, lesquels, lesquelles

Whereas the interrogative **quel(le)(s)** is used with nouns, interrogative pronouns replace **quel(le)(s)** + noun combinations.

Quel costume est-ce qu'il porte?   →   **Lequel** est-ce qu'il porte?
Which suit is he wearing?   *Which one is he wearing?*

Quelles bottes est-ce que tu vas mettre?   →   **Lesquelles** est-ce que tu vas mettre?
Which boots are you going to put on?   *Which ones are you going to put on?*

The form of the interrogative pronoun depends on the gender and number of the noun it replaces.

	MASCULIN SINGULIER	FÉMININ SINGULIER	MASCULIN PLURIEL	FÉMININ PLURIEL
QUEL(LE)S + NOM	quel magasin	quelle femme	quels enfants	quelles bottes
PRONOM INTERROGATIF	lequel	laquelle	lesquels	lesquelles

À noter: The interrogative pronouns in the chart are simply the definite articles **le, la, les** combined with a form of **quel(le)(s)** into a single word.

CHAPITRE 7

7.1 Modal verbs Additional meanings and uses of devoir

1 The verb **devoir** can also mean to *owe* someone money, a favor, etc.

Je **dois** 100 € à mon frère.   *I owe my brother 100 €.*
Nous **devons** notre vie à cet homme.   *We owe our lives to that man.*
Combien est-ce que vous **devez**?   *How much do you owe?*

○ Activities to practice the grammar points presented in Par la suite are in **Connect French** and in the print **Workbook / Laboratory Manual.**

2 Although **devoir** + infinitive is often used to express an obligation, it can also be used to express probability or a supposition (that is, what one supposes must be the case). The context will usually make one or the other meaning clear.

Tu **dois** bientôt partir, non? { *You have to leave soon, right?*
You must be leaving soon, right?

Ils **doivent** être en retard. *They must be running late.*

7.4 Auxiliary verbs Use of both **avoir** and **être** as auxiliary

The verbs **descendre, monter, passer,** and **sortir** can all be used with either **être** or **avoir** as their auxiliary depending on the meaning one is expressing. **Être** is used with these verbs when they express movement from one location to another, but **avoir** is used with these same verbs when they are followed by a direct object.

ÊTRE	AVOIR
Elle **est** descendue du bus. *She got off the bus.*	Elle **a** descendu ses valises. *She brought her suitcases down.*
Elle **est** montée dans le train. *She got on the train.*	Elle **a** monté ses meubles. *She brought her furniture up.*
Elle **est** passée au marché ce matin. *She stopped off at the market this morning.*	Elle **a** passé la journée au musée. *She spent the day at the museum.*
Elle **est** sortie ce week-end. *She went out this weekend.*	Elle **a** sorti les billets de son sac. *She took the tickets out of her bag.*

À noter: Remember that agreement is made between the past participle and the subject only when **être** is the auxiliary.

⊙ Activities to practice the grammar points presented in Par la suite are in **Connect French** and in the print *Workbook / Laboratory Manual.*

CHAPITRE 8

8.1 Pronominal verbs Use of pronominal verbs as passive constructions

When the subject performing the action of the verb is not considered important or is not known, English often uses the passive voice. For statements of a very general nature, pronominal verbs in French (without their "usual" reflexive meaning) can be used as the equivalent of this particular use of the passive voice in English.

Les billets **se vendent** sur Internet. *Tickets are sold on the Internet.*

Le français **se parle** au Canada. *French is spoken in Canada.*

Ces plats **se mangent** froid. *These dishes are eaten cold.*

Ça ne **se fait** pas! *That is (simply) not done!*

À noter: It is possible to reword these examples using the subject pronoun **on** and the nonpronominal form of the verb—for example, **On vend les billets sur Internet.**

○ Activities to practice the grammar points presented in Par la suite are in **Connect French** and in the print *Workbook / Laboratory Manual.*

9.1 The comparative and superlative of adjectives

Other uses of stressed pronouns

■ In addition to their use in the comparative and superlative, stressed pronouns (**pronoms accentués**) appear in the following contexts:

a. in isolation, such as when asking and answering a question

| —**Lui?** | *Him?* |
| —Non... **elle!** | *No . . . her!* |

b. following prepositions

On se sent plus à l'aise **chez soi.** — *One feels more at ease in one's (own) home.*

Je l'ai fait **pour eux / pour elles.** — *I did it for them.*

Il sort **avec nous** ce soir. — *He's going out with us tonight.*

c. in compounds with **et**

Marc et moi allons partir. — *Mark and I are going to leave.*

d. to emphasize the person one is referring to

Lui, il n'aime pas l'opéra. — *He (in particular) doesn't like opera.*

Je n'aime pas l'opéra, **moi.** — *I (in particular) don't like opera.*

Use of stressed pronouns with *-même(s)*

■ Stressed pronouns can combine with **-même(s)** to express an action that one does *by oneself* (that is, without help from others).

J'ai fait ce gâteau **moi-même.** — *I made this cake myself.*

Vont-ils acheter les billets **eux-mêmes?** — *Are they going to buy the tickets themselves?*

À noter: Stressed pronouns + **même(s)** are *not* interchangeable with pronominal verbs, even though both may translate as "myself," "themselves," etc., in English. Pronominal verbs express an action that one does *to* or *for* oneself (a reflexive meaning) or *to* or *for* each other (a reciprocal meaning).

Aïe! Je **me** suis coupé(e). — *Ouch! I cut myself.*

Il s'est acheté une voiture. — *He bought a car for himself.*

Elles **se** sont regardées dans le miroir. — *They looked at themselves in the mirror.*

or

They looked at each other in the mirror.

9.4 Past tense distinctions   The pluperfect

1 The pluperfect (**plus-que-parfait**) is used to say that a past action occurred *before* some other past action or situation.

Elle **avait rangé** sa chambre avant de partir ce matin.	*She had cleaned up her room before leaving this morning.*
Son patron voulait la voir, mais elle **était** déjà **rentrée** chez elle.	*Her boss wanted to see her, but she had already gone home.*
Je n'ai rien signé; elle **s'était** déjà **occupée** du bail.	*I didn't sign anything; she had already taken care of the lease.*

2 Forms of the **plus-que-parfait** are similar to forms of the **passé composé;** the difference is that the auxiliary verbs **avoir** and **être** are in the **imparfait** rather than the present tense.

PLUS-QUE-PARFAIT	
ranger (*to straighten up*)	
j'avais rangé	nous avions rangé
tu avais rangé	vous aviez rangé
il/elle/on avait rangé	ils/elles avaient rangé

PLUS-QUE-PARFAIT	
rentrer (*to go home, to return*)	
j'étais rentré(e)	nous étions rentré(e)s
tu étais rentré(e)	vous étiez rentré(e)(s)
il/elle/on était rentré(e)	ils/elles étaient rentré(e)s

À noter: The past participles of verbs that use **être** as their auxiliary agree in gender and number with the grammatical subject of the sentence in the **plus-que-parfait**, just as they do in the **passé composé**.

Activities to practice the grammar points presented in Par la suite are in **Connect French** and in the print *Workbook / Laboratory Manual.*

CHAPITRE 10

10.2 Relative clauses   Relative clauses with **dont**

1 In **Grammaire interactive 10.2**, you learned that the relative pronoun **que** (**qu'**) is used in a relative clause when the antecedent (a noun) represents the *direct* object of the verb in the relative clause. In the following example, **les cadeaux** is the direct object of the verb **apporter**.

Les enfants ont adoré **les cadeaux**. Le père Noël a apporté **les cadeaux**.

Les enfants ont adoré **les cadeaux que** le père Noël a apportés.

The children loved the gifts that Santa brought.

Dont is another relative pronoun. It is used in relative clauses when the verb in the relative clause would normally be followed by **de**. In the following example, **la femme** is not the *direct* object of the verb **parler**, but rather the object of the verb + preposition **parler de**.

J'ai vu **la femme**. Je vous ai parlé **de cette femme**.

J'ai vu **la femme dont** je vous ai parlé.

I saw the woman that I spoke to you about.

2 Some of the verbs and verbal expressions you've studied that require the use of the preposition **de** include the following:

avoir besoin de	s'occuper de
avoir envie de	parler de (quelque chose / quelqu'un)
avoir peur de	se souvenir de (quelque chose / quelqu'un)
jouer de (+ un instrument)	se tromper de

3 Because **de** + a noun is also used to indicate possession (for example, **la femme de Paul, la date de Pâques**), **dont** is also used in relative clauses that express possession, corresponding to the use of *whose* in English.

l'homme **dont** la femme s'appelle Chantal
the man whose wife is named Chantal

une fête **dont** la date varie
a holiday whose date varies

The use of *ce qui, ce que, ce dont*

Ce qui, ce que, and **ce dont** are indefinite relative pronouns; they are used in place of **qui, que,** and **dont** whenever the thing or activity being referred to (the antecedent) is not specific or is unknown, which is often the case in questions and in commands.

QUESTIONS	ORDRES
Tu sais ce qui se passe?	Dis-moi ce qui se passe.
Do you know what's going on?	*Tell me what's going on.*
Tu sais ce que j'aime faire à Noël?	Fais ce que tu veux à Noël!
Do you know what I like to do at Christmas?	*Do what(ever) you want at Christmas!*
Tu sais ce dont il a besoin?	Achète-lui ce dont il a besoin.
Do you know what he needs?	*Buy him what(ever) he needs.*

CHAPITRE 11

11.3 The future tense (1)   Spelling changes in future-tense stems

○ Activities to practice the grammar points presented in Par la suite are in **Connect French** and in the print *Workbook / Laboratory Manual.*

1 You learned in **Par la suite 3.1** that some -**er** verbs undergo spelling changes in the present tense. In the **futur simple,** several of these spelling changes are preserved in the stem and are used for *all* forms.

PRÉSENT	FUTUR SIMPLE
employer (y → i)	**employer (i)**
j'emploie	j'emploierai
nous employons	nous emploierons
acheter (e → è)	**acheter (è)**
j'achète	j'achèterai
nous achetons	nous achèterons
s'appeler (l → ll)	**s'appeler (ll)**
je m'appelle	je m'appellerai
nous nous appelons	nous nous appellerons

À noter: The spelling of the future forms of these verbs reflects the fact that the pronunciation of all the future forms resembles that of the singular present-tense forms.

2 **Espérer** and verbs like it (**célébrer, préférer, répéter**) differ from the verbs in the preceding chart by having a spelling change *only* in the present tense, *not* in the **futur simple.**

PRÉSENT	FUTUR SIMPLE
espérer (é → è)	**espérer (é)**
nous espérons	nous espérerons
j'espère	j'espérerai

11.4 The future tense (2) The future perfect

1 The future perfect (**futur antérieur**) is used to indicate that a future action will occur *before* some other future action or situation.

Elle **aura trouvé** un emploi avant de recevoir son diplôme.

She will have found a job before receiving her diploma.

Il essaiera de téléphoner, mais elle **sera** déjà **partie.**

He will try to call, but she will have already left.

Ils **se seront** déjà **mariés** quand leurs parents viendront en France.

They will have already gotten married when (by the time) their parents come to France.

2 The **futur antérieur** consists of the auxiliary verb (**être** or **avoir**) in its **futur simple** form + a past participle.

FUTUR ANTÉRIEUR trouver (to find)	
j'aurai trouvé	nous aurons trouvé
tu auras trouvé	vous aurez trouvé
il/elle/on aura trouvé	ils/elles auront trouvé

FUTUR ANTÉRIEUR partir (to leave)	
je serai parti(e)	nous serons parti(e)s
tu seras parti(e)	vous serez parti(e)(s)
il/elle/on sera parti(e)	ils/elles seront parti(e)s

À noter: The past participles of verbs that use **être** as their auxiliary agree in gender and number with the grammatical subject of the sentence in the **futur antérieur**, just as they do in the **passé composé** and the **plus-que-parfait**.

CHAPITRE 12

12.3 Object pronouns   Use of multiple object pronouns

◗ Activities to practice the grammar points presented in Par la suite are in **Connect French** and in the print ***Workbook / Laboratory Manual.***

1 More than one object pronoun can be used in a sentence.

Il prête **sa voiture à sa sœur?**	→	Oui, il **la lui** prête.
On trouve beaucoup **d'hôtels à Paris.**	→	On **y en** trouve beaucoup.
Le guide donne **la carte à Paul et moi.**	→	Le guide **nous la** donne.

2 The order of two object pronouns used in the same sentence is fixed—that is, they must follow a particular order. Personal pronouns (those referring to people) will *always* precede **y** and **en**, but the order of two personal pronouns depends on which two are being used.

SUJET						VERBE
Ils	me te se nous vous	le la les	lui leur	y	en	donnent.

À noter: Pronouns that replace both direct *and* indirect objects (**me, te, se, nous, vous**) come first in order, followed by those that replace direct objects only (**le, la, les**), then indirect objects only (**lui, leur**).

3 When negation is used, **ne...** precedes all object pronouns and **pas, jamais,** etc. follow the verb.

Ses mains? Elle **ne** se les lave **pas.**	*Her hands? She's not washing them.*
Leurs affaires? Nous **ne** nous en occupons **pas.**	*Their business? We're not taking care of it.*
Quand ils seront à Paris, je **ne** les y retrouverai **pas.**	*When they are in Paris, I won't meet them there.*

4 Remember that object pronouns (whether just one or more than one) come before the auxiliary verb in the **passé composé.**

Mon scooter? Je **le lui** ai prêté hier.

My scooter? I lent it to him/her yesterday.

Des bonbons? Elle ne **leur en** a pas donné.

Candy? She didn't give them any.

Activities to practice the grammar points presented in Par la suite are in **Connect French** and in the print ***Workbook / Laboratory Manual.***

CHAPITRE 13

13.1 The verb conduire Other verbs ending in **–uire**

1 Verbs ending in **-uire,** such as **traduire** (*to translate*), are conjugated the same way as **conduire.**

Je **traduis** un poème de l'anglais en français.

I'm translating a poem from English into French.

Est-ce que vous **traduisez** des textes?

Do you translate texts?

traduire (*to translate*)	
RADICAUX: **tradui-, traduis-**	
je traduis	nous traduisons
tu traduis	vous traduisez
il/elle/on traduit	ils/elles traduisent
PARTICIPE PASSÉ: traduit (j'ai traduit, etc.)	

2 Additional verbs in **-uire** include the following:

construire	*to construct*	réduire	*to reduce*
détruire	*to destroy*	reproduire	*to reproduce*
produire	*to produce*	séduire	*to seduce*

13.2 The conditional The past conditional

1 The past conditional (**conditionnel passé**) is used to express a hypothetical situation that would have occurred if certain conditions had been met. Such conditions are sometimes stated but at other times they are simply implied.

Elle **aurait réservé** une chambre (mais l'hôtel était complet).

She would have reserved a room (but the hotel was full).

Elle **serait sortie** hier soir (mais son enfant est tombé malade).

She would have gone out last night (but her child became sick).

2 When using the conjunction **si** to combine a hypothetical situation in the **conditionnel passé** with a condition, that condition is expressed in the **plus-que-parfait**.

CONDITIONNEL PASSÉ (CONSÉQUENCE)	PLUS-QUE-PARFAIT (CONDITION)
Elle se serait levée de bonne heure, *She would have gotten up early,*	si le réveil avait sonné. *if the alarm clock had rung.*

The condition (that is, the clause beginning with **si**) and the hypothetical situation (consequence) can be found at the beginning or end of the sentence. The preceding example could also be expressed as follows:

PLUS-QUE-PARFAIT (CONDITION)	CONDITIONNEL PASSÉ (CONSÉQUENCE)
Si le réveil avait sonné, *If the alarm clock had rung,*	elle se serait levée de bonne heure. *she would have gotten up early.*

3 The **conditionnel passé** consists of an auxiliary verb (**être** or **avoir**) in its **conditionnel** form + a past participle.

CONDITIONNEL PASSÉ	
réserver (*to reserve*)	
j'aurais réservé	nous aurions réservé
tu aurais réservé	vous auriez réservé
il/elle/on aurait réservé	ils/elles auraient réservé

CONDITIONNEL PASSÉ	
sortir (*to go out*)	
je serais sorti(e)	nous serions sorti(e)s
tu serais sorti(e)	vous seriez sorti(e)(s)
il/elle/on serait sorti(e)	ils/elles seraient sorti(e)s

À noter: The past participles of verbs that use **être** as their auxiliary agree in gender and number with the grammatical subject of the sentence in the **conditionnel passé,** just as they do in the other compound tenses you've learned.

13.3 Object pronouns with the imperative — Use of multiple object pronouns

1 In **Par la suite 12.3,** you learned that more than one object pronoun can be used in a declarative sentence. This is also true in the imperative, in which object pronouns follow the conjugated verb and are combined (in writing) by the use of hyphens.

Donne **la clé à ta sœur!**	→ Donne-**la-lui!**	*Give it to her!*
Réservez **des chambres pour mon frére et moi.**	→ Réservez-**nous-en!**	*Reserve some for us!*

À noter: Remember that the final -s of the **tu** form is dropped in the imperative of regular -er verbs (such as **donner**), with verbs conjugated like -**er** verbs (such as **offrir**), and with the verb **aller** *unless* the verb is followed by **y** or **en;** in those cases, the -s is retained for ease of pronunciation.

Donnes-en à ta soeur!	*Give some to your sister!*
Vas-y!	*Go there!*

2 As in regular declarative sentences, personal pronouns will *always* precede **y** and **en** in the imperative, whereas the order of two personal pronouns depends upon which two are being used. Note, in particular, that the direct object pronouns **le, la, les** precede all other personal pronouns.

Cherchez-	le la les	moi (m') toi (t') lui nous vous leur	y	en

3 The forms **moi** and **toi** are used when no other object pronoun follows; if **y** or **en** follows, however, then the contracted forms **m'** and **t'** must be used instead.

Passez-le-**moi!**	*Pass it to me!*
but: Donnez-**m'en!**	*Give me some!*

CHAPITRE 14

Activities to practice the grammar points presented in Par la suite are in **Connect French** and in the print *Workbook / Laboratory Manual.*

14.2 Quantifiers — Quantifiers used as pronouns

1 The quantifier **quelques** (*several, some*) + a plural noun can be replaced by the pronoun **quelques-uns** (*m. pl.*) or **quelques-unes** (*f. pl.*), depending on the gender of the noun it replaces.

Quelques langues viennent du latin. *Several languages come from Latin.*	→ **Quelques-unes** viennent du latin. *Several (of them) come from Latin.*
Quelques étudiants parlent catalan. *Several students speak Catalan.*	→ **Quelques-uns** parlent catalan. *Several (of them) speak Catalan.*

2 The quantifier **chaque** (*each*) + a singular noun can be replaced by the pronoun **chacun** (*m.*) or **chacune** (*f.*), depending on the gender of that noun; they both mean *each one*.

Chaque étudiant doit passer l'examen. → **Chacun** doit passer l'examen.
Each student has to take the exam. *Each one has to take the exam.*

Chaque langue est différente. → **Chacune** est différente.
Each language is different. *Each one is different.*

3 The negative equivalent of both **chaque** and **chacun(e)** is **ne... aucun(e)**.

Il connaît **chaque région** de France. → Il **ne** connaît **aucune région** de France.

He knows each region of France. *He doesn't know a single region of France.*

Elle parle couramment **chaque langue**. → Elle **n'**en parle **aucune** couramment.

She speaks each language fluently. *She doesn't speak any (of them) fluently.*

4 The order of **ne** and **aucun(e)** is reversed when **aucun(e)** is the subject of the sentence.

Aucun pays **ne** désirait participer. *Not a single country wished to participate.*

14.3 The present subjunctive   Spelling changes in subjunctive stems

■ In **Par la suite 3.1,** you learned that certain spelling changes occur in the present indicative of **-er** verbs; these same spelling changes occur in present-tense subjunctive forms as well.

INDICATIF	SUBJONCTIF
essayer (y → i)	
nous essayons	que nous essayions
j'essaie	que j'essaie
acheter (e → è)	
nous achetons	que nous achetions
j'achète	que j'achète
appeler (l → ll)	
nous appelons	que nous appelions
j'appelle	que j'appelle
espérer (é → è)	
nous espérons	que nous espérions
j'espère	que j'espère

CHAPITRE 15

15.1 Use of the subjunctive with expressions of possibility and doubt

The verbs **penser**, **croire**, and **(se) douter**

1 When using the verbs **penser** and **croire** to say what one thinks or believes to be true, the indicative is used in the subordinate clause. But when these same verbs are used to ask questions—with inversion (in more formal speech)—the subjunctive is used instead.

Croyez-vous
Pensez-vous } que le gouvernement **prenne** assez de précautions?
Do you believe/think that the government is taking enough precautions?

2 The verbs **penser** and **croire** also trigger the use of the subjunctive in a subordinate clause when they are negated.

Je **ne pense pas**
Je **ne crois pas** } qu'elle s'**entende** bien avec les autres candidats.
I don't think/believe she gets along well with the other candidates.

À noter: The subjunctive is used with **penser** and **croire** when asking questions of others and with negation because in both cases, a degree of doubt or uncertainty is being expressed.

3 While the verb **douter** (*to doubt*) triggers the use of the subjunctive in a subordinate clause, the pronominal form **se douter** (*to suspect*) does not. Compare:

Je **doute** qu'il **fasse** de la recherche. *I doubt he's doing any research.*
Je **me doute** qu'il **fait** autre chose. *I suspect he's doing something else.*

15.2 Use of the subjunctive to express a wish or a desire

Additional subjunctive forms (**vouloir, pleuvoir, falloir,** and **valoir**)

1 The verb **vouloir**, which expresses a wish/desire, is usually found in main clauses and triggers the use of the subjunctive *of another verb* in a subordinate clause. **Vouloir**, however, can itself appear in a subordinate clause in its subjunctive form.

Tu **veux** qu'ils partent avant minuit? *You want them to leave before midnight?*

Je doute qu'ils **veuillent** partir avant minuit. *I doubt they'll want to leave before midnight.*

SUBJONCTIF	
vouloir (*to wish; to want*)	
... que je veuille	... que nous voulions
... que tu veuilles	... que vous vouliez
... qu'il/elle/on veuille	... qu'ils/elles veuillent

2 Some expressions with impersonal **il** that you've learned in the indicative have an irregular subjunctive form when found in a subordinate clause. The subjunctive form of **Il pleut** is **... qu'il pleuve**; the subjunctive forms of **Il faut** and **Il vaut** are **... qu'il faille** and **... qu'il vaille**, respectively.

Je ne suis pas content(e) qu'il **pleuve**!	*I'm not happy that it's raining!*
Je doute qu'il **faille** attendre les autres.	*I doubt it's necessary to wait for the others.*
Pensez-vous qu'il **vaille** mieux l'appeler?	*Do you think it's better to call him?*

15.3 Use of the subjunctive versus an infinitive

Avant de and avant que

In **Par la suite 4.4**, you learned that the expression **(juste) avant de** + infinitive is used to put two actions—performed by the same person—in chronological order. Whenever actions are performed by two different people, the expression **avant que** + subjunctive is used.

Le président fera un discours **avant de répondre** aux questions.	*The president will give a speech before answering questions.*
but:	
Le président fera un discours **avant que** son porte-parole (**ne**) **réponde** aux questions.	*The president will give a speech before his spokesperson answers questions.*

À noter: The particle **ne** will often precede the subjunctive verb form when **avant que...** is used. This is a characteristic of formal speech; it does *not* negate the verb (only **ne...** accompanied by a word such as **pas** or **jamais** does so).

Après que and the present indicative; *après* and the past infinitive

1 The expression **après que** is also used to put two actions—performed by two different people—in chronological order. The subjunctive is *not* used with this expression.

Ils vont faire grève **après que** le président **aura fait** son discours.	*They're going to strike after the president gives / has given his speech.*

2 When two actions are performed one after the other by the same person, **après** is used with the past infinitive (**l'infinitif passé**)—that is, the infinitive form of the auxiliary **avoir** or **être** + past participle—to express *after having done something*.

Ils feront grève **après avoir écouté** le discours du président.	*They will go on strike after listening to (having listened to) the president's speech.*
Les candidats ont répondu aux questions **après être arrivés** à la manifestation.	*The candidates answered questions after arriving (having arrived) at the protest.*

À noter: The past participles of verbs that use **être** as their auxiliary in the **passé de l'infinitif** agree in gender and number with the grammatical subject of the sentence, just as they do in all other compound verb tenses you've studied.

 Activities to practice the grammar points presented in Par la suite are in **Connect French** and in the print **Workbook / Laboratory Manual.**

CHAPITRE 16

Rappel: present-tense verbs · Use of **en** + present participle

1 To express an ongoing action occurring simultaneously with another action the conjunction **pendant que** can be used.

Hervé **chante** toujours **pendant qu'il danse.**	*Hervé always sings while he dances.*
Laure **parlait** toujours **pendant qu'elle mangeait.**	*Laure always talked while she was eating.*
Un jour, on ne **parlera** plus au téléphone **pendant qu'on conduit.**	*Some day, people will no longer talk on the phone while they are driving.*

Simultaneous actions can also be expressed in French by the use of **en** + present participle (**participe présent**).

Hervé chante toujours **en dansant.**	*Hervé always sings while (he's) dancing.*
Laure parlait toujours **en mangeant!**	*Laure always talked while (she was) eating!*
Un jour, on ne **parlera** plus au téléphone **en conduisant.**	*Someday, people will no longer talk on the phone while (they are) driving!*

À noter: The present participle can be used in sentences that describe the past, present, and future.

2 The present participle is also used to describe the means by which some action or desired effect is achieved.

Hervé s'inspire **en jouant** de la musique.	*Hervé gets inspired by playing music.*
Inspirez-vous **en lisant** de la poésie!	*Get inspired by reading poetry!*

3 The present participle is formed by adding **-ant** to the stem of the present-tense **nous** form of any verb. (Recall that this stem is used in **imparfait** forms as well.)

PREMIÈRE PERSONNE PLURIEL (*NOUS*) AU PRÉSENT		PARTICIPE PRÉSENT
regardons	→ regard-	(en) regardant
sortons	→ sort-	(en) sortant
finissons	→ finiss-	(en) finissant
attendons	→ attend-	(en) attendant

À noter: Spelling changes that are unique to the present-tense **nous** form also occur in the present participle (for example, **mangeant, commençant**).

4 There are only three irregular forms of the present participle.

INFINITIF		PARTICIPE PRÉSENT
avoir	→	(en) ayant
être	→	(en) étant
savoir	→	(en) sachant

APPENDICE 1

Verb Charts

Verbes réguliers

INFINITIF ET PARTICIPE PRÉSENT	PRÉSENT	PASSÉ COMPOSÉ	IMPARFAIT	FUTUR	CONDITIONNEL	SUBJONCTIF	IMPÉRATIF
1. chercher cherchant	je cherche tu cherches il/elle/on cherche nous cherchons vous cherchez ils/elles cherchent	j' ai cherché tu as cherché il/elle/on a cherché nous avons cherché vous avez cherché ils/elles ont cherché	je cherchais tu cherchais il/elle/on cherchait nous cherchions vous cherchiez ils/elles cherchaient	je chercherai tu chercheras il/elle/on cherchera nous chercherons vous chercherez ils/elles chercheront	je chercherais tu chercherais il/elle/on chercherait nous chercherions vous chercheriez ils/elles chercheraient	que je cherche que tu cherches qu'il/elle/on cherche que nous cherchions que vous cherchiez qu'ils/elles cherchent	cherche cherchons cherchez
2. répondre répondant	je réponds tu réponds il/elle/on répond nous répondons vous répondez ils/elles répondent	j' ai répondu tu as répondu il/elle/on a répondu nous avons répondu vous avez répondu ils/elles ont répondu	je répondais tu répondais il/elle/on répondait nous répondions vous répondiez ils/elles répondaient	je répondrai tu répondras il/elle/on répondra nous répondrons vous répondrez ils/elles répondront	je répondrais tu répondrais il/elle/on répondrait nous répondrions vous répondriez ils/elles répondraient	que je réponde que tu répondes qu'il/elle/on réponde que nous répondions que vous répondiez qu'ils/elles répondent	réponds répondons répondez
3. finir finissant	je finis tu finis il/elle/on finit nous finissons vous finissez ils/elles finissent	j' ai fini tu as fini il/elle/on a fini nous avons fini vous avez fini ils/elles ont fini	je finissais tu finissais il/elle/on finissait nous finissions vous finissiez ils/elles finissaient	je finirai tu finiras il/elle/on finira nous finirons vous finirez ils/elles finiront	je finirais tu finirais il/elle/on finirait nous finirions vous finiriez ils/elles finiraient	que je finisse que tu finisses qu'il/elle/on finisse que nous finissions que vous finissiez qu'ils/elles finissent	finis finissons finissez
4. dormir* dormant	je dors tu dors il/elle/on dort nous dormons vous dormez ils/elles dorment	j'ai dormi tu as dormi il/elle/on a dormi nous avons dormi vous avez dormi ils/elles ont dormi	je dormais tu dormais il/elle/on dormait nous dormions vous dormiez ils/elles dormaient	je dormirai tu dormiras il/elle/on dormira nous dormirons vous dormirez ils/elles dormiront	je dormirais tu dormirais il/elle/on dormirait nous dormirions vous dormiriez ils/elles dormiraient	que je dorme que tu dormes qu'il/elle/on dorme que nous dormions que vous dormiez qu'ils/elles dorment	dors dormons dormez
5. se laver† (se) lavant	je me lave tu te laves il/elle/on se lave(s) nous nous lavons vous vous lavez ils/elles se lavent	je me suis lavé(e) tu t'es lavé(e) il/elle/on s'est lavé(e)(s) nous nous sommes lavé(e)s vous vous êtes lavé(e)(s) ils/elles se sont lavé(e)s	je me lavais tu te lavais il/elle/on se lavait nous nous lavions vous vous laviez ils/elles se lavaient	je me laverai tu te laveras il/elle/on se lavera nous nous laverons vous vous laverez ils/elles se laveront	je me laverais tu te laverais il/elle/on se laverait nous nous laverions vous vous laveriez ils/elles se laveraient	que je me lave que tu te laves qu' il/elle/on se lave que nous nous lavions que vous vous laviez qu' ils/elles se lavent	lave-toi lavons-nous lavez-vous

*Traditionally, only verbs ending in -ir like **finir** are considered one of the three regular verb groups. However, verbs like **dormir** also end in -ir and are conjugated following their own "regular" pattern, though they are many fewer in number than -ir verbs like **finir**. Verbs like **dormir** include: **s'endormir, mentir, partir, sentir,** and **sortir.** Note that **s'endormir, partir,** and **sortir** are conjugated with **être** in the compound tenses.

†All pronominal verbs are conjugated with **être** in the compound tenses.

Verbes réguliers avec changements orthographiques

INFINITIF ET PARTICIPE PRÉSENT	PRÉSENT		PASSÉ COMPOSÉ	IMPARFAIT		FUTUR	CONDITIONNEL	SUBJONCTIF		IMPÉRATIF	AUTRES VERBES
1. **commencer** commençant	je commence tu commences il/elle/on commence	nous commençons vous commencez ils/elles commencent	j'ai commencé	je commençais	nous commencions	je commencerai	je commencerais	que je commence	que nous commencions	commence commençons commencez	divorcer, lancer, remplacer
2. **manger** mangeant	je mange tu manges il/elle/on mange	nous mangeons vous mangez ils/elles mangent	j'ai mangé	je mangeais	nous mangions	je mangerai	je mangerais	que je mange	que nous mangions	mange mangeons mangez	changer, encourager, engager, exiger, mélanger, nager, partager, voyager
3. **préférer** préférant	je préfère tu préfères il/elle/on préfère	nous préférons vous préférez ils/elles préfèrent	j'ai préféré	je préférais		je préférerai	je préférerais	que je préfère	que nous préférions	préfère préférons préférez	espérer, s'inquiéter, répéter, sécher
4. **payer** payant	je paie tu paies il/elle/on paie	nous payons vous payez ils/elles paient	j'ai payé	je payais		je paierai	je paierais	que je paie	que nous payions	paie payons payez	employer, envoyer, essayer
5. **appeler** appelant	j' appelle tu appelles il/elle/on appelle	nous appelons vous appelez ils/elles appellent	j'ai appelé	j' appelais		j'appellerai	j'appellerais	que j'appelle	que nous appelions	appelle appelons appelez	s'appeler, se rappeler
6. **acheter** achetant	j' achète tu achètes il/elle/on achète	nous achetons vous achetez ils/elles achètent	j'ai acheté	j' achetais		j'achèterai	j'achèterais	que j'achète	que nous achetions	achète achetons achetez	se lever, se promener

INFINITIF ET PARTICIPE PRÉSENT	PRÉSENT			PASSÉ COMPOSÉ	IMPARFAIT	FUTUR	CONDITIONNEL	SUBJONCTIF		IMPÉRATIF	AUTRES VERBES
1. **aller*** allant	je vais tu vas il/elle/on va	nous allons vous allez ils/elles vont		je suis allé(e)	j'allais	j'irai	j'irais	que j'aille que	nous allions	va allons allez	
2. **avoir** ayant	j' ai tu as il/elle/on a	nous avons vous avez ils/elles ont		j'ai eu	j'avais	j'aurai	j'aurais	que j'aie que	nous ayons	aie ayons ayez	
3. **boire** buvant	je bois tu bois il/elle/on boit	nous buvons vous buvez ils/elles boivent		j'ai bu	je buvais	je boirai	je boirais	que je boive que	nous buvions	bois buvons buvez	
4. **conduire** conduisant	je conduis tu conduis il/elle/on conduit	nous conduisons vous conduisez ils/elles conduisent		j'ai conduit	je conduisais	je conduirai	je conduirais	que je conduise que	nous conduisions	conduis conduisons conduisez	construire, détruire, produire, réduire, traduire
5. **connaître** connaissant	je connais tu connais il/elle/on connaît	nous connaissons vous connaissez ils/elles connaissent		j'ai connu	je connaissais	je connaîtrai	je connaîtrais	que je connaisse que	nous connaissions	connais connaissons connaissez	apparaître, disparaître, paraître, reconnaître
6. **croire** croyant	je crois tu crois il/elle/on croit	nous croyons vous croyez ils/elles croient		j'ai cru	je croyais	je croirai	je croirais	que je croie que	nous croyions	crois croyons croyez	
7. **devoir** devant	je dois tu dois il/elle/on doit	nous devons vous devez ils/elles doivent		j'ai dû	je devais	je devrai	je devrais	que je doive que	nous devions	dois devons devez	
8. **dire** disant	je dis tu dis il/elle/on dit	nous disons vous dites ils/elles disent		j'ai dit	je disais	je dirai	je dirais	que je dise que	nous disions	dis disons dites	
9. **écrire** écrivant	j' écris tu écris il/elle/on écrit	nous écrivons vous écrivez ils/elles écrivent		j'ai écrit	j'écrivais	j'écrirai	j'écrirais	que j'écrive que	nous écrivions	écris écrivons écrivez	décrire
10. **être** étant	je suis tu es il/elle/on est	nous sommes vous êtes ils/elles sont		j'ai été	j'étais	je serai	je serais	que je sois que	nous soyons	sois soyons soyez	

*Verbs followed by an asterisk * are conjugated with être in the compound tenses.

INFINITIF ET PARTICIPE PRÉSENT	PRÉSENT		PASSÉ COMPOSÉ	IMPARFAIT	FUTUR	CONDITIONNEL	SUBJONCTIF		IMPÉRATIF	AUTRES VERBES
11. **faire** faisant	je fais / tu fais / il/elle/on fait	nous faisons / vous faites / ils/elles font	j'ai fait	je faisais	je ferai	je ferais	que je fasse	que nous fassions	fais / faisons / faites	
12. **falloir**	il faut		il a fallu	il fallait	il faudra	il faudrait	qu'il faille		—	
13. **lire** lisant	je lis / tu lis / il/elle/on lit	nous lisons / vous lisez / ils/elles lisent	j'ai lu	je lisais	je lirai	je lirais	que je lise	que nous lisions	lis / lisons / lisez	
14. **mettre** mettant	je mets / tu mets / il/elle/on met	nous mettons / vous mettez / ils/elles mettent	j'ai mis	je mettais	je mettrai	je mettrais	que je mette	que nous mettions	mets / mettons / mettez	permettre, promettre
15. **mourir*** mourant	je meurs / tu meurs / il/elle/on meurt	nous mourons / vous mourez / ils/elles meurent	je suis mort(e)	je mourais	je mourrai	je mourrais	que je meure	que nous mourions	meurs / mourons / mourez	
16. **naître*** naissant	je nais / tu nais / il/elle/on naît	nous naissons / vous naissez / ils/elles naissent	je suis né(e)	je naissais	je naîtrai	je naîtrais	que je naisse	que nous naissions	nais / naissons / naissez	
17. **ouvrir** ouvrant	j' ouvre / tu ouvres / il/elle/on ouvre	nous ouvrons / vous ouvrez / ils/elles ouvrent	j'ai ouvert	j'ouvrais	j'ouvrirai	j'ouvrirais	que j'ouvre	que nous ouvrions	ouvre / ouvrons / ouvrez	couvrir, découvrir, offrir, souffrir
18. **plaire** plaisant	je plais / tu plais / il/elle/on plaît	nous plaisons / vous plaisez / ils/elles plaisent	j'ai plu	je plaisais	je plairai	je plairais	que je plaise	que nous plaisions	plais / plaisons / plaisez	
19. **pleuvoir** pleuvant	il pleut		il a plu	il pleuvait	il pleuvra	il pleuvrait	qu'il pleuve		—	
20. **pouvoir** pouvant	je peux** / tu peux / il/elle/on peut	nous pouvons / vous pouvez / ils/elles peuvent	j'ai pu	je pouvais	je pourrai	je pourrais	que je puisse	que nous puissions	—	
21. **prendre** prenant	je prends / tu prends / il/elle/on prend	nous prenons / vous prenez / ils/elles prennent	j'ai pris	je prenais	je prendrai	je prendrais	que je prenne	que nous prenions	prends / prenons / prenez	apprendre, comprendre

*Verbs followed by an asterisk * are conjugated with **être** in the compound tenses.

Verbes réguliers (suite)

INFINITIF ET PARTICIPE PRÉSENT	PRÉSENT		PASSÉ COMPOSÉ	IMPARFAIT	FUTUR	CONDITIONNEL	SUBJONCTIF	IMPÉRATIF	AUTRES VERBES
22. recevoir recevant	je reçois tu reçois il/elle/on reçoit	nous recevons vous recevez ils/elles reçoivent	j'ai reçu	je recevais	je recevrai	je recevrais	que je reçoive que nous recevions	reçois recevons recevez	
23. savoir sachant	je sais tu sais il/elle/on sait	nous savons vous savez ils/elles savent	j'ai su	je savais	je saurai	je saurais	que je sache que nous sachions	sache sachons sachez	
24. suivre suivant	je suis tu suis il/elle/on suit	nous suivons vous suivez ils/elles suivent	j'ai suivi	je suivais	je suivrai	je suivrais	que je suive que nous suivions	suis suivons suivez	poursuivre
25. venir* venant	je viens tu viens il/elle/on vient	nous venons vous venez ils/elles viennent	je suis venu(e)	je venais	je viendrai	je viendrais	que je vienne que nous venions	viens venons venez	appartenir, contenir, devenir,* obtenir, revenir,* tenir
26. vivre vivant	je vis tu vis il/elle/on vit	nous vivons vous vivez ils/elles vivent	j'ai vécu	je vivais	je vivrai	je vivrais	que je vive que nous vivions	vis vivons vivez	survivre
27. voir voyant	je vois tu vois il/elle/on voit	nous voyons vous voyez ils/elles voient	j'ai vu	je voyais	je verrai	je verrais	que je voie que nous voyions	vois voyons voyez	revoir
28. vouloir voulant	je veux tu veux il/elle/on veut	nous voulons vous voulez ils/elles veulent	j'ai voulu	je voulais	je voudrai	je voudrais	que je veuille que nous voulions	veuille veuillons veuillez	

If **je peux is inverted to form a question, it becomes **puis-je… ?**

*Verbs followed by an asterisk * are conjugated with **être** in the compound tenses.

Answer Key to the Inductive Activities

This appendix contains the answers to activities in the **Vocabulaire interactif** and **Grammaire interactive** presentations that require students to write on graph paper charts. Answers are also provided for the **Rappel** activities in **Chapitres 4, 8, 12,** and **16.**

CHAPITRE 1

Structure 1.1, *Analysons!* **(p. 14):** 1. un, une 2. *yes*
Structure 1.1, *Mise en pratique* **(p. 15):** 3. Qui est-ce? C'est une étudiante. 4. Qu'est-ce que c'est? C'est un livre. 5. Qu'est-ce que c'est? C'est une porte. 6. Qui est-ce? C'est une prof (une [femme] professeur).
Structure 1.2, *Analysons!* **(p. 17):** 1. des 2. -s
Structure 1.2, *Mise en pratique* **(p. 18):** 1. tableaux 2. semaines; mois 3. chats; oiseaux 4. banques; hôpitaux
Structure 1.3, *Analysons!* **(p. 19):** 1. le professeur; Sylvie; Sylvie et moi; les étudiants 2. suis, sont, est, sommes
Structure 1.4, *Analysons!* **(p. 22):** 1. les 2. l' 3. *no*

CHAPITRE 2

Vocabulaire interactif (p. 40): 7, 1, 6, 5, 4, 10, 3, 8, 2, 9
Structure 2.1 (p. 44): 1. argent 2. amis 3. muscles 4. courage 5. manières 6. ans; *Analysons!* questions: 1. *six* 2. *one* (**J'ai**) 3. *three* (**Nous avons, vous avez, ils/elles ont**) 4. *#6 (the verb to be is used to express one's age in English)*
Structure 2.1, *Mise en pratique* **(p. 45):** 1. ai; français 2. as; maths 3. a; dessin 4. avons; musique 5. avez; archéologie 6. ont; journalisme
Structure 2.2 (p. 47): 1. est 2. ne sont pas 3. n'est pas 4. a une 5. n'y a pas d' 6. aiment *Analysons!* questions: 1. ne, pas 2. ne 3. pas 4. n'
Structure 2.2, *Mise en pratique* **(p. 48):** 1. un; le; de 2. une; de; la 3. des; les; d'
Structure 2.3, *Analysons!* **(p. 50):** 1. *They end in an* -e. 2. sociable, sympathique
Structure 2.3, *Mise en pratique 1* **(p. 51):** **Il est:** fatigué, fort; **Elle est:** timide, jolie, forte, française; **Ils sont:** timides, jolis, français; **Elles sont:** timides, fatiguées, françaises
Structure 2.3, *Mise en pratique 2* **(p. 51):** 1. sérieuse 2. créative 3. dernière 4. fausse 5. formelle 6. franche 7. ivoirienne 8. mignonne 9. rousse 10. séductrice

Structure 2.3, Point 3 (p. 52): Ils sont: royaux; **Elle est:** royale; **Elles sont:** royales
Structure 2.3, Point 4 (p. 52): Ils sont: vieux; **Elles sont:** belles, nouvelles, vieilles
Structure 2.4, *Analysons!* **(p. 54):** 1. *no* 2. **oui, non** 3. *before a pronoun that begins with a vowel* (**il/elle, on,** *and* **ils/elles**)
Structure 2.4, *Mise en pratique* **(p. 54):** 1. Est-ce qu'; oui 2. Est-ce qu'; non 3. Est-ce qu'; oui 4. Est-ce que; (*Answers will vary*) 5. Est-ce qu'; oui

CHAPITRE 3

Vocabulaire interactif (p. 71): 1. f 2. c 3. j 4. a 5. b 6. e 7. h 8. g 9. i 10. k 11. l 12. d
Vocabulaire interactif (p. 72): 1. Mireille 2. Mireille 3. Caroline 4. Mireille 5. Caroline 6. Caroline 7. Caroline 8. Mireille
Structure 3.1 (p. 75): 2. parles 4. parlons 5. parlez 6. parlent; *Analysons!* questions: 1. *four* ([**je**] **parle,** [**tu**] **parles,** [**on**] **parle,** [**ils**] **parlent**) 2. *yes*
Structure 3.1 (p. 75): j'habite, tu habites, il/elle/on habite, nous habitons, vous habitez, ils/elles habitent
Structure 3.1, *Mise en pratique* **(p. 76):** 1. arrangeons 2. avançons 3. cherchons 4. effaçons 5. nageons 6. téléchargeons 7. travaillons 8. voyageons
Structure 3.2, *Analysons!* questions **(p. 78):** 1. *no (it can mean "make" or "do" or be used to describe the weather)* 2. *irregular*
Structure 3.2, *Mise en pratique* **(p. 79):** 1. Ils ne font pas la cuisine. 2. Nous ne faisons pas de natation. 3. Elle ne fait pas de vélo. 4. Je ne fais pas de randonnée. 5. On ne fait pas la lessive aujourd'hui.
Structure 3.3 (p. 82): 1. (Sport)–en 1998 2. (Géo)–à Paris 3. (Société)–C'est la fête nationale 4. (Langue)–un(e) Français(e) 5. (Politique)–vingt-deux; *Analysons!* questions: 1. *at the beginning;* 2. est-ce que (qu')
Structure 3.3, *Mise en pratique* **(p. 83):** 1. Quand est-ce que vous arrivez à la fac? 2. Où est-ce qu'il travaille? 3. Pourquoi est-ce qu'ils font le ménage? 4. Comment est-ce qu'on prépare l'examen? 5. Combien de livres est-ce que nous avons?
Structure 3.4, *Analysons!* **(p. 85):** 1. *after the noun* 2. grand, petite, nouveau, vieux 3. *yes*
Structure 3.4, *Mise en pratique* **(p. 86):** beau, bon, grand, gros, jeune, joli, mauvais, petit, vieux
Structure 3.4, Point 4 (p. 86): masculin singulier: un vieil acteur; **masculin pluriel:** de vieux acteurs; **féminin singulier:** une vieille actrice; **féminin pluriel:** de vieilles actrices

CHAPITRE 4

Vocabulaire interactif (p. 103): 1. Bachir et Marie 2. 50 ans; 52 ans 3. Édouard et Lucie 4. Léa et Lucie 5. 13 ans 6. Françoise et Richard 7. trois 8. Édouard 9. Léa et Lucie 10. quatre

Rappel (p. 107): *(sample answers)* **F:** une fenêtre, un(e) Français(e), un facteur / une factrice, un fils / une fille; **C:** un crayon, un(e) Canadien(ne), un comptable, un(e) cousin(e)

Structure 4.1, Point 1 (p. 107): masculin: ton; **féminin:** ma, sa; **pluriel:** mes, tes, vos

Structure 4.1, *Mise en pratique 1* (p. 108): 1. ta 2. tes 3. ton 4. ton 5. tes 6. tes (ton *with liaison is used in answer 4*)

Structure 4.1, *Mise en pratique 2* (p. 108): 1. sa; Miriam 2. ses; Édouard; Lucie 3. leur; Bachir 4. leur; Léa 5. leurs; Léa; Lucie

Rappel (p. 110): 1. suis 2. ai 3. fais 4. a 5. est 6. fait 7. sont 8. ont 9. font

Structure 4.2, *Mise en pratique* (p. 112): 1. vas au; reviens du 2. allez à la; revenons de la 3. va à l'; revient de l' 4. vont aux; reviennent des

Rappel (p. 115): 1. le; les Québécois; le français 2. les; les Américains; l'anglais 3. le; les Japonais; le japonais 4. la; les Chinois; le chinois 5. l'; les Égyptiens; l'arabe 6. le; les Brésiliens; le portugais

Structure 4.3, *Mise en pratique* (p. 116): 1. à; en; 2. à; au; en 3. à; aux; en 4. de; du; d' 5. de; d' 6. de; de; d'

Rappel (p. 119): *Answers will vary.*

Structure 4.4, *Mise en pratique* (p. 120): *(sample answers)* 1. Je vais faire mes devoirs. 2. Je vais préparer un examen. 3. Je ne vais pas déjeuner avec un ami. 4. Je ne vais pas visiter un musée.

CHAPITRE 5

Vocabulaire interactif (p. 136): Fruits et legumes: un artichaut, une banane, des brocolis, une carotte, un concombre, un oignon, des olives, une orange, une tomate

Vocabulaire interactif (p. 139): 1. une nappe 2. une carafe 3. une assiette; une assiette à soupe 4. un verre; une tasse; un verre à vin 5. un couteau; une fourchette; une cuillère; une cuillère à soupe 6. une serviette

Structure 5.1 (p. 141): du beurre, du sucre, de la crème, de la farine, de la vanille; *Analysons!* **questions:** 1. une quantité indéterminée 2. de l'; du; de la

Structure 5.1, *Mise en pratique* (p. 142): 1. le; du 2. de l'; d' 3. les; de 4. de; de 5. une; la

Structure 5.2, *Analysons!* (p. 144): prend

Structure 5.2, *Mise en pratique* (p. 145): 1. prends 2. prends 3. prend 4. prenons 5. prenez 6. prennent

Structure 5.3 (p. 148): a. 3 b. 1 c. 5 d. 4 e. 2; *Analysons!* **questions:** perdre, rendre, vendre, attendre

Structure 5.3, *Mise en pratique* (p. 149): attendre: attends, attend, attendez; **entendre:** entend, entendons, entendez; **perdre:** perds, perdent; **répondre:** réponds, répondons, répondent

Structure 5.4, *Analysons!* (p. 151): pas, jamais

Structure 5.4, *Mise en pratique 1* (p. 151): 1. ne... rien 2. n'... nulle part 3. n' ... personne 4. ne... plus 5. n' ... pas encore

Structure 5.4, *Mise en pratique 2* (p. 152): 1. On n'aime que le vin rouge 2. Ils ne vendent du pain que le matin. 3. Je n'ai qu'une demi-heure pour manger.

CHAPITRE 6

Vocabulaire interactif (page 167): Élodie porte des boucles d'oreilles et un collier. Audrey porte un bracelet. Patrick porte un chapeau. Mlle Michelet, Madame Bouchard et Élodie portent un sac à main. Mlle Michelet porte des gants et un foulard. Pierre porte une casquette et une ceinture. Élodie porte un parapluie. M. Pinot porte une cravate. Audrey porte des lunettes de soleil.

Structure 6.1, *Analysons!* (p. 171): 1. ces 2. masculin; une voyelle 3. cet

Structure 6.1, *Mise en pratique* (p. 172): 1. cet 2. ces 3. cette 4. cette 5. ces 6. ce 7. ces 8. ce

Structure 6.2 (p. 174): 1. pas 2. rien 3. jamais 4. personne 5. plus; *Analysons!* **questions:** 1. servir, mentir, sortir, dormir 2. deux

Structure 6.2, *Mise en pratique* (p. 175): mentir: mens, mentons, mentent; **partir:** pars, part, partez; **sortir:** sors, sort, sortons, sortez, sortent

Structure 6.3, *Analysons!* (p. 178): 1. Avec quelle personne... ? 2. Quels vêtements... ? 3. En quelle saison... ? 4. Dans quel magasin... ? 5. Pour quelles raisons... ? *Analysons!* **questions:** 1. quel, quelle, quels, quelles 2. le genre et le nombre du nom

Structure 6.3, *Mise en pratique* (p. 179): 1. quelle 2. quelles? 3. quelles 4. quels 5. quels 6. quel

Structure 6.4, *Analysons!* (p. 181): 1. choisir, finir, réussir 2. -iss-

Structure 6.4, *Mise en pratique 1* (p. 182): choisir: choisis, choisit, choisissons; **réfléchir:** réfléchis, réfléchissez, réfléchissent; **réussir:** réussis, réussit, réussissons, réussissez, réussissent

Structure 6.4, *Mise en pratique 2* (p. 182): 1. grand(e); grandis 2. gros(se); grossis 3. maigre; maigrit 4. jeune; rajeunissons 5. vieux/vieille; vieillissez 6. rouge; rougissent

CHAPITRE 7

Vocabulaire interactif (p. 197): 1. les deux 2. oui, à 20 h 10 3. 10,50 € (plein tarif) ou 7,50 € pour les étudiants 4. à 16 h 00 5. le vendredi 6. La FFF; vendredi le 12 mai; 29 € 7. un concert d'U2; oui, c'est un stade 8. «Désirs»; c'est un cabaret 9. 24 € (plein tarif) ou 16 € (tarif réduit) 10. oui, 8,50 €; le premier dimanche du mois 11. Solférino; 12. le spectacle au Crazy Horse; l'entrée à la mosquée

Structure 7.1 (p. 201): 1. sait 2. veut 3. peut 4. doit; *Analysons!* **question:** un verbe à l'infinitif

Structure 7.1, Point 2 (p. 201): pouvoir: peux, peut, pouvons, pouvez

Structure 7.1, *Mise en pratique* (p. 202): *(sample answers)* 1. Moi, je ne sais pas parler russe. 2. Mon meilleur ami (Ma meilleure amie) veut étudier le français. 3. Nous ne devons pas préparer un examen ce soir. 4. Mes frères/sœurs/cousins peuvent faire leurs études ici.

Structure 7.2, *Analysons!* (p. 204): 1. quelque 2. quelqu'un

Structure 7.2, *Mise en pratique* (p. 204): quelque chose; quelque part; quelqu'un

Structure 7.3, *Analysons!* (p. 206): 1. deux 2. avoir 3. regardé

Structure 7.3, Point 4 (p. 206): bu: boire; **été:** être; **fait:** faire; **mis:** mettre; **pris:** prendre; **pu:** pouvoir; **voulu:** vouloir; **vu:** voir

Structure 7.4, *Analysons!* (p. 209): rester, aller, sortir

Structure 7.4, Point 1 (p. 209): descendre: descendu; **rentrer:** rentré; **monter:** monté; **revenir:** revenu; **sortir:** sorti; **venir:** venu; **aller:** allé; **entrer:** entré; **rester:** resté; **tomber:** tombé; **retourner:** retourné; **arriver:** arrivé; **partir:** parti; **passer:** passé

CHAPITRE 8

Vocabulaire interactif (p. 224): 1. (la posture du) guerrier 2. guerrier 3. (la posture du) triangle 4. les deux 5. guerrier 6. ni l'une ni l'autre 7. ni l'une ni l'autre 8. guerrier 9. ni l'une ni l'autre 10. triangle 11. ni l'une ni l'autre 12. les deux

Rappel (p. 228): 1. dort 2. prend 3. met 4. choisit 5. boit 6. sort 7. attend 8. arrive 9. répond 10. voit 11. finit 12. rentre

Structure 8.1 (p. 229): 1. les dents 2. la bouche 3. le visage / la figure 4. les yeux 5. les cheveux 6. les jambes

Structure 8.1, Point 1 (p. 229): *Le verbe* **s'habiller:** m'habille, t'habilles, s'habille, nous habillons, vous habillez, s'habillent

Structure 8.1, *Mise en pratique* (p. 230): 1a. amuse 1b. s'amusent 2a. vous sentez 2b. sentez 3a. trouve 3b. se trouve

Rappel (p. 233): 1. quelle 2. Qu'est-ce que 3. Quelles 4. Qu'est-ce que 5. Quels 6. Quel

Structure 8.2, Point 3 (p. 234): sujet de la phrase: qui; qu'est-ce qui **objet direct du verbe:** qui est-ce que; qu'est-ce que

Structure 8.2, *Mise en pratique* (p. 234): 1. À quoi 2. En quoi 3. De quoi 4. Contre qui 5. De qui 6. De quoi 7. Sur quoi

Rappel (p. 236): 2. Tu as vu 3. Tu as fait 4. Tu as pris 6. Tu es sorti(e) 7. Tu es rentré(e) 8. Tu es resté(e)

Structure 8.3, *Mise en pratique 1* (p. 236): 1. s'est levée à 7 h 2. se sont maquillées 3. s'est rasé 4. se sont habillés

Structure 8.3, *Mise en pratique 2* (p. 237): 1. réveillée 2. levée 3. lavé 4. brossé 5. brûlée 6. coupé

CHAPITRE 9

Vocabulaire interactif (p. 252): 1. un appartement 2. au troisième étage 3. mon balcon 4. le parking 5. l'immeuble 6. les escaliers

Vocabulaire interactif (p. 253): 1. la cuisne 2. l'entrée 3. la salle à manger 4. les toilettes 5. la salle de bains 6. la chambre

Vocabulaire interactif (p. 253): 1. le salon 2. la salle à manger 3. la cuisine 4. les toilettes 5. la terrasse 6. la pelouse

Vocabulaire interactif (pp. 254–255): 1. un canapé avec un coussin 2. un lit avec une couette et des oreillers 3. un lave-vaisselle 4. une douche 5. un four à micro-ondes 6. une cafetière

Structure 9.1, *Analysons!* (p. 257): 1. plus; aussi; moins 2. que

Structure 9.1, *Mise en pratique* (p. 258): (*sample answers*) 1. …ma chambre est la plus agréable. 2. …la cuisine est la plus petite. 3. …le canapé est le moins beau. 4. …le fauteuil est le moins usé. 5. … le lave-linge est le meilleur. 6. …le four à micro-ondes est le moins utile.

Structure 9.2, *Analysons!* (p. 261): 1. (d')événements habituels 2. -ions, -ons

Structure 9.2, *Mise en pratique* (p. 262): 1. ét- ; étais 2. dev- ; devais 3. mange- ; mangeais 4. finiss- ; finissais; 5. av- ; avais 6. couch- ; te couchais

Structure 9.3 (p. 264): 1. dans le salon 2. sa sœur 3. son père 4. sa mère 5. leur chien; *Analysons!* questions: 1. oui 2. oui 3. l'imparfait

Structure 9.3, *Mise en pratique* (p. 265): 1. avait 2. était 3. portait 4. avait 5. regardait 6. voulait 7. faisait 8. aidait

Structure 9.4 (p. 267): 1a. H 1b. S 2a. S 2b. H 3a. S 3b. H 4a. H 4b. S; *Analysons!* question: le passé composé; l'imparfait

Structure 9.4, *Mise en pratique 1* (p. 268): 1. d 2. a 3. c 4. e 5. b

Structure 9.4, *Mise en pratique 2* (p. 268): 1. d 2. a 3. b 4. c 5. e

Structure 9.4, *Mise en pratique 3* (p. 269): 1. A 2. A 3. A 4. A 5. D 6. D 7. D 8. A 9. A 10. D

CHAPITRE 10

Vocabulaire interactif (pp. 283–284): 1. g 2. e 3. a 4. b 5. j 6. d 7. h 8. i

Structure 10.1, *Analysons!* (p. 288): 1. un nom; une phrase 2. voir

Structure 10.1, Point 1 (p. 288): *Le verbe* **croire:** crois; croit; croyez

Structure 10.1, *Mise en pratique 1* (p. 289): 1. n'ai jamais vu; vois 2. croyions; croyons 3. reçoit; n'a reçu

Structure 10.1, *Mise en pratique 2* (p. 289): 1. à l' 2. à la 3. en 4. aux 5. au 6. en

Structure 10.2 (p. 291): 1. c 2. f 3. a 4. d 5. b 6. e; *Analysons!* questions: 1. qui, que, où 2. qu'

Structure 10.2, *Mise en pratique* (p. 292): 1. que 2. qui 3. où 4. où 5. que

Structure 10.3 (p. 294): 1. à l'occasion d'un anniversaire 2. à Noël 3. à Noël 4. à Pâques 5. à l'occasion d'un anniversaire; *Analysons!* question: les verbes en **-er**; il n'y a pas de s

Structure 10.3, *Mise en pratique* (p. 295): 2. Ne sors pas; Reste 3. Ne prenez pas; Finissez 4. N'attendez pas; Partez 5. N'offrons pas; Envoyons 6. Ne mettons pas; Rangeons

Structure 10.4, *Analysons!* (p. 298): 1. un adjectif 2. bien, mal, vite

Structure 10.4, *Mise en pratique* (p. 299): 2. actuellement 3. certainement 4. complètement 5. doucement 6. heureusement 7. premièrement 8. vraiment

Structure 10.4, Point 3: (p. 299): -ément: aveuglément, profondément, intensément; **-amment:** couramment, brillamment; **-emment:** apparemment, prudemment

CHAPITRE 11

Vocabulaire interactif (pp. 311–312): 1. Ibrahim 2. Élisabeth
3. Milène 4. Jean-Paul 5. Milène 6. Jean-Paul 7. Ibrahim
8. Élisabeth
Vocabulaire interactif (p. 313): 1. se rencontrent 2. tombent
amoureux 3. se fiancent 4. se marient 5. s'entendent 6. se
disputent 7. se voient 8. s'envoient 9. se séparent 10. divorcent
Structure 11.1 (p. 317): 1a. un chef d'entreprise 1b. les
informaticiens 2a. un commerçant 2b. les hommes politiques
3a. une femme médecin 3b. les étudiants; *Analysons!* questions:
1. dire 2. écrire 3. écrire 4. dire 5. lire
Structure 11.1, Point 2 (p. 318): *Le verbe* dire: dis, dit, disons;
Le verbe écrire: écris, écrit, écrivez
Structure 11.1, *Mise en pratique* (p. 318): 1. lis; ai lu 2. n'avez
rien dit; dites 3. écrivait; écrit
Structure 11.2, *Analysons!* (p. 321): 1. non 2. infinitif
Structure 11.2, *Mise en pratique* (p. 322): 1. Il faut… 2. Il vaut
mieux… 3. Il est essentiel de… 4. C'est une bonne idée d'…
Structure 11.3 (p. 323): 1. d 2. c 3. b 4. a 5. e *Analysons!*
questions: 1. l'infinitif 2. (les verbes en) **-re**; attendra
Structure 11.3, *Mise en pratique* (p. 324): 1. se réuniront
2. lira 3. prendra 4. décideront 5. partiront
Structure 11.4, *Analysons!* (p. 326): (j')irai; (j')aurai; je serai;
je ferai
Structure 11.4 (p. 326): 2. enverra 3. viendra 4. tiendra
5. devra 6. recevra 7. pourra 8. mourra 9. saura 10. voudra

CHAPITRE 12

Vocabulaire interactif (p. 342) 1. Tunis, en Tunisie, sur le golfe
de Tunis 2. Montréal, au Québec, au bord du fleuve Saint-
Laurent 3. Paris, en France, sur les rives de la Seine 4. Papeepte,
à Tahiti, dans l'océan Pacifique 5. Genève, en Suisse, sur le lac
Léman 6. Dakar, au Sénégal, sur la côte atlantique de l'Afrique
Rappel (p. 347): 1. vingt 2. le Louvre 3. 1789 4. Gustave Eiffel
5. la Seine 6. le Marais
Structure 12.1, *Mise en pratique* (p. 348): 1. connais 2. connaît
3. connaît 4. connaissent 5. connaissons
Rappel (p. 351): 1. aussi vieille que 2. moins vieille que 3. plus
petite que 4. la plus grande des 5. la moins peuplée
Structure 12.2, *Mise en pratique* (p. 352): 1. se couche aussi
tard 2. s'endort moins facilement 3. travaille plus vite 4. mange
moins bien 5. se fâche plus souvent 6. se sent mieux
Rappel (p. 354): 1. dans un hôtel 2. les billets de train 3. à Ben
et moi 4. le flamand 5. des photos 6. à nos parents; Ils vont à
Bruxelles.
Structure 12.3, Point 1 (p. 354): objet direct/indirect: me, te;
objet direct: la; objet indirect: lui; objet direct/indirect: vous
Structure 12.3, *Mise en pratique* (p. 356): 1a. le 1b. y 2a. les
2b. en 3a. leur 3b. les 4a. y 4b. en

Rappel (p. 358): 1. s'est renseignée 2. se sont disputés 3. (ne) se
sont (pas) parlé 4. nous sommes retrouvées 5. nous sommes
acheté
Structure 12.4, *Mise en pratique 1* (p. 358): 1. Elle l'a lu. / Elle
ne l'a pas lu. 2. Elle en a pris. / Elle n'en a pas pris. 3. Elle y est
arrivée. / Elle n'y est pas arrivée. 4. Elle leur a parlé. / Elle ne
leur a pas parlé.
Structure 12.4, *Mise en pratique 2* (p. 359): 1. x 2. -e 3. -e
4. -e 5. x 6. -e 7. -e 8. x

CHAPITRE 13

Structure 13.1 (p. 378): *Analysons!* question: 1. conduire
2. s'approcher 3. se rendre 4. s'arrêter
Structure 13.1, *Mise en pratique* (p. 379): 1. conduis 2. conduis
3. conduit 4. conduisons 5. conduisez 6. conduisent 7. conduire
Structure 13.2, *Analysons!* (p. 382): 1. oui 2. non
Structure 13.2, *Mise en pratique* (p. 383): 1. passerais
2. passerions 3. passeraient 4. passerait 5. passerait
Structure 13.3 (p. 385): 1. b 2. d 3. e 4. c 5. a; *Analysons!*
questions: 1. après (le verbe) 2. avant (le verbe) 3. à l'affirmatif
Structure 13.3, *Mise en pratique 1* (p. 385): 2. Consultez des
sites Web; Consultez-en 3. Achetez vos billets d'avion;
Achetez-les 4. Réservez votre chambre d'hôtel; Réservez-la
5. Cherchez votre passeport; Cherchez-le
Structure 13.3, *Mise en pratique 2* (p. 386): 1. Couche-toi!
2. Dépêche-toi! 3. Sois sage! 4. Range ta chambre! 5. Lève- toi!
6. Finis ton dîner!

CHAPITRE 14

Avez-vous compris? (page 402): 1. les Francs et les Gaulois;
dans la **région** méditerranéenne de la France d'aujourd'hui et
dans le nord de la France. 2. une sorte de proto-français; les
Serments de Strasbourg 3. l'aristocratie pendant trois siècles
Avez-vous compris? (page 403): 1. le dialecte parlé par le roi et
sa cour (*court*), à Paris et en Île-de-France 2. François Ier:
premier roi de la Renaissance française; Jacques Cartier:
l'explorateur qui est allé en Amérique du Nord en 1534;
Samuel de Champlain, l'explorateur français qui a fondé la
ville de Québec en "Nouvelle-France" 3. C'est un mélange du
français et des langues africaines parlées par les esclaves. 4. On
a commencé à publier des lexiques bilingues (français-latin); le
cardinal Richelieu a fondé l'Académie française en 1635.
Avez-vous compris? (page 404): 1. depuis la Révolution
française 2. au dix-neuvième siècle; en Afrique et en Asie;
Napoléon III 3. dans les affaires internationales et la
diplomatie 4. La France a fini par perdre la plupart de ses
colonies, mais le français reste toujours la langue de l'éducation
et de l'administration dans beaucoup de ces pays.
Structure 14.1 (p. 408): 1. e 2. b 3. d 4. a 5. f 6. c;
Analysons! question: à, de

Structure 14.1, *Mise en pratique* **(p. 409):** 1. commence; à 2. oublie; de 3. essaie; d' 4. apprend; à 5. évite; de

Structure 14.2 (p. 412): 1. Tous les 2. Certaines 3. plusieurs 4. Quelques 5. certains; *Analysons!* **question:** 1. parce que le mot **pays** est masculin, mais le mot **région** est féminin 2. l'article défini (**les**)

Structure 14.2, *Mise en pratique* **(p. 412):** 1. tous 2. toutes 3. tout 4. tous 5. toute 6. toute 7. tous 8. tout

Structure 14.3, *Analysons!* **(p. 416):** répondes, écrives, prennes, relises

Structure 14.3, *Mise en pratique 1* **(p. 417): sortir:** sortes, sortions; **finir:** finisse, finisse, finissiez; **perdre:** perde, perdes, perde, perdions, perdiez

Structure 14.3, *Mise en pratique 2* **(p. 418): croire:** que je croie, que nous croyions; **recevoir:** que je reçoive, que nous recevions; **prendre:** que je prenne, que nous prenions; **venir:** que je vienne, que nous venions

CHAPITRE 15

Structure 15.1, *Analysons!* **(p. 440):** 1. a.; b. 2. le subjonctif 3. irréguliers

Structure 15.1, *Mise en pratique* **(p. 441):** 1. prends 2. prennes 3. prennes 4. prenez 5. prenez 6. preniez

Structure 15.1, Point 3 (p. 441): faire: fasses, fasse, fassent; **pouvoir:** puisse, puissions, puissiez; **savoir:** sache, saches, sache, sachions, sachiez, sachent

Structure 15.2, *Analysons!* **(p. 443):** 1. sois, soit, soient 2. content; aimer, préférer

Structure 15.2, *Mise en pratique 1* **(p. 444):** *(sample answers)* 1. Je suis content qu'elle soit si généreuse. 2. J'aimerais qu'elle soit un peu plus dynamique. 3. Je veux qu'elle soit un peu moins timide.

Structure 15.2, *Mise en pratique 2* **(p. 445):** 1. ait; aille; soit 2. soient; aillent; aient

Structure 15.3, *Analysons!* **(p. 447):** 1. ils sont à l'infinitif ou au subjonctif 2. différent

Structure 15.3, *Mise en pratique* **(p. 448):** 1. … soient travailleurs. 2. … fassent toujours de leur mieux. 3. … sachent parler aux autres. 4. … maintiennent un bon rapport avec la clientèle. 5. … aient déjà un peu d'expérience.

CHAPITRE 16

Vocabulaire interactif (p. 462): 1. b 2. c 3. j 4. g 5. h 6. f 7. i 8. a 9. d 10. e

Rappel, *Première étape* **(p. 468):** 1a. joue 1b. jouent 2a. s'amuse 2b. s'amusent 3a. vend 3b. vendent 4a. sort 4b. sortent 5a. finit 5b. finissent

Rappel, *Deuxième étape* **(p. 468):** 1. il est, ils sont 2. elle a, elles ont 3. il fait, ils font 4. elle va, elles vont 5. tu peux 6. tu veux 7. tu dois 8. tu sais 9. vous lisez 10. vous écrivez 11. vous dites 12. je prends, nous prenons 13. je bois, nous buvons 14. je crois/vois, nous croyons/voyons 15. je viens/tiens, nous venons/tenons

Rappel, *Deuxième étape* **(p. 471):** 1. Où 2. Combien 3. Pour qui 4. Pourquoi 5. Comment 6. De quoi

Rappel, *Troisième étape* **(p. 471):** 1. Qui 2. (À) qui est-ce que 3. Qu'est-ce que 4. Qu'est-ce qui

Rappel, *Première étape* **(p. 474):** 1. Marion 2. (à) Paris 3. Ses parents 4. Marion 5. Marion 6. le film 7. Marion 8. des prix

Rappel, *Deuxième étape* **(p. 474):** 1. Elle y a passé son enfance. 2. Ils l'ont encouragée à poursuivre ce métier. 3. Le film *Taxi* l'a révélée au grand public. 4. Elle en a reçu quatre au total.

Rappel, *Deuxième étape* **(p. 477): verbes en -er:** tourné, reposé, allumé, levé, pleuré; **verbes en -ir:** parti; **verbes irréguliers:** mis, bu, fait, pris; **questions:** (les verbes en) -re; -re ⟶ u

Rappel, *Troisième étape* **(p. 477):** 1. mettait 2. buvait 3. faisait 4. se levait 5. partait 6. pleurais; **question:** pleuvait

Lexique français-anglais

This end vocabulary provides contextual meanings of French words used in this text. It does not include proper nouns (unless presented as active vocabulary or unless the French equivalent is quite different in spelling from English), most abbreviations, adjectives that are exact cognates, past participles that are used as adjectives if the infinitive is listed, or regular adverbs formed from adjectives listed. Adjectives are listed in the masculine singular form; feminine endings or forms are included. An asterisk (*) indicates words beginning with an aspirated **h**. Active vocabulary is indicated by the number of the chapter in which it is activated. PLS refers to the **Par la suite** section.

Abbreviations

ab.	abbreviation	*indef.*	indefinite	*p.p.*	past participle
adj.	adjective	*inf.*	infinitive	*prep.*	preposition
adv.	adverb	*interj.*	interjection	*pron.*	pronoun
art.	article	*interr.*	interrogative	*rel.*	relative pronoun
colloq.	colloquial	*inv.*	invariable	*s.*	singular
conj.	conjunction	*irreg.*	irregular	*s.o.*	someone
fam.	familiar or colloquial	*m.*	masculine noun	*s.th.*	something
f.	feminine noun	*n.*	noun	*subj.*	subjunctive
Gram.	grammatical term	*pl.*	plural	*v.*	verb

A

à *prep.* to, at, in, by, on; **à cheval** on horseback (13); **à… mètres** (*m. pl.*) … meters away (12); **à bientôt** see you soon (1); **à carreaux** plaid (6); **à ce soir** see you tonight (1); **à col en V (rond, roulé)** V-neck (crew-neck, turleneck) (6); **à côté de** next (to), beside (5); **à demain** see you tomorrow (1); **à la tienne!** cheers! (10); **à manches courtes (longues)** short-(long) sleeved (6); **à moto** by motorcycle (13); **à pied** on foot (13); **à 20 minutes à pied** a 20-minute walk; **à plus tard, à plus** (*fam.*) see you later (1); **à pois** polka dot (6); **à rayures** striped (6); **à sens unique** one-way (*street*) (12); **à talons hauts** high-heeled (6); **à vélo** by bike (13); **au restaurant** to, at, in a restaurant (5); **au revoir** good-bye (1)

abbaye *f.* abbey

abbé *m.* abbot

abîmer to ruin

abstenir: s'abstenir (de) (*like* **tenir**) to abstain (from)

abolir to abolish

abondant(e) *adj.* abundant

abordable *adj.* affordable, reasonable

aborder to tackle (*problem*); to approach (*person*)

aboutir (à) to lead to

aboyer (il aboie) to bark (*dog*)

abreuver to fill

abréviation *f.* abbreviation

abriter to house; **sans-abri** *m., f.* homeless (*person, people*)

absolu(e) *adj.* absolute; **quasi-absolu** *adj.* nearly absolute

absolument *adv.* absolutely (10)

abstrait(e) *adj.* abstract

absurde *adj.* absurd

Académie française *f.* French Academy (*official body that rules on language questions*)

académique *adj.* academic

Acadie *f.* Acadia (*region in Canada*); **Nouvelle Acadie** *f.* New Acadia (*name used for Louisiana by Acadian immigrants in the 18th century*)

accéder (à) (j'accède) to reach; to achieve

accent *m.* accent (14); **accent aigu (circonflexe, grave)** acute (circumflex, grave) accent

accentué: pronom (*m.*) **accentué** *Gram.* stressed pronoun

accepter to accept; **accepté (par)** accepted by

accès (à) *m.* access (to)

accessoires *m. pl.* accessories (6)

accessoirisé(e) *adj.* accessorized

accident *m.* accident

accommoder to accommodate

accompagner to accompany; **conduite** (*f.*) **accompagnée** accompanied driving (*with a permit*)

accomplir to accomplish, carry out

accomplissement *m.* accomplishment

accord *m.* agreement; **d'accord** all right, okay, agreed; **être d'accord** to agree, be in agreement

accorder (à) to grant, bestow, confer; **s'accorder (pour)** to agree, go together

accras *m. pl.* beignets, fritters; **accras de morue** cod fritters

accrocher to hang (*on a wall*), to hook

accueillant(e) *adj.* welcoming

accueillir (*p.p.* **accueilli**) *irreg.* to welcome

accuser to accuse

achat *m.* purchase

acheter (j'achète) to buy (3)

achevé(e) *adj.* completed

acquis(e) *adj.* acquired

acte *m.* (**d'une pièce, d'un opéra**) act (of a play, of an opera) (16)

acteur/trice *m., f.* actor, actress

actif/ive *adj.* active, energetic (2)

activement *adv.* actively

activité *f.* activity

actuel(le) *adj.* present, current (10)

actuellement *adv.* currently; **actuellement à l'affiche** (*f.*) now showing, playing (7)

adapter to adapt; **s'adapter à** to adapt oneself to

addition *f.* bill, check (*in a restaurant*) (5)

adepte *m., f.* enthusiast, follower

adhérer (à) (j'adhère) to adhere to, to believe in

adjectif *m., Gram.* adjective

administrateur *m.* administrator

administratif/ive *adj.* administrative

admirer to admire

admis(e) *adj.* admitted

adolescence *f.* adolescence

adolescent(e), ado *m., f., adj.* adolescent, teenager (9)

adopter to adopt

adorer to love, adore (3)

adresse *f.* address

s'adresser (à) to address, speak to; to inquire (at an office); to be intended (for), aimed (at)

adulte *m., f.* adult; **d'adulte** *adj.* adult

adverbe *m., Gram.* adverb

adverbial(e) *adj., Gram.* adverbial (*phrase*)

aéré(e) *adj.* airy, well-ventilated

aérobic *f.* aerobics; **cours** (*m.*) **d'aérobic** aerobics class

aéroport *m.* airport

affaire *f.* affair, business matter; **avoir affaire (à)** to have business (with); **centre** (*m.*) **d'affaires** commerical center; **homme (femme) d'affaires** *m., f.* businessman (-woman) (4)

affectueux/euse *adj.* affectionate, fond

affiche *f.* poster (1); **actuellement à l'affiche** (*f.*) now showing, playing (7)

affirmatif/ive *adj.* affirmative

affreux/euse *adj.* horrible (6)

afin de *prep.* to, in order to

africain(e) *adj.* African; **Africain(e)** *m., f.* African (*person*); **nord-africain** *adj.* North-African, **ouest-africain** *adj.* West-African

Afrique *f.* Africa

agaçant(e) *adj.* annoying

âge *m.* age (2); **Moyen Âge** *m. s.* Middle Ages (14); **quel âge avez-vous? tu as quel âge?** how old are you? (2)

âgé(e) *adj.* old

agence (*f.*) **de voyage** travel agency; **agent de voyage** travel agent

agenouiller: s'agenouiller to kneel

agent *m.* agent; **agent (de police, de voyage)** (police) officer, (travel) agent

agglomération *f.* town, village

agir to act; **il s'agit de** it's about, it's a question of (16)

agneau *m.* lamb; **gigot** (*m.*) **d'agneau** leg of lamb

agrandir to enlarge, to expand

agréable *adj.* agreeable

agréé(e) *adj.* registered

agressif/ive *adj.* aggressive

agricole *adj.* agricultural

agriculture *f.* agriculture (15)

agronomie *f.* agronomy, the science of farming

aide *f.* help, assistance; **à l'aide de** with the help of

aider (à) to help (to)

aïe! *interj.* ouch!

aïeul(e) *m., f.* grandfather, grandmother; **aïeux** (*m. pl.*) ancestors

ail *m.* garlic (5)

aile *f.* wing

ailleurs elsewhere (10); **d'ailleurs** besides, moreover

aimable *adj.* likable, friendly

aimer to like; to love (3); **aimer bien/beaucoup** to like a lot (5); **aimer mieux** to prefer (3); **j'aimerais (beaucoup, bien) + inf.** I would like (very much) (*to do s.th.*) (5)

aîné(e) *adj.* older (*sibling*) (4)

ainsi *conj.* thus; **ainsi que** as well as

air *m.* air; **dans les airs** (*m. pl.*) on the air; **en plein air** outdoors, in the open air

aire (*f.*) **de repos** rest area

aisé(e) *adj.* well-off (2)

aise: se sentir/être à l'aise to feel/be at ease

ajouter to add; **quelque chose à dire, à ajouter** something to say, to add (16)

alarme *f.* alarm

album *m.* album (*photo, record*)

alcool *m.* alcohol

alcoolisé (e) *adj.* alcoholic (*drink*)

alentour *adv.* around

Algérie *f.* Algeria

algérien(ne) *adj.* Algerian; **Algérien(ne)** *m., f.* Algerian (*person*)

aliment *m.* food (item) (5)

alimentaire *adj.* alimentary, pertaining to food; **habitudes** (*f. pl.*) **alimentaires** eating, dietary habits

alimentation *f.* food, feeding, nourishment; **magasin** (*m.*) **d'alimentation** food store

alimenter to feed; to fuel

Allemagne *f.* Germany

allemand(e) *adj.* German; **Allemand(e)** *m., f.* German (*person*) (2)

aller *irreg.* to go (4); **aller + inf.** to be going (to do s.th.); **aller à cheval (moto, pied, vélo)** to go on horseback (by motorcycle, on foot, by bike) (13); **aller en autocar (avion, bateau, bus, métro, taxi, voiture)** to go by tourbus (plane, boat, bus, subway, taxi, car) (13); **aller manger chinois (italien/ mexicain)** to go out for Chinese (Italian/ Mexican) food (5); **allons-y!** (let's do that, go there! (13); **billet** (*m.*) **aller-retour** round-trip ticket; **va-t'en, allez-vous-en!** get out of here! get lost! (13); **vas-y, allez-y!** go right ahead! (13)

alliance *f.* alliance (14); wedding band

Alliés *f.* Allied forces (*WWII*)

allumer to light

alors *adv.* so; then, in that case; **alors que** even though

Alpes *f.* Alps

alpin(e) *adj.* Alpine; **ski** (*m.*) **alpin** downhill skiing

Alsace *f.* Alsace

alsacien(ne) *adj.* Alsatian; **Alsacien(ne)** *m., f.* Alsatian (*person*)

alternation (entre) *f.* alternation (between)

alterner to alternate

altruiste *adj.* altruistic

amande *f.* almond; **croissant aux amandes** croissant (*crescent roll*) with almond paste (5)

amant(e) *m., f.* lover

amateur *m.* (**de**) lover (of)

âme *f.* soul; spirit

améliorer to improve

amener (j'amène) to bring (along)

aménager to set up

américain(ne) *adj.* (2); **Américain(ne)** *m., f.* American (*person*) (2)

amérindien(ne) *adj.* indigenous American; **Amérindien(ne)** *m., f.* indigenous American (*person*)

Amérique *f.* (**du Nord, du Sud**) (North, South) America

ami(e) *m., f.* friend (1); **chambre** (*f.*) **d'amis** guest bedroom; **entre amis** between friends, with friends; **petit(e) ami(e)** boyfriend (girlfriend) (11)

amical(e) *adj.* (*m. pl.* **amicaux**) friendly

amicalement *adv.* friendly, peacefully

amitié *f.* friendship

amour *m.* love; **film** (*m.*) **d'amour** romantic film (7); **histoire** (*f.*) **d'amour** love story

amoureux/euse *adj.* loving, in love; *m., f.* lover, sweetheart, person in love; **tomber amoureux/euse (de)** to fall in love (with)

ample *adj.* loose (*fitting*)

ampoule *f.* lightbulb; **ampoule fluocompacte** energy-efficient lightbulb (15)

amputer to amputate

amusant(e) *adj.* amusing; fun (2)

amuser to amuse; **s'amuser** to have fun (8); **s'amuser bien** to have a good time

an *m.* year (1); **avoir (vingt) ans** to be (twenty) years old (2); **dans (trois) ans** in three years; **jour** (*m.*) **de l'An** New Year's Day; **nouvel an** new year (*the*); **par an** per year; each year; **tous les (trois) ans** every (three) years

analyse *f.* (**statistique**) (statistical) analysis (11)

ananas *m.* pineapple

ancêtre *m., f.* ancestor

ancien(ne) *adj.* old, antique; former; **ancien français** Old French (*French spoken in the 10th-14th centuries*)

âne *m.* ass, donkey

anesthésiste (médecin) *m., f.* anaesthesiologist

anglais(e) *adj.* English; **Anglais(e)** *m., f.* Englishman (-woman) (2)

ange *m.* angel

angle *m.* angle; **c'est à l'angle de…** it's at the corner of . . . (12)

Angleterre *f.* England

anglicisme *m.* anglicism (*English word adapted to be used in another language*)

angoissé(e) *adj.* anxious, anxiety-prone

animal *m.* (*pl.* **animaux**) animal; **animal domestique** pet *m.* (4)

animation *f.* animation; **film** (*m.*) **d'animation** animated film (7)

animé(e) *adj.* animated

année *f.* year (10); **bonne année!** *interj.* happy new year! (10); **l'année prochaine** next year; **les années (cinquante)** the fifties (era)

anniversaire *m.* birthday (1); **bon/joyeux anniversaire!** *interj.* happy birthday! (10); **cadeau** (*m.*) **d'anniversaire** birthday gift

annonce *f.* announcement, ad; **petites annonces** (classified) ads

annoncer (nous annonçons) to announce

annuel(le) *adj.* annual

anonymement *adv.* anonymously

anormal(e) *adj.* (*m. pl.* **anormaux**) abnormal

anthropologie *f.* anthropology (1)

Antilles *f. pl.* West Indies

Antiquité *f.* Antiquity

antisémite *adj.* antisemitic

antisocial(e) *adj.* (*m. pl.* **antisociaux**) antisocial (15)

août August (1)

apaisant(e) *adj.* calming, soothing

apéritif *m.* cocktail

apparaître (*like* **connaître**) *irreg.* to appear

appareil *m.* (**ménager**) appliance; **appareil photo** *m.* (**numérique**) (digital) camera (6)

apparence *f.* (**physique**) appearance

apparent(e) *adj.* visible, noticeable

apparition *f.* appearance

appartement (*fam.* **appart**) *m.* apartment (9)

appartenir (*like* tenir) à *irreg.* to belong (to)

appeler (j'appelle) to call, to name; **comment s'appelle...?** what is . . . called?; **comment vous appelez-vous? tu t'appelles comment?** what is your name? (1); **je m'appelle...**my name is . . . (1); **s'appeler** to be named

appétissant(e) *adj.* appetizing

appétit *m.* appetite; **bon appétit!** *interj.* enjoy (your meal)! (10)

applaudissement *m.* applause

appliquer to apply to (*cover*); **s'appliquer (à)** to be applicable (to)

apporter (à) to carry

apprécier to appreciate

apprenant(e) *m., f.* learner

apprendre (*like* prendre) *irreg.* to learn (5)

apprivoiser to tame

approcher to bring closer; **s'approcher (de)** to come closer (13)

approfondir to deepen, to master

approprié(e) *adj.* appropriate

approuver to approve

après *prep.* after; **après avoir (être)...** after having . . . ; **après que** *prep.* after; **d'après...** *prep.* according to . . .

après-midi *m.* afternoon (3); **de l'après-midi** in the afternoon (3)

après-shampooing *m.* conditioner (*hair*) (8)

aquarelle: **à l'aquarelle** *f.* water color

aquarium *m.* aquarium (7)

aqueduc *m.* aquaduct

arabe *m.* Arabic (*language*)

arbitraire *adj.* arbitrary

arbre *m.* tree

arc *m.* arc; **arc-boutant** *m.* (flying) buttress (16)

arche *f.* arch

archéologie *f.* archeology

architecte *m., f.* architect (4)

architectural(e) *adj.* architectural

architecture *f.* architecture (16)

ardoise *f.* slate

arène *f.* arena

argent *m.* money (13); **retirer de l'argent** to withdraw money; **verser de l'argent sur son compte** (*m.*) **épargne** to deposit money in one's savings account (13)

argenterie *f.* silverware

argot *m.* slang

argument *m.* argument

arme *f.* weapon, arm

armé(e) *adj.* armed

armée *f.* army (14); **forces** (*f. pl.*) **armées** armed forces (15)

armistice *m.* peace treaty

armoire *f.* wardrobe (*furniture*) (9)

arranger to arrange; **tout va s'arranger** everything will resolve itself

arrêt *m.* stop

arrêter (de) to stop, cease; **arrête!** stop it! (13); **s'arrêter** to stop (*oneself*) (13)

arrivée *f.* arrival

arriver to arrive; to happen (3); **arriver à** to be able to

arrondi(e) *adj.* round, rounded

arrondissement *m.* quarter, district (*Paris*) (12)

arroser to water

art *m.* art; **arts** *m. pl.* (*the*) arts (16) **galerie** (*f.*) **d'art** art gallery; **histoire** (*f.*) **de l'art** art history (*academic subject*)

artichaut *m.* artichoke (5)

article *m.* (de journal/revue) (newspaper/magazine) article (11); **article** (*m.*) (**défini, indéfini, partitif**) *Gram.* (definite, indefinite, partitive) article

artifice: **feu** (*m.*) **d'artifice** firework display

artificiel(le) *adj.* artificial

artisan(e) *m., f.* artisan

artiste *m., f.* artist (4)

artistique *adj.* artistic

ascenseur *m.* elevator (9)

Ascension *f.* Acension Day

asiatique *adj.* Asian

Asie *f.* Asia

asile *f.* rest home

aspect *m.* aspect

aspirateur *m.* vacuum cleaner (9); **passer l'aspirateur** to vacuum

aspirine *f.* (cachet [*m.*] d') aspirin (capsule)

assainir to purify, to cleanse

assaisonnement *m.* seasoning

assassiner to assassinate

Assemblé (*f.*) Nationale National Assembly (*French parliament*)

assembler to assemble; **s'assembler** to assemble, come together (*a group*)

assez *adv.* somewhat; rather, quite; **assez bien** pretty well; **assez de** enough of (5); **pas assez (de)** not enough (of)

assiette *f.* (à soupe) plate (soup bowl) (5)

assimilation (à) *f.* assimilation (to)

assis(e) *adj.* seated

assistant(e) *m., f.* assistant (4)

assister (à) to attend (7)

associer (à) to associate (with), to pair (up)

Assomption *f.* Assumption Day (August 15)

assortiment *m.* assortment

assurément *adv.* assuredly

assurer to assure; **s'assurer (que)** to ascertain, to make sure

astre *m.* star

astrologie *f.* astrology

atelier *m.* studio

athlète *m., f.* athlete

atlantique *adj.* Atlantic; **océan** (*m.*) **Atlantique** Atlantic Ocean

atmosphère *f.* atmosphere

atoll *m.* atoll (coral island)

atout *m.* asset

attaquer to attack

atteindre (*like* craindre) *irreg.* to reach, attain

attendre to wait (for) (5)

attentif/ive *adj.* attentive

attention! *interj.* watch out!; **faire attention** to pay attention

attentivement *adv.* attentively

attester to certify (to)

attirance *f.* attraction

attiré(e) par attracted to (11)

attirer to attract

attisé(e) *adj.* stirred up, aroused

attitude *f.* attitude

attraction *f.* attraction; **parc** (*m.*) **d'attraction** amusement park

attribut *m.* characteristic, attribute

auberge *f.* inn (12); **auberge** (*f.*) **de jeunesse** youth hostel (13)

aucun(e) (ne aucun[e]) *adj.* no, not any; *pron.* none, not one, not any; **aucune idée!** *interj.* (I have) no idea!

audiovisuel(le) *adj.* audiovisual

augmentation *f.* increase

augmenter to increase (15)

aujourd'hui *adv.* today; **d'aujourd'hui** *adv.* of today, today's; **nous sommes / on est quel jour (aujourd'hui)?** what day is it? (1); **quelle est la date (d'aujourd'hui)?** what is the date (today)?

auprès (de) *prep.* with, to

aussi *adv.* also; so; as; **aussi bien...** as well (12); **aussi mal...** as poorly (12); **aussi... que** as ... as (9); **moi aussi** me too

aussitôt que *conj.* as soon as (11)

austère *adj.* austere

australien(ne) *adj.* Australian; **Australien(ne)** *m., f.* Australian (*person*)

autant (de) *adv.* as much (as) (12); so much, as many, so many; **autant (de)... que** as much (many) . . . as

auteur *m.* author; **auteur-compositeur** author-composer

autobiographie *f.* autobiography (11)

autocar *m.* tourbus (13); **aller en autocar** to go by tourbus (13)

autochtone *adj.* indigenous

auto-école *f.* driving school

automne *m.* fall (1); **en automne** in the fall (1)

automobile *f., adj.* automobile, car

automobiliste *m., f.* driver

autonome *adj.* autonomous

autoportrait *m.* self-portrait

autoriser to authorize

autoritaire *adj.* authoritarian

autorité *f.* authority

autoroute *f.* highway

autour (de) *prep.* around

autre *adj.* other; **autre chose (avec ça)?** something else (with that)? (5); **d'autres** *adj.* other; *pron.* others; **l'autre** the other (one); **les autres** the others, the rest; **l'un avec l'autre** together; **quoi d'autre?** what else?; **un(e) autre** another one

autrefois *adv.* formerly, in the past

autrichien(ne) *adj.* austrian; **Autrichien(ne)** *m., f.* Austrian (*person*)

auxiliaire *m., Gram.* auxiliary (verb)

avance *f.* advance; **à l'avance** beforehand; **ça avance!** *interj.* it's progressing! **en avance** early (3)

avancer to advance

avant *adv.* before (*in time*); *prep.* before, in advance of; *m.* front; **avant de** (*prep.*) + *inf.* before; **avant que** (*conj.*) + *subj.* before

avantage *m.* advantage

avare *adj.* stingy

avec *prep.* with; **avec plaisir** (*m.*) with pleasure (5)

avenir *m.* future; **dans l'avenir** in the future (11); **projets d'avenir** future plans

avènement *m.* beginning

aventureux/euse *adj.* adventurous

avenue *f.* avenue (12)

aveugle *adj.* blind

avion *m.* airplane (13); **aller en avion** to go by plane (13); **billet d'avion** (*m.*) airplane ticket

avis *m.* opinion (8); **à ton/votre avis** in your opinion (8); **être du même avis** to be of the same opinion

avocat(e) *m.*, *f.* lawyer (4); **cabinet** (*m.*) **d'avocats** law office

avoir *irreg.* (*p.p.* **eu**) to have (2); **avoir (vingt) ans** to be (twenty) years old (2); **avoir besoin de** to need (2); **avoir bonne/ mauvaise mine** to look good/bad; **avoir confiance en/dans** to have confidence in; **avoir cours** to have class (*at school*) (2); **avoir de la chance** to be lucky; **avoir de l'expérience** to be worldly (15); **avoir des préjugés (contre)** to be prejudiced (against) (15); **avoir envie de** to feel like, to want (2); **avoir faim** to be hungry (5); **avoir froid** to be/feel cold; **avoir l'air de** to look (like), to seem (PLS); **avoir l'esprit étroit** to be narrow-minded (15); **avoir l'esprit ouvert** to be open-minded (15); **avoir le temps de** to have time to; **avoir l'impression** to think; **avoir mal (à la gorge, au dos)** to have a sore (throat, back) (8); **avoir mal a la tête** to have a headache; **avoir peur (de)** to be afraid (of) (PLS); **avoir peur que** to be afraid that (+ *subj.*) (15); **avoir raison** to be right (PLS); **avoir soif** to be thirsty (5); **avoir sommeil** to be sleepy (PLS); **avoir tort** to be wrong (PLS); **avoir un bébé** to have a baby, give birth; **avoir un bon rapport (avec)** to be on good terms (with); **(en) ayant** having; **n'aie/n'ayez pas peur!** *interj.* don't be afraid!

avril April (1); **poisson** (*m.*) **d'avril** April Fool's Day practical joke (10)

azur: **Côte** (*f.*) **d'Azur** French Riviera

B

bac(calauréat) *m.* French national high school exam (11)

bagagerie *f.* baggage service, storage

bagne *m.* penal colony

baguette *f.* baguette (*French bread*) (5); **sandwich-baguette** *m.* baguette sandwich

baie *f.* bay

se baigner to bathe

baignoire *f.* bathtub (9)

bail *m.* (*pl.* **baux**) lease

bain *m.* bath; swim; **maillot** (*m.*) **de bain** swimsuit (13); **salle** (*f.*) **de bains** bathroom (9); **se baigner** to bathe (oneself); swim

baiser *m.* kiss

baisser to lower (15)

baklava *f.* sweet, Middle Eastern pastry

bal (masqué) *m.* (masquerade) ball

balade *f.* walk; drive; outing; **faire une balade** to take a walk, a drive, an outing

se balader to go for / take a walk (8)

balai *m.* broom (9)

Balance (*f.*) Libra (*zodiac*)

balcon *m.* balcony (9)

ballerine *f.* ballerina (16)

ballet *m.* ballet

banal(e) *adj.* ordinary, uninteresting

balnéaire *adj.* seaside

banane *f.* banana (5)

bancaire *adj.* banking, bank; **carte** (*f.*) **bancaire** bank (ATM) card

bande (*f.*) **dessinée** comic strip, cartoon; *pl.* comics (11)

banlieue *f.* suburbs

bannir to banish

banque *f.* bank

baptême *m.* baptism

bar *m.* bar; snack bar; pub

barbecue *m.* barbecue

bardeau *m.* shingle

barman *m.* bartender

baroque *adj.* baroque (16)

bas(se) *adj.* low (12); **à bas** down with; **en bas (de)** at the bottom (of) (12); **là-bas** *adv.* over there

base *f.* base, support; **à base de** made of/with (food); **à la base de** at the root of; **de base** basic, fundamental

base-ball *m.* baseball

basé(e) (sur) to be based (on)

basilique *f.* basilica

basket-ball (*fam.* **basket**) *m.* basketball

baskets *m. pl.* sneakers (6)

basque *m.* Basque language; *adj.* Basque; **Basque** *m.*, *f.* Basque (*person*); **Pays** (*m.*) **basque** Basque country; **pelote** (*f.*) **basque** Basque sport played with a ball and bat

Bastille: **14 juillet** *m.* Bastille Day; **prise** *f.* **de la Bastille** storming of the Bastille (10)

bataille *f.* battle (14)

bataillon *m.* battalion

batbot *m.* pita bread

bateau *m.* boat (13); **aller en bateau** to go by boat (13); **bateaux-mouches** Parisien tour boats on the Seine

bâtiment *m.* building (12)

bâtir to build

bâton (de marche) *m.* stick (walking), pole

battement *m.* beating, fluttering (*wings*)

batterie *f.* drums (3); **jouer de la batterie** to play the drums (3)

battre (*p.p.* **battu**) *irreg.* to beat; to battle with; **se battre** to fight

bavard(e) *adj.* chatty, talkative

beau (bel, belle [beaux, belles]) beautiful, good-looking (2); **beaux-arts** *m. pl.* fine arts; **beau-fils** *m.* stepson (4); **beau-frère** *m.* brother-in-law (4); **beau-père** *m.* stepfather (4); **belle-fille** *f.* stepdaughter (4); **belle-mère** *f.* stepmother (4); **belle-sœur** *f.* sister-in-law (4); **il fait beau** it's beautiful (out)

beaucoup (de) *adv.* a lot (of) (5); **j'aimerais beaucoup** + *inf.* I would like (*to do s.th.*) (5)

beauté *f.* beauty; **salon** (*m.*) **de beauté** beauty salon

bébé *m.* baby

belge *adj.* Belgian (2); **Belge** *m.*, *f.* Belgian (*person*) (2)

Belgique *f.* Belgium

Bélier *m.* Aries (zodiac)

belvédère *m.* elevated terrace, observation deck

bénéficier (de) to profit, benefit (from)

bénévolat *m.* voluntary work

bengali *adj.* Bengali; *m.* Bengali (*language*)

berbère *adj.* Berber; *m.* Berber (*language*)

béret *m.* beret

besoin *m.* need; **avoir besoin de** to need (2)

bête *f.* animal

beur *m.*, *fam.* second-generation North African

beurre *m.* butter (5); **sauce** (*f.*) **au beurre** butter sauce; **beurré** buttered

bibliothèque (*fam.* **bibli, biblio**) *f.* library

biblique *adj.* biblical

bien *adv.* well (6); (*fam.*) good, quite, much (10), comfortable; **aimer bien** to like a lot (5); **assez bien** pretty well; **bien à l'avance** well in advance; **bien d'autres** many others; **bien meublé(e)** well furnished; **bien sûr** of course (15); **ça va (très) bien, merci** fine (very well), thanks (1); **c'est bien** it's good; **écoutez bien!** *interj.* listen well!; **eh bien** *interj.* well; **incroyablement bien** incredibly well; **j'aimerais bien** + *inf.* I would like (*to do s.th.*) (5); **je vais (très) bien** I'm fine (very well) (1); **je veux bien** I'd like (5); **ou bien** *interj.* or rather; **quelqu'un de bien** person of quality, integrity; **s'amuser bien** to have a good time; **s'entendre bien** to get along well; **super bien** very well; **tout ira bien** everything will be fine

bien-aimé(e) *m.*, *f.* well-loved (*person*)

bien-être *m.* well-being, welfare

bienfait *m.* good deed

bientôt *adv.* soon (4); **à bientôt!** *interj.* see you soon!

bienvenu(e) *adv.*, *interj.* welcome (16); **être le (la, les) bienvenu(e)(s)** to be welcome (16); **souhaiter la bienvenue** to welcome

bière *f.* beer (5)

bifteck *m.* steak (5)

bijou *m.* (*pl.* **bijoux**) jewel, piece of jewelry

bijouterie *f.* jewelry shop

bilan *m.* (**statistique**) (statistical) analysis (11)

bilingue *adj.* bilingual

billet *m.* (**d'entrée**) ticket (*film, play*) (7); **billet aller-retour** round-trip ticket (*air, train, bus*) (13); **billet d'avion** airplane ticket

biographie *f.* biography (11)

biologie *f.* biology (1)

biologique *adj.* (*fam.* **bio**) biological; organic

biologiste *m.*, *f.* biologist

biscuit *m.* cookie

bise *f.*, *fam.* kiss; **faire la bise** to kiss on both cheeks (*in greeting*)

bisou *m.*, *fam.* kiss; **Bisous!** *m. pl.* Kisses! (*during leave-taking*) (16)

bistro *m.* bar; pub; neighborhood restaurant

bizarre *adj.* strange

blanc(he) white (2); **vin** (*m.*) **blanc** white wine (5)

blanquette (*f.*) **de veau** veal stew

blesser *adj.* to hurt, wound

bleu(e) (*pl.* **bleus**) *adj.* blue (2)

blog *m.* blog

blond(e) *adj.* blond (2)

bloquer to block
blouson *m.* jacket (6)
bobo *adj. fam. inv.* bourgeois-bohème
bœuf *m.* beef; bœuf bourguignon *beef stew made with red wine*
bohémien(ne) *adj.* bohemian (*gypsy*)
boire (*p.p.* bu) *irreg.* to drink (5)
boisson *f.* drink (5); boisson gazeuse soft drink
boîte *f.* box; can (15); nightclub; boîte de nuit nightclub; danser en boîte to go dancing at a nightclub (3); sortir en boîte to go out dancing
bol *m.* wide cup; bowl
bon(ne) *adj.* good (2); bon anniversaire *interj.* happy birthday (10); bon appétit *interj.* enjoy your meal (10); bon courage *interj.* best of luck, chin up; Bon Dieu Good Lord; bon nombre (de) a large number (of); bon projet / travail *interj.* best of luck on your project / work (16); bon séjour *interj.* have a good stay (9); bon usage proper French (*17th century*); bon voyage *interj.* have a good trip; bonne année *interj.* Happy New Year; bonne chance *interj.* good luck; bonnes fêtes *interj.* happy holidays; (oui) bonne idée *interj.* (yes) good idea (5); bonnes leçons *interj.* good luck with your studying/class/work; bonne soirée *interj.* have a good evening; bonnes vacances *interj.* have a good vacation; c'est une bonne idée (de/d') (+ *inf.*) it's a good idea (to) (11); de bonne heure early (3); être de bonne humeur to be in a good mood; être en bon état to be in good condition; être en bonne santé/forme to be healthy / in shape (8)
bonbons *m. pl.* candy
bonheur *m.* happiness
bonhomme *m.* gentleman; bonhomme de neige snowman
bonjour hello (1)
bonnet *m.* bonnet, cap
bonsoir! *interj.* good evening! (1)
bord *m.;* edge, bank, shore; au bord (de) on the banks (shore, edge) of
bordé (par) *adj.* edged, lined
borné(e) *adj.* to be narrow-minded, short-sighted (15)
botanique *adj.* botanical
bottes *f. pl.* boots (6)
bouche *f.* mouth (8)
boucher/ère *m., f.* butcher
boucherie-charcuterie *f.* butcher shop and deli (5)
bouclé: cheveux (*m. pl.*) bouclés wavy hair
boucler: on boucle! *interj.* it's a wrap! (*film*)
boucles (*f. pl.*) d'oreilles earrings (6)
bouddhiste *adj.* Buddhist
boudoir *m.* dressing room
bouger to move
bougie *f.* candle (10); souffler les bougies to blow out the candles
bouillir (*p.p.* bouilli) *irreg.* to boil; bouilli(e) *adj.* boiled
boulanger/ère *m., f.* baker
boulangerie *f.* bakery (5); boulangerie-pâtisserie *f.* bakery and pastry shop (5)

boule *f.* ball; boule de glace scoop of ice cream
boulevard *m.* boulevard (12)
boulot *m., fam.* job, work
bouquet *m.* (de fleurs) bouquet (of flowers) (10); bouquet (*m.*) garni bundle of herbs
bourgeois *adj.* bourgeois; middle-class
bourguignon(ne) *adj. from the Burgundy region (France)*; bœuf (*m.*) bourguignon *beef stew made with red wine*
bourse *f.* stock exchange
bout *m.* end; à l'autre bout (de) at the other end (of); à bout de souffle breathless
bouteille *f.* (de vin) bottle (of wine) (5)
boutique *f.* shop, store
bowling *m.* bowling
bracelet *m.* bracelet (6)
bras *m.* arm (8); bras (*m. pl.*) en croix arms parallel to the floor
brasserie *f.* bar, brasserie
bravo! *interj.* good job! (10)
bravoure *f.* bravery, courage
Bretagne *f.* Brittany
breton(ne) *adj.* Breton; Breton(ne) *m., f.* Breton (*person*)
bricolage *m.* do-it-yourself work, puttering around
brièvement *adv.* briefly
brigadier *m.* corporal
brillant(e) *adj.* brilliant, shining
brioche *f.* sweet bun
brique *f.* brick
briser to break; cœur (*m.*) brisé broken heart
britannique *adj.* British
brochette *f.* skewer, kebab
brocolis *m. pl.* broccoli (5)
bronze *m.* bronze; en bronze (cast in) bronze (16)
se bronzer to tan oneself
brosse *f.* brush; brosse à cheveux hairbrush (8); brosse à dents toothbrush (8)
brosser to brush; se brosser les cheveux (les dents) to brush one's hair (teeth) (8)
brouiller to scramble (*cooking*)
bruit *m.* noise
brûler to burn; crème (*f.*) brûlée *custard topped with carmelized sugar*; se brûler to burn oneself (8)
brume *f.* mist
brun(e) brown (2); avoir les cheveux (yeux) bruns to have brown hair (eyes)
bruyant(e) *adj.* noisy (12)
bûche *f.* log; bûche de Noël Yule log (*pastry*)
budget *m.* budget
bureau *m.* (*pl.* bureaux) desk (1); office; bureau (*m.*) de poste post office
bus *m.* bus (13); aller en bus to go by bus (13)
but *m.* goal, objective

C

ça *pron.* this; that; it; (5); autre chose (avec ça)? something else (with that)?; ça avance things are moving forward; ça m'énerve that bugs me; ça me plaît (m'a plu) I like (liked) that; ça risque de it might; ça s'écrit comment? how is that written?; ça se fête it's celebrated; ça te dit (de)… ? (*fam.*) are

you interested in … ? (5); ça va? how's it going?; ça va mal not so well (1); ça va (très) bien, merci fine (very well), thanks (1); ça vaut le coup it's worth it; comme ça like that; oui, ça me dit sure, that sounds good (5); tout ça all this
cabinet *m.* (d'avocats) (law) firm, office (11); cabinet dentaire/médical dental/medical office (11)
câble *m.* cable television (7)
cacher to hide
cachemire: en cachemire *m.* (made of) cashmere
cachet *m.* (d'aspirine) (aspirin) tablet, pill
cadeau (*pl.* cadeaux) *m.* present, gift (10); chèque-cadeau *m.* gift certificate (10)
cadet(te) *adj.* younger
cadien(ne) *adj.* Cajun; Cadien(ne) *m., f.* Cajun (*person*)
cadre *m.* frame (9); setting, framework
café *m.* café; (cup of) coffee (5); café au lait coffee with milk; café-tabac *m.* bar-tobacconist (*government licensed*)
cafetière *f.* coffeemaker, coffeepot (9)
cahier *m.* notebook (1)
caissier/ière *m., f.* checker (*person*), clerk
calcaire *m.* limestone
calculatrice *f.* calculator (1)
calculer to calculate
Calédonie: Nouvelle-Calédonie *f.* New Caledonia
calendrier *m.* calendar
Californie *f.* California
camarade *m., f.* friend; companion; camarade de classe classmate
camembert *m.* camembert cheese
caméra *f.* video camera
camerounais(e) *adj.* cameroonian; Camerounais(e) *m., f.* Cameroonian (*person*)
caméscope *m.* camcorder (6)
camion *m.* truck
campagne *f.* countryside; campaign *n.;* à la campagne in the country (12); pain *m.* (de campagne) (*rustic*) bread (*loaf*) (5)
camping *m.* camping; faire du camping to go camping
campus *m.* campus (*university*)
canadien(ne) *adj.* Canadian; Canadien(ne) *m., f.* Canadian (*person*) (2)
canal (*pl.* canaux) *m.* channel; canal (12)
canapé *m.* couch (9)
canard *m.* duck; magret (*m.*) de canard fillet of duck breast
Cancer *m.* Cancer (*zodiac*)
candidat(e) *m., f.* candidate
canne: canne à sucre *f.* sugar cane
canneberge *f.* cranberry
cannelle *f.* cinnamon
canoë-kayak *m.* canoeing (13); faire du canoë-kayak to go canoeing (13)
canton *m.* canton; state (*Switzerland*)
capacité *f.* capacity
capitaine *m.* captain
capitale *f.* capital (*city*)
Capricorne *m.* Capricorn (*zodiac*)
car *conj.* for, because (14)
caractère *m.* character (*personality*) (2); en caractères gras in boldface type

caractériser to characterize; se caractériser par to be characterized (distinguished) by

caractéristique *f.* (physique) (physical) characteristic, trait

carafe *f.* carafe; pitcher (5)

carbone: empreinte (*f.*) carbone carbon footprint

carburant *m.* fuel

carême *m.* Lent (10)

caraïbe *adj.* Caribbean

caritatif/ive *adj.* charitable

carnaval *m.* (*m. pl.* carnavals) carnival (*festival preceding Lent*)

carolingien(ne) of the Carolingian dynasty, period

carotte *f.* carrot (5)

carré *adj.* square (*geometry*)

carreaux: à carreaux *m. pl.* plaid (6)

carrefour *m.* intersection; crossroads

carrière *f.* career

carte *f.* map (*of region, country*) (1); card (10); menu; *pl.* (playing) cards; carte bancaire debit card (13); carte de crédit credit card (13); carte d'identité identity card; carte de vœux (greeting) card (10); carte postale postcard; carte routière (road) map (13); jouer aux cartes to play cards (3); par carte bancaire by debit card (13); par carte de crédit by credit card (13)

carton *m.* cardboard

cas *m.* case; dans chaque cas in each case; selon le cas depending on the case

case *f.* box

caserne *f.* barracks (*military*); station house (*firefighters*)

casque *m.* helmet

casquette *f.* cap (*baseball*) (6)

se casser (le bras) to break (one's arm) (8)

cassoulet *m.* pork and bean stew

catacombe *f.* catacomb

catalan *m.* Catalan (*language*)

catalogue *m.* catalog

catégorie *f.* category, class

cathédrale *f.* cathedral (12)

catholicisme *m.* Catholicism

catholique *adj.* Catholic

cause *f.* cause; à cause de because of

causé(e) par *adj.* caused by

caution *f.* deposit

ce (cet, cette, ces) *adj.* this, that, these, those; ce week-end this weekend; cet après-midi (ce matin, ce soir) this afternoon (morning, evening)

ce (c') *pron.* it, this, that, these, those, they; ce sont these/those/they are (1); c'est it is (1); c'est-à-dire (que) that is, I mean (that); c'est moi it's me; c'est une bonne idée (de) (+ *inf.*) it's a good idea (to) (11); c'est un vrai plaisir (de) (+ *inf.*) it's a real pleasure (to) (11); qu'est-ce que c'est? what is it? (1); qui est-ce? who is it? (1)

céder (je cède) à to yield to

cédille *f.* cedilla (ç)

ceinture *f.* belt (6)

cela (ça) *pron.* this; that

célébrer (je célèbre) to celebrate; se célébrer to be celebrated

célèbre *adj.* famous

célébrité *f.* celebrity

céléri *m.* celery

célibataire *adj.* single (*person*) (4); *m., f.* single person

celui, celle *pron.* the one, this one, that one; ceux, celles *pron.* these (ones), those (ones)

celte *adj.* celtic

cendres *f. pl.* ashes

cendrier *m.* ashtray

Cendrillon Cinderella

cent *adj.* one hundred (4); deux cents two hundred (4)

centaine: une centaine de about a hundred

central(e) *adj.* central

centre *m.* center; centre commercial *m.* shopping mall (12); centre-ville downtown

cependant *conj.* however; nevertheless

céramique *adj.* ceramic

cercle *m.* circle

céréales *m. pl.* cereal, grains

cérémonie *f.* ceremony

certain(e)(s) *adj.* sure; particular; certain, some (14); il est certain que + *indic.* it is certain that; il n'est pas certain que + *subj.* it is not certain that

certain(e)(s) (*pron. pl*) certain ones; some (people) (14)

certes *adv.* certainly

certitude *f.* certainty

ces (*see* ce)

cessation (de) *f.* stopping (of)

cesser to stop (*doing s.th.*)

cet (*see* ce)

ceux (*see* celui)

chacun *m., f., pron.* each (one), every one; à chacun ses goûts to each his own

chaîne *f.* (15) de télévision television channel

chaise *f.* chair (1)

chaleur *f.* heat

chambre *f.* bedroom (9); chambre (*f.*) d'amis guest bedroom

champagne *m.* champagne

champignon *m.* mushroom (5)

chance *f.* luck; avoir de la chance to be lucky; bonne chance *interj.* good luck (16); quelle chance *interj.* what luck

changement *m.* change

changer (nous changeons) to change; to exchange (*currency*)

chanson *f.* song

chant *m.* song

chanter to sing

chanteur/euse *m., f.* singer

chantre *m.* cantor

chapeau *m.* hat (6)

chaque *adj.* each, every (14)

charbon *m.* coal

charcuterie *f.* deli; cold cuts; boucherie-charcuterie *f.* butcher shop and deli (5)

chargé(e) *adj.* (de) in charge (of); responsible (for); heavy; loaded with; busy

chariot *m.* cart (*shopping*)

charmant(e) *adj.* charming

charme *m.* charm

charmer to charm

char *m.* chariot; tank

charpentier *m.* carpenter

chasse *f.* hunt, hunting; garde-chasse *m.* gamekeeper

chat *m.* cat (4)

châtain(e) *adj.* brown, chestnut-colored (*hair*) (2)

château (*pl.* châteaux) *m.* castle, château

châtiment *m.* punishment

chaud(e) *adj.* warm, hot (3); avoir chaud to be warm, hot; chocolat (*m.*) chaud hot chocolate; il fait chaud it's hot (out) (3)

chauffage *m.* heating

chaume *m.* thatch

chaussée: rez-de-chaussée *m.* ground floor (9)

chaussette *f.* sock (6)

chaussure *f.* shoe (6); chaussures à talons (*m. pl.*) hauts high-heeled shoes (6)

chauve *adj.* bald

chef *m.* leader; chef, head cook; chef d'entreprise company head, top manager, boss; chef-lieu capital (*of a region*)

chef-d'œuvre *m.* (*pl.* chefs- d'œuvre) masterpiece

chemin *m.* way (road); path

cheminée *f.* chimney

chemise *f.* shirt (6)

chemisier *m.* blouse (6)

chèque *m.* check (13); chèque-cadeau *m.* gift certificate (10); compte chèques checking account (13); par chèque by check (13)

cher/chère *adj.* expensive (9); dear

chercher to look for (3); chercher à to try to

chercheur/euse *m., f.* researcher

cheval *m.* horse (13); aller à cheval to go on horseback (13); faire du cheval to go horseback riding (3)

cheveux *m. pl.* hair (2); brosse (*f.*) à cheveux hairbrush (8); se brosser les cheveux to brush one's hair

cheville *f.* ankle (8); se fouler la cheville to twist one's ankle (8)

chez at the home (establishment) of; among; chez moi at my place; chez soi at one's own place, home

chic *adj., inv.* chic

chien(ne) *m., f.* dog (4)

chiffre *m.* number, digit; en chiffres in numbers

chimie *f.* chemistry (1)

chin-chin *interj.* cheers (10)

chinois(e) *adj.* Chinese; Chinois(e) *m., f.* Chinese (*person*) (2); aller manger chinois to go out for Chinese food (5)

chirurgien(ne) *m., f.* surgeon

choc *m.* shock

chocolat *m.* chocolate; chocolat chaud hot chocolate; gâteau (*m.*) au chocolat chocolate cake; lapin (*m.*) en chocolat chocolate bunny

chœur *m.* choir, chorus

choisir (de) to choose (to) (6)

choix *m.* choice; vous avez fait votre choix? have you decided? (5)

chômage *m.* unemployment (15); taux (*m.*) de chômage unemployment rate (15)

choquant(e) *adj.* shocking

choquer to shock

chose *f.* thing; autre chose (avec ça)? something else (with that)? (5); quelque chose (à dire, à ajouter) something (to say,

add) (16); **quelque chose de** + *adj.*
  something + *adj.*
chou *m.* (*pl.* **choux**) cabbage; *fam.* darling;
  chou-fleur *m.* (*m. pl.* **choux-fleurs**)
  cauliflower (*head of*)
choucroute *f.* sauerkraut
chouette *adj., fam.* great, super
chrétien(ne) *adj.* Christian
Christ *m.* Christ
chronologique *adj.* chronological
chrysanthème *m.* chrysanthemum
chutes *f. pl.* falls (*water*)
ci: **ci-dessous** *adv.* below; **ci-dessus** *adv.* above;
  -ci *adv.* here
ciao so long (1)
ciel *m.* sky; **gratte-ciel** *m. inv.* skyscraper (12)
cigarette *f.* cigarette
cimetière *m.* cemetery (10)
cinéaste *m., f.* film-maker (16)
cinéma *m.* (*fam.* **ciné**) movie theater; cinema
  (16); **aller au cinéma** to go to the movies
cinématographique *adj.* cinematography
  (*pertaining to*)
cinéphile *m., f.* movie lover
cinq *adj.* five (1)
cinquante *adj.* fifty (1)
cinquième *adj.* fifth (14)
circonflexe *m.* circumflex (*accent*)
circonstance *f.* circumstance
circulation *f.* traffic (12)
circuler to circulate; to travel
cirque *m.* circus (7)
citation *f.* quotation
cité *f.* area in a city; **cité universitaire** (*fam.*
  cité-U) university dormitory complex
citer to quote
citoyen(ne) *m., f.* citizen (15)
citron *m.* lemon
citrouille *f.* pumpkin
civil(e) *adj.* civil (*municipal*); **pacte** (*m.*) **civil**
  civil union
civilisation *f.* civilization
clair(e) light (*color*) (6); clear (15); **il est clair**
  que + *indic.* it is clear that (15); **il n'est pas**
  clair (que) + *subj.* it is not clear that
clandestin(e) *adj.* clandestine
clarinette *f.* clarinet
classe *f.* class; classroom; **camarade** (*m., f.*)
  de classe classmate; **salle de classe**
  classroom (1)
classement *m.* classification
classer to classify
classique *adj.* classical; classic; **français** (*m.*)
  classique Classical French (17th–18th
  centuries)
clé *f.* key; **moment clé** key moment (14)
client(e) *m., f.* client
clientèle *f.* clientele, customers
climat *m.* climate
climatique *adj.* climate
climatisation *f.* air-conditioning (15)
cloche *f.* bell
clou *m.* nail
club *m.* club (*social, athletic*)
coca *m., fam.* cola drink
cocher to check off (*list*)
coco *m.* coconut

code *m.* code; **code de la route** rules of the road
codifier to codify
cœur *f.* heart
coiffeur/euse *m., f.* hairdresser (4)
coin *m.* corner (12); **au coin de** on the corner
  of (12)
coincé(e) *adj.* stuck
col: **à col** (*m.*) **roulé** with a turtleneck; **à col en**
  V with a V-neck (6); **à col rond** with a
  crew-neck
colère *f.* anger
collation *f.* afternoon snack (5)
colle *f.* difficult or trick question
collecte *f.* collection
collecter to collect
collectionner to collect
collectivité *f.* community
collège *m.* French junior high school, middle
  school (11); **collégien(ne)** *m., f.* junior high
  school student (11)
collègue *m., f.* colleague (11)
coller to stump
collier *m.* necklace (6)
colocataire *m., f.* housemate, roommate
colocation *f.* house or apartment sharing
colombage: **maison à colombage** (*m.*) house
  half-timbered house
colombo *m. Caribbean stew*
colon *m.* colonist (14)
colonial(e) *adj.* colonial (14)
colonie *f.* colony (14)
colonisateur/trice *m., f.* colonizer
colonisation *f.* colonization (14)
coloniser to colonize
colonne *f.* column
combattre (*like* **battre**) *irreg.* to fight
coloré(e) *adj.* colored
combien (de) *adv.* how much?; how many?
  (3); **c'est combien?** how much is it?; **depuis**
  combien de temps… ? (for) how long … ?,
  since when … ? (7); **pendant combien de**
  temps… ? for how long … ?
combinaison *f.* (**de ski**) (ski) suit; overalls
comédie *f.* (**musicale**) comedy; musical
  (*theater*) (7); **comédie physique** slapstick
  comedy
comédien(ne) *m., f.* comedian; actor, actress
comique *m.* comedy
commander to order (*in a restaurant*)
commande *f.* order (5); **je peux prendre votre**
  commande? can I take your order? (5)
comme *adv.* as, like, how; **comme…** given … ;
  comme ailleurs as elsewhere; **comme ça**
  like this, that; **comme enfant** as a child;
  comme tu veux as you like; **préférer**
  comme… to prefer as …
commémorer to commemorate
commencement *m.* beginning (14)
commencer (nous commençons) to begin (3);
  commencer par begin by (*doing s.th.*),
  begin with (*s.th.*) (7)
comment *adv.* how; what, how? (1); **ça s'écrit**
  comment? how is that spelled (written)?
  (1); **comment allez-vous? comment vas-tu?**
  how are you? (1); **comment ça va?** how are
  you? how is it going?; **comment dit-on…**
  en français? how does one say … in

French?; **comment est-ce qu'on appelle… ?**
  what does one call … ?; **comment est-il/**
  elle? what is he/she like?; **comment était/**
  étaient … ? how was … ?; **comment vous**
  appelez-vous? tu t'appelles comment? what
  is your name? (1)
commentaire (sur) *m.* commentary;
  remarks (on)
commenter to comment on
commerçant(e) *m., f.* merchant
commerce *m.* trade (14); **petit commerce** small
  business
commercial(e) *adj.* (*m. pl.* **commerciaux**)
  commercial (14); **centre commercial** *m.*
  shopping mall (12)
commode *f.* dresser (9)
commun(e) *adj.* ordinary; common; shared; **en**
  commun in common; **transports** (*m. pl.*) **en**
  commun public transportation (12)
communauté *f.* community; **Communauté**
  européenne European Community (EC)
commune *f.* district
communicateur *m.* communicator
communication *f.* communication; phone call
compagnie *f.* company
compagnon/compagne *m., f.* companion
comparaison *f.* comparison
comparatif/ive *adj. m. Gram.* comparative
comparé(e) *adj.* comparative; **littérature** (*f.*)
  comparée comparative literature (1)
comparer to compare
compenser to compensate
compétent(e) *adj.* competent
compétition *f.* competition
complément *m.* complement; **pronom** (*m.*)
  complément d'objet direct (indirect) *Gram.*
  direct (indirect) object pronoun
complet/ète *adj.* complete; whole; full
compléter (je complète) to complete
complètement *adv.* completely
complexe *m.* complex; **complexe physique**
  physical complex
compliqué(e) *adj.* complicated
comporter to behave
comportement *m.* behavior
composé(e) *adj.* composed; **passé composé**
  Gram. compound past tense; **salade** (*f.*)
  composée mixed salad
composer to compose
compositeur/trice *m., f.* composer (16);
  auteur-compositeur author-composer
composter to compost (15); to validate
  (*train ticket*)
compréhensif/ive *adj.* understanding (15)
compréhension *f.* comprehension,
  understanding
comprendre (*like* **prendre**) *irreg.* to
  understand (5); to comprise, include; **je ne**
  comprends pas I don't understand; **y**
  compris including
compromis *m.* compromise
comptable *m., f.* accountant (4)
comptabilité *f.* accounting
compte *m.* account; **compte chèques** checking
  account; **compte épargne** savings account
  (13); **compte rendu** *m.* review (*film, book*)
  (11); **se rendre compte** to realize

compter to count; to include; to have; to plan (to do something); to intend; **compter + *inf.*** to plan, to intend (to do something)

comptoir *m.* counter

concentrer to concentrate; **se concentrer** to concentrate one's attention

concepteur/trice *m., f.* designer

concerner to concern; **en ce qui concerne, concernant** concerning

concert *m.* (**de jazz**) (jazz) concert (7); **en concert** in concert (7); **salle** (*f.*) **de concert** concert hall (7)

conclure to conclude

concombre *m.* cucumber (5)

concours *m.* exam (11); combination; **concours** (*m.*) **d'entrée** (entrance) exam (11)

concret/ète *adj.* concrete

conçu(e) (par) *adj.* designed (by) (16)

concurrence *f.* competition

concurrentiel(le) *adj.* competitive

conditionnel *m., Gram.* conditional mood

conduire (*p.p.* **conduit**) *irreg.* to drive (13); **permis** (*m.*) **de conduire** driver's license

conduite (*f.*) **accompagnée** accompanied driving (*with a permit*)

cône *m.* cone

confectionner to make

confédération *f.* confederation

confiance *f.* confidence; **avoir confiance en/dans** to have confidence in

confier to entrust

confiné(e) *adj.* confined

confirmer to confirm

confiserie *f.* candy

confiture *f.* jam (5)

conflit *m.* conflict (14)

confondre to confuse

conformer to conform

conformiste *m., f., adj.* conformist; **non-conformiste** non-conformist

confort *m.* comfort

confortable *adj.* comfortable (9)

confrère *m.* compatriot

confronter to confront

confusément *adv.* confusingly

congé *m.* vacation; leave (*from work*)

congrès *m.* congress

conjonction *f., Gram.* conjunction

conjugaison *f., Gram.* conjugation

conjuguer *Gram.* to conjugate

connaissance *f.* knowledge; aquaintance

connaître (*p.p.* **connu**) *irreg.* to know; to be familiar with (12); **se connaître** to know (one another) (12)

connexion *f.* link, connection

connu(e) *adj.* known; famous

conquérant *m.* conqueror (14)

conquête *f.* conquest (14)

consacrer to devote

conscience *f.* conscience; **prise** (*f.*) **de conscience** growing awareness

conscription *f.* conscription (*obligatory military service*) (15)

conseil *m.* piece of advice; council; **donner des conseils** to give advice

conséquence *f.* consequence; **pour conséquence** as a consequence, result

conséquent: par conséquent *adv.* consequently

conservateur/trice *m., f., adj.* conservative

conserver to conserve; to preserve

considérablement *adv.* considerably

considérer (**je considère**) to consider

consister à to consist of

console (*f.*) **de jeux vidéo** video game console (7)

consommateur/trice *m., f.* consumer

consommation *f.* consumption

comsommer to consume

consonne *f. Gram.* consonant

constamment *adv.* constantly (10)

constater to note, observe

consituent(e) *m., f.* constiuent

constructeur/trice *m., f.* builder

construction *f.* construction; **en construction** under construction

construire (*like* **conduire**) *irreg.* to construct, build

consulter to consult

contacter to contact

conte *m.* (**de fées**) (fairy) tale

contemporain(e) *adj.* contemporary

contenir (*like* **tenir**) *irreg.* to contain

content(e) *adj.* content, happy (2)

contenu *m.* contents

contexte *m.* context

continent *m.* continent

continuer (à) to continue (to)

contracter to contract, enter into an agreement

contrainte *f.* constraint

contraire *m.* opposite

contrairement à *adv.* contrary to, unlike

contraste *m.* contrast

contrat *m.* contract

contre *prep.* against; **contre** *m.* **la montre** time trial; **manifester contre** to demonstrate against; **par contre** however; **pour et contre** for and against

contrebasse *f.* double bass

contrer to block, counter

contribuer to contribute

contrôle *m.* control, overseeing; inspection

contrôler to control

controversé(e) *adj.* controversial

convaincant(e) *adj.* convincing

convaincre (*p.p.* **convaincu**) *irreg.* to convince

conventionel(le) *adj.* conventional

conversation *f.* conversation

convenir (*like* **venir**) *irreg.* to be suitable

convive *m., f.* guest

copain/copine *m., f.* friend (pal, buddy); *m.* boyfriend; *f.* girlfriend (11)

copie *f.* copy

copier to copy

copieux/euse *adj.* copious, abundant

copiste *m., f.* person who copies works of art

coq *m.* rooster; **coq au vin** coq au vin (*chicken prepared with red wine*)

coquillettes *f. pl.* macaroni; small shell pasta

corde *f.* rope

cordon *m.* cord

coronation *f.* coronation

corps *m. s.* body (8)

correct(e) *adj.* correct; accurate; proper

correctement *adv.* correctly

correspondre (à) to correspond (to)

correspondance *f.* correspondence

corriger to correct

Corse *f.* Corsica

cosmopolite *adj.* cosmopolitain

costume *m.* suit (*for men*) (6)

côte *n. f.* coast (12)

côté *m.* side; **à côté de** next to (5); by, near; beside; at one's side

cotisations *f. pl.* contributions

coton *m.* cotton (6); **en coton** (made of) cotton (6)

cou *m.* neck (8)

se coucher to go to bed (8); **couche-tard** *m.* person who sleeps late; **coucher du soleil** sunset

coude *m.* elbow (8)

couette *f.* comforter (9)

couleur *f.* color (2); **de quelle couleur est… ?** what color is … ?; **en couleur** in color (16)

couloir *m.* hallway (9)

coup: avoir le coup de patte to have the touch; to be very good at; **ça vaut le coup** it's worth it; **coup** (*m.*) **de foudre** flash of lightning; love at first sight; **coup de pinceau** brushstroke

coupable *adj.* guilty

coupe *f.* trophy, cup; **coupe de glace** dish of ice cream; **Coupe du monde** World Cup (*soccer*)

couper to cut; **se couper (le doigt)** to cut one's finger (8)

couple *m.* couple

coupole *f.* cupola

cour *f.* court (royal); courtyard; **faire la cour (à)** to court (*s.o.*)

courage *m.* luck; **bon courage** *interj.* best of luck (16)

courageux/euse *adj.* courageous, brave

couramment fluently (10)

courant *adj.* general, everyday; **être au courant de** to be up (to date) with

courgette *f.* zucchini (5)

courir (*p.p.* **couru**) *irreg.* to run (13)

couronnement *m.* coronation (14)

cours *m.* course, class (*school*) (11); **avoir cours** to have (a) class; **cours préparatoire** preparatory course (11); **suivre un cours** to take a class

course *f.* race; errand; *f. pl.* shopping, errands; **faire des courses** to do errands; **faire les courses** to do the grocery shopping (3)

court(e) *adj.* short; *m.* tennis court

courtier/ière *m., f.* courtier (*person at court*)

courtisan *m.* courtier (*person at court*)

cousant *adj.* sewing

couscous *m.* couscous (*North African cracked-wheat dish*)

couseuse *f.* seamstress

cousin(e) *m., f.* cousin (4)

coussin *m.* cushion; pillow (*for sofa*) (9)

coût (*m.*) **de la vie** cost of living

coûter to cost

couteau *m.* knife (5)

coutume *f.* customer, tradition

couture *f.* sewing; clothes design

couturier/ère *m., f.* clothes designer

couvert *m.* place setting (*table*) (5); couvert(e) *adj.* (de) covered (in); le ciel est couvert it's cloudy (out) (13)

couverture *f.* cover

couvrir (*like* ouvrir) (*irreg.*) to cover

co-voiturage *m.* car-pooling; car-sharing

crabe *m.* crab (5)

craie *f.* (*piece of*) chalk (1)

cravate *f.* tie (*necktie*) (6)

crayon *m.* pencil (1)

créateur/trice *m., f.* creator

créatif/ive *adj.* creative

création *f.* creation

créativité *f.* creativity

crédit *m.* credit; carte de crédit credit card (13)

créer to create

crème *f.* cream (5); café-crème *m.* coffee with cream; crème à raser shaving cream (8); crème brulée custard topped with carmelized sugar

crémerie *f.* dairy (5); crémerie-fromagerie *f.* dairy and cheese shop (5)

créole *m.* creole (*language*) (14)

creusé: menton (*m.*) creusé cleft chin

crevette *f.* shrimp (5)

cricket *m.* cricket (*game*)

crier to cry out, shout

crime *m.* crime

crise *f.* crisis

critère *f.* criterion

critique *f.* criticism

croire (*p.p.* cru) *irreg.* to believe (10); to think

croisière *f.* crossing

croissance *f.* growth

croissant *m.* croissant (*crescent roll*) (5); croissant aux amandes croissant with almond paste (5)

croix *f.* cross; les bras (*m. pl.*) en croix arms parallel to the floor

croyance *f.* belief

croyant(e) *adj.* believer

cryptique *adj.* cryptic

cubique *adj.* cubic; cube-shaped

cubisme *m.* cubism; cubist movement

cubiste *m., f.* cubist

cuillère *f.* spoon; cuillère à soupe soup spoon, tablespoon (5); petite cuiller (cuillère) teaspoon

cuir *m.* leather (6); en cuir (*made of*) leather (6)

cuisine *f.* kitchen, cooking (3); faire la cuisine to cook, do the cooking (3)

cuisiner to cook (3)

cuisinière *f.* stove (9)

cuisse *f.* thigh; cuisses (*f. pl.*) de grenouille frog's legs

cuit(e) *adj.* cooked; terre (*f.*) cuite earthenware

culinaire *adj.* culinary

cultivé(e) *adj.* cultured

culture *f.* culture

culturel(le) *adj.* cultural

curieux/euse *adj.* curious

curiosité *f.* curiosity

curriculum (*m.*) vitae (CV) résumé

cyclable *adj.* cyclable; piste cyclable bike path (12)

cycle *m.* cycle; degree program (*France*)

cycliste *m., f.* cyclist, biker

cymbales *m. pl.* cymbals

D

d'abord *adv.* first, first of all, at first

d'accord all right, O.K., agreed; être d'accord (avec) to be in agreement (with)

dame *f.* lady, woman

dangereux/euse *adj.* dangerous (12)

dans *prep.* within, in; dans deux ans in two years (from now); dans les années 80 in the eighties; qu'est-ce que vous faites / tu fais dans la vie? what do you do for a living? (4)

danse *f.* dance; dancing (16)

danser to dance (3); danser en boîte to go dancing at a nightclub (3)

danseur/euse *m., f.* dancer (16)

date *f.* date; quelle est la date (d'aujourd'hui)? what is the date (today)? (1)

dater de to date from

datte *f.* (séchée) (dried) date

davantage *adv.* more

de (d') *prep.* of, from, about (2); de nouveau again; de rien not at all; don't mention it; you're welcome; de temps en temps from time to time

diplôme (*m.*) degree; être diplômé(e) to have a degree (11); Diplôme d'Études Approfondies (DEA) postgraduate degree (*France*)

débat *m.* debate

debout *adj., inv., adv.* standing up

débrancher unplug (15)

se débrouiller to manage

début *m.* beginning; au début (de) in (at) the beginning (of)

débutant(e) *m., f.* beginner

débuter to begin

décédé(e) *adj.* deceased (4)

décembre December (1)

décennie *f.* decade (14)

décerner to award

décès *m.* deceased (*person*); death

déchets *m. pl.* waste (material); composter ses déchets to compost one's garbage (15)

décider (de) to decide (to); se décider to make a decision

décision *f.* decision (5); prendre une décision make a decision (5)

déclaration *f.* declaration

déclaratif/ive *adj., Gram.* declarative

déclarer to declare

décompter to count down

déconstruction *f.* deconstruction (*social movement*)

décontracté(e) *adj.* laid-back, easy-going (2); loose (*fitting*) (6)

décor *m.* decor; scenery (*theatre*)

décoratif/ive *adj.* decorative

décoration *f.* decoration

décorer (de) to decorate (with)

découper to cut (up)

se décourager to get discouraged

découverte *f.* discovery (14)

découvrir (*like* ouvrir) *irreg.* to discover

décrire (*like* écrire) *irreg.* to describe

décroissance *f.* decline

déçu(e) *adj.* disappointed

défaire (*like* faire) *irreg.* to undo, unwrap

défavorisé(e) *adj.* disadvantaged; quartier défavorisé underprivileged neighborhood (15)

défendre to defend; to prohibit, disallow

défense *f.* defense (14)

défilé *m.* parade (10)

défiler to pass

défini: article (*m.*) défini *Gram.* definite article

définir to define

définition *f.* definition

définitivement *adv.* definitively

dégager to bring out

dégoutant(e) *adj.* disgusting

degré *m.* degree (*temp.*) (13); il fait... degrés, la température est de... degrés it is . . . degrees (out) (13)

déguiser to disguise

déguisement *m.* costume, disguise (10)

dehors *adv.* outdoors; outside

déjà *adv.* already; ever

déjeuner to have lunch (3); déjeuner *m.* lunch; pause-dejeuner (*f.*) lunch break; petit déjeuner *m.* breakfast

déléguer to delegate

délicieux/euse *adj.* delicious

délinquance *f.* criminality

délivrer to set free

déluge *m.* deluge, flood

demain *adv.* tomorrow; à demain! *interj.* see you tomorrow!

demande *f.* request; film sur demande pay-per-view movie (7)

demander (de) to ask (for; to), request; se demander to wonder

déménager (nous déménageons) to move out (*change residence*) (9)

demeurer to remain

demi *adj.* half; demi-frère *m.* half-brother; stepbrother (4); demi-sœur *f.* half-sister; stepsister (4); et demi(e) half past (*the hour*) (3)

démocratie *f.* democracy

démocratique *adj.* democratic

démographique *adj.* demographic

démonstratif/ive *adj.* demonstrative

démonstration *f.* demonstration

démontrer to show

dénaturé(e) *adj.* unnatural

dénigrer to denigrate

dénoncer to denounce

dent *f.* tooth (8); brosse (*f.*) à dents toothbrush (8); se brosser les dents to brush one's teeth

dentifrice *m.* toothpaste (8)

dentiste *m., f.* dentist (4); cabinet (*m.*) dentaire dental office

depart *m.* departure; au départ at the beginning, at first; point (*m.*) de départ starting point

département *m.* department; political division (*France*)

départemental(e) *adj.* departmental

dépassé(e) *adj.* outdated

se dépêcher to hurry (8)

dépendre (de) to depend (on)

dépense *f.* expense; spending (13)

dépenser to spend (*money*)

déplacement *m.* movement

se déplacer to move, get around (13)

déprimé(e) *adj.* depressed (2)

depuis *prep.* since, for; **depuis combien de temps... ?** (for) how long . . . ? (7); **depuis longtemps** for a long time (7); **depuis quand... ?** since when . . . ? (7); **depuis toujours** always

député *m.* delegate, deputy

dérangement *m.* disturbance

dériver (de) to derive (from)

dernier/ière *adj.* last; most recent; past (2); **au dernier moment** at the last minute; **la dernière fois** the last time; **la semaine dernière** last week; **le week-end** (*m.*) **dernier** this past weekend

derrière *prep.* behind, in back of

des *art.* some, any (1)

dès *prep.* from (then on); **dès que** *conj.* as soon as (11)

désaccord *m.* conflict, disagreement

désaffecté(e) *adj.* closed down

désagréable *adj.* disagreeable, unpleasant

désastre *m.* disaster

désavantage *m.* disadvantage

descendre to go down (*street, river*) (5); to get off (5); **descendre** (*s.th.*) to take down; **descendre à (sur)** to go down (*south*) to; **descendre de** to get down (from), get off (5)

descriptif/ive *adj.* descriptive

description *f.* description; **selon la description** based on the description

désigner to designate

désir *m.* desire

désirer to desire, want

désobéir (*like* **obéir**) to disobey

désolé(e) *adj.* sorry (5); **désolé(e), je ne peux pas** *interj.* sorry, I can't (5)

désordonné(e) *adj.* messy, untidy

désordre *m.* disorder; confusion; **en désordre** disorderly, disheveled

désormais *adv.* henceforth

dessert *m.* dessert

dessin *m.* drawing

dessiner to draw

dessous: ci-dessous *adv.* below

dessus: au dessus de *prep.* above; **ci-dessus** *adv.* above, previously

destin *m.* destiny

destination *f.* destination

destiné(e) à *adj.* intended for

destructeur/trice *adj.* destructive

détail *m.* detail; **en détail** in detail

détaillé(e) *adj.* detailed

se détendre to relax (8)

détendu(e) *adj.* relaxed

déterminer to ascertain, determine

détester to hate (3); **detester + inf.** to hate to (do *s.th.*)

détourner to turn away

détruire (*like* **conduire**) *irreg.* to destroy

dette *f.* debt

deux *adj.* two (1)

deuxième *adj.* second (14); **deuxième cycle** Master's program (*France*); **deuxième étage** third floor (*in the U.S.*)

devant *prep.* before, in front of (1)

développé(e): pays (*m.*) **développés** industrialized countries

développer to develop

développement *m.* development

devenir (*like* **venir**) *irreg.* to become (7)

devinette *f.* riddle, conundrum

deviner to guess

devise *f.* slogan

devoir (*p.p.* **dû**) *irreg.* to owe; to have to, to be obliged to (7); *m.* duty; *m. pl.* homework; **faire ses devoirs** to do one's homework (3); **je devrais** I should

diabète *m.* diabetes

dialectal(e) *adj.* dialectal (14)

dialecte *m.* dialect (14)

dialogue *m.* dialog

dictionnaire *m.* dictionary

dicton *m.* proverb

diététique *adj.* health

Dieu *m.* God; **Bon Dieu** *interj.* Good Lord

différer de (**il diffère**) to differ from

différemment *adv.* differently

différence *f.* difference; **pas de différence** (*f.*) no difference

différent(e) *adj.* different

difficile *adj.* difficult (2)

difficulté *f.* difficulty; *m. pl.* problems

diffuser to broadcast; to disseminate

diffusion *f.* broadcasting

digestif *m.* after-dinner drink

diligent(e) *adj.* diligent

dimanche *m.* Sunday (1); **le dimanche** on Sundays

diminuer to lessen, diminish, lower

dinde *f.* turkey

dîner to dine, to have dinner (3); *m.* dinner (5)

diplomatie *f.* diplomacy (14)

diplomatique diplomatic (14)

diplôme *m.* diploma (11); **obtenir un diplôme** to graduate (11)

dire (*p.p.* **dit**) *irreg.* to say; to tell, relate (11); **ça te/vous dit (de)... ?** (*fam.*) do you feel like . . . ? (5); **c'est-à- dire que** that is to say that, namely, I mean; **dis, dis-moi** do tell, tell me; (**en**) **disant que...** (in) saying that . . . ; **il faut dire que...** one must admit, recognize that . . . ; **on dit que...** they say that . . . ; **oui, ça me dit** sure, that sounds good (5); **que veut dire...?** what does . . . mean?; **quelque chose à dire** something to say; **qu'est-ce qu'on dit à quelqu'un... ?** what do you say to someone . . . ? (10); **se dire** to say to one another; **vouloir dire** to mean

direct(e) *adj.* direct; **en direct** live (*broadcasting*); **pronom** (*m.*) **complément d'objet direct** *Gram.* direct object pronoun

directement *adv.* directly

directeur/trice *m., f.* manager (4); **président-directeur général (PDG)** company president

dirigeant(e) *m., f.* director

diriger to direct, manage

discours *m. s.* discourse; speech

discret/ète *adj.* discreet

discrètement *adv.* discreetly

discuter (de) to discuss

disputer to contest; to play; to fight (over); **se disputer (avec)** to argue (with) (11)

dissertation *f.* essay, paper (*term*) (11)

distance *f.* distance

distorsion *f.* distortion

distrait(e) *adj.* distracted

distraitement *adv.* absent-mindedly (10)

distribuer to distribute

distributeur (*m.*) **de billets** automatic teller machine (ATM)

divers(e) *adj.* varied, diverse (12)

diversité *f.* diversity

divertir to entertain

divertissements *m. pl.* entertainment (7)

divin *m.* the divine

diviser to divide

divorcé(e) divorced (4); **divorcer** to divorce, get divorced (11)

dix *adj.* ten (1); **dix-sept (-huit, -neuf)** *adj.* seventeen, eighteen, nineteen (1)

dixième *adj.* tenth

dizaine *f.* about ten

docteur *m.* doctor

doctorat *m.* doctorate (11)

document *m.* document

documentation *f.* documents (11)

dogon *m. language spoken in Mali*

doigt *m.* finger (8); **se couper (le doigt)** to cut (one's finger) (8)

dollar *m.* dollar

domaine *m.* domain

dôme *m.* dome

domestique *adj.* domestic; **animal domestique** pet *m.* (4)

domicile *m.* housing; **sans domicile** *m., adj.* homeless

dominant(e) *adj.* dominant

dominer to dominate

dommage! *interj.* too bad!; **il est dommage (que)** it's too bad (that) 1 *subj.* (15)

donc *conj.* then; therefore

donner to give; **donner des conseils** to give advice; **donner des ordres** to give orders; **donner votre avis** to give your opinion; **raisons** (*f. pl.*) **données** reasons given

dont whose, of whom, of which; **ce dont** that which

doré(e) *adj.* golden (16)

dormir *irreg.* to sleep (6)

dos *m.* back; **dans le dos (de)** in, on the back (of); **sac** (*m.*) **à dos** backpack (1)

doté(e) de *adj.* possessing

doux (douce) *adj.* soft; sweet; mild (*weather*) (3); **il fait doux** it's mild (out) (3)

doucement *adv.* slowly; carefully

douche *f.* shower (9); **prendre une douche** to take a shower

doué(e) *adj.* talented, gifted

doute *m.* **il n'y a pas de doute, sans doute** without a doubt

douter to doubt; **douter que** to doubt (that) + *subj.* (15); **se douter de** to believe, to consider probable

douteux/euse doubtful (15); **il est douteux que** + *subj.* it is doubtful that (15)

douzaine *f.* dozen; about twelve

douze *adj.* twelve (1)

douzième *adj.* twelfth

dragée *f.* sugared almond candy

dramatique *adj.* emotional; theatrical

drame *m.* drama (7)

drapeau *m.* flag

drap *m.* sheet (*bed*)

drogue *f.* drug(s); **trafic** (*m.*) **de drogue** drug trafficking

droit *m.* law; right (*legal*); **avoir droit à...** to have a right to . . .

droit(e) *adj.* right; right-hand, straight (12); **à droite (de)** *prep.* on (to) the right (of) (5); **de droite** on the right side (of *s.th.*); **parti** (*m.*) **de l'extrême droite** right-wing political party; **Rive** (*f.*) **droite** Right Bank (*in Paris*); **sur la droite** on the right (12); **tournez à droite** turn right (12); **tout droit** *adv.* straight ahead (12)

drôle *adj.* funny, odd

du(e) à *adj.* due to

duc *m.* duke

dur(e) *adj.* hard (2)

durable *adj.* lasting, enduring

durant *prep.* during

durer to last, continue; to endure; to last a long time

durée *f.* duration, length

DVD *m.* DVD (7); **lecteur** (*m.*) **de DVD** DVD player (7)

dynamique *adj.* dynamic

dynamisme *adj.* energy, enthusiasm

dynastie *f.* dynasty (14)

E

eau *f.* (**minérale**) (mineral) water (5); **eaux** *pl.* the waters (*take, bathe in*); **jet** (*m.*) **d'eau** fountain, stream of water

écart *m.* difference, gap

écarté(e) *adj.* spread out

échange *m.* exchange; **étudiant(e)** *m., f.* **d'échange** exchange student

échanger to exchange

écharpe *f.* (wool) scarf (6)

échec *m.* (**scolaire**) failure (at school) (15); *pl.* chess

éclair *m.* (**au chocolat, à la vanille**) (chocolate, vanilla) eclair (5)

éclairage *m.* lighting

éclaircie (*f.*) clearing (*in weather*); **il y a des éclaircies** (*f. pl.*) it is partly sunny (13)

éclairer to light, illuminate

éclairs (*m. pl.*) lightning (12); **il y a des éclairs** there is lightning (13)

école *f.* school (11); **auto-école** *f.* driving school; **école maternelle** preschool; **école primaire (secondaire)** primary (secondary) school; **grande école** *f.* French university (*elite*) (11); **intégrer une école** to matriculate (into) an elite French institution of higher education (11)

écologie *f.* ecology

écologique *adj.* (*fam.* **écolo**) ecological

écologiquement *adv.* ecologically

économe *adj.* thrifty; economical

économie *f.* economics (1); economy; *pl.* savings; **faire des économies** to save (up) money

économique *adj.* economic (1); financial; economical; **sciences** (*f. pl.*) **économiques** economics (1)

économiser to save (*money*) (13)

écosystème *m.* ecosystem

écotourisme *m.* ecotourism

écouter (de la musique) to listen to (music) (3); **écoutez bien!** *interj.* listen up!

écran *m.* screen (1); **à l'écran** on screen (7)

écrire (*p.p.* **écrit**) (**à**) *irreg.* to write (to) (11); **à l'écrit** in written form; **ça s'écrit comment?** how is that written?

écriture *f.* writing; handwriting

écrivain *m.* writer; **femme écrivain** *f.* female writer (4)

édifice *m.* (public) building

éditeur/trice *m., f.* editor

édition *f.* publishing; edition

éducatif/ive *adj.* educational; **système** (*m.*) **éducatif** educational system

éducation *f.* upbringing; breeding; education (1); **éducation supérieure** higher (third level) education

éducateur/trice *m., f.* educator

effacer (**nous effaçons**) to erase, wipe out (3)

effaceur *m.* eraser (*chalkboard*) (1)

effet *m.* effect; **en effet** as a matter of fact, indeed

efficace *adj.* efficient

s'effondre to collapse

effort *m.* effort; attempt; **faire des efforts pour** to try (make an effort) to

égayer (**j'égaie**) to bring joy (to), to cheer (up)

égal *adj.* (*m. pl.* **égaux**) equal; **cela (ça) m'est égal** I don't care, it's all the same to me

également *adv.* equally; likewise, also

égard (*m.*): **à cet égard** in this respect; **à l'égard de** in regard to

église *f.* church

égoïste *adj.* selfish

égorger to cut the throat of

égout *m.* sewer

eh bien *interj.* well, well then

élaborer to elaborate

élargi(e) *adj.* enlarged; extended; **famille** (*f.*) **élargie** extended family

élargir to enlarge

élastique *m., adj.* elastic; **en élastique** made of elastic; **faire du saut à l'élastique** to go bungee-jumping

élection *f.* election

électricien(ne) *m., f.* electrician

électricité *f.* electricity

électrique *adj.* electric

électroménager *m. s.* appliances (9)

électronique *adj.* electronic; **gadget** (*m.*) **électronique** electronic device (6)

élégant(e) *adj.* elegant

élément *m.* element; part

éléphant *m.* elephant

élevé(e) *adj.* high (rate, price, etc.) (12)

élever to raise

élève *m., f.* pupil, student

éliminer to eliminate

élire (*like* **lire**) *irreg.* to elect

élision *f. Gram.* elision (*of sounds*)

élitiste *adj.* elitist

elle *pron., f. s.* she; her; it; **elle-même** *pron., f. s.* herself

elles *pron., f. pl.* they; **elles-mêmes** *pron., f. pl.* themselves

emballer to wrap (*s.th.*)(up)

embellir to embellish, make beautiful

embellissement *m.* embellishment

embêter to bother

emblématique *adj.* emblematic

emblème *m.* emblem

embouteillage *m.* traffic attiréjam (12)

embrasser to kiss; **s'embrasser** to kiss (each other) (11)

émettre (*like* **mettre**) *irreg.* to broadcast

émeute *f.* riot (15)

émigrer to emigrate

émission *f.* show (*television*) (7)

emménager (dans) move (into) (9)

émoticône *f.* emoticon (*email*)

émotion *f.* emotion

empêcher (de) to prevent (from); to preclude

empereur *m.* emperor (14)

emphase *f.* emphasis

empire *m.* empire (14)

emplacement *m.* location

emploi *m.* use (14); job, position (11)

employer (**j'emploie**) to use; **employant** using

emporter to take (*s.th. somewhere*); to take out (*food*); to carry away

empreinte (*f.*) **carbone** carbon footprint

emprunt *m.* loan

en *prep.* in; some, any (5); **en (auto)car** (**avion bateau, bus, métro, taxi, train, voiture**) by coach (tour bus) (plane, boat, bus, subway, taxi, train, car) (13); **en coton** (made of) cotton (6); **en cuir** (made of) leather (6); **en laine** (made of) wool (6); **en première** (**1ère**) *adj.* junior (in 11th grade) (11); **en seconde** (**2de**) *adj.* sophomore (in 10th grade) (11); **en soie** (made of) silk (6); **en terminale** (**en term**) *adj.* senior (in 12th grade) (11); **en troisième** (**3e**) *adj.* freshman (in 9th grade) (11);

enceinte *f.* enclosure; **mur** (*m.*) **d'enceinte** fortified wall

encerclé(e) *adj.* surrounded

enchanté(e) *adj.* enchanted; nice to meet you (1)

enchère *f.* bid; **vente** (*f.*) **aux enchères** auction

encore *adv.* still; again; yet; even; more; **encore de** more; **encore une fois** one more time; (**ne...**) **pas encore** not yet

encourager (**nous encourageons**) (**à**) to encourage (to)

endetté(e) *adj.* indebted

endommager to damage, destroy

endormir (*like* **dormir**) *irreg.* to put to sleep; **s'endormir** to fall asleep (8)

endroit *m.* place, spot

énergie *f.* energy

énergie (éolienne, nucléaire, renouvelable, solaire, thermale) *f.* (wind, nuclear, renewable, solar, thermal) energy (15)

énerver to irritate, aggravate; **ça m'énerve** that irritates, aggravates me; **s'énerver** to become irritated, aggravated

enfance *f.* childhood; **rêve (souvenir)** *m.* **d'enfance** childhood dream, memory

enfant *m., f.* child (4); **avoir un enfant** to have a baby; **enfant unique** only child (4); **petit-enfant** *m.* grandchild (4)

enfantin(e) *adj.* childlike; infantile

enfer *m.* hell; **d'enfer** hellish

enfermer to lock up

enfin *adv.* finally, at last

engager (nous engageons) to begin, start; **s'engager (dans)** to get involved (*in a public issue*)

engagement *m.* (*political*) commitment

engouffrer to engulf

enlever (j'enlève) to remove

ennemi *m.* enemy

ennui *m.* trouble; problem; worry; boredom

ennuyer (j'ennuie) to bother; to bore; **s'ennuyer** to be bored (8)

ennuyeux/euse *adj.* boring; annoying (2)

énorme *adj.* enormous

énormément enormously (10); extremely (15)

enquête *f.* investigation

enregistrement *m.* recording

enregistrer to record; to check in (7)

enregistreur *m.* **numérique** digital recorder (DVR) (7)

enrichir to enrich

enseignant(e) *m., f.* teacher; instructor

enseignement *m.* (laïc) (secular) instruction (15)

enseignement (*m.*) **primaire (secondaire, supérieur)** primary (secondary, third-level) instruction (11)

ensemble *adv.* together; *m.* ensemble; whole

ensoleillé(e) *adj.* sunny; **il est ensoleillé** it's sunny

ensuite *adv.* then, next (7)

entendre to hear (5); **s'entendre (avec)** to get along (with)

enterrement *m.* funeral

enterrer to bury

entier/ière *adj.* entire, whole, complete; **en entier** in its entirety

entièrement *adv.* entirely, completely

entraîner to bring about, lead to; to train; **s'entraîner** to train, work out

entre *prep.* between, among (12); **combien d'entre vous...** how many of you...; **entre parenthèses** in parentheses

entrée *f.* entrance; entryway, front hall (9); admission (*to a show*) (7); first course (*meal*); **concours** (*m.*) **d'entrée** entrance exam; **prix** (*m.*) **d'entrée** admission fee

entreprendre (*like* **prendre**) *irreg.* to undertake (*project*)

entreprise *f.* business, company (11); **chef** (*m.*) **d'entreprise** company head, top manager, boss

entrer (dans) to enter, go into (7)

entretien *m.* maintenance; conversation, interview

énumérer (j'énumère) to recite; to list, enumerate

envahir to invade

envers *prep.* toward; **à l'envers** (*m.*) upside down; inside out; backwards

envie *f.* desire; **avoir envie de** to feel like, to want (2)

environ *adv.* about, approximately

environnement *m.* environment

envoyer (j'envoie) (à) to send (3); **envoyer des textos** to send text messages

éolien(ne) *adj.* wind-powered

épais(se) *adj.* thick

épargner to save; **compte** (*m.*) **épargne** savings account (13)

épaule *f.* shoulder (8)

épice *f.* spice

épicerie *f.* small grocery store, foodmart (5)

épicier/ière *m., f.* grocer; **produits** (*m. pl.*) **épiciers** produce (*grocery*) (5)

Épiphanie *f.* Epiphany (January 6) (10)

épisode *m.* episode; event

époque *f.* era (14); **à l'époque (de)** at the time (of)

épouvanté(e) *adj.* terrified

épreuve *f.* test; event (*sports*)

équatorial(e) *adj.* equatorial (*pertaining to the equator*)

équipe *f.* team

équipement *m.* equipment; gear

équipé(e) *adj.* equipped

érable: **sirop** (*m.*) **d'érable** maple syrup

ère *f.* era (14)

érotique *adj.* erotic

erreur *f.* error; mistake

escalade *f.* climbing; **faire de l'escalade** to go mountain climbing

escalier *m.* stairs, stairway (9)

escargot *m.* snail; escargot

esclavage *m.* slavery (14)

esclave *m., f.* slave (14)

espace *m.* space; *f.* space (*printing*); **espace vert** recreation area (12)

Espagne *f.* Spain

espagnol(e) *adj.* Spanish (2); **Espagnol(e)** *m., f.* Spanish (*person*) (2)

espèce *f.* species; type; **espèces** *f. pl.* cash (13); **(payer) en espèces** (to pay) in cash (13)

espérer (j'espère) to hope

esplanade *f.* esplanade, waterfront walkway (12)

esprit *m.* mind; spirit; wit; **avoir l'esprit étroit** to be narrow-minded (15); **avoir l'esprit ouvert** to be open-minded (15); **venir à l'esprit** to come to mind

essai *m.* attempt, try; essay (11)

essayer (de) (j'essaie) to try (to)

essence *f.* gasoline, gas; **faire le plein (d'essence)** to fill the tank

essentiel(le) *adj.* essential; **il est essentiel (de)** (+ *inf.*) it's essential to (11); **il est essentiel que + subj.** it's essential that (14); **l'essentiel est...** the most important thing is . . .

essuyer (j'essuie) to wipe; **s'essuyer les mains** to wipe one's hands (8)

esthéticien *m.* esthetician (*skin, hair care*)

estimer to consider; to believe; to estimate

estuaire *m.* estuary

établir to establish, set up

établissement *m.* establishment

étage *m.* floor (*of house or building*) (9); **premier étage** *m.* second floor (9)

étagère *f.* shelf, bookcase (9)

étalement *m.* spreading (out)

étaler to spread (out)

étang *m.* pond

étape *f.* stage; stopping place; **étapes de la vie** stages of life; **étape scolaire** level of education; **ville-étape** *f.* town at the end of the day of racing in the Tour de France

état *m.* state; condition; **état d'esprit** mental state; **États-Unis** *m. pl.* United States (of America)

été *m.* summer (1); **l'été prochain** next summer; **en été** in the summer (1); **projets** (*m. pl.*) **d'été** summer plans

éteindre (*like* **craindre**) *irreg.* to turn off (*light*); put out (*fire*)

étendard *m.* flag, standard

étendre (*like* **rendre**) *irreg.* to stretch

éternel(le) *adj.* eternal

ethnique *adj.* ethnic

ethnocentrique ethnocentric (15)

étiquette *f.* etiquette, manners; label

étoile *f.* star

étonnant(e) *adj.* surprising; shocking

étranger/ère *adj.* foreign; *m., f.* foreigner; **film** (*m.*) **étranger** foreign film (7); **langue** (*f.*) **étrangère** foreign language (14); **voyager (aller) à l'étranger** to travel (to go) overseas

être (*p.p.* été) *irreg.* to be (1); **c'est (ce n'est pas)** it/that/he/she is (isn't) (1); **c'est combien?** how much is it ?; **c'était** it was; **comment est-il/elle?** what's he/she like?; **être en train de** to be in the process of, be in the middle of; **il est... heure(s)** the time is . . . o'clock (3); **nous sommes lundi (mardi...)** it's Monday (Tuesday . . .); **quand j'étais...** when I was . . . ; **quel jour sommes-nous?** what day is it?; **quelle heure est-il?/il est quelle heure?** what time is it? (3); **qui est-ce?** who is it? (1)

étroit(e) *adj.* narrow; tight (*fitting*) (6); **avoir l'esprit étroit** to be narrow-minded (15)

étroitement *adv.* closely; tightly

étude *f.* study; *f. pl.* studies (11); **faire des études** to study; **poursuivre ses études** to continue one's studies

étudiant(e) *m., f.* student (1)

étudier to study (2); **préparer** to study (for) (3)

euh... ben, oui *interj.* uh, yeah (15)

européen(ne) *adj.* European; **Européen(ne)** *m., f.* European (*person*); **Communauté** (*f.*) **européenne** European Community; **Union** (*f.*) **européenne (UE)** European Union (EU)

euro *m.* euro (*European currency*)

euskara *m.* Basque language

eux *pron., m. pl.* they; **eux-mêmes** *pron., m. pl.* themselves

évasion *f.* escape

événement *m.* event (7)

évidence: **à l'évidence** *adv.* evidently, obviously

évident(e) obvious, clear (15); **ce n'est pas évident** *interj.* it's not easy (to do); **il est évident que + indic.** it is clear that

évier *m.* sink (*kitchen*) (9)
éviter (de) to avoid (14)
évolution *f.* evolution
évoquer to evoke
exact(e) *adj.* precise, true; (c'est) exact! *interj.* (that's) right!
exactement *adv.* exactly
exagération *f.* exaggeration
exagérer (j'exagère) to exagerate
examen (*fam.* exam) *m.* test, exam; examination; passer un examen to take a test; préparer un examen to study for an exam (3); rater un examen to fail a test; réussir à un examen to pass a test
examiner to examine
exception: à l'exception *prep.* except, with the exception of
exceptionnel(le) *adj.* exceptional
exciter to excite; provoke
exclu(e) *adj.* excluded
excursion *f.* excursion, outing (13); faire une excursion to go on an outing
s'excuser to apologize; excuse-moi, excusez-moi excuse me, pardon me (3)
excuse *f.* excuse
exemplaire *adj.* exemplary; *m.* copy
exemple *m.* example; par exemple for example
exemplifier to exemplify, demonstrate
exercice *m.* exercise; faire de l'exercice to exercise
exhortation *f.* call
exigeant(e) *adj.* demanding
existentialiste *adj.* existentialist
exister to exist; il existe… there are . . .
exotique *adj.* exotic
expatrié(e) *m., f.* expatriate
expérience *f.* experience; experiment; avoir de l'expérience to have experience; to be worldly (15)
expérimenter to test, try out
explication *f.* explanation
expliquer to explain; s'expliquer to explain oneself
explorateur/trice *m., f.* explorer (14)
exploration *f.* exploration (14)
explorer to explore
exposer to expose, show; display
exposition *f.* (d'art) exhibit (*art*) (7); exhibition; show
exprimer to express; exprimer une opinion to express an opinion; s'exprimer to express oneself
expulser to chase (from); banish
extérieur *m.* exterior; à l'extérieur (de) outside (of)
extraterrestre *m.* extraterrestrial being
extrait *m.* excerpt; extract
extraverti(e) *adj.* extroverted
extrême *adj.* extreme; farthest
extrêmement *adv.* extremely

F

fabrique *f.* factory, mill
fabuleux/euse *adj.* fabulous
faciliter to ease

faculté *f.* (*fam.* fac) university department or school (11)
façade *f.* façade, face (*of a building*)
face *f.* side; face à facing; en face (de) *prep.* opposite, facing, across from (5); faire face à to face; prendre en pleine face to take in the face (*to regret*)
fâcher to anger; se fâcher (contre) to get angry (with) (8)
facile *adj.* easy (2); c'est facile it's easy
facilement *adv.* easily
façon *f.* way, manner, fashion; de la même façon in the same way
facteur/trice *m., f.* postal worker (4)
faible *adj.* weak; small (2)
faiblesse *f.* weakness
faim *f.* hunger; avoir faim to be hungry (5)
faire (*p.p.* fait) *irreg.* to do; to make (3); faire attention to pay attention; faire beau (il fait beau) it's nice out; faire de la luge to go sledding (13); faire de la natation to swim (*as exercise*) (3); faire de la planche à voile to go windsurfing (13); faire de la plongée (sous-marine) to go scuba diving (13); faire de l'escalade (*f.*) to go mountain climbing (13); faire de son mieux to do one's best; faire des courses to do errands; faire des économies to save; faire des photos to take photos; faire des recherches to do research; faire du bénévolat to do volunteer work; faire du bungee to go bungee-jumping; faire du camping to go camping; faire du co-voiturage to carpool, to car-share; faire du jardinage to garden; faire du patin (sur glace) to go (ice) skating (3); faire du progrès to make progress; faire du rafting to go rafting (13); faire du recyclage to recycle (15); faire du saut à l'élastique to go bungee-jumping (13); faire du shopping to go shopping; faire du ski (alpin, de fond, nautique) to ski (downhill, cross-country, water) (13); faire du snowboard to go snowboarding (13); faire du soleil (il fait du soleil) it's sunny out (13); faire du sport to play sports; faire du surf to go surfing (13); faire du vélo to go bke-riding; faire du VTT (vélo tout terrain) to go mountain biking (13); faire du yoga to practice yoga; faire grève to strike (15); faire l'accord *Gram.* to make agreement (*in number, gender*); faire la cour (à) to court (s.o.); faire la cuisine to cook; faire la fête to party; faire la filière (de) to follow a course of study (in); faire la grasse matinée to sleep in; faire la lessive to do the laundry (3); faire la sieste to take a nap; faire la vaisselle to do the dishes (3); faire le ménage to do housework (3); faire le plein (d'essence) to fill up the tank; faire le pont to take an extra day off before or after the weekend; faire le tour to walk around; faire les courses to go grocery shopping (3); faire les études to study; faire mauvais (il fait mauvais) the weather is bad (3); faire partie de to be a part of, belong to; faire référence à to make reference to; faire

semblant to pretend; faire ses devoirs to do one's homework (3); faire ses valises to pack (one's suitcases) (13); faire son lit to make one's bed; faire un résumé to summarize; faire un sondage to take a survey; faire un voyage to take a trip; faire une balade (en forêt) to go for a walk (in the woods) (13); faire une pause to take a break; faire une promenade to take a walk (3); faire une randonnée to go on a hike (3); ne t'en fais pas / ne vous en faites pas! *interj.* don't worry about it! (13); qu'est-ce que tu fais / vous faites dans la vie? what do you do for a living? (4); se faire entendre to make oneself heard
fait *m.* fact; *adj.* made; tout à fait *adv.* completely, entirely
falloir (*p.p.* fallu) *irreg.* to be necessary (11); il faut + *inf.* one must, it is necessary (11); il faut que + *subj.* it is necessary that; qu'est-ce qu'il faut pour… ? what does ones need to . . . ?
fameux/euse *adj.* famous
familial(e) *adj.* of the family
famille *f.* family (4); en famille with one's family; famille élargie extended family; nom (*m.*) de famille last name
faner to wither
fantastique *adj.* fantastic
fantôme *m.* phantom, ghost
farce *f.* (practical) joke (10)
farine *f.* flour (5)
fast-food *m.* fast-food restaurant
fatal(e) *adj.* (*m. pl.* fatals) fatal; unlucky; fateful
fatiguant(e) *adj.* tiring
fatigué(e) *adj.* tired (2)
fauché(e) *adj., fam.* broke (*fam.*), penniless (2)
faux (fausse) *adj.* false (2)
faut: il faut one must (10)
faute *f.* fault; mistake
fauteuil *m.* armchair (9)
fauve *adj.* wild; *m.* wild animal
fauvisme *m.* artistic movement favoring bright colors (*1900s*)
faveur *f.* favor; protection; en faveur de in favor of
favori(te) *adj.* favorite
favoriser to favor, to promote, encourage
féculant *m.* starch (*food*)
fée *f.* fairy; conte (*m.*) de fée fairy tale
félicitations congratulations (10)
féminin(e) *adj.* feminine
femme *f.* woman; wife (4); femme d'affaires businesswoman; femme écrivain writer; femme ingénieur engineer (4); femme médecin doctor; femme peintre painter; femme politique politician; femme sculpteur sculptress; jeune femme young woman
fenêtre *f.* window (1)
fer *m.* iron (9); fer à cheval horseshoe iron; chemin (*m.*) de fer railroad
férié(e) *adj.* holiday; jour (*m.*) férié holiday (10)
ferme *f.* (familiale) (family) farm (15)
fermement *adj.* firmly, strongly
fermer to close
fermeture *f.* closing; heure de fermeture closing time

féroce *adj.* cruel, ferocious
festival *m.* festival
feta *f.* feta cheese
fête *f.* holiday; celebration; party; saint's day, name day (1); festival (10); *pl.* Christmas season; **bonnes fêtes!** *interj.* happy holidays! (10); **faire la fête** to party; **fête des Mères (Pères)** Mother's (Father's) Day; **fête nationale (religieuse)** national (religious) holiday; **fête des Rois** Epiphany (January 6) (10); **fête du Travail** Labor Day (May 1) (10)
fêter to celebrate; to observe a holiday
fétiche *f.* idol
feu (*m. pl.* **feux**) fire; traffic light; **feu d'artifice** firework display
feuille *f.* leaf; **feuille (de papier)** *f.* sheet (of paper) (1)
fève *f.* bean
février February (1)
fiançailles *f. pl.* engagement
fiancé(e) *m., f.* fiancé, fiancée; *adj.* engaged (4); **se fiancer (nous nous fiançons)** to get engaged (11)
fictif/ive *adj.* ficticious; imaginary
fidélité *f.* fidelity, loyalty
fier/ère *adj.* proud (2)
fierté *f.* pride
figue *f.* fig
figuratif/ive *adj.* figurative
figure *f.* face (8); figure, important person
figurer to appear; **au sens figuré** in a metaphorical sense; **figure-toi! / figurez-vous!** imagine (that)! (13)
figurine *f.* figurine, small statue
filet *m.* fillet (*fish, meat*); **filet de saumon (de sole)** fillet of salmon (sole) (5)
filière *f.* program of study (11)
fille *f.* girl; daughter (4); **belle-fille** *f.* daughter-in-law (4); **jeune fille** girl, young lady; **petite-fille** *f.* granddaughter (4)
film *m.* movie (7); **film d'amour (romantique)** love story (7); **film d'animation** animated film (7); **film d'aventures** action/adventure film (7); **film de guerre** war film (7); **film d'horreur** horror film (7); **film de science-fiction** science-fiction film (7); **film étranger** foreign film (7); **film policier** mystery, crime film (7); **film sur demande** pay-per-view movie (7); **sortie** (*f.*) **d'un film** opening of a film
fils *m.* son (4); **beau-fils** *m.* son-in-law (4); **petit-fils** *m.* grandson (4)
fin *f.* end; **à la fin de** at the end of; **bonne fin** good ending; **fin(e)** *adj.* fine, delicate
final(e) *adj.* final, last
finalement *adv.* finally
finance *f.* finance; *pl.* finances
financier/ière *adj.* financial, monetary
financièrement *adv.* financially
finir (de) to finish (6); **finir par** to end (finish) by (*doing s.th.*)
fixe *adj.* fixed; **menu** (*m.*) **à prix fixe** fixed-price menu
fixement *adv.* fixedly
fixer to set (a date)
flamand *m.* Flemish (language); **flamand(e)** *adj.* Flemish; **Flamand(e)** *m., f.* Flemish person
flambeau *m.* torch

flamme *f.* flame
flâner to stroll
fleur *f.* flower; **chou-fleur** *m.* cauliflower; **bouquet** (*m.*) **de fleurs** bouquet of flowers
fleurir to flower
fleuve *m.* river (*large*) (12); **au bord du fleuve** on the river bank
flotter *adj.* to float; fly, flutter (*in the wind*)
flou(e) *adj.* blurred
fluide *adj.* flowing, fluid (*clothing*)
fluocompacte: ampoule (*f.*) **fluocompacte** energy-efficient light bulb (15)
foie *m.* liver; **foie gras** *m.* goose-liver pâté
foire *f.* fair
fois *f.* time, occasion; times (*arithmetic*); **à la fois** at the same time; **combien de fois... ?** how many times . . . ?; **chaque fois** every time; **la première (dernière) fois** the first (last) time; **plusieurs fois** many times
foncé(e) *adj.* dark (*color*) (6)
fonctionner to function, work
fonction *f.* function, use; **en fonction du temps** based on the time available
fond *m.* end (12); **tout au fond (de)** at the very end/bottom (of) (12)
fondateur/trice *m., f.* founder
fondation *f.* founding, inception
fonder to found, establish
fondue *f.* fondue (*Swiss melted cheese dish*)
fontaine *f.* fountain (12)
football (*fam.* **foot**) *m.* soccer; **football américain** football; **match** (*m.*) **de foot** soccer game
force *f.* strength; **forces** (*f. pl.*) **armées** armed forces (15)
forcément *adv.* necessarily
forêt *f.* forest
forfait *m.* vacation package (13)
formation *f.* education; training (11)
forme *f.* form; shape; figure; **en forme de** in the form of; **rester en (bonne) forme** to stay in (good) shape
formel(le) *adj.* formal
former to form, shape; to train
formidable *adj.* excellent, terrific
formule *f.* formula; plan; **formule de politesse** form of address
formuler to formulate, make up
fort(e) *adj.* strong (2)
fortement *adv.* strongly
forteresse *f.* fortress
forum *m.* forum; commercial center
fossette *f.* dimple
fou (fol, folle) *adj.* crazy, mad; **fou (folle)** *m., f.* insane (crazy) person
foudre *f.* lightning; **coup** (*m.*) **de foudre** flash of lightning; love at first sight
foulard *m.* scarf; **foulard** (*m.*) **islamique** Islamic headscarf (15)
se fouler la cheville to twist one's ankle (8)
four *m.* oven; **four à micro-ondes** microwave oven (9)
fourchette *f.* fork (5)
fournir to furnish, supply
foyer *m.* house; home; student residence; **mère** (*f.*) **au foyer** stay-at-home mom (4); **père** (*m.*) **au foyer** *m.* stay-at-home dad (4)

frais *m. pl.* expenses, costs; **frais de scolarité** tuition fees; **frais médicaux** medical bills
frais/fraîche cool (*weather*) (3); **il fait frais** it's cool (out) (3)
fraise *f.* strawberry (5)
framboise *f.* raspberry (5)
franc *m.* franc (*money*); **Francs** *m. pl.* Frankish people
français(e) *adj.* French; *m.* French (*language*); **Français(e)** *m., f.* Frenchman (-woman) (2)
franc-comtois(e) *adj.* of (from) the Franche-Comté region
franc(he) *adj.* frank; fruitful; honest
franchement *adv.* frankly
franchir to jump, pass over; to cross
francien *m.* dialect of French spoken in Paris (*became Old French*)
franco-marocain(e) *adj.* Franco-Morrocan; **franco-prussien(ne)** *adj.* Franco-Prussian
francophone *adj.* French-speaking
Francophonie *f.* French-speaking world
frapper to strike; **frappé(e)** *adj.* whipped
fraternité *f.* brotherhood, fraternity
fréquemment *adv.* frequently
fréquence *f.* frequency
fréquenter to frequent, patronize (a place)
frère *m.* brother (4); **beau-frère** *m.* brother-in-law (4) **demi-frère** *m.* half-brother; stepbrother (4); **petit frère** younger brother
fresque *f.* fresco (16)
frigo *m., fam.* fridge, refrigerator (9)
frisbee *m.* frisbee; **jouer au frisbee** to play frisbee
frisson *m.* shiver, shudder
frites *f. pl.* French fries; **moules-frites** *m.* mussels with French fries (*Belgium*)
froid(e) *adj.* cold (3); *m.* cold; **avoir froid** to be cold; **il fait froid** it's cold (out) (3)
fromage *m.* cheese (5); **fromagerie** *f.* cheese shop (5); **crémerie-fromagerie** *f.* dairy and cheese shop (5)
front *m.* forehead (8)
Front National *m. extreme right-wing political party in France*
frontière *f.* border
fruit *m.* fruit (5); **jus** (*m.*) **de fruits** fruit juice; **tarte** (*f.*) **aux fruits** fruit tart (5); **fruits de mer** *m. pl.* seafood (5)
fumée *f.* smoke
fumer to smoke
fumeur/euse *m., f.* smoker; **zone** (*f.*) **fumeurs (non-fumeurs)** smoking (nonsmoking) section
funérailles *f. pl.* funeral (*ceremony*)
furieux/euse *adj.* furious
fusée *f.* rocket
futur *m., Gram.* future (tense); *adj.* future

G

gadget (*m.*) **éléctronique** electronic device (6)
gagnant(e) *m., f.* winner
gagner (de l'argent) to win; to earn (money) (11)
gaine *f.* girdle
galerie (*f.*) **d'art** art gallery

galette *f.* (des Rois) *flat, round cake (for Epiphany)*

gallois(e) *adj.* Welsh; *m., f.* Welsh (*person*)

gallo-roman *m.* Gallo-Romance (language spoken in France in the 4th–9th centuries)

gang *m.* gang

gant *m.* glove (6)

garage *m.* garage

garçon *m.* boy

garde-chasse *m.* gamekeeper

garde-robe *f.* wardrobe

garder to keep; to watch (over)

gardien(ne) *m., f.* caretaker

gare *f.* (de péage, de train) (*toll, train*) station (12)

garer to park; **se garer** to be parked

gargouille *f.* gargoyle (16)

gars *m., fam.* guy

gâteau *m.* (*pl.* gâteaux) cake (5)

gauche *f.* left (12); **à gauche (de)** to the left (of) (5); **sur la gauche** on the left (12); **tournez à gauche** turn left (12)

gaufre *f.* waffle

Gaule *f.* Gaul

Gaulois(e) *m., f.* inhabitant of Gaule

gaver to forcefeed

gaz *m.* gas

gazeux/euse: boisson (*f.*) **gazeuse** soft drink

géant(e) *adj.* giant

Gémeaux (*m. pl.*) Gemini (zodiac)

gêner (je gêne) to bother; **ça te gêne?** does that bother you?

gêné(e) *adj.* embarrassed

général(e) *adj.* general; **en général** generally, normally

généralement *adv.* generally, normally

généralisation *f.* generalization

généralisé(e) *adj.* widespread

génération *f.* generation; **de génération en génération** from generation to generation

généreux/euse *adj.* generous

génétique *adj.* genetic

génétiquement *adv.* genetically; **organismes** (*m. pl.*) **génétiquement modifiés (OGM)** genetically modified organisms (GMO) (15)

génial(e) *adj., fam.* great, awesome (6)

génie *m.* genius

genou *m.* (*pl.* les genoux) knee (8)

genre *m.* genre (*film, literature*), type (7); *Gram.* gender

gens *m. pl.* people; **chez les gens** among/in people (in general)

gentil(le) *adj.* nice, pleasant; kind (2)

géographie *f.* geography (1)

géographique *adj.* geographical

géologie *f.* geology (1)

géologique *adj.* geological

géopolitique *f.* geopolitics (14)

gérer (je gère) to manage; **gérer le stress** to manage stress (8)

germanique *adj.* Germanic

geste *m.* gesture

gestion *f.* management

gibier *m.* wild game

gigot d'agneau *m.* (leg of) lamb (5)

gilet *m.* cardigan, vest

girafe *f.* giraffe

glace *f.* ice; ice cream; glass, mirror; **coupe** (*f.*) **de glace** bowl of ice cream

glisser to slip

global(e) *adj.* global

gloire *f.* glory

glucide *m.* carbohydrate

golf *m.* golf; **jouer au golf** to play golf

golfe *f.* gulf (12)

gonflé(e) *adj.* bloated

gorge *f.* throat; **avoir mal à la gorge** to have a sore throat (8)

gorille *m.* gorilla

gothique *adj.* gothic (16)

gouffre *m.* chasm, abyss

gourde *f.* gourd; water bottle (15)

gourmand(e) *adj.* gluttonous, greedy; *m., f.* glutton, gourmand

goût *m.* taste (6)

goûter *m.* afternoon snack (5); *v.* to taste; to eat

gouverné(e) *adj.* (par) governed (by)

gouvernement *m.* government

gouverner to govern

grâce *f.* grace; pardon; **grâce à** thanks to

gracieux/euse *adj.* gracious

grade *m.* grade, rank

graine *f.* seed

grammaire *f.* grammar

grammairien(ne) *m., f.* grammarian

grammatical(e) *adj.* grammatical

grand(e) *adj.* big, large; tall; great (2); **arrière-grand-mère** *f.* great-grandmother (4); **arrière-grand-père** *m.* great-grandfather (4) **grand-mère** *f.* grandmother (4); **grand-père** *m.* grandfather (4); **grande école** *f.* French university (*elite*) (11); **grands-parents** *m. pl.* grandparents (4)

grandir to grow up (6)

graphique *adj.* graphic

gras(se) *adj.* fat; oily; rich; **en caractères gras** in boldface print; **faire la grasse matinée** (*f.*) to sleep in; **foie gras** goose-liver pâté

gratte-ciel *m., inv.* skyscraper (12)

gratter to scratch

gratuit(e) *adj.* free (*cost*) (7)

gratuitement *adv.* free, freely

grave *adj.* grave, serious; **accent grave** grave accent (è)

gravement *adv.* gravely

graver to engrave; to burn

gravure *f.* engraving

grec(que) *adj.* Greek; **Grec(que)** *m., f.* Greek (*person*)

grenouille *f.* frog; **cuisses** (*f. pl.*) **de grenouille** frog's legs

grève *f.* strike (15); **faire grève** to strike (15); **se mettre en grève** to go on strike

grignoter to snack

griller to grill; **grillé(e)** *adj.* grilled; **grille-pain** *m.* toaster; **pain** (*m.*) **grillé** toast

griot *m.* griot (West African poet, storyteller)

gris(e) *adj.* gray (2)

gros(se) *adj.* large; fat; thick (2); **gros(se) intellectuel(le)** *m., f.* eminent thinker

grossir to gain weight (6)

grotesque *adj.* grotesque

grotte *f.* cave

groupe *m.* group

Guadeloupe *f.* Guadeloupe

guerre *f.* war (14)

guerrier/ère *m., f.* warrior

gui *m.* mistletoe

guide *m., f.* guide; guidebook

guitare *f.* guitar; **jouer de la guitare** to play (the) guitar

guyanais(e) *adj.* Guyanese

gymnastique (*ab.* gym) *f.* fitness training; **aller à la gym** to go to the gym (to workout)

gymnase *m.* gymnasium

H

habillement *m.* clothing

habiller to dress; **s'habiller (en)** to dress oneself (in) (8)

habit *m.* clothing

habitable *adj.* livable

habitant(e) *m., f.* inhabitant

habitation *f.* lodging, housing; **habitation à loyer modéré (H.L.M.)** low-income housing (*France*) (15)

habiter (à, en) to live (in/at) (3)

habitude *f.* habit; **d'habitude** *adv.* usually, habitually

habituel(le) *adj.* usual

*hacher to chop (up); bœuf haché hamburger meat

*haine *f.* hatred

Haïti *m.* Haiti

haïtien(ne) *adj.* Haitian (2); *m., f.* Haitian (*person*) (2)

haleine *f.* breath; mauvaise haleine bad breath

*hamburger *m.* hamburger

*hamster *m.* hamster (4)

*hanche *f.* hip (8)

*handball *m.* handball

*handicapé(e) *adj.* handicapped

*Hanoukka *f.* Hanukkah (10)

*harceler (je harcèle) to harrass, torment

*haricot *m.* bean; haricots (*m. pl.*) verts green beans (5); haricots (*m. pl.*) secs dried beans

harmoniser to harmonize

*hasard *m.* chance; au hasard by chance

*haut(e) *adj.* high; tall; upper; *m.* top; height; à haute voix *adv.* out loud; de haut high (*in measuring*); à talons hauts *adj.* high-heeled (6); en haut (de) at the top (of) (12); haute couture *f.* high fashion; haut fonctionnaire *m.* senior civil servant

hauteur *f.* height

hébergement *m.* lodging (13)

hectare *m.* hectare (100 acres)

*hélas *interj.* alas, unfortunately

hélicoptère *m.* helicopter

hémisphère *m.* hemisphere

hémorragie *f.* hemorrhage

herbe *f.* herb

hériter to inherit

*héros *m.* / *héroïne *f.* hero/heroine

hésiter (à) to hesitate (to)

hétérosexuel(le) *adj.* heterosexual

heure *f.* time (*on a clock*) (3); à l'heure on time (3); à quelle heure... ? at what time . . . ?

(3); **c'est l'heure (de)** it's time (to); **de bonne heure** bright and early; ahead of time (3); **deux heures par jour** two hours per day; **dix heures et demie** ten-thirty; **dix heures du matin (du soir)** ten o'clock in the morning (in the evening); **heure de fermeture (d'ouverture)** closing (opening) time; **heures** *f. pl.* **de pointe** rush hour (12); **il est... heure(s)** the time is . . . o'clock (3); **quelle heure est-il? / il est quelle heure?** what time is it? (3); **soyons à l'heure** let's be on time; **tu as / vous avez l'heure?** do you know what time it is? (3)

heureusement *adv.* fortunately, luckily (10)

heureux/euse *adj.* happy (2); **soyez heureux pour la vie** wishing you lifelong happiness (10)

Hexagone *m.* continental France

hier *adv.* yesterday

hiérarchie *f.* hierarchy

*****hindi** *m.* hindi (*language*)

*****hip-hop** *m.* hip-hop music

hippique *adj.* equestrian

histoire *f.* history; story; **cours** (*m.*) **d'histoire** history course; **histoire d'amour** love story; **histoire de l'art** art history (1)

historique *adj.* historic, historical

historiquement *adv.* historically

hiver *m.* winter (1); **en hiver** in the winter (1); **sport** (*m.*) **d'hiver** winter sport

H.L.M.: habitation (*f.*) **à loyer modéré** low- income housing (*France*) (15)

*****hockey** *m.* hockey

*****hollandais(e)** *adj.* Dutch; *****Hollandais(e)** *m., f.* Dutch (*person*)

*****homard** *m.* lobster (5)

hommage (à) *m.* homage (to)

homme *m.* man (1); **jeune homme** young man; **homme d'affaires** *m.* businessman (4); **tout homme** every man

homogène *adj.* homogenous (12)

homophobe *adj.* homophobic (15)

homophobie *f.* homophobia

homosexuel(le) *adj.* homosexual

*****hongrois(e)** *adj.* Hungarian; *****Hongrois(e)** *m., f.* Hungarian (*person*)

honnête *adj.* honest

honnêtement *adv.* honestly (10)

honneur *m.* honor

hôpital *m.* hospital

horaire *m.* schedule (*of show times, trains, etc.*) (7); (work) schedule (11)

*****hors (de)** *adv.* outside (of)

*****hot-dog** *m.* hotdog

hôte(sse) *m., f.* host

hôtel *m.* **(de luxe)** (luxury) hotel (13)

huile *f.* oil (5); **à l'huile** (painted in) oil (16); **huile d'olive** olive oil (5)

*****huit** *adj.* eight (1)

*****huitième** *m.* one-eighth; *adj.* eighth

huître *m.* oyster (5)

humain(e) *adj.* human; **chez l'humain** among/ in humans (in general); **corps** (*m.*) **humain** human body

humanitaire *adj.* humanitarian

humanité *f.* humanity; humankind

humeur *f.* mood; **être de bonne (mauvaise) humeur** to be in a good (bad) mood

humilier to humiliate

humoristique *adj.* humorous

humour *m.* humor; **sens** (*m.*) **de l'humour** sense of humor

hybride *adj.* hybrid

hygiène *f.* hygiene

hymne *m.* hymn; (national) anthem

hyper *préfixe inv.* very

hypermarché *m.* large supermarket

hypocalorique *adj.* low in calories

hypocrite *adj.* hypocritical

hypothétique *adj.* hypothetical (13)

I

ici here (12); **être** (*irreg.*) **d'ici** to be from here (12)

idéal(e) *adj.* (*m. pl.* **idéals, idéaux**) ideal; *m.* (*pl.* **idéaux**) ideal

idéalisme *m.* idealism

idée *f.* idea; **aucune idée** *interj.* I have no idea; **c'est une bonne idée (de/d')** (+ *inf.*) it's a good idea (to) (11); **(oui) bonne idée!** *interj.* (yes) good idea! (5)

identifier to identify

identique *adj.* identical

identité *f.* identity; **carte d'identité** ID card

idiomatique *adj.* idiomatic

idiot(e) *adj.* idiotic; *m., f.* idiot

idyllique *adj.* idyllic

ignorance *f.* ignorance

ignorant(e) *adj.* ignorant, unknowing

il *pron., m. s.* he; it; there; **il est essentiel/ important/nécessaire/préférable (de/d')** (+ *inf.*) it's essential/important/necessary to (11); **il est... heure(s)** the time is . . . o'clock (3); **il est ensoleillé** it's sunny; **il faut** + *inf.* one must, it is necessary to (11); **il fait beau/ doux/du soleil/frais/ froid/mauvais** it's beautiful/ mild/sunny/cool/cold/bad out (13); **il n'y a pas de quoi** *interj.* you're welcome; **il vaut mieux** (+ *inf.*) it's preferable, it's better (to) (11); **il y a** there is/are (1); **il y a (5 ans)** (5 years) ago (7); **il y a... que** it's been . . . since; **il y a des orages** (*m. pl*) there are storms (13); **il y a du soleil/du vent** it's sunny/ windy out (13); **y a-t-il... ?** is/are there . . . ?

île *f.* island

illégal(e) *adj.* illegal

illégalement *adv.* illegally

illogique *adj.* illogical

illustrer to illustrate

image *f.* picture (16)

imaginaire *adj.* imaginary

imaginatif/ive *adj.* imaginative

imaginer to imagine

imiter to imitate

immatriculation: plaque (*f.*) **d'immatriculation** license plate

immédiatement *adv.* immediately

immeuble *m.* **(résidentiel)** apartment building/ complex (9)

immigration *f.* **(clandestine, illégale)** (illegal) immigration (15)

immigrer to immigrate

immigré(e) *m., f.* immigrant (15)

immobilier/ère *adj.* concerning real estate

immortel(e) *adj.* immortal

immunodéficience: Syndrome de l'immunodéficience acquise (SIDA) *m.* AIDS (15)

imparfait *m., Gram.* imperfect (*verb tense*)

impatience *f.* impatience; **avec impatience** impatiently

impératif *m., Gram.* imperative, command

impérial(e) *adj.* imperial (14)

impérialisme *m.* imperialism (14)

imperméable *m.* raincoat (6)

impersonnel(le) *adj.* impersonal

impétueux/euse *adj.* impetuous

impliquer to involve

impoli(e) *adj.* impolite, rude

importance *f.* importance; **grande importance** great importance; **par ordre d'importance** in order of importance

important(e) *adj.* important; large, great; **il est important de** + *inf.* it is important to (11); **il est important que** + *subj.* it is important that; **le plus important c'est** the most important is

imposer to impose (15)

impôts *m. pl.* **(direct)** income taxes (15)

impression: avoir l'impression (*f.*) to think

impressionner to impress

impressionnisme *m.* impressionism (*art*)

impressionnant(e) *adj.* impressive

impressionniste *adj.* impressionist (16)

improviser to improvise

imprudemment *adv.* carelessly

impur(e) *adj.* impure

inattendu(e) *adj.* unanticipated

inaugurer to inaugurate

incertitude *f.* uncertainty

incliner: s'incliner (vers) to lean (toward)

inclure (*p.p.* **inclus**) *irreg.* to include

inconnu(e) *adj.* unknown

inconscient(e) *adj.* unconscious

incontournable *adj.* unavoidable; inescapable

inconvénient *m.* disadvantage

incroyablement *adv.* incredibly

Inde *f.* India

indécis(e) *adj.* undecided

indéfini(e) *adj.* indefinite; **pronom** (*m.*) **indéfini** *Gram.* indefinite pronoun

indépendance *f.* independence

indépendant(e) *adj.* independent

indication *f.* instruction(s)

indice *m.* indication, sign

Indien(ne) *m., f.* Indian (*person*) (2)

indifférent(e) *adj.* indifferent

indigène *adj.* indigenous

indiquer to show, point out

indirect(e) *adj.* indirect; **pronom** (*m.*) **d'objet indirect** *Gram.* indirect object pronoun

individu *m.* individual

individualiste *adj.* individualistic

individuel(le) *adj.* individual

Indochine *f.* Indochina (*Cambodia, Laos, Vietnam*)

indulgent(e) *adj.* indulgent

industrie *f.* industry

inégalité *f.* inequality

infectieux/euse *adj.* infectious; **maladie** (*f.*) **infectieuse** infectious disease

inférieur(e) *adj.* inferior; lower
infériorité *f.* inferiority; **complexe** (*m.*) **d'infériorité** inferiority complex
infernal(e) *adj.* hellish, diabolical
infinitif *m.*, *Gram.* infinitive
infirmier/ière *m.*, *f.* nurse (4)
influençable *adj.* influenced, swayed
influencer to influencer
informaticien(ne) *m.*, *f.* (computer) programmer (4)
information (*fam.* **info**) *f.* information; **informations** *pl.* news
informatique *f.* computer science
informer to inform
informel(le) *adj.* informal
ingénieur *m.* / **femme** (*f.*) **ingénieur** engineer (4)
ingénieux/euse *adj.* ingenious
ingrédient *m.* ingredient
inhabituel(le) *adj.* unusual
initial(e) *adj.* (*m. pl.* **initiaux**) initial
innover to innovate
inquiéter (**j'inquiète**) to worry; **s'inquiéter** (**de**) to worry (oneself) (about) (8)
insalubre *adj.* insalubrious, unhealthy
inscrire to register
inscrit(e) *adj.* enrolled, signed up
insolite *adj.* unusual
insouciant(e) *adj.* carefree
inspiration *f.* inspiration
inspirer to inspire
installer to install (15)
institut *m.* institute (11)
instituteur/trice *m.*, *f.* elementary school teacher
institution *f.* institution
instrument *m.* instrument; **jouer d'un instrument** to play a musical instrument
insulte *m.* insult
intégralité *f.* completeness
intégration *f.* integration
intégrer (**j'intègre**) to integrate; **intégrer** (**une école**) to matriculate (*into an elite French instiution of higher education*) (11); **s'intégrer à** to integrate oneself, assimilate
intellectuel(le) *adj.* intellectual; *m.*, *f.* intellectual (*person*)
intelligence *f.* intelligence
intelligent(e) *adj.* intelligent
interactif/ive *adj.* interactive
interdiction *f.* ban
interdire (*irreg.*) to prohibit (15)
interdit(e) *adj.* forbidden; prohibited
intéressant(e) *adj.* interesting
intéresser to interest; **ça vous interesse?** does that interest you?; **s'intéresser à** to be interested in (8)
intérêt *m.* interest
interface (*f.*) **graphique** graphic interface
intérieur *m.* internal; interior
international(e) *adj.* international
Internet Internet; **surfer sur Internet** to surf the Internet (3)
interprétation *f.* interpretation
interprète *m.*, *f.* performer, player
interpréter (**j'interprète**) to interpret; **interpréter** (**un rôle**) to perform (a role), to act (16)
interrogatif/ive *adj. Gram.* interrogative

interrompre to interrupt
interrompu(e) *adj.* interrupted
interview *f.* interview
interviewer to interview
intime: journal (*m.*) **intime** diary
intimité *f.* intimacy
intitulé(e) *adj.* entitled
intolérable *adj.* intolerable
intolérance *f.* intolerance (15)
intolérant(e) *adj.* intolerant (15)
intrigue *f.* plot
intriguer to scheme
introduire (*like* **conduire**) to introduce
intrus *f.* plot
inuktitut *m.* Inuktitut (*indigenous language of Canada*)
inventer to invent
inventeur/trice *m.* inventor
inverser to invert, reverse the order of
inverse *m.* opposite; **à l'inverse** on the other hand
investissement *m.* investment
invisible *adj.* invisible
invitation *f.* invitation
inviter to invite
invité(e) *m.*, *f.* guest
iPod® *m.* iPod, mp3 player (6)
irlandais(e) *adj.* Irish; **Irlandais(e)** *m.*, *f.* Irish person (2)
ironique *adj.* ironic
irrationnel(le) *adj.* irrational
irréaliste *adj.* unrealistic
irrégulier/ière *adj.* irregular; **verbe** *m.* **irrégulier** *Gram.* irregular verb
islamique *adj.* Islamic
isolé(e) *adj.* isolated, remote
issu(e) (**de**) *adj.* stemming (from)
italien(ne) *adj.* Italian; **Italien(ne)** *m.*, *f.* Italian (*person*) (2); **aller manger italien** to go out for Italian food (5)
itinéraire *m.* itinerary
itinérance *f.* mobility
itinérant *adj.* traveling
ivoirien(ne) *adj.* of (from) Côte d'Ivoire (2); **Ivoirien(ne)** *m.*, *f.* inhabitant of Côte d'Ivoire (2)

J

jadis *adv.* in the past
jalousie *f.* jealousy
jaloux/se *adj.* jealous
jamais *adv.* ever; **ne... jamais** *adv.* never
jambe *f.* leg (8)
jambon *m.* ham (5)
janvier January (1)
japonais(e) *adj.* Japanese; **Japonais(e)** *m.*, *f.* Japanese person (2)
jardin *m.* garden; backyard (9); **jardin zoologique** zoo
jardinage *m.* gardening; **faire du jardinage** to garden (3)
jaune *adj.* yellow (2)
je (**j'**) *pron. s.* I; **j'aimerais + inf** I would like (*to do s.th.*) (5); **je voudrais** I would like; **oui, je veux bien** yes, I'd like to (5)
jean *m. s.* (pair of) jeans (6)

jet *m.* **d'eau** fountain
jeter (**je jette**) to throw
jeu (*pl.* **jeux**) *m.* game (7); **jeu de mémoire** (**de mimes**) memory (pantomime) game; **jeu de société** board game, group game (7); **jeu télévisé** game show; **jeu vidéo** video game; **console** (*f.*) **de jeux vidéo** video game console (7)
jeudi *m.* Thursday (1); **le jeudi** on Thursdays
jeune *adj.* young (2); *m. pl.* young people
jeunesse *f.* youth, young people
jogging: pantalon (*m. s.*) **de jogging** sweatpants (6)
joie *f.* joy
joli(e) *adj.* pretty (2)
joliment *adv.* nicely, prettily (10)
joue *f.* cheek (8)
jouer to play (3); **jouer à** to play (*a sport or game*) (3); **jouer aux cartes** to play cards; **jouer de** to play (*a musical instrument*) (3); **jouer un rôle** to play a role, to act
jouet *m.* toy
joueur/euse *m.*, *f.* player; **joueur/euse de tennis** tennis player
jour de l'An *m.* New Year's Day (10); **réveillon** (*m.*) **du jour de l'An** New Year's Eve dinner (10)
jour du Souvenir *m.* Veterans Day, Armistice Day (November 11) (10)
jour *m.* day (1); **ce jour-là** that day; **chaque jour** every day; **dans quatre jours** in four days; **du jour** today's (*menu*); **jour de la Victoire** May 8 (10); **jour** (*m.*) **férié** holiday (10); **jours** (*m. pl.*) **de la semaine** days of the week (1); **le jour même** the same day; **les jours à venir** the days to come; (**à**) **nos jours** today, these days; **par jour** per day, each day; **plat du jour** today's special (*restaurant*); **quel jour sommes-nous /** (**est-ce**)? / **on est quel jour** (**aujourd'hui**)? what day is it? (1); **tous les jours** every day; **un jour** someday
journal (*pl.* **journaux**) *m.* newspaper
journalisme *m.* journalism (1)
journaliste *m.*, *f.* journalist (4)
journée *f.* (*whole*) day; **de la journée** daily *f.* (5); **passer la journée** (**à**) to spend the day (at); **toute la journée** all day
joyeux/euse *adj.* joyful; **joyeux anniversaire** *interj.* happy birthday; **joyeux Noël** *interj.* Merry Christmas
juger to judge
Juif/Juive *m.*, *f.* Jewish person
juillet July (1)
juin June (1)
jumeau/elle *adj.* twin; **jumeaux** *m. pl.* (*f. pl.* **jumelles**) twins
jupe *f.* skirt (6)
jupon *m.* slip
jus *m.* (**d'orange, de pomme**) (orange, apple) juice (5)
jusqu'à (**jusqu'en**) *prep.* up to, as far as; until (12); **jusqu'au bout** (**de**) until the end (of)
juste *adj.* just; right, exact; *adv.* just, precisely; accurately; **juste à côté** (**de**) right next (to); **juste après** (**avant**) right after (before); **juste prix** right price

justement *adv.* exactly; rightly so
justifier to justify

K

karma *m.* karma
kayak: faire du canoë-kayak to go canoeing (13)
kesra *m. Moroccan bread*
ketchup *m.* ketchup
khobz *m. Algerian flatbread*
khobzat *m. Algerian bread*
kilo(gramme) (kg) *m.* kilogram
kilomètre (km) *m.* kilometer
kippa *f.* skull-cap, yarmulke

L

la (l') *art., f. s.* the; *pron. f. s.* it, her
là *adv.* there (10); **là-bas** *adv.* over there (10)
laboratoire (*fam.* **labo**) *m.* laboratory (11)
labyrinthe *m.* labyrinth, maze
lac *m.* lake (12)
lâcher to let go (of)
laïque *adj.* secular (independent of religion)
laid(e) *adj.* ugly (2)
laideur *f.* ugliness
laine *f.* wool (6); **en laine** (*made of*) wool (6)
laisse-moi / laissez-moi tranquille! leave me alone! (13)
laisser to let; to leave (behind); **laisser +** *inf.* to let, allow
lait *m.* milk (5); **café** (*m.*) **au lait** coffee with hot milk; **lait de coco** coconut milk; **lait frappé** whipped milk
laitier/ière *adj.* dairy; **produit** *m.* **laitier** dairy product (5)
lampe *f.* lamp (9)
lancer to launch; to start up
lancement *m.* launch, launching
langage *m.* speech; **langage courant** popular speech
langue *f.* tongue (8); language (14); **langue autochtone** indigenous language; **langue étrangère** foreign language (14); **langue parlée** spoken language; **langue romane** Romance language (14)
lapin *m.* (**en chocolat**) (chocolate) rabbit (10)
lardons *m. pl.* bacon bits
large *adj.* wide; extensive; **. . . de large . . .** in width
largement *adv.* easily
latin (**classique, vulgaire**) *m.* (classical, popular); Latin **Quartier latin** Latin Quarter (*district in Paris*)
lavabo *m.* sink (*bathroom*) (9)
laver to wash; **se laver** to wash oneself; **se laver la figure** to wash one's face (8); **se laver les mains** to wash one's hands (8)
lave-linge *m.* washing machine
lave-vaisselle *m.* dishwasher (9)
le (l') *art., m. s.* the; *pron. m. s.* it, him
leçon *f.* lesson (16)
lecteur de DVD *m.* DVD player (7); **lecteur** (*m.*) **mp3** mp3 player (6)
lecture *f.* reading
légal(e) *adj.* legal (14)

légalement *adv.* legally
légende *f.* legend, tale
léger/ère *adj.* light
légion *f.* legion
législatif/ive *adj.* legislative (14)
législation *f.* legislation
légitime *adj.* legitimate
légume *m.* vegetable (5)
lendemain *m.* day after; **remettre au lendemain** to postpone until tomorrow
lent(e) *adj.* slow
lentement *adv.* slowly (10)
lequel (laquelle, lesquels, lesquelles) *pron.* which one(s), who, whom, which
les *art., pl., m., f.* the; *pron. pl., m., f.* them
lessive *f.* laundry; **faire la lessive** to do the laundry (3)
lettre *f.* letter; letter of the alphabet; **lettre de motivation** cover letter; letter in support of one's application; **lettre de recommandation** recommendation letter
leur *adj.* their; *pron. m., f.* to them; **le/la/les leur(s)** *pron.* theirs
levant *adj.* rising; **soleil** (*m.*) **levant** rising sun
lever (je lève) to raise; **levez la main** raise your hand; **se lever** to get up; to get out of bed (8)
lèvre *f.* lip (8) **rouge** (*m.*) **à lèvres** lipstick (8)
lexical(e) *adj.* (*m. pl.* **lexicaux**) lexical
lexique *m.* lexicon; vocabulary
liaison *f.* liaison; love affair; association
libéral(e) *adj.* liberal
libéré(e) *adj.* liberated
libérer to free
liberté *f.* liberty
librairie *f.* bookstore
libre *adj.* free; **temps** (*m.*) **libre** free time (4)
librement *adv.* freely
licence *f.* (bachelor's) degree (11)
lien *m.* link
lier to link; **lié(e) à** *adj.* related to (11)
lieu *m.* place; **lieu** (*m.*) **de travail** workplace (11); **au lieu de** *prep.* instead of
ligne *f.* line; bus line (16); **ligne d'arrivée** finish line; **en ligne** online (7)
ligue *f.* league
limite (de vitesse) *f.* (speed) limit
limonade *f.* lemon soft drink
linge *m.* laundry; **lave-linge** *m.* washing machine; **sèche-linge** *m.* clothes dryer
linguiste *m., f.* linguist (1)
linguistique *f.* linguistics (1)
lion *m.* lion; Leo (zodiac)
liqueur *f.* liqueur (*sweet, alcoholic beverage*)
liquide *adj.* liquid; **payer en liquide** to pay in cash (13)
lire (*p.p.* **lu**) *irreg.* to read (11)
liste *f.* list
lit *m.* bed (9)
litre *m.* liter
littéraire *adj.* literary; **œuvre** (*f.*) **littéraire** literary work
littérature (comparée) *f.* (comparative) literature (1)
livraison *f.* delivery
livre *m.* book (1); *f.* pound (*measurement*)
local(e) *adj.* local
locataire *m., f.* renter

location *f.* rental; **voiture** (*f.*) **de location** rental car
locuteur *m.* speaker
locution *f.* expression
logement *m.* housing (9)
loger to stay (13); to reside, live
logique *adj.* logical
logiquement *adv.* logically
logistique *adj.* logistic(al), organizational
loi *f.* law (15)
loin *adv.* far; **loin de** *prep.* far from (2)
lointain(e) *adj.* distant
loisirs *m. pl.* leisure (*time, activity*) (4)
Londres London
long(ue) *adj.* long; **. . . de long . . .** in length; **tout au long de** throughout
longtemps *adv.* (for) a long time; **il y a longtemps** a long time ago; **pendant longtemps** for a long time
lorsque *conj.* when (11)
louer to rent (3)
loukoum *m.* Turkish delight (*candy*)
lourd(e) *adj.* heavy
loyer *m.* rent
luge *f.* sled; **faire de la luge** to go sledding (13)
lui *pron. m., f.* him; it; to him; to her; to it; **lui-même** *pron. m., s.* himself
lumière *f.* light (16); **siècle** (*m.*) **des Lumières** Enlightenment (*history*)
lumineux/euse *adj.* luminous
lunaire *adj.* lunar
lundi *m.* Monday (1); **le lundi** on Mondays
lune *f.* moon
lunettes (*f. pl.*) glasses; **lunettes de plongée** diving mask; **lunettes de soleil** sunglasses (6)
lutte *f.* fight, battle (15)
lutter (pour/contre) to fight (for/against) (15)
luxe: hôtel (*m.*) **de luxe** luxury hotel (13)
lycée *m.* (**privé/professionnel**) (private/vocational) high school (11)
lycéen(ne) *m., f.* high school student (11)
lys: fleur de lys *f.* lily

M

ma *adj., f. s.* my; **pour ma part** in my opinion, as for me
macabre *adj.* macabre
madame (Mme) *f.* Madam, Mrs.; **mesdames** *pl.* ladies (1)
madeleine *f.* madeleine (*French pastry*)
mademoiselle (Mlle) (*pl.* **mesdemoiselles**) *f.* miss (1)
magasin *m.* (**d'alimentation**) (food) store (5)
magazine *m.* magazine (*illustrated*); **magazine people** tabloid
mages: les trois Rois mages the three Magi (*who visited Jesus*)
Maghreb *m.* Maghreb, North Africa (*Algeria, Tunisia, Morocco*)
maghrébin(e) *adj.* from the Maghreb; North African
magnétoscope *m.* video recorder (VCR); **magnétoscope numérique** digital recorder (DVR)
magnifique *adj.* magnificent

magret: magret (*m.*) **de canard** fillet of duck breast

mai May (1)

maigrir to lose weight (6)

maillot *m.* jersey; **maillot de bain** swimsuit (6)

main *f.* hand (8); **sac** (*m.*) **à main** handbag, purse; **lever la main** to raise one's hand; **se laver les mains** to wash one's hands (8)

maintenant *adv.* now (4); **à partir de maintenant** from now on

maintenir (*like* **tenir**) *irreg.* to maintain

maire *m.* mayor

mairie *f.* city hall (12)

mais *conj.* but; **mais aussi** but also; **mais non** (but) of course not; **mais si** of course (*affirmative answer to negative question*)

maïs *m.* corn

maison *f.* home, house (9); **à la maison** at home; **habiter une maison** to live in a house; **maison de retraite** retirement home; **maison individuelle** single-family home; **rentrer à la maison** to go home; **rester à la maison** to stay at home

maître *m.* tutor; elementary school teacher

maîtresse *f.* mistress; elementary school teacher

maîtrise *f.* master's degree

majestueux/euse *adj.* majestic, stately

majeur(e) *adj.* major

majorité *f.* majority

majuscule *adj.*, *Gram.* upper case

mal *adv.* badly (6); **ça va mal** things are going badly; **pas mal** not bad(ly); **s'entendre mal** to get along poorly

mal *m.* (*pl.* **maux**) **avoir mal à** (**la gorge**) to have a sore throat; **mal de mer** seasickness

malade *adj.* sick

maladie *f.* (**infectieuse**) (infectious) illness, disease (15)

mâle *adj.* male

malentendu(e) *m.* misunderstanding

malheur *m.* unhappiness

malheureusement *adv.* unfortunately (10)

malhonnête *adj.* dishonest

malhonnêtement *adv.* dishonestly (10)

malin/maligne *adj.* clever; tricky

malsain(e) *adj.* unhealthy

maman *f.*, *fam.* mom, mommy

mamie *f.*, *fam.* granny

manche *m.* handle; *f.* sleeve (6); **Manche** *f.* English Channel; **à manches courtes/longues** short-/long-sleeved (6)

mandat *m.* term of office

manette *f.* video game controller (7)

manger (**nous mangeons**) to eat (3); **aller manger chinois** (**italien/mexicain**) to go out for Chinese (Italian/Mexican) food (5); **rien à manger** nothing to eat; **salle** (*f.*) **à manger** dining room

manière *f.* manner; way

manifestation *f.* demonstration (*march*) (15)

manifester (**pour, contre**) to demonstrate (for, against) (15)

mannequin *m.* fashion model

manquer to miss; to be missing (*s.th.*); **manquer à** to be missed by

manteau *m.* coat (*full-length*) (6)

manuel *m.* (**scolaire**) textbook

manufacture *f.* manufacture

manuscrit *m.* manuscript

maquillage *m.* makeup

se maquiller (**les yeux**) to put on makeup (on one's eyes) (8)

marbre *m.* marble; **en marbre** *m.* made of marble (16)

marchand(e) *m.*, *f.* shopkeeper

marcher to walk (13); to work (*machine, object*)

marche *f.* walking; step (*stair*); **bâton** (*m.*) **de marche** walking stick

marché *m.* (**en plein air**) (outdoor) market; deal, transaction; (5); **marché de travail** job market

mardi *m.* Tuesday (1); **le mardi** on Tuesdays; **Mardi gras** *m.* Mardi gras (*day before beginning of Lent*) (10)

marécageux/euse *adj.* marshy, swampy

mari *m.* husband (4)

mariage *m.* marriage; wedding; (**quatre**) **ans de mariage** (four) years of marriage

marié(e) *adj.* married (4)

se marier (**avec**) to get married (to) (11)

marionnette *f.* puppet

Maroc *m.* Morocco

marocain(e) *adj.* Moroccan; **Marocain(e)** Moroccan (*person*) *m.*, *f.* (2)

marque *f.* trade name, brand, make

marquer to mark, indicate

Marquises (**les îles**) *f. pl.* Marquesas Islands

marquisien(ne) *adj.* Marquesan; **Marquisien(ne)** *m.*, *f.* Marquesan (*person*)

marrant(e) *adj.* funny (2)

marre: j'en ai marre de… I'm tired of . . .

marron *adj.*, *inv.* brown (*eyes, hair*) (2); *m.* chestnut; **dinde** (*f.*) **aux marrons** turkey stuffed with chestnuts

mars March (1)

martiniquais(e) *adj.* Martinican; **Martiniquais(e)** *m.*, *f.* Martinican (*person*)

Martinique *f.* Martinique

mascara *m.* mascara (8)

mascotte *f.* mascot, symbol

masculin(e) *adj.* masculine

masque *m.* mask; **bal** (*m.*) **masqué** masked ball

massif *m.* mountain range

master *m.* master's degree (11)

match *m.* (**de sport**) (sports) match (7)

matériel *m.* material(s); **matériel(le)** *adj.* material

maternelle *adj.* maternal; **école** (*f.*) **maternelle** nursery school, preschool; **langue** (*f.*) **maternelle** native language

mathématiques (*fam.* **maths**) *f. pl.* mathematics (math) (1)

matière *f.* subject matter (*academic*) (1); material; *pl.* materials (*building*) (16); **matière grasse** fat (*in food*)

matin *m.* morning (3); **du matin** in the morning (3)

matinal(e) *adj.* morning

matinée *f.* morning (*duration*); **faire la grasse matinée** to sleep in

maudit(e) *adj.* blasted, damned (*fam.*)

mauvais(e) *adj.* bad (2); **avoir mauvaise mine** to look bad; **il fait mauvais** it's bad (weather) out (3); **le/la plus mauvais/e** the worst;

mauvaise haleine bad breath; **mauvaise note** bad grade; **plus mauvais** worse

mayonnaise *f.* mayonnaise

méchant(e) *adj.* mean (2)

mécontenter to displease, make unhappy

médaille *f.* medal

médecin/femme médecin *m.*, *f.* doctor (4)

média (*m.*) **de loisirs** form of entertainment; *pl.* the media

médiatiser to publicize

médical(e) *adj.* (*m. pl.* **médicaux**) medical; **cabinet** (*m.*) **médical** medical office; **frais** (*m. pl.*) **médicaux** medical bills

médiéval(e) *adj.* medieval

médina *f.* old quarter (*of a North African city*)

Méditerranée *f.* Mediterranean Sea

méditerranéen(ne) *adj.* Mediterranean

méfiance *f.* suspicion

se méfier (**de**) to mistrust, to be suspicious (of)

meilleur(e) (**que**) *adj.* better (than) (9); **le/la/les meilleur(e)(s)** the best; **meilleur(e) ami(e)** *m.*, *f.* best friend

mél *m.* e-mail

mélange *m.* mixture

mêler to combine, mix

mélodie *f.* melody

mélomane *m.*, *f.* music lover

membre *m.* member

même *adj.* same (7); the very same; *adv.* even (7); **à vous de même** same to you; **de même** *adv.* likewise; **en même temps** at the same time; **et vous-même?** and you?; **le/la/les mêmes** the same one(s); **moi-même** myself; **quand même** anyway, even so

mémoire *m.* memory; *pl.* memoirs; **jeu** (*m.*) **de mémoire** memory game

menacer to threaten; **menacé(e)** *adj.* threatened; disturbed

ménage *m.* housework; **faire le ménage** to do housework (3)

ménager/ère *adj.* household (9); **appareil** (*m.*) **ménager** household appliance

mener (**je mène**) (**à**) to lead (to)

ménorah *f.* menorah (10)

mensonge *m.* lie

mental(e) *adj.* mental

mentalité *f.* mentality, mindset

mentionner to mention

mentir (*like* **dormir**) *irreg.* to lie, tell an untruth (6)

menton *m.* chin (8)

menu (*m.*) **à prix fixe** fixed-price menu

mépriser to despise, disdain

mer *f.* sea, ocean; **au bord de la mer** at the seashore/beach; **fruits** (*m. pl.*) **de mer** shellfish; **mal** (*m.*) **de mer** seasickness; **département et région d'outre-mer** (**DROM**) overseas department/region (*of France*)

merci *interj.* thank you; **merci beaucoup** thank you very much

mercredi *m.* Wednesday (1); **le mercredi** on Wednesdays

mère *f.* mother (4); **belle-mère** *f.* mother-in-law (4); **fête** (*f.*) **des Mères** Mother's Day (10); **grand-mère** *f.* grandmother (4)

mériter to deserve

mes *adj., m., f. pl.* my
messe *f.* mass (*religious*)
messieurs dames ladies and gentlemen
mesurer to measure
métaphorique *adj.* metaphorical
météo *f., fam.* weather; **prévision** (*f.*) **météo** weather forecast
métier *m.* trade, profession (4); career (4)
métrage: long métrage *m.* feature-length film (16)
mètre *m.* meter; (**deux**) **mètres de haut/de long** (two) meters high/long; **c'est à… mètres** it's … meters away
métro *m.* subway (13); **aller en métro** to go by subway (13); **station** (*f.*) **de métro** subway station (7)
métropole *f.* metropolis, major city
métropolitain(e) *adj.* metropolitan
metteur (*m.*) **en scène** director (*theatre*)
mettre (*p.p.* **mis**) *irreg.* to place, put (6); to put on; to turn on; to take (*time*); **mettre en scène** to put on, to direct (*a theater production*) (16); **mettre la table / le couvert** to set the table
meubles *m. pl.* furniture (9)
mexicain(e) *adj.* Mexican; **Mexicain(e)** *m., f.* Mexican (*person*) (2); **aller manger mexicain** to go out for Mexican food (5)
Mexique *m.* Mexico; **Nouveau-Mexique** *m.* New Mexico
mezzo-soprano *m.* mezzo-soprano (16)
mi- mid; **mi-long(ue)** semi-long
miam miam! *interj.* yum! yum!
micro-onde: four (*m.*) **à micro-ondes** microwave oven (9)
micro *fam.* (**microphone**) *m.* microphone; mike
midi noon; **après-midi** *m.* afternoon (3); **il est midi** it is noon (3)
miel *m.* honey
mieux *adv.* (12) better; **aimer mieux** to prefer; **faire de son mieux** to do one's best; **il vaut mieux** + *inf.* it's preferable/better to (10, 11); feature-length film **il vaut mieux que** + *subj.* it's better that; **tant mieux!** *interj.* so much the better! great!
mignon(e) *adj.* cute (2)
milieu *m.* environment; milieu, setting; middle (5); **au milieu de** in the middle of (5)
militaire *adj.* military; **école** (*f.*) **militaire** military school; **service** (*m.*) **militaire** military service (*conscription*)
mille *m. inv.* thousand (4)
millier *m.* (**de**) about a thousand (of)
million *m.* million
mime *m.* mime; **jeu** (*m.*) **de mimes** pantomime game (*charades*)
minable *adj.* pathetic
minaret *m.* minaret
mince *adj.* thin; slender (2)
mine *f.* appearance, demeanor; **avoir bonne/ mauvaise mine** to look good/bad
minéral(e) *adj.* mineral
minet(te) *m., f., fam.* kitty
ministère *m.* ministry, department (*government*)
ministériel(le) *adj.* ministerial
ministre *m.* minister; **premier ministre** prime minister

minou *m., fam.* kitty
minuit *m.* midnight (3); **il est minuit** it is midnight (3)
minute *f.* minute; **dans dix minutes** in ten minutes
minutieusement *adv.* carefully, meticulously
miroir *m.* mirror (9)
mise *f.* placement; **mise en ligne (en pratique)** putting on line (into practice)
misérable *adj.* miserable
missionnaire *m., f.* missionary
mobile *m.* cell phone
moche *adj., fam.* ugly (6)
mode *f.* fashion, style; *m.* form, mode; **mode de vie** way of life
modèle *m.* model, example
modéré(e) *adj.* moderate; **habitation à loyer modéré (H.L.M.)** *publicly subsidized apartment blocks (France)*
moderne *adj.* modern (15)
modeste *adj.* modest, humble
modifier to modify, change
moi *pron., s.* I, me; **c'est moi** it's me; **chez moi** at my house; **dis-moi** tell me; **excusez-moi** *interj.* excuse me, pardon me; **laisse-moi / laissez-moi tranquille!** *interj.* leave me alone! (13); **moi aussi** me too; **moi-même** myself; **moi non plus** me neither; **selon moi** in my view, opinion
moindre *adj.* less, lesser; **le/la/les moindre(s)** the least
moine *m.* monk
moins *adv.* less; minus; **au moins** at least; **le moins** the least (12); **moins bien** not as well as (12); **moins de** fewer than (*with numbers*) (12); **moins le quart** quarter to (*the hour*) (3); **moins mal** not as poorly as (12); **moins… que** less … than (9); **plus ou moins** more or less
mois *m.* month (1)
moitié *f.* half
môme *m., f.* kid
moment *m.* moment; **au dernier moment** at the last minute; **en ce moment** now, currently; **moment-clé** key moment (14)
mon *adj., m., s.* my
monarchie *f.* monarchy (14)
monarchique *adj.* monarchic, monarchical
monarchiste *adj.* monarchist, monarchistic
monarque *m.* king, monarch
monde *m.* world; people, society; **beaucoup de monde, du monde** a lot of people; **Coupe** (*f.*) **du monde** World Cup (*soccer*); **Nouveau Monde** the new world; **peu de monde** few people; **tour** (*m.*) **du monde** trip around the world; **tout le monde** everyone
mondial(e) *adj.* world, world-wide (14); **Première (Deuxième) Guerre** (*f.*) **mondiale** First (Second) World War
monnaie *f.* currency
monsieur (M.) (*pl.* **messieurs**) *m.* Mister, sir (gentlemen) (1)
monstre *m.* monster
mont *m.* mount
montagne *f.* mountain; **à la montagne** in/to the mountains

montagnard(e) *adj.* mountain
monter (dans) to climb (into), to go up (7)
montre *f.* watch; wrist watch; **contre** (*m.*) **la montre** time trial
montrer to show
montréalais(e) *adj.* from Montreal; **Montréalais(e)** *m., f.* person from Montreal
monument *m.* monument
se moquer de to make fun of (8)
morale *f.* moral philosophy
moralité *f.* morals, morality
morceau (de) *m.* piece (of)
mordre to bite
mort(e) *adj.* dead
mort *f.* death (14)
morue *f.* cod
mosquée *f.* mosque (12)
mot *m.* word
motivation *f.* motive; **lettre** (*f.*) **de motivation** cover letter; letter in support of one's application
motivé(e) *adj.* motivated
motiver to motivate
motocyclette (*fam.* **moto**) *f.* motorcycle (13); **aller à moto** to go by motorcycle (13)
motoneige *f.* snowbike
motorisé(e) *adj.* motorized
moule *f.* mussel (5); **moules-frites** *m.* mussels with French fries (*Belgium*)
moulin *m.* windmill
mourir (*p.p.* **mort**) *irreg.* to die (7)
moustache *f.* mustache
moutarde *f.* mustard
mouvant(e) *adj.* moving; mobile
mouvement *m.* movement; **mouvement artistique** artistic movement
moyen français *m.* Middle French (1300–1600)
moyen *m.* means, way; **moyen de transport** means of transportation; **meilleur moyen** better way
moyen(ne) *adj.* average; **Moyen Âge** *m. s.* Middle Ages
moyenâgex/euse *adj.* medieval
mozzarella *f.* mozarella cheese
muet(te) *adj.* silent
multicolore *adj.* multicolored (6)
municipal(e) *adj.* (*m. pl.* **municipaux**) municipal
mur *m.* wall (1)
muscle *m.* muscle
musée *m.* museum (7)
musical(e) *adj.* (*m. pl.* **musiicaux**) musical
musicien(ne) *m., f.* musician (4)
musique *f.* music (1); **écouter de la musique** to listen to music
musulman(e) *adj.* muslim
mystère *m.* mystery
mystérieux/euse *adj.* mysterious
mystique *f.* mysticism
mythologie *f.* mythology
mythologique *adj.* mythological

N

nager to swim (3)
naïf/ive *adj.* naive
naissance *f.* birth (14)

naître (*p.p.* **né**) *irreg.* to be born (7)
naïvement *adv.* naively
nappe *f.* tablecloth (5)
natal(e) *adj.* native
natation *f.* swimming; **faire de la natation** to go swimming
nation *f.* nation (14)
national(e) *adj.* (*m. pl.* **nationaux**) national; **fête** (*f.*) **nationale** national holiday
nationalité *f.* nationality (2); **être de nationalité...** to be of . . . nationality (2); **quelle est ta/votre nationalité?** what is your nationality? (2)
naturaliste *adj.* naturalist(ic); *m., f.* naturalist
nature *f.* nature; **en pleine nature** in the great outdoors
naturel(le) *adj.* natural
naturellement *adv.* naturally
nautique *adj.* nautical; **ski** (*m.*) **nautique** water skiing
navette *f.* shuttle
naviguer to sail
nazisme *m.* Nazism
ne (**n'**) *adv.* no; not; **ne... aucun** none, not one, not any; **ne... jamais** never; **ne... ni... ni** neither . . . nor; **ne... nulle part** nowhere (5); **ne... pas** not (2); **ne... pas du tout** not at all; **ne... pas encore** not yet (5); **ne... personne** no one, nobody (5); **ne... plus** no more, no longer, not anymore (5); **ne... rien** nothing (5); **n'est-ce pas?** isn't it (so)?, isn't that right?
né(e) (see **naître**)
néanmoins *adv.* nonetheless
nécessaire *adj.* necessary; **c'est nécessaire** *interj.* it's necessary; **il est nécessaire de + *inf.*** it's necessary to (11); **il est nécessaire que + *subj.*** it's necessary that
nécessairement *adv.* necessarily
nécessité *f.* necessity
néerlandais(e) *adj.* Dutch
négatif/ive *adj.* negative
négation *f.*, *Gram.* negation
négativement *adv.* negatively
neige *f.* snow; **bonhomme de neige** snowman; **il neige** it is snowing (13); **neiger** to snow (13)
néoclassicisme *m.* neoclassic mouvment
néoclassique *adj.* neoclassical (16)
nerveux/euse *adj.* nervous, anxious
neuf *adj.* nine (1)
neutre *adj.* neutral
neuvième *adj.* ninth
neveu *m.* nephew (4)
nez *m.* nose (8)
ni *conj.* neither; nor; **ne... ni... ni** neither . . . nor; **ni l'un ni l'autre** neither one nor the other
nièce *f.* niece (4)
niveau *m.* level
noblesse *f.* nobility
noces: voyage (*m.*) **de noces** honeymoon
Noël *m.* Christmas (10); **bûche** (*f.*) **de Noël** Christmas log (*chocolate roll cake*) (10); **Joyeux Noël** *interj.* Merry Christmas (10); **la veille de Noël** Christmas Eve (10); **père Noël** Father Christmas, Santa Claus (10);

réveillon (**de Noël**) *m.* Christmas Eve dinner (10); **sapin** (*m.*) **de Noël** Christmas tree (10)
noir(e) black (2); **en noir et blanc** black and white (*film, photography*) (16); **il fait noir** it's dark outside
noisette *adj.* hazel (*eyes*) (2)
noix *f.* nut, walnut
nom *m.* name; **nom de famille** last name
nombre *m.* number (1); **bon nombre** (**de**) a large number (of); **nombres** (*m. pl.*) **ordinaux** ordinal numbers (14)
nombreux/euses *adj.* many, numerous (14)
nominer to nominate
nommer to list, name
nord *m.* north; **Afrique** (**Amérique**) (*f.*) **du Nord** North Africa (America); **nord-africain(e)** *adj.* North African; **Nord-africain(e)** *m., f.* North African (*person*) **nord-américain(e)** *adj.* North American; **Nord-américain(e)** *m., f.* North American (*person*)
normal(e) *adj.* normal
normalement *adv.* usually
normand(e) *adj.* Norman; **Normand(e)** *m., f.* Norman (*person*)
nos *adj.*, *m., f. pl.* our
notamment *adv.* notably
note *f.* note; grade (*academic*); **de bonnes** (**mauvaises**) **notes** good (bad) grades; **prendre des notes** to take notes
noter to notice; to note, write down; **à noter** to be noticed
notre *adj.*, *m., f., s.* our
nôtre(s): le/la/les nôtres *pron. m., f.* ours; our own
nous *pron., pl.* we; us; **nous-mêmes** *pron., pl.* ourselves; **nous sommes lundi** (**mardi...**) it's Monday (Tuesday . . .); **quel jour sommes-nous?** what day is it?
nourrice *f.* nanny; wet nurse
nourrir to feed; to nourish
nourriture *f.* food
nouveau (**nouvel, nouvelle** [**nouveaux, nouvelles**]) *adj.* new (2); **de nouveau** again; **Nouveau-Brunswick** *m.* New Brunswick; **Nouveau-Mexique** *m.* New Mexico; **Nouvel An** *m.* New Year's; **La Nouvelle-Orléans** New Orleans; **Nouvelle-Angleterre** *f.* (**-Calédonie, -Écosse, -Zélande**) New England, New Caledonia, Nova Scotia, New Zealand
nouveauté *f.* novelty
nouvelle *f.* (short) story (11); (piece of) news
novembre November (1)
noyau *m.* nut, pit
nucléaire *adj.* nuclear
nudité *f.* nakedness, nudity
nuit *f.* night; **boîte** (*f.*) **de nuit** nightclub, club; **de nuit** at night
nul(le) *adj.* null; worthless; *fam.* no good; **nulle part** nowhere (5); **ne... nulle part** nowhere (5)
numérique *adj.* digital; **enregistreur** (*m.*) **numérique** digital recorder (DVR) (7); **livre** (*m.*) **numérique** e-book; **magnétoscope numérique** digital recorder (DVR)

numéro *m.* size (*shoes*) (6); **numéro de téléphone** telephone number; **tu fais /vous faites quel numéro?** what size do you take?
numéroter to number; **en numérotant** by numbering

O

obéir to obey
obèse *adj.* obese
obésité *f.* obesity
objet *m.* object; **pronom** (*m.*) **complément d'objet direct** (**indirect**) *Gram.* direct (indirect) object pronoun
objectif *m.* goal, objective
obligatoire *adj.* obligatory
obliger to oblige, make (someone) do something
obligé(e) *adj.* obligated (13); **si je n'étais pas obligé(e) de...** If I didn't have to . . . (13)
obligeant(e) *adj.* obliging, kind
obscur(e) *adj.* dark, gloomy
observateur/trice *m., f.* observer
observer to observe
obstacle *m.* obstacle
obtenir (*like* **tenir**) *irreg.* to obtain, get (11); **obtenir un diplôme** to graduate (11)
occasion *f.* occasion; opportunity, chance; **avoir l'occasion** (**de**) to have the opportunity, chance (to)
occidental(e) *adj.* (*m. pl.* **occidentaux**) western, occidental; **Afrique** (*f.*) **occidentale** Western Africa
occitan *m.* Occitan language (*spoken in southern France*)
occupé(e) *adj.* busy (2); occupied
occuper to occupy; **s'occuper de** to take care of (8)
océan *m.* ocean (12)
octobre October (1)
odeur *f.* odor, smell
œil *m.* eye (8) *pl.* **yeux** eyes
œuf *m.* egg (5)
œuvre *f.* (**d'art**) work; artistic work (16)
officiel(le) *adj.* official
officiellement *adv.* officially
officier *m.* officer
offrir (*like* **ouvrir**) *irreg.* to offer (10)
oie *f.* goose
oignon *m.* onion (5)
oiseau (*pl.* **oiseaux**) *m.* bird
olive *f.* olive (5); **huile** (*f.*) **d'olive** olive oil (5)
omelette *f.* omelette
on *pron. s.* one, they, we
oncle *m.* uncle (4)
onze *adj.* eleven (1)
onzième *adj.* eleventh
opéra *m.* opera
opérette *f.* operetta
opportunité *f.* opportunity
opposant(e) *m., f.* opponent
opposé(e) *adj.* opposite; *m.* the opposite
optimiste *m., f.* optimist
optionnel(le) *adj.* optional
orage (*m.*) storm; **il y des orages** (*m.*) there are storms

orageux/euse *adj.* stormy
oral(e) *adj.* (*m. pl.* **oraux**) oral; **à l'oral** *adv.* orally; **tradition** (*f.*) **orale** oral tradition
oralement *adv.* orally
orange *adj. inv.*, *m.* orange (*color*); *f.* orange (*fruit*) (5); **jus** (*m.*) **d'orange** orange juice (5)
orbite *f.* orbit
ordinaire *adj.* ordinary
ordinal(e) *adj.* (*m. pl.* **ordinaux**) ordinal; **nombres** (*m. pl.*) **ordinaux** ordinal numbers
ordinateur *m.* computer (1); **ordinateur de bureau** desktop computer; **ordinateur portable** laptop computer; **sur ordinateur** on the computer
ordonnance *f.* ordinance, regulation
ordonné(e) *adj.* organized
ordre *m.* command (13); order (*military*); **dans l'ordre chronologique** in chronological order; **en ordre** in order, neat; **par ordre d'importance** in order of importance
ordures (*f. pl.*) trash, waste
oreille *f.* ear (8)
oreiller *m.* pillow (*for bed*) (9)
organique *adj.* organic
organisation *f.* organization
organiser to organize
organismes (*m. pl.*) **génétiquement modifiés (OGM)** genetically modified organism (GMO) (15)
orientation (*f.*) **politique** political leanings
originaire: être originaire de *adj.* to originate from
original(e) *adj.* (*m. pl.* **originaux**) original, eccentric
originalité *f.* originality, imagination
origine *f.* **à l'origine** at/in the beginning (*time*); **être d'origine (italienne)** to be of (Italian) descent (2); **pays d'origine** country of birth, origin
orné(e) *adj.* decorated
ornementation *f.* ornamentation
orphelinat *m.* orphanage
orteil *m.* toe (8)
orthographe *f.* spelling (14)
ossements *m. pl.* bones, remains
où *adv.* where (2); *pron.* where, in which, when; **tu es d'où? d'où êtes-vous?** where are you from? (2)
ouais (*fam.*) yes
oublier (de) to forget (to) (14)
ouest *m.* west; **à l'ouest** to the west; **Afrique** (*f.*) **de l'Ouest** West Africa; **nord-ouest** *m.* northwest; **sud-ouest** *m.* southwest
oui yes (5)
outil *m.* (**technologique**) (technology) tool (6)
outrage *m.* serious offense
outre *prep.* outside (of); **d'outre-mer** *adj.* overseas
ouvert(e) *adj.* open; frank; **avoir l'esprit ouvert** to be open-minded (15)
ouverture *f.* opening; **heures** (*m. pl.*) **d'ouverture** operating hours
ouvrier/ière *m., f.* worker (4)
ouvrir (*p.p.* **ouvert**) *irreg.* to open (10)
ovale *adj., m.* oval

P

pacifique *adj.* pacific; **océan** (*m.*) **Pacifique** Pacific Ocean
pacifisme *m.* pacificism
pacsé(e) *adj.* in a civil union (4)
se pacser to enter into a civil union
pacte (*m.*) **civil** civil union
paella (*f.*) **espagnole** paella (*dish of rice, chicken, seafood*)
page *f.* page; **à la page...** on page . . .
paiement *m.* payment (13)
pain *m.* (loaf of) bread (5); **grille-pain** *m.* toaster; **pain de campagne** rustic bread (5)
paire (de) *f.* pair (of)
paix *f.* peace
palais *m.* palace (12)
palier *m.* landing
palmier *m.* palm tree
panne *f.* (*mechanical*) breakdown
panneau *m.* billboard, sign
panorama *m.* panorama
panser to dress (*wound*)
pantacourt *m.* capri pants
pantalon *m. s.* (pair of) pants (6); **pantalon de jogging** sweatpants (6)
pantomime *f.* pantomime
pape *m.* pope
papeetien(ne) *adj.* from, of Papeete (*Tahiti*); **Papeetien(ne)** *m., f.* from, of Papeete (*person*)
papi *m., fam.* gramps, grandpa
papier *m.* paper; **feuille** (*f.*) **de papier** sheet of paper; **sans papiers** *adj.* undocumented; **sans-papiers** *m.* undocumented person (15)
Pâque *f.* Passover (10)
Pâques *m.* Easter (10); **cloches** (*f. pl.*) **de Pâques** Easter bells (10)
paquet *m.* (**de**) package (of)
par *prep.* by, through, with; **commencer (finir) par** to begin (end up) by; **par avion** air-mail; **par cœur** by heart; **par exemple** for example; **par *hasard** by chance; **par jour (semaine, etc.)** per day (week, etc.); **par ordre d'importance** in order of importance; **par rapport à** in comparison to, in relation to; **par terre** on the ground; **une fois par semaine** once a week
parachutisme *m.* skydiving (13)
paradis *m.* paradise
paradisiaque *adj.* heavenly
paragraphe *m.* paragraph
parapluie *m.* umbrella (6)
parasol *m.* beach umbrella; parasol
paravent *m.* screen; cover
parc *m.* park
parce que *conj.* because (14)
parcours *m.* route
pardon *interj.* pardon (me), excuse me (3)
pareillement *adv.* similarly
pareil(le) *adj.* the same; similar
parenthèses: entre parenthèses (*f. pl.*) in parentheses
parents *m. pl.* parents; relatives (4); **grands-parents** *m. pl.* grandparents (4)
paresseux/euse *adj.* lazy

parfait(e) *adj.* perfect
parfaitement *adv.* perfectly
parfois *adv.* sometimes (3)
parfum *m.* perfume
parfumeur/euse *m., f.* perfume maker, vendor
parisien(ne) *adj.* Parisian; **Parisien(ne)** *m., f.* Parisian (*person*)
parking *m.* parking lot (9)
parlementaire *adj.* parliamentary
parler (à, de) to speak (to, of) (2); to talk; *m.* speech; **parler couramment** to speak fluently; **pour parler de...** to talk about ...
parmi *prep.* among
parole *f.* word
part *f.* share, portion; **à part** besides; separately; **de ma part** for my part; on my behalf; **nulle part** nowhere (5); **pour ma part** in my opinion; **quelque part** somewhere
partager (nous partageons) to share
partance: en partance (*f.*) **pour** departing for
partenaire *m., f.* partner
parti *m.* (*political*) party
participe *m., Gram.* participle; **participe** (*m., Gram.*) **passé** past participle
participer à to participate in
particulier/ière *adj.* particular; special; **en particulier** in particular
particulièrement *adv.* particularly
partie *f.* part (8); **faire partie de** to be a part of; **partie du corps** body part
partiel(le) *adj.* partial
partir (like **dormir**) (**à, pour, de**) *irreg.* to leave (for, from) (6); **à partir de (maintenant)** *prep.* starting from (now); **partir en vacances** to leave on vacation
partitif/ive *adj., Gram.* partitive
partout *adv.* everywhere (10)
pas (**ne... pas**) not (1); **ne... pas du tout** not at all; **ne... pas encore** not yet; **n'est-ce pas?** isn't it (so), isn't that right?; **pas du tout** not at all; **pas mal** not bad(ly) (1); **pas trop** not really (15)
passage *m.* passage; passing; reading passage
passager/ère *m., f.* passenger
passant *m.* passerby
passé *m.* past; *adj.* past, gone, last; **l'année** (*f.*) **passée** last year; **participe** (*m., Gram.*) **passé** past participle; **passé composé** *Gram.* compound past tense; **passé simple** *Gram.* past tense (*literary*)
passeport *m.* passport (13)
passer to pass, spend (*time*); to put through (*by phone*); to show, play (*a film, record*); **passer en premier** to go first; **passer les vacances** to spend one's vacation; **passer (par)** to pass (by, through) (7); **passer son temps à** to spend one's time doing; **passer un examen** to take a test; **passez-le-moi!** *interj.* give it to me!; **qu'est-ce qui se passe?** what's happening?; **se passer** to happen; **tout se passe bien** everything is going well
passe-temps *m.* pastime, hobby
passionner (par) to be passionate (about)
pâté (*m.*) **de foie gras** goose liver pâté
pâtes *f. pl.* pasta (5)
patiemment *adv.* patiently

patient(e) *adj.* patient

patin *m.* skate; **faire du patin sur glace** to go ice skating (3)

patinoire *f.* skating rink

pâtisserie *f.* pastry (5); *f.* pastry shop (5); **boulangerie-pâtisserie** *f.* bakery and pastry shop (5)

patois *m.* patois, regional dialect (14)

patrie *f.* country

patrimoine *m.* legacy, heritage

patriotique *adj.* patriotic

patriotisme *m.* patriotism

patron(ne) *m., f.* boss, employer

patte *f.* paw

pause *f.* break; **pause-déjeuner** lunch break

pauvre *adj.* poor (2)

pavée: rue (*f.*) **pavée** cobblestone street (12)

pavillon *m.* house, lodge

payer (je paie) to pay, pay for (13); **bien payant** well-paying; **congés payés** paid holidays, vacation

pays *m.* country (14); **Pays basque** Basque country; **pays d'origine** country of birth, origin

paysage *m.* landscape; scenery

paysan(ne) *m., f.* farm worker; peasant

péage *m.* toll

peau *f.* skin

pêche *f.* peach (5); **aller à la pêche** to go fishing (13)

peigne *m.* comb (8)

peigner to comb; **se peigner (les cheveux)** to comb (one's hair) (8)

peignoir *m.* bathrobe

peindre (*like* craindre) *irreg.* (à l'huile) to paint (in oil) (16)

peintre *m.* painter (16); **femme** (*f.*) **peintre** female painter (16)

peinture *f.* painting (16)

péjoratif/ive *adj.* perjorative, having a negative connotation

pèlerinage *m.* pilgrimage

pèlerin *m.* pilgrim

pelote (*f.*) **basque** *Basque sport played with a ball and bat*

peloton *m.* pack

pelouse *f.* lawn (9)

pendant *prep.* for, during; **pendant combien de temps...?** for how long ...? **pendant que** *conj.* while

pendule *m.* clock

péninsule *f.* peninsula

penser to think; to reflect; to expect; to intend; **je ne pense pas** I don't think so; **penser +** *inf.* to plan on (*doing s.th.*); **penser à** to think of, think about; **penser de** to think of, have an opinion of (6)

penseur/euse *m., f.* thinker

Pentecôte *f.* Pentecost

pépé *m., fam.* gramps, grandpa

perdre to lose (5); to waste; **perdre du poids** to lose weight; **perdre la raison** to lose one's mind; **se perdre** to get lost

père *m.* father (4); **beau-père** *m.* father-in-law (4); **fête** (*f.*) **des Pères** Father's Day (10); **grand-père** *m.* grandfather (4); **père au foyer** *m.* stay-at-home dad (4); **père**

(papa) Noël *m.* Santa Claus, Father Christmas (10)

perfectionner to perfect

période *f.* period (14); **période du temps** time period (14)

périphérie *f.* periphery, perimeter

perle *f.* pearl

permettre (*like* mettre) (de) *irreg.* to permit, allow, let

permis (*m.*) de conduire driver's license

pernicieux/euse *adj.* dangerous, fatal

persil *m.* parsley

personnage *m.* (*fictional*) character; personality; celebrity; **personnage principal** main character

personnalité *f.* personality

personne *f.* person; *pron.* no one (7); **ne... personne** no one (5)

personnel(le) *adj.* personal

personnellement *adv.* personally

personnification *f.* personification

perspective *f.* view; perspective

perte *f.* loss (14)

pertinent(e) *adj.* pertinent, relevant

peser (je pèse) to weigh

pétanque *f.* petanque (*French game of lawn bowling*)

petit(e) *adj.* little; short (2); very young (9); *m. pl.* young ones; little ones; **petit(e) ami(e)** *m., f.* boyfriend, girlfriend (11); **petit déjeuner** *m.* breakfast (5); **petit-fils** *m.* grandson (4); **petite-fille** *f.* granddaughter (4); **petites annonces** *f. pl.* (classified) ads; **petits-enfants** *m. pl.* grandchildren (4); **un petit peu** a little (bit)

peu (de) *adv.* little; few; not very; hardly (5); **à peu près** *adv.* nearly; **encore un peu** a little more; **peu à peu** little by little; **peu important** of little importance; **très peu (de)** very little (of); **un peu (court)** a little (short); **un peu plus** a little more

peuple *m.* nation; people (*of a country*)

peuplé(e) *adj.* populated

peur *f.* fear; **avoir peur (de)** to be afraid (of) (PLS); **avoir peur que +** *subj.* to be afraid that

peut-être *adv.* perhaps, maybe

phare *m.* beacon

pharmacie *f.* pharmacy, drugstore

pharmacien(ne) *m., f.* pharmacist (4)

phénomène *m.* phenomenon

philosophe *m., f.* philosopher

philosophie *f.* philosophy (1)

philosophique *adj.* philosophical

philtre *m.* potion (*magic*)

phonétique *f.* phonetics; *adj.* phonetic

photo(graphie) *f.* photograph, picture; **appareil (photo) numérique** digital camera

photographe *m., f.* photographer

photographie *f.* photography (1)

phrase *f.* sentence

physique *f.* physics (1); **complexe** (*m.*) **physique** physical complex; **trait** (*m.*) **physique** physical characteristic

pianiste *m., f.* pianist, piano player

piano *m.* piano; **jouer du piano** to play the piano

pic *m.* peak

pictural(e) *adj.* pictorial

pièce *f.* piece; room (*of a house*) (9); coin; **2-pièces** (*m.*) one-bedroom apartment (9); **pièce de théâtre** (*theatrical*) play (7)

pied *m.* foot (8); **à pied** on foot (13) **à 20 minutes à pied** a 20-minute walk (12)

pierre *f.* stone

piéton *m.* pedestrian; **piéton(ne)** *adj.* pedestrian

pieux/euse *adj.* pious

piloter to drive

pilule *f.* pill

piment *m.* pepper

pinceau *m.* paintbrush; **coup de pinceau** brushstroke (16)

piquant(e) *adj.* spicy

pique-nique *m.* picnic; **faire un pique-nique** to go on a picnic

pire *adj., adv.* worse (9); **le/la/les pire(s)** the worst

piscine *f.* swimming pool

piste *f.* path, trail; course; slope; **piste cyclable** bike path (12)

pittoresque *adj.* colorful, picturesque

pizza *f.* pizza

placard *m.* closet (9)

place *f.* place; position; square (*city*) (12); seat (7); **à la place de** in place of; **à ta place...** if I were you . . .; **changer de place** to change places; **sur place** on the spot; right here

plafond *m.* ceiling (16)

plage *f.* beach (12)

plaie *f.* wound

se plaindre (de) (*like* craindre) *irreg.* to complain (about)

plaine *f.* plain

plaire (*p.p.* plu) (à) to please (11); **ça m'a plu** I liked that; **s'il vous (te) plaît** *interj.* please

plaisir *m.* pleasure; **avec plaisir** with pleasure (5); **c'est un vrai plaisir** (**de/d' +** *inf.*) it's a real pleasure (to) (11)

plan *m.* map (*city*) (12); **plan d'action** plan of action; **plan du quartier** neighborhood map

planche *f.* board; **faire de la planche à voile** to go windsurfing (13); **planche à repasser** ironing board (9); **planche à voile** sailboard; **planche de surf** surfboard

planète *f.* planet

planifier to plan

plante *f.* plant

plaque *f.* package (*of frozen food, chocolate*)

plastique *m.* plastic

plat *m.* dish (*type of food*); course (*meal*); **plat du jour** today's special (*restaurant*); **plat principal** main course; main dish

plâtre *m.* plaster

plein(e) (de) *adj.* full (of); complete; **en plein air** outdoor; **en pleine face** right in the face; **en pleine nature** in the great outdoors

pleurer to cry, weep

pleuvoir (*p.p.* plu) *irreg.* to rain (13); **il pleut** it is raining (13)

plier to bend

plongée *f.* (sous-marine) snorkeling (scuba diving)

pluie *f.* rain

plupart: la plupart de *f.* most (of); the majority (of)

pluriel(le) *adj.* plural

plus (de) *adv.* more (of) (9); plus; **à plus tard, à plus** *fam.* see you later, see ya' (1); **de plus en plus** more and more; **en plus** in addition; **le plus** + *adv.* most; **le/la/les plus** + *adj.* most (12); **moi non plus** me neither; **ne... plus** no longer, no more; **plus de...** more than (12); **plus de place** no more room; **plus d'un/ d'une...** more than one . . . ; **plus en détail** in more detail; **plus... que** more . . . than (9); **plus-que-parfait** *Gram.* pluperfect (*tense*); **plus tard** later

plusieurs (de) *adj., pron.* several (of) (14)

plutôt *adv.* instead; rather

pneu *m.* (*m. pl.* pneus) tire

poche *f.* pocket; **montre** (*f.*) **de poche** pocket watch

poème *m.* poem (16); **recueil** (*m.*) **de poèmes** collection of poetry (11)

poésie *f.* poetry (16)

poète/femme poète *m., f.* poet (16)

poétique *adj.* poetic

poids *m.* weight; **perdre du poids** to lose weight

poignet *m.* wrist (8)

point *m.* point; spot; period (*punctuation*); **à quel point...** to what extent . . . ; **être sur le point de** to be on the verge of; **point de départ** starting point; **point de repère** reference point (*geographical/historical*); **point de vue** point of view; **rond-point** *m.* traffic circle

pointe *f.* point, tip; **heures** (*f. pl.*) **de pointe** rush hour; **sur les pointes/ en pointe** (to dance) on one's toes (*ballet*) (16); **technologies** (*f. pl.*) **de pointe** state-of-the-art technology

pointillisme *m.* pointillism

poire *f.* pear (5)

pois *m. pl.* peas; dots; **à pois** polka dot (6)

poisson *m.* fish (4); **poisson d'avril** April Fool's Day practical joke (10); **poisson rouge** goldfish (4)

poissonier/ière *m., f.* fishmonger, person who sells fish

poissonnerie *f.* fish market (5)

poitrine *f.* chest (8)

poivre *m.* pepper (5)

poivron (*m.*) **rouge/vert** red/green bell pepper (5)

poli(e) *adj.* polite

poliment *adv.* politely

police *f.* police

policier/ière *m., f.* policeman/policewoman (4); *m.* mystery, crime drama (7); *adj.* pertaining to the police

politesse *f.* politeness, manners; **formule** *f.* **de politesse** polite expresssion

politique *f.* politics (15); policy; *adj.* political; **homme/femme politique** *m., f.* politician; **sciences** (*f. pl.*) **politiques** political science

pollution *f.* pollution

polygamie *f.* polygamy

Polynésie (*f.*) **française** French Polynesia

pomme *f.* apple (5); **pomme de terre** potato (5); **tarte aux pommes** apple tart, pie

pompier *m.* firefighter

ponctuel(le) *adj.* punctual

ponctuellement *adv.* punctually (10)

pont *m.* bridge (12); **faire le pont** to take an extra vacation day at the beginning or end of a holiday

populaire *adj.* popular; common; of the people

population *f.* population; **population active** workforce (15)

porc *m.* pork; **rôti** (*m.*) **de porc** pork roast

porche *m.* porch

port *m.* port (12); **port** (*m.*) **du voile** wearing of the (Islamic) headscarf

portable *m.* cell phone (6); laptop computer (1)

porte *f.* door (1); stop; exit (*metro*); gate; **porte d'entrée** entrance

porte-parole *m.* public relations spokesperson

porter to carry; to wear (6)

portrait *m.* portrait, picture

poser to put (down); to postulate; to ask; **poser une question** to ask a question

positif/ive *adj.* positive

positivement *adv.* positively

posséder (je possède) to possess, own

possibilité *f.* possibility

possible *adj.* possible; **bien possible** very possible; **il est possible que** + *subj.* it's possible that; **le plus tôt possible** as early as possible; **si possible** if possible

poste *m.* job, position (11); television (set); *f.* post office; **bureau** (*m.*) **de poste** post office; **trouver un poste** to find a job (11)

postale: carte (*f.*) **postale** postcard

poster *m.* poster

poster to mail; to post (*message*)

post-impressionnisme *m.* post-impressionism

posture *f.* pose (*yoga*)

pot *m., fam.* drink; **prendre un pot** to go out for a drink (5)

pote *m. fam.* buddy, pal

potentiel(le) *adj.* potential, possible

poubelle *f.* garbage can, trash bin

pouce *m.* thumb (8); inch; **... pouces de haut** . . . inches high

poule *f.* hen

poulet *m.* chicken (5)

pour *prep.* for; in order to (14); **pour ma part** in my opinion; as for me; **pour que** + *subj.* in order to

pourboire *m.* tip

pour cent *m.* percent

pourcentage *m.* percentage

pourquoi *adv., conj.* why (3); **c'est pourquoi** that's why; **pourquoi pas?** why not? (5)

poursuite *f.* pursuit

poursuivre (*like* suivre) *irreg.* to pursue; **poursuivre ses études** to continue (one's studies) (11)

pourtant *adv.* yet

pousser to grow

pouvoir *m.* power, strength

pouvoir (*p.p.* pu) *irreg.* to be able to, can (7); **je ne peux pas** I can't (5); **il se peut que** it's possible that (15); **je pourrais (avoir)...** I could (have) . . . (5); **pourrais-tu/ pourriez-vous...** could you . . .

pratiquant(e) *adj.* practicing

pratique *adj.* practical; *f.* practice

pratiquer to play, perform (*sport, activity*)

précaire *adj.* fragile, precarious

précaution *f.* precaution

précédant(e) *adj.* preceding

précéder (je précède) to precede

préchauffer to preheat

prêcher to preach

précis(e) *adj.* precise

préciser to clarify, specify

préconçu(e) *adj.* preconceived

précurseur *m.* forerunner, precursor

prédéterminé(e) *adj.* predetermined

prédiction *f.* prediction

préférable *adj.* preferable, more advisable; **il est préférable de/d'** (+ *inf.*) it's preferable to (11); **il est préférable que** + *subj.* it is preferable that

préférer (je préfère) to prefer (3); **préféré(e)** (*adj.*) favorite, preferred

préférence *f.* preference

préhistorique *adj.* prehistoric

préjugé *m.* prejudice; **avoir des préjugés (contre)** to be prejudiced (against) (15)

préliminaire *adj.* preliminary

premier/ière *m., f., adj.* first (2); **en premier** first; **première étape** first step

prendre (*p.p.* pris) *irreg.* to take; to have (*to drink, eat*) (5); **je peux prendre votre commande?** can I take your order? (5); **prendre au sérieux** to take seriously; **prendre conscience de** to realize, become aware of; **prendre des notes** to take notes; **prendre des vacances** to take vacation; **prendre du poids** to gain weight (5); **prendre la défense de** to defend; **prendre soin de** to take care (of, to); **prendre son temps** to take one's time; **prendre un bain** to take a bath; **prendre un repas** to have a meal; **prendre un pot / un verre** to go out for a drink (5); **prendre une décision** make a decision (5); **prendre une douche** to take a shower; **Vous prenez la rue...** You go down … Street (12)

prénom *m.* first name, Christian name

préoccuper to worry; **se préoccuper de** to concern, preoccupy oneself with; to worry about

préoccupation *f.* worry

préparatifs *m. pl.* preparation(s)

préparation *f.* handling, preparation

préparatoire *adj.* prepatory

préparer to prepare (3); **préparer un examen** to study for an exam (3)

préposition *f. Gram.* preposition

prépositionnel(le) *adj. Gram.* prepositional

près de near, close to (2); **à peu près** nearly; **de plus près** more closely

présence *f.* presence

présent *m.* present (*time*); *adj.* present; **à présent** now, at the present time

présentateur/trice *m., f.* presenter

présentation *f.* presentation

présenter to present; to introduce; to put on a performance; **je vous (te) présente...** I want you to meet . . .; **se présenter** to run for office; to introduce oneself

préserver to preserve

présider to preside

président(e) *m., f.* president

président-directeur-général (PDG) *m., f.* chief executive officer (CEO) (11)

présidentiel(le) *adj.* presidential

presque *adv.* almost, nearly; **presque jamais** almost never

presse *f.* press (*media*)

se presser (de) to hurry, be in a rush (to)

prestigieux/euse *adj.* prestigious (14)

prêt(e) *adj.* ready; **prêt-à-porter** *m.* ready-to-wear clothing

prétendre to claim (to be); **prétendre à** to claim, pretend to

prévision (*f.*) météo weather forecast (13)

prière: prière de *exp.* please

primaire *adj.* primary; **école (*f.*) primaire** primary school

princesse *f.* princess

principal(e) *adj.* principal, main, most important; **plat (*m.*) principal** main course; main dish; **personnage (*m.*) principal** main character

principe *m.* principle

principalement *adv.* mainly, principally

printemps *m.* spring (1); **au printemps** in the spring (1)

prioritaire *adj.* of priority

priorité *f.* priority

prise (de) *f.* taking (of); **prise (*f.*) de conscience** growing awareness; **prise de la Bastille** *storming of the Bastille Prison (July 14, 1789)*

prison *f.* prison

privé(e) *adj.* private

privilégier to favor

prix *m.* cost, price (7); **à prix fixe** fixed price; **prix d'entrée** entrance price

probabilité *f.* probability

probable *adj.* probable, likely (15); **il est probable que + *indic.*** it is likely that

probablement *adv.* probably

problématique *adj.* problematic

problème *m.* problem; **gérer les problèmes** to manage, resolve problems

processus *m.* process

prochain(e) *adj.* next; coming; **à la prochaine** until next time; **l'année (*f.*) prochaine** next year; **la semaine prochaine**

proches *m. pl.* close friends or close relatives

proche (de) *adj., adv.* near, close (12); **futur (*m.*) proche** *Gram.* immediate (near) future

prodige *m.* prodigy

producteur/trice *m., f.* producer

produire (*like* conduire) *irreg.* to produce

produit *m.* (**agricole, biologique**) (agricultural, organic) product (15)

professeur (*fam.* prof) *m., f.* professor (1); instructor

profession *f.* profession (11)

professionnel(le) *adj.* professional; **lycée (*m.*) professionnel** vocational high school (11)

profil *m.* profile

profiter de to take advantage of, profit from

profond(e) *adj.* deep

profondeur *f.* depth

programmation *f.* computer programing

programme *m.* program; agenda

progrès *m.* progress; **faire des progrès** to make progress

progresser to make progress

projet *m.* project; *pl.* plans; **bon projet** *interj.* good luck on your project; **projets (*pl.*) d'avenir** future plans

prolonger to prolong

promenade *f.* walk; ride; **faire une promenade** to take a walk (3)

promener (je promène) to take (*s.o.*) out for a walk; **se promener** to go for a walk (drive, ride), take a walk (8)

prompte *adj.* prompt

promu(e) *adj.* promoted

pronom *m., Gram.* pronoun; **pronom accentué (indéfini, interrogatif, personnel, relatif, sujet)** stressed (indefinite, interrogative, personal, relative, subject) pronoun; **pronom complément d'objet direct (indirect)** direct (indirect) object pronoun

pronominal(e) *adj., Gram.* prominal; **verbe (*m.*) pronominal** *Gram.* pronominal (reflexive) verb

prononcer to pronounce

prononciation *f.* pronunciation

prophète *m.* prophet

propos: à propos de about

proposer to propose

proposition *f.* proposal; offer

propre *adj.* clean (12); own; **propre à** specific to

propriétaire *m., f.* owner; landlord

propriété *f.* property

prospectif/ive *adj.* prospective

prospérité *f.* prosperity

protagoniste *m.* protagonist

protéger (je protège, nous protégeons) to protect

protéine *f.* protein

proto-français *m.* proto-French (*spoken 500–800 B.C.E.*)

protocole *m.* protocol

provençal(e) *adj.* of (from) the Provence region

provenir (*like* venir) de *irreg.* to come from; **en provenance de** coming from

proverbe *m.* proverb

province *f.* province

provision *f.* supply; *pl.* groceries

prudent(e) *adj.* prudent, careful

prussien(ne) *adj.* Prussian

pseudonyme *m.* pseudonym

psychologie *f.* psychology (1)

psychologique *adj.* psychological

psychologue *m., f.* psychologist

public (publique) *adj.* public; *m.* public; audience; **grand public** wider audience

publicité (*fam.* pub) *f.* commercial; advertisement; advertising

publier to publish

puce *f.* flea; **marché (*m.*) aux puces** flea market

puer to stink, to reek of

puis *adv.* then, next (7); besides; **et puis** and then; and besides

puisque *conj.* because; since

puissance *f.* power

puissant powerful (15)

pull-over (*fam.* pull) *m.* pullover sweater (6); **pull à col (*m.*) en V** V-neck sweater (6); **pull à col (*m.*) rond** crew-neck sweater (6); **pull à col (*m.*) roulé** turtleneck sweater (6);

pur(e) *adj.* pure

purement *adv.* purely; exclusively

pureté *f.* purety

putois *m.* skunk

pyjama *m. s.* pajamas

pyramide *f.* pyramid

pyrotechnique: spectacle (*m.*) pyrotechnique fireworks display

Q

qualifier to qualify

qualité *f.* quality

quand *adv., conj.* when (1); **c'est quand, ton/votre anniversaire?** when is your birthday? (1); **depuis quand** since when (7); **quand même** even though; anyway; actually (15)

quantité *f.* quantity

quarante forty (1)

quart *m.* quarter; fourth; quarter of an hour; **et quart** quarter past (*the hour*) (3); **moins le quart** quarter to (*the hour*) (3); **un quart de vin** a quarter liter carafe of wine

quartier *m.* (**résidentiel, commercial**) district (residential, business); quarter; neighborhood (12); **quartier alentour** surrounding neighborhood; **quartier défavorisé** underprivileged neighborhood (15); **Quartier latin** Latin Quarter (*district in Paris*)

quasi *adj.* almost, nearly

quatorze fourteen (1)

quatorzième *adj.* fouteenth

quatre four (1); **quatre-vingts** eighty (4); **quatre-vingt un** eighty-one (4); **quatre-vingt-dix** ninety (4); **quatre-vingt-onze** ninety-one (4)

quatrième *adj.* fourth (14)

que (qu') what; that, which; whom; **ne... que** *adv.* only (5); **parce que** because; **qu'en penses-tu?** what do you think of that?; **que pensez-vous de... ?** what do you think about . . . ? **qu'est-ce que... ?** what (*object*) . . . ? (8); **qu'est-ce que c'est?** what is it/that? (1); **qu'est-ce que c'est (que)** what is . . . (*asking for an explanation*)? (10) **qu'est-ce qu'il y a... ?** what is there . . . ? (1); **qu'est ce qui... ?** what (*subject*) . . . ? (8); **qu'est ce qui se passe?** what's happening?, what's going on? **qu'est-ce qu'on dit à quelqu'un... ?** what do you say to someone . . . ? (10) **que veut dire... ?** what does . . . mean?

Québec *m.* Quebec (*province*); **Québec** (*city*)

québécois(e) *adj.* from (of) Quebec (2); **Québécois(e)** *m., f.* person from Quebec

quel(le)(s) *interr. adj.* what, which (1); *interj.* what a . . . (6); **à quelle heure... ?** (at) what time . . . ? (3); **quel âge avez-vous?** how old are you? (2); **quel est ton/votre numéro (de téléphone)?** what is your (phone) number? (1); **quel jour sommes-nous (est-ce)?/on est**

quel jour (aujourd'hui)? what day is it (today)? (1); **quel temps fait-il?** how's the weather?; **quelle est la date (d'aujourd'hui)?** what is the date (today)? (1); **quelle heure est-il?/il est quelle heure?** what time is it? (3)

quelconque *adj.* any

quelque(s) *adj.* some; a few (14); **quelque chose** *pron.* something; **quelque chose à dire, à ajouter** something to say, to add (16); **quelque chose de** + *adj.* something + *adj.*; **quelque part** somewhere (7); **servir à quelque chose** to be useful for something

quelquefois *adv.* sometimes (10)

quelques-uns/unes *pron., pl.* some, a few

quelqu'un *pron.,* someone, somebody (2); **quelqu'un de (riche)** someone (rich) (2); **qu'est-ce qu'on dit à quelqu'un... ?** what do you say to someone . . . ? (10)

question *f.* question (6); **en question** in question; **poser une question (à)** to ask a question (to *s.o.*); **question à poser** question to ask, to be asked; **question au sujet de (sur)** question about

questionnaire *m.* questionnaire

quête: en quête de *prep.* in search of

qui *pron.* who; whom (8); **qu'est ce qui... ?** what (*subject*). . . ? (8); **qui est-ce** who is it/that? (1); **qui est-ce que... ?** whom (*object*)... ? (8); **qui est-ce qui... ?** who (*subject*). . . ?; **qui fait quoi?** who is doing what?

quinze *adj.* fifteen (1)

quinzième *adj.* fifteenth

quitter to leave (*s.o.* or *someplace*) (6, 13); **quitter ce monde** to die; **se quitter** to separate, leave one another

quoi (à quoi, de quoi) *pron.* what, (to what, of what) (8); **à quoi sert-il?** what is it for?; **c'est quoi?** what is it?; **de quoi s'agit-il?** what is it about?; **il y a de quoi** + *inf.* there is enough to; **quoi d'autre?** what else?

quoique *conj.* although

quotidien(ne) *adj.* daily, everyday; *m.* daily life; **vie quotidienne** daily life

R

raccommoder to mend (*an article of clothing*) (15)

racine *f.* root; origin

racisme *m.* racism

raciste *adj.* racist (15)

raconter to tell, relate

radio *f.* radio

rafting *m.* rafting; **faire du rafting** to go rafting (13)

ragoût *m.* stew

raï *m.* raï (*type of Moroccan music*)

raide *adj.* steep; stiff; straight (*hair*)

raisin *m.* grapes

raison *f.* reason; **avoir raison** to be right (PLS)

raisonnable *adj.* reasonable, rational

rajeunir to become younger looking (6)

ramadan *m.* Ramadan (10)

ramasser to collect

randonnée *f.* hiking; hike; **faire de la randonnée** to go hiking (3)

rang *m.* rank, ranking; row

ranger to put away; organize; clean

rap *m.* rap music

râper to grate

rapide *adj.* rapid, fast

rapidement quickly (10)

rappel *m.* recall

rappeler (je rappelle) to remind; **se rappeler (de)** to recall, remember

rapport *m.* relation; **avoir un bon rapport (avec)** to be on good terms (with); **par rapport à** in comparison with

raquette *f.* racket

rarement *adv.* rarely (3)

raser to raze, demolish; **se raser** to shave (oneself) (8); **se raser (les jambes)** to shave (one's legs) (8); **crème (*f.*) à raser** shaving cream (8)

rasoir *m.* razor (8)

rassembler to put back together, reassemble; to gather together, assemble

rassemblement *m.* gathering

rater to fail (*a test*); to miss (*a bus*)

se rattacher à to be connected with

rayures: à rayures striped (6)**réaction** *f.* reaction

réagir to react

réalisateur/trice *m., f.* film director (16)

réaliser (un film) to direct (a film) (16); **réaliser ses reves** to realize one's dreams

réaliste *adj.* realistic

réalité *f.* reality; **en réalité** actually

rébondissement *m.* plot twist

récalcitrant(e) *adj.* recalcitrant, disobedient

récemment *adv.* recently, lately (4)

récent(e) *adj.* recent, new, late

recette *f.* recipe

recevoir (*p.p.* reçu) *irreg.* to receive (10)

réchauffement (*m.*) **de la planète** global warming (15)

recherche *f.* (*piece of*) research; search; **à la recherche de** in search of; **faire des recherches** to do research

rechercher to research; to seek out; to strive for; **recherché(e)** *adj.* sought after

réciproquement *adv.* similarly; mutually; l reciprocally

récit *m.* story, tale

réciter *f.* to recite

recommandation *f.* recommendation

recommander to recommend

recomposé: famille (*f.*) **recomposée** blended family

reconduire (*like* conduire) *irreg.* to bring back

reconnaître (*like* connaître) *irreg.* to recognize (12)

reconstituer to reconstruct

recouvrir to cover

récrire (*like* écrire) *irreg.* to rewrite

recrutement *m.* recruitment

recueil (*m.*) **de poèmes** collection (of poems) (16)

recyclage *m.* recycling; **faire du recyclage** to recycle (15)

recycler to recycle (15)

redonner to give back

redresser to put upright, to straighten; to raise; to fix

réduire (*like* conduire) *irreg.* to reduce

réduit(e) *adj.* reduced

réel(le) *adj.* real

refaire (*p.p.* refait) *irreg.* to redo

référence *f.* reference; **faire référence à** to make reference to

réfléchi: pronom (*m.*) **réflechi** *Gram.* reflexive pronoun

réfléchir (à) to reflect (upon); to think (about) (6)

refléter to reflect

reflexe *m.* reflex

réforme *f.* reform

refuser (de) to refuse (to)

réfuter to refute; to argue against

regard *m.* look; viewpoint

regarder to look (at), watch (3); **Regarde-moi ça! / Regardez-moi ça!** Would you look at that! (I can't believe it!) (13) **se regarder** to look at oneself; to look at each other

régie *f.* government control; control room (*TV studio*); stage management (*theater*)

régime *m.* diet; régime

région *f.* region (14); **région d'outre-mer (ROM)** overseas territory (*of France*)

régional(e) *adj.* (*m. pl.* régionaux) regional (14)

règle *f.* (de grammaire) (grammar) rule (14)

régler (je règle) to regulate, adjust; **régler un compte** to settle a bill (13)

règne *m.* reign

regorger to overflow

regretter to regret

regroupement *m.* grouping

régularisation *f.* naturalization

régulier/ère *adj.* regular; normal

régulièrement regularly

rein *m.* kidney

reine *f.* queen (14)

reinstaurer to restore

rejet (de) *m.* emission, discharge (of); rejection

rejeter (je rejette) to reject; to discharge, emit

relatif/ive *adj.* relative; **pronom** (*m.*) **relatif** *Gram.* reflexive pronoun

relation *f.* relation; relationship (11); **relation de couple** relationship as a couple; **relation orageuse** stormy relationship; **relations humaines** (*f. pl.*) human interaction; **relations** (*f. pl.*) **internationales** international relations (1)

relax *adj. inv.* laid-back, relaxed (2)

relaxant(e) *adj.* relaxing, soothing

relief *m.* landscape

relier to tie, link

religieux/euse *adj.* religious (14)

religion *f.* religion (14)

relire (*like* lire) *irreg.* to reread

remarquable *adj.* noteworthy

remarquer to notice

remède *m.* remedy

remercier to thank

remettre (*like* mettre) *irreg.* to hand in; to replace; to deliver

remonter à to date back to

remontrance *f.* reprimand
remplacer to replace
Renaissance *f.* Renaissance
rencontrer to meet, encounter; **se rencontrer** to meet; to get together (11)
rendre to give (back), return (*s.th.*) (5); to hand in (5); to render, make; **rendre visite à** to visit (*s.o.*) (5); **se rendre à** to go, get to (a location) (13); **se rendre compte** to realize
rendez-vous *m.* meeting; appointment; date
reine *f.* queen (14)
renommé(e) *adj.* famous, renowned; *f.* renown; fame
renoncer to reject; to give up (*s.th.*)
renouveau *m.* renewal
renouvelable *adj.* renewable
rénover to renovate; to reform, overhaul
renseignement *m.* (*piece of*) information; *pl.* information
se renseigner sur to make inquiries about; get information about (8)
rentable *adj.* profitable
rentrée (*f.*) **des classes** start of the school year
rentrer to return (*to a place*); to go home (3)
renverser to overthrow
répandre (*p.p.* **répandu**) *irreg.* to spread, spill; **se répandre** to spread
répandu(e) *adj.* widespread
réparer to repair
repas *m.* meal (5)
repasser to iron; **fer** (*m.*) **à repasser** iron; **planche** (*f.*) **à repasser** ironing board
repère: point (*m.*) **de repère** orientation point (*in time or space*)
répéter (**je répète**) to repeat
réplique *f.* reply, retort
répondre (à) to answer, respond (to) (5)
réponse *f.* answer, response; **bonne (mauvaise) réponse** right (wrong) answer
reportage *m.* reporting; commentary
repos *m.* rest; **aire** (*f.*) **de repos** rest stop; **maison** (*f.*) **de repos** rest home
reposer to put down, set down; **se reposer** to rest
reprendre (*like* **prendre**) *irreg.* to take (up) again; to have (eat) more, to have another helping (*food*)
représentatif/ive *adj.* representative
représentation *f.* description; performance (*theatre*)
représenter to represent
reproducteur/trice *adj.* reproductive
reproduction *f.* reproduction, copy
reproduire (*like* **conduire**) *irreg.* to reproduce, copy
républicain(e) republican (14)
république *f.* republic (14)
réputé(e) *adj.* famous, renowned
réservation *f.* reservation; **faire une réservation** to make a reservation
réserver to reserve; to keep in store
résidence *f.* residence; apartment building (9); **résidence principale** primary residence; **résidence universitaire** dormitory building
résidentiel(le) *adj.* residential
résoudre (*p.p.* **résolu**) *irreg.* to solve, resolve
respecter to respect, have regard for

respectueux/euse *adj.* respectful
respirer to breathe
responsable *adj.* responsible
ressemblance *f.* ressemblance; similarity
ressembler à to resemble; **se ressembler** to look alike, be similar
ressentir (*like* **dormir**) *irreg.* to feel
ressource *f.* resource; **ressources naturelles** natural resources
restaurant *m.* restaurant; **au restaurant** to, at, in a restaurant (5); **restaurant universitaire** (*fam.* **resto-U**) university cafeteria
reste *m.* remainder
rester to stay, remain (3); **rester en forme** (*f.*) to stay in shape (8)
restriction *f.* restriction; **imposer des restrictions sur** to restrict, limit, control
résultat *m.* result
résulter to ensue, result
résumer to summarize
résumé *m.* summary
retard *m.* delay; **en retard** late (3)
réticent(e) *adj.* reluctant, reticent
retirer (**de l'argent de son compte-chèques**) to withdraw (money from one's checking account) (13); to take back
retour *m.* return; **au retour** upon returning; **billet** (*m.*) **aller-retour** round-trip ticket
retourner to return (7)
retraite *f.* retirement; **prendre sa retraite** to retire; **maison** (*f.*) **de retraite** retirement home
retranscrire (*like* **écrire**) *irreg.* to retranscribe
rétrospectif/ive *adj.* retrospective
retroussez vos manches *interj.* roll up your sleeves (*to work*)
retrouver to find (again); to regain
réunion *f.* meeting; reunion
réunion *f.* meeting; reunion
réunionnais(e) *adj.* from Réunion
réunir to collect, gather together; **se réunir** to get together; to hold a meeting (8)
réussir (à) to succeed (at), be successful (in) (6); to pass (*a test*)
réussite *f.* success, accomplishment
réutilisable *adj.* reusable
réveil *m.* alarm clock
réveiller to wake, awaken (*s.o.*); **se réveiller** to awaken, wake up (8)
réveillon *m.* **de Noël / du Nouvel An** Christmas Eve / New Year's Eve party/ dinner (10)
révélateur *m.* telltale sign
révéler (à) (**je révèle**) to reveal (to)
revendication *f.* demand
revenir (*like* **venir**) *irreg.* to return, come back (*to a place*) (4)
revenus *m. pl.* personal income
rêve *m.* dream
rêver (de, à) to dream (about, of)
réviser to review, revise
revoir (*like* **voir**) *irreg.* to see again; **au revoir** good-bye
révolte *f.* rebellion, revolt
révolter to revolt
révolution *f.* revolution (14)

révolutionnaire *m., f., adj.* revolutionary (14)
révolutionner to revolutionize
revue *f.* magazine; review; journal; **article** (*m.*) **de revue** magazine article (11);
rez-de-chaussée *m.* ground floor (9)
rhum *m.* rum
riche *adj.* rich (2)
richesse *f.* wealth; blessing
rideau (*pl.* **rideaux**) *m.* curtain (9)
rien (ne... rien) nothing (5); **de rien** not at all; don't mention it; you're welcome; **rien à (manger)** nothing to (eat); **rien de plus (énervant) que...** nothing more (annoying) than . . .
rigoler *fam.* to amuse, entertain; to be kidding
rime *f.* rhyme
rire (*p.p.* **ri**) *irreg.* to laugh; *m.* laughter
risque *m.* risk
risquer to risk; **ça risque de...** it is likely to . . .
rite *m.* rite, ritual
rituel *m.* ritual, custom
rival(e) *m., f., adj.* (*m. pl.* **rivaux**) rival
rivalité *f.* rivalry
rive *f.* riverbank (12); **Rive gauche (droite)** the Left (Right) Bank (*in Paris*)
rivière *f.* river (tributary) (12)
riz *m.* rice (5)
robe *f.* dress (6)
roi *m.* king (14)
rôle *m.* part, character, role; **à tour de rôle** in turn, by turns; **jouer (interpréter) le rôle (de)** to play the role (of)
romain(e) *adj.* Roman (14); **époque** (*f.*) **romaine** Roman era
roman *m.* novel (11)
roman(e) *adj.* Romance (*of the Romans*); **langue** (*f.*) **romane** Romance language
romanche *m.* Romansch (*language*)
romantique romantic (*romanticism*) (16)
romantisme *m.* romanticism
rond(e) *adj.* round; **rond-point** *m.* traffic circle (12)
rosace *f.* rose (stained-glass) window (16)
rose pink (2)
rosé: vin (*m.*) **rosé** rosé wine (5)
rôti (*m.*) **de porc** pork roast (5)
rouge *adj.* red (2); **vin** (*m.*) **rouge** red wine (5)
rouge (*m.*) **à lèvres** lipstick (8)
rougir to blush (6)
roulement *m.* rolling
rouler to travel (*in a car, on a bike*); to roll (*along*)
routard *m., f.* backpacker, hitchhiker
route *f.* road; highway; **en route** on the way, en route
routier/ière *adj.* (pertaining to the) road; **carte** (*f.*) **routière** road map
routine *f.* routine
rouvrir to reopen
roux (rousse) *m., f.* redhead; *adj.* red (*hair*); red-haired (2)
rousseur: tache (*f.*) **de rousseur** freckle
royal(e) *adj.* royal (14)
royaume *m.* kingdom
rubrique *f.* headline; section
rue *f.* (**pavée, à sens unique**) (cobblestone, one-way) street (12)
ruelle *f.* (**couverte**) (covered) alley (12)

rugby *m.* rugby
rural(e) *adj.* (*m. pl.* **ruraux**) rural; country; **vie** (*f.*) **rurale** country life (12)
russe *adj.* Russian (2)
Russe *m., f.* Russian (*person*) (2)
Russie *f.* Russia
rythme *m.* rhythm
rwandais(e) *adj.* from Rwanda

S

sa *adj., f. s.* his; her; its; one's
sable *m.* sand
sac *m.* sack; bag; **sac à dos** backpack; **sac à main** handbag, purse (6)
sachant *adj.* knowing; **sache/sachez que…** *interj.* know that …
sachet *m.* packet
sacrement *m.* sacrament
sage *adj.* wise; well-behaved
sagesse *f.* wisdom
Sagittaire *m.* Sagittarius
saigner to bleed
sain(e) *adj.* healthy
sainement *adv.* healthily
saint(e) *m., f.*; **Saint-Jean-Baptiste (la fête du)** *f.* Quebec Day (June 24); **Saint-Sylvestre** *f.* New Year's Eve (10)
saisissant(e) *adj.* striking
saison *f.* season (1)
salade *f.* (**composée, verte**) (mixed, green) salad
salaire *m.* salary (11)
salarié(e) *m., f.* salaried employee
sale *adj.* dirty (12)
salle *f.* room; auditorium; **salle à manger** dining room (9); **salle de bains** bathroom (*with bathtub or shower*) (9); **salle de classe** classroom (1); **salle de concert** concert hall (7); **salle de séjour** family/living room (9)
salon *m.* formal living room (9)
salut (*fam.*) hi; so long (1)
salutation *f.* greeting
samedi *m.* Saturday (1)
sandales *f. pl.* sandals (6)
sandwich *m.* sandwich; **sandwich-baguette** baguette sandwich (*on French bread*)
sang *m.* blood
sanglant(e) *adj.* bloody
sans *prep.* without; **sans-abri** *m., f. inv.* homeless person; **sans papiers** *m., f. adj.* undocumented (15); **sans-papiers** *m.* undocumented person
santé *f.* health; **santé** *interj.* cheers (10); **être en bonne santé** to be healthy (8); **soins de santé** healthcare
sapin (*m.*) **de Noël** Christmas tree (10)
sarrasin: crêpe (*f.*) **bretonne de sarrasin** buckwheat crepe
satellite: télévision par satellite satellite television (7)
satirique *adj.* satirical
satisfaire (*like* **faire**) *irreg.* to satisfy
sauce *f.* sauce
saucisse *f.* sausage (5)
sauf *prep.* except

saumon *m.* salmon
saut (*m.*) **élastique: faire du saut à l'élastique** to go bungee-jumping (13)
sauter to jump
sauvage *adj.* wild
sauvegarder to save; to safeguard
sauver to save
savoir (*p.p.* **su**) *irreg.* to know (a fact); to know how (7); **pour en savoir plus** to know (learn) more about; **sachant** *adj.* knowing; **sache/sachez que…** *interj.* know that …
savon *m.* soap (8)
savourer to savor
savoyard(e) *adj.* from the Haute-Savoie (*Alps*)
saxophone *m.* saxophone; **jouer du saxophone** to play the saxophone
scénario *m.* scenario; screenplay
scène *f.* stage; **sur scène** on stage (7); **mettre en scène** to stage (*theater production*); **metteur en scène** director (*theater*)
science *f.* science (1); **science-fiction** *f.* science fiction; **sciences** (*f. pl.*) **économiques** economics (1); **sciences** (*f. pl.*) **politiques** political science (1)
scientifique *adj.* scientific
scolaire *adj.* (pertaining to) school
scolarité: frais (*m. pl.*) **de scolarité** tuition fees
Scorpion *m.* Scorpio (zodiac)
sculpter to sculpt
sculpteur *m.* sculptor (16); **femme** (*f.*) **sculpteur** sculptress
sculpture *f.* sculpture (16); **sculpture sur neige** ice sculpture
séance *f.* showing (*of a film*) (7)
sec (**sèche**) *adj.* dry
séché(e) *adj.* dried
sèche-linge *m.* clothes dryer
second(e) *m., f., adj.* second (14); **en seconde (2de)** sophomore (in 10th grade) (11); **Seconde Guerre** (*f.*) **mondiale** Second World War
secondaire *adj.* secondary; **école** (*f.*) **secondaire** secondary school
secret/ète *adj.* secret
secret *m.* secret; **en secret** in secret
secteur *m.* sector
sécurité *f.* safety; security; **carte** (*f.*) **de sécurité** security card
sédentaire *adj.* sedentary
sédentarité *f.* sedentariness
séducteur/euse *adj.* seductive
séduire (*like* **conduire**) *irreg.* to charm, win over; to seduce
Seine *f.* Seine (*river in Paris*)
seize sixteen (1)
seizième *adj.* sixteenth
séjour *m.* stay; sojourn; **salle** (*f.*) **de séjour** family/living room (9); **titre** (*m.*) **de séjour** residency card
sel *m.* salt (5)
sélectif/ive *adj.* selective
sélection *f.* selection
sélectionné(e) *adj.* selected
selon *prep.* according to; **selon moi** according to me, in my opinion
semaine *f.* week (1); **en semaine** *f.* during the week (3); **semaine de congés** week off (*of*

work); **semaine dernière (prochaine)** last (next) week; **semaine de travail** work week
semblable (à) like, similar (to)
sembler to seem
semer (**je sème**) to plant seeds
semestre *m.* semester
semoule *f.* semolina flour
sénateur/trice *m., f.* senator
Sénégal *m.* Senegal
sénégalais(e) *adj.* Senegalese (2); **Sénégalais(e)** *m., f.* Senegalese (*person*) (2)
sens *m.* meaning; sense; way, direction; **à sens unique** one-way (*street*); **sens de l'humour** sense of humor; **sens figuré** figurative sense
sensibilité *f.* sensibility
sentiment *m.* feeling
sentimental(e) *adj.* (*m. pl.* **sentimentaux**) sentimental; **vie** (*f.*) **sentimentale** emotional life
sentir (*like* **dormir**) *irreg.* to smell (6); to feel; to sense; **se sentir (malade)** to feel (sick) (8)
séparément *adv.* separately
séparer to separate (11)
sept *adj.* seven (1)
septembre September (1)
septième *adj.* seventeenth
sépulture *f.* burial place
sérieux/euse *adj.* serious
serment *m.* sermon
serpent *m.* snake
serré(e) tight (*fitting*)
serveur/euse *m., f.* waiter/waitress (5)
service *m.* favor; service; serve (*tennis*); **rendre service (à)** to provide a service (to); to assist; **service militaire** military service (15)
serviette *f.* napkin (5)
servir (*like* **dormir**) *irreg.* to serve (6); **à quoi sert…** what does … do ?; **servir à** to be used for, to be of use in; **se servir de** to use, make use of (8)
seul(e) (the) single, only; **seuls, seules** (the) only (*pl.*) (14)
seulement *adv.* only; **non seulement** not only
sexe *m.* sex
sexiste *adj.* sexist (15)
shampooing *m.* shampoo (8); **après-shampooing** *m.* conditioner (8)
shopping *m.* shopping; **faire du shopping** to go shopping
short *m. s.* shorts (*pair of*) (6)
si *conj.* if; whether
siècle *m.* century (14)
siège *m.* seat
sieste *f.* nap; **faire la sieste** to take a nap
sigle *m.* acronym
signaler to signal
signalisation: panneaux (*m. pl.*) **de signalisation** roadsigns
signature *f.* signature
signe *m.* sign
signer to sign
significatif/ive *adj.* significant
signification *f.* significance
signifier to signify
silence *m.* silence
silencieusement *adv.* silently
sillon *m.* furrow

similaire *adj.* similar

similarité *f.* similarity

similitude *f.* similarity

simple *adj.* simple; **futur** (*m.*) **simple** *Gram.* simple future tense

simplement *adv.* merely, just

simplicité *f.* simplicity, plainness

sincère *adj.* sincere

singulier/ière *adj.* singular

sinon *prep.* if not; otherwise

sirop (*m.*) **d'érable** *m.* maple syrup

site (*m.*) (**historique, touristique**) (historic, tourist) site; **site Web** website

situation *f.* situation (13)

situer to situate, find; **se situer** to be situated, located; **situé(e)** *adj.* situated

six *adj.* six (1)

sixième *adj.* sixth

ski *m.* ski; skiing; **faire du ski (alpin, de fond, nautique)** to ski (downhill, cross-country, water) (13)

snob *adj., inv.* snobbish (15)

snowboard *m.* snowboarding; **faire du snowboard** to go snowboarding (13)

sociable *adj.* sociable; friendly

social(e) (*m. pl.* **sociaux**) *adj.* social

socialiste *adj.* socialist

société *f.* society (15); **jeu de société** board game; **société commerciale** corporation (11)

sociologie *f.* sociology (1)

soda *m.* soda (*drink*)

sœur *f.* sister (4); **belle-sœur** *f.* sister-in-law (4); **demi-sœur** *f.* half-sister; stepsister (4)

soi (**soi-même**) *pron.*, oneself; **chez soi** at one's own place; (at) home

soie *f.* silk (6); **en soie** (*made of*) silk (6)

soif *f.* thirst; **avoir soif** to be thirsty (5)

soigneux/euse *adj.* careful

soigneusement carefully (10)

soin *m.* care; **avec soin** with care; **prendre soin (de)** to take care (of); **soins** (*m. pl*) **de santé** healthcare

soir *m.* evening (3); **ce soir** tonight, this evening; **du soir** in the evening (3); **hier (demain) soir** last (tomorrow) night; **le lundi soir** on Monday evenings; **tous les soirs** every night

soirée *f.* party; evening (10); **bonne soirée** (have a) good evening (10)

soit *interj.* (have a) good evening (10)

soixante *adj.* sixty (1); **soixante-dix** *adj.* seventy (4); **soixante et onze** *adj.* seventy-one (4)

sol *m.* ground; **sous-sol** *m.* basement, cellar (9)

solaire *adj.* solar; **énergie** (*f.*) **solaire** solar energy

soldat *m.* soldier

sole *f.* sole (*fish*)

soleil *m.* sun; **il fait du soleil** it's sunny (13); **il y a du soleil** it is sunny (13); **le Roi-Soleil** the Sun King (*Louis XIV*); **lunettes** (*f. pl.*) **de soleil** sunglasses (6); **soleil levant** rising sun

solidaire *adj.* showing solidarity

solidarité *f.* solidarity

solide *adj.* resistant, sturdy

solitaire *adj.* solitary; single; alone

solitude *f.* loneliness; solitude

solution *f.* solution

somme *f.* sum; amount

sommeil *m.* sleep; **avoir sommeil** to be sleepy (PLS)

sommet *m.* summit

son *adj., m. s.* his; her; its; one's; *n. m.* sound

sondage *m.* opinion poll; survey; **faire un sondage** to take a survey

sonner to ring

sonorité *f.* sonority; sound

sophistiqué(e) *adj.* sophisticated

soprano: mezzo-soprano mezzo-soprano (16)

sorcière *f.* witch

sorte *f.* type, kind; **faire en sorte que** + *subj.* to make sure that; **quelle sorte (de)...** what type (of) ...

sortie *f.* outing (*on the town*) (7); **sortie d'un film** film release (16)

sortir (*like* **dormir**) *irreg.* to leave; to take out; to go out (6); **sortir ensemble** to be going out together, dating

sortilège *m.* charm, spell

soucoupe *f.* saucer

souffler to blow; **souffler les bougies** to blow out the candles

souffrir (*like* **ouvrir**) *irreg.* to suffer

souffrance *f.* suffering

souhaiter to hope; to wish (15); **souhaiter la bienvenue** to welcome

souhait *m.* wish

souk *m.* covered market (*Arab countries*)

soulèvement *m.* uprising

souligner to underline

soupçonner to suspect

soupe *f.* soup; **assiette à soupe** soup bowl (5); **cuillère à soupe** soup spoon (5)

source *f.* source; **source d'énergie** energy source

souriant(e) *adj.* cheerful (*lit.* smiling)

sourire (*like* **rire**) *irreg.* to smile; *m.* smile

sous *prep.* under, beneath; in (*rain, sun*)

sous-groupe *m.* sub-group

sous-sol *m.* basement, cellar

sous-titré (en anglais) subtitled (in English) (16)

soutenir (*irreg.*) to support (15)

souterrain(e) *m.* underground passage; *adj.* underground

souvenir *m.* memory; recollection; **jour du Souvenir** Veterans Day, Armistice Day (November 11) (10); **se souvenir** (*like* **venir**) **de** *irreg.* to remember (8)

souvent *adv.* often (3)

spacieux/euse *adj.* spacious

spatial(e) *adj.* space

spécial(e) (*m. pl.* **spéciaux**) *adj.* special; quirky

spécialement *adv.* specially, especially

spécialisation *f.* major (11)

spécialisé(e) *adj.* specialized

se spécialiser (en) to specialize ("major") (in) (8)

spécialiste *m., f.* specialist

spécialité *f.* specialty (*in cooking*)

spécifique *adj.* specific

spécifiquement *adv.* specifically

spectacle *m.* show, performance (7)

spectaculaire *adj.* spectacular

spectateur/trice *m., f.* spectator

spirale: en spirale *adj.* spiral (16)

spirituel(le) *adj.* spiritual

splendeur *f.* splendor; beauty

spontané(e) *adj.* spontaneous

sport *m.* sport; **équipe** (*f.*) **de sport** sports team; **faire du sport** to play sports; **jouer à un sport** to play a sport; **match (de sport)** game; **station de sport d'hiver** winter sports resort; **voiture de sport** sports car

sportif/ive *adj.* athletic, sporty (2)

stade *m.* stadium (7)

standard *m.* standard; *adj., inv.* standard

standardiser to standardize

station (*f.*) **de métro** subway station (7)

statue *f.* statue

statut *m.* statute

stéréotype *m.* stereotype

stimulant(e) *adj.* stimulating

stopper to stop

stratégique *adj.* strategic

stress *m.* stress (8); **gérer le stress** to manage stress (8)

stressant(e) *adj.* stressful

stresser to stress; **stressé(e)** *adj.* stressed (out)

strict(e) *adj.* strict, exacting

strophe *f.* stanza (*poetry*)

structural(e) (*m. pl.* **structuraux**) *adj.* structural

stuc *m.* stucco

studieux/euse *adj.* studious

stupide *adj.* stupid

style *m.* style; **style de peinture** painting style

stylo *m.* pen (1)

subjectif/ive *adj.* subjective

subjonctif *m. Gram.* subjunctive

subordonné(e) *adj.* subordinate; **proposition** (*f.*) **subordonnée** *Gram.* subordinate, dependent clause

subsistance *f.* subsistence; **économie** (*f.*) **de subsistance** subsistence economy

substantiel(le) *adj.* substantial

substantif *m., Gram.* noun

substituer to replace

subventionner to subsidize (15)

succès *m.* success; **avoir du succès** to succeed

sucre *m.* sugar (5)

sucrerie *f.* sweets, candy

sud *m.* south; **Afrique** (*f.*) **du Sud** South Africa; **Amérique** (*f.*) **du Sud** South America; **au sud** to the south; **sud-est (-ouest)** southeast (-west)

suffisamment *adv.* sufficiently

suffrage *m.* right to vote

suggérer (**je suggère**) to suggest

suggéré(e) *adj.* suggested

suggestion *f.* suggestion

suisse *adj.* Swiss (2); **Suisse** *f.* Switzerland; **Suisse** *m., f.* Swiss person (2)

suite: tout de suite right away; **par la suite** next

suivant(e) *adj.* following

suivre (*p.p.* **suivi**) *irreg.* to follow (11); **suivre un cours** to take a course (11); **suivez le modèle** follow the model

sujet *m.* subject; topic; **à quel sujet** on what subject; **au sujet de** concerning; **pronom** (*m.*) **sujet** *Gram.* subject pronoun

super *adj., inv.* super, great

superficie *f.* area

supérieur(e) *adj.* superior; upper; **enseignement** (*m.*) **supérieur** higher education; **études** (*f. pl.*) **supérieures** graduate studies

supériorité *f.* superiority

superlatif *m.*, *Gram.* superlative

supermarché *m.* supermarket

superstitieux/euse *adj.* superstitious

superstition *f.* superstition

supplémentaire *adj.* supplementary

suprématie *f.* supremacy

suprême: être (*m.*) **suprême** supreme being

sur *prep.* on, on top (of) (1); over; about; **basé sur** based upon; **se renseigner sur** to get information about; **sur pointes** on point (*ballet*) (16); **sur terre** on earth; **un repas sur sept** one meal out of seven

sûr(e) *adj.* safe (12); sure, certain; **bien sûr** *interj.* of course; **c'est sûr!** it's for sure!

surf: faire du surf *m.* to go surfing (13)

surface *f.* surface; **grande surface** shopping mall; superstore

surfer (sur Internet) to surf (the Internet) (3)

surfeur/euse *m.*, *f.* surfer

surgelé(e) *adj.* frozen

surmonter to overcome

surnaturel(le) *adj.* supernatural

surnom *m.* nickname

surnommé(e) *adj.* nicknamed

surpeuplement *m.* overcrowding

surprenant(e) *adj.* surprising

surprendre (*p.p.* **surpris**) *irreg.* to surprise

surpris(e) *adj.* surprised

surprise *f.* surprise

surréalisme *m.* surrealism

surtout *adv.* especially; above all

survêtement *m.* tracksuit

sweat *m.* sweatshirt (6)

syllabe *f.* syllable

symbole *m.* symbol

symbolique *adj.* symbolic

symboliser to symbolize

symétrique *adj.* symmetrical

sympathique (*fam.*, *inv.* **sympa**) friendly; nice (2)

symphonie *f.* symphony

syndicat *m.* labor union; trade union (15)

Syndrome de l'immunodéficience acquise (SIDA) *m.* AIDS (15)

synonyme *m.* synonym; *adj.* synonymous

système *m.* system; **système de santé** health system; **système éducatif** education system

T

ta *adj.*, *f. s.*, *fam.* your

tabac *m.* tobacco; cigarettes; **bureau** (*m.*) **de tabac** (*licensed*) tobacco store (*France*); **café-tabac** *m.* bar-tobacconist (*government licensed*)

tabagisme *m.* cigarette use

table *f.* table; **à table** at/to the table; **table** *f.* **basse** coffee table (9)

tableau *m.* (*pl.* **tableaux**) (**noir**) (black)board (1); painting (16); chart

tablette *f.* tablet (computer)

tablier *m.* apron

tâcher de to attempt to

tâche *f.* task; **tâche ménagère** household task

taches (*f. pl.*) **de rousseur** freckles; **taches de peinture** brush strokes

tagine *m.* Moroccan stew; *cooking vessel for making Moroccan stew*

Tahiti *f.* Tahiti

tahitien(ne) *adj.* Tahitian; **Tahitien(ne)** *m.*, *f.* Tahitian (*person*)

taille *f.* size (*clothing*) (6); height

tailleur *m.* (*women's*) suit (6)

se taire to be quiet

talentueux/euse *adj.* talented

talons: chaussures à talons (*m. pl.*) **hauts** high-heeled shoes (6)

tandis que *conj.* while, whereas

tant *adj.* so much; so many; **en tant que** as

tante *f.* aunt (4)

tantine *f.*, *fam.* auntie

tape-à-l'œil *adj.* eye catching

taper to type

tapis rug *m.* (9)

tard *adv.* late (3); **à plus tard** see you later; **c'est trop tard** it's too late; **couche-tard** *m.*, *f.* night owl

tarder to delay, be slow to

tarif *m.* tariff; fare; price; **à plein tarif** full price ticket; **à tarif réduit** reduced price ticket (7)

tarte *f.* tart; pie (5); **tarte aux fruits (aux pommes)** fruit (apple) tart (5)

tartelette *f.* small tarte

tartiner to spread on bread (*butter*, *jam*)

tasse *f.* cup (5); **tasse de café** cup of coffee

tassé(e) *adj.* packed, crammed in

tati *f.*, *fam.* auntie

tatouage *m.* tattoo

Taureau *m.* Taurus (*zodiac*)

taux *m.* rate; **taux de chômage** unemployment rate (15)

taxe *f.* tax

taxi *m.* taxi (13); **aller en taxi** to go by taxi (13)

tchadien(ne) of/from Chad; **Tchadien(ne)** *m.*, *f.* person from Chad

te (**t'**) *pron.*, *s. fam.* you; to you, for you; **ça te dit (de)... ?** (*fam.*) are you interested in . . . ?; **ça te plaît?** do you like it?; **s'il te plaît** *interj.* please

technique *f.* technique (16); *adj.* technical

technologie *f.* technology

technologique *adj.* technological

technophile *m.*, *f.* technophile (*person*)

tee-shirt *m.* (*pl.* **tee-shirts**) t-shirt (6)

tel(le) *adj.* such

téléchargement *m.* downloading

télécharger to download (3)

télécommande *f.* TV remote control (7)

téléphérique *f.* ski gondola

téléphone *m.* telephone (6); **numéro** (*m.*) **de téléphone** telephone number (**téléphone**) **portable** cell phone (6)

télévisé(e) *adj.* televised; **jeu** (*m.*) **télévisé** game show; **journal** (*m.*) **télévisé** television news program; **série** (*f.*) **télévisée** television series

télévision (*fam.* **télé**) *f.* television (set) (7); **chaîne** (*f.*) **de télévision** television channel (15); **télévision par satellite** satellite television (7)

tellement *adv.* so, so much (10)

témoin(e) *m.* witness; **être témoin de** to witness

température *f.* temperature (13); **quelle est la température?** what is the temperature? (13)

temple *m.* temple

temporel(le) *adj.* temporal, pertaining to time

temps *m.* time (14), weather (3); *Gram.* tense; **avoir le temps de** to have time to; **depuis combien de temps... ?** (for) how long . . . ?; **de temps en temps** from time to time; **en même temps** at the same time; (7); **passer du temps (à)** to spend time (doing); **passe-temps** *m.* pastime, hobby; **perdre du temps** to waste time; **période** (*f.*) **du temps** time period (14); **quel temps fait-il?** what is the weather like? (3); **temps libre** free time (4); **tout le temps** all the time

tendance *f.* trend

ténèbres *f. pl.* darkness

tendre *adj.* tender; sensitive; soft

tenir (*p.p.* **tenu**) *irreg.* to hold; to keep; **tenir à** + *inf.* to be eager (to) (14); **tiens!** *interj.* listen!; look!

ténor *m.* tenor (16)

tenter to tempt

tenue *f.* outfit (6)

terme *m.* term; expression

terminale: en terminale (en term.) *f.* senior (in 12th grade) (11)

terminer to end; **terminer par** to end, finish with (7)

terminologie *f.* terminology

ternir to tarnish

terrasse *f.* terrace, patio (9)

terre *f.* land; earth; **Terre** (planet) Earth; **paradis sur terre** paradise on earth; **par terre** on the ground; **pomme** (*f.*) **de terre** potato

territoire *m.* territory (14)

terrorisme *m.* terrorism (15)

tes *adj.*, *m.*, *f. pl.*, *fam.* your

tête *f.* head (8); **avoir mal à la tête** to have a headache; **de la tête aux pieds** from head to toe; **garder la tête entraînée** to keep one's head in the game

têtu(e) *adj.* stubborn

texte *m.* text; passage

textile *m.* textile industry; *adj.* textile

texto *m.* text message (3)

thaïlandais(e) *adj.* of/from Thailand; **Thaïlandais(e)** *m.*, *f.* Thai (*person*)

thé *m.* tea (5)

théâtral(e) *adj.* theatrical

théâtre *m.* theater (7); **pièce de théâtre** (*theatrical*) play (7)

thème *m.* theme (16)

théologie *f.* theology

théorique *adj.* theoretical

thermal(e) *adj.* thermal

thèse *f.* thesis, dissertation (*Ph. D.*) (11)

tiens! *interj.* listen!, look!

tigre *m.* tiger

tiki *m.* tiki (*demi-god*)

timide *adj.* shy, timid (2)

tirade *f.* tirade, rant

tirer to pull, draw (*out*)

tiré(e) *adj.* de drawn from, adapted from

tissu *m.* cloth, fabric

titre *m.* title; degree; **titre de séjour** residency card (*visa*) (15); **sous-titré(e)** *adj.* subtitled

toast: **porter un toast** to give a toast

togolais(e) *adj.* of/from Togo; **Togolais(e)** *m., f.* person from Togo

toi *pron., s., inform.* you; **et toi?** and you?, how about you? (1); **toi-même** *pron.* yourself

toile *f.* canvas (*art*) (16)

toilettes *f. pl.* bathroom, toilet (*room with toilet*) (9); **trousse** (*f.*) **de toilette** toiletries case

toit *m.* roof (9)

tolérance *f.* tolerance

tolérant(e) tolerant (15)

tolérer (je tolère) to tolerate

tomate *f.* tomato (5)

tombal(e) *adj.* funerary

tombe *f.* tomb, grave (10)

tombeau *m.* tomb

tomber to fall (7); **tomber amoureux/euse (de)** to fall in love (with) (11)

ton *adj., m. s., inform.* your; **à ton avis** in your opinion

ton *m.* tone

tongs *f. pl.* flip-flops

tonnerre *m.* thunder; **il y a du tonnerre** there is thunder (13)

tonton *m., fam.* uncle

top *adj., inv.* the best

tordu(e) *adj.* curved; twisted

tort *m.* wrong; **avoir tort** to be wrong (PLS)

tôt *adv.* early (3); **le plus tôt possible** as early as possible; **lève-tôt** *m.* early riser

total *m., adj.* total; **au total** in total

totalement *adv.* totally, completely

totalité *f.* totality, entire amount

toucher (à) to touch; to concern

toujours *adv.* always; still (3)

tour *f.* tower (12); *m.* walk, ride; turn; tour; trip; trick; **à tour de rôle** by taking turns; **Tour de France** (*a famous bike race*); **tour de vélo** bike ride; **tour du monde** trip around the world

tourisme *m.* tourism; **tourisme plage** beach vacations; **tourisme responsable** environmentally-friendly tourism

touriste *m., f.* tourist

touristique *adj.* tourist

tournage *m.* (d'un film) filming (of a movie) (16)

tournée *f.* rounds, route

tourner to film; to turn (12); **tournez à droite/gauche** turn right/left (12)

tournoi *m.* tournament

Toussaint *f.* All Saints Day (November 1) (10)

tout(e) (*pl.* tous, toutes) *adj., pron.* all; every; each; any (14); **tout** *adv.* wholly, entirely, quite, very, all; **à tout à l'heure** see you soon; (ne...) **pas du tout** not at all; **tous les soirs** every evening; **tous (toutes) les deux** both (of them); **tous les jours** every day; **tout à fait** completely, entirely; **tout au fond (au bout)** at the very end; **tout au long**

de throughout; **tout ça** all this; (dans) **tout contexte** (in) every context; **tout de suite** right away; **tout droit** straight ahead (12); **tout le monde** everyone; **dans tout le pays** throughout the country; **tout se passe (va) bien** everything is going well; **toute la journée** all day long; **en toute probabilité** in all likelihood; **toute saison** every season; **toutes les deux heures** every two hours

toutefois *adv.* however

toutou *m., fam.* doggie

tradition *f.* tradition; **tradition orale** oral tradition

traditionnel(le) *adj.* traditional

traduction *f.* translation

traduire (*like* conduire) *irreg.* to translate

trafic (*m.*) de drogue drug trafficking

tragédie *f.* tragedy

trahir to betray

train *m.* train; **aller en train** to go by train; **être en train de** to be in the middle of (doing *s.th.*)

traineau *m.* (*pl.* traineaux) sled; sleigh

trait (*m.*) physique physical feature, trait (2)

trait *m.* de pinceau brush stroke (16)

traité *m.* treatise

traiter to address, discuss a subject (*as in a film or book*)

tramway *m.* tramway (12)

tranche *f.* slice; block; slab

tranquille *adj.* quiet, calm (12); **laisse-moi / laissez-moi tranquille!** leave me alone! (13)

tranquillement *adv.* quietly, calmly

transféré(e) *adj.* passed on

transformer to transform

transmettre (*like* mettre) *irreg.* to transmit, convey

transpirer to perspire

transport *m.* transportation; **moyen** (*m.*) **de transport** means of transportation; **transports en commun** public transportation (12)

travail (*pl.* travaux) *m.* work (11); project; job; employment; **bon travail!** *interj.* good work!; **fête** (*f.*) **du Travail** Labor Day (May 1) (10); **marché** (*m.*) **de travail** job market; **monde du travail** professional world; **semaine** (*f.*) **de travail** work week

travailler to work (3)

travers: **à travers** *prep.* through

traverser to cross (12)

trèfle *m.* clover

treize *adj.* thirteen (1)

treizième *adj.* thirteenth

tréma *m.* diaeresis, umlaut (ë)

tremblement *m.* de terre earthquake

trente *adj.* thirty (1)

très *adv.* very; most; very much; **très bien** very well (good); **très bien, merci** *interj.* very well, thank you; **très équilibré(e)** well balanced

trésor *m.* treasure

triangulaire *adj.* triangular

tricolore *m.* French flag (*blue, white, red*)

trier to sort (through)

trimestre *m.* trimester (*quarter*)

trinquer to clink glasses (*in a toast*)

triomphe *m.* triumph

triplette *f.* threesome; *pl.* triplets

triste *adj.* sad (2); **il est triste que** + *subj.* it's sad that

tristesse *f.* sadness

trois *adj.* three (1)

troisième *adj.* third (14)

tromper to be unfaithful; **se tromper (de)** to be mistaken (8); **tu te trompes!** *interj.* you're wrong!

trompette *f.* trumpet; **jouer de la trompette** to play the trumpet

trop (de) *adv.* too much; too many (5)

trophée *f.* trophy

tropical(e) *adj.* tropical

trou (*pl.* trous) *m.* hole

troublé(e) *adj.* troubled

trousse (*f.*) de toilette toiletries case

trouver to find (3); **où se trouve... ?** where is . . . located?; **trouver un poste** to find a job (11); **se trouver** to be located (8)

truc *m., fam.* thing

tuer to kill

tu *pron., s., fam.* you

Tunisie *f.* Tunisia

tunisien(ne) *adj.* Tunisian; **Tunisien(ne)** *m., f.* Tunisian (*person*)

tuteur *m.* guardian

type *m.* type, kind

typique *adj.* typical

typiquement *adv.* typically

tyrannie *f.* tyranny

U

ultraconservateur/trice *adj., m., f.* ultraconservative

un(e) (*pl.* des) *art.* a, an; *adj., pron.* one (1); **un(e) autre** another; **un jour** someday; **un peu (de)** a little (of); **uns: les uns vers les autres** some (*people*) toward others

uniforme *m.* uniform

unique *adj.* only, sole; single; **fille/fils unique** only daughter/son (4); **enfant** (*m., f.*) **unique** only child (4); **rue** (*f.*) **à sens unique** one-way street

uniquement *adv.* only

univers *m.* universe

universel(le) *adj.* universal

universitaire *adj.* (of or belonging to the) university; **résidence** (*f.*) **universitaire** dormitory; **restaurant** (*m.*) **universitaire** (*fam.* resto-U) university cafeteria; **vie** (*f.*) **universitaire** university life

université *f.* university

urbain(e) *adj.* urban; **vie** (*f.*) **urbaine** city life (12)

usage *m.* use; custom; **bon usage** proper usage

usé(e) *adj.* worn; worn-out

usine *f.* factory

utile *adj.* useful

utiliser to use; **en utilisant** using

utilitaire *adj.* practical

V

vacances *f. pl.* vacation (10); **bonnes vacances!** (have a) good vacation! (10); **partir (aller) en vacances** to leave on vacation; **passer les vacances** to spend one's vacation; **pendant les vacances** during (one's) vacation

vacancier/ière *m., f.* vacationer; *adj.* (pertaining to) vacation

vache *f.* cow

vague *f.* wave

vaisseau *m.* ship

vaisselle *f. s.* dishes; **faire la vaisselle** to do the dishes (3); **lave-vaisselle** *m.* dishwasher

valeur *f.* value; worth

valise *f.* suitcase (13); **faire ses valises** to pack one's suitcases (13)

vallée *f.* valley

valoir (*p.p.* **valu**) *irreg.* to be worth (11); **ça vaut le coup** it's worth it; **il vaut mieux** (+ *inf.*) it's preferable (to), it's better (to) (11); **il vaut mieux que** + *subj.* it is better that

valoriser to legitimize, validate

vandalisme *m.* vandalism

vanille *f.* vanilla; **à la vanille** vanilla-flavored (5)

vaniteux/euse *adj.* vain

se vanter (de) to brag (about); to take pride (in) (15)

varier to vary; to change

variété *f.* variety, type

vas-y! *interj.* go!

vaudou *m.* voodoo

veau *m.* veal; **blanquette** (*f.*) **de veau** veal stew

vedette *f.* star, celebrity (*male or female*)

végétal(e) *adj.* (*m. pl.* **végétaux**) vegetable

végétarien(ne) *m., f., adj.* vegetarian

veille (de) *f.* the night before (*the eve* [*of*])

vélo *m.* bike (13); **aller à vélo** to go by bike (13); **faire du vélo** to take a bike ride, to go cycling (3); **faire du VTT** to go mountain biking (13); **tour** (*m.*) **de vélo** bike ride; **vélo tout terrain (VTT)** mountain bike

vendeur/euse *m., f.* salesperson; **relation** (*f.*) **client-vendeur** client-vendor relationship

vendre to sell (5); **à vendre** for sale

vendredi *m.* Friday (1); **le vendredi** on Fridays

venir (*p.p.* **venu**) *irreg.* to come (4); **les années** (*f. pl.*) **à venir** the years to come; **d'où vient... ?** where is . . . from?; **venir à l'esprit** to come to mind; **venir de** + *inf.* to have just (*done s.th.*)

vent *m.* wind; **il y a du vent** (*m.*) it is windy (13)

vente *f.* sale; sales

ventilateur *m.* fan

ventre *m.* stomach (8)

verbal(e) *adj.* verbal

verbe *m.* verb

vérifier to verify, check

véritable *adj.* true; real

vérité *f.* truth

verlan *m.* *French slang formed by reversing syllables*

verre *m.* glass; **prendre un verre** to go out for a drink (5)

vers *m.* line

vers *prep.* around, about (*with time expressions*); toward, to; about

Verseau Aquarius (*zodiac*)

verser to pour; **verser de l'argent sur son compte** (*m.*) **épargne** to deposit money in one's savings account (13)

version *f.* version; **en version** *f.* **originale** in its original language (*film, not dubbed*) (16)

vert(e) *adj.* green (2); "green" (*politically*); **bleu-vert(e)** *adj. inv.* blue-green; **espace** (*m.*) **vert** recreation area (12); * **haricots** (*m. pl.*) **verts** green beans (5); **poivron** (*m.*) **vert** green pepper; **salade** (*f.*) **verte** green salad

vertige: **avoir le vertige** to suffer from vertigo, dizziness

veste *f.* sports coat, blazer, jacket (6)

vestige (de) *m.* vestige, remains (of)

vestimentaire *adj.* pertaining to clothing

vêtements *m. pl.* garments; clothing (6)

vétéran *m.* veteran

vêtu(e) *adj.* dressed

viaduc *m.* viaduct

viande *f.* meat (5)

vicomte *m.* viscount

victoire *f.* victory (14); **jour de la Victoire V-E Day** (*end of World War II*) (10)

victorieux/euse *adj.* victorious (14)

vide *adj.* empty

vidéo *f., fam.* video(cassette); **jeux** *m. pl.* **vidéo** video games

vie *f.* life (4); **coût** (*m.*) **de la vie** cost of living; **vie rurale** county life (12); **vie sentimentale** emotional life (11); **vie urbaine** city life (12)

vieillard *m.* old man

vieillir to grow, become old (6)

vierge *f.* virgin; **Vierge** *f.* Virgo (*zodiac*)

Viêt-Nam *m.* Vietnam

vieux (vieil, vieille) *adj.* old; **vieux/vieille** *m., f.* old man/woman (2)

vif/vive *adj.* lively, bright

vignoble *m.* vineyard(s)

villa *f.* bungalow; single-family house; villa

village *m.* village, town

villageois(e) *m., f.* villager

ville *f.* city (12); **centre-ville** *m.* downtown; **en ville** in town, downtown (12); **plan** (*m.*) **de ville** city map; **ville-étape** *f.* town at the end of the day of racing in the Tour de France **ville principale** major city

vin *m.* (**blanc, rouge, rosé**) (white, red, rosé) wine (5); **bouteille** (*f.*) **de vin** bottle of wine (5); **coq** (*m.*) **au vin** coq au vin (*chicken prepared with red wine*)

vinaigre *m.* vinegar

vingt *adj.* twenty (1); **vingt et un** *adj.* twenty-one (1)

vingtaine *f.* twenty or so; about twenty

vingtième *m., f., adj.* twentieth; **vingt et unième** *m., f., adj.* twenty-first (14)

violence *f.* violence

violent(e) *adj.* violent

violet(te) *adj.* purple (2)

violon *m.* violin

virelangue *m.* tongue-twister

virer to turn; to transfer (money); *fam.* to fire (from a job)

visa *m.* visa

visage *m.* face (8)

vis-à-vis (de) *prep.* in relation (to); *m.* person or thing facing/opposite one

visite *f.* visit; trip (7); **rendre visite à** to visit (*s.o.*) (5)

visiter to visit (*a place*) (3)

visiteur/euse *m., f.* visitor

visuel(le) *adj.* visual; **l'art** (*m. s.*) **visuel** visual arts

vitalité *f.* vitality

vitamine *f.* vitamin

vite *adv.* quickly, fast, rapidly (10); **pas trop vite!** *interj.* not too fast!

vitesse *f.* speed; **limite** (*f.*) **de vitesse** speed limit; **train** (*m.*) **à grande vitesse (TGV)** bullet train (*French high speed train*)

vitrail *m.* (*pl.* **vitraux**) stained-glass window (16)

vivant *adj.* living

vivre (*p.p.* **vécu**) *irreg.* to live (9); **vive...** *interj.* long live . . .

vocabulaire *m.* vocabulary

vœux: **carte** (*f.*) **de vœux** greeting card

voici *prep.* here is/are

voilà *prep.* there is/are

voile *m.* (**islamique**) (Islamic) headscarf (15)

voir (*p.p.* **vu**) to see (7); **à voir** to be seen; **se voir** to see each other; to get together

voire *adv.* even

voisin(e) *m., f.* neighbor

voiture *f.* car, automobile (13); **aller en voiture** to go by car (13); **voiture de location** rental car (13); **voiture de sport** sports car; **voiture économique** economy car

voix *f.* voice; **à haute voix** *adv.* out loud

vol *m.* flight

volaille *f.* poultry (5)

volcanique *adj.* volcanic

volley-ball (*fam.* **volley**) *m.* volleyball; **jouer au volley** to play volleyball

volontaire *adj.* voluntary; deliberate; *m., f.* volunteer

volontiers! *interj.* sure! (5)

vos *adj., m., f. pl.* your

voter to vote

votre *adj., m., f.* your; **à votre avis** in your opinion; **vous avez fait votre choix?** have you decided? (5)

vôtre(s): **le/la/les vôtre(s)** *pron. m., f.* yours; **les vôtres** your close friends, relatives

vouloir (*p.p.* **voulu**) *irreg.* to wish, want (7); **je voudrais** I would like; **oui, je veux bien** yes, I'd like to (5); **que veut dire... ?** what does . . . mean?; **tu veux... ?** do you want to . . . ? (5); **vouloir bien** to be willing; to agree; **vouloir dire** to mean; **vous voulez... ?** do you want to . . . ? (5)

vous *pron.* you; yourself; to you; **chez vous** where you live, your place; **et vous (-même)?** and you? (1), How about you?; **s'il vous plaît** please; **vous avez fait votre choix?** have you decided? (5); **vous-même** yourself; **vous voulez... ?** do you want to . . . ? (5)

voûte: **en voûte** *adj.* vaulted (*ceiling*) (16)

voyage *m.* trip (10); **agence** (*f.*) **de voyage** travel agency; **bon voyage** *interj.* have a good trip; **faire un voyage** to take a trip; **partir (s'en aller) en voyage** to leave on a trip; **préparatifs** (*m. pl.*) **de voyage** travel preparations; **projets** (*m. pl.*) **de voyage** travel plans; **voyage de noces** honeymoon (11)

voyager (nous voyageons) to travel (3)

voyageur/euse *m., f.* traveler

voyelle *f.* vowel

vrai(e) *adj.* true (2, 15); **c'est un vrai plaisir (de)** (+ *inf.*) it's a real pleasure (to) (11); **c'est vrai** *interj.* it's/that's true; **il est vrai que** + *indic.* it's true that (15)

vraiment *adv.* truly

vue *f.* view; panorama; sight; **point** (*m.*) **de vue** point of view

vulgaire *adj.* vulgar, crude; **latin** (*m.*) **vulgaire** popular Latin

W

Web *m.* web, Internet; **site** (*m.*) **Web** web site

week-end *m.* weekend (1); **le week-end** on the weekend (3)

Y

yaourt *m.* yogurt (5)

y *adv.* there; **allons-y!** let's go!, let's do that, let's get started! (13); **j'y vais** I'm going (there); **vas-y, allez-y!** go right ahead! (13); **y compris** including

yeux *m. pl.* eyes (2); **œil** *m. s.*

yoga *m.* yoga; **faire du yoga** to practice, do yoga

Z

zèbre *m.* zebra

zéro *m.* zero

zodiaque *m.* zodiac

zone *f.* zone, area

zoo *m.*, (**jardin** [*m.*] **zoologique**) zoo

zoologiste *m., f.* zoologist

Lexique anglais-français

The English-French end vocabulary contains the words in the active vocabulary lists of all chapters. See the introduction to the **Lexique français-anglais** for a list of abbreviations used.

A

a(n) un(e) (1); **a lot** beaucoup (de) (5)
able: to be able pouvoir (*irreg.*) (7)
about: it's about il s'agit (*irreg.*) de (16)
absent-mindedly distraitement (10)
absolutely absolument (10)
accent accent *m.* (14)
accessories accessoires *m. pl.* (6)
account: to deposit money in (one's savings account) verser de l'argent sur (son compte épargne) (13); **to withdraw money from one's (checking) account** retirer de l'argent de son compte (-chèques) (13)
accountant comptable *m., f.* (4)
across from en face de (5)
act (*of a play, opera*) acte *m.* (d'une pièce, d'un opéra) (16); **to act** interpréter (un rôle) (j'interprète) (16)
active actif/active (2)
actually quand même (15)
admission (*to a show*) entrée *f.* (7)
admitted: to be admitted (*to an elite French institution of higher education*) intégrer (j'intègre) (une école) (11)
afraid: to be afraid (that . . .) avoir (*irreg.*) peur (que + *subj.*) (15)
afternoon après-midi *m.* (3); **in the afternoon** de l'après-midi (3)
age âge *m.* (2); **Middle Ages** Moyen Âge (14)
agriculture agriculture *f.* (15)
ago: (5 years) ago il y a (5 ans) (7)
ahead: straight ahead tout droit (12)
AIDS SIDA *m.* (syndrome de l'immunodéficience acquise) (15)
air conditioning climatisation *f.* (15)
airplane avion *m.* (13); **to go by airplane** aller (*irreg.*) en avion (13)
Algerian *adj.* algérien(ne) (2); (*person*) Algérien(ne) *m., f.* (2)
all tout, toute, tous, toutes (14); **all the** tout, toute, tous, toutes + *def. art.* (14); **All Saints' Day** Toussaint *f.* (10)
alley (covered) ruelle *f.* (couverte) (12)
alliance alliance *f.* (14)
almond: croissant (*crescent roll*) **with almond paste** croissant aux amandes (5)
already déjà (5)
always toujours (3)
American *adj.* américain(e) (2); (*person*) Américain(e) *m., f.* (2)
amusing amusant(e) (2)
analysis (statistical) analyse *f.*, bilan *m.* (statistique) (11)
and et; Et toi? / Et vous(-même)? (1)
angry: to get angry se fâcher (contre) (8)

ankle cheville *f.* (8)
answer *v.* répondre (5)
anthropology anthropologie *f.* (1)
antisocial antisocial(e) (15)
anything: Anything else with that? Autre chose avec ça? (5)
apartment appartement *m.* (9); **apartment building/complex** immeuble *m.* (résidentiel) (9); **one-bedroom apartment** deux-pièces *m. s.* (9)
apple pomme *f.* (5)
appliances électroménager *m. s.* (9)
approach *v.* s'approcher (de) (13)
April avril (1); **April Fool's Day practical joke** poisson (*m.*) d'avril (10)
aquarium aquarium *m.* (7)
architect architecte *m., f.* (4)
architecture architecture *f.* (16)
argue (with) se disputer (avec) (11)
arm bras *m.* (8)
armchair fauteuil *m.* (9)
armed forces forces (*f. pl.*) armées (15)
armoire armoire *f.* (9)
army armée *f.* (14)
arrive arriver (3)
artichoke artichaut *m.* (5)
article (newspaper, magazine) article *m.* (de journal, de revue) (11)
artist artiste *m., f.* (4)
arts (*the*) arts *m. pl.* (16)
as . . . as aussi... que (9); **as soon as** aussitôt que, dès que *conj.* (11)
assistant assistant(e) *m., f.* (4)
athletic sportif/ive (2)
attend assister (à) (7)
attracted to attiré(e) *adj.* par (11)
August août (1)
aunt tante *f.* (4)
autobiography autobiographie *f.* (11)
avenue avenue *f.* (12)
avoid éviter (de) (14)
away: . . . meters away à... mètres (12)

B

backpack sac (*m.*) à dos (1)
backyard jardin *m.* (9)
bad mauvais(e) (2); **bad(ly)** mal *adv.* (6); **it's bad (out)** il fait mauvais (3)
baguette (*French bread*) baguette *f.* (5)
bakery boulangerie *f.* (5)
balcony balcon *m.* (9)
ballerina ballerine *f.* (16)
banana banane *f.* (5)
baroque baroque (16)

basement sous-sol *m.* (9)
Bastille Day 14 juillet *m.* (10)
bathroom (*with bathtub or shower*) salle (*f.*) de bains (9)
bathtub baignoire *f.* (9)
battle bataille *f.* (14)
bay golfe *m.* (12)
be être (*irreg.*) (1); **be attracted to** être attiré(e) *adj.* par (11); **be located** se trouver (8); **I am (Canadian)** je suis de nationalité (canadienne); **I am of (Canadian) descent** je suis d'origine (canadienne) (2); **I am from (Boston)** je suis de (Boston) (2); **I am not from here** je ne suis pas d'ici (12); **I am not that into (TV)** je ne suis pas trop (TV) (6); **I would like to be . . .** j'aimerais être... (11); **that/he/she is** c'est (1); **there is/are** il y a (1); **to be successful (at, in)** réussir (à) (6)
beach plage *f.* (12)
beans: green beans *haricots (*m. pl.*)* verts (5)
beautiful beau, bel, belle (beaux, belles) (2)
because parce que, car (14)
become devenir (*irreg.*) (7); **I want to become . . .** je veux devenir... (11)
bed lit *m.* (9)
bedroom chambre *f.* (9); **one-bedroom apartment** deux-pièces (*m. s.*) (9)
beer bière *f.* (5)
begin commencer (3); **to begin by/with** commencer par (7)
beginning commencement *m.* (14)
behind *prep.* derrière (1)
Belgian *adj.* belge (2); (*person*) Belge *m., f.* (2)
believe (in) croire (*irreg.*) (à, en) (10)
belt ceinture *f.* (6)
best wishes meilleurs vœux (10)
bet: You bet! (*agreement to do s.th.*) Volontiers! (5)
better (than) meilleur(e) (que) (9); **better** mieux *adv.* (12); **better: it is better (to)** il vaut (*irreg.*) mieux (+ *inf.*) (11)
between entre (5)
big grand(e) (2); gros(se) (2)
bike vélo *m.* (3); **bike path** piste (*f.*) cyclable (12); **to go bike-riding** faire (*irreg.*) du vélo (3); **to go by bike** aller à/en vélo (13);
bill (*restaurant*) addition *f.* (5)
biography biographie *f.* (11)
biology biologie *f.* (1)
birth naissance *f.* (14)
birthday anniversaire *m.* (1); **happy birthday** bon/joyeux anniversaire (10)
black noir(e) (2); **in black and white** (*film, photography*) en noir et blanc (16)
blackboard tableau *m.* (noir) (1)
blond blond(e) (2)

blouse chemisier *m.* (6)
blue bleu(e) (s) (2)
blush rougir (6)
boat bateau *m.* (13); **to go by boat** aller (*irreg.*) en bateau (13)
body corps *m.* (8)
book livre *m.* (1)
bookcase étagère *f.* (9)
boots bottes *f. pl.* (6)
bored: to be/get bored s'ennuyer (8)
boring ennuyeux/euse (2)
born: to be born naître (*irreg.*) (7)
bottle (of wine) bouteille (de vin) *f.* (5)
bottom: at the bottom (of) en bas (de) (12)
boulevard boulevard *m.* (12)
bouquet (of flowers) bouquet *m.* (de fleurs) (10)
boyfriend petit ami, copain *m.* (11)
bracelet bracelet *m.* (6)
brag (about) se vanter (de) (15)
bread pain *m.* (5); **rustic bread** pain de campagne (5)
break (one's arm) se casser (le bras) (8)
breakfast petit déjeuner *m.* (5)
bridge pont *m.* (12)
broccoli brocolis *m. pl.* (5)
broke (penniless) *adj.* fauché(e) (*fam.*) (2)
bronze: cast in bronze en bronze (16)
broom balai *m.* (9)
brother frère *m.* (4); **brother-in-law** beau-frère *m.* (4); **half-brother** demi-frère *m.* (4); **stepbrother** demi-frère *m.* (4)
brown brun(e) (2); (*eyes*) marron *inv.*, bruns *pl.* (2); (*hair*) châtains *pl.*, marron *inv.* (2)
brush (one's teeth) se brosser (les dents) (8)
brush (hair) brosse *f.* (à cheveux) (8)
buddy copain *m.*, copine *f.* (11)
building bâtiment *m.* (12)
bungee-jumping: to go bungee-jumping faire (*irreg.*) du saut à l'élastique (13)
burn (one's hand) se brûler (la main) (8)
bus bus *m.* (13); **to go by bus** aller (*irreg.*) en bus (13)
businessman, businesswoman homme (*m.*) d'affaires, femme (*f.*) d'affaires (4)
busy occupé(e) (2)
butcher shop and deli boucherie-charcuterie *f.* (5)
butter beurre *m.* (5)
buttress (flying) arc-boutant *m.* (16)
buy *v.* acheter (3)

C

cable (television) câble *f.* (7)
cake gâteau *m.* (5)
calculator calculatrice *f.* (1)
camcorder caméscope *m.* (6)
camera (digital) appareil (*m.*) photo (numérique) (6)
can *n.* boîte *m.* (5); (*to be able*) pouvoir (*irreg.*) (7); **Can I take your order?** Je peux prendre votre commande? (5); **Sorry, I can't.** Désolé(e)! Je ne peux pas. (5)
Canadian *adj.* canadien(ne); (*person*) Canadien(ne) *m., f.* (2)

canal canal *m.* (12)
candle bougie *f.* (10)
canoeing: to go canoeing faire (*irreg.*) du canoë-kayak (13)
canvas (*art*) toile *f.* (16)
cap (*baseball*) casquette *f.* (6)
car voiture *f.* (13); **by (rental) car** en voiture (de location) (13); **to go by car** aller (*irreg.*) en voiture (13)
carafe carafe *f.* (5)
card (bank, credit, greeting) carte *f.* (bancaire, de crédit, de vœux) (10)
carefully soigneusement (10)
carrot carotte *f.* (5)
carry porter (6)
cash espèces *f. pl.*, liquide *f.* (13); **in cash** en espèces, en liquide (13)
cat chat *m.* (4)
cathedral cathédrale *f.* (12)
ceiling plafond *m.* (16)
cell phone (téléphone) portable *m.* (6)
cemetery cimetière *m.* (10)
century siècle *m.* (14)
certain certain(e)(s) (14)
chair chaise *f.* (1)
chalk (piece of) craie *f.* (1)
character (*personality traits*) caractère *m.* (2)
check chèque *m.* (13); **by check** par chèque (13); **checking account** compte chèques (13)
cheek joue *f.* (8)
Cheers ! À la tienne!, Chin-chin!, Santé! (10)
cheese fromage *m.* (5); **cheese shop** fromagerie *f.* (5)
chemistry chimie *f.* (1)
chest (*part of the body*) poitrine *f.* (8)
chestnut (*color*) châtain(e) (2)
chicken poulet *m.* (5)
chief executive officer (CEO) président-directeur général (PDG) *m.*, présidente-directrice générale *f.* (PDG) (11)
child enfant *m., f.* (4); **only child** enfant unique (4)
chin menton *m.* (8)
Chinese *adj.* chinois(e) (2); (*language*) chinois *m.* (2); (*person*) Chinois(e) *m., f.* (2)
choose choisir (6)
Christmas Noël *m.* (10); **Christmas Eve** la veille (*f.*) de Noël (10); **Christmas Eve dinner** réveillon (de Noël) *m.* (10); **Christmas log** (*chocolate roll cake*) bûche (*f.*) de Noël (10); **Christmas tree** sapin (*m.*) de Noël (10)
cinema cinéma *m.* (16)
circus cirque *m.* (7)
citizen citoyen(ne) *m., f.* (15)
city ville *f.* (12); **in the city** en ville (12)
city hall hôtel (*m.*) de ville (12), mairie *f.* (12)
civil: in a civil union pacsé(e) (4)
class (*school*) cours *m.* (11)
classroom salle (*f.*) de classe (1)
clean *adj.* propre (12)
clear clair(e) (15); **it's clear that. . .** il est clair que (+ *indic.*) (15)
climb *v.* monter (7)
close *adj.* proche (12)
closet placard *m.* (9)
clothing vêtements *m. pl.* (6)
cloudy: it's cloudy le ciel est couvert (13)

coast côte *f.* (12)
coat (*full-length*) manteau *m.* (6)
coffee café *m.* (5)
coffeemaker, coffeepot cafetière *f.* (9)
coffee table table (*f.*) basse (9)
cold: it's cold (out) il fait froid (3)
colleague collègue *m., f.* (11)
collection recueil *m.* (11, 16)
colonial colonial(e) (14)
colonist colon *m.* (14)
colonization colonisation *f.* (14)
colony colonie *f.* (14)
color couleur *f.* (2); **in color** (*film, photography*) en couleur (16)
comb peigne *m.* (8); **comb** *v.* (one's hair) se peigner (les cheveux) (8)
come venir (*irreg.*) (4); **I come from (Boston)** je viens de (Boston) (2); **to come back** revenir (*irreg.*) (4)
comedy comédie *f.* (7)
comfortable confortable (9)
comforter couette (*f.*) (9)
comic book bande (*f.*) dessinée (une BD) (11)
command ordre *m.* (13)
commercial *adj.* commercial(e) (11)
company entreprise *f.* (11)
composer compositeur *m.* (16)
compost *v.* composter (15); **to compost one's garbage** composter ses déchets (15)
comprehend comprendre (*irreg.*) (5)
computer ordinateur *m.* (1); **laptop (computer)** (ordinateur) portable *m.* (1)
concert (jazz) concert *m.* (de jazz) (7); **concert hall** salle (*f.*) de concert (7); **in concert** en concert (7)
conditioner après-shampooing *m.* (8)
conflict conflit *m.* (14)
congratulations félicitations *f. pl.* (10)
conqueror conquérant *m.* (14)
conquest conquête *f.* (14)
conscription (*obligatory military service*) conscription *f.* (15)
constantly constamment (10)
content *adj.* content(e) (2)
continue continuer (12); **continue as far as (Ulm Street)** continue/continuez jusqu'à (la rue d'Ulm) (12); **to continue one's studies** poursuivre (*irreg.*) ses études (11)
cook *v.* cuisiner (3); faire (*irreg.*) la cuisine (3)
cool (*weather*) frais (3); **it's cool (out)** il fait frais (3)
corner coin *m.* (12); **on the corner of** au coin de (12); **à l'angle de** (12)
coronation couronnement *m.* (14)
corporation société (*f.*) commerciale (11)
cost prix *m.* (7); **at no cost** gratuit(e) (7)
costume déguisement *m.* (10)
Côte d'Ivoire: from Côte d'Ivoire *adj.* ivoirien(ne); (*person*) Ivoirien(ne) *m., f.* (2)
cotton coton *m.* (6); **(made of) cotton** en coton (6)
couch canapé *m.* (9)
could: could I have . . . ? je pourrais avoir… ?, (5); **could you tell me where (the closest metro station) is located?** pourriez-vous dire où se trouve (la station de métro la plus proche)? (12); **if you could . . .** si tu pouvais / vous pouviez (+ *inf.*) … (13)

country pays *m.* (14); **in the country** à la campagne (12)

course: **preparatory course** cours (*m.*) préparatoire (11)

cousin cousin(e) *m.*, *f.* (4)

crab crabe *m.* (5)

cream crème *f.* (5); **shaving cream** crème à raser (8)

credit card carte (*f.*) de crédit (13); **by credit card** par carte de crédit (13)

creole (*language*) créole *m.* (14)

croissant (*crescent roll*) croissant *m.* (5)

cross *v.* traverser (12)

cucumber concombre *m.* (5)

cup tasse *f.* (5)

currently actuellement (7)

curtains rideaux *m.* (9)

cushion coussin *m.* (9)

cut (one's finger) se couper (le doigt) (8)

cute mignonn(e) (2)

D

daily: **daily meals** repas (*m. pl.*) de la journée (5)

dairy crèmerie *f.* (5); **dairy product** produit (*m.*) laitier (5)

dance *v.* danser (3); **dance** *n.* danse *f.* (16)

dancer danseur/euse *m.*, *f.* (16)

dangerous dangereux/euse (12)

dark (*color*) foncé(e) (6)

date: **What is today's date?** Quelle est la date d'aujourd'hui? (1)

daughter fille *f.* (4); **daughter-in-law** belle-fille *f.* (4)

day jour *m.* (1); **days of the week** jours de la semaine (1); **(Have a) good day!** Bonne journée! (10); **What day is it (today)?** Quel jour sommes-nous (aujourd'hui)? (1), On est quel jour (aujourd'hui)? (1)

death mort *f.* (14)

debit card carte (*f.*) bancaire (13); **by debit card** par carte bancaire (13)

decade décennie *f.* (14)

deceased décédé(e) (4)

December décembre (1)

decide: (*restaurant*) **Have you decided?** Vous avez fait votre choix? (5)

decision décision *f.* (5); **to make a decision** prendre (*irreg.*) une décision (5)

defense défense *f.* (14)

degree: **bachelor's degree** licence *f.* (11); **master's degree** master *m.* (11); **doctorate degree** doctorat *m.* (11); **to have a degree** (*academic*) être (*irreg.*) diplômé(e) (11)

degree (*temperature*) degré *m.* (13); **it is . . . degrees** il fait… degrés (13)

deli boucherie-charcuterie *f.* (5)

demonstrate (for/against) manifester (pour/contre) (15)

demonstration (*march*) manifestation *f.* (15)

dental office cabinet (*m.*) dentaire (11)

dentist dentiste *m.*, *f.* (4)

deposit money in (one's savings account) verser de l'argent sur (son compte épargne)

depressed déprimé(e) (2)

descend descendre (5)

designed (by) conçu(e) (par) (16)

desk bureau *m.* (1)

dialect dialecte *m.* (14); **regional dialect** patois *m.* (14)

dialectal dialectal(e) (14)

die mourir (*irreg.*) (7)

difficult difficile (2)

digital video recorder (DVR) enregistreur (*m.*) numérique (7)

dine dîner (3)

dining room salle (*f.*) à manger (9)

dinner dîner *m.* (5); **Christmas Eve / New Year's Eve dinner** réveillon (*m.*) de Noël / du jour de l'An (de la Saint-Sylvestre) (10); **to eat dinner** dîner (3)

diploma diplôme *m.* (11)

diplomacy diplomatie *f.* (14)

diplomatic diplomatique (14)

direct *v.* (*a theater production*) mettre (*irreg.*) en scène (16); (*a film*) réaliser (un film) (16)

dirty sale (12)

discovery découverte *f.* (14)

disease (infectious) maladie *f.* (infectieuse) (15)

disguise déguisement *m.* (10)

dishonestly malhonnêtement (10)

dishwasher lave-vaisselle *m.* (9)

dissertation (Ph.D.) thèse *f.* (11)

district (residential, business) quartier *m.* (12) (résidentiel, commercial); **city district** (*in Paris*) arrondissement *m.* (12)

diverse divers(e) (12)

divorce *v.* divorcer (11)

divorced divorcé(e) (4); **to get divorced** divorcer (11)

do faire (*irreg.*) (3); **let's do that** allons-y! (13); **to do housework** faire le ménage (3); **to do one's homework** faire ses devoirs (3); **to do the cooking** faire la cuisine (3); **to do the dishes** faire la vaisselle (3); **to do the laundry** faire la lessive (3); **what did you like to do when . . . ?** qu'est-ce que tu aimais / vous aimiez faire quand… (9); **what do you do for a living?** Qu'est-ce que tu fais / vous faites dans la vie? (4)

doctor médecin *m.*, femme (*f.*) médecin (4); **doctor's office** cabinet (*m.*) médical (11)

doctorate (*degree*) doctorat *m.* (11)

documents documentation *f.* (11)

dog chien *m.* (4)

door porte *f.* (1)

doubt (that . . .) douter (que + *subj.*) (15)

doubtful douteux/euse (15); **it's doubtful that . . .** il est douteux que (+ *subj.*) (15)

download *v.* télécharger (3)

drama drame *m.* (7)

dress robe *f.* (6); **to get dressed** s'habiller (8)

dresser commode *f.* (9)

drink boisson *f.* (5); **to drink** boire (*irreg.*) (5); prendre (*irreg.*) (5); **to go out for a drink** prendre (*irreg.*) un verre, un pot (5)

drive *v.* conduire (*irreg.*) (13)

drums: **to play the drums** jouer de la batterie (3)

dry (one's hands) s'essuyer (les mains) (8)

DVR magnétoscope (*m.*) numérique (7)

DVD DVD *m.* (7); **DVD player** lecteur (*m.*) de DVD (7)

dynasty dynastie *f.* (14)

E

each chaque (14)

eager: **to be eager to . . .** tenir (*irreg.*) à + *inf.* (14)

ear oreille *f.* (8)

early tôt (3); (*to be, arrive, show up*) **early** en avance (3)

earn (money) gagner (de l'argent) (11)

earrings boucles (*f. pl.*) d'oreilles (6)

Easter Pâques *f.* (10); **Easter bells** cloches (*f. pl.*) de Pâques (10)

easy facile (2)

easy-going décontracté(e) (2)

eat manger (3); prendre (*irreg.*) (5)

eclair (chocolate, vanilla) éclair *m.* (au chocolat, à la vanille) (5)

economics sciences (*f. pl.*) économiques (1)

education éducation *f.* (1), formation *f.* (11)

egg œuf *m.* (5)

eight *huit (1)

eighteen dix-huit (1)

eighty quatre-vingts (4); **eighty-one** quatre-vingt-un (4)

elbow coude *m.* (8)

elevator ascenseur *m.* (9)

eleven onze (1)

else: **Anything else with that?** Autre chose avec ça? (5)

elsewhere ailleurs (10)

emperor empereur *m.* (14)

empire empire *m.* (14)

end fond *m.* (12); **at the very end** tout au fond (12); **to end (with)** terminer (par + *n.*) (7)

energetic actif/active (2)

energy (wind, nuclear, renewable, solar, thermal) énergie *f.* (éolienne, nucléaire, renouvelable, solaire, thermale) (15)

engaged fiancé(e) (4); **to get engaged (to)** se fiancer (à) (11)

engineer ingénieur *m.*, femme ingénieur *f.* (4)

English *adj.* anglais(e) (2); (*language*) anglais *m.* (2); (*person*) Anglais(e) *m.*, *f.* (2)

enjoy! (*food*) bon appétit! (10)

enormously énormément (10)

enough (of) assez (de) (5)

enter entrer (dans) (7)

entertainment divertissements *m. pl.* (7)

entryway entrée *f.* (9)

Epiphany (January 6) fête (*f.*) des Rois (Épiphanie *f.*) (10)

era époque *f.*, ère *f.* (14)

erase effacer (3)

eraser (*chalkboard*) effaceur *m.* (1)

esplanade esplanade *f.* (12)

essay essai *m.* (11)

essential: **it's essential to** il est essentiel de + *inf.* (11, 14)

ethnocentric / ethnocentrique *adj.* (15)

even même *adv.* (7)

evening soir *m.* (3); **good evening!** bonsoir! (1) soirée *f.* (10); **(have a) good evening!** bonne soirée! (10); **in the evening** du soir (3)

event événement *m.* (7)
every tout, toute, tous, toutes + *def. art.* (14)
everywhere partout (10)
exam examen *m.* (3); **entrance exam** concours (*m.*) d'entrée (11)
excursion excursion *f.* (13)
excuse me excuse-moi, excusez-moi (3); pardon (3)
exhibit (*art*) exposition (*f.*) d'art (7)
expenses dépenses *f. pl.* (13)
expensive cher/chère (9)
exploration exploration *f.* (14)
explorer explorateur/trice *m., f.* (14)
extremely énormément (15)
eye œil *m.;* **eyes** yeux *m. pl.* (2, 8)

F

face figure *f.,* visage *m.* (8)
failure (*at school*) échec *m.* (scolaire) (15)
fall automne *m.* (1); **in the fall** en automne (1); **fall** *v.* tomber (7); **to fall in love (with)** tomber amoureux/euse (de) (11)
false faux/fausse (2)
familiar: **to be familiar with** connaître (*irreg.*) (12)
family famille *f.* (4); **family room** salle (*f.*) de séjour (9)
far (*from*) loin (de) (2); **continue as far as (Voltaire Street)** continue/continuez jusqu'à (la rue Voltaire) (12)
farm (*family*) ferme *f.* (familiale) (15)
fast vite (10)
fat gros(se) (2)
father père *m.* (4); **Father Christmas** père (papa) (*m.*) Noël (10); **father-in-law** beau-père *m.* (4); **Father's Day** fête (*f.*) des Pères (10)
February février *m.* (1)
feel (*sick*) se sentir (*irreg.*) (malade) (8); **do you feel like (doing sth.)?** ça te/vous dit de (+ *inf.*)? (5); **to feel like** (*want*) avoir (*irreg.*) envie de (2)
few (*hardly any*) peu de (5); **a few** quelques (14)
fewer moins (de) (12)
fifteen quinze (1)
fifth cinquième *m., f., adj.* (14)
fifty cinquante (1)
fight (**for/against**) *v.* lutter (pour/contre) (15); *n.* lutte *f.* (15)
filet (**of salmon/sole**) filet *m.* (de saumon/de sole) (5)
film film *m.* (7); **action/adventure film** film (*m.*) d'aventures (7); **animated film** film d'animation (7); **crime film** film policier (7); **feature-length film** long métrage *m.* (16); **film director** réalisateur/trice *m., f.* (16); **filming** (*of a movie*) tournage *m.* (d'un film) (16); (**film**) **release** sortie *f.* (d'un film) (16); **foreign film** film étranger (7); **horror film** film d'horreur (7); **science-fiction film** film de science-fiction (7); **war film** film de guerre (7)
filmmaker cinéaste *m., f.* (16)
find *v.* trouver (3); **I find it/them horrible/great/ugly** Je trouve ça affreux/génial/laid/

moche (*fam.*) (6); **to be found** (*located*) se trouver (12); **to find a job** trouver un poste (11); **to find out (about)** se renseigner (sur) (8)
fine bien (1); **fine, thanks** ça va bien, merci (1); **I'm fine** (*very well*) je vais (très) bien (1)
finger doigt *m.* (8)
finish finir (6); **to finish (with)** terminer (par + *noun*) (7)
fireworks display feu (*m.*) d'artifice (10)
firm (*law*) cabinet (*m.*) (d'avocats) (11)
first premier/ière (2, 14)
fish poisson *m.* (4, 5); **fish market** poissonnerie *f.* (5)
five cinq (1)
floor (*of house or building*) étage *m.* (9); **ground floor** rez-de-chaussée *m.* (9) **second floor** premier étage *m.* (9)
flour farine *f.* (5)
fluently couramment (10)
follow suivre (*irreg.*) (11)
food (*item*) aliment *m.* (5)
foodmart épicerie *f.* (5)
foot pied *m.* (8); **to go on foot** aller à pied (13)
forecast: **weather forecast** prévisions (*f. pl.*) météo (13)
forehead front *m.* (8)
foreign: **foreign language** langue (*f.*) étrangère (14)
forget oublier (14); **to forget to (do)** oublier de (14)
fork fourchette *f.* (5)
fortunately heureusement (10)
forty quarante (1)
found: **to be found** (*located*) se trouver (12)
fountain fontaine *f.* (12)
four quatre (1)
fourteen quatorze (1)
fourth quatrième *m., f., adj.* (14)
frame cadre *m.* (9)
free (*cost*) gratuit(e) (7); (*liberty*) libre (4): **What do you do in your free time?** Qu'est-ce que tu fais / vous faites pendant ton/votre temps libre? (4)
French *adj.* français(e) (2); (*language*) français *m.* (2); (*person*) Français(e) *m., f.* (2)
fresco fresque *f.* (16)
freshman (*in 9th grade*) en troisième (3e) (11)
Friday vendredi *m.* (1)
friend ami(e) *m., f.* (1); *fam.* copain *m.,* copine *f.* (11)
friendly sympa(thique) (2)
from de (2); **I am/come from (Boston)** je suis/viens de (Boston) (2)
front hall entrée *f.* (9)
fruit fruit *m.* (5)
fun *adj.* amusant(e) (2); **make fun of** se moquer de (8)
funny marrant(e) (2)
furniture meubles *m. pl.* (9)
future avenir *m.* (11); **in the future** dans l'avenir (11)

G

gain: **to gain weight** prendre (*irreg.*) du poids (5); grossir (6)

game jeu *m.* (7); **board game** jeu de société (7)
garbage déchets (*m. pl.*) (15)
garden jardin *m.* (9); **to garden** faire (*irreg.*) du jardinage (3)
gargoyle gargouille *f.* (16)
garlic ail *m.* (5)
genetically modified organism (GMO) organisme (*m.*) génétiquement modifié (OGM *m.*) (15)
genre genre *m.* (7)
gentlemen messieurs *m. pl.* (1)
geography géographie *f.* (1)
geology géologie *f.* (1)
geopolitics géopolitique *f.* (14)
German *adj.* allemand(e) (2); (*language*) allemand *m.* (2); (*person*) Allemand(e) *m., f* (2)
get obtenir (*irreg.*) (11); **get out of here! get lost!** va-t'en, allez-vous-en! (13); **let's get on with it** allons-y! (13); **to get around** se déplacer (13); **to get off (of)** descendre (de) (5, 13); **to get to** (*a location*) se rendre à (13); **to get together** se réunir (8); **to get up** se lever (8); **to get younger-looking** rajeunir (6)
gift cadeau *m.* (10); **gift certificate** chèque-cadeau *m.* (10)
girl fille *f.* (4)
girlfriend petite amie *f.,* copine *f.* (11)
give (**a gift**) offrir (*irreg.*) (un cadeau) (10)
glass verre *m.* (5); **wine glass** verre à vin (5)
glasses lunettes *f. pl.* (6); **sunglasses** lunettes de soleil (6)
global warming réchauffement (*m.*) de la planète (15)
glove gant *m.* (6)
go aller (*irreg.*) (4); **go right ahead!** vas-y, allez-y! (13); **let's go there!** allons-y! (13); **to go by** passer par (7); **to go down** descendre (5); (13); **to go grocery shopping** faire (*irreg.*) les courses (3); **to go into** entrer (dans) (7); **to go out** sortir (*irreg.*) (6); **to go out for Chinese/Italian/Mexican** (*food*) aller manger chinois/italien/mexicain (5); **to go to** (*a location*) se rendre à (13); **to go to bed** se coucher (8); **to go up** monter (7); **you keep going until you come to (Ulm Street)** vous continuez tout droit jusqu'à (la rue d'Ulm) (12)
golden doré(e) (16)
goldfish poisson (*m.*) rouge (4)
good *adj.* bon(ne) (2); **good-bye** au revoir (1); **good job!** bravo! (10); **it's a good idea (to)** c'est une bonne idée (de + *inf.*) (11); **Sure, that sounds good.** Oui, ça me dit. (5); **Yes, good idea!** Oui, bonne idée! (5)
gothic/gothique *adj.* (16)
graduate *v.* obtenir (*irreg.*) un diplôme (11)
grandchildren petits-enfants *m. pl.* (4)
granddaughter petite-fille *f.* (4)
grandfather grand-père *m.* (4); **great-grandfather** arrière-grand-père *m.* (4)
grandmother grand-mère *f.* (4); **great-grandmother** arrière-grand-mère *f.* (4)
grandparents grands-parents *m. pl.* (4)
grandson petit-fils *m.* (4)
grave *n.* tombe *f.* (10)
gray gris(e) (2)

great génial(e) (6)
green vert(e) (2)
grocery store (*small*) épicerie *f.* (5)
grow: to grow old vieillir (6); to grow up
    grandir (6)
gulf golfe *m.* (12)

H

hair cheveux *m. pl.* (2); hair conditioner
    après-shampooing *m.* (8)
hairbrush brosse à cheveux *f.* (8)
hairdresser coiffeur/euse *m., f.* (4)
Haitian *adj.* haïtien(ne); (*person*) Haïtien(ne)
    m., f. (2)
half past (*the hour*) … et demi(e) (3)
hallway couloir *m.* (9)
ham jambon *m.* (5)
hamster *hamster *m.* (4)
hand main *f.* (8)
handsome beau, bel, belle (beaux, belles) (2)
Hanukkah *Hanoukka *m.* (10)
happiness: Wishing you lifelong happiness!
    Soyez heureux pour la vie! (10)
happy content(e) (2); heureux/euse (2); I'd be
    happy to! Avec plaisir! (5)
harbor port *m.* (12)
hard dur(e) (2)
hat chapeau *m.* (6)
hate *v.* détester (3)
have avoir (*irreg.*) (2); Could I have . . . ? Je
    pourrais avoir… ? (5); Have a nice stay!
    Bon séjour! (10); if I didn't have to
    (+ *inf.*) . . . si je n'étais pas obligé(e) de…
    (13); I have just (had dinner) je viens de
    (dîner) (4); to have a sore throat (a
    backache) avoir mal à la gorge (au dos) (8);
    to have class (*at school*) avoir cours (2); to
    have dinner dîner (3); to have fun s'amuser
    (8); to have . . . hair/eyes avoir les cheveux /
    les yeux… (2); to have lunch déjeuner (3);
    to have (s.th.) to eat/drink (*in a restaurant*)
    prendre (*irreg.*) (5); to have to devoir
    (*irreg.*) (7)
hazel (*eyes*) noisette *inv.* (2)
head tête *f.* (8)
headscarf (Islamic) voile *m.*, foulard *m.*
    (islamique) (15)
healthy: to be healthy être (*irreg.*) en bonne
    santé (8)
hear entendre (5)
hello bonjour (1)
here ici (12); to be from here être (*irreg.*) d'ici (12)
hi salut (*fam.*) (1)
high (rate, price, etc.) élevé(e) (12)
high-heeled à talons hauts (6)
high school (private/vocational) lycée *m.*
    (privé/professionnel) (11); high school
    diploma bac(calauréat) *m.* (11); high
    school student lycéen(ne) *m., f.* (11)
hike: to go on a hike faire (*irreg.*) une
    randonnée (3)
hip *hanche *f.* (8)
history (art) histoire *f.* (de l'art) (1)
holiday fête *f.* (1, 10); Happy holidays! Bonnes
    fêtes! (10); public holiday jour (*m.*) férié (10)

home maison *f.* (9)
homogène *adj.* homogenous (12)
homophobic *adj., n.* homophobe (15)
honestly honnêtement (10)
honeymoon voyage (*m.*) de noces (11)
hope (that . . .) souhaiter (que + *subj.*) (15)
horrible affreux/euse (6)
horse cheval *m.* (13); to go horseback riding
    faire (*irreg.*) du cheval (3); to go on
    horseback aller (*irreg.*) à cheval (13)
hostel (youth) auberge (*f.*) de jeunesse (13)
hot chaud(e) (3); it's hot (out) il fait
    chaud (3)
hotel (luxury) hôtel *m.* (de luxe) (13)
house maison *f.* (9)
household *adj.* ménager/ère (9)
housing logement *m.* (9); low income housing
    HLM *m. ou f.* (habitation [*f.*] à loyer
    modéré) (15)
how comment (1); (*as an invitation*) how
    about (dancing)? ça te/vous dit de (danser)
    (5); how are you? comment vas-tu /
    allez-vous? (1); how is it going? comment
    ça va? (1); how is that spelled (written)? ça
    s'écrit comment? (1); (for) how long depuis
    combien de temps (7); how many combien
    de (3); how old are you? tu as quel âge? /
    quel âge avez-vous? (2)
hundred cent (4); two hundred deux cents (4)
hungry: to be hungry avoir faim (5)
hurry se dépêcher (8)
husband mari *m.* (4)
hypothetical hypothétique (13)

I

ice skating: to go ice skating faire (*irreg.*) du
    patin sur glace (3)
idea: it's a good idea (to) c'est une bonne idée
    (de + *inf.*) (11); Yes, good idea! Oui, bonne
    idée! (5)
if si (13); if I didn't have to (+ *inf.*) . . . si je
    n'étais pas obligé(e) de… (13); if you could
    (+ *inf.*) . . . si tu pouvais / vous pouviez (+
    inf.)… (13); what would you do if . . .
    qu'est-ce que tu ferais / vous feriez si… (13)
image image *f.* (16)
immigrant immigré(e) *m., f.* (15)
immigration (illegal) immigration *f.*
    (clandestine, illégale) (15)
imperial impérial(e) (14)
imperialism impérialisme *m.* (14)
important: it's important to il est important
    de + *inf.* (11)
impose imposer (15)
impressionist *adj.* impressionniste (16)
in dans (1); in front of devant (1)
income taxes impôts *m. pl.* (15)
increase *v.* augmenter (15)
Indian *adj.* indien(ne) (2); (*person*) Indien(ne)
    m., f. (2)
inn auberge *f.* (12)
install installer (15)
institute institut *m.* (11)
instruction (secular) enseignement *m.*
    (laïque) (15)

instructor professeur *m.* (1)
interest *v.* intéresser (14); does (politics)
    interest you? ça t'intéresse / vous intéresse,
    (la politique)? (14); that interests me ça
    m'intéresse (14)
interested: to be interested in s'intéresser à (8);
    are you interested in . . . ? tu t'intéresses /
    vous vous intéressez à… ? (15); (*as an
    invitation*) are you interested in (dancing)?
    ça te/vous dit de (danser)? (5)
international relations relations (*f. pl.*)
    internationales (1)
intolerance intolérance *f.* (15)
intolerant intolérant(e) (15)
iPod® iPod® *m.*, lecteur (*m.*) mp3 (6)
Irish *adj.* irlandais(e) (2); (*person*) Irlandais(e)
    m., f. (2)
iron fer *m.* (9); ironing board planche (*f.*) à
    repasser (9)
island île *f.* (12)
it is c'est (1), il est (1, 15); it's . . . (*time*)
    il est… (3); it's . . . (*weather*) il fait… (3)
Italian *adj.* italien(ne) (2); (*language*) italien *m.*
    (2); (*person*) Italien(ne) *m., f.* (2)

J

jacket: bomber jacket blouson *m.* (6);
    (outer/suit) jacket veste *f.* (6)
jam confiture *f.* (5)
January janvier (1)
Japanese *adj.* japonais(e) (2); (*language*) japonais
    m. (2); (*person*) Japonais(e) *m., f.* (2)
jazz concert concert (*m.*) de jazz (7)
jeans (*pair of*) jean *m. s.* (6)
job emploi *m.*, poste *m.* (11); to find a job
    trouver un poste (11)
joke (practical) farce *f.*, poisson (*m.*) d'avril
    (*on April Fool's Day*) (10)
journalism journalisme *m.* (1)
journalist journaliste *m., f.* (4)
juice (orange, apple) jus *m.* (d'orange, de
    pomme) (5)
July juillet (1)
June juin (1)
junior (*in 11th grade*) en première (1ère)
    (11); junior high school collège *m.* (11);
    junior high school student collégien(ne) *m.,
    f.* (11)

K

key: key moment moment clé (14)
kind *n.* genre *m.* (7)
king roi *m.* (14)
kiss (one another) s'embrasser *v.*; Kisses!
    (*during leave-taking*) Bisous! (16)
kitchen cuisine *f.* (9)
knee genou *m.* (8)
knife couteau *m.* (5)
know (facts, how to do s.th.) savoir (*irreg.*)
    (7); (*be familiar with*) connaître (*irreg.*)
    (12); do you know the neighborhood?
    connaissez-vous le quartier? (12); to know
    one another se connaître (12)

L

Labor Day (May 1) fête (*f.*) du Travail (10)
laboratory laboratoire *m.* (11)
laborer ouvrier/ière *m., f.* (4)
ladies mesdames *f. pl.* (1)
laid-back décontracté(e) (2); relax (*inv.*) (2)
lake lac *m.* (12)
lamb: a leg of lamb gigot (*m.*) d'agneau (*m.*) (5)
lamp lampe *f.* (9)
language langue *f.* (14); **foreign language** langue (*f.*) étrangère (14); **in its original language** (*film*) en version originale (16)
last *adj.* dernier/ière (2)
late tard (3); (to *arrive, be, show up*) **late** (être [*irreg.*], arriver) en retard (3)
law loi *f.* (15)
lawn pelouse *f.* (9)
lawyer avocat(e) *m., f.* (4)
learn (to do something) apprendre (*irreg.*) (à + *inf.*) (5)
least le moins (12)
leather cuir *m.* (6); **(made of) leather** en cuir (6)
leave (from, for) partir (*irreg.*) (de, pour) (6); **leave** (*a place*) *v.* quitter (6); **leave me alone!** laisse-moi / laissez-moi tranquille! (13); **on your left** sur votre gauche (12); **to the left (of)** à gauche (de) (5)
leg jambe *f.* (8); **leg of lamb** gigot (*m.*) d'agneau (5)
legal légal(e) (14)
leisure (*time, activity*) loisirs *m. pl.* (4); **What do you do in your leisure time?** Qu'est-ce que tu fais / vous faites pendant tes/vos loisirs? (4)
Lent carême *m.* (10)
less moins (de) (12)
less . . . than moins... que (9)
lesson leçon *f.* (16)
lie *v.* mentir (*irreg.*) (6)
life vie *f.* (4); **city life** vie urbaine (12); **country life** vie rurale (12); **emotional life** vie sentimentale (11)
lifelong: Wishing you lifelong happiness! Soyez heureux pour la vie! (10)
light (*color*) clair(e) (6); lumière *f.* (16); **(energy-saving) light bulb** ampoule *f.* (fluocompacte) (15)
lightning: there's lightning il y a des éclairs (13)
like *v.* aimer (3); **to like (a lot)** aimer (bien, beaucoup) (5); **what did you like to do when . . .** qu'est-ce que tu aimais / vous aimiez faire quand... ? (9); **what was (your home) like?** comment était (ta/votre maison)? (9); **what were (your parents) like?** comment étaient (tes/vos parents)? (9); **would you like to . . . ?** tu aimerais... ? / vous aimeriez... ? (5); **Yes, I'd like to / I'd like that a lot.** Oui, j'aimerais beaucoup / j'aimerais bien. (5), Oui, je veux bien. (5)
likely probable (15); **it's likely that . . .** il est probable que (+ *indic.*) (15)
line ligne *f.* (16); vers *m.* (*poetry*)

linguist linguiste *m., f.* (1)
linguistics linguistique *f.* (1)
lip lèvre *f.* (8)
lipstick rouge (*m.*) à lèvres (8)
listen (to music) écouter (de la musique) (3)
literature (*comparative*) littérature *f.* (comparée) (1)
little: petit(e) (9); **when you were little** quand tu étais / vous étiez petit(e) (9)
live vivre (*irreg.*) (9); **to live (in, at)** habiter (à, en) (3)
living: living room salle (*f.*) de séjour, salon *m.* (9); **what do you do for a living?** qu'est-ce que tu fais / vous faites dans la vie? (11)
loaf of bread pain *m.* (5)
lobster *homard *m.* (5)
located: to be located se trouver (12); **could you tell me where (the closest metro station) is located?** pourriez-vous me dire où se trouve (la station de métro la plus proche)? (12)
lodging hébergement *m.* (13)
look (at) regarder (3); **to look for** chercher (3)
loose (*fitting*) décontracté(e) (6)
lose perdre (5); **to lose weight** maigrir (6)
loss perte *f.* (14)
lot: a lot (of) beaucoup (de) (5)
love *v.* adorer (3); aimer (3); **love story** (*movie*) film (*m.*) d'amour (7)
low *adj.* bas/basse (12)
low income housing HLM *m.* ou *f.* (habitation [*f.*] à loyer modéré) (15)
lower *v.* baisser (15)
luck: good luck bonne chance (16); **best of luck** bon courage (16); **best of luck on your project/work** bon projet, bon travail (16)
lunch déjeuner *m.* (5); **to have lunch** déjeuner (3)
luxury hotel hôtel (*m.*) de luxe (13)

M

ma'am (Mrs.) madame (Mme) *f.* (1)
major spécialisation *f.* (11); **to major (in)** se spécialiser (en) (8)
make faire (*irreg.*) (3); **make fun of** se moquer de (8); **make use of** se servir de (8)
man homme *m.* (1)
manager directeur/trice *m., f.* (4)
many beaucoup (de) (5); de nombreux/euses *pl.* (14); **too many** trop de (5)
map carte *f.* (1); (*city*) plan *m.* (12); (*road*) carte routière (13)
marble (*made of*) (en) marbre *m.* (16)
March mars (1)
Mardi gras Mardi (*m.*) gras (10)
market (outdoor) marché *m.* (en plein air) (5)
married marié(e) (4); **to get married (to)** se marier (avec) (11)
marry se marier (avec) (11)
mascara mascara *m.* (8)
master's degree master *m.* (11)
materials (*building*) matériaux *m. pl.* (16)
mathematics (math) mathématiques (maths) *f. pl.* (1)

matriculate (into an elite French instituion of higher learning) intégrer (une école) (11)
May mai (1); **May 8 holiday** jour (*m.*) de la Victoire (10)
may: it may be that . . . il se peut (*irreg.*) que (+ *subj.*) (15)
meal repas *m.* (5)
mean méchant(e) (2)
meat viande *f.* (5)
meet se rencontrer (11); **to meet up** se réunir (8)
mend (*an article of clothing*) raccommoder (15)
menorah ménorah *f.* (10)
Mexican *adj.* mexicain(e) (2); (*person*) Mexicain(e) *m., f.* (2)
mezzo-soprano mezzo-soprano *m.* (16)
microwave oven four (*m.*) à micro-ondes (9)
middle: in the middle of au milieu de (5); **middle school** collège *m.* (11); **middle school student** collégien(ne) *m., f.* (11)
midnight: it is midnight il est minuit (3)
mild: it's mild (out) il fait doux (3)
milk lait *m.* (5)
mirror miroir *m.* (9)
miss (Miss) mademoiselle (Mlle) *f.* (1)
mistaken: to be mistaken (about) se tromper (de) (8)
mister (Mr.) monsieur (M.) (1)
modern moderne (15)
monarchy monarchie *f.* (14)
Monday lundi *m.* (1)
money argent *m.* (13)
month mois *m.* (1)
more plus (de) (12)
more . . . than plus... que (9)
morning matin *m.* (3); **in the morning** du matin (3)
Moroccan *adj.* marocain(e) (2); (*person*) Marocain(e) *m., f.* (2)
mosque mosquée *f.* (12)
most (the) le plus (12)
mother mère *f.* (4); **mother-in-law** belle-mère *f.* (4); **Mother's Day** fête (*f.*) des Mères (10)
motorcycle moto *f.* (13); **to go by motorcycle** aller (*irreg.*) à/en moto (13)
mountain: to go mountain biking faire (*irreg.*) du VTT (vélo tout-terrain) (13); **to go mountain climbing** faire (*irreg.*) de l'escalade (13)
mouth bouche *f.* (8)
move *v.* move (13); **to move into** emménager dans (9); **to move out (of)** déménager (de) (9)
movie film *m.* (7); **movie theater** cinéma *m.* (7); **pay-per-view movie** film sur demande (7); **to go to the movies** aller (*irreg.*) au cinéma (5)
mp3 player iPod® *m.*, lecteur (*m.*) mp3 (6)
Mr. M. (monsieur) *m.* (1)
Mrs. Mme (madame) *f.* (1)
much beaucoup (de) (5); bien (10); **too much** trop (de) (5)
multicolored multicolore (6)
museum musée *m.* (7)
mushroom champignon *m.* (5)
music musique *f.* (1)
musical (*theater*) comédie (*f.*) musicale (7)
musician musicien(ne) *m., f.* (4)

mussel moule *f.* (5)

must *v.* devoir (*irreg.*) (7); **one must** il faut (*irreg.*) + *inf.* (8, 11); **(you) should not / must not . . .** il ne faut pas que... (14); **What must one/you do to . . . ?** Qu'est-ce qu'il faut faire pour + *inf.* (8)

mystery policier *m.* (7)

N

name: **my name is** je m'appelle (1); **what is your name?** comment vous appelez-vous? tu t'appelles comment? (1)

napkin serviette *f.* (5)

narrow-minded borné(e) (15); **to be narrow-minded** avoir (*irreg.*) l'esprit étroit (15)

nation nation *f.* (14)

nationality nationalité *f.* (2); origine *f.* (2); **What is your nationality?** Quelle est ta/ votre nationalité? (2)

near près (de) (2)

necessary: **it is necessary to** il est nécessaire de + *inf.* (11); il faut (*irreg.*) + *inf.* (11)

neck cou *m.* (8)

necklace collier *m.* (6)

necktie cravate *f.* (6)

need *v.* avoir (*irreg.*) besoin de (2)

neighborhood quartier *m.* (12); **underprivileged neighborhood** quartier défavorisé (15)

neoclassical néoclassique (16)

nephew neveu *m.* (4)

new nouveau, nouvel, nouvelle (nouveaux, nouvelles) (2); **New Year's Day** jour (*m.*) de l'An (10); **New Year's Eve** la Saint-Sylvestre (10); **New Year's Eve dinner** réveillon (*m.*) du jour de l'An (de la Saint-Sylvestre) (10)

next ensuite (7); **next (to)** à côté (de) (5)

nice gentil(le) (2); sympa(thique) (2); (*weather*) beau (3); **nice to meet you** enchanté(e) (1); **it's nice (out)** il fait beau (3)

nicely joliment (10)

niece nièce *f.* (4)

nightclub: **at a nightclub** en boîte (3)

nine neuf (1)

nineteen dix-neuf (1)

ninety quatre-vingt-dix (4)

no: **no longer** ne... plus (5); **no one** ne... personne (5), personne (7)

noisy bruyant(e) (12)

noon: **it is noon** il est midi (3)

nose nez *m.* (8)

not: **not any longer, not anymore** ne... plus (5); **not bad** pas mal (1); **not really** pas trop (15); **not so well** ça va mal (1); **not yet** ne... pas encore (5); **why not?** pourquoi pas? (5)

notebook cahier *m.* (1)

nothing ne... rien (5), rien (7)

novel roman *m.* (11)

November novembre (1)

now maintenant (4)

nowhere ne... nulle part (5)

nuclear energy énergie (*f.*) nucléaire (15)

number nombre *m.* (1)

nurse infirmier/ière *m., f.* (4)

O

obliged obligé(e) (13); **if I weren't obliged to . . .** si je n'étais pas obligé(e) de... (13)

obvious évident(e) (15); **it's obvious that...** il est évident que (+ *indic.*) (15)

occupation métier *m.* (11)

ocean océan *m.* (12)

October octobre (1)

of course bien sûr (15)

offer offrir (*irreg.*) (10)

office (**dental, law, medical**) cabinet *m.* (dentaire, d'avocat[s], médical) (11)

often souvent (3)

oil huile *f.*; **olive oil** huile d'olive (5); **(painted in) oil** à l'huile (16)

old âgé(e) (2); vieux, vieil, vieille (vieux, vieilles) (2); **how old are you?** tu as quel âge? / quel âge avez-vous? (2) **older** (*sibling*) aîné(e) (4)

olive olive *f.* (5); **olive oil** huile (*f.*) d'olive (5)

on sur (1); **on point** (*ballet*) sur pointes (16); **on time** à l'heure

one un(e) (1); **one-bedroom apartment** deux-pièces (*m. s.*) (9); **one-way (street)** (rue [*f.*]) à sens unique (12)

onion oignon *m.* (5)

online (*Internet*) en ligne (7)

only *adv.* ne... que (5); *adj.* seul (14); **the only** le seul / la seule / les seule(e)s (14); **only child** enfant (*m., f.*) unique, fils (*m.*) unique, fille (*f.*) unique (4)

open ouvrir (*irreg.*) (10); **to be open-minded** avoir (*irreg.*) l'esprit ouvert (15)

opinion avis *m.* (8); **in your opinion** à ton/ votre avis (8)

orange *n.* orange *f.* (5); **orange** *adj.* orange *inv.* (2)

order (*restaurant*) commande *f.* (5); **May I take your order?** Je peux prendre votre commande? (5); **in order to (do s. th.)** pour + *inf.* (14)

ordinal numbers nombres (*m. pl.*) ordinaux (14)

original: **in its original language** (*film*) en version originale (16)

out: **it's beautiful out** il fait beau (13)

outfit tenue *f.* (6)

outing (*on the town*) sortie *f.* (7)

over there là-bas (10, 12)

overcast: **it's overcast** le ciel est couvert (13)

oyster huître *f.* (5)

P

pack (*for a trip*) faire ses valises (13)

paint (*in oil*) peindre (*irreg.*) (à l'huile) (16)

painter peintre *m.*, femme peintre *f.* (16)

painting peinture *f.* (16); tableau *m.* (16)

pal copain *m.*, copine *f.* (11)

palace palais *m.* (12)

pants (*pair of*) pantalon *m. s.* (6); **sweatpants** pantalon de jogging (6)

paper (*term*) dissertation *f.* (11)

parade défilé *m.* (10)

pardon (**me**) pardon (3)

parent parent *m.* (4)

parking lot parking *m.* (9)

part partie *f.* (8)

partly: **it's partly sunny** il y a des éclaircies (13)

party fête *f.* (1)

pass (**by**) passer (par) (7)

Passover Pâque *f.* (10)

passport passeport *m.* (13)

pasta pâtes *f. pl.* (5)

pastry pâtisserie *f.* (5); **pastry shop** pâtisserie *f.* (5)

patois patois *m.* (14)

pay *v.* payer (13); **pay-per-view movie** film (*m.*) sur demande (7)

payment paiement *m.* (13)

peach pêche *f.* (5)

pear poire *f.* (5)

pen stylo *m.* (1)

pencil crayon *m.* (1)

penniless fauché(e) (*fam.*) (2)

pepper poivre *m.* (5); **red pepper** poivron (*m.*) rouge (5)

perform (**a role**) interpréter (un rôle) (16)

performance spectacle *m.* (7)

period période *f.* (14)

pet animal (*m.*) domestique (4)

pharmacist pharmacien(ne) *m., f.* (4)

philosophy philosophie *f.* (1)

photography photographie *f.* (1)

physics physique *f.* (1)

picture image *f.* (16); **picture frame** cadre *m.* (9)

pillow (*for bed*) oreiller *m.* (9); (*for sofa*) coussin *m.* (9)

pink rose (2)

place setting (*table*) couvert *m.* (5)

plaid à carreaux (6)

plane avion *m.* (13); **to go by plane** aller (*irreg.*) en avion (13)

plate assiette *f.* (5)

play *v.* jouer (3); (*a musical instrument*) jouer de (3); (*a sport or game*) jouer à (3) (7); **play** *n.* (*theater*) pièce *f.* (de théâtre) (7); **(now) playing** (*in a theater*) (actuellement) à l'affiche

pleased: **Pleased to meet you.** Enchanté(e). (1)

pleasing: **to be pleasing** (*to s.o.*) plaire (*irreg.*) (à) (11)

pleasure: **it's a real pleasure** c'est un vrai plaisir (de + *inf.*) (11); **with pleasure** avec plaisir (5)

poem poème *m.* (16)

poet poète *m.* (16)

poetry poésie *f.* (16); **collection of poetry** recueil (*m.*) de poèmes (11, 16)

policeman, policewoman policier *m.*, policière *f.* (4)

political science sciences (*f. pl.*) politiques (1)

politics politique *f.* (15)

polka dot *adj.* à pois (6)

poor pauvre (2)

poorly mal *adv.* (10)

pork (**roast of**) rôti (*m.*) de porc (5)

port port *m.* (12)

position (*job, post*) poste *m.* (11)

postal worker facteur/trice *m., f.* (4)

poster affiche *f.* (1)

potato pomme (*f.*) de terre (5)
poultry volaille *f.* (5)
powerful puissant(e) (15)
practice (law) cabinet *m.* (d'avocat[s]) (11)
prefer aimer mieux (3); préférer (3)
preferable: it's preferable to il est préférable de + *inf.* (11); il vaut (*irreg.*) mieux + *inf.* (11)
prejudiced: to be prejudiced (against) avoir (*irreg.*) des préjugés (contre) (15)
prepare préparer (3)
prestigious prestigieux/euse (14)
prettily joliment (10)
pretty joli(e) (2)
price prix *m.* (7)
pride: to take pride (in) se vanter (de) (15)
product (agricultural, organic) produit *m.* (agricole, bio[logique]) (15)
profession métier *m.* (4)
professor professeur *m.* (1)
programmer (*computer*) informaticien(ne) *m.*, *f.* (4)
prohibit interdire (*irreg.*) (15)
proud fier/fière (2)
psychology psychologie *f.* (1)
public transportation transports (*m. pl.*) en commun (12)
punctually ponctuellement (10)
purple violet(te) (2)
purse sac (*m.*) à main (6)
pursue (one's studies) poursuivre (*irreg.*) (ses études) (11)
put (on) mettre (*irreg.*) (6); to put on make-up (on one's eyes) se maquiller (les yeux) (8)

Q

quarter (*Paris district*) arrondissement *m.* (12); quarter past (*the hour*) … et quart (3); quarter to (*the hour*) … moins le quart (3)
Quebec Day (June 24) (fête de la) Saint-Jean-Baptiste *f.* (10)
Quebecois (*from Quebec*) adj. québécois(e) (2); (*person*) Québécois(e) *m.*, *f.* (2)
queen reine *f.* (14)
question question *f.* (6)
quickly rapidement, vite (10)
quiet adj. tranquille (12)

R

rabbit (chocolate) lapin *m.* (en chocolat) (10)
racist adj. raciste (15)
rafting: to go rafting faire (*irreg.*) du rafting (13)
rain pleuvoir (*irreg.*) (13); it's raining il pleut (*irreg.*) (13)
raincoat imperméable *m.* (6)
Ramadan ramadan *m.* (10)
rarely rarement (3)
raspberry framboise *f.* (5)
rate taux *m.* (15); unemployment rate taux de chômage (15)
razor rasoir *m.* (8)
read lire (*irreg.*) (11)
receive recevoir (*irreg.*) (10)

recently récemment (4)
recognize reconnaître (*irreg.*) (12)
record v. enregistrer (7)
recorder (digital) enregistreur *m.* (numérique) (7)
recreation area (*lit.* green place) espace (*m.*) vert (12)
recycle recycler, faire (*irreg.*) du recyclage (15)
red rouge (2); red (*hair*) roux/rousse (2)
reflect (on) réfléchir (à) (6)
refrigerator frigo *m.* (9)
region région *f.* (14)
regional régional(e) (14); regional dialect patois *m.* (14)
related to lié(e) à (11)
relationship relation *f.* (11)
relatives famille *f. s.* (4); parents *m. pl.* (4)
relax se détendre (8)
relaxed relax (*inv.*) (2)
religion religion *f.* (14)
religious religieux/euse (14)
remain rester (3)
remember se souvenir (*irreg.*) (de) (8)
remote: remote control télécommande *f.* (7)
renewable energy énergie (*f.*) renouvelable (15)
rent v. louer (3)
republic république *f.* (14)
Republican républicain(e) (14)
residence résidence *f.* (9)
residency card (*visa*) titre (*m.*) de séjour (15)
respond répondre (3)
return v. retourner (7); (*go home*) rentrer (3); (*return s.th.*) rendre (5); (*come back to a place*) revenir (*irreg.*) (5)
review (*film, book*) compte (*m.*) rendu (11)
revolution révolution *f.* (14)
revolutionary révolutionnaire *m.*, *f.*, adj. (14)
rice riz *m.* (5)
rich riche (2)
right droite *f.* (12); on your right sur votre droite (12) to the right (of) à droite (de) (5)
riot émeute *f.* (15)
river (*flowing directly into the sea*) fleuve *m.* (12); (*tributary*) rivière *f.* (12)
riverbank rive *f.* (12)
Roman adj. romain(e) (14)
Romance language langue (*f.*) romane (14)
romantic (*related to romanticism*) romantique (16)
roof toit *m.* (9)
room (*in a house*) pièce *f.* (9)
rose window rosace *m.* (16)
royal royal(e) (14)
rug tapis *m.* (9)
rule (grammar) règle *f.* (de grammaire) (14)
run v. courir (13)
rush hour heures (*f. pl.*) de pointe (12)
Russian adj. russe (2); (*language*) russe *m.* (2); (*person*) Russe *m.*, *f.* (2)

S

sad triste (2); to be sad that… être triste que (+ *subj.*) (15)
safe adj. sûr(e) (12)
salary salaire *m.* (11)
salmon: fillet of salmon filet (*m.*) de saumon (5)

salt sel *m.* (5)
same même adj. (7)
sandals sandales *f. pl.* (6)
Santa Claus père (papa) (*m.*) Noël (10)
satellite TV télé(vision) (*f.*) par satellite (7)
Saturday samedi *m.* (1)
sausage saucisse *f.* (5)
save (*money*) économiser (13)
say dire (*irreg.*) (11); I would say … je dirais… (8); I wouldn't say … je ne dirais pas… (8); what do you say to someone … ? qu'est-ce qu'on dit à quelqu'un… ? (10)
scarf (*warm*) écharpe *f.* (6); (*silk*) foulard *m.* (6)
schedule (*show times*) horaire *m.* (7); (*work*) horaire *m.* (11)
school école *f.* (11); elite French institution of higher learning grande école *f.* (11)
screen écran *m.* (1); on screen à l'écran (7)
scuba diving: to go scuba diving faire (*irreg.*) de la plongée (sous-marine) (13)
sculptor, sculptress sculpteur *m.*, femme sculpteur *f.* (16)
sculpture sculpture *f.* (16)
season saison *f.* (1)
seat place *f.* (7)
second second(e), deuxième *m.*, *f.*, adj. (14)
secondary instruction enseignement (*m.*) secondaire (11)
see voir (*irreg.*) (7); see you later à plus tard, à plus (1); see you soon à bientôt (1); see you tomorrow à demain (1); see you tonight à ce soir (1)
sell vendre (5)
send envoyer (3)
Senegalese adj. sénégalais(e) (2); (*person*) Sénégalais(e) *m.*, *f.* (2)
senior (*in 12th grade*) en terminale (en term.) (11)
separate v. se séparer (11)
September septembre (1)
serve servir (*irreg.*) (6)
settle (a bill) régler (une facture) (13)
seven sept (1)
seventeen dix-sept (1)
seventy soixante-dix (4); seventy-one soixante et onze (4)
several plusieurs (14)
sexist adj. sexiste (15)
shame: it's a shame that… il est dommage que (+ *subj.*) (15)
shampoo shampooing *m.* (8)
shape: to stay in shape rester en forme (8)
shave (one's legs) se raser (les jambes) (8)
shaving cream crème à raser *f.* (8)
sheet (of paper) feuille *f.* (de papier) (1)
shelf étagère *f.* (9)
shellfish fruits (*m. pl.*) de mer (5)
shirt chemise *f.* (6)
shoe chaussure *f.* (6); high-heeled shoe chaussures à talons hauts (6)
shopping: shopping mall centre (*m.*) commercial (12); to go grocery shopping faire (*irreg.*) les courses (3)
short petit(e) (2); short-sighted borné(e) (15)
shorts (pair of) short *m. s.* (6)
shoulder épaule *f.* (8)

show spectacle *m.* (7); (*television*) émission *f.* (7)

shower douche *f.* (9)

showing (*of a film*) séance *f.* (7); (**now**) **showing** (actuellement) à l'affiche *f.* (7)

shrimp crevette *f.* (5)

silk soie *f.* (6); (**made of**) **silk** en soie (6)

since depuis (7); **since when** depuis quand (7)

single (*unmarried*) célibataire (4); **the single** le seul / la seule (14)

sink (*bathroom*) lavabo *m.* (9); (*kitchen*) évier *m.* (9)

sister sœur *f.* (4); **sister-in-law** belle-sœur *f.* (4); **half-sister; stepsister** demi-sœur *f.* (4)

situation situation *f.* (13)

six six (1)

sixteen seize (1)

sixty soixante (1)

size (*clothing*) taille *f.* (6); **size** (*shoes*) pointure *f.* (6)

skating: to go ice skating faire (*irreg.*) du patin sur glace (3)

ski: to go (cross-country, downhill, water) skiing faire (*irreg.*) du ski (de fond, alpin, nautique) (3, 13)

skirt jupe *f.* (6)

skydiving parachutisme *m.* (13)

skyscraper gratte-ciel *m. inv.* (12)

slave esclave *m., f.* (14)

slavery esclavage *m.* (14)

sledding: to go sledding faire (*irreg.*) de la luge (13)

sleep dormir (*irreg.*) (6); **to fall asleep** s'endormir (8)

sleeve manche *f.* (6); **short-, long-sleeved** à manches courtes, longues (6)

slowly lentement (10)

small petit(e) (2)

smart intelligent(e) (2)

smell *v.* sentir (*irreg.*) (6)

snack (*after school*) collation *f.* (5); goûter *m.* (5)

sneakers baskets *m. pl.* (6)

snobby snob (15)

snow neiger (13); **it's snowing** il neige (13)

snowboarding: to go snowboarding faire (*irreg.*) du snowboard (13)

so: so long salut, ciao (1); **so much** tellement (10)

soap savon *m.* (8)

society société *f.* (15)

sociology sociologie *f.* (1)

sock chaussette *f.* (6)

solar energy énergie (*f.*) solaire (15)

sole (*fish*): **fillet of sole** filet (*m.*) de sole (5)

some *adj.* certain(e)(s) (14)

someone quelqu'un (de) (2)

something quelque chose (de) (2); **something to say, to add** quelque chose à dire, à ajouter (16)

sometimes parfois (3); quelquefois (10)

somewhere quelque part (7)

son fils *m.* (4); **son-in-law** beau-fils *m.* (4)

soon bientôt (4)

sophomore (*in 10th grade*) en seconde (2de) (11)

sorry désolé(e) (3); **Sorry, I can't.** Désolé(e)! Je ne peux pas. (5)

sound: Sure. That sounds good. (*agreement to do s.th.*) Oui, ça me dit. (5)

soup bowl assiette (*f.*) à soupe (5)

Spanish *adj.* espagnol(e) (2); (*language*) espagnol *m.* (2); **Spaniard** (*person*) Espagnol(e) *m., f.* (2)

speak parler (2)

spelling orthographe *f.* (14)

spiral en spirale (16)

spoon cuillère *f.* (5); **tablespoon** cuillère à soupe (5); **teaspoon** petite cuillère (5)

sports match match *m.* (7)

sporty sportif/ive (2)

spring printemps *m.* (1); **in the spring** au printemps (1)

square (*city*) place *f.* (12)

stadium stade *m.* (7)

stage: on stage sur scène (7)

stained-glass window vitrail *m.* (*pl.* vitraux) (16)

staircase, stairwell escalier *m.* (9)

stay *v.* rester (3); (*in a hotel*) *v.* loger (13); **Have a nice stay!** Bon séjour! (10); **stay-at-home dad** père (*m.*) au foyer (4); **stay-at-home mom** mère (*f.*) au foyer (4); **stay in shape** rester en forme (8)

steak bifteck *m.* (5)

stepdaughter belle-fille *f.* (4)

stepfather beau-père *m.* (4)

stepmother belle-mère *f.* (4)

stepson beau-fils *m.* (4)

stop (*oneself*) s'arrêter (13); **stop it!** arrête! (13)

store (*food*) magasin *m.* (d'alimentation) (5)

storm orage *m.* (13); **there are storms** il y a des orages (13)

story (**short**) nouvelle *f.* (11)

stove cuisinière *f.* (9)

straight ahead tout droit (12)

strawberry fraise *f.* (5)

street rue *f.* **cobblestone street** rue pavée (12); **one-way street** rue à sens unique (12)

stress stress *m.* (8); **to manage stress** gérer le stress (8)

strike grève *f.* (15); **to strike** faire (*irreg.*) grève (15)

striped à rayures (6)

strong fort(e) (2)

student étudiant(e) *m., f.* (1)

studies études *f. pl.* (11)

study *v.* étudier (2); **program of study** filière *f.* (11); **to study (for)** préparer (3)

subject matter (*academic*) matière *f.* (1)

subsidize subventionner (15)

subtitled (in English) sous-titré (en anglais) (16)

subway métro *m.* (13); **subway station** station (*f.*). de métro (7); **to go by subway** aller (*irreg.*) en métro (13)

succeed (at, in) réussir (à) (6)

successful: to be successful (at, in) réussir (à) (6)

sugar sucre *m.* (5)

suit (*for men*) costume *m.* (6); (*for women*) tailleur *m.* (6)

suitcase valise *f.* (13); **to pack one's suitcases** faire (*irreg.*) ses valises (13)

summer été *m.* (1); **in the summer** en été (1)

Sunday dimanche *m.* (1)

sunglasses lunettes (*f. pl.*) de soleil (6)

sunny: it's sunny il fait du soleil (13); il y a du soleil (13); **it's partly sunny** il y a des éclaircies (13)

support *v.* soutenir (*irreg.*) (15)

Sure! (*agreement to do s.th.*) Volontiers! (5)

surf: to surf the Internet surfer (sur Internet) (3)

surfing: to go surfing faire (*irreg.*) du surf (13)

sweater pull(-over) *m.* (6); **turtleneck sweater** pull(-over) à col roulé (6)

sweatpants pantalon (*m.*) de jogging (6)

sweatshirt sweat *m.* (6)

swim nager (3); **to swim** (*for exercise*) faire (*irreg.*) de la natation (3)

swimsuit maillot (*m.*) de bain (6)

Swiss *adj.* suisse; (*person*) Suisse *m., f.* (2)

T

tablecloth nappe *f.* (5)

tablespoon cuillère (*f.*) à soupe (5)

take prendre (*irreg.*) (5); **May I take your order?** Je peux prendre votre commande? (5); **to take a course** suivre (*irreg.*) un cours (11); **to take a walk** se balader (8); **to take care of** s'occuper de (8)

tall grand(e) (2)

tart tarte *f.* (5); **fruit tart** tarte aux fruits (5)

taxi taxi *m.* (13); **to go by taxi** aller (*irreg.*) en taxi (13)

tea thé *m.* (5)

teaspoon petite cuillère *f.* (5)

technique technique *f.* (16)

teenager adolescent(e) *m., f.* (9); **when you were a teenager** quand tu étais / vous étiez ado(lescent[e]) (9)

telephone téléphone *m.* (6); **cell phone** (téléphone) portable *m.* (6)

television télévision *f.* (15); **satellite television** télé(vision) par satellite (7); **television channel** chaîne (*f.*) de télévision (15); **televison remote control** télécommande *f.* (7); **television show** émission *f.* (7)

tell dire (*irreg.*) (11); **could you tell me where (the closest metro station) is located?** pourriez-vous me dire où se trouve (la station de métro la plus proche)? (12)

temperature température *f.* (13); **what is the temperature?** quelle est la température? (13)

ten dix (1)

tennis: to play tennis jouer au tennis (3); **tennis shoes** tennis *m. or f. pl.* (6)

tenor ténor *m.* (16)

terrace terrasse *f.* (9)

territory territoire *m.* (14)

terrorism terrorisme *m.* (15)

text message texto *m.* (3)

that is c'est (1)

theater théâtre *m.* (7); (**movie**) **theater** cinéma *m.* (16)

theme thème *m.* (16)

then (et) puis (7)

there là (10)

there is/are il y a (1)

thesis thèse *f.* (11)

they are ce sont (1)

thin mince (2)

think (about) réfléchir (à) (6); to think (of) penser (de) (6)

third troisième *m., f., adj.* (14)

thirsty: to be thirsty avoir soif (5)

thirteen treize (1)

thirty trente (1)

those are ce sont (1)

thousand mille *inv.* (4)

three trois (1)

thumb pouce *m.* (8)

thunder: there's thunder il y a du tonnerre (13)

Thursday jeudi *m.* (1)

ticket (*film, play*) billet *m.* (d'entrée) (7); round-trip ticket (*air, train, bus*) billet aller-retour (13); ticket price (full, reduced) (plein) tarif *m.* (réduit) (7)

tie (*necktie*) cravate *f.* (6)

tight (*fitting*) étroit(e) (6)

time (*on a clock*) heure *f.* (3); temps *m.* (14); at what time . . . ? à quelle heure… ? (3); do you know what time it is? tu as / vous avez l'heure? (3); free time temps libre (4); on time à l'heure (3); the time is . . . o'clock il est … heure(s) (3); time period période (*f.*) du temps (14); to be on time être à l'heure (3); what time is it? quelle heure est-il? il est quelle heure? (3)

tired fatigué(e) (2)

toe orteil *m.* (8)

toilet (*room with toilet*) toilettes *f. pl.* (9)

tolerant tolérant(e) (15)

tomato tomate *f.* (5)

tomb tombe *f.* (10)

tongue langue *f.* (8)

too many / too much trop (de) (5)

tool (*technology*) outil (*m.*) technologique (6)

tooth dent *f.* (8); to brush one's teeth se brosser les dents (8)

toothbrush brosse à dents *f.* (8)

toothpaste dentifrice *f.* (8)

top: at the top (of) en haut (de) (12)

tour bus autocar *m.* (13); to go by tour bus aller (*irreg.*) en autocar (13)

tower tour *f.* (12)

trade commerce *m.* (14)

traffic circulation *f.* (12); traffic circle rond-point *m.* (12); traffic jam embouteillage *m.* (12)

train station gare *f.* (SNCF) (12)

training formation *f.* (11)

trait (*physical*) trait (*m.*) physique (2)

tramway tramway *m.* (12)

tranquil tranquille (12)

transportation (*public*) transports (*m. pl.*) en commun (12)

travel *v.* voyager (3)

trip voyage *m.* (10); have a good trip! bon voyage! (10)

true vrai(e) (2, 15); it's true that… il est vrai que (+ *indic.*) (15)

t-shirt tee-shirt *m.* (6)

Tuesday mardi *m.* (1)

turn *v.* tourner (12); to turn (in) rendre (5); turn right, left tournez à droite, à gauche (12)

twelve douze (1)

twenty vingt (1); twenty-first vingt et unième (14); twenty-one vingt et un (1); twenty-two vingt-deux (1)

twist (one's ankle) se fouler (la cheville) (8)

two deux (1)

type *n.* genre *m.* (7)

U

ugly laid(e) (2, 6), moche (*fam.*) (6)

uh, yeah euh… ben, oui (15)

umbrella parapluie *m.* (6)

uncle oncle *m.* (4)

under sous (1)

underground: underground shopping mall centre (*m.*) commercial souterrain (12)

understand comprendre (*irreg.*) (5)

understanding compréhensif/ive (15)

undocumented sans papiers (15)

unemployment chômage *m.* (15); unemployment rate taux (*m.*) de chômage (15)

unfortunately malheureusement (10)

union (*labor*) syndicat *m.* (15)

university fac(ulté) *f.* (11); university-level instruction enseignement (*m.*) supérieur (11)

unplug débrancher (15)

until jusqu'à (12)

use *n.* emploi *m.* (14); *v.* se servir de (8)

V

vacation vacances *f. pl.* (10); (have a) good vacation! bonnes vacances! (10); vacation package forfait *m.* (13)

vacuum cleaner aspirateur *m.* (9)

varied divers(e) (12)

various divers(es) (14)

vaulted (*ceiling*) en voûte (16)

VCR magnétoscope m. (7)

vegetable légume *m.* (5)

version (original) (*film*) version (*f.*) originale (16)

Veteran's Day (November 11) jour (*m.*) du Souvenir (10)

victory victoire *f.* (14)

victorious victorieux/euse (14)

video: video game console console (*f.*) de jeux vidéo (7); video game controller manette *f.* (7)

visit *n.* visite *f.* (7); to visit (*a place*) visiter (3); to visit (*s.o.*) rendre visite à (5)

W

wait (for) attendre (5)

waiter/waitress serveur/euse *m., f.* (4, 5)

wake up se réveiller (8)

walk *v.* marcher (13); a 20-minute walk (from here) à 20 minutes à pied (12); to go for a walk se balader (8); to go for a walk in the woods faire (*irreg.*) une balade en forêt (13); to take a walk se balader (8);

se promener (8), faire (*irreg.*) une promenade (3)

walkway (*waterfront*) esplanade *f.* (12)

wall mur *m.* (1)

want *v.* vouloir (*irreg.*) (7); avoir (*irreg.*) envie de (2); do you want to . . . ? tu veux / vous voulez… ? (5); what do you want to do . . . ? qu'est-ce que tu veux / vous voulez faire… ? (11)

war guerre *f.* (14)

wardrobe (*furniture*) armoire *f.* (9)

wash (one's face) se laver (la figure) (8)

watch *v.* regarder (3)

water (mineral) eau *f.* (minérale) (5); water bottle gourde *f.* (15)

weak faible (2)

wear (*clothing*) porter (6)

weather temps *m.* (3); weather forecast prévisions (*f. pl.*) météo (13); what is the weather like? quel temps fait-il? (3); it's nice/bad weather il fait beau/ mauvais (3)

Wednesday mercredi *m.* (1)

week semaine *f.* (1); during the week en semaine (3)

weekend week-end *m.* (1); on the weekend le week-end (3)

Welcome! Bienvenue! (16); Soyez / Vous êtes le, la, les bienvenu(e)(s)! (16)

well bien *adv.* (6); well-off aisé(e) (2); well, well! tiens! (13)

western (*film*) western *m.* (7)

what qu'est-ce que (1, 8); qu'est ce qui (1, 8); quel(le) (1); comment (1); quoi (8); what (a) . . . ! quel(le)(s)… !(6) what day is it (today)? quel jour sommes-nous (aujourd'hui)? (1), on est quel jour aujourd'hui? (1); what do you say to someone . . . ? qu'est-ce qu'on dit à quelqu'un… ? (10); what is… ? (*when asking for a definition*) qu'est-ce que c'est (que)… ? (10); what is it? qu'est-ce que c'est? (1); what is there . . . ? qu'est-ce qu'il y a…? (1); what is the temperature? quelle est la température? (13); what is the weather like? quel temps fait-il? (13); what is today's date? quelle est la date d'aujourd'hui? (1); what is your name? tu t'appelles comment? comment vous appelez-vous? (1); what is your nationality? quelle est ta/votre nationalité? (2); what is your phone number? quel est ton/votre numéro (de téléphone)? (1); what would you do if . . . qu'est-ce que tu ferais / vous feriez si… (13)

when quand (1); lorsque (11); when is your birthday? c'est quand, ton/votre anniversaire? (1)

where où (2); could you tell me where (the closest post office / the closest metro station) is located? pourriez-vous me dire où se trouve (le bureau de poste le plus proche / la station de métro la plus proche)? (12); where is . . . located? où se trouve… ? (12); where are you from? tu es d'où? / d'où êtes-vous? (2)

white blanc(he) (2)

who . . . ? qui… ? (8); qui est-ce qui… ? (8); **who is that?** qui est-ce? (1)

whole: the whole . . . tout le + *n. s.*, toute la + *n. s.* (14)

whom . . . ? qui est-ce que…? (8)

why? pourquoi? (3); **Why not?** Pourquoi pas? (5)

wife femme *f.* (4)

window fenêtre *f.* (1); **rose window** rosace *m.* (16); **stained-glass window** vitrail *m.* (16)

windsurfing: to go windsurfing faire (*irreg.*) de la planche à voile (13)

windy: it's windy il y a du vent (13)

wine vin *m.* (5); **bottle of wine** bouteille (*f.*) de vin (5); **red (white, rosé) wine** vin rouge (blanc, rosé) (5); **wine glass** verre (*f.*) à vin (5)

winter hiver *m.* (1); **in the winter** en hiver (1)

wipe (one's hands) s'essuyer (les mains) (8)

wish *v.* souhaiter (que) (15); **Wishing you lifelong happiness!** Soyez heureux pour la vie! (10)

withdraw (money) from one's (checking) account retirer (de l'argent) de son compte (-chèques) (13)

woman femme *f.* (1)

wool laine *f.* (6); **(made of) wool** en laine (6)

work travail *m.* (11); **to work** travailler (3); **work (of art, literature)** œuvre *f.* (d'art, de littérature) (16)

worker ouvrier/ière *m., f.* (4)

workforce population (*f.*) active (15)

workplace lieu (*m.*) de travail (11)

worldly: to be worldly avoir (*irreg.*) de l'expérience (15)

worldwide mondial(e) (14)

worry *v.* (**about**) s'inquiéter (de) (8, 15); **don't worry about it!** (ne) t'en fais pas! / (ne) vous en faites pas! (13)

worse (than) pire (que) (9)

would: what would you do if . . . ? qu'est-ce que tu ferais / vous feriez si… ? (13)

wrist poignet *m.* (8)

write écrire (*irreg.*) (11)

writer écrivain *m.*, femme (*f.*) écrivain (4)

Y

yeah: uh, yeah euh… ben, oui. (15)

year an *m.* (1); année *f.* (10); **Happy New Year!** Bonne année! (10); **to be . . . years old** avoir (*irreg.*)… ans (2)

yellow jaune (2)

yes oui (5); si (*in response to a negative question*) (5)

yogurt yaourt *m.* (5)

You bet! (*agreement to do s.th.*) Volontiers! (5)

young jeune (2), petit(e) (9); **to get younger-looking** rajeunir (6); **younger** (*sibling*) cadet(te) (4)

youth hostel auberge (*f.*) de jeunesse (13)

Z

zucchini courgette *f.* (5)

Credits

Photo Credits

Page xviii (25 video stills of people): © McGraw-Hill Education/Klic Video Productions; p. xviii (Flag of France): © Photodisc/Getty Images RF; What's New in the Second Edition?: © Rachel Frank/Corbis/Glow Images RF; Opener: © Mondadori Portfolio/Walter Mori/agefotostock; *pp. 2–4, 6, 7:* © McGraw-Hill Education/Klic Video Productions; p. xiv, p. 26: © Elodie Cammarata; p. 27: © Kathy Willens/AP Photo; p. 28: Courtesy of Quick; p. 29: © Eric Robert/VIP Production/Corbis; p. 30: © PhotoAlto/Alix Minde/Getty Images RF; Opener: © Heritage Image Partnership Ltd/Alamy; pp. 34, 36: © McGraw-Hill Education/Klic Video Productions; p. 39: © Gaizka Iroz/AFP/Getty Images; pp. 46, 49: © McGraw-Hill Education/Klic Video Productions; p. 55: © Colin Paterson/Getty Images RF; p. 56 (top): © ABK/BSIP/agefotostock; p. 56 (bottom): © Win McNamee/Getty Images; p. 57: © C Squared Studios/Getty Images RF; p. 58: Courtesy Monument Acadien/Acadian Memorial 2014; Opener: © Fine Art Images/Heritage Images/Getty Images; pp. 67, 68: © McGraw-Hill Education/Klic Video Productions; p. 69: © McGraw-Hill Education/Xavier Roy; p. 70 (top, bottom left, bottom right): © William Ryall; p. 70 (bottom middle): © Sandrine Roy; p. 73: © Erica Simone Leeds; p. 74: © Digital Vision/PunchStock RF; p. 76: © McGraw-Hill Education/Klic Video Productions; p. 80: © Goodshoot/PunchStock RF; p. 81: © Richard Wolowicz/Getty Images; p. 84: © McGraw-Hill Education/Klic Video Productions; p. 89: © David R. Frazier Photolibrary, Inc./Alamy; p. 90: © David Zurick; p. 92: © Nancy R. Cohen/Getty Images RF; p. 93: © Album/Newscom; Opener: © Archivart/Alamy; pp. 98, 100–102: © McGraw-Hill Education/Klic Video Productions; p. 102 (bottom): © Digital Vision/PunchStock RF; p. 104: © Trevor Neal/Alamy; p. 109: © Philippe Lissac/Corbis; p. 112: © Corbis RF; p. 113 (left): © Jeff Pachoud/AFP/Getty Images/Newscom; p. 113 (middle): © ZUMA Press, Inc./Alamy; p. 113 (right): © Philippe Huguen/AFP/Getty Images; p. 118 (left): © AF archive/Alamy; p. 118 (right): © Apesteguy/SIPA/Newscom; p. 121: © Photoshot; p. 122: © Photographer's Choice/Getty Images RF; p. 123: © De Agostini/Getty Images; p. 125: © Photos 12/Alamy; Opener: © De Agostini/Getty Images; p. 131: © Erica Simone Leeds; pp. 132, 133: © McGraw-Hill Education/Klic Video Productions; p. 134: © Oliver Strewe/Getty Images; p. 137 (top): © William Ryall; p. 137 (bottom): © Jean-Francois Monier/AFP/Getty Images; p. 138: © C Squared Studios/Getty Images RF; p. 140: © Image Source/Getty Images RF; p. 141: © Brian Hagiwara/Getty Images; p. 143 (top): © Jean Cazals/Getty Images; p. 143 (bottom): © Photocuisine/Alamy; p. 147: © Danita Delimont/Alamy; p. 150: © Robert Fried/Alamy; p. 154: © Simon Reddy/Alamy; p. 155: © Robert Landau/Alamy; p. 157: © SYSPEO/SIPA/Newscom; Opener: © Fine Art Images/Heritage Images/Getty Images; pp. 162, 163: © McGraw-Hill Education/Klic Video Productions; p. 164:

© David R. Frazier Photolibrary, Inc./Alamy; p. 165: © McGraw-Hill Education/Klic Video Productions; p. 169: © Thierry Chesnot/Corbis; p. 170: © Chris Moore/Catwalking/Getty Images; p. 172a: © Michael Matisse/Getty Images RF; p. 172b: © Exactostock/SuperStock RF; p. 172c: © Creatas/SuperStock RF; p. 172d: © Photodisc/PunchStock RF; p. 172e: © Royalty-Free/Corbis; p. 172f-g: © Photodisc/Getty Images RF; p. 172h: © Digital Vision RF; p. 176: © Iconotec.com/Pepiera Tom/Canabi Hugo RF; p. 180: © Lipnitzki/Roger-Viollet/The Image Works; p. 184: © Fairchild Photo Service/Condé Nast/Corbis; p. 185: © Keystone-France/Gamma-Keystone/Getty Images; p. 188: © Everett Collection; Opener: © Buyenlarge/Time Life Pictures/Getty Images; p. 193: © McGraw-Hill Education/Klic Video Productions; p. 195: © Neil Beer/Getty Images RF; p. 196 (top left): © David R. Frazier Photolibrary, Inc./Alamy; p. 196 (bottom left): © Leonie Lambert/Alamy; p. 196 (bottom right): © William Ryall; p. 199: © TIPS/Photoshot; p. 200: © Eric Estrade/AFP/Getty Images; p. 208: © Sautier Philippe/SIPA/Newscom; p. 210: © Digital Vision RF; p. 215: © 2011 Jean-Erick Pasquier; p. 216: © Photos 12/Alamy; p. 217 (left): © Blaine Harrington III/Alamy; p. 217 (right): © Michael Laughlin/Sun Sentinel/MCT via Getty Images; p. 217 (bottom): © Michael Euler/AP Photo; Opener: © Leemage/UIG/Getty Images; pp. 220–222: © McGraw-Hill Education/Klic Video Productions; p. 223: © Goodshoot/PunchStock RF; p. 225: © Europe/Alamy; p. 226: © PhotoLink/Getty Images RF; p. 227: © Science Photo Library/Alamy RF; p. 232: © Rederick Florin/AFP/Getty Images; p. 234: © Megapress/Alamy; p. 238 (de l'après-shampooing): © studiomode/Alamy; p. 238 (une brosse à cheveux et un peigne, du shampooing, une brosse à dents et du dentifrice, un rasoir et de la crème à raser, du savon, du mascara et du rouge à lèvres): © McGraw-Hill Education. Mark Dierker, photographer; p. 239: © William Ryall 2007; p. 240: © World History Archive/Alamy; p. 241: © david sanger photography/Alamy; p. 244 © Mary Evans/Camera One/CNC/DD Productions/Films A2/Hachette Prem/Ronald Grant/Courtesy: Everett Collection; p. 246: Yale University Art Gallery; Opener: © Heritage Image Partnership Ltd/Alamy; pp. 249, 251: © McGraw-Hill Education/Klic Video Productions; p. 261: © The Photolibrary Wales/Alamy; p. 266: © Author's Image/PunchStock RF; p. 271: © Oartist/Getty Images RF; p. 272: © Tom Pepeira, photographer/Iconotec RF; p. 273: © Peter Barritt/Alamy; p. 274: © Rieger Bertrand/agefotostock; p. 275: © Nivier/SIPA/Newscom; Opener: © Christie's Images Ltd./SuperStock; p. 279: © Bon Appetit/Alamy; p. 280: © McGraw-Hill Education/Klic Video Productions; p. 281 (top): © Megapress/Alamy; p. 281 (bottom): © Riou/photocuisine/Corbis; p. 282: © Shotshop GmbH/Alamy RF; p. 283 (1): © Steve Allen/Brand X Pictures RF; p. 283 (2): © PhotoAlto/Alamy RF; p. 283 (3): © Ingram Publishing RF; p. 283 (4): © Chris Graythen/Getty Images; p. 283 (5): © Dynamic Graphics Group/Creatas/Alamy RF; p. 283 (6): © Jill Braaten; p. 283 (7): © Clément Philippe/

agefotostock; *p. 283 (8)*: © Bon Appetit/Alamy; *p. 286*: © Stockdisc/PunchStock RF; *p. 290*: © Thony Belizaire/AFP/Getty Images; *p. 301*: © Valery Hache/AFP/Getty Images; *p. 302*: © Alain Jocard/AFP/Getty Images/Newscom; *p. 303*: © Bridgeman Art Library, London/SuperStock; *p. 304*: © Sony Pictures/Courtesy: Everett Collection; Opener: © Russell Kord/Alamy; *pp. 308, 310*: © McGraw-Hill Education/Klic Video Productions; *p. 311*: © Alain Le Bot/Media Bakery RF; *p. 312*: © Tatiana Markow/Sygma/Corbis; *p. 314*: © Bob Handelman/Getty Images; *p. 318*: © Bruce Anderson; *p. 320*: © Comstock Images/Alamy RF; *p. 323*: © McGraw-Hill Education/Klic Video Productions; *p. 329*: © Exactostock/SuperStock RF; *p. 330*: © Independent Picture Service/Alamy; *p. 332*: © SIPA/Newscom; Opener: © akg-images/Newscom; *pp. 338, 339*: © McGraw-Hill Education/Klic Video Productions; *p. 340*: © Creatas/Jupiterimages RF; *p. 341*: © Jean-Pierre Lescourret/Corbis; *p. 342 (left)*: © Author's Image/PunchStock RF; *p. 342 (right)*: © Goodshoot/PunchStock RF; *p. 343 (top left, top right, bottom left)*: © McGraw-Hill Education/Klic Video Productions; *p. 343 (bottom right)*: © Iconotec/Alamer and Cali, photographers RF; *p. 344*: © McGraw-Hill Education/Klic Video Productions; *p. 345*: © Bertrand Rieger/Hemis/Corbis; *p. 346 (left)*: © Dr. Parvinder Sethi; *p. 346 (right)*: © halpand/Alamy RF; *p. 347*: © Robert Holmes/Corbis; *p. 350 (1)*: © eye35.com/Alamy; *p. 350 (2)*: © Imagestate Media Partners Limited/Impact Photos/Alamy; *p. 350 (3)*: © Photoshot; *p. 350 (4)*: © LOOK Die Bildagentur der Fotografen GmbH/Alamy; *p. 357*: © Christine Balderas/Photodisc/Getty Images RF; *p. 360*: © Robert Harding Picture Library Ltd/Alamy; *p. 361*: © Andrew Ward/Life File/Getty Images RF; *p. 362*: © Frédéric Rodriguez/Getty Images RF; *p. 363*: © nobleIMAGES/Alamy; *p. 364*: © 2002 Les Armateurs/Production Champion/Vivi Film/France 3 Cinéma/RGP France/Sylvain Chomet; *p. 366*: © Dieu Nalio Chery/AP Photo; Opener: © Heritage Image Partnership Ltd/Alamy; *pp. 370–372*: © McGraw-Hill Education/Klic Video Productions; *p. 373 (1)*: © Bernard Annebicque/Sygma/Corbis; *p. 373 (2)*: © Gavin Hellier/Getty Images; *p. 373 (3)*: © Image Source/PictureQuest RF; *p. 373 (4)*: © Anger O./Getty Images; *p. 375*: © Ingram Publishing RF; *p. 381*: © David Silpa/UPI/Newscom; *p. 383*: © Ryan McVay/Getty Images RF; *p. 386*: © Nacivet/Getty Images; *p. 387*: © Martial Colomb/Getty Images RF; *p. 388*: © D. Hurst/Alamy RF; *p. 389*: © Hemis/Alamy; *p. 390*: © Denkou Images/SuperStock RF; *p. 391*: © ColsTravel/Alamy; *p. 393*: © Foc Kan/WireImage/Getty Images; *p. 394*: © Corbis RF/Alamy; Opener: © Kiné AW; *pp. 397–401*: © McGraw-Hill Education/Klic Video Productions; *p. 402 (top)*: © Leemage/Corbis; *p. 402 (middle)*: © Art Media/Print Collector/Getty Images; *p. 402 (bottom)*: © The Gallery Collection/Corbis; *p. 403 (top)*: © Leemage/Corbis; *p. 403 (middle)*: © Fine Art Images/Heritage Images/Getty Images; *p. 403 (bottom)*: © Hemis/Alamy; *p. 404 (top)*: © Time Life Pictures/Mansell/The LIFE Picture Collection/Getty Images; *p. 404 (middle)*: © Ann Ronan Pictures/Print Collector/Getty Images; *p. 404 (bottom)*: © Bettmann/Corbis; *p. 406 (1)*: © Royalty-Free/Corbis; *p. 406 (2)*: © Andrew Ward/Life File/Getty Images RF; *p. 406 (3)*: © Erica Simone Leeds; *p. 406 (4)*: © Author's Image/PunchStock RF; p. 406 (5): © Image Source/PictureQuest RF; *p. 406 (6)*: © Author's Image/Alamy RF; *p. 406 (7)*: © Radius Images/Alamy; *p. 406 (8)*: © JTB Media Creation, Inc./Alamy; *p. 409*: © age

fotostock Spain, S.L./Alamy; *p. 411*: © DanieleC/Alamy; *p. 414*: © Author's Image/PunchStock RF; *p. 419*: © Zbigniew Tomaszewski/Alamy; *p. 420*: © Robert Harding Picture Library Ltd/Alamy; *p. 421*: © Ingram Publishing/Alamy RF; *p. 422*: © Brian Jannsen/Alamy; *p. 423*: © First Look Pictures/Courtesy: Everett Collection; *p. 425*: © Images & Stories/Alamy; Opener: © Album/Joseph Martin/Newscom; *p. 429*: © McGraw-Hill Education/Klic Video Productions; *p. 430 (left)*: © Erica Simone Leeds; *p. 430 (right)*: © William Ryall; *pp. 431–433*: © McGraw-Hill Education/Klic Video Productions; *p. 433 (bottom)*: © blickwinkel/Alamy; *p. 434 (left)*: © William Ryall; *p. 434 (middle)*: © Mehdi Fedouach/AFP/Getty Images; *p. 434 (right)*: © Behrouz Mehri/AFP/Getty Images; *p. 435 (middle)*: © Danita Delimont/Alamy; *p. 435 (right)*: © William Ryall; *p. 436 (left)*: © Joel Saget/AFP/Getty Images; *p. 436 (middle)*: © Paris Street/Alamy RF; *p. 436 (right)*: © Jack Guez/AFP/Getty Images; *pp. 438, 443*: © William Ryall; *p. 446*: © CW Images/Alamy; *p. 449*: © Goodshoot/Alamy RF; *p. 450*: © Lucas Dolega/epa/Corbis; *p. 452*: © Ulf Andersen/Getty Images; *p. 453*: © Fadi Arouri/ZUMA Press/Newscom; *p. 454*: © Bettmann/Corbis; *p. 455*: © Lionel Bonaventure/AFP/Getty Images; Opener: © SuperStock/Getty Images; *pp. 458–461*: © McGraw-Hill Education/Klic Video Productions; *p. 462 (left)*: © Steve Allen/Brand X Pictures RF; *p. 462 (right)*: © Image Source RF; *p. 463 (top left)*: © Goodshoot/PunchStock RF; *p. 463 (top)*: © Royalty-Free/Corbis; *p. 463 (left)*: © David Sanger Photography/Alamy; *p. 463 (middle)*: © Sergio Anelli/Electa/Mondadori Portfolio/Getty Images; *p. 463 (right)*: © Fine Art/agefotostock; *p. 464 (left)*: © Boris Horvat/AFP/Getty Images; *p. 464 (right)*: © Pixtal/agefotostock RF; *p. 464 (bottom)*: © Lebrecht Music and Arts Photo Library/Alamy; *p. 465 (left)*: © Pictorial Press Ltd./Alamy; *p. 465 (right)*: © AF archive/Alamy; *p. 466a*: © Iconotec/Alamy RF; *p. 466b*: © Henri Cartier-Bresson/Magnum Photos; *p. 466c*: © Newagen Archives/The Image Works; *p. 466d*: © Royalty-Free/Corbis; *p. 470*: © Erica Simone Leeds; *p. 473 (top left)*: © Francois Guillot/AFP/Getty Images; *p. 473 (top right)*: © Sylvain Sonnet/Hemis/Corbis; *p. 473 (bottom left)*: © National Geographic Image Collection/Alamy RF; *p. 473 (bottom right)*: © Royalty-Free/Corbis; *p. 474*: © Michael Euler/AP Photo; *p. 476*: © Mali/Gamma/Courtesy: Everett Collection; *p. 477*: © Ingram Publishing RF; *p. 478*: © Heritage Image Partnership Ltd/Alamy; *p. 480*: © Robert Harding Picture Library Ltd/Alamy.

Text Credits

Page 9 (logo): © SNCF; *p. 10 (center)*: From www.bebe-prenoms.com, based on annual statistics reported by the Institut national de la statistique et des études économiques (INSEE); *p. 26 (quote)*: From Marcel Marceau; *Page 57 (quote)*: From Mallarmé; *p. 58 (quote)*: From Zachary Richard; *Page 74 (map)*: From Clio64; *p. 89 (quote)*: From Charles de Gaulle; *p. 91 (bottom)*: From www.afjv.com/press0812/081211_etude_loisirs_francais.htm; *p. 93 (quote)*: From *Je danse donc je suis* by Brigitte Bardot; *Page 122 (quote)*: From Coluche; *p. 123 (quote)*: From Jean-Jacques Rousseau; *p. 124*: From Jean-Jacques Rousseau, *Émile ou De l'éducation*, 1762; Marc-Vincent Howlett, *L'homme qui croyait en l'homme: Jean-Jacques Rousseau*, Gallimard, 1989.

Page 154 (quote): From Jean Anthelme Brillat-Savarin; *p. 154* (chart): From TNS Sofres; *p. 156*: Maurice Carême, Au clair de la lune © Fondation Maurice Carême, tous droits réservés; *p. 157*: From *Les Maudits Français* by Lynda Lemay; *Page 184* (quote): From Coco Chanel; *p. 185* (quote): From Yves Saint Laurent; *p. 186*: From Jean Chevalier, Alain Gheerbrant, *Dictionnaire des symboles*, Éditions Robert Laffont; *p. 187*: From Alina Stoicescu, «L'impact de la mode sur la vie sociale», Bulletin scientifique en langues étrangères appliquées, Numéro 1, Le français sur objectifs spécifiques, mis à jour le: 11/07/2013, URL : http://revues-eco.refer.org/BSLEA/index.php?id=237; *Page 212* (quote): From Charles Baudelaire; *pp. 213–214* (image and text): R. Goscinny et J-J. Sempé, extrait de "Le théâtre", *Le Petit Nicolas – Le ballon*, IMAV éditions, Paris 2009; *p. 216* (quote): From "La Vie en rose" by Édith Piaf; *Page 240* (quote): From Antoine de Saint-Exupéry; *p. 241* (quote): From Auguste Rodin; *pp. 242–243* (image and text): (1) Excerpt and illustration from LE PETIT PRINCE by Antoine de Saint-Exupéry. Copyright 1943 by Houghton Mifflin Harcourt Publishing Company. Copyright © renewed 1971 by Consuelo de Saint-Exupéry. Reprinted by permission of Houghton Mifflin Harcourt Publishing Company. All rights reserved; (2) Antoine de Saint-Exupéry, *Le Petit Prince* © Éditions GALLIMARD; www.gallimard.fr; "Tous les droits d'auteur de ce texte sont réservés. Sauf autorisation, toute utilisation de celui-ci autre que la consultation individuelle et privée est interdite"; *Page 269* (top): Albert Camus, *L'Étranger* © Éditions GALLIMARD; www.gallimard.fr; "Tous les droits d'auteur de ce texte sont réservés. Sauf autorisation, toute utilisation de celui-ci autre que la consultation individuelle et privée est interdite"; *p. 272* (quote): From Coluche; *p. 274* (quote): From Le Duc de Saint-Simon; *Page 290* (bottom): From *Vaudou en Haïti, l'âme d'un peuple* (www.franceculture.fr); *Haïti et le Vaudou: les racines africaines bien vivantes* (www.afrik.com); *p. 301* (quote): From Xavier Forneret; *p. 303* (quote): From Rouget de Lisle; *p. 329* (quote): From Albert Brie; *p. 332*: © Bayard Presse - Phosphore - Julie Lasterade - 2008; *Page 361* (quote): From Tristan Bernard; *Page 370* (bottom): From www.tourisme.gouv.fr; *p. 390* (quote): From Coluche; *p. 392*: "On va vers un tourisme de plus en plus utile" —par Céline Decoster - publié dans Magazine EcoTourisme; *Page 421*: *Pourquoi les hommes ne mangent pas d'éléphant* © Angèle Kingué; *Page 434* (top left): © Gouvernement français; *p. 435* (left): © Greenpeace; *p. 439* (cartoon – center left): © Chappatte dans "International Herald Tribune"; (cartoon – center right): © Chappatte dans "Le Temps", Genève; (cartoon – bottom): © Chappatte dans "The International New York Times"; *p. 445* (bottom): © SOS Racisme; *p. 450* (quote): From Ségolène Royal; *pp. 451–452*: *Le Racisme expliqué à ma fille*, Tahar Ben Jelloun, © Éditions du Seuil, 1998, n.e., 2009; *Page 472* (poster): Affiche 2010 de la Nuit des Musées © Création: Veronica Ann Janssens avec le soutien de Neuflize Vie – Conception graphique: Jour Ouvrable; *p. 476* (poem): Jacques Prévert, "Déjeuner du matin" in *Paroles* © Éditions GALLIMARD, © Fatras / succession Jacques Prévert pour les droits électroniques; *p. 480* (quote): From André Malraux; *pp. 481–482*: Eugène Ionesco, *La Cantatrice chauve* © Éditions GALLIMARD; www.gallimard.fr; "Tous les droits d'auteur de ce texte sont réservés. Sauf autorisation, toute utilisation de celui-ci autre que la consultation individuelle et privée est interdite".

Vocabulary topics are covered in the first part of this index, followed by the Grammar Index. The third section covers Cultural Topics. It includes separate sections for art, film, and music.

Note: No references are given to the appendices.

Cultural Topics

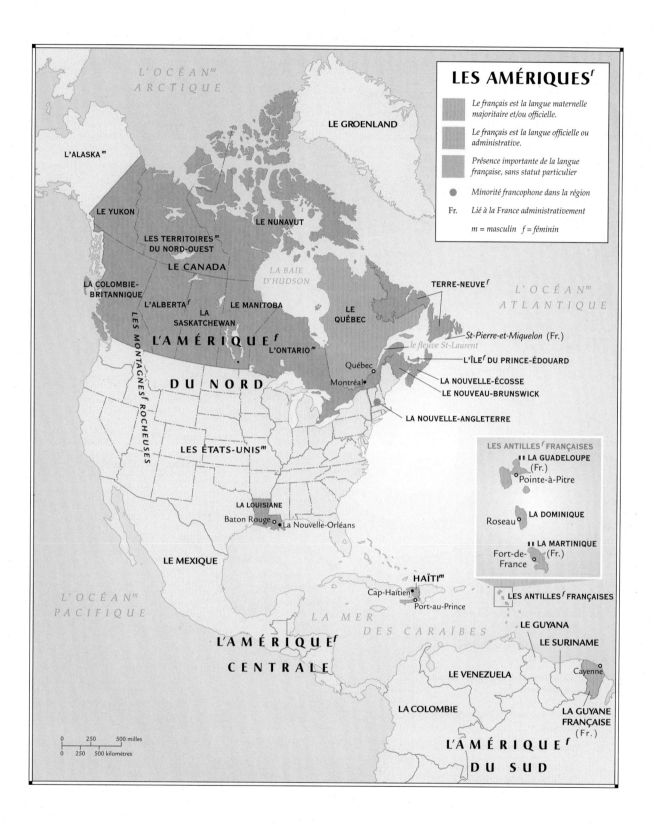

LES AMÉRIQUES ᶠ

Le français est la langue maternelle majoritaire et/ou officielle.

Le français est la langue officielle ou administrative.

Présence importante de la langue française, sans statut particulier

● Minorité francophone dans la région

Fr. Lié à la France administrativement

m = masculin   f = féminin

L'OCÉAN ᵐ ARCTIQUE

LE GROENLAND

L'ALASKA ᵐ

LE YUKON

LE NUNAVUT

LES TERRITOIRES ᵐ DU NORD-OUEST

LE CANADA

LA BAIE D'HUDSON

LA COLOMBIE-BRITANNIQUE

L'ALBERTA ᶠ

LA SASKATCHEWAN

LE MANITOBA

L'AMÉRIQUE ᶠ

L'ONTARIO ᵐ

LE QUÉBEC

TERRE-NEUVE ᶠ

L'OCÉAN ᵐ ATLANTIQUE

LES MONTAGNES ᶠ ROCHEUSES

DU NORD

le fleuve St-Laurent

St-Pierre-et-Miquelon (Fr.)

Québec

Montréal

L'ÎLE ᶠ DU PRINCE-ÉDOUARD

LA NOUVELLE-ÉCOSSE

LE NOUVEAU-BRUNSWICK

LA NOUVELLE-ANGLETERRE

LES ÉTATS-UNIS ᵐ

LA LOUISIANE

Baton Rouge ● La Nouvelle-Orléans

LE MEXIQUE

L'OCÉAN ᵐ PACIFIQUE

L'AMÉRIQUE ᶠ

CENTRALE

LA MER DES CARAÏBES

HAÏTI ᵐ

Cap-Haïtien

Port-au-Prince

LES ANTILLES ᶠ FRANÇAISES

LA GUADELOUPE (Fr.)

Pointe-à-Pitre

Roseau LA DOMINIQUE

LA MARTINIQUE (Fr.)

Fort-de-France

LES ANTILLES ᶠ FRANÇAISES

LE GUYANA

LE SURINAME

LE VENEZUELA

Cayenne

LA COLOMBIE

LA GUYANE FRANÇAISE (Fr.)

L'AMÉRIQUE ᶠ

DU SUD

0   250   500 milles

0   250   500 kilomètres

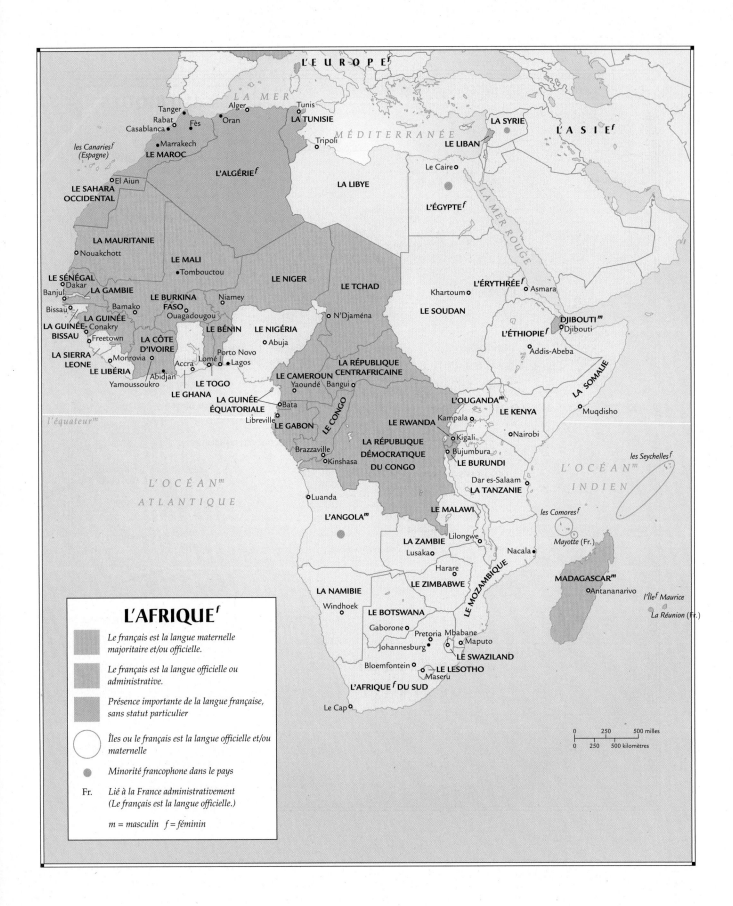

L'AFRIQUE^f

L'EUROPE^f

LA MER
MÉDITERRANÉE

L'ASIE^f

LA MER ROUGE

Tanger
Alger
Tunis
LA TUNISIE
LA SYRIE
Rabat
Fès
Oran
LE LIBAN
Casablanca
Marrakech
les Canaries^f
(Espagne)
LE MAROC
Le Caire
L'ALGÉRIE^f
El Aiun
LA LIBYE
L'ÉGYPTE^f
LE SAHARA
OCCIDENTAL

LA MAURITANIE
Nouakchott
LE MALI
LE SÉNÉGAL
Dakar
Tombouctou
LE NIGER
LE TCHAD
Khartoum
L'ÉRYTHRÉE^f
Asmara
Banjul
LA GAMBIE
Bamako
LE BURKINA
FASO
Niamey
LE SOUDAN
DJIBOUTI^m
Bissau
Ouagadougou
N'Djaména
L'ÉTHIOPIE^f
Djibouti
LA GUINÉE
Conakry
LE BÉNIN
LE NIGÉRIA
LA GUINÉE-
BISSAU
LA CÔTE
D'IVOIRE
Abuja
Addis-Abeba
Freetown
LA SIERRA
LEONE
Monrovia
Accra
Lomé
Porto Novo
Lagos
LA RÉPUBLIQUE
CENTRAFRICAINE
L'OUGANDA^m
LA SOMALIE
LE LIBÉRIA
Abidjan
LE TOGO
LE CAMEROUN
Yaoundé
Bangui
LE KENYA
Muqdisho
Yamoussoukro
LE GHANA
LA GUINÉE
ÉQUATORIALE
Bata
Kampala
l'équateur^m
Libreville
LE GABON
LE CONGO
LA RÉPUBLIQUE
DÉMOCRATIQUE
DU CONGO
LE RWANDA
Kigali
Nairobi
les Seychelles^f
Brazzaville
Bujumbura
LE BURUNDI
L'OCÉAN^m
INDIEN
Kinshasa
Dar es-Salaam
L'OCÉAN^m
ATLANTIQUE
Luanda
LA TANZANIE
les Comores^f
L'ANGOLA^m
LE MALAWI
Lilongwe
Mayotte (Fr.)
LA ZAMBIE
Nacala
MADAGASCAR^m
Lusaka
Harare
LE MOZAMBIQUE
Antananarivo
l'Île^f Maurice
LA NAMIBIE
LE ZIMBABWE
La Réunion (Fr.)
Windhoek
LE BOTSWANA
Gaborone
Pretoria
Mbabane
Johannesburg
Maputo
LE SWAZILAND
Bloemfontein
LE LESOTHO
L'AFRIQUE^f DU SUD
Maseru
Le Cap

Le français est la langue maternelle
majoritaire et/ou officielle.

Le français est la langue officielle ou
administrative.

Présence importante de la langue française,
sans statut particulier

Îles ou le français est la langue officielle et/ou
maternelle

Minorité francophone dans le pays

Fr.   Lié à la France administrativement
(Le français est la langue officielle.)

m = masculin   f = féminin

0   250   500 milles
0   250   500 kilomètres

L'EUROPE^f

Le français est la langue maternelle majoritaire et/ou officielle.

Le français est la/une langue officielle ou administrative.

Présence importante de la langue française, sans statut particulier

m = masculin   f = féminin

0   250   500 milles
0   250   500 kilomètres

LA SUÈDE
LA FINLANDE
LA NORVÈGE
Helsinki
Oslo
Stockholm
• Saint-Pétersbourg
• Tallinn
L'ÉCOSSE^f
L'ESTONIE^f
Moscou
L'IRLANDE^f DU NORD
LA MER
DU NORD
• Riga
LA RUSSIE
LE ROYAUME-UNI
LA LETTONIE
LE DANEMARK
LA LITUANIE
L'IRLANDE^f
Copenhague
Vilnius
Dublin
LA RUSSIE
• Kaliningrad
LE PAYS DE GALLES
LES PAYS-BAS^m
• Minsk
L'ANGLETERRE^f
Amsterdam
Berlin
LA BIÉLORUSSIE
Londres
LA POLOGNE
LA BELGIQUE
Varsovie
Bruxelles
L'ALLEMAGNE^f
• Kiev
Paris
Luxembourg
Prague
LE LUXEMBOURG
LA RÉPUBLIQUE
TCHÈQUE
L'UKRAINE^f
L'OCÉAN^m
ATLANTIQUE
LE LIECHTENSTEIN
LA SLOVAQUIE
Vienne
Bratislava
LA MOLDAVIE
Berne
Budapest
Chisinau
LA FRANCE
Lausanne
LA SUISSE
L'AUTRICHE^f
Genève
LA HONGRIE
LA ROUMANIE
LA SLOVÉNIE
le Val d'Aoste
Ljubljana
Zagreb
LA CROATIE
Bucarest
LE PORTUGAL
Andorre-la-Vieille
LA BOSNIE-
Belgrade
Madrid
MONACO^m
HERZÉGOVINE
LA
Lisbonne
L'ANDORRE^f
L'ITALIE^f
Sarajevo
SERBIE
LE MONTÉNÉGRO
LA MER
la Corse
NOIRE
L'ESPAGNE^f
Ajaccio
Podgorica
Sofia
Rome
LA BULGARIE
Skopje
• Istanbul
Tirana
LA MACÉDOINE
L'ALBANIE^f
LA GRÈCE
LA TURQUIE
LA MER MÉDITERRANÉE
Athènes

L'AFRIQUE^f
LE MAROC
L'ALGÉRIE^f
LA
TUNISIE
la Crète

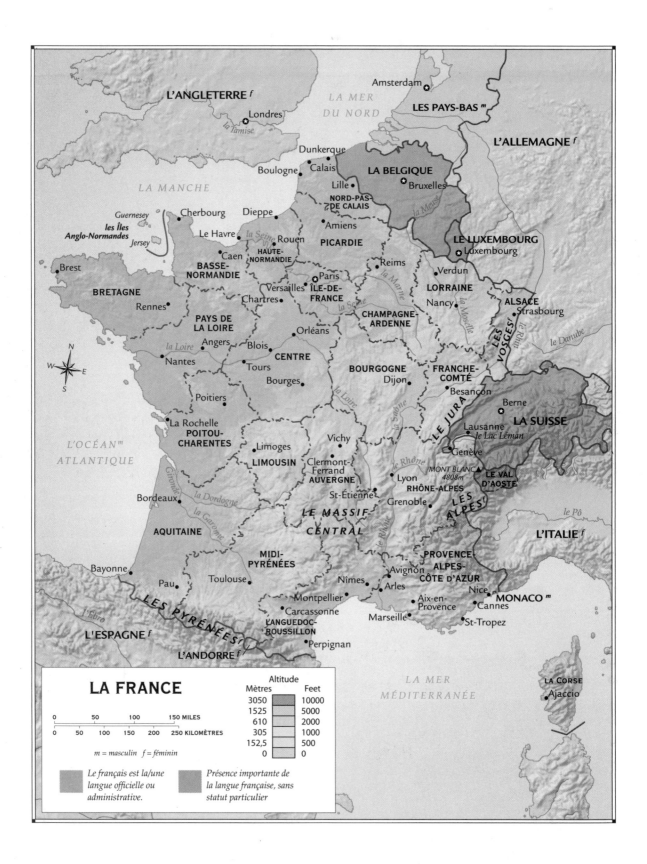

LA FRANCE

L'ANGLETERRE f
Londres
la Tamise
LA MER DU NORD
Amsterdam
LES PAYS-BAS m
L'ALLEMAGNE f

LA MANCHE
Dunkerque
Boulogne
Calais
Lille
LA BELGIQUE
Bruxelles
NORD-PAS-DE CALAIS
la Meuse
LE LUXEMBOURG
Luxembourg

Guernesey
les Îles Anglo-Normandes
Jersey
Cherbourg
Dieppe
Le Havre
la Seine
Rouen
Amiens
PICARDIE
HAUTE-NORMANDIE
Reims
Verdun

Brest
Caen
BASSE-NORMANDIE
Paris
Versailles
ÎLE-DE-FRANCE
Chartres
la Marne
CHAMPAGNE-ARDENNE
LORRAINE
Nancy
la Moselle
ALSACE
Strasbourg
le Rhin
le Danube

BRETAGNE
Rennes
PAYS DE LA LOIRE
la Loire
Angers
Blois
CENTRE
Orléans
la Seine
BOURGOGNE
Dijon
FRANCHE-COMTÉ
Besançon
LES VOSGES

W N E S
Nantes
Tours
Bourges
la Loire
LE JURA
Berne
Lausanne
le Lac Léman
LA SUISSE

Poitiers
L'OCÉAN m ATLANTIQUE
La Rochelle
POITOU-CHARENTES
Limoges
Vichy
la Saône
Genève
MONT BLANC 4808m
LE VAL D'AOSTE

LIMOUSIN
Clermont-Ferrand
AUVERGNE
le Rhône
Lyon
RHÔNE-ALPES
LES ALPES

Bordeaux
Gironde
la Dordogne
la Garonne
St-Étienne
Grenoble
le Pô
L'ITALIE f

AQUITAINE
LE MASSIF CENTRAL
Bayonne
MIDI-PYRÉNÉES
Avignon
Nîmes
Arles
PROVENCE-ALPES-CÔTE D'AZUR
Nice
MONACO m
Cannes
St-Tropez

Pau
Toulouse
Montpellier
Carcassonne
Aix-en-Provence
Marseille
le Rhône

LES PYRÉNÉES
l'Èbre
L'ESPAGNE f
LANGUEDOC-ROUSSILLON
Perpignan
LA MER MÉDITERRANÉE
LA CORSE
Ajaccio

L'ANDORRE f

LA FRANCE

0   50   100   150 MILES
0   50 100 150 200 250 KILOMÈTRES

m = masculin   f = féminin

Altitude
Mètres   Feet
3050   10000
1525   5000
610   2000
305   1000
152,5   500
0   0

Le français est la/une langue officielle ou administrative.

Présence importante de la langue française, sans statut particulier